EUROPA-FACHBUCHREIHE
für wirtschaftliche Bildung

Feist · Lüpertz · Reip

Problemlösungen
mit Entscheidungsbegründungen
zu

Lehraufgaben zur Betriebswirtschaftslehre

Entscheidungsaufgaben · Fallstudien · Planspiele
Computerunterstützte Unternehmenssimulationen

ab 8. Auflage

VERLAG EUROPA-LEHRMITTEL · Nourney, Vollmer GmbH & Co. KG
Düsselberger Straße 23 · 42781 Haan-Gruiten

Europa-Nr.: 91013

Verfasser:

Feist, Theo   Professor, Dipl.-Kfm.
Lüpertz, Viktor   Professor, Dr., Dipl.-Volksw.
Reip, Hubert   Professor, Dipl.-Volksw.

Das vorliegende Buch wurde auf der **Grundlage der neuen amtlichen Rechtschreibregeln** erstellt.

8. Auflage 2006
Druck 5 4 3 2 1
Alle Drucke derselben Auflage sind parallel einsetzbar, da sie bis auf die Behebung von Druckfehlern untereinander unverändert sind.

ISBN-10 3-8085-9108-0
ISBN-13 978-3-8085-9108-6

Alle Rechte vorbehalten. Das Werk ist urheberrechtlich geschützt. Jede Verwertung außerhalb der gesetzlich geregelten Fälle muss vom Verlag schriftlich genehmigt werden.

© 2006 by Verlag Europa-Lehrmittel, Nourney, Vollmer GmbH & Co. KG, 42781 Haan-Gruiten
          http://www.europa-lehrmittel.de
Satz, Layout und Grafik: Satz+Layout Werkstatt Kluth GmbH, 50374 Erftstadt
Druck: Media-Print Informationstechnologie, 33100 Paderborn

1 Betriebswirtschaftliche Grundlagen

Der Betrieb in der Gesamtwirtschaft

1.01 Die Stellung des Betriebs im gesamtwirtschaftlichen Produktionsprozess –
Sachleistungsbetriebe – Dienstleistungsbetriebe
– Volkswirtschaftliche Arbeitsteilung

1. und 2.

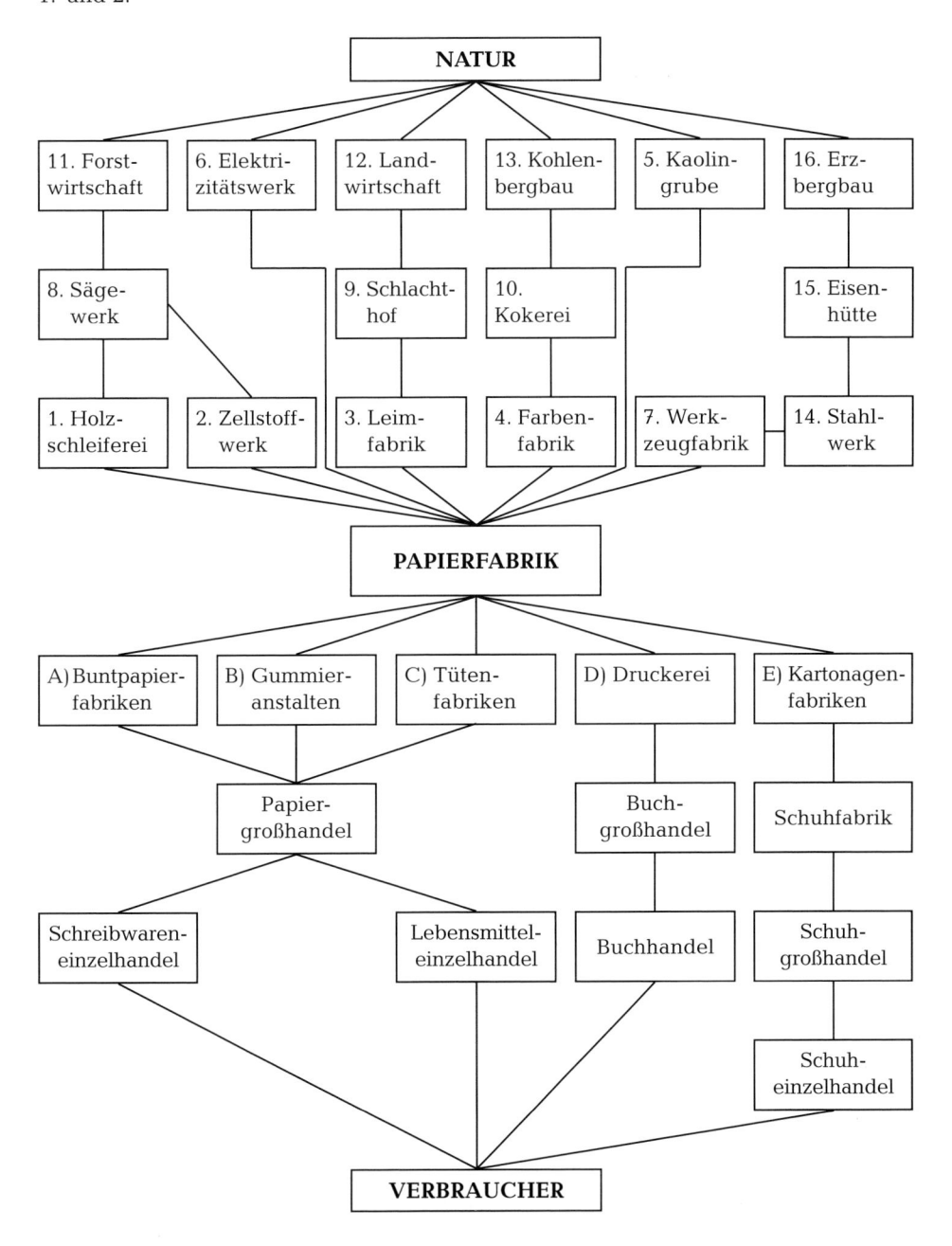

```
                                NATUR
    ┌──────┬──────┬──────┬──────┬──────┐
11. Forst-  6. Elektri-  12. Land-  13. Kohlen-  5. Kaolin-  16. Erz-
wirtschaft  zitätswerk   wirtschaft bergbau      grube       bergbau

8. Säge-              9. Schlacht-  10.                      15. Eisen-
werk                  hof           Kokerei                  hütte

1. Holz-    2. Zellstoff-  3. Leim-  4. Farben-  7. Werk-    14. Stahl-
schleiferei werk           fabrik    fabrik      zeugfabrik  werk

                           PAPIERFABRIK

A) Buntpapier-  B) Gummier-  C) Tüten-  D) Druckerei  E) Kartonagen-
   fabriken        anstalten    fabriken                 fabriken

                Papier-                 Buch-         Schuhfabrik
                großhandel              großhandel

Schreibwaren-              Lebensmittel-  Buchhandel  Schuh-
einzelhandel               einzelhandel               großhandel

                                                      Schuh-
                                                      einzelhandel

                           VERBRAUCHER
```

3. und 4.

	Beispiele aus dem Schaubild	andere Beispiele
Urproduktions-betriebe	Forstwirtschaft, Landwirtschaft, Kohlenbergbau, Kaolingrube, Erzbergbau, Elektrizitätswerk	Fischerei, Steinbruch, Ziegelei
Produktionsgüter-betriebe	Sägewerk, Kokerei, Stahlwerk, Eisenhütte, Holzschleiferei, Werkzeugfabrik, Papierfabrik, Zellstoffwerk, Leimfabrik, Farbenfabrik, Kartonagenfabrik	Maschinenfabriken, Lkw-Fabriken, Motorenfabriken, Büromöbelfabriken
Konsumgüter-betriebe	Buntpapierfabriken, Gummieranstalten, Tütenfabriken, Druckereien, Schuhfabriken, Papierfabriken	Bekleidungsindustrie, Lebensmittelindustrie, Wohnmöbelfabriken
Dienstleistungs-betriebe	Papiergroßhandel, Schreibwareneinzelhandel, Lebensmitteleinzelhandel, Buchgroßhandel, Buchhandel, Schuhgroßhandel, Schuheinzelhandel	Kino- und Theaterbetriebe, Textilhandel, Friseur, Banken, Versicherungen, Gaststätten

Bei der Entscheidung, ob es sich bei einem Gut um ein Konsumgut oder um ein Produktionsgut handelt, ist der Verwendungszweck maßgeblich. Konsumgüter dienen dem unmittelbaren Verbrauch zu Konsumzwecken; Produktionsgüter werden zur Herstellung anderer Güter eingesetzt. Demnach produzieren zahlreiche Betriebe sowohl Konsumgüter als auch Produktionsgüter.

1.02 Produktionsstufen und Sektoren der Volkswirtschaft – Strukturwandel

1. a) Grafiken S. 5
   b) Der Anteil des primären Sektors an der Bruttowertschöpfung und an der Gesamtzahl der Erwerbstätigen hat ständig abgenommen. Der Anteil des tertiären Sektors hat ständig zugenommen (= Wandel der Produktionsstruktur).
   c) Dienstleistungssektor hat inzwischen die größte Bedeutung.

2. a) Entwicklung des primären und sekundären Sektors entspricht der Darstellung von 1.a).
   Seit Mitte der 60er Jahre ist die Zahl der Erwerbstätigen im »Informationssektor« größer als in allen anderen Dienstleistungsbereichen zusammen. Die Bedeutung des »Informationssektors« steigt ständig an und ist seit ca. 1975 größer als die des sekundären Sektors.
   b) Die meisten Arbeitsplätze werden Anfang des 21. Jahrhunderts im Informationsbereich zu finden sein. Diese Umwandlung von Wissen und Informationen in neue Dienstleistungen erfordert ein qualitativ hochwertiges Aus- und Weiterbildungssystem.

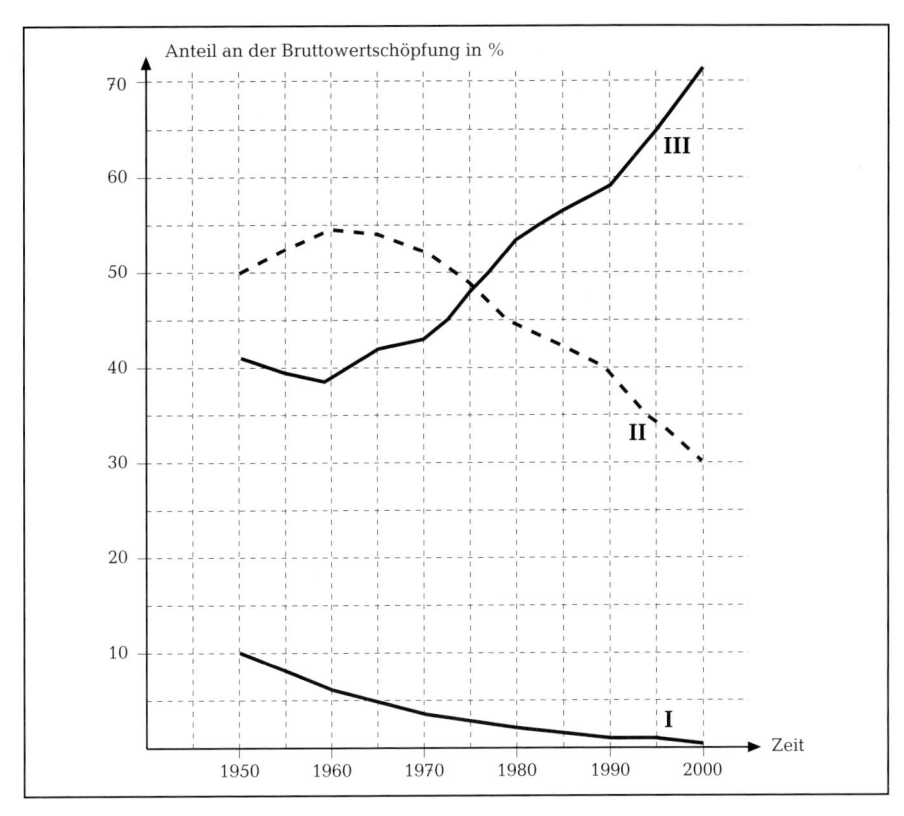

1 Betriebswirtschaftliche Grundlagen

Anteil an der Bruttowertschöpfung in %

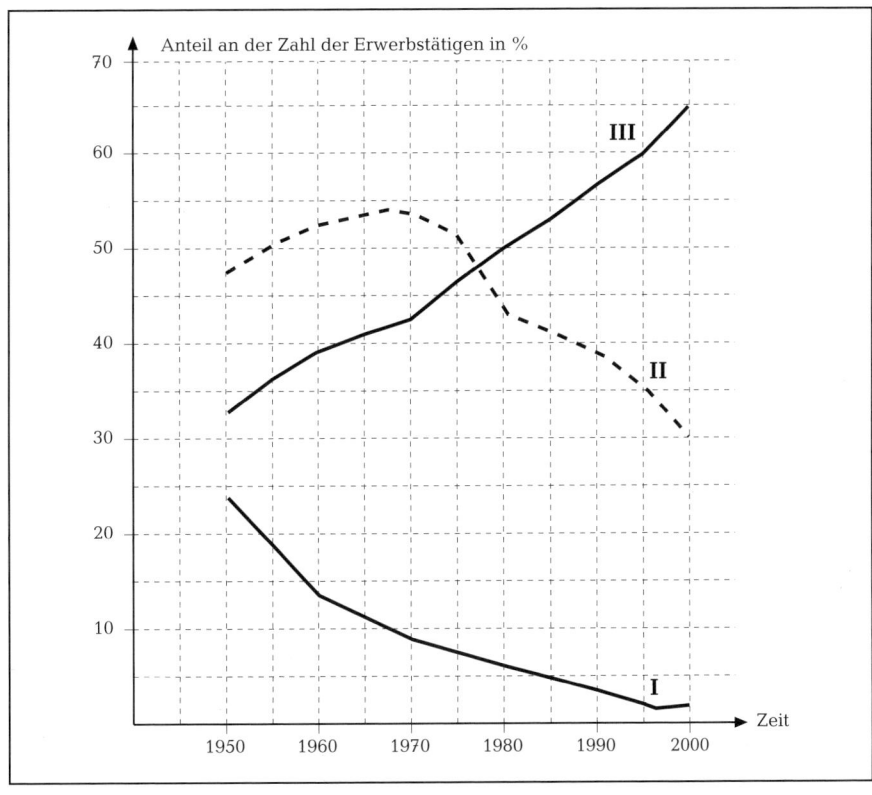

Anteil an der Zahl der Erwerbstätigen in %

1.03 Der Betrieb in den Güter- und Geldströmen der Volkswirtschaft – Input-Output-Tabelle – Produktionswert – Wertschöpfung

1., 2. und 4.

Verflechtungen zwischen den Betrieben

Empfänger Lieferant	Betrieb A	Betrieb B	Betrieb C	Betrieb D	insgesamt abgegebene Vorleistungen	Investition	Konsum	Bruttoproduktionswert
Betrieb A	✕	10	20	60	A: 90	10	70	A: 170
Betrieb B	20	✕	70	10	B: 100	5	80	B: 185
Betrieb C	30	40	✕	30	C: 100	20	60	C: 180
Betrieb D	50	60	50	✕	D: 160	15	10	D: 185
insgesamt empfangene Vorleistungen	100	110	140	100	450	50	220	720
Wertschöpfung	70	70	40	90	270			
Produktionswert	170	180	180	190	insgesamt 720			

3.

Produktionskonto des Betriebs A

Käufe von Vorleistungen			Verkäufe von Vorleistungen		
von Betrieb B	20		an Betrieb B	10	
von Betrieb C	30		an Betrieb C	20	
von Betrieb D	50		an Betrieb D	60	90
		100	Verkäufe an Haushalte		70
Wertschöpfung		70	Bruttoinvestition		10
Produktionswert		170	Produktionswert		170

1.04 Begriff und Arten betrieblicher Leistungserstellung – Betriebstypen

1. **Gewinnung:** Bergwerk, Fischfang
   Fertigung: Autofabrik, Bauunternehmung, Schreinerei
   Veredlung: Kornmühle, Schnapsbrennerei, Kohlekraftwerk
   Dienstleistung: Spedition, Bank, Friseur, Immobilienmakler, Versicherung, Steuerberatungsbüro, Privatschule, Rechtsanwaltskanzlei, Werbeagentur, Tankstelle mit Werkstatt, Kiosk, Hotel, Omnibusbetrieb, Reisebüro, Versandhaus, Supermarkt.

2. Zur Leistungserstellung gehören:
   Braunkohleabbau, Lokführer bei der Deutschen Bahn AG, Kostenrechnung in einem Industriebetrieb, Tätigkeit eines Kochs in einer Gaststätte, Wertpapierkauf durch eine Bank, Erstattung der Reparaturkosten durch eine Versicherung, Schülerbeförderung durch einen privaten Omnibusbetrieb, Materialtransport zur Baustelle mit einem LKW der Bauunternehmung.

   Alle übrigen Tätigkeiten finden entweder nicht in Betrieben statt oder gehören zu den Bereichen Absatz (Leistungsverwertung) bzw. Finanzierung.

1 Betriebswirtschaftliche Grundlagen

3.

Er-eig-nis	Leistungsprozess					Finanzierung
	Leistungserstellung			Leistungsverwertung		
	Beschaffung	Einsatzlager	Fertigung	Absatzlager	Absatz	
a	×	×				×
b			×			×
c	×		×			×
d	×				×	×
e	×	×	×	×	×	×
f	×		×		×	×
g	×	×	×	×	×	×
h	×		×	×	×	×
i	×		×		×	×
j			×			×

Wirtschaftliches Handeln

1.05 Das Ökonomische Prinzip (Wirtschaftlichkeitsprinzip)

1. Das ökonomische Prinzip liegt folgenden Sachverhalten zugrunde: 1, 3, 4.
2. (1) = Minimalprinzip
   (3) = Maximalprinzip
   (4) = Minimalprinzip

1.06 Ökonomisches Prinzip und Egoismus

Das ökonomische Prinzip ist in seinen beiden Varianten, dem Maximalprinzip und dem Minimalprinzip, nichts anderes als eine Regel vernünftigen (rationalen) Handelns. Die Geltung dieses Prinzips beschränkt sich nicht auf die Wirtschaft. Als rational wird eine Entscheidung bezeichnet, die auf der Basis vorhandener Informationen die günstigste Alternative auswählt. Ohne Zielangabe ist das Prinzip lediglich eine formale Handlungsregel. Erst mit der Festlegung der Ziele wird aber bestimmt, ob eine Handlung egoistisch ist. Ein Lebensretter, der einen Ertrinkenden unter Einsatz seines Lebens aus dem Wasser zieht, handelt sicher altruistisch. Und doch lässt sich auf den Rettungsvorgang das ökonomische Prinzip anwenden: Der Retter schwimmt auf dem kürzesten Weg auf den Ertrinkenden zu, erfasst ihn in der zweckmäßigsten Weise und versucht, ihn so schnell wie möglich und mit dem geringsten Kraftaufwand wieder an Land zu bringen. Man kann durchaus aus egoistischen Motiven handeln und nur aus Ungeschick das ökonomische Prinzip nicht befolgen. Andererseits kann man aus altruistischen Motiven handeln und doch nach dem ökonomischen Prinzip verfahren. (Beispiel nach: **Schumpeter, Joseph:** Das Wesen und der Hauptinhalt der theoretischen Nationalökonomie, 1908).

1.07 Ökonomisches Prinzip und Umwelt

Nach dem ökonomischen Prinzip (wirtschaftlich) zu handeln heißt, eine bestimmte Leistung mit möglichst geringen Kosten oder mit gegebenen Kosten eine möglichst große Leistung zu erstellen. Die Geschäftsleitung behauptet, wegen der für die Kläranlage zusätzlich anfallenden Kosten Bestecke und Küchengeräte (z.B. Kochtöpfe) nicht mehr mit den geringstmöglichen Kosten herstellen zu können.

Mit der Produktion der Küchengeräte entstehen in der **Norddeutschen Metallwarenfabrik** industriell verschmutzte Abwässer, die offensichtlich auch durch das Streben der Geschäftsleitung nach wirtschaftlicher Produktion nicht verhindert werden konnten. Die Kosten für die Reinigung dieser Abwässer bzw. die Beseitigung der durch sie entstehenden Umweltschäden wurden bisher von der Allgemeinheit getragen (soziale Kosten). Entsprechend dem Verursacherprinzip wird mit diesen Kosten jetzt der Industriebetrieb belastet. Zwar erhöhen sich die einzelwirtschaftlichen Produktionskosten, dafür sinken aber die von der Gemeinschaft zu tragenden (sozialen) Kosten. Die Gesamtkosten (einzelwirtschaftliche + soziale Kosten) verändern sich nicht.

Weil die **Norddeutsche Metallwarenfabrik** Kosten jetzt selbst zu tragen hat, die bisher von der Allgemeinheit übernommen wurden, kann sich ihr Gewinn verringern. Die Wirtschaftlichkeit (Verhältnis Leistung zu gesamtwirtschaftlichen Kosten) hat sich dadurch jedoch nicht verändert.

Methoden und Bereiche der Wirtschaftswissenschaft

1.08 Modellbildung in der Betriebswirtschaftslehre

1. Es handelt sich um ein Entscheidungsmodell, weil es dazu dient, eine optimale Handlungsmöglichkeit zu finden (Menge und Bestelltermin für die Leiterplatten).

2. Überprüfung des Realitätsbezugs der Annahmen des beschriebenen Modells:

   a) Der Jahresbedarf ist nicht präzise bekannt.

   b) Der Einkaufspreis verändert sich in der Regel infolge Rabattgewährung mit steigenden Bezugsmengen.

   c) Es kommt immer wieder vor, dass der Lieferer aus irgendeinem Grund nicht zum vereinbarten Termin liefert.

   d) Nur bei bestimmten Fertigungsverfahren (Massenfertigung, Serienfertigung) kann man die Annahme als realistisch ansehen, dass der Tagesbedarf konstant ist.

   e) Zwar werden die Bestellkosten nicht absolut fix sein. Die Abweichungen der Bestellkosten je nach Bestellmenge sind jedoch nicht als erheblich anzusehen.

   f) Dass die Lagerkosten vom durchschnittlichen Lagerbestand abhängen, ist sehr wirklichkeitsnah, schon allein wegen des erheblichen Anteils der Zinskosten, der ausschließlich vom Wert des durchschnittlichen Lagerbestandes abhängt.

   g) Realistisch. Vernünftigerweise werden die Lagerkapazitäten geschaffen (als Eigenlager oder Fremdlager), die zur Lagerung des optimalen Lagerbestandes ausreichen.

1 Betriebswirtschaftliche Grundlagen

h) Fraglich ist, ob die liquiden Mittel zur Beschaffung des optimalen Lagerbestandes ausreichen. Unter Umständen muss ein Vergleich angestellt werden, ob die zur Beschaffung der optimalen Bestellmenge anfallenden Finanzierungskosten höher sind als die zusätzlich anfallenden Beschaffungs- und Lagerkosten, die dann entstehen, wenn aus Liquiditätsgründen die optimale Bestellmenge nicht beschafft werden kann.

Trotz dieser Vereinfachungen gegenüber der Realität zeigt das Modell die grundlegenden Einflussgrößen auf die optimale Bestellmenge. Die Erkenntnisse aus diesem Modell (Formel zur Berechnung der optimalen Bestellmenge) stellen eine geeignete Orientierung für Entscheidungen in der Betriebspraxis dar.

3. **Vorteile der Modellbildung:**

Die Zusammenhänge der wirtschaftlichen Wirklichkeit werden vereinfacht und damit überschaubar gemacht. So wird es möglich, betriebswirtschaftliche Zusammenhänge und Prozesse zu durchschauen, die in der konkreten betriebswirtschaftlichen Situation durch eine Vielzahl von Einflussgrößen verdeckt sind. Das Ergebnis einer solchen betriebswirtschaftlichen Untersuchung an einer modellhaften Situation kann z.B. die Formel zur Bestimmung der optimalen Bestellmenge sein.

Die Modellbildung ist für die wissenschaftliche Betriebswirtschaftslehre unentbehrlich, um die Grundzusammenhänge betrieblichen Geschehens zu erfassen und zu erklären.

Gefahren (Grenzen) der Modellbildung:

Die aufgrund einer Modellanalyse gewonnene Erkenntnis (Theorie, Hypothese) darf nicht ohne Überprüfung in die Praxis übertragen werden. Das kann nur in der Weise geschehen, dass man überprüft, ob die Anwendung der mit Hilfe des Modells gewonnenen Erkenntnisse zu brauchbaren Ergebnissen in der Praxis führt. Wenn sich in der Praxis auch nur in einem Fall zeigt, dass die Theorie (z.B. Formel zur Berechnung der optimalen Bestellmenge) nicht zu einem brauchbaren Ergebnis führt, dann gilt die Theorie als widerlegt (falsifiziert).

1.09 Betriebswirtschaftslehre und Volkswirtschaftslehre

In den Bereich der Volkswirtschaftslehre gehören folgende Fragen:
1, 3, 4, 5, 8, 11.
In den Bereich der Betriebswirtschaftslehre gehören folgende Fragen:
2, 6, 7, 9, 10.

2 Rechtliche Grundlagen

Willenserklärungen beim Abschluss von Verträgen

2.01 Willenserklärung – Antrag – Annahme – Kaufvertrag

1. **Lindner:** 50 Fl. »Escherndorfer…« zu 3,50 EUR innerhalb von 4 Wochen zu liefern;
   Obermooser: 50 Fl. »Escherndorfer…« zu 3,50 EUR abzunehmen und zu bezahlen.
2. Nein, L. ist an sein Versprechen (3,50 EUR) gebunden, § 145 BGB.
3. a) Antrag und Annahme.
   b) Nein, kein Antrag, sondern Aufforderung an die Allgemeinheit zum Kauf.
   c) Allgemeine Rechtssicherheit; Voraussetzung für eine arbeitsteilige Wirtschaft.
   d) Übereinstimmende Willenserklärungen, Antrag und Annahme.
4. a) Nein, §§ 146 u. 147, (2) BGB, Antrag nicht rechtzeitig angenommen; rechtzeitig: normale Postlaufzeit des Antrags + Überlegungsfrist + normale Postlaufzeit der Bestellung. Eine verspätete Annahme gilt als neuer Antrag (BGB § 150, Abs. 1).
   b) Einem Anwesenden gemachter Antrag kann nur sofort angenommen werden (§ 147 BGB).

2.02 Willenserklärung Geschäftsunfähiger und beschränkt Geschäftsfähiger

1. a) Nein, §§ 104 und 105 BGB. Wer das siebte Lebensjahr noch nicht vollendet hat, ist geschäftsunfähig. Die Willenserklärung eines Geschäftsunfähigen ist nichtig.
   b) Ja. **Georg** hat als Bote die Willenserklärung seines Vaters übermittelt. Dadurch ist der Kaufvertrag zwischen Frau **Huß** und Georgs Vater zustande gekommen. Bote kann auch ein Geschäftsunfähiger sein.
2. a) Nein, wenn Georgs Vater nicht zustimmt. **Kurt** ist gem. BGB § 106 beschränkt geschäftsfähig. Von ihm abgeschlossene Rechtsgeschäfte bedürfen der Einwilligung seines gesetzlichen Vertreters (BGB § 107). Bis zur Genehmigung durch den gesetzlichen Vertreter ist der Kaufvertrag über den Taschenrechner schwebend unwirksam.
   b) **Straubmüller** kann bis zur Genehmigung des von **Kurt** abgeschlossenen Kaufvertrags durch den gesetzlichen Vertreter seine Erklärung widerrufen (BGB § 109). Sobald der gesetzliche Vertreter zugestimmt hat, ist die Erklärung Straubmüllers bindend; dann muss er auch die versprochenen 2% Skonto gewähren.

2.03 Girokonto für beschränkt Geschäftsfähige

1. **Sabine Roth** ist beschränkt geschäftsfähig (§ 106 BGB). Die Wirksamkeit der von ihr abgeschlossenen Rechtsgeschäfte hängt von der vorherigen Zustimmung (Einwilligung) oder nachträglichen Zustimmung (Genehmigung) des gesetzlichen Vertreters ab (§§ 107, 108 BGB). Zwar können Verträge von beschränkt Geschäftsfähigen nach § 107 BGB auch ohne Zustimmung des gesetzlichen Vertreters gültig sein, wenn sie lediglich einen rechtlichen Vorteil bringen. Jedoch ist der Abschluss eines Kontoeröffnungsvertrags wegen der damit verbundenen Verpflichtung zur Zahlung von Kontoführungsgebühren und der Vereinbarung der Allgemeinen Geschäftsbedingungen im rechtlichen Sinne nicht lediglich vorteilhaft und bedarf deshalb der Zustimmung des gesetzlichen Vertreters, d.h. beider Elternteile. Rechtlich

nachteilig wäre selbst die Einzahlung oder die Abhebung von einem Konto, weil der Minderjährige dadurch das Eigentum an seinem Geld gegen eine bloße Buchgeldforderung oder einen Rückzahlungsanspruch verlieren würde.

Wäre **Sabine** von ihren Eltern zur Eingehung eines Dienst- oder Arbeitsverhältnisses ermächtigt worden, dann wäre sie gem. § 113 BGB damit auch zu allen Geschäften ermächtigt, die sich daraus ergeben; dazu würde auch die Eröffnung eines Gehaltskontos gehören. Ein Ausbildungsverhältnis ist jedoch kein Arbeitsverhältnis im Sinne des § 113 BGB. **Sabine** benötigt damit zur Kontoeröffnung die Zustimmung ihres gesetzlichen Vertreters.

2. a) Die nach den allgemeinen Regelungen über die Geschäftsfähigkeit notwendige Zustimmung des gesetzlichen Vertreters soll im Geschäftsleben noch unerfahrene Jugendliche davor schützen, unüberlegt rechtliche Bindungen einzugehen oder von erfahreneren Vertragspartnern benachteiligt zu werden. In Fällen von besonderer Bedeutung oder mit besonderem Risiko wird zur Sicherheit noch die Zustimmung des Vormundschaftsgerichts verlangt. Notwendig und zweckmäßig wird diese Vorschrift insbesondere dann sein, wenn der gesetzliche Vertreter selbst nicht die erforderliche Erfahrung oder die Kenntnisse besitzt, um die Interessen des Jugendlichen zu wahren, in manchen Fällen aber auch dann, wenn die Interessen des gesetzlichen Vertreters andere sein können als die des Jugendlichen.

b) Persönliche Stellungnahme.
Dafür ist von Interesse, dass das Bundesamt für das Kreditwesen den Banken und Sparkassen Leitlinien für den Umgang mit minderjährigen Kunden vorgegeben hat, die noch weiter gehen als die gesetzlichen Regelungen:
− Die Werbung darf nicht zu sorglosem Umgang mit Geld ermuntern.
− Der Eröffnung eines Girokontos müssen beide Eltern zustimmen. Dabei muss die Formulierung der Erlaubnis hinreichend präzise sein.
− Minderjährige dürfen keine ec-Karte bekommen.
− Die Banken dürfen bei Problemen mit dem Girokonto keinen Druck auf den Minderjährigen und die Eltern ausüben (z.B. mit der Androhung einer Strafanzeige oder einer Zwangsvollstreckung).

2.04 Verfügung über Taschengeld – Verpflichtungs- und Erfüllungsgeschäft beim Kaufvertrag

1. Nein. Das Rechtsgeschäft eines Minderjährigen ist auch ohne Zustimmung des gesetzlichen Vertreters von Anfang an wirksam, wenn der Minderjährige die vertragsmäßige Leistung aus Mitteln bewirkt, die ihm zur freien Verfügung überlassen worden sind (BGB § 110, sog. Taschengeldparagraph). Eine Einschränkung der Verfügungsgewalt haben Peters Eltern mit der Überlassung des Taschengeldes nicht zum Ausdruck gebracht. Es gibt auch keinen Grund für die Annahme, dass sie aus pädagogischen oder wirtschaftlichen Gründen den Kauf der CD mit einer historischen Aufnahme der Beatles stillschweigend von der Verfügungsgewalt ausschließen wollten.

2. a) Ja. Zwar gilt das von einem Minderjährigen abgeschlossene Rechtsgeschäft gem. § 110 BGB dann auch ohne Zustimmung des gesetzlichen Vertreters als wirksam, wenn er die vertragsmäßige Leistung aus Mitteln bewirkt, die ihm als Taschengeld zur freien Verfügung überlassen worden sind. Er muss die vertragsmäßige Leistung jedoch aus Mitteln bewirken, die er schon erhalten hat. Über zukünftiges Taschengeld kann er nicht verfügen.

b) **Peter** ist Eigentümer des Schlagzeugs. Aus § 107 BGB ist zu entnehmen, dass die Zustimmung des gesetzlichen Vertreters nicht notwendig ist, wenn das Rechtsgeschäft dem Minderjährigen lediglich einen rechtlichen Vorteil bringt. Der Eigentumserwerb an dem Schlagzeug bringt lediglich einen rechtlichen Vorteil. **Herbert** hat jedoch einen Anspruch auf Rückgabe des Schlagzeugs aus ungerechtfertigter Bereicherung (§ 812 ff. BGB). Nach dem sog. Abstraktionsprinzip ist das schuldrechtliche Verpflichtungsgeschäft (Kaufvertrag über das Schlagzeug) grundsätzlich unabhängig vom dinglichen Erfüllungsgeschäft (Eigentumsübertragung an dem Schlagzeug).

3. Ja. In diesem Falle verfügt **Peter** über einen Teil der Ausbildungsvergütung, der ihm zur freien Verfügung überlassen worden ist. Gem. § 110 BGB bedarf es dann der Zustimmung des gesetzlichen Vertreters nicht. Der Kaufvertrag ist rechtsgültig zustande gekommen.

2.05 Zusammenfassung: Zustandekommen von Verträgen

	Antrag		Annahme	
	Käufer	Verkäufer	Käufer	Verkäufer
1) Der Verkäufer macht schriftlich ein Sonderangebot über Schreibmaschinenpapier. Der Käufer bestellt 2 Tage nach Eingang des Angebots.		X	X	
2) Ein Versandhaus sendet dem Käufer ohne Aufforderung einen Katalog zu. Der Käufer bestellt nach diesem Katalog eine Heizsonne. Das Versandhaus liefert umgehend und legt die Rechnung bei.	X			X
3) Ein Heizölhändler bietet einem Stammkunden telefonisch die sofortige Lieferung des Jahresbedarfs zu einem besonders günstigen Preis an. Der Kunde kann sich nicht sofort entschließen. Am nächsten Morgen bestellt er telefonisch 5000 Liter. Der Händler sagt die Lieferung zu.	X			X
4) Im Schaufenster eines Rundfunk- und Fernsehhändlers steht ein Radiorecorder, ausgezeichnet mit 85 EUR. Der Käufer geht in das Geschäft und verlangt dieses Gerät. Nach Aushändigung zahlt er an der Kasse.	X			X
5) Ein 16-jähriger Käufer sucht sich in einem Selbstbedienungsmarkt ein Fahrrad zum Preis von 380 EUR aus. An der Kasse zahlt er bar. Diesen Betrag hat er aus dem Teil seiner Ausbildungsvergütung gespart, der ihm von seinen Eltern zur freien Verfügung überlassen worden ist.	X			X
6) A ist Eigentümer eines Einfamilienhauses und will eine Garage bauen. Er fragt seinen Nachbarn B, ob dieser ihm 50 qm Gartengelände verkaufen will und bietet 90 EUR je qm an. B stimmt mündlich sofort zu.	—	—	—	—
	Der Antrag ebenso wie die Annahmeerklärung sind gem. § 125 BGB nicht rechtsverbindlich, weil ihnen die für Grundstücksgeschäfte in § 311 b BGB vorgeschriebene Form (notarielle Beurkundung) fehlt.			
7) Im Eingangsbereich eines Tierparks ist ein Verkaufsautomat für Filmmaterial aufgestellt. Ein Zoobesucher wirft, wie in der Anweisung gefordert, 6,50 EUR ein und entnimmt dann einem Ausgabefach den gewünschten Film.		X	X	
	In der Aufstellung eines Automaten liegt regelmäßig ein bindendes Verkaufsangebot des Aufstellers. Es ist auf den im Automaten vorhandenen Vorrat beschränkt und setzt seine Funktionsfähigkeit voraus. Die Annahme erfolgt durch den Einwurf eines gültigen Geldstückes.			
8) Der Käufer hat den Werbeprospekt eines Versandhauses für Imkerprodukte erhalten. Er bestellt daraufhin per Fax einen 2,5-l-Eimer Waldhonig. Zwei Tage später geht die Lieferung bei ihm ein.	X			X
9) Eine Bürobedarfs-Großhandlung bietet schriftlich Farbpatronen für Tintenstrahldrucker zu dem Sonderpreis von 24,75 EUR bei Mindestabnahme von 50 Stück an. Der Käufer bestellt sofort nach Eingang des Angebots 60 Stück zum Preis von 24,00 EUR. Der Verkäufer liefert umgehend und stellt tatsächlich nur 24,00 EUR in Rechnung.	X			X

Verpflichtungen aus dem Kaufvertrag

2.06 Inhalt des Kaufvertrags nach BGB: Liefer- und Zahlungsbedingungen – Erfüllungsort – Gerichtsstand

1. Ja, § 271 BGB; **sofort:** so schnell, wie Schuldner nach Umständen leisten kann.
2. Sofort, § 271 BGB.
3. a) Bonn, § 269 BGB.
   b) Dr. B., §§ 269 u. 448 BGB.
4. a) Ja, § 448 BGB. Die Kosten der Versendung nach einem anderen Ort als dem Erfüllungsort trägt der Käufer (BGB § 448). Erfüllungsort (Leistungsort) ist gem. BGB § 269 der Ort, an dem der Verkäufer seinen Wohnsitz oder seine gewerbliche Niederlassung hat. Gemeint ist damit nicht die Gemeinde oder die Stadt, in der der Schuldner seinen Geschäftssitz hat, sondern z.B. bei einem Kaufvertrag präzise der Ort innerhalb der Gemeinde, an dem der Verkäufer geschäftlich tätig wird. Zur Versendung gehört damit auch der Transport der Ware vom Ort der geschäftlichen Tätigkeit zur Bahn oder Post.
   b) Nein, § 448 BGB.
   c) Da Erfüllungsort im Sinne des § 269 BGB präzise der Ort innerhalb einer Gemeinde ist, an dem der Verkäufer geschäftlich tätig wird (siehe dazu auch 4.a), liegt auch beim Transport innerhalb desselben Ortes (Platzgeschäft) eine Versendung nach einem anderen Ort als dem Erfüllungsort vor. Die Beförderungskosten trägt damit in diesem Fall der Käufer (so Brox, Besonderes Schuldrecht, 10. Auflage, Anm. 52). Anders wäre es natürlich, wenn ausdrücklich oder stillschweigend eine andere Vereinbarung getroffen worden wäre.
5. a) Nein, § 447 (1) BGB. Anders wäre die Rechtslage beim Verbrauchsgüterkauf. Dann findet § 447 keine Anwendung (§ 474 (2)). Die Ware »reist« dann auf Gefahr des Verkäufers.
   b) Ja, § 276 BGB.
6. Der Ort, an dem die Klage zu erheben ist (Gerichtsstand, § 12 ZPO), ist für Streitigkeiten aus dem Vertragsverhältnis gem. § 29 ZPO der Erfüllungsort. Frau **Amberger** klagt auf Erfüllung des Kaufvertrags. Zwischen Frau **Amberger** und **Dr. Bertram** wurde eine besondere Vereinbarung nicht getroffen. Deshalb ist gem. § 269 BGB München der Erfüllungsort und damit der Gerichtstand.
7. Nein, § 270 (1) BGB.
8. Nein, § 270 (1) BGB.
9. Bonn, § 269 BGB u. § 29 ZPO.

Erfüllung von Vertragspflichten

2.07 Verpflichtungsgeschäft (Kaufvertrag) und Verfügungsgeschäft (Eigentumsübertragung) – Eigentumsübergang an beweglichen Sachen

1. Ja. **Ritter** und **Fontanesi** haben durch Antrag und Annahme (BGB § 145ff.) einen gültigen Kaufvertrag abgeschlossen.
2. Ja. **Fontanesi,** vertreten durch seine Verkäuferin (§ 164 BGB), hat auch mit **Dr. Kuhn** einen rechtsgültigen Kaufvertrag abgeschlossen. Das »Verpflichtungsgeschäft« ist nicht deshalb ungültig, weil sich **Fontanesi** schon gegenüber **Ritter** vor Übergabe der Holzschnitte verpflichtet hatte.

3. Solange sich die Kunstmappe noch bei **Fontanesi** befindet, ist dieser sowohl Eigentümer als auch Besitzer der Holzschnitte. Erst mit der Übergabe der Mappe an **Dr. Kuhn** und der Einigung darüber, dass das Eigentum übergehen soll, wird der Erwerber Eigentümer (BGB § 929).

   Hinweis: Die Übergabe könnte gem. § 930 BGB durch die Vereinbarung eines Besitzkonstituts (§ 830 BGB) ersetzt werden. Dies wäre z.B. der Fall, wenn **Ritter** und der Kunsthändler ausdrücklich vereinbart hätten, dass der Kunsthändler die Sammlung vorläufig verwahren soll. Eine solche Vereinbarung ist offensichtlich nicht ausdrücklich getroffen worden. Wenn **Ritter** die Kunstmappe jedoch nicht nur ausgesucht und gekauft, sondern auch bezahlt hätte, dann würde von der Rechtsprechung i.d.R. die Interessenlage des Käufers berücksichtigt und Eigentumsübergang angenommen. Das schutzwürdige Interesse besteht darin, dass die bereits gezahlte Ware nicht von einem Gläubiger des Verkäufers gepfändet werden kann oder in die Insolvenzmasse fällt, wenn der Verkäufer insolvent wird.

4. Mit der Übergabe der Mappe ist **Dr. Kuhn** gem. BGB § 929 Eigentümer geworden. Das sich aus dem »Verpflichtungsgeschäft« ergebende »Verfügungsgeschäft« ist damit ausgeführt.

5. Nein. **Dr. Kuhn** ist Eigentümer und kann gem. BGB § 903 die Herausgabe verweigern. **Ritter** ist weder Eigentümer, noch hat er aus einem anderen Grunde Anspruch auf Herausgabe der Kunstmappe.

2.08 Eigentum und Besitz

1. **Ritter** ist Besitzer. Er hat aufgrund eines Leihvertrags die tatsächliche Verfügungsgewalt über das Mofa (BGB § 854). Sauer ist nach wie vor Eigentümer. Zwar wurde das Mofa an **Ritter** übergeben, aber es bestand Einigkeit darüber, dass er nicht Eigentümer werden soll (BGB § 929). Damit hat **Sauer** nach wie vor die rechtliche Verfügungsgewalt über das Mofa.

2. Nein. Als Entleiher darf er gem. BGB § 603 das Mofa nicht einem anderen zum Gebrauch überlassen.

3. Ja. **Sauer** ist noch Eigentümer und hat damit gem. BGB § 903 weiterhin die rechtliche Verfügungsgewalt über das Mofa, d.h., er kann darüber einen rechtsgültigen Kaufvertrag abschließen.

2.09 ROLLENSPIEL: Hauskauf – Eigentumsübertragung an Grundstücken

ROLLENSPIEL: Gefährliche Vertragsbedingungen beim Erwerb eines Reihenhauses?
(Auch als Lehraufgabe und in Gruppenarbeit zu bearbeiten)

Vorbereitung des Spiels:

Der Lehrer fordert die Schüler auf, das Inserat zu betrachten, weist auf den Antwortbrief der **PALATIA GmbH** hin und lässt ihn einzeln lesen.

Der Lehrer stellt die vier Familienmitglieder vor und erklärt, dass diese vier Familienmitglieder in einem Rollenspiel die Situation diskutieren, vor allem aber auch zu einem Ergebnis kommen sollen.

Die Rollen werden von vier Schülern übernommen. Danach erhält jeder Diskussionsteilnehmer seine »Rollenkarte« (siehe nächste Seite) mit näheren Angaben zu der von ihm darzustellenden Person (Seite kopieren und auseinander schneiden).

Es kommt vor allem darauf an, dass **Georg** sich sachlich gründlich auf seine Rolle vorbereitet. Der gruppendynamische Effekt des Rollenspiels kann vor allem darin gesehen werden, dass die anderen Familienmitglieder die sachlichen Argumente vorurteilsfrei aufnehmen, sich bei Unklarheiten durch gezielte Rückfragen bei **Georg** und im Gespräch mit den anderen Familienmitgliedern Klarheit verschaffen.

2 Rechtliche Grundlagen

Gesichtspunkte, die in der Diskussion angesprochen werden bzw. in der Schlussbesprechung mit der gesamten Klasse nachgearbeitet werden sollten:

- 1) Wie könnte festgestellt werden, ob die **PALATIA GmbH** an dem zu bebauenden Grundstück schon Eigentum erworben hat?

  Da **Zimmermann** ein berechtigtes Interesse nachweisen kann, könnte er Einsicht in das Grundbuch nehmen. Es wird vom Grundbuchamt, das ist eine Abteilung des Amtsgerichts, geführt (in Baden-Württemberg z.T. durch die Gemeinden).

- 2) Wer wäre Eigentümer des Grundstücks nach Abschluss eines Baubetreuungsvertrags zwischen **Zimmermann** und der **PALATIA GmbH** und Überweisung der ersten Rate in Höhe des Grundstückswertes?

  Das Eigentum an dem Grundstück wird von der **PALATIA Baubetreuungs GmbH** erst nach Fertigstellung und Bezahlung der letzten Teilrate im Grundbuch auf den Käufer übertragen werden. Damit bleibt die Baubetreuungs GmbH bis zur völligen Fertigstellung des Gebäudes Eigentümerin des Grundstücks (§ 873 BGB).

- 3) Wer wäre Eigentümer des Rohbaus, nachdem **Zimmermann** die erste Baufortschrittsrate gezahlt hatte?

  Durch Verbindung der Baustoffe (Steine, Zement, Ziegel, Holz) mit dem Grundstück geht das Eigentum daran auf den Grundstückseigentümer über (BGB § 946). Trotz der Ratenzahlungen durch den Käufer nach Baufortschritt ist der Rohbau in jeder Phase im Eigentum der **PALATIA GmbH**.

- 4) Welches Risiko würde die Familie **Zimmermann** eingehen, wenn sie die vorgeschlagene Regelung über den Eigentumsübergang akzeptieren würde?

  Kommt die **Baubetreuungs GmbH** in wirtschaftliche Schwierigkeiten, wird sie z.B. in ein Insolvenzverfahren verwickelt, dann wird von den Gläubigern der **Baubetreuungs GmbH** auf die bebauten Grundstücke zurückgegriffen (z.B. von dem Bauunternehmer **Kullmann**, der den Rohbau erstellt, oder auch von der Hausbank der **PALATIA GmbH,** die zur Sicherung der an die **PALATIA GmbH** gewährten Kredite die Grundstücke mit Hypotheken oder Grundschulden belasten kann. Da die **PALATIA GmbH** als Grundstückseigentümerin gem. § 946 BGB auch Eigentümerin des gesamten Baukörpers ist, könnte das Reihenhaus versteigert werden und der Erlös der Bank zufließen, obwohl die Familie **Zimmermann** den gesamten Kaufpreis bereits an die Baubetreuungsgesellschaft gezahlt hat.

- 5) Genügt nicht das Vertrauen in den langjährig bekannten, angesehenen und vermögenden Geschäftsführer **Huß**?

  Persönliche Vertrauenswürdigkeit ist keine Garantie für wirtschaftlichen Erfolg. Die **PALATIA GmbH** kann durch eine konjunkturell bedingte Absatzschwierigkeit in finanzielle Bedrängnis kommen. Da der Vertrag mit der GmbH abgeschlossen wird, haftet **Huß** auch nicht mit seinem Privatvermögen.

- 6) Welche vertragliche Regelung könnte Familie **Zimmermann** der GmbH vorschlagen, um jedes Risiko zu vermeiden?

  Übertragung des Eigentums am Grundstück mit Zahlung der ersten Rate wird vereinbart. Dann würde das Risiko allein bei der **Baubetreuungs GmbH** liegen. Es ist aber dadurch begrenzt, dass sie je nach Baufortschritt Einzahlungen von **Zimmermann** erhält. Sie könnte das Risiko noch weiter einschränken, indem sie für jeden Bauabschnitt eine Vorauszahlung auf ein Sperrkonto verlangt, das von einem Notar verwaltet wird (Notar-Anderkonto).

  oder

  GmbH stellt eine Bankbürgschaft für den Fall, dass die Übertragung des Eigentums nicht vertragsgemäß stattfindet.

Rollenkarten

Vater Friedrich Zimmermann,
43 Jahre alt, ist als Chemiefacharbeiter im Schichtbetrieb in der **BASF Ludwigshafen** beschäftigt. Er hat schon lange den dringenden Wunsch, ein kleines Einfamilienhaus zu besitzen. Zu dem Geschäftsführer **Huß** der **PALATIA GmbH,** mit dem er schon seit vielen Jahren einmal in der Woche kegelt, hat er volles Vertrauen. Er weiß, dass **Huß** ein bedeutendes Privatvermögen besitzt.

Mutter Lotte Zimmermann,
41 Jahre alt, ist gelernte Krankenschwester und arbeitet zur Zeit halbtags im **Städt. Krankenhaus Frankenthal.** Sie hat vor kurzem beim Tod ihrer Mutter 80 000 Euro geerbt, die den finanziellen Grundstock beim Erwerb eines Einfamilienhauses bilden sollen.

Sie misstraut grundsätzlich einer »Baubetreuungsgesellschaft«, die selbst ja gar nicht baut. Sie hat sich erkundigt und erfahren, dass der Rohbau von dem Bauunternehmer **Kullmann** erstellt wird. Die Ausbauarbeiten werden von örtlichen Handwerkern ausgeführt. Auf keinen Fall will sie das Risiko eingehen, das von ihren Eltern hart erarbeitete Geld bei einem undurchsichtigen Grundstücksgeschäft zu verlieren. Sie bezweifelt, ob die Baubetreuungsgesellschaft überhaupt Eigentümerin des Grundstücks ist, auf dem die Häuser und Wohnungen gebaut werden. Sie vermutet, wirtschaftlich stehe hinter dem gesamten Projekt der Bauunternehmer **Kullmann.**

Sohn Georg Zimmermann,
18 Jahre alt, ist als Auszubildender im 2. Ausbildungsjahr bei der **Stadtsparkasse Frankenthal** beschäftigt. Er meint, man müsse die im Brief der **Baubetreuungs GmbH** erwähnten Vertragsbedingungen tatsächlich sehr sorgfältig prüfen, bevor man einen Vertrag abschließt. Er bringt zu dem Gespräch die in seiner Berufsschule eingeführte Gesetzessammlung mit. Als Vorbereitung auf das Gespräch hat er sich eingehend mit den Regelungen des BGB über den Erwerb von Eigentum beschäftigt.

Tochter Tanja Zimmermann,
16 Jahre alt, besucht die 10. Klasse der Realschule. Sie hat schon die Zusage, nach Schulabschluss bei dem **Juwelier Geiger** eine Lehre als Goldschmiedin antreten zu können. Sie ist sehr für den Erwerb des Reihenhauses, da ihr Vater ihr zugesagt hat, dass sie sich im Dachgeschoss ein »Atelier« ausbauen darf. **Tanja** hört sehr aufmerksam auf die Diskussionsbeiträge der anderen Familienmitglieder und stellt Fragen vor allem an **Georg,** die zur Klärung beitragen sollen. Sollten die Bedenken gegen einen Vertragsabschluss in der Diskussion beherrschend werden, drängt sie darauf, dass Lösungsmöglichkeiten für eine Vertragsgestaltung gefunden werden, die auch für die **PALATIA GmbH** annehmbar sind.

Mit den Fragen 1 – 6 könnte die Ausgangssituation statt als Rollenspiel auch im Stil einer Lehraufgabe bearbeitet werden.

Möglichkeit zur Gruppenarbeit:
Den Gruppen die Situation vorstellen und die Fragen vorgeben (arbeitsgleiche Gruppenarbeit). Arbeit in der Gruppe. Anschließend tragen die Gruppen ihre Arbeitsergebnisse vor.

Wichtig:
Als Ergebnis (wesentliches sachliches Lernziel) die Regelungen zum Eigentumsübergang an Grundstücken strukturiert zusammenfassen; verknüpfen mit Regelungen zum Eigentumsübergang an beweglichen Sachen.

Kaufvertrag im Geschäftsleben

2.10 Vertragsfreiheit – Liefer- und Zahlungsbedingungen im Geschäftsleben – Allgemeine Geschäftsbedingungen (AGB)

1. 1) Ohne besondere Vereinbarung sind Käufer und Verkäufer an den vertraglich vereinbarten Preis gebunden, auch wenn der Marktpreis bis zum Zeitpunkt der Lieferung gestiegen oder gesunken ist.
   2) Die Lieferbedingung entspricht der gesetzlichen Regelung. Beim Versendungskauf trägt gem. BGB §§ 446 – 448 der Käufer die Kosten der Versendung und die Transportgefahr.
   3) Nach BGB § 271 hat die Zahlung bei Lieferung (»Zug um Zug«) ohne jegliche Abzüge zu erfolgen.
   4) Nach BGB § 288 (1) können Verzugszinsen in Höhe von 5 Prozentpunkten über dem von der Deutschen Bundesbank bekanntgegebenen Basiszinssatz in Rechnung gestellt werden. Für Rechtsgeschäfte, an denen ein Verbraucher nicht beteiligt ist, kann ein Zinssatz von 8 Prozentpunkten über dem Basiszins verlangt werden BGB § 288 (2).
   5) Ohne besondere Vereinbarung geht das Eigentum mit der Übergabe der Ware an den Käufer über (BGB § 929).
   6) Wird eine dem Lieferer noch nicht bezahlte Ware weiterverkauft, dann steht – ohne besondere Vereinbarung – der Anspruch auf Bezahlung allein dem Verkäufer zu.
   7) Ohne besondere Vereinbarung ist Erfüllungsort der Wohn- bzw. Geschäftssitz des Schuldners; für die Warenschuld wäre damit **Erfurt** der Erfüllungsort (BGB § 269). Die Vereinbarung über den Gerichtsstand **Erfurt** ist wirksam, da Vollkaufleute gem. § 39 ZPO den Gerichtsstand frei vereinbaren können. Ohne diese Vereinbarung über den Gerichtsstand wäre gem. § 29 ZPO für die Klage auf Leistung (Warenlieferung wie auch Geldzahlung) das Gericht des Ortes zuständig, an dem die Leistung zu erbringen ist (Erfüllungsort). Für die Klage auf Warenlieferung wäre damit **Erfurt**, für die Klage auf Zahlung des Kaufpreises **Arnstadt** zuständig.

2. a) Zu Bedingung Nr. 1:
   Möhringer muss 35 EUR zahlen. Das BGB erklärt zwar in den §§ 307–309 bestimmte Klauseln für unwirksam, die von den gesetzlichen Regelungen abweichen. Dies gilt gem. BGB § 310 (1) jedoch nicht für Geschäftsbedingungen, die gegenüber einem Unternehmer Anwendung finden. Dies trifft für die Geschäftsbeziehungen zwischen **Lenhard** und **Möhringer** zu.

   b) Zu Bedingung Nr. 3:
   Ja. Kreditkosten $7/12$ für einen Monat = 0,58% vom Rechnungspreis. Skonto erbringt 2%.
   Oder:
   2% für einen Monat (vorzeitiger Zahlung) ergibt auf das Jahr bezogen einen Zinssatz von $12 \times 2\% = 24\%$.

   c) Zu Bedingung Nr. 4:
   Damit erfolgt eine Anpassung an die Veränderungen des allgemeinen Zinsniveaus. Aktueller Satz: Basiszinssatz + 5 Prozentpunkte (Stand 01.07.2006: Basiszinssatz 1,95% + 5 Prozentpunkte = 6,95%); gegenüber Unternehmern oder dem Staat

könnten derzeit gem. BGB § 288 (2) 9,95% Verzugszinsen verlangt werden (siehe Zi 1, Nr. 4);
Hinweis:
Der Basiszinssatz wird zweimal im Jahr (am 01.01, und 01.07.) an die aktuelle Zinsentwicklung angepasst (BGB § 247 (1)). Die Bekanntgabe des jeweils gültigen Basiszinssatzes erfolgt durch die Deutsche Bundesbank.

d) Zu Bedingung Nr. 5:
Zahlt **Möhringer** nicht, dann kann **Lenhard** die Rückgabe der nicht bezahlten Ware verlangen. BGB § 449.

e) Zu Bedingung Nr. 6:
Hat **Möhringer** die Ware noch nicht bezahlt, aber bereits weiterverkauft, dann kann **Lenhard** von dem Käufer die direkte Zahlung des Kaufpreises an ihn verlangen. Die Sicherheitsübertragung künftig bei Weiterverkauf entstehender Forderungen durch den Käufer an den Verkäufer wird auch als »verlängerter Eigentumsvorbehalt« bezeichnet.

f) Zu Bedingung Nr. 7:
In Pos. 7 der allgemeinen Geschäftsbedingungen wird neben dem Erfüllungsort der Gerichtsstand ausdrücklich erwähnt. Damit muss ZPO § 29 (2) nicht herangezogen werden, der den Gerichtsstand aus der Vereinbarung über den Erfüllungsort ableitet.

Der gesetzliche Gerichtsstand kann gem. § 38 ZPO von Kaufleuten durch vertragliche Vereinbarung abgeändert werden. Schon die Firmenbezeichnung lässt erkennen, dass sowohl **Möhringer** als auch **Lenhard** Kaufleute sind. **Lenhard** kann die Klage in **Erfurt** erheben.

3. Nein. Mangels anderer Vereinbarungen hätten dann die gesetzlichen Regelungen gegolten.

4. Ja. Die Kosten der für den Versand notwendigen Verpackung hat der Käufer zu tragen (BGB § 448).

Besondere Verträge

2.11 Verbraucherdarlehensvertrag – Verbraucherschutz

1. Der Effektivzins ergibt einen niedrigeren Prozentsatz, weil er sich auf den durchschnittlichen Kreditbetrag bezieht. Dieser ist niedriger als der Barzahlungspreis.
Der durchschnittliche Kreditbetrag lässt sich mit folgender, für jede Laufzeit geltenden Formel errechnen:

$$\text{Durchschnittlicher Kreditbetrag} = \frac{\text{Kreditbetrag} + \frac{\text{Barzahlungspreis}}{\text{Anzahl der Raten}}}{2}$$

Dem Käufer werden im vorliegenden Fall während der gesamten Laufzeit des Ratengeschäftes 1562,50 EUR zur Verfügung gestellt. Für Zinsen und Bearbeitungsgebühren hat der Verkäufer 300 EUR berechnet. Diese ergeben auf den durchschnittlichen Kreditbetrag bezogen den Effektivzins.

$$\text{Hier demnach Effektivzinssatz} = \frac{300 \times 100 \times 12}{1562,50 \times 24} = 9,6\,\%$$

(Bei Verwendung der Formel nach der PAngV und Berechnung mit dem PC ergibt sich ein Effektivzinssatz von 9,73%.)

2 Rechtliche Grundlagen

2. Der Gesetzgeber wollte mit der zwingenden Vorschrift des § 492 (1) Nr. 5 BGB, die Effektivverzinsung bei Verbraucherdarlehensverträgen im Vertrag auszuweisen, zur Transparenz und zur leichteren Vergleichbarkeit solcher Geschäfte beitragen.

3. Nach BGB §§ 495 (1), 355 (1) kann der Darlehensnehmer bei Verbraucherdarlehen binnen zwei Wochen nach Vertragsschluss widerrufen. Für den Verkäufer gilt § 323 BGB, d.h., nur bei Nichterfüllung bzw. nicht vertragsgemäßer Erfüllung der Vertragsabreden durch den Käufer ist Rücktritt vom Vertrag mit den daraus folgenden gesetzlichen Ansprüchen möglich.

Ein Kaufvertrag, der mit einem Kreditvertrag zur Finanzierung des Kaufpreises verbunden ist, gilt als ein verbundenes Geschäft (BGB § 358). Auch die auf den Abschluss eines solchen mit einem Kreditvertrag verbundenen Kaufvertrags (Teilzahlungsgeschäft) gerichtete Willenserklärung wird erst wirksam, wenn sie nicht binnen zwei Wochen vom Verbraucher (Käufer) widerrufen wird (BGB § 495 (1)).

Der Kreditgeber kann gem. § 503 BGB nur zurücktreten, wenn der Verbraucher (Käufer) mit der Zahlung in Verzug ist (BGB § 498 (1)).

4. Geringere Vertrautheit des Käufers mit den Risiken des Geschäftslebens.

5. Bei Unternehmern wird vorausgesetzt, dass sie die erforderlichen Kenntnisse besitzen, um die im Geschäft liegenden Risiken richtig einschätzen zu können.

2.12 Haustürgeschäft – Verbraucherschutz

1. Ja. Da **Frau W.** durch mündliche Verhandlungen in ihrer Privatwohnung zum Kauf des Gerätes veranlasst worden ist, kann sie ihre Willenserklärung innerhalb von zwei Wochen widerrufen (BGB §§ 312 (1), 355 (1)).

2. Wenn eine Wertminderung ausschließlich durch die Prüfung des Geräts eingetreten ist, kann Frau W. den vollen Kaufpreis zurückfordern (BGB § 356 (3) S. 2). Da Frau W. das Gerät aber 5 Tage benutzt hat, muss sie abweichend von BGB § 346 Ersatz für die Wertminderung leisten, wenn sie rechtzeitig auf die Rechtsfolgen und eine Möglichkeit sie zu vermeiden, hingewiesen worden ist (BGB § 357 (3)).

2.13 Widerrufsrecht bei Fernabsatzverträgen

1. Nein. Warenpräsentationen auf einer Homepage im Internet stellen keinen Antrag dar, weil sie nicht an eine bestimmte Person gerichtet sind. Wie Schaufensterauslagen stellen sie lediglich unverbindliche Anpreisungen, d.h. Aufforderungen zur Abgabe eines Antrages, dar.

2. a) Ja. **Christian Himmelsbach** ist Verbraucher nach § 13 BGB. Demnach steht ihm gem. BGB § 312 d ein Widerrufsrecht von 2 Wochen (§ 355 (1) BGB) zu. Innerhalb dieser Frist kann er die Willenserklärung ohne Angabe von Gründen widerrufen. Der geschlossene Vertrag ist bis zum Ende der Frist **schwebend wirksam.**

b) Erhält der Verbraucher erst zum Zeitpunkt der Lieferung die nach BGB § 312 c (2) erforderlichen Informationen, so erlischt das Widerrufsrecht erst nach zwei Wochen – gerechnet vom Zeitpunkt des Zugangs der Informationen (BGB § 312 d (2)).

Hinweis zur Berechnung der Widerrufsfrist:

Die Widerrufsfrist ist eine Ereignisfrist i.S. von § 187 BGB. Demnach wird der Tag, an welchem das Ereignis (Warenlieferung) erfolgt, nicht mitgerechnet. Erfolgt im vorliegenden Falle die Warenlieferung am 18. Oktober, so beginnt die 2-wöchige Widerrufsfrist am 19. Oktober und endet am 02. November um 24.00 Uhr.

2.14 Vertragsarten: Werkvertrag – Werklieferungsvertrag – Dienstvertrag – Arbeitsvertrag – Mietvertrag – Pachtvertrag – Leihvertrag – Darlehensvertrag – Sachdarlehensvertrag

1. a) Werkvertrag, §§ 631, 633 BGB.

   b) Nein, der Anzug ist das Werk, auf das der Vertrag gerichtet ist. Die mangelnde Passform mindert seine Tauglichkeit zu dem im Vertrag vorgesehenen Gebrauch. § 633 BGB.

2. a) Werklieferungsvertrag, § 651 BGB. Es gelten die Vorschriften des Kaufrechts.

   b) Nein. Der Hersteller trägt die Gefahr bis zur Abnahme des Werkes. § 644 BGB.

3. a) Dienstvertrag, § 611 BGB.

   b) Ja. Beim Dienstvertrag steht nicht der Arbeitserfolg, sondern die Arbeit, die Tätigkeit als solche, im Vordergrund.

   c) Beim Werkvertrag handelt es sich um einen geschuldeten Arbeitserfolg, der über die bloße Arbeitsleistung hinausgeht.

4. a) Arbeitsvertrag. Der Arbeitsvertag ist ein Spezialfall des in BGB § 611 ff. geregelten Dienstvertrags. Durch ihn verpflichtet sich eine Person, für einen anderen gegen Entgelt Leistungen unter dessen Leitung und nach dessen Anweisungen zu erbringen.

   b) Ja, hier besteht ein Arbeitsverhältnis, das mit der Einordnung des Arbeitnehmers in den Arbeitsbereich des Arbeitgebers beginnt.

   c) Der Rechtsanwalt übt eine selbstbestimmte, der Kellner eine fremdbestimmte Tätigkeit aus.

5. a) Aufgrund des Vertrags wird **Schirmer** der Gebrauch der Wiese überlassen. Es handelt sich damit um einen Mietvertrag gem. BGB § 535.

   b) Hätte **Schirmer** einen Pachtvertrag abgeschlossen, dann dürfte er auch das Obst ernten. Er könnte auch weitere Obstbäume anpflanzen und das Obst gewerblich nach Belieben verwerten. Auch dürfte er die Wiese als Gartenwirtschaft für seine Gäste nutzen. Ein Verpächter gewährt – im Unterschied zum Vermieter – nicht nur den Gebrauch, sondern auch den Fruchtgenuss (BGB § 581).

6. a) Leihvertrag, weil die Überlassung des Mobiliars unentgeltlich erfolgt.

   b) Eigentümerin ist die **Waldbräu KG,** Besitzer der Gastwirt.

   c) Ja, §§ 598 und 604 (1) BGB.

   d) Beim Miet- und Leihvertrag muss dieselbe Sache, beim Sachdarlehensvertrag müssen Sachen gleicher Art, Güte und Menge zurückgegeben werden (§ 607 (1) BGB). Der Leihvertrag ist im Gegensatz zum Mietvertrag unentgeltlich.

7. Darlehensvertrag, § 488 (1) BGB.

Nichtigkeit und Anfechtbarkeit von Rechtsgeschäften

2.15 Nichtigkeit von Rechtsgeschäften: Verstoß gegen die guten Sitten

1. **Ammon** verlangt 100% Zins. **Dillinger** ist bereit 20% zu zahlen.
2. Der geforderte Zinssatz ist sittenwidrig im Sinne des § 138 BGB. Es liegt »Darlehenswucher« vor. Das Rechtsgeschäft ist damit nichtig.

2.16 Nichtigkeit von Rechtsgeschäften: Scheingeschäft – Verstoß gegen Formvorschriften

1. Nein. § 311 b (1) BGB fordert für den Vertrag über die Übertragung oder den Erwerb eines Grundstücks die notarielle Beurkundung. Das Rechtsgeschäft ist gem. BGB § 125 wegen Formmangel nichtig.
2. Ja. Der Kaufvertrag war noch nicht bindend, weil die notarielle Beurkundung fehlte. Deshalb kann auch nicht unter Berufung auf die Nichterfüllung des Kaufvertrags Schadenersatz gefordert werden.
3. a) Geringere Grunderwerbsteuer und Notariatsgebühren.
   b) Nach BGB § 117 ist der Vertrag, obwohl notariell abgeschlossen, als Scheingeschäft nichtig.
   c) Die Eintragung des Eigentumsübergangs ist im Grundbuch bereits eingetragen. Damit ist der Münchener Kaufmann gem. BGB § 873 durch Einigung und Eintragung im Grundbuch Eigentümer geworden.
   d) Gem. § 117 (2) finden für das verdeckte Rechtsgeschäft die dafür geltenden Vorschriften Anwendung. Demnach wäre der Kaufvertrag über das Grundstück formnichtig wegen § 311 b (1) BGB (notarielle Beurkundung fehlt). Durch Auflassung und Eintragung im Grundbuch wird jedoch die Formnichtigkeit geheilt (BGB § 311 b (1)). Daher muss der Münchner Kaufmann die 80 000 EUR zahlen.

2.17 Anfechtbarkeit von Rechtsgeschäften: Arglistige Täuschung

Die Anfechtung des Kaufvertrags kann gem. BGB § 123 wegen arglistiger Täuschung erfolgen.

2.18 Anfechtbarkeit von Rechtsgeschäften: Irrtum in der Erklärung

1. Ja. Da **Rüling** eine Erklärung dieses Inhalts überhaupt nicht abgeben wollte, kann er die Willenserklärung gem. BGB § 119 wegen Irrtums in der Erklärung anfechten. Die Anfechtungserklärung muss unverzüglich erfolgen (BGB § 121).
2. Briefentwurf.
3. Ja. **Rüling** hat der **Foto-Versand-GmbH** den Schaden zu ersetzen, der in Folge seines Irrtums entstanden ist (BGB § 122).

2.19 Anfechtbarkeit von Rechtsgeschäften: Irrtum im Motiv

Nein. Die Bank muss die Aktien nicht zurücknehmen. **Scharrer** wollte eine Erklärung des Inhaltes, 10 Stierbräu-Aktien zum Kurs von 210 zu kaufen, durchaus abgeben. Ein Irrtum in der Erklärung, wie ihn BGB § 119 fordert, liegt nicht vor. Dass er sich in seinem Kaufmotiv, die Aktien würden steigen (Motivirrtum) geirrt hat, ist rechtlich unerheblich.

Kaufleute

2.20 Kaufmannseigenschaft – Istkaufmann – Eintrag ins Handelsregister

Mit dem Möbelhandel betreibt **Boeme** einen Gewerbebetrieb. Zum Gewerbe zählt jede selbstständige Tätigkeit, die auf Dauer angelegt ist, planmäßig betrieben wird und auf dem Markt erkennbar hervortritt. Das Gewerbe ist ein Handelsgewerbe im Sinne des § 1 HGB (2), wenn es einen in kaufmännischer Weise eingerichteten Geschäftsbetrieb erfordert. Aus den in der Übersicht ausgewiesenen betrieblichen Daten ist eindeutig erkennbar, daß eine kaufmännische Organisation des von **Boeme** betriebenen Möbelhandels notwendig und auch vorhanden ist.
Boeme ist Kaufmann (»Istkaufmann«) nach HGB § 1 (2). Auf die Eintragung kommt es nicht an, sie hat nur »deklaratorische« Bedeutung. Gem. § 29 HGB muss **Boeme,** wie jeder Kaufmann, seine Firma beim Handelsregister anmelden.

2.21 Istkaufmann – Vertragsstrafe

Der Gewerbebetrieb des Bauunternehmers **Sommer** erfordert einen in kaufmännischer Weise eingerichteten Geschäftsbetrieb; das ergibt sich schon aus der Zahl der Beschäftigten. Es kommt gar nicht darauf an, ob der Geschäftsbetrieb tatsächlich in kaufmännischer Weise organisiert ist. **Sommer** betreibt deshalb ein Handelsgewerbe im Sinne des § 1 HGB. Auch ohne Eintragung im Handelsregister ist **Sommer** Kaufmann (Istkaufmann) gem. § 1 HGB . Da er Kaufmann ist und die Vertragsstrafe im Rahmen seines Handelsgewerbes versprochen hat, kann sie nicht herabgesetzt werden (HGB § 348). Die Regelung des § 343 BGB gilt nicht für Kaufleute.

2.22 Kannkaufmann – Firmenschutz – Prokura

1. Für die Landwirtschaft, einschließlich landwirtschaftlicher Nebenbetriebe, finden gem. § 3 HGB die Vorschriften des § 1 HGB keine Anwendung. **Stauffer** betreibt kein Handelsgewerbe und ist deshalb **ohne Eintragung** kein Kaufmann, selbst wenn die Größe seines landwirtschaftlichen Betriebs und seines landwirtschaftlichen Nebengewerbes (Mühle) eine kaufmännische Organisation erfordern würde.
   Für die Frage, ob **Stauffer** berechtigt ist, sich mit dem landwirtschaftlichen Nebengewerbe freiwillig in das Handelsregister eintragen zu lassen, gelten die gleichen Regelungen wie für den landwirtschaftlichen Hauptbetrieb. Nur wenn die Betriebe nach Art und Umfang einen in kaufmännischer Weise eingerichteten Geschäftsbetrieb erfordern würden, könnte er sich ins Handelsregister eintragen lassen und damit Kaufmann werden (»Kannkaufmann«). In diesem Falle würde die Kaufmannseigenschaft erst durch die Eintragung im Handelsregister begründet (»konstitutive Wirkung«). Da die Mühle als Nebengewerbe eine kaufmännische Organisation nicht erforderlich macht, hat **Stauffer** keine Möglichkeit, seine Firma im Handelsregister eintragen zu lassen und damit Firmenschutz gem. § 30 HGB zu erlangen.
2. Der Sohn **Stauffers** betreibt ein gewerbliches Unternehmen, das keine kaufmännische Organisation erfordert. Er betreibt damit kein Handelsgewerbe und ist nicht Kaufmann im Sinne des § 1 HGB. Solche Kleinunternehmer können sich aber gem. § 3 HGB freiwillig eintragen lassen und damit Kaufmann (»Kannkaufmann«) werden. Durch Eintragung seiner Firma »Ottos Mühlenstüberl« kann der Sohn **Stauffers** Kaufmann werden. Damit wäre seine Firmenbezeichnung gem. § 30 HGB geschützt.
3. Gem § 2 HGB können Kleingewerbetreibende durch freiwillige Eintragung ins Handelsregister Kaufmann (»Kannkaufmann«) werden. Die Eintragung hat dann »konstitutive« Bedeutung. Da der Sohn **Stauffers** durch Eintragung seines Kleingewerbes im Handelsregister Kaufmann wird, kann er seiner Frau auch gem. § 48 HGB Prokura erteilen.

2 Rechtliche Grundlagen

4. Weil Staufers Firma im Handelsregister eingetragen ist, kann er sich nicht darauf berufen, kein Kaufmann zu sein (§ 5 HGB). Gem. § 344 HGB war der Kauf der Stühle und Tische ein Handelsgeschäft. Er hat nicht rechtzeitig gerügt, weil er als Kaufmann bei Handelsgeschäften zur unverzüglichen Prüfung verpflichtet ist (§ 377 HGB).

2.23 Formkaufmann – Bürgschaft

1. Die GmbH ist juristische Person und deshalb Kaufmann (§ 6 HGB). Nach dem HGB, §§ 105ff., sind OHG, KG, KGaA und GmbH Handelsgesellschaften. Deshalb ist eine mündlich gegebene Bürgschaft gültig (§ 350 HGB).

2. Die GmbH erlangt durch Eintragung ins Handelsregister die Kaufmannseigenschaft, weil diese mit dieser Rechtsform verbunden ist (§ 6 HGB, § 11 GmbHG).

Vollmachten

2.24 Einzelvollmacht – Artvollmacht – Allgemeine Handlungsvollmacht

1. **Vorbemerkung:** Von Geschäften mit begrenztem, leicht zu überschauenden Risiko darf man im Allgemeinen annehmen, dass sie als gewöhnliche Geschäfte im Sinne des § 54 HGB anzusehen sind. Der Handlungsbevollmächtigte darf all das nicht tun, was ungewöhnlich und selten ist. Was darunter zu verstehen ist, richtet sich nach der Natur des betreffenden Handelsgewerbes, der Stellung des Bevollmächtigten, den Verkehrsbedürfnissen und den kfm. Gebräuchen.

    a) Ja
    b) Ja
    c) Nein. § 54 (2) HGB
    d) Ja
    e) Ja
    f) Nein. § 54 (2)
    g) Ja
    h Nein. § 54 (2)
    i) Nein. Außergewöhnliches Geschäft

2. a) Nein. Der Vertrag ist gültig. § 54 HGB. **Veith** hatte Einzelvollmacht für den Verkauf. Der Handlungsbevollmächtigte darf Untervollmacht erteilen (wenn nach Lage der Dinge der Geschäftsherr kein Interesse an der persönlichen Ausführung durch den Bevollmächtigten hat).

    b) Nein. **Veith** hatte Einzelvollmacht, die erloschen ist.

3. a) Ja, weil Untervollmacht.

    b) Nein. Hat nur Artvollmacht für den Verkauf.

4. Ja. Zur Bedienung des Fernsprechers bestellte Angestellte gelten in der Regel als ermächtigt zum Empfang von Erklärungen, die nach Brauch fernmündlich abgegeben werden können.

2.25 Prokura

1. Briefentwurf.

2. Die Handelsregistereintragung vom 12. Januar hat lediglich rechtsbezeugende (deklaratorische) Wirkung; im Verhältnis zu Dritten hat **Thiem** bereits am 2. Dezember die Prokura erlangt; das Wertpapiergeschäft kann demnach nicht mehr rückgängig gemacht werden (BGB §§ 167, 171).

3. a) Ja. Auch außergewöhnliche Geschäfte sind dem Prokuristen erlaubt. § 49 HGB
   b) Ja.
   c) Nein. Dazu bedarf es besonderer Vollmacht. § 49 (2) HGB
   d) Ja. § 49 (1)
   e) Nein. Dazu bedarf es Sondervollmacht, selbst bei geringem Wert, obwohl er Grundstücke mit großem Wert kaufen kann. § 49 (1,2) HGB.

4. Ja. Umfang der Prokura nicht einschränkbar. § 50 (1) HGB

5. Nein. Er kann keine Gesellschafter aufnehmen § 49 HGB

6. a) Nein
   b) Ja

   zu a) und b): Die Eintragung des Prokuristen im Handelsregister muss **Riel** gegen sich gelten lassen, wenn der Dritte nicht weiß, dass die Prokura erloschen ist. § 15 HGB. Für das Erlöschen der Prokura gelten grundsätzlich die Regeln der §§ 164 – 172 BGB. Hier §§ 170, 171 BGB.

2.26 Gesamtprokura

1. *Rechtliche Beurteilung:*
   Verträge werden nur wirksam, wenn sie von beiden Prokuristinnen gemeinsam abgeschlossen worden sind. Die beiden Prokuristinnen kontrollieren sich gegenseitig.
   Organisatorische Beurteilung:
   Es ist zweckmäßig, dass sich die Leiterin der Einkaufsabteilung und die Leiterin der Verkaufsabteilung bei ihren Entscheidungen miteinander absprechen müssen, da diese Entscheidungen sich gegenseitig beeinflussen und voneinander abhängen.

2. a) 01.10., § 167 BGB
   b) ab 01.10., § 171 BGB

Störungen bei der Erfüllung von Verträgen

2.27 Mangelhafte Lieferung: Untersuchungs- und Rügepflicht

1. Ja. Die Verjährung tritt gem. BGB § 438 erst zwei Jahre nach Ablieferung ein. Innerhalb der ersten 6 Monate gilt eine Beweislastumkehr gem. BGB § 476. Nur beim zweiseitigen Handelskauf muss die Ware unverzüglich geprüft werden (HGB § 377).

2. a) **Schlitt** ist Kaufmann, schon deshalb, weil er im Handelsregister eingetragen ist, wie der Firmenzusatz »e.Kfm.« ausweist. Gem. § 5 HGB gilt unwiderlegbar als Kaufmann, wer im Handelsregister eingetragen ist. Das würde selbst dann gelten, wenn sein Geschäftsbetrieb gar keine kaufmännische Organisation mehr erfordern würde.

   b) Ja, weil die Lieferung des Anzugs an **Burger** im Rahmen seines Handelsgewerbes erfolgte (HGB § 343).

3. **Schlitt** kann gegenüber der **Textil-AG** nach dieser Zeit keine Mängelrüge mehr geltend machen. Bei sorgfältiger Prüfung wäre der Mangel erkennbar gewesen. Kaufleute müssen offene Mängel unverzüglich rügen (§ 377 HGB).

4. Die Rechte des **Burger** gegen **Schlitt** aus Kaufvertrag bestehen unabhängig davon, ob Schlitt den Schaden von seinem Lieferer ersetzt bekommt oder nicht.

5. Der Gesetzgeber setzt voraus, dass ein Kaufmann eine größere Sach- und Warenkenntnis hat und fordert deshalb eine größere Sorgfalt von ihm.

2.28 Mangelhafte Lieferung: Ausübung von Rechten

1. Nein, **H.** hat nicht Recht. Der Verkäufer haftet dafür, dass die Ware im Augenblick der Übergabe an den Käufer nicht mit Sachmängeln behaftet ist (BGB §§ 433, 434). Er haftet auch für ein evtl. Verschulden seines Fahrers wie für eigenes Verschulden (BGB § 278). Erfüllungsgehilfe ist jede Person, die mit Willen des Schuldners bei der Erfüllung des Vertrags tätig wird.

2. Für **Sperl** gelten die Regelungen des BGB (§ 438), weil der Kauf nicht im Rahmen seines Handelsgewerbes (Lebensmittelgroßhandel) durchgeführt wurde. Die Ansprüche aus mangelhafter Lieferung verjähren deshalb erst nach 2 Jahren ab Ablieferung. Allerdings darf er eine Mängelrüge nicht ungebührlich verzögern (BGB § 242).

3. a) Grundsätzlich kann der Käufer Nacherfüllung (BGB §§ 437, 439) verlangen. Im Rahmen des Rechts auf Nacherfüllung besteht für den Käufer grundsätzlich die Wahl zwischen Mangelbeseitigung und Lieferung einer mangelfreien Sache. Der Verkäufer kann aber gem. BGB § 439 (3) die gewählte Art der Nacherfüllung verweigern, wenn sie nur mit unverhältnismäßigen Kosten möglich ist. Ob der Käufer eine Neulieferung verlangen kann, hängt also von den jeweiligen Umständen ab. Im vorliegenden Fall wird der Verkäufer beim Schreibtisch eine Nachbesserung (oder eine Preisminderung) und im Falle des Sessels eine Neulieferung vorschlagen.

   b) Das Ölbild ist als individuelles Kunstwerk eine sog. »Speziessache«. Speziessachen werden nicht nach Maß, Zahl oder Gewicht gehandelt. In diesem Fall kann **S.** gem. BGB §§ 323, 440 ohne Nachfrist vom Vertrag zurücktreten, da der Verkäufer die Nacherfüllung gem. § 439 BGB verweigert. Einen Preisnachlass zu fordern wäre offensichtlich sinnlos, da das Bild stark beschädigt ist.

2.29 Mangelhafte Lieferung: Einschränkung von Rechten durch Allgemeine Geschäftsbedingungen und Garantieerklärung

1. Der Radiorecorder wies zum Zeitpunkt des Gefahrenübergangs einen Sachmangel gem. BGB § 434 auf. Die Verjährungsfrist von 2 Jahren (BGB § 438) ist noch nicht abgelaufen. Daher stehen **Herrn Lang** gem. § 437 grundsätzlich folgende Rechte zu: Nacherfüllung und unter bestimmten Voraussetzungen Rücktritt, Minderung, Schadenersatz, Ersatz vergeblicher Aufwendungen.

2. Lieferung einer mangelfreien Sache gem. § 439 BGB.

3. Häufig sehen die Allgemeinen Geschäftsbedingungen des Verkäufers, ohne deren Anerkennung durch den Käufer ein Vertrag nicht zustande kommt, nur ein Nachbesserungsrecht vor. Das ist grundsätzlich zulässig. Eine solche Vereinbarung ist aber unwirksam, wenn dem Käufer nicht ausdrücklich bei Fehlschlagen der Nachbesserung nach seiner Wahl das Minderungs- oder Rücktrittsrecht vorbehalten wird (BGB § 309 Nr. 8bb). Eine Nachbesserung gilt nach dem zweiten erfolglosen Versuch als fehlgeschlagen (BGB § 440). Die für die Nachbesserung erforderlichen Aufwendungen (z.B. Transport-, Arbeits- und Materialkosten) sind vom zur Nachbesserung verpflichteten Verkäufer zu tragen (BGB § 439 (2)).

Bei der vorliegenden AGB-Klausel fehlt die ausdrückliche Zusicherung weiterer Rechte bei Fehlschlägen der Nachbesserung. Daher ist diese Klausel nichtig. Die Vereinbarung einer Nachbesserung anstelle der gesetzlichen Gewährleistungsansprüche ist damit hinfällig. **Herr Lang** kann somit die ihm gem. §§ 437 ff. BGB zustehenden Rechte geltend machen.

4. a) Bei Garantieerklärungen ist streng zu trennen zwischen einer Händler- und einer Herstellergarantie (vgl. BGB § 443). Beide Garantieformen sind freiwillig und unabhängig von der gesetzlichen Gewährleistung des Händlers nach BGB §§ 437 ff. In der Praxis wird die Garantieerklärung meistens vom Hersteller gegeben. Sie setzt einen Garantievertrag voraus, wobei das Angebot hierzu in der Garantiekarte liegt. Die Annahme kann

   – stillschweigend gem. BGB § 151 erfolgen, wenn die Garantiekarte dies zulässt, oder

   – durch ausdrückliche Rücksendung einer Annahmeerklärung durch den Käufer erfolgen oder

   – an das Ausfüllen des Garantiescheins mit Händlerstempel gekoppelt sein.

   In der Garantieerklärung muss u.a. ausdrücklich auf die weiterhin bestehenden gesetzlichen Rechte hingewiesen werden (BGB § 477). Der Käufer hat bei Sachmängeln somit wahlweise seine gesetzlichen Rechte aus §§ 437 ff. BGB gegen den verkaufenden Händler oder seine Rechte aus dem Garantievertrag.

   b) Wenn die Garantiezeit über die gesetzliche Verjährungsfrist von 2 Jahren hinausgeht: Wenn die Ansprüche gegen den Verkäufer nicht mehr geltend gemacht werden können, sei es, dass die Ansprüche verjährt sind oder der Verkäufer in ein Insolvenzverfahren geraten ist, bestehen die Ansprüche gegen den Hersteller trotzdem bis zum Ende der Garantiezeit weiter.

2.30 Mangelhafte Lieferung – Ersatzlieferung – Umtausch – Nacherfüllung

Ja. Gem. § 433 BGB hat der Verkäufer dafür zu sorgen, dass die Sache zum Zeitpunkt des Gefahrenübergangs nicht mit Mängeln behaftet ist. Die Autoalarmanlage ist wegen eines Kontaktfehlers, der von Anfang an bestand, nicht funktionsfähig und demnach fehlerhaft. Bei Verbrauchsgüterkäufen (BGB § 474) gilt während der ersten 6 Monate ein Beweislastumkehr (BGB § 476).

M. Neumann kann verlangen, dass ihm an Stelle der mangelhaften Sache eine mangelfreie geliefert wird (Nacherfüllung gem. § 439 BGB). Dieser Anspruch ist noch nicht verjährt (§ 438 BGB). Das vom Verkäufer eingeräumte Recht auf Umtausch bezieht sich nicht auf den Fall einer mangelhaften Lieferung.

Zu beachten ist der Unterschied zwischen »Ersatzlieferung« und »Umtausch«:

2 Rechtliche Grundlagen

Ersatzlieferung/Umtausch

Ersatzlieferung	Umtausch
= gesetzlicher Anspruch des Käufers auf Nacherfüllung beim Vorliegen von Sachmängeln (§ 439 (1) BGB)	liegt vor, wenn der Kunde eine andere Ware haben will, weil ihm die gekaufte Ware z.B. nicht gefällt, nicht passt, oder – im Fall einer Autoalarmanlage – nicht eingebaut werden kann; ein gesetzlicher Anspruch auf Umtausch besteht nicht, sondern ist allenfalls Gegenstand einer vertraglichen Vereinbarung oder einer späteren Kulanzregelung.

2.31 Mangelhafte Lieferung: Produkthaftungsgesetz

1. **T. Ploog** hat die Gewährleistungsansprüche aus Kaufvertrag (BGB § 437). Ein Rücktritt vom Vertrag ist möglich, wenn eine angemessene Frist zur Nacherfüllung (Ersatzlieferung oder Reparatur) verstrichen ist (BGB § 323 (1) S. 1), die Nacherfüllung erfolglos war (BGB § 440), der Verkäufer die Nacherfüllung verweigert, oder wenn besondere Umstände vorliegen, die den sofortigen Rücktritt rechtfertigen (BGB §§ 323 (2), 440). Für die Inanspruchnahme dieses Rechts ist es unerheblich, wer den Materialfehler verschuldet hat.

2. Nein. Link hat die Pflichtverletzung nicht zu vertreten (BGB § 280 (1)).

3. Der Hersteller haftet im Rahmen der Produkthaftung auch ohne Verschulden für alle materiellen Schäden. Er hat die Kurkosten und die Kosten für ein zusätzliches Studiensemester zu ersetzen. Gem. § 8 S. 2 ProdHaftG kann auch für immaterielle Schäden eine Geldentschädigung gefordert werden (z.B. Schmerzensgeld).

4. Grundsätzlich ja. Der Hersteller haftet nach dem ProdHaftG auch für Folgeschäden. Der Geschädigte hat jedoch eine Selbstbeteiligung von 500 EUR zu tragen. Also erhält der Freund die Reparaturkosten nicht ersetzt (ProdHaftG § 11).

2.32 Lieferungsverzug

Hinweis:
Zentrale Voraussetzung für das Vorliegen einer Leistungsstörung ist eine **Pflichtverletzung durch den Schuldner** (§ 280 BGB). Eine Pflichtverletzung setzt Verschulden jedoch nicht unbedingt voraus. Demnach führt eine verspätete Lieferung – bei Vorliegen weiterer Voraussetzungen – nur dann zum **Lieferungsverzug**, wenn der Lieferer die Pflichtverletzung i.S.v. § 276 BGB auch zu vertreten hat.
Liegt bei einer Pflichtverletzung durch verspätete Lieferung dagegen kein Verschulden des Lieferers und somit kein Verzug vor (Nicht-Rechtzeitig-Lieferung), so hat der Gläubiger dennoch ein Rücktrittsrecht gem. § 323 BGB.

1. Die Lieferverzögerung ist offensichtlich von der **Universalchemie** verschuldet. Falls nicht, müsste die **Universalchemie** nachweisen, dass sie kein Verschulden trifft (= Beweislastumkehr, vermutetes Verschulden). Der Liefertermin war nicht kalendermäßig präzise festgelegt. Obwohl die **Universalchemie** die Lieferverzögerung verschuldet hat, kommt sie deshalb erst mit dem Schreiben des Rechtsanwalts in Verzug (BGB § 286). Die Anwaltskosten sind damit kein »Verzögerungsschaden« (BGB § 280 (2)) und müssen von der Universalchemie nicht ersetzt werden.

2. Die **Pfalzpack** kann verlangen

   – Lieferung der 5 t Klebstoff zum Preis des Sonderangebots und Ersatz eines evtl. eintretenden Verzugsschadens (BGB § 280 (2)),

   – nach erfolglosem Ablauf einer Nachfrist (Fristsetzung hätte schon mit der Mahnung verbunden werden können):

   - Rücktritt vom Vertrag (BGB §§ 323, 346) und Ersatz des vor dem Rücktritt eingetretenen Verspätungsschadens (BGB § 280 (2))
   oder
   - Schadenersatz bei erheblicher Pflichtverletzung statt der Leistung (§ 281 (1)) oder Aufwendungsersatz (§ 284)

3. Die Entscheidung kann davon abhängig gemacht werden, ob in Zukunft die **Universalchemie** trotz der Lieferungsverzögerung als Lieferer noch in Frage kommt. Wenn ja, dann sofort Bestellung bei der **Klebstoffchemie** zum üblichen Preis. Von der **Universalchemie** Erfüllung ab 01.05. zum vereinbarten Sonderpreis verlangen (15% billiger als Preis der Klebstoffchemie).

   Wenn nein, der **Universalchemie** Nachfrist setzen. Nach Ablauf der Frist Rücktritt vom Vertrag und Schadenersatz (höherer Einkaufspreis).

2.33 Lieferungsverzug beim Fixkauf

1. Briefentwurf.

2. Fixhandelskauf. Der Zeitpunkt der Lieferung soll – dem Schuldner **(Blumengeschäft Gerda Binder)** erkennbar – von entscheidender Bedeutung sein. Der Fixcharakter wird in der Vertragsvereinbarung ausdrücklich betont (am präzise festgelegten Jubiläumstag bis spätestens 9 Uhr), ergibt sich außerdem auch aus der Art der Ware (frische Blumen) und dem genannten Zweck (Jubiläumsfeier). HGB § 376.

   Da Käufer und Verkäufer Kaufleute sind, handelt es sich hier um einen Fixhandelskauf (§ 376 HGB). Er ist ein Sonderfall des Fixgeschäfts nach § 323 (2) BGB. Im Falle des Verzugs hat der Käufer beim Fixhandelskauf weitergehende Rechte als bei einem Fixgeschäft nach BGB.

3. **Gerda Binder** hat die Lieferungsverzögerung zu vertreten, da sie auch für das Verschulden ihres Fahrers einzustehen hat (BGB § 276, 278). Einer Mahnung bedarf es nicht, da der Leistungszeitpunkt nach dem Kalender bestimmt ist (BGB § 286 (2)). Die Voraussetzungen des Verzugs sind damit gegeben.

4. Nein. Da das **Blumengeschäft Binder** nicht zum präzis festgesetzten Termin geliefert hat, kann **Richard Koch** von dem Vertrag zurücktreten (HGB § 376). **Koch** muss die Blumen weder abnehmen noch bezahlen.

   Das Rücktrittsrecht hätte **Koch** selbst dann, wenn **Binder** gar nicht in Verzug wäre (z.B. wenn der Fahrer völlig ohne eigenes Verschulden in einen Unfall verwickelt worden wäre). Schon deshalb ist der Einwand der **Frau Binder,** dass für die Lieferung keine Nachfrist gesetzt wurde, unbeachtlich.

   Da in diesem Falle Verzug (auch ohne Mahnung und Nachfristsetzung) vorliegt (s. oben unter 3.) könnte **Koch** gem. HGB § 376 auch Schadenersatz wegen Nichterfüllung verlangen.

2 Rechtliche Grundlagen

2.34 Allgemeine Geschäftsbedingungen unter Kaufleuten – Rechtsansprüche aus Lieferungsverzug im Konflikt mit wirtschaftlichen Überlegungen

1. Bei Verträgen mit Nichtkaufleuten wären die verwendeten AGBs unwirksam (BGB §§ 308 Nr. 2, 309 Nr. 7b). Gem. BGB § 310 (1) gelten diese Paragraphen aber nicht für Allgemeine Geschäftsbedingungen bei Verträgen unter Unternehmern. Die von der **ALU-SÜD** verwendeten AGBs sind daher wirksam, da sie nicht gegen andere gesetzliche Regelungen verstoßen, die auch für Verträge unter Unternehmern gelten. Die **TECNO GmbH** muss die Terminverschiebung akzeptieren und kann keine Schadenersatzansprüche gegenüber der **ALU-SÜD AG** geltend machen.

2. a) Die **ALU-SÜD AG** hat sich durch ihre Ankündigung, dass sie nicht liefern kann, selbst in Verzug gesetzt. Die **ALU-Süd AG** befindet sich also in Lieferungsverzug, so dass der **TECNO GmbH** je nach Vorliegen einer schuldhaften bzw. erheblichen Pflichtverletzung des Schuldners folgende Rechte zustehen:

   – Erfüllung
   – Erfüllung mit Verzögerungsschaden bei schuldhafter Pflichtverletzung des Schuldners (§§ 280 (1), 276)
   – nach Nachfristsetzung: Rücktritt vom Vertrag (§§ 323 (1), 346). Zusätzlich ist Schadenersatz möglich (§ 325).
   – nach Nachfristsetzung: Schadenersatz statt der Leistung bei erheblicher Pflichtverletzung des Schuldners (§ 281 (1))

   b)

Mögliche Rechte (alternativ)	Wirtschaftlicher Nutzen bei Ausschöpfung der rechtlichen Möglichkeiten
Erfüllung	Bestehen auf rechtzeitiger Erfüllung bringt keinen Nutzen, da Lieferer sich selbst in Verzug gesetzt hat, allenfalls könnte um Teillieferung gebeten werden.
Erfüllung mit Verzugsschaden	bringt keinen Nutzen, wegen der bisherigen und künftigen Geschäftsbeziehungen sowie der Marktstellung des Lieferers
Rücktritt	bringt keinen Nutzen, wegen der allgemeinen Marktlage
Schadenersatz statt der Leistung	bringt keinen Nutzen, wegen der bisherigen und künftigen Geschäftsbeziehungen sowie der Marktstellung des Lieferers; wegen der allgemeinen Marktlage ist ein Deckungskauf nicht möglich.

   Ergebnis: Es wird auf die Ausübung möglicher Rechte verzichtet, da die Inanspruchnahme von Rechten im vorliegenden Fall nicht zu einem wirtschaftlichen Vorteil führen würde. Entscheidungskriterien sind dabei:

   – Marktstellung des Lieferers bzw. Abhängigkeit des Käufers
   – bisherige und künftige Geschäftsbeziehungen
   – Möglichkeit bzw. Unmöglichkeit eines Deckungskaufs
   – allgemeine Marktsituation

3. Aufgrund wirtschaftlicher Überlegungen ist es im vorliegenden Fall unerheblich, ob die AGBs gelten oder nicht. Das Verhalten der **TECNO-GmbH** ist in beiden Fällen gleich, nämlich Erbitten von Teillieferung und Rückgriff auf den Sicherheitsbestand (eiserne Reserve).

2.35 Annahmeverzug

1. Nein, **H.** ist vom Vertrag zurückgetreten, § 323 (1) BGB.

2. **H.** ist in Annahmeverzug gekommen, weil er die angebotene Leistung (Tiefkühlfisch) nicht angenommen hat (§ 293 BGB). Die **Fischkonserven AG** hat während des Verzugs gem. § 300 BGB nur Vorsatz und grobe Fahrlässigkeit zu vertreten. Da das Kühlaggregat ordnungsgemäß gewartet war, muss **H.** den Schaden tragen.

2.36 Zahlungsverzug

Hinweis:
Bei Geldschulden muss nicht geprüft werden, ob der Schuldner die Pflichtverletzung zu vertreten hat. Geldschulden als Wertschulden werden wie Gattungsschulden behandelt. Demnach hat der Schuldner die verzögerte Zahlung immer zu vertreten („Geld hat man zu haben").

1. a) Ja. Der Schuldner einer Geldforderung kommt – anders als bei Lieferungsverzug – spätestens in Zahlungsverzug, wenn er seine Schuld nicht 30 Tage nach Fälligkeit und Zugang einer Rechnung oder einer gleichwertigen Zahlungsaufforderung beglichen hat (§ 286 (3) BGB). Der Rechnungsbetrag des **Möbelhauses Jonas** ist am 05.01... fällig. **Gerber** kommt in Zahlungsverzug, wenn er seiner Bank nicht spätestens am 04.02... einen Überweisungsauftrag erteilt. Der erste Tag der 30-Tage-Frist (Ereignisfrist gem. § 187 (1) BGB ist der 06.01. d. J., der letzte Tag ist der 04.02. d. J. (§ 188 (1) BGB). Die Frist endet am 04.02. um 24.00 Uhr. Folglich ist der Geldschuldner ab dem 05.02. d. J. in Zahlungsverzug.

   Der Gläubiger kann den Schuldner schon zu einem früheren Zeitpunkt in Verzug setzen, wenn er ihn nach Eintritt der Fälligkeit mahnt (BGB § 286 (1)). Dann müsste der Schuldner ab dem Zeitpunkt, an dem die Mahnung zugegangen ist, Verzugszinsen zahlen.

   Hinweis:
   Der Hinweis in der Rechnung auf automatischen Eintritt des Zahlungsverzugs nach 30 Tagen ist nur für den einseitigen Handelskauf erforderlich.

   Die gleiche Regelung gilt auch im Falle der Skontierung. Auch hier ist es nach einem Urteil des Bundesgerichtshofs ausreichend, wenn der Schuldner den Verrechnungsscheck innerhalb der Skontofrist per Brief an den Gläubiger absendet (BGH, 11.02.1998 – VIII ZR 287/97).

   b) Das **Möbelhaus Jonas** kann Verzugszinsen in Höhe von 5 Prozentpunkten über dem Basiszinssatz (ab 01.07.2006: 1,95%) – derzeit also 6,95% – verlangen – § 288 (1) BGB.

   Hinweis:
   Der Basiszinssatz wird jeweils zum 1. Jan. und 1. Juli eines jeden Jahres entsprechend der allgemeinen Zinsentwicklung von der Deutschen Bundesbank angepasst.

   $$\text{Zinsen} = \frac{9000 \cdot 6{,}95 \cdot 16^1}{100 \cdot 360} = 27{,}80 \text{ EUR}$$

	← 30 Tage →	← 16 Tage →	
05.01.	06.01.	04.02.	20.02.
Fälligkeit	Beginn Ereignisfrist	Ende Ereignisfrist	Zahlungsverzug

   [1] 05.01. (Fälligkeit) + 30 Tage = 04.02.; 04.02. bis 20.02. = 16 Tage

   Das **Möbelhaus Jonas** kann nur Verzugszinsen in Höhe von 27,80 EUR berechnen. Bei einem zweiseitigen Handelskauf könnten Verzugszinsen in Höhe des Basiszinssatzes zzgl. 8 Prozentpunkte verlangt werden (BGB § 288 (2)).

   c) **Gerber** hat rechtzeitig erfüllt. Die Verzögerung hat er nicht zu vertreten (BGB § 270 (1)).

2. Gerber kommt am 17.02 in Zahlungsverzug:

Rechnungsdatum:	05.01...
Rechnungszugang:	08.01...
Eintritt des Zahlungsverzugs:	08.01... (Rechn.Zugang) + 10 Tage (Zahlungsziel)

= 18.01... (Fälligkeit)
+ 30 Tage (§ 286 (3) BGB)
= **17.02...**

2.37 Zusammenfassung: Mangelhafte Lieferung – Schuldnerverzug – Gläubigerverzug – Andere Vertragsverletzungen

Mangelhafte Lieferung:
(1) D
(2) F
(3) D, evt. B, E
(4) C

Schuldnerverzug   *Gläubigerverzug*   *Andere Vertragsverletzungen*
(5) A,B   (8) A   (9) B, C
(6) A
(7) B, D

Zu (9): Es handelt sich um eine sonstige Pflichtverletzung. Darunter werden auch alle auf Verschulden beruhenden Leistungsstörungen verstanden, die weder in einer Unmöglichkeit der Leistung noch im Leistungsverzug ihre Ursache haben. Zur Erfüllung einer Vertragsverbindlichkeit gehört neben der vereinbarten Hauptpflicht auch die Erfüllung von Nebenpflichten, wie Auskunfts- und Anzeigepflicht, Mitwirkungspflichten usw. Die Grundsätze über die Haftung aus positiver Vertragsverletzung gelten neben den kaufmännischen Gewährleistungsansprüchen. Damit werden Schäden abgedeckt, die über den Sachmangel hinausgehen.

Ein Unternehmer, der bei Reparaturarbeiten weitere Schäden hätte bemerken müssen, hat eine Mitteilungspflicht (Palandt, zu § 276, 7, cc). Die Unterlassung der Mitteilung über die undichten Bremsleitungen ist eine Pflichtverletzung aus dem Schuldverhältnis und macht **Blum** schadenersatzpflichtig (§ 280).

Mahnverfahren und Verjährung

2.38 Kaufmännisches Mahnverfahren – Gerichtliches Mahnverfahren

1. Entwurf eines Mahnschreibens

2. a) Gem. § 689 ZPO ist das Amtsgericht zuständig, in dem der Antragsteller **(Teppichhaus Wübbenhorst, Karlsruhe)** seinen Geschäftssitz oder Wohnsitz hat. In Baden-Württemberg werden Mahnbescheide von einer dafür besonders eingerichteten zentralen Stelle beim Amtsgericht **Stuttgart** erlassen und zugestellt.

   b) **I. Hauptforderung:**
   Bezeichnung der Grundlage des Anspruchs durch Eintragen der zutreffenden Nummer aus dem »Katalog«, der in den dem Antragsformular beiliegenden Hinweisen enthalten ist. Hier: 11 (Kaufvertrag); Datum vom: Jahr (z.B. 2001) – 04 – 05.

II. a. **Laufende Zinsen:**
Wenn hier keine Angaben gemacht werden, setzt das Gericht als Beginn der Verzinsung den Tag ein, an dem der Mahnbescheid zugestellt wird (frühestens jedoch: 30 Tage nach Fälligkeit und Rechnungszugang). Da zwischen **Stöhr** und **Wübbenhorst** ein fester Zahlungstermin vereinbart wurde (»spätestens am 03. Mai«) und die Rechnung beim Kauf übergeben wurde, tritt in diesem Fall die Verzugswirkung mit der Verzinsungspflicht am 03. Mai ein und nicht erst mit Zustellung des Mahnbescheids. Eintrag: 32 (Hinweis auf die Zeile 32, d.h., die Zinsforderung bezieht sich auf die in Zeile 32 ausgewiesene Hauptsumme); Zinssatz 12% (vereinbart); Kennziffer 1 (= Zinssatz bezieht sich auf ein Jahr); Zeit: Jahr (z.B. 2001) – 05 – 03.

Unter b. »**Ausgerechnete Zinsen**«:
Hier werden der Zeitraum und der Betrag eingetragen, wenn die Zinsforderung einen vergangenen Zeitraum betrifft, der Zinsbetrag also bereits feststeht und dem Schuldner auch schon mitgeteilt wurde.

III. **Auslagen des Antragstellers für diese Verfahren** (Vordruck, Porto): 3 EUR

IV. **Andere Nebenforderungen** (Mahnschreiben): 8 EUR

Die **Gerichtskosten für das Mahnverfahren** werden im Antragsformular nicht eingetragen. Sie werden vom Gericht festgelegt und im Mahnbescheid, der dem Schuldner zugestellt wird, berücksichtigt.

Zu beachten: In der Anlage zum Antragsformular werden ausführliche Hinweise zum Ausfüllen gegeben.

Nach § 288 (1) BGB können Verzugszinsen in Höhe von 5% über dem Basiszins (Basiszins am 01.01.03: 1,97%) verlangt werden. Wenn hier 12% verlangt werden, muss dies auf vereinbarten allgemeinen Geschäftsbedingungen beruhen.

c) Durch Mahnung entstandene Verwaltungskosten des Gläubigers kommen zu den reinen Portokosten hinzu.

3. a) Die Widerspruchsfrist beträgt 2 Wochen seit der Zustellung des Mahnbescheids. § 692 (1) Ziff. 1 u. 3, ZPO. Der Widerspruch ist schriftlich einzulegen, § 694 ZPO.

b) Nein. Ein Widerspruch wäre sinnlos, da keine berechtigten Einwendungen gegen die Zahlungspflicht erkennbar sind.

2.39 Vollstreckungsbescheid und Pfändung

1. Ja. Der Antrag auf Vollstreckungsbescheid wurde rechtzeitig gestellt. Der Mahnbescheid ist noch in Kraft, weil die 6-Monatsfrist des § 701 ZPO noch nicht verstrichen ist. Der Vollstreckungsbescheid wurde von der **Stadtsparkasse Porz** auch nicht zu früh beantragt, weil die dem Schuldner (**Renz**) gem. § 699 (1) ZPO zustehende Widerspruchsfrist von 2 Wochen abgelaufen ist.

2. a) Zahlen oder mit der Bank über eine Stundung oder Ratenzahlung verhandeln. Ein Einspruch wäre zwecklos. Die Zahlungsverpflichtung ergibt sich aus dem Sachverhalt eindeutig. **Renz** würde einen Prozess verlieren und müsste dann noch die Gerichtskosten tragen.

b) Da § 700 ZPO den Vollstreckungsbescheid einem für vorläufig vollstreckbaren Versäumnisurteil gleichstellt, beträgt die Einspruchsfrist 2 Wochen (§§ 338, 339 ZPO).

3. a) Briefmarkensammlung, Perserbrücke, da gem. § 811 ZPO die dem persönlichen Gebrauch, der Berufstätigkeit oder dem Haushalt dienenden Sachen sowie die auf 4 Wochen erforderlichen Nahrungs- und Beleuchtungsmittel nicht pfändbar sind.

2 Rechtliche Grundlagen

   b) Briefmarkensammlung, § 808 (1) ZPO.
4. Pfandsiegel, § 808 (2) ZPO.
5. a) Hat der Gerichtsvollzieher Gegenstände aus dem Besitz des Schuldners gepfändet, an denen der Schuldner kein Eigentumsrecht besitzt, dann kann der Eigentümer Widerspruchsklage gegen die Pfändung einreichen, um sein Eigentum zurückzuerhalten. Die Frist gibt dem Schuldner auch Gelegenheit, die Schuld zu begleichen und danach die gepfändeten Gegenstände zurückzuerhalten.

   b) Ort und Zeit der Versteigerung müssen bekannt gemacht werden, damit möglichst viele Bieter zur Versteigerung erscheinen. Nur so kann ein günstiger Versteigerungserlös erzielt werden. Schuldner und Gläubiger können mitbieten.
6. Kernfrage: Ist Rücksichtnahme auf bisherigen Lebensstandard des Schuldners sozial?
   Gefahr: Aufgrund der gesetzlichen Regelung könnte der Fall eintreten, dass dem Schuldner ein höherer Lebensstandard gesichert wird als dem Gläubiger.

2.40 Verjährung von Ansprüchen – Wirkung der Verjährung

1. Ja. Gem. BGB § 195 beträgt die regelmäßige Verjährungsfrist 3 Jahre. Die Verjährungsfrist des § 195 BGB beginnt am Ende des Jahres, in dem der Anspruch entstanden ist und der Gläubiger die Anspruchsgründe kennt (§ 199 (1)). Die Verjährungsfrist beginnt damit Ende 2002 und ist am 31.12.2005 abgelaufen.
   Verjährung ist die Berechtigung des Schuldners, die Leistung zu verweigern (BGB § 214).
2. Die Verjährung dient der Sicherung des Rechtfriedens. Fordert ein Gläubiger z.B. erst lange Zeit nach Abwicklung eines Kaufgeschäfts vom Schuldner die Bezahlung des Kaufpreises, obwohl die Schuld schon lange fällig war, dann kann der Schuldner in Beweisschwierigkeiten kommen, wenn er die Schuld schon bezahlt hat. Die Verjährung ist ein Schutzmittel gegen evtl. unbegründete Forderungen. Dabei wird in Kauf genommen, dass der Gläubiger um sein Recht gebracht wird, wenn der Schuldner sich trotz berechtigter Forderung auf die Verjährung beruft.

2.41 Verjährung von Ansprüchen – Neubeginn der Verjährung – Hemmung der Verjährung

1. Die Forderung des **Knoll** gegen **Baier** verjährt am 31.12.2005. Sie ist am 01.01.2006 verjährt (BGB § 195). Die Verjährung beginnt am Ende des Jahres, in dem der Anspruch entsteht und der Gläubiger die Anspruchsgründe kennt (BGB § 199 (1)).
2. Es ist zu prüfen, ob die Verjährungsfrist neu beginnt. Vom Schuldner könnte dies dadurch bewirkt werden, dass er in irgendeiner Weise die Schuld anerkannt hat (§ 212 BGB). Das hat **Baier** jedoch nicht getan.
   Vom Gläubiger kann der Neubeginn der Verjährung durch eine gerichtliche oder behördliche Vollstreckungshandlung bewirkt werden (§ 212 (1) Nr. 2 BGB). Das ist weder bei außergerichtlichen noch bei gerichtlichen Mahnungen der Fall. Die Verjährungsfrist ist am 31.12.2005 abgelaufen; **Baier** kann die Zahlung verweigern.
3. Durch die Zusendung des Mahnbescheids wird die Verjährung gehemmt (§ 204 (1) Nr. 3). Der Zeitraum, während dessen die Verjährung gehemmt ist, wird nicht in die Verjährungsfrist eingerechnet (§ 209). Die Dauer der Hemmung ist davon ab-

hängig, wann das eingeleitete Mahnverfahren beendet ist bzw. wann eine rechtskräftige Entscheidung vorliegt. Die Hemmung endet 6 Monate nach diesem Zeitpunkt. Die Verjährung läuft dann wieder normal weiter. Ende der Verjährung: 06.10.2006.

31.12.2002	15.12.2005	16.01.2006	20.03.2006	20.09.2006	06.10.2006
	←	H E M M U N G	→		
			(§ 204 (2))		
Beginn der Verjährung	Zustellung des Mahnbescheids	Widerspruch gegen Mahnbescheid (Bsp.)	Urteil ←→ 6 Monate	Ende der Hemmung	Ende der Verjährung

2.42 Hemmung der Verjährung – Neubeginn der Verjährung

1. 31.12.2008 (§§ 195, 199 BGB)

2. Mit der Bitte um Stundung erkennt Max den Anspruch an. Dadurch beginnt die Verjährung erneut zu laufen (§ 212 (1) BGB). Die eingeräumte Stundung bewirkt eine Hemmung von 6 Monaten, weil Max in dieser Zeit die Leistung verweigern kann (§ 205 BGB). Demnach verjährt der Anspruch am 01.11.2009.

01.05.2006		01.11.2006	01.11.2009
	6 Monate Stundung		
Neubeginn			Ende der Verjährung

3 Zahlungsverkehr

Girokonto – Überweisung – Clearingverkehr

3.01 Kontoeröffnung – Kontoauszug – Kontogegenbuch – Überweisung

1. a) Ersparnis von Versandkosten, die ihr von der Bank im Falle eines Versandes der Kontoauszüge in Rechnung gestellt würden;

   b) Kündigungsfrist im Kontoeröffnungsantrag ist nur von Bedeutung, wenn ein Sparkonto eröffnet wird; die Abhebung von Guthabenbeträgen auf einem Girokonto ist in unbegrenzter Höhe ohne Kündigung möglich; es handelt sich um Sichteinlagen (= bei Sicht fällig);

   c) sie ermöglicht der Bank eine Kontrolle bei Verfügungen über das Konto;

   d) **Hinweis:** Der Kontoeröffnungsantrag führt im Normalfall zum Abschluss eines Girovertrages. Durch diesen Vertrag wird das Kreditinstitut verpflichtet, für den Kunden ein Konto einzurichten, eingehende Zahlungen auf dem Konto gutzuschreiben und abgeschlossene Überweisungsverträge zu Lasten dieses Kontos abzuwickeln (§ 676 f. BGB). Der Vertragsinhalt des Girovertrages wird häufig durch die Allgemeinen Geschäftsbedingungen ergänzt. Weitere Ergänzungsverträge wie z.B. Scheckvertrag, Kreditvertrag, Mietvertrag über ein Schließfach kommen zum Girovertrag hinzu.
   - Gültigkeit des Ausweises
   - Übereinstimmung von Lichtbild im Ausweis mit der Person des Vorlegers
   - Übereinstimmung der Angaben im Kontoeröffnungsantrag (Name, Adresse etc.) mit Angaben im Ausweis
   - Übereinstimmung von Unterschrift im Ausweis mit der Unterschrift auf dem Kontoeröffnungsantrag

   Ergänzender Hinweis zur Kontoeröffnung:
   Das »Know your customer«-Prinzip und das Gebot der persönlichen und dokumentmäßigen Identifizierung des Kunden verlangen bei der Konto- und Depoteröffnung regelmäßig eine persönliche Anwesenheit der zu identifizierenden natürlichen Person. Nur so kann die Übereinstimmung zwischen äußeren Merkmalen der Person und ihrem Bild bzw. den Angaben im Personalausweis oder Reisepass geprüft werden.

   Eine einfache briefliche Legitimationsprüfung von natürlichen Personen darf bei Kontoeröffnungen grundsätzlich nicht vorgenommen werden.

   > **§ 1 Absatz 5 Geldwäschegesetz**
   > »Identifizieren im Sinne dieses Gesetzes ist das Feststellen des Namens aufgrund eines Personalausweises sowie des Geburtsdatums und der Anschrift, soweit sie darin enthalten sind, und das Feststellen von Art, Nummer und ausstellender Behörde des amtlichen Ausweises.«

   Bei der Eröffnung von Konten, die bei Direktbanken eingerichtet werden, ist eine Identifizierung unter persönlicher Anwesenheit des Kunden regelmäßig nicht möglich. Um auch hier hinreichende Gewissheit über die Identität des Kunden zu erlangen, kann neben der Einschaltung von Drittbanken ein gesondertes Identifizierungsverfahren durch die **Deutsche Post AG** entweder am Postschalter oder durch den Postzustelldienst der **Deutschen Post AG** im Auftrag des identifizierungspflichtigen Kreditinstituts durchgeführt werden.

   e) Sicherstellung, dass kein Konto auf einen falschen Namen eröffnet wird (z.B. wegen Steuerhinterziehung, Geldwäsche)

2.

KONTO-GEGENBUCH

Datum	Verwendungszweck	Lastschrift	Gutschrift	Kontostand	S/H
01.10.	Bareinzahlung		50,00 EUR	50,00 EUR	H
30.10.	Gehalt		3210,00 EUR	3260,00 EUR	H

3. a) Am 21.11.; Frist: 3 Bankgeschäftstage (§ 676a (2) Zi 2 BGB); Beginn der Frist: Ablauf des Tages, an dem die erforderlichen Daten dem überweisenden Kreditinstitut vorliegen (§ 676a (2));

   b) für einen verspätet ausgeführten Überweisungsauftrag ist das überweisende Kreditinstitut (Allbank München) der Überweisenden (Anne Püschel) gegenüber schadensersatzpflichtig; Höhe des Zinssatzes: 5% über dem Basiszinssatz (§ 676b (1) BGB);

3.02 Abrechnungs- und Clearingverkehr

1. Zahlungspflichtiger und Zahlungsempfänger haben jeweils ein Konto bei der **Volksbank Rostock**. Deshalb wird kein Gironetz beansprucht.

2. **Stadtsparkasse Leipzig:** Gironetz, dem **Stadtsparkasse Leipzig** angehört (Spargironetz);
   Volksbank Rostock: Gironetz, dem **Volksbank Leipzig** angehört **(Deutscher Genossenschaftsring);**

3. **Deutsche Bank Stuttgart: Gironetz der Deutschen Bank AG;**
   Volksbank Rostock: siehe bei 2.;

4. **Volksbank Rostock:** siehe bei 2.;
   Postbank: Postgiroämter;
   Wahrscheinlich ist jedoch, dass die **Volksbank Rostock** bei der **Postbank** ein Konto unterhält und umgekehrt, sodass kein Gironetz beansprucht wird.

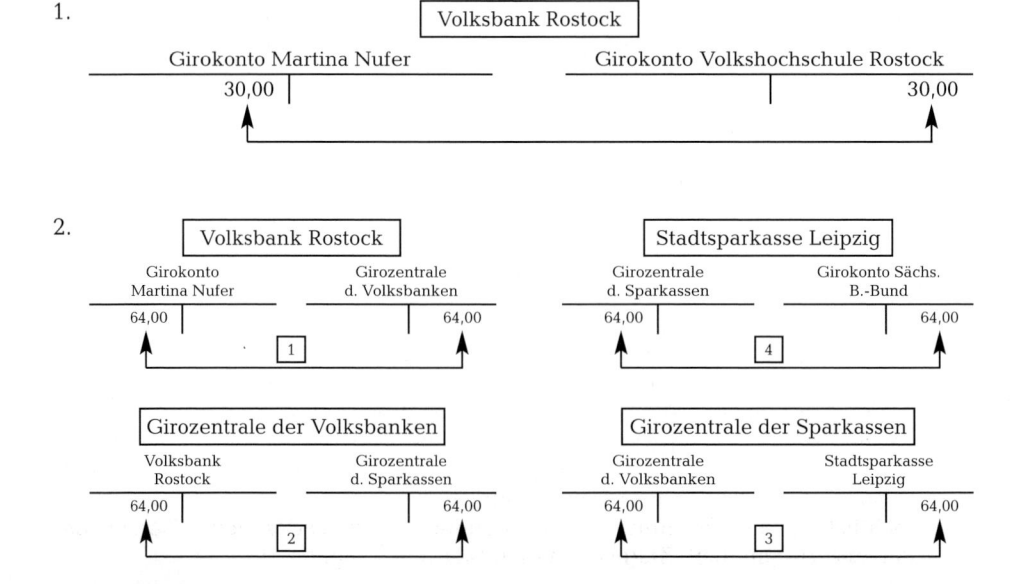

1.

Volksbank Rostock

Girokonto Martina Nufer — 30,00 → Girokonto Volkshochschule Rostock — 30,00

2.

Volksbank Rostock
- Girokonto Martina Nufer: 64,00
- Girozentrale d. Volksbanken: 64,00 [1]

Stadtsparkasse Leipzig
- Girozentrale d. Sparkassen: 64,00
- Girokonto Sächs. B.-Bund: 64,00 [4]

Girozentrale der Volksbanken
- Volksbank Rostock: 64,00
- Girozentrale d. Sparkassen: 64,00 [2]

Girozentrale der Sparkassen
- Girozentrale d. Volksbanken: 64,00
- Stadtsparkasse Leipzig: 64,00 [3]

3 Zahlungsverkehr

3.

Volksbank Rostock		Dt. Bank AG Stuttgart	
Girokonto Martina Nufer	Girozentrale d. Volksbanken	Girozentrale der Dt. Bank	Girokonto Rommel
129,00	129,00	129,00	129,00

① ④

Girozentrale der Volksbanken		Girozentrale der Dt. Bank	
Volksbank Rostock	Girozentrale der Dt. Bank	Girozentrale d. Volksbanken	Dt. Bank Stuttgart
129,00	129,00	129,00	129,00

② ③

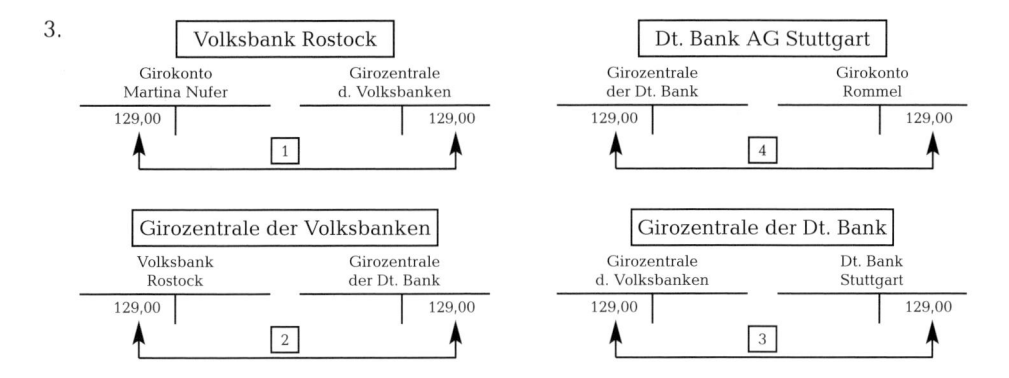

4. falls Abrechnung über Girozentralen siehe bei 3.

falls gegenseitig Konten unterhalten werden:

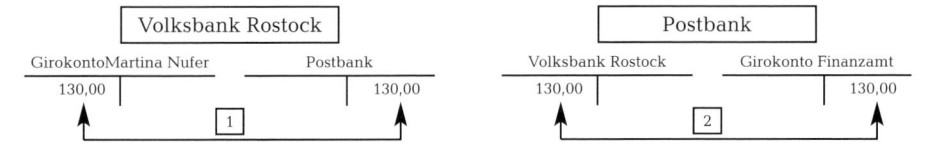

Volksbank Rostock		Postbank	
Girokonto Martina Nufer	Postbank	Volksbank Rostock	Girokonto Finanzamt
130,00	130,00	130,00	130,00

① ②

Dauerauftrag und Lastschriftverkehr

3.03 Regelmäßig wiederkehrende Zahlungen in gleicher Höhe – Einzugsermächtigung – Abbuchungsauftrag

1. Die Bank ist *nicht verpflichtet*, den Dauerauftrag zum 30.05. auszuführen, da der Antrag zum Dauerauftrag nicht rechtzeitig gestellt wurde. Gegenstand des mit der Allbank geschlossenen Kontovertrags ist zwar u.a. die Ausführung von Daueraufträgen, jedoch nur dann, wenn der Antrag zuvor rechtzeitig gestellt wurde (siehe Ziffer 4 der Bedingungen auf dem Antragsformular).

   Der nicht angegebene *Verwendungszweck* (vgl. Ziffer 3 der Bedingungen) würde die Bank nicht hindern, den Dauerauftrag trotzdem auszuführen.

2. Keine Terminversäumnisse, Arbeitsersparnis

3. Mieten, Übertragung von Beträgen auf Sparkonten, Vereinsbeiträge, Ratenzahlungen für Kredittilgung

4. a) Vorteilhaft, weil keine Fristversäumnisse, keine Schreibarbeit; gegen unberechtigte Abbuchung zeitlich unbegrenzt Widerspruch bei kontoführender Bank möglich, wenn falsche Beträge angefordert wurden; Zahlungspflichtiger kann seine Widerspruchsmöglichkeit auch nach Ablauf der in Abschn. III Nr. 2 des Abkommens über den Lastschriftverkehr niedergelegten 6-Wochen-Frist ausüben, denn diese gilt nur im Innenverhältnis der beteiligten Kreditinstitute (Abschn. IV Nr. 1 LSA) – vgl. Gößmann, Recht des Zahlungsverkehrs, Berlin 1993, S. 88. Gegebenenfalls muss der Bankkunde nach Fristverstreichung den zivilrechtlichen Weg beschreiten, um einen unberechtigt eingezogenen Betrag wieder zu erlangen (evtl. Klage gegen Zahlungsempfänger).

Noch vorteilhafter für Gläubiger, weil er Zeitpunkt der Zahlungseingänge selbst bestimmen und Zinsverluste sowie Finanzierungslücken durch hohe Außenstände vermeiden kann.

Unter Kostengesichtspunkten ist die Einzugsermächtigung dem Dauerauftrag vorzuziehen. Beim Dauerauftrag fallen meist Kosten für Einrichtung, Ausführung und Auflösung an. Dagegen verlangen die Banken bei der Einzugsermächtigung allenfalls geringe Entgelte für die Buchungen; die übrigen Kosten trägt der Empfänger.

b) **Ausfüllen des Formulars.**

Hinweis zur Verpflichtung eines Kunden, eine Einzugsermächtigung zu erteilen:

In einer Entscheidung vom 10. Januar 1996 (XII ZR 271/94) hat der Bundesgerichtshof bestimmt, dass Unternehmen ihre Kunden unter bestimmten Umständen wirksam verpflichten können, Zahlungen durch Teilnahme am Lastschriftverfahren zu leisten. Durch solche Verpflichtungen in den Allgemeinen Geschäftsbedingungen werden Verbraucher – so der BGH – nicht unangemessen benachteiligt. Dies gelte besonders dann, wenn die Zahlungshöhe und der Zahlungszeitpunkt von vornherein feststehe, heißt es weiter.

In dem Verfahren, das vom **Berliner Verbraucherschutzverein** angestrengt worden war, ging es um die Begleichung von Rechnungen für einen Anschluss an das Breitbandkabelnetz. In dem Vertrag war vorgeschrieben, dass die monatlichen Zahlungen von 5,70 EUR durch Teilnahme am Lastschriftverfahren bezahlt werden müssten. Die Verbraucherschützer waren der Auffassung, dass der Kunde unangemessen benachteiligt werde. Er werde verpflichtet, ein Konto zu unterhalten, Zahlungen besonders zu kontrollieren und für ausreichende Deckung des Kontos zu sorgen. Dies sei unzumutbar, der Kunde müsse beispielsweise die Möglichkeit des Dauerauftrages haben, meinte der Verbraucherschutzverein.

Dieser Argumentation folgen die Bundesrichter nicht. Heute werde der weit überwiegende Teil von wiederkehrenden Zahlungen bereits über Girokonten abgewickelt. Es bestehe daher ein Interesse des Unternehmens daran, Zahlungen nur über Konten zu erhalten, heißt es in den Urteilsgründen. Die Pflicht des Verbrauchers, ein Konto für einen von ihm freiwillig abgeschlossenen Vertrag zu unterhalten, sei **nicht** unangemessen. Zudem sei der Bankkunde bei der Einzugsermächtigung (im Gegensatz zum Abbuchungsverfahren) auch ausreichend geschützt. Denn bei diesem Verfahren kann der Kunde jederzeit einer Abbuchung widersprechen. **Ein Abbuchungsverfahren, bei dem der Verbraucher seine Bank direkt verpflichtet, unwiderruflich Zahlungen zu leisten, lassen die Bundesrichter in den Allgemeinen Geschäftsbedingungen allerdings nicht zu.** Derartige Abbuchungsverfahren spielen allerdings heute auch keine wesentliche Rolle im Zahlungsverkehr.

Der Bundesgerichtshof stellt aber heraus, dass sein Urteil nicht für alle Lastschriftklauseln gilt. Anders läge es zum Beispiel, wenn größere Beträge zu unregelmäßigen Zeitpunkten eingezogen werden sollen oder die Beträge nicht von vornherein feststünden. Der Kontoinhaber könne dann unberechtigterweise gezwungen werden, auf Dauer für eine hohe Kontodeckung zu sorgen, um jederzeit auf die Lastschrift vorbereitet zu sein – dies sei unangemessen.

5. Die Versicherungsgesellschaft muss den Schaden ersetzen. Durch die erteilte Einzugsermächtigung vom 10.01. d.J. wurde die Versicherungsgesellschaft zum Einzug fälliger Forderungen durch Lastschriftverfahren ermächtigt. Anders als bei der Überweisung ist die Geldschuld dadurch eine **Holschuld.** Dies hat Auswirkungen auf die Rechtzeitigkeit der Leistung und die Gefahrtragung. Soll eine Schuld über Lastschrifteneinzug erfüllt werden, hat der Schuldner das Seine getan, wenn er für

3 Zahlungsverkehr

Deckung sorgt und die sonstigen Einlösungsvoraussetzungen schafft. Es obliegt vielmehr dem Gläubiger, von der Lastschriftabrede rechtzeitig Gebrauch zu machen, sodass er gar in Annahmeverzug gerät, wenn er die Lastschrift bei Fälligkeit nicht vorlegt. Die Rechtsfolgen des Annahmeverzugs sind für den Gläubiger indes erträglich; er trägt wegen § 300 (2) BGB lediglich das Risiko der Insolvenz der Zahlstelle.

Der Gläubiger (hier: Versicherungsgesellschaft) trägt auch in vollem Umfange die Verzögerungs- und die Verlustgefahr, da mit der Entgegennahme der Ermächtigung bzw. mit der Vereinbarung des Abbuchungsverfahrens die Verantwortung für die vertragsgemäße Erfüllung auf ihn, den Gläubiger, übergeht (BGH NJW 1984, 872).

6. Einzugsermächtigung, weil gegen eine unberechtigte Abbuchung bei der kontoführenden Bank Widerspruch möglich ist, wenn z.B. falsche Beträge angefordert wurden.

> *Hinweis:*
> Die Buchung einer Lastschrift aus einer erteilten Einzugsermächtigung ist so lange ohne Rechtsgrundlage, bis sie der Kontoinhaber **genehmigt** hat. Dem Kontoinhaber steht gegenüber der kontoführenden Bank das Recht zum Widerspruch deshalb **zeitlich unbegrenzt** zu. Macht er allerdings zu spät von diesem Recht Gebrauch, wird er unter Umständen schadensersatzpflichtig, weil er die Pflichten aus dem Girovertrag zur unverzüglichen Prüfung nicht erfüllt hat.
>
> Andererseits ist ein Widerspruch nach Genehmigung der Buchung nicht mehr möglich. Das Schweigen des Kontoinhabers auf den Tagesauszug kann grundsätzlich nicht als Genehmigung der ohne Auftrag durchgeführten Belastungsbuchung angesehen werden. Die Bank ist verpflichtet, diese Rechtsfolge in ihre AGB aufzunehmen und den Kontoinhaber auf diese Folge hinzuweisen (BGH-Urteil – AZ: XI ZR 258/99).
>
> Die **Sechs-Wochen-Frist** für den Widerspruch gilt **nur innerhalb der Banken.**
>
> Die erste Inkassostelle muss während dieser Frist eine Rücklastschrift der Zahlstelle zunächst ohne Prüfung der Berechtigung einlösen. Die Rückgabe ist also während dieser Frist organisatorisch vereinfacht.

Für Abbuchungsaufträge ist ein Widerspruch im Abkommen über den Lastschriftverkehr nicht vorgesehen. Wegen Widerspruchsfrist mindestens alle vier Wochen Kontoauszüge prüfen.

Weiterer Unterschied Einzugsermächtigung – Abbuchungsauftrag:

Einzugsermächtigung: Zahlungspflichtiger erteilt schriftliche **Ermächtigung** an **Zahlungsempfänger**

Abbuchungsauftrag: Zahlungspflichtiger erteilt schriftlichen **Auftrag** an seine Bank (Zahlstelle) zugunsten des Zahlungsempfängers

Hinweis: Weist eine Bank eine Lastschrift für ein überzogenes Konto zurück, dann darf sie vom Kunden dafür kein Entgelt verlangen (Entscheidung des BGH vom 08.03.05, Akt. Z.: XI ZR 154/04).

Scheck

3.04 Zahlung mit Scheck – Scheckeinlösung

1. Scheck ist nur **Anweisung** an Bank, zu zahlen; gibt dem Empfänger kein Recht gegen angewiesene Bank, ersetzt Zahlung zunächst nicht **(zahlungs- oder erfüllungshalber);** geschuldete Leistung ist erst mit Einlösung erbracht.

> Ergänzung aus der BZ vom 27.03.98:
> **Wechselt der Scheck, wechselt das Risiko**
> Wenn bei einer Bezahlung der Scheck überreicht wird, haftet von diesem Moment an der neue Besitzer. Dies stellte der Bundesgerichtshof (Urteil vom 16.4.1996 – XI RZ 222/95) unmissverständlich fest. Mit dem Zugang eines Schecks, der entsprechend einer zuvor getroffenen Scheckzahlungsabrede zur Bezahlung einer Forderung übersandt wird, geht die Verlustgefahr auf den Schecknehmer über. Geht er verloren, braucht der Käufer den Kaufpreis nicht noch einmal zu bezahlen.
> Natürlich haftet der Scheckaussteller dafür, dass auf seinem Konto auch entsprechende Deckung besteht. Zugang ist beispielsweise, wenn per Einschreiben mit Rückschein der Scheck abgesandt wurde. Denn dann liegt das Risiko beim Empfänger.

2. Gefahr des Verzählens, Verlierens, Diebstahls; Verzinsung des Guthabens bis zum Zeitpunkt der Verfügung.

3. a) Gefahr, dass Deckung verloren geht; Zinsverlust; Verlust des Rückgriffsrechts; Art. 41 SchGes.

   b) Bis zum 26. Jan. d.J., sofern der letzte Tag kein Sonn- oder Feiertag ist; dann Verlängerung bis zum nächsten Werktag; Art. 29 SchGes.; falls kein Widerspruch vorliegt, kann der Bezogene auch später noch Zahlung leisten (Art. 32 SchG);

   c) Falls der eingereichte Scheck nicht gedeckt ist, erfolgt Rückbelastung mit Wertstellung der Gutschrift zzgl. Kosten.

3.05 Gesetzliche und kaufmännische Bestandteile des Schecks

1. Nein, Ausstellungsort und -datum fehlen, Art. 1,2 Scheckgesetz.

2. Ja, weil Name des Empfängers kein gesetzlicher Bestandteil, Art. 1 Sch.Ges.

3. Überbringerklausel ermöglicht der bezogenen Bank, an jeden Vorzeiger des Schecks zu zahlen, macht also den Scheck zum Inhaberpapier, obwohl er ein geborenes Orderpapier ist. Sie lässt die Prüfung der Scheckberechtigung des Vorlegers fortfallen und beschleunigt so den Schalterverkehr. Auch schränken die Banken durch die Überbringerklausel ihr Fahrlässigkeitsrisiko ein.
   Banken haben deshalb in ihren »Allg. Geschäftsbedingungen« die Bestimmung, dass der vorgedruckte Schecktext nicht geändert oder gestrichen werden darf und dass die Angabe einer Zahlungsfrist als nicht geschrieben gilt (siehe Aufdruck am Rand des Schecks). Weil der Bankkunde die »Allg. Geschäftsbedingungen« als Grundlage der Kontoeröffnung anerkennen muss, kann die Bank einen Scheck, bei dem die Überbringerklausel gestrichen ist, einlösen, muss es aber nicht.

4. Kaufmännische Bestandteile dienen der Erleichterung der Bearbeitung des Schecks bei der Bank, z.B.:
   – Angabe des Scheckbetrags in Ziffern: Erleichtert die buchungsmäßige Bearbeitung.
     Jedoch hat die Betragsangabe in Buchstaben vor der in Ziffern Gültigkeit, bei mehrfacher Angabe in Buchstaben oder mehrmaliger Angabe in Ziffern gilt bei Abweichungen der kleinere Betrag.
   – Schecknummer: Erleichtert Kontrolle bei Sperrung von Schecks.
   – Bankleitzahl: Erleichtert die Bearbeitung des Schecks im Gironetz.
   Die Klausel »aus meinem Guthaben« (selten) soll den Scheckaussteller warnen, ungedeckte Schecks auszuschreiben. Deckung kann auch aus Kredit bestehen.

5. Wenn der Scheck gedeckt ist (Guthaben oder eingeräumter Kredit) wird ihn die bezogene Bank bei fristgerechter Vorlage auch einlösen.

3 Zahlungsverkehr

3.06 Weitergabe eines Schecks – Scheckverlust – vordatierter Scheck – Nichteinlösung

1. Indossanten u. Aussteller haften als Gesamtschuldner f.d. Einlösung d. Schecks; Art 40 Sch.Ges.

2. Nur zur Verrechnung; Nur zur Gutschrift; Art. 39 Sch.Ges.

3. Ja. Banken lösen Verrechnungsschecks nur im Wege der Gutschrift ein.

4. Benachrichtigung d. Ausstellerin **B.**; diese benachr. d. bezog. Kred.-Institut davon, dass Scheckanweisung widerrufen wird. Widerruf erst nach Ablauf der Vorlegungsfrist für bezog. Kred.-Institut bindend; Art. 32 I Sch.Ges.

5. a) Bankvermerk, Protesturkunde, Art. 40 Sch.Ges.

   b) Nein, Scheck ist bei Sicht zahlbar; Art. 28 Sch.Ges.

Wechsel

3.07 Wechselziehung – Gesetzliche und kaufmännische Bestandteile

1. Brief

2. a) Wechsel an eigene Order.
   b) Nein; Unterschrift **Aulers** fehlt (gesetzl. Bestandteil), Art. 1 und 2 WG.
   c) WG, Art. 1; Wechselformular
   d) Aus diesem Wechselformular können noch keine Ansprüche abgeleitet werden.

3. a) Voll- oder Kurzakzept auf der Vorderseite, links, quer.
   b) Zahlstellenvermerk Vorderseite unten, Mitte.
   c) Wechsel-Avis an **Volksbank**; Begleitbrief mit Akzept an **Auler.**

4. 9800 EUR; Art. 6 (1) WG.

5. 8900 EUR; 6 (2) WG.

6. – Ortsnummer: Besteht aus den ersten drei Ziffern der Bankleitzahlen der ortsansässigen Kreditinstitute und erleichtert die Bearbeitung von Wechseln durch die Banken;
   – Wiederholung des Zahlungsortes vorn rechts oben: Erleichtert die Vorlegung;
   – Wiederholung des Verfalltages am oberen Rand: Dient Ablagezwecken und der Termineinhaltung;
   – »Erste Ausfertigung« (Duplikatklausel): Gibt die Zahl der Ausfertigungen an;
   – Wiederholung der Wechselsumme in Ziffern: Wird von der Bundesbank gefordert und erhöht die Lesbarkeit;
   – Zahlstellenvermerk (Domizilvermerk): Gibt an, wo der Wechsel eingelöst wird, wenn dies nicht beim Bezogenen geschieht;
   – Anschrift des Ausstellers: Wenn der Wechsel vom Bezogenen nicht eingelöst oder die Annahme verweigert wird, muss der letzte Wechselberechtigte den Aussteller davon benachrichtigen. Fehlt dessen Anschrift auf dem Wechsel, entfällt diese Benachrichtigungspflicht.

7. a)

			Soll	Haben
bei Verkauf:	Forderungen		8 900,00	
	an Umsatzerlöse			7 672,41
	Umsatzsteuer			1 227,59
bei Wechselziehung:	Wechselforderungen[1]		8 900,00	
	an Forderungen			8 900,00
b) bei Wareneingang:	Waren		7 672,41	
	Vorsteuer		1 227,59	
	an Verbindlichkeiten a.L.u.L.			8 900,00
bei Akzeptierung:	Verbindlichkeiten a.L.u.L		8 900,00	
	an Wechselverbindlichkeiten			8 900,00

3.08 Wesen der Diskontierung

1. Wechsel ist erst am Verfalltag auf den angegebenen Wechselbetrag »angewachsen«. Bank gewährt somit einen Kredit für 55 Tage;

2. Diskont: 81,58 EUR statt 81,85 EUR; Wert per 24.06. somit 8808,42 EUR;

    Hinweis: die Diskonttage wurden nach der EURO-Zinsmethode berechnet; danach werden bei der Wechseldiskontierung die Zinsen **taggenau** berechnet, das Jahr wird mit 360 Tagen angenommen.

    Rechnung:

Diskontierungstag:	24.06. d.J.	24.06. – 30.06.	6 Tage
Verfalltag:	18.08. d.J.	01.07. – 31.07.	31 Tage
		01.08. – 18.08.	18 Tage
			55 Tage

3. Buchung des Diskontierungsvorganges (Wechselverkauf an die Bank):

Konto	Soll/EUR	Haben/EUR
Bank	8 808,42	
Diskontaufwand	81,58	
Kosten des Geldverkehrs	10,00	
an Wechselforderungen		8 900,00

    Buchung der Weiterbelastung der Kosten der Diskontierung:

Konto	Soll/EUR	Haben/EUR
Forderungen	106,23	
an Diskonterträge		81,58
andere sonst. betr. Erträge		10,00
Umsatzsteuer		14,65

    Hinweis: Die Berechnung des Diskonts an den Kunden ist nach § 4 Zi 8 UStG umsatzsteuerfrei. Die Praxis optiert jedoch meist für die Umsatzsteuerpflicht, weil die Belastung weiterer Wechselspesen häufig der Umsatzsteuer unterliegt (Grundsatz: Einheitlichkeit der Leistung).

---

[1] Durch die Tratte wird der Bezogene wechselrechtlich noch nicht verpflichtet – erst durch das Akzept. Deshalb findet für die Wechselziehung häufig auch das Konto »Zur Akzepteinholung versandte Tratten« Verwendung. Für die Bilanzerstellung ist diese Unterscheidung ohne Bedeutung (Bilanzposition für beide Konten gem. § 266 (2) HGB: B II 1. Forderungen aus Lieferungen und Leistungen)

3 Zahlungsverkehr

4. Wechsel fällig 18.08. über   8 991,44 (= 100 %)
   – Diskont 6 %/61 Tage   91,44 (= 1,017 %)
   = Wert am 18.06.   8 900,00 (= 98,983 %)

5. Wechsel ist **Zahlungsmittel** (Geldersatzmittel); Schuldverhältnis aus dem Primärgeschäft ist erst erloschen, wenn der Wechsel eingelöst ist; Wechsel ist **Kreditmittel,** da **Betz** erst am Verfalltag zahlen muss; Wechsel ist für **Auler Sicherheitsmittel,** da ihm die Wechselstrenge Sicherheit für die Einlösung gewährt;

3.09   Wechselschulden – Wechseltermine

1. Am 18. 8. oder an einem der beiden darauf folgenden Werktage; Art. 38 WG.

2. Verlust d. Rückgriffsrechts; Art. 53 (1) WG.

3. Bei der **Volksbank Dortmund** während der Geschäftsstunden; Art. 4, 87 WG.

4. Ja, **Volksbank Dortmund** gehört nicht zu d. ursprüngl. Parteien; »Unbedingte Anweisung«; abstraktes Schuldversprechen, losgelöst vom zugrunde liegenden Rechtsgeschäft, sofern nicht Partei; Art. 1 Ziff. 2 WG.

5. Wechselschulden sind Holschulden, da der letzte Wechselinhaber verpflichtet ist, den Wechsel dem Bezogenen am Zahlungsort vorzulegen (Art. 2 (3), Art. 4 Wechselgesetz). Im Normalfall sind Geldschulden Schickschulden.

3.10   Akzept – Vollindossament – Blankoindossament – Inkassoindossament

1. Wechselaussteller und Wechselnehmer sind nicht identisch;

2. Bei Weitergabe des Wechsels durch **Hahle** müsste **Fink** einem neuen Wechselberechtigten 25 000 EUR zahlen. Er könnte sich nicht darauf berufen, dass **Hahle** ihm nur Ware im Wert von 18 000 EUR geliefert hat; Art. 17 WG.

3. a) Für mich an die Order von Maschinenfabrik **Georg Vehl,** 44137 **Dortmund,** 48143 **Münster i.W.,** den 08. März 20..;
   (Unterschrift: Max Lehr).

   b) **Georg Vehl**

   c)   Maschinenfabrik Georg Vehl,
                           Westenhellweg 7
                           44137 Dortmund

                           ppa. Vehl

   d) Ein Wechsel mit Blankoindossament kann wie ein Inhaberpapier durch Einigung und Übergabe weitergegeben werden. **Ahlert** kann daher den Wechsel ohne sein Indossament weiter übertragen und haftet in diesem Fall wechselrechtlich nicht.

4. a) Für mich an die Order der **Handelsbank** Filiale **Düsseldorf**
   Wert zum Einzug
   40217 Düsseldorf, den 20. Aug. 20..
   (Unterschrift: Fritz Beck), Art. 18 WG.

   b) **Beck** ist Eigentümer, Besitzer ist die **Handelsbank** Filiale **Düsseldorf.**

3.11   Wechselprotest – Benachrichtigungsfristen – Rückrechnung

1. Durch Protesturkunde, ausgestellt von Notar oder Gerichtsbeamten, Art. 79, 80, 81 WG.

2. Am 31. 08. d.J. bzw. dem folgenden Geschäftstag, wenn der Verfalltag ein Feiertag ist, Art. 72 WG.

3. Alle Indossanten und der Aussteller **Hahle,** Art. 47 (1) WG.
4. a) Tatsache des Protestes und dessen Datum angeben.
   b) Vorleger benachrichtigt den Aussteller und den unmittelbaren Vormann innerhalb von 4 Werktagen nach dem Tag der Protesterhebung, Art. 45 (1) WG.
5. Innerhalb 2 Tagen nach Empfang der Nachricht, damit Vormänner Geld beschaffen können; Art. 45 WG.
6. We.-Summe 25000 EUR + Zins 6%/4 Tage 16,67 EUR + $1/3$% Prov. 83,33 EUR + Protestkosten 20 EUR + Auslagen 1,20 EUR = 25 121,20 EUR. Art. 48 WG.
7. **Hilpert** hat nicht indossiert. Art. 15 (1) WG.
8. a) Angabe einer Notadresse; Art. 55 WG; Anforderungen des Wechsels (im Sprungrückgriff) sofort nach Erhalt der Benachrichtigung.
   b) Weil Befriedigung durch den zahlungsunfähigen Bezogenen im Rückgriff fraglich ist.

3.12 Prolongation eines Wechsels

1. Bitte um Prolongation.
2. Protest schädigt auch Kredit des Ausstellers, weil dieser bei Auswahl des Bezogenen nicht die erforderliche Sorgfalt angewendet hat; Kosten!
3. Wenn **Plum** nicht mehr kreditwürdig ist.
4. **Pauly** gewährt für die Prolongationsdauer einen Kredit, der angemessen verzinst werden soll.
5. Sicherheit für **Pauly,** dass das Angebot auch eingehalten wird; Beschleunigung der Abwicklung.
6. Akzeptschuld: 2300,00 EUR = 98%
   + Diskont 2 Mon./8% ($4/3$% vom Betrag des Prolongationswechsels) 31,29 EUR
   + Prov. $2/3$% vom Betrag des Prolongationswechsels 15,65 EUR | 2%
   Prolongationswechsel 2346,94 EUR = 100%
7. Auch schon vor Verfall kann Rückgriff auf den Bezogenen genommen werden, wenn der Bezogene seine Zahlungen eingestellt hat oder eine Zwangsvollstreckung in sein Vermögen fruchtlos verlaufen ist. Der Wechsel muss jedoch vorher dem Bezogenen zur Zahlung vorgelegt und Protest erhoben werden. Art. 44, (5) WG.
8. Nein; kann vorübergehende Liquiditätsschwäche sein.

3.13 Wechsel-Scheck-Verfahren (Umkehrwechsel)

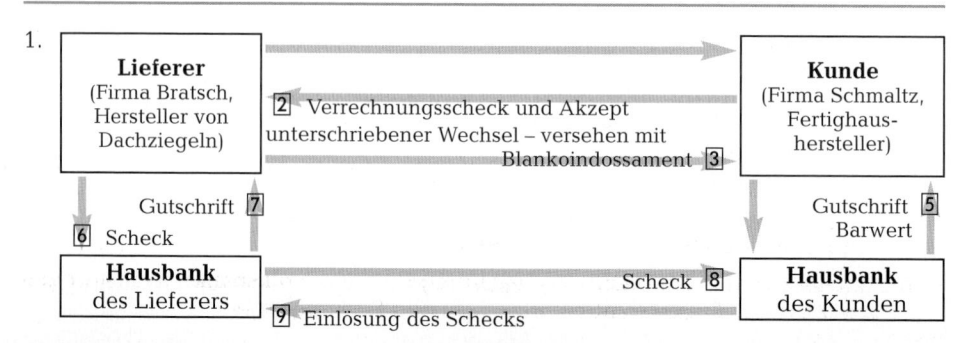

1.

Lieferer (Firma Bratsch, Hersteller von Dachziegeln)	→ 2 Verrechnungsscheck und Akzept unterschriebener Wechsel – versehen mit Blankoindossament 3 →	**Kunde** (Firma Schmaltz, Fertighaushersteller)
↓ Gutschrift 7 6 Scheck ↑		↓ Gutschrift 5 Barwert
Hausbank des Lieferers	← Scheck 8 9 Einlösung des Schecks →	**Hausbank des Kunden**

3 Zahlungsverkehr

2.

		Diskont (9%/20 Tage von 44 844,22 EUR)	Vorteil
Rechnungsbetrag	46 000 EUR		
− 3% Skonto	1 380 EUR	224,22 EUR	1 155,78 EUR
= Scheckbetrag (entspr. Barwert des Wechsel)	44 620 EUR		

```
  |    10 Tage    |    20 Tage    |
  +---------------+---------------+
Rechn.      Zahlung mit Scheck    letztmöglicher
Eingang     unter Ausnutzung von  Zahlungs-
(Lieferung) 3% Skonto             termin
```

Trotz Ausstellung eines Dreimonatswechsels dürfen der Vergleichsrechnung lediglich 20 Kredittage zu Grunde gelegt werden.

Hinweis: Die Verwendung von 3-Monatswechseln ist banküblich. Durch diese Regelung profitiert der Einreicher (Firma Schmaltz) über weitere Zeit von dem zinsgünstigen Diskontkredit.

9% Diskont entsprechen 0,5% Diskont für 20 Tage (a.p.) :

$$99{,}5\% = 44\,620 \text{ EUR}$$
$$100\% = x$$

$$x = \frac{44\,620 \cdot 100}{99{,}5} = 44\,844{,}22 \text{ EUR}$$

Wechsel muss über 44 844,22 EUR ausgestellt werden.

3. Nein, keine Änderungen gegenüber der alten Regelung; Lieferer **Bratsch** ist in beiden Fällen Aussteller mit gleichem wechselrechtlichem Risiko.

4. Durch Verarbeitung oder Umbildung einer auch unter Eigentumsvorbehalt gelieferten Sache (z.B. Rohmaterial) wird der Käufer alleiniger Eigentümer der neu hergestellten Sache, sofern nicht der Wert der Verarbeitung oder Umbildung erheblich geringer ist als der Wert des Stoffes (§ 950 BGB). Das ist selbst dann der Fall, wenn der Käufer nicht zur Verarbeitung berechtigt oder die Ware gestohlen war; § 951 BGB – Palandt § 950 Anm. 3. Will der Verkäufer sein Eigentum auf diese Weise nicht verlieren, so muss er mit dem Käufer eine Vereinbarung treffen, wonach dieser die künftige Verarbeitung für ihn als Hersteller übernimmt **(Verarbeitungsklausel).** Damit wird der Verkäufer **(Firma Bratsch)** als Hersteller der Dachziegel Eigentümer an der neuen Sache **(= verlängerter Eigentumsvorbehalt).**

Wegen der wechselrechtlichen Haftung, die mit dem Wechsel-Scheck-Verfahren verbunden ist (Ausstellung eines Dreimonatswechsels), hat die **Firma Bratsch** ein besonderes Interesse, sich durch die Vereinbarung des verlängerten Eigentumsvorbehaltes entsprechend abzusichern.

Besondere Formen des modernen Zahlungsverkehrs

Elektronischer Zahlungsverkehr

3.14 Electronic Cash (Point of Sale – POS) – POZ-System – Elektronische Geldbörse

1. a) Übereinstimmung der auf dem Kassenbon ausgewiesenen Summe mit dem im Display des Kartenlesers angezeigten Betrag.

   b) Aktivierung der **Automatisierungsabfrage** an die **Volksbank Emmendingen** bzw. an deren Rechenzentrum mit folgenden Prüfvorgängen:

1. Gültigkeit der Karte
2. Vergleich eingegebener mit hinterlegter PIN
3. ausreichender Verfügungsrahmen

Bei positiver Autorisierung erhält die Schuhboutique die **Erklärung** der Volksbank Emmendingen, dass sie die Forderung in Höhe des am ec-cash-Terminal autorisierten Betrages begleicht. Das Konto von Eva Kaiser wird im Rahmen des **Einzugsverfahrens** belastet.

c) – Zahlungsgarantie des Kreditgewerbes
   – einfachere, schnellere und rationellere Abwicklung der Zahlungsvorgänge
   – Vermeidung falscher Wechselgeldherausgabe
   – schnellerer Kassendurchlauf; geringerer Bargeldbestand
   – im Vergleich zur Zahlung mit Kreditkarten geringere Zahlungsverkehrskosten

Im Falle einer Teilnahme am POS-System entstehen einem Unternehmen etwa folgende Kosten:

1. electronic-cash-Terminal: ca. 1 500 EUR 2. Einrichtungskosten (z.B. Stromversorgungsleitungen für die Verbindung)	**einmalige Kosten**
3. ec-Gebühren: Autorisierungsentgelt: 0,3% des jeweiligen Umsatzes, mindestens jedoch 8 Cent je Kaufvorgang; 13 Cent Transaktionsgebühr für den Netzbetreiber; 4. Kosten für Benutzung der Telefonleitung	**laufende Kosten**

2. a) **Eva Kaiser aktivierte** beim POS-System durch die Eingabe ihrer PIN bereits den **Zahlungsvorgang. Im Falle von POZ (Point of Sale ohne Zahlungsgarantie)**[1] **legitimiert** sich **Eva Kaiser** nicht durch die Eingabe ihrer PIN, sondern erteilt mit ihrer **Unterschrift** dem **Jeans-Shop** eine **Einzugsermächtigung.** Mit den elektronisch eingegebenen Daten hat das Geschäft lediglich die Möglichkeit, eine Einzugsermächtigungslastschrift zu erstellen. Die Vorlage der ec-Karte dient der Kassiererin zum Vergleich der Unterschrift auf der ec-Karte mit der auf dem Beleg geleisteten Unterschrift.

b) 1. bei POZ entfällt die Eingabe der Geheimzahl und damit die Prüfung (s. Zi. 1 b);
   2. es erfolgt keine Guthabenkontrolle (Autorisierungsabfrage);
   3. durch ONLINE-Verbindung zum Netzbetreiber wird geprüft, ob Karte gesperrt ist; Prüfung entfällt bei Bagatellbeträgen von zur Zeit unter 30,68 EUR.

Wesentlich: *die kartenausgebenden Institute übernehmen in diesen Fällen keine Garantie, demzufolge tragen die Händler das Risiko.*

3. a)

	POS-SYSTEM	**POZ-SYSTEM**
Gegenstand der elektronischen Abfrage	• Legitimationsprüfung • Sicherheitsprüfung (Kartensperre) • Guthabenkontrolle (Autorisierungsabfrage)	• Sicherheitsprüfung (Kartensperre)
Ausführung des Zahlungsvorgangs	• elektronische Abbuchung und Gutschrift	• *Einzugs-ermächtigung*
Sicherheit des Geldeingangs	• *wegen sofortiger elektronischer Gutschrift unmittelb. Verfügungs-möglichkeit und damit kein Risiko*	• *keine Zahlungs-garantie*
Kosten im Vergleich	• *höher als bei POZ*	• *niedriger als bei POS (Bankgebühren: 5 Cent für Sperrabfrage)*

---

[1] Das POZ-System wird im Jahr 2007 abgeschafft.

3 Zahlungsverkehr

Hinweis:

Neben POS und POZ besteht als weiteres Verfahren das **Elektronische Lastschriftverfahren (ELV)**, das der Handel entwickelt hat. Dabei liest der Einzelhändler in seinem Terminal die Kundendaten aus der Plastikkarte aus. Mit seiner Unterschrift auf dem Belegzettel erklärt sich der Kunde mit einer Lastschrift auf seinem Konto einverstanden. Der Handel muss bei ELV keine Bankgebühren zahlen, hat aber auch keine Garantie, dass das Konto des Kunden gedeckt ist. Damit trägt der Händler das Risiko, den Zahlbetrag nicht zu erhalten. Der Einzelhändler hat jedoch die Möglichkeit, bei Spezialdienstleistern online Sperrvermerke zu relativ günstigen Preisen abzufragen.

b) die beim POS-System wesentlich höheren Bankgebühren

Kosten bei POZ: 5 Cent für die Sperrabfrage

Kosten bei POS: 0,3% des ec-Umsatzes, mindestens 8 Cent

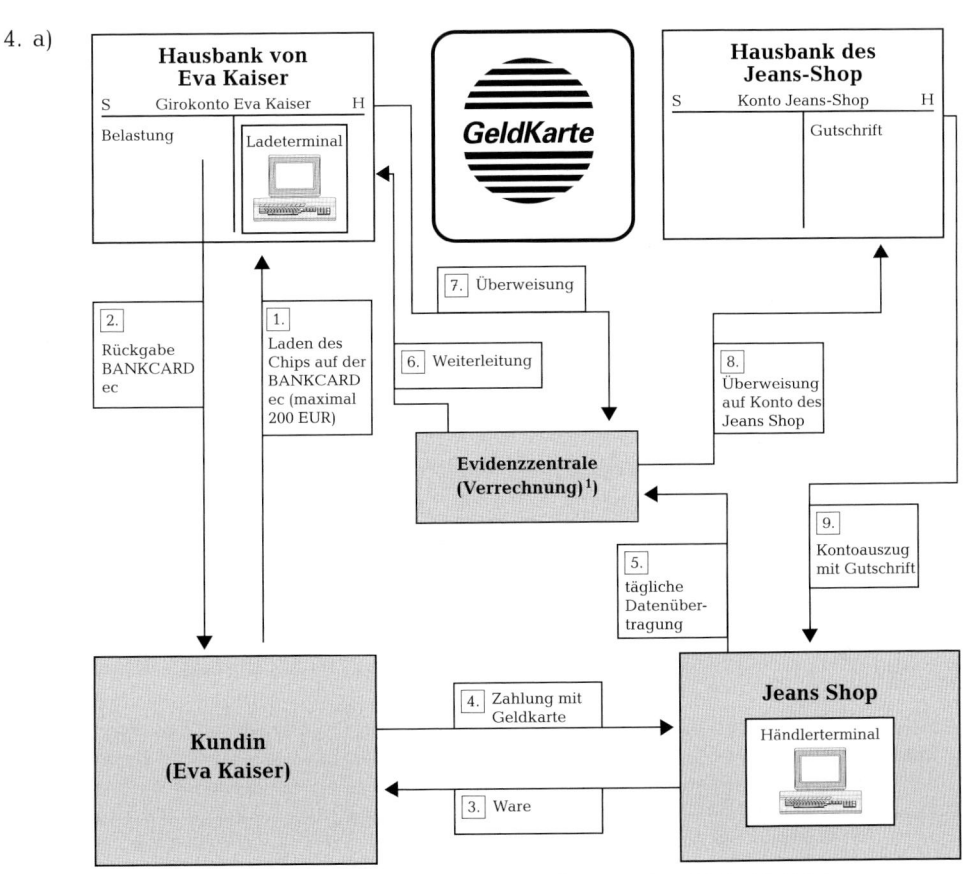

4. a)

```
Hausbank von Eva Kaiser
S  Girokonto Eva Kaiser  H
Belastung          | Ladeterminal

                GeldKarte

Hausbank des Jeans-Shop
S  Konto Jeans-Shop  H
                   | Gutschrift

2. Rückgabe BANKCARD ec
1. Laden des Chips auf der BANKCARD ec (maximal 200 EUR)
6. Weiterleitung
7. Überweisung
8. Überweisung auf Konto des Jeans Shop
9. Kontoauszug mit Gutschrift

Evidenzzentrale (Verrechnung)¹⁾
5. tägliche Datenübertragung

Kundin (Eva Kaiser)
4. Zahlung mit Geldkarte
3. Ware

Jeans Shop
Händlerterminal
```

1) Hinweis: Verrechnung über Sammelkonto aus Gründen der Übersichtlichkeit nicht berücksichtigt.

b)
- da keine Online-Verbindung besteht, entfallen die Gebühren für die Leitung zwischen Händler und Kartenzentrale
- keine Wartezeiten bei Online-Vorgängen
- zur Zeit 0,3% Transaktionsgebühren vom Umsatz, mindestens 1 Cent pro Transaktion (Gebühren geringer als bei electronic cash)
- schneller Kassendurchlauf (Eingabe von Geheimzahl nicht erforderlich)
- keine Systemausfälle i.Z.m. Online-Verbindungen

Kreditkarte

3.15 Beitritt zu einer Kreditkartenorganisation aus Sicht des Zahlungsempfängers – Zahlungsabwicklung bei Kreditkartengeschäften

1. – Erhaltung der Wettbewerbsfähigkeit
   – Umsatzsteigerung durch Spontankäufe im Shopbereich
   – gesicherter Geldeingang
   – Geldeingang innerhalb weniger Tage
   – Erschließung neuer Käuferschichten

2. a)

	POS-SYSTEM	EUROCARD
Stellung des Karteninhabers	Karteninhaber erhält keinen Kredit; Abbuchung von seinem Konto erfolgt sofort	Karteninhaber erhält einen »zinslosen« Kredit von maximal einem Monat[1].
Stellung des Zahlungsempfängers	Zahlungsempfänger erhält sofortige Erklärung, dass Bank des Karteninhabers den autorisierten Betrag begleicht	Zahlungsempfänger ist Vertragsunternehmen zu EUROCARD und tritt Forderung ab; Gegenwert der abgetretenen Forderungen abzüglich Provision wird später gutgeschrieben

   b) – durch Verlängerung der vertraglichen Bindungszeit (z.B. von drei auf fünf Jahre)
      – Übergang von z.B. wöchentlicher zu monatlicher Abrechnung

3. **Kunert** trägt kein Überziehungsrisiko; er erhält die Gutschrift von EUROCARD ungeachtet einer Kontendeckung seiner Kunden.

---

[1] Nach der Art der Abrechnung werden 3 Gruppen von Karten unterschieden, für die es leider nur englische Bezeichnungen gibt:

Charge Cards	Credit-Cards	Debit-Cards
Kunde erhält **einmal im Monat** eine Abrechnung mit den Umsätzen; Abbuchung des Rechnungsbetrages per Lastschrift vom Girokonto; vom Zeitpunkt der Zahlung bis zur Abrechnung erhält der Kunde einen zinslosen Kredit; Beispiele für Charge-Cards: Eurocards der Banken u. Sparkassen, Karten von American Express und Diners Club;	Kunde kann wählen, ob er die Monatsrechnung sofort begleicht oder in Raten abzahlt; bei Entscheidung für Teilzahlung muss er zunächst nur fünf bis zehn Prozent des Rechnungsbetrages, mindestens aber 20 bis 50 Mark zahlen; Zinssatz, der auf die Restschuld erhoben wird, ist i.d.R. höher als für einen Dispokredit auf dem Girokonto. Beispiele: Visa-Produkte sowie das Kartendoppel von Barclays	alle Zahlungen werden dem Kundenkonto sofort oder mit wenigen Tagen Verzögerung zinswirksam belastet wie bei der ec-Karte; Beispiele: Visa Multi Card der Noris Verbraucherbank; Kartendoppel der Volkswagenbank; Visa-Karten der Saar Bank werden wahlweise als Debit- oder Charge-Cards geführt;

3 Zahlungsverkehr

Homebanking – Telebanking

3.16 Kontoführung mittels Computer und Telefon

1. – Überweisungsverkehr außerhalb der Geschäftszeiten abwickeln
   – Kontostand abfragen
   – Daueraufträge einrichten

2. *Kosten **vor** T-Online-Anschluss:*
   – 150 Buchungsposten lt. Tabelle   15,00 EUR

   *Kosten **nach** T-Online-Anschluss:*
   – jede Buchung wird als ½ Buchungsposten berechnet   7,50 EUR
   Zugangsberechtigung zu T-Online pro Monat   3,45 EUR

   Telefongebühren:
   10 Tage à 12 Ct   1,20 EUR

   T-Online-Gebühren:
   10 Tage à 6 Ct (3 Min. Verbindung zu 2 Ct/Min.)   0,60 EUR   **12,75 EUR**

   Ergebnis: monatliche Ersparnis durch homebanking: 2,25 EUR bei bequemer Arbeitsweise.

3. Telebanking, da die T-Online-Anschlussgebühr von monatlich 4 EUR entfällt; ebenso entfallen die Kosten für das Modem bzw. die ISDN-Karte für den T-Online-Zugang sowie die Gebühren für die T-Online-Nutzung.

4. a) – Entscheidung für home-banking, da Kontostandsauskunft und Überweisungsaufträge über visuelle Darstellung am Bildschirm sinnvoller erscheinen;
   – evtl. beide Systeme, da z.B. Kontoabfrage über Telefon bei Geschäftsreisen möglich ist;
   – Einsatz von Telebanking ist eher gedacht für Privatkunden;

   b) – durch die Eingabe der Geheimnummer (PIN) wird der Kontenzugang zum T-Online-Konto ermöglicht; damit soll sichergestellt werden, dass eine Kontoabfrage durch Unbefugte nicht möglich ist;
   – die TAN ersetzt die Unterschrift auf dem Überweisungs**auftrag** (TAN = »elektronische Unterschrift«), durch die Vergabe von 50 TANs erlaubt die Bank die Ausführung von 50 Überweisungsaufträgen über einen beliebig hohen Betrag.

4 Aufbau und Führung des Betriebs

Das System der betrieblichen Ziele

4.01 Formulierung betrieblicher Ziele

1. Zielformulierung der zentralen Geschäftsleitung.

2. Marketing-Bereich: Steigerung des Absatzes an Küchenmaschinen, Kühlschränken, Waschmaschinen und Spülmaschinen im folgenden Geschäftsjahr um jeweils 15%.

   Technischer Bereich: Senkung der Produktionskosten im folgenden Geschäftsjahr um ca. 6% durch Rationalisierung und voller Kapazitätsauslastung unter Beibehaltung der bisherigen Qualitätsnormen.

3. Operational formulierte Ziele ermöglichen eine Feststellung des Grads der Zielerreichung. Sie sind Orientierungsdaten für die Erfüllung einer Aufgabe.

4.02 Arten betrieblicher Ziele – Zielbeziehungen

1.

Periode	Umsatz in EUR	Gewinn in EUR
1	420 000	20 000
2	533 000	30 000
3	640 000	30 000
4	640 000	20 000
5	760 000	10 000

2. Gewinn = Umsatz – Kosten

3. von Periode 1 auf Periode 2:
   Umsatz: Erhöhung trotz Minderung des Verkaufspreises, da die Erhöhung der Absatzmenge die Preissenkung mehr als ausgeglichen hat.
   Gewinn: Erhöhung, da der Umsatz stärker gestiegen ist als die Kosten.

   von Periode 2 auf Periode 3:
   Umsatz: Erhöhung trotz Minderung des Verkaufspreises, da die Erhöhung der Absatzmenge die Preissenkung mehr als ausgeglichen hat.
   Gewinn: Konstant, da die Kosten genau so stark gestiegen sind wie der Umsatz.

   von Periode 3 auf Periode 4:
   Umsatz: Konstant
   Gewinn: Minderung, da Kosten gestiegen sind.

   von Periode 4 auf Periode 5:
   Umsatz: Steigerung trotz Minderung des Verkaufspreises, da die Erhöhung der Absatzmenge die Preissenkung mehr als ausgeglichen hat.
   Gewinn: Minderung, da die Kosten stärker als der Umsatz gestiegen sind.

4.

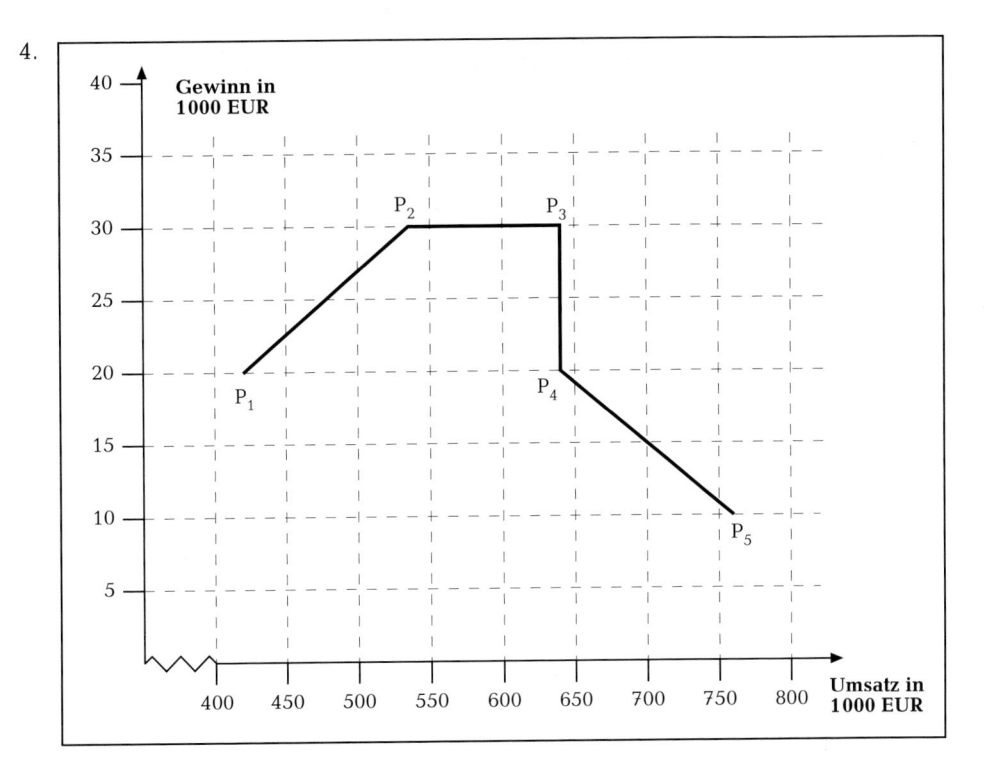

```
Gewinn in
1000 EUR
```

Diagramm mit Punkten P₁ (ca. 450/20), P₂ (ca. 550/30), P₃ (ca. 650/30), P₄ (ca. 650/20), P₅ (ca. 780/10); Umsatz in 1000 EUR auf der x-Achse (400–800).

5. Periode 1 auf 2: komplementär: Umsatzsteigerung und gleichzeitige Gewinnsteigerung
   Periode 2 auf 3: indifferent: Umsatzänderung ohne Gewinnänderung
   Periode 3 auf 4: indifferent: Gewinnänderung ohne Umsatzänderung
   Periode 4 auf 5: konkurrierend: Umsatzsteigerung und gleichzeitig Gewinnminderung

6. a) wenn die Erhöhung der Absatzmenge nicht durch eine Senkung des Verkaufspreises kompensiert wird, gilt: je höher die Absatzmenge, desto höher der Umsatz → komplementär → Abb. 1; (andernfalls konkurrierend oder indifferent)
   b) wenn die Umsatzsteigerung nicht durch eine entsprechende Kostensteigerung kompensiert wird, gilt: je höher der Umsatz, desto höher der Gewinn → komplementär → Abb. 1 (andernfalls konkurrierend oder indifferent)
   c) wenn der Umsatz nicht stärker sinkt als die Kosten, gilt: je niedriger die Kosten, desto höher der Gewinn → komplementär → Abb. 1 (andernfalls konkurrierend oder indifferent)
   d) je höher die Qualität, desto größer das Image → komplementär → Abb. 1
   e) wenn die Verminderung der Umweltbelastung mit zusätzlichen Investitionen bzw. Kosten einhergeht und der Umsatz nicht stärker steigt als die Kosten, gilt: je größer die Minderung der Umweltbelastung, desto geringer der Gewinn → konkurrierend → Abb. 2
   In vielen Fällen besteht aber auch eine komplementäre Zielbeziehung. Z.B.
   – Einsatz von kostengünstigeren Recyclingprodukten,
   – Ersatz von umweltschädlichen Produkten/Rohstoffen, die mittels Steuern künstlich verteuert werden (z.B. verbleites Benzin) durch billigere Produkte/Rohstoffe
   f) wenn nicht Arbeitsplätze aufgrund von Rationalisierungsinvestitionen etc. abgebaut werden, gilt: je höher die Marktmacht, desto sicherer die Arbeitsplätze → komplementär → Abb. 1 (andernfalls konkurrierend bzw. indifferent)

7.

monetäre Ziele	nicht-monetäre Ziele
Umsatzsteigerung Gewinnsteigerung Kostensenkung	Erhöhung des Marktanteils Verbesserung der Produktqualität Imageverbesserung Verminderung der Umweltbelastung Sicherung der Arbeitsplätze Erhöhung der Marktmacht

4.03 Berechnung der Wirtschaftlichkeit

1. Die Entwicklung der Kennzahl zeigt, dass sich die Wirtschaftlichkeit in den beobachteten 3 Jahren verbessert hat; bezogen auf ein EUR Kosten wird die Leistung immer größer. Damit ist aber nicht gesagt, dass im 3. Jahr das erzielte Ergebnis im Sinne des Wirtschaftlichkeitsprinzips optimal ist. Es ist ja durchaus möglich, dass bei Maschineneinsatz nach dem gegenwärtigen Stand der Technik und bei besserer Organisation des Produktionsprozesses noch ein besseres Ergebnis erzielt werden könnte.

2. Da Preisveränderungen weder auf den Beschaffungs- noch auf den Absatzmärkten stattgefunden haben, muss die Veränderung der Wirtschaftlichkeit auf eine Verbesserung der technischen Effizienz des Leistungsprozesses zurückzuführen sein (Verbesserung der Organisation des Produktionsprozesses, Einsatz von Maschinen mit höherer Effizienz, Rationalisierung).

3. a) **Bei Einsatz der beiden Verfahren und einer Absatzmenge von 3 000 Bürostühlen:**

   arbeitsintensives Verfahren:
   Leistung: 3 000 Stück × 500 EUR = 1 500 000 EUR
   Kosten: 500 000 EUR + 3 000 Stück × 100 EUR = 800 000 EUR

   $$\text{Wirtschaftlichkeit} = \frac{1\,500\,000}{800\,000} = 1{,}875$$

   maschinenintensives Verfahren:
   Leistung: 3 000 Stück × 500 EUR = 1 500 000 EUR
   Kosten: 650 000 EUR + 3 000 Stück × 40 EUR = 770 000 EUR

   $$\text{Wirtschaftlichkeit} = \frac{1\,500\,000}{770\,000} = 1{,}948$$

   Das maschinenintensive Verfahren arbeitet wirtschaftlicher.

   b) Das maschinenintensive Verfahren arbeitet erst ab einer bestimmten Produktionsmenge wirtschaftlicher. Das Risiko der Investition besteht darin, dass der Absatz sich nicht wie vorgesehen entwickelt. Wird z.B. nur eine Absatzmenge von 2200 Stück erzielt, dann beträgt bei Einsatz des maschinenintensiven Verfahrens die Kennzahl der Wirtschaftlichkeit für das maschinenintensive Verfahren nur 1,491.

4.04 Berechnung der Wirtschaftlichkeit und der Rentabilität unter Berücksichtigung von Preisänderungen auf dem Beschaffungs- und dem Absatzmarkt

1. **Jahr 1**

   Wirtschaftlichkeit:

   $$\frac{21\,000}{17\,500} = 1{,}2$$

4 Aufbau und Führung des Betriebs

Rentabilität des Eigenkapitals:
Gewinn: 21 000 − 17 500 = 3 500

$$\text{Rentabilität des EK} = \frac{3500 \cdot 100}{50\,000} = 7\%$$

Jahr 2
Wirtschaftlichkeit:
Berechnung des Aufwands und des Ertrags zu konstanten Preisen:

Ertrag:
110% = 23,1 Mio. EUR
100% = x EUR   x = 21,0 Mio. EUR

Aufwendungen:
120% = 20,4 Mio. EUR
100% = x EUR   x = 17,0 Mio. EUR

$$\text{Wirtschaftlichkeit} = \frac{21,0}{17,0} = 1,24$$

Rentabilität des Eigenkapitals:
Gewinn = 23,1 − 20,4 = 2,7 Mio. EUR

$$\text{Rentabilität des Eigenkapitals} = \frac{2,7 \cdot 100}{50,0} = 5,4\%$$

2. Da die Wirtschaftlichkeit von Jahr 1 zu Jahr 2 sogar leicht gestiegen ist, kann das Sinken der Rentabilität des Eigenkapitals nur auf die Preissteigerung auf dem Beschaffungsmarkt zurückzuführen sein (20%), die nicht völlig auf die Abnehmer abgewälzt werden konnte (Steigerung der Verkaufspreise nur 10%).

3. a) Rentabilität des EK: $\dfrac{2,5 \text{ (Gewinn)} \cdot 100}{50,0 \text{ (EK)}} = 5\%$

   b) Nein. Die Wirtschaftlichkeit ist sogar gestiegen.

   Aufwendungen:
   125% = 22,5 Mio. EUR
   100% = x EUR   x = 18,0 Mio. EUR

   Erträge:
   105% = 25,0 Mio. EUR
   100% = x EUR   x = 23,81 Mio. EUR

   $$\text{Wirtschaftlichkeit:} = \frac{23,81}{18,0} = 1,32$$

   c) Rentabilität des Gesamtkapitals $\dfrac{2,5 \text{ (Gewinn)} + 1,1 \text{ (Zinsaufwendungen)}}{50,0 \text{ (Eigenkapital)} + 10,0 \text{ (Fremdkapital)}} = 6\%$

   d) Nein. Im Vergleich zum vergangenen Jahr wurde aus der Ertragskraft des Betriebes nicht nur der Gewinn erwirtschaftet, sondern auch die Zinsen (1,1 Mio. EUR) für den aufgenommenen Kredit (10 Mio. EUR). In Bezug auf das Gesamtkapital hat sich die Rentabilität des Betriebs (der im vergangenen Jahr noch ohne Fremdkapital arbeitete) von 5% auf 6% erhöht.

4.05 Betriebliche Kennzahlen: Produktivität – Wirtschaftlichkeit – Rentabilität – Liquidität

Hinweise für Möglichkeiten einer computerunterstützten Lösung einzelner Teilaufgaben mit Hilfe des Programms EUROBWL finden sich auf der CD (siehe S. 5).

1.

Jahr	1	2	3
Umsatzerlöse	3 750 000	3 840 000	5 035 000
Materialaufwand	1 125 000	1 200 000	1 425 000
Lohnaufwand	1 629 000	1 804 000	2 255 000
sonst. Aufwendungen	875 000	850 000	1 050 000
Gesamtaufwand	3 629 000	3 854 000	4 730 000
Gewinn/Verlust	121 000	– 14 000	305 000
Eigenkapital			
Anfangsbestand	1 000 000	1 121 000	1 107 000
Endbestand	1 121 000	1 107 000	1 412 000

2.

Jahr	1	2	3
Arbeitsproduktivität	0,166	0,182	0,173
Wirtschaftlichkeit	1,03	0,99	1,06
Eigenkapitalrentabilität			
– bezogen auf Anfangskapital	12,10 %	– 1,25 %	27,55 %
– bezogen auf ⌀ Eigenkapital	11,41 %	– 1,26 %	24,22 %
Umsatzrentabilität	3,23 %	– 0,36 %	6,06 %

3. von Jahr 1 auf Jahr 2:

   Steigerung der Produktivität wegen Produktionssteigerung bei vermindertem Arbeitseinsatz;

   Verminderung von Wirtschaftlichkeit und Rentabilität wegen Aufwandserhöhung;

   von Jahr 2 auf Jahr 3:

   Verminderung der Produktivität wegen zu geringer Produktionssteigerung im Verhältnis zum gestiegenen Arbeitseinsatz;

   Steigerung von Wirtschaftlichkeit und Rentabilität wegen Erhöhung der Erträge (Umsatzerlöse);

4. a)

Maschine	I	II
Umsatzerlöse	321 000	535 000
Materialaufwand	90 000	150 000
Lohnaufwand	107 500	64 500
sonst. Aufwendungen	75 000	180 000
Gesamtaufwand	272 500	394 500
Gewinn/Verlust	48 500	140 500
Arbeitsproduktivität	0,24	0,67
Wirtschaftlichkeit	1,18	1,36
Rentabilität	32,33 %	46,83 %

4 Aufbau und Führung des Betriebs

4. b)

Jahr	4
Produktions- und Absatzmenge (Stück)	21 000
Insgesamt geleistete Arbeitsstunden	113 000
⌀ Arbeitskosten je Stunde	21,50 EUR
Materialkosten je Stück	75,00 EUR
sonstige Aufwendungen	1,23 Mio. EUR
⌀ Stückpreis je Behälter	267,50 EUR
Umsatzerlöse	5 617 500 EUR
Materialaufwand	1 575 500 EUR
Lohnaufwand	2 429 500 EUR
sonst. Aufwendungen	1 230 000 EUR
Gesamtaufwand	5 234 500 EUR
Gewinn/Verlust	383 000 EUR
Eigenkapital	
Anfangsbestand	1 412 000 EUR
Endbestand	1 795 000 EUR
Arbeitsproduktivität	0,19
Wirtschaftlichkeit	1,07
Eigenkapitalrentabilität	
– bezogen auf Anfangskapital	27,12 %
– bezogen auf ⌀ Eigenkapital	23,88 %
Umsatzrentabilität	6,82 %

Die Stufen der Zielerreichung

4.06 Planung, Durchführung (Realisation) und Kontrolle im Rahmen des betrieblichen Leistungsprozesses

Teilaufgaben (Grundfunktionen) / Stufen der Aufgabenerfüllung	Planung	Durchführung (Realisation)	Kontrolle
Beschaffung	Berechnung des Materialbedarfs nach Zeichnung	Bestellung	Ablage der Bestelldurchschläge zur Terminkontrolle – Erfassung der Bewegungen und Bestände
Werkstofflager (Einsatzlager)	Planung zur Bereitstellung von Lagerraum aufgrund der Mitteilung der Einkaufsabteilung	Einlagerung des eingegangenen Materials	Prüfung des eingehenden Materials
Herstellung	Berechnung der benötigten Arbeitsstunden und der Beanspruchung der benötigten Betriebsmittel – Fertigungsbeginn	Herstellung der Hotelmöbel	Vergleich der fertiggestellten Teile mit den Zeichnungen – Vergleich des Fortgangs der Fertigung mit Terminplan
Fertigwarenlager (Absatzlager)	Planung zu Bereitstellung von Lagerraum	Einlagerung der fertiggestellten Teile	Erfassung der Bewegungen und Bestände
Absatz	Auslieferungstermin – Bereitstellung der Fahrzeuge mit Auslieferung	Auslieferung	Bearbeitung der unterschriebenen Lieferscheine

Organisation als Mittel zur Verwirklichung betrieblicher Ziele

4.07 Organisation – Improvisation – Organisatorisches Gleichgewicht

1. Ursachen: Eingehende Aufträge werden nicht in eine Terminplanung übernommen. Bei der Festlegung der Reihenfolge der Auftragsausführung wird improvisiert.

   Die Aufträge werden nicht nach zugesagten Ausführungsterminen abgelegt. Grundsätzliche Regelungen über Vertretungen scheinen entweder überhaupt nicht getroffen worden zu sein oder werden nicht immer eingehalten.

2. Wirtschaftliche Folgen: Unausgeglichene Beschäftigung; Kundenverlust; höhere Kosten, bedingt z.B. durch vermeidbare Überstundenlöhne; Schadenersatz wegen Leistungsverzug.

3. Organisiert: Ablage der Angebote und Aufträge nach dem Alphabet;

   Improvisiert: Ausführung der Aufträge. Es ist anzunehmen, dass auch alle anderen Entscheidungen improvisiert werden. Die Organisation hat offensichtlich nicht mit dem Wachstum des Betriebes Schritt gehalten.

4.

	Dispositionen	
	improvisiert	organisiert
Vorteile	Fähigkeit zur unmittelbaren Anpassung an veränderte Situationen	Übersicht über Betriebsaufbau und Betriebsablauf
Nachteile	Probleme sind immer wieder neu zu durchdenken; größere Fehlerhäufigkeit	Verzögerte Anpassung an veränderte Situationen

5. a) Die Zahl der fallweisen Entscheidungen nimmt mit fortlaufender Betriebstätigkeit ab und wird durch organisatorische Dauerregelungen ersetzt. Das hat seinen Grund darin, dass im Laufe der Zeit gleichartige Wiederholungsvorgänge erkannt und generell geregelt werden können. Wächst der Betrieb mit fortlaufender Betriebstätigkeit, so ergibt sich auch daraus eine Tendenz zu generellen Regelungen. Jedoch ist ein ausgewogenes Verhältnis zwischen Stabilität (Organisation) und Flexibilität (Improvisation) im Betriebsablauf anzustreben (Organisatorisches Gleichgewicht).

   b) Die im Betrieb **Schetters** eingetretenen Folgen fehlerhafter Organisation bestätigen die im Schaubild dargestellte Behauptung, Schetter hätte seine Organisation mit wachsender Betriebsgröße ausbauen müssen.

4.08 Rationalisierung durch Organisation: Bearbeitung einer Eingangsrechnung

1. – Verzicht auf Rechnungsvorlage an den Abteilungsleiter der Finanzbuchhaltung; Rechnung geht von der Posteingangsstelle direkt zum Einkauf;

   – Vorgang 14 »Aufbewahren der Rechnung bis zum Zahlungstermin« entfällt; EDV errechnet nach Einbuchung den Zahlungstag und erstellt die Zahlungsvorschlagsliste;

   – Vorgang 15 »Überweisung schreiben« entfällt vollständig; künftig werden Zahlungsvorgänge im beleglosen Datenträgeraustausch abgewickelt.

2. – Vorgang 07:
   Buchung des Waren-/Stoffeeingangs (betroffene Konten: Roh-, Hilfs- oder Betriebsstoffe oder bezogene Waren und Kreditorenkonten);

   – Vorgang 14:
   Buchung des Zahlungsvorganges (betroffene Konten; Kreditorenkonten und Bankkonten)

3. **Rechnung nach bisheriger Organisation**

   Aufwand pro Tag: 14 Min/Rechnung   à 40 Rechnungen   = 560 Min.
   = 9 Std. 20 Min.

   Aufwand pro Jahr: 225 Arb.-Tage   à 9 Std. 20 Min   2100 Std.
   2100 Std. à 32,50 EUR

   68 250,00 EUR

   Rechnung nach neuer Organisation:

   (Hinweis:
   Vorgänge 1 bis 7 fallen für jede Rechnung an; Vorgänge 8 bis 11 fallen täglich 1-mal an – für z.Zt. 40 Rechnungen)

   Aufwand pro Tag: 6 Min/Rechnung   à 40 Rechnungen   = 240 Min.
   = 4 Std.

   Aufwand pro Jahr: 225 Arb.-Tage   à 4 Std.   **= 900 Std.**
   (für Vorg. 1–7)

   Aufwand pro Jahr: 225 Arb.-Tage   à 16,5 Min.   **= 61 Std. 52 Min.**
   (für Vorg. 8–11)

   Aufwand pro Jahr: 225 Arb.-Tage   à 2 Min.   **= 7 Std. 30 Min.**
   (für Vorg. 15)

   Summe: 969 Std. 22 Min. à 32,50 EUR/Std.

   31 504,42 EUR

4. – sie zeigen einen Arbeitsablauf in der logisch und zeitlich richtigen Reihenfolge;
   – sie kennzeichnen durch Symbole die Art des Arbeitsganges (Bearbeitung, Transport, Warten);
   – sie sind gut geeignet, Schwachstellen im Arbeitsablauf (lange Wegstrecken, Liegezeiten) aufzudecken.

4.09 Aufgabengliederung nach dem Objekt und nach der Verrichtung

1. Werben, Adressen von Vermietern und Verkäufern beschaffen und speichern; Adressen von Mietern und Käufern sammeln und speichern; Vermitteln; Hauszeitschrift herstellen; Zahlungen und Überweisungen entgegennehmen und ausführen; Beschaffung von Büromaterial; Verbuchen aller Geschäftsvorgänge.

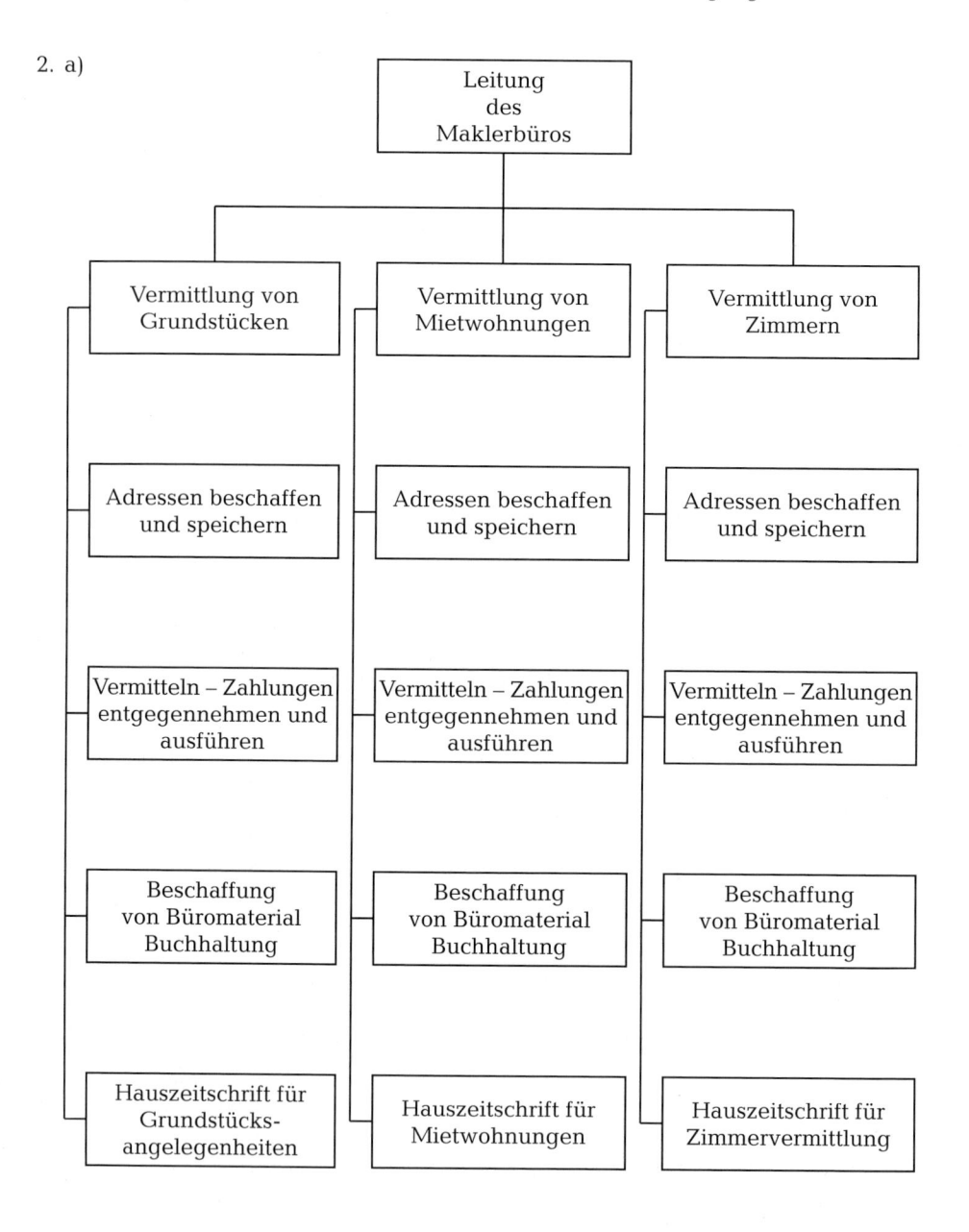

2. a)

```
                    Leitung
                      des
                   Maklerbüros
                       |
        ┌──────────────┼──────────────┐
  Vermittlung von  Vermittlung von  Vermittlung von
   Grundstücken    Mietwohnungen      Zimmern
```

Vermittlung von Grundstücken	Vermittlung von Mietwohnungen	Vermittlung von Zimmern
Adressen beschaffen und speichern	Adressen beschaffen und speichern	Adressen beschaffen und speichern
Vermitteln – Zahlungen entgegennehmen und ausführen	Vermitteln – Zahlungen entgegennehmen und ausführen	Vermitteln – Zahlungen entgegennehmen und ausführen
Beschaffung von Büromaterial Buchhaltung	Beschaffung von Büromaterial Buchhaltung	Beschaffung von Büromaterial Buchhaltung
Hauszeitschrift für Grundstücksangelegenheiten	Hauszeitschrift für Mietwohnungen	Hauszeitschrift für Zimmervermittlung

b) Mit zunehmender Geschäftsgröße würde das Ausmaß der Teilaufgaben für jedes Objekt so groß, dass für jedes Objekt so viel Arbeitskräfte eingesetzt werden, dass sie sich auf eine Verrichtung spezialisieren können.

4 Aufbau und Führung des Betriebs

c)

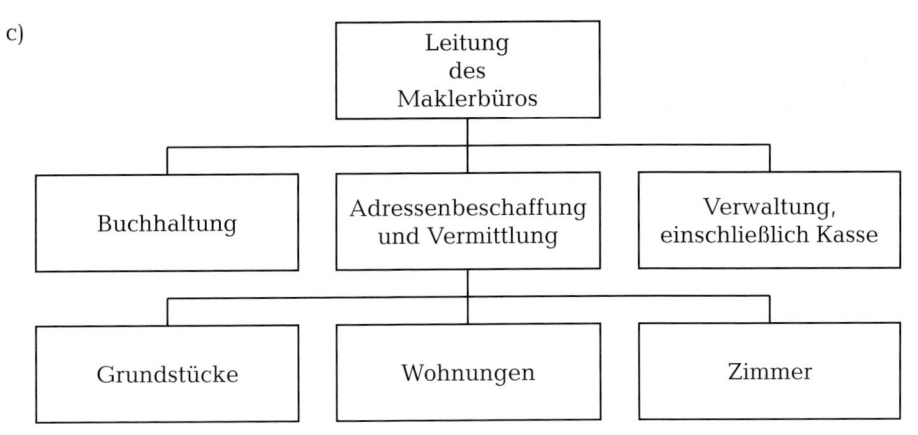

```
                    Leitung
                      des
                  Maklerbüros
       ┌──────────────┼──────────────┐
  Buchhaltung    Adressenbeschaffung   Verwaltung,
                  und Vermittlung    einschließlich Kasse
                        │
        ┌───────────────┼───────────────┐
   Grundstücke      Wohnungen        Zimmer
```

Die Untergliederung der Buchhaltung und der Verwaltung einschließlich Kasse erfolgt wie die Untergliederung der Adressenbeschaffung und Vermittlung.

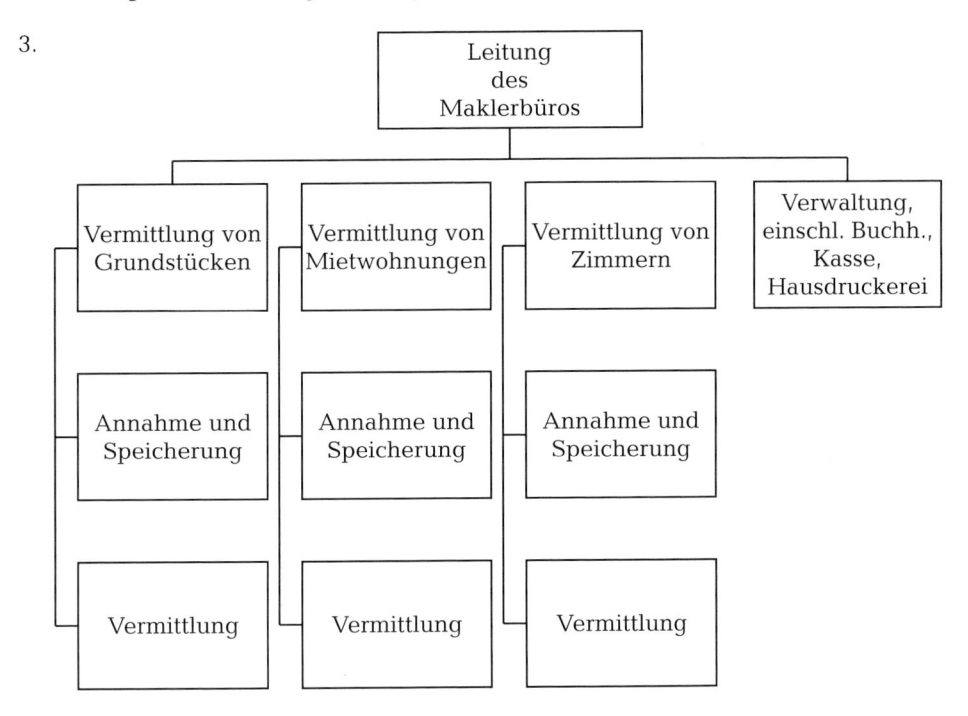

3.

```
                          Leitung
                            des
                        Maklerbüros
        ┌────────────┬────────────┬────────────┐
   Vermittlung   Vermittlung   Vermittlung    Verwaltung,
       von          von           von        einschl. Buchh.,
   Grundstücken  Mietwohnungen  Zimmern        Kasse,
                                             Hausdruckerei

   Annahme und   Annahme und   Annahme und
   Speicherung   Speicherung   Speicherung

   Vermittlung   Vermittlung   Vermittlung
```

4.10 Einlinien-, Mehrlinien-, Stabliniensystem – Organigramm – Instanzenbreite – Instanzentiefe – Formale und informale Beziehungen

1. **Dr. Blanz.**
2. **Hofmann, Becker, Spitler, Wirth.**
3. Liniensystem.
4. Nein; der Einkauf ist in der SPA nur in die kfm. Abteilung eingegliedert.
5. 5 Stellen für die kaufmännische Leitung, 3 für die technische Leitung.
6. Insgesamt gibt es 4 Führungsebenen.

7. a) Organisationsstelle: Untersuchungen und Vorschläge zur Aufbau- und Ablauforganisation des Betriebes für die Geschäftsleitung erstellen.

   Rechtsabteilung: Vertragsausarbeitungen und Vertragsentwürfe für die Geschäftsleitung, Gutachten über anhängende rechtliche Streitfragen für die Geschäftsleitung.

   b) Ja; die Organisationsstelle sollte unbedingt direkt der Geschäftsleitung unterstellt werden, damit nicht eine Abteilung mit der ihr unterstellten Organisationsstelle Sonderinteressen verfolgen kann.

   Auch die Rechtsabteilung ist eine typische Stabsstelle, die zur Unterstützung der Geschäftsleitung arbeitet und von dieser deshalb auch unmittelbar die Anweisungen und Aufträge erhalten sollte.

8. a) **Turek** an **Gemeinhard** (Leitung Produktion), **Gemeinhard** an **Blumer** (gesamte technische Leitung), **Blumer** an **Dr. Blanz** (Geschäftsleitung), **Dr. Blanz** an **Kern** (kaufmännische Leitung), **Kern** an **Kosske** (Leitung Verkauf), dem auch der Fuhrpark unterstellt ist, **Kosske** an **Kirchner** als Leiter des Fuhrparks.

   Prommer an **Rinnert** (Leitung Fertigungskontrolle), **Rinnert** an **Blumer** (technische Leitung) usw.

   b) Zeit- und Arbeitsersparnis, Entlastung der oberen Ebene von Formalitäten.

9. Solange die Fertigungskontrolle der technischen Leitung unterstellt ist, besteht die Gefahr, dass z.B. bei Terminschwierigkeiten die technische Leitung auf die Kontrolle Druck ausübt, Produkte abzunehmen, die beanstandet werden müssten.

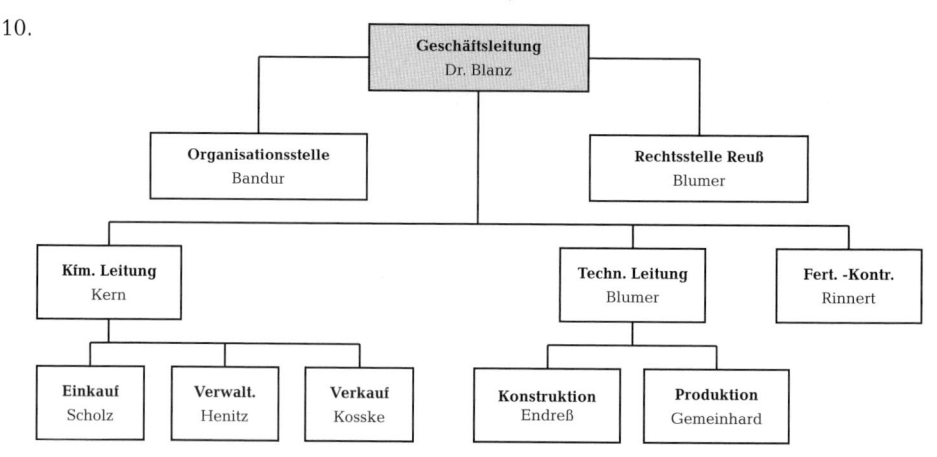

10.

```
                    ┌─────────────────────┐
                    │  Geschäftsleitung   │
                    │     Dr. Blanz       │
                    └──────────┬──────────┘
            ┌──────────────────┼──────────────────┐
   ┌────────┴────────┐                   ┌────────┴────────┐
   │ Organisationsst.│                   │ Rechtsstelle Reuß│
   │     Bandur      │                   │      Blumer     │
   └─────────────────┘                   └─────────────────┘
       ┌──────────────────┬──────────────────────┬──────────────┐
   ┌───┴────┐                              ┌─────┴──────┐  ┌────┴──────┐
   │Kfm.Ltg.│                              │Techn.Ltg.  │  │Fert.-Kontr│
   │  Kern  │                              │  Blumer    │  │  Rinnert  │
   └───┬────┘                              └─────┬──────┘  └───────────┘
   ┌───┼────┬────────┐                     ┌─────┼──────┐
 ┌─┴──┐┌┴───┐┌──┴──┐               ┌───────┴──┐┌─┴─────────┐
 │Eink││Verw││Verk │               │Konstrukt.││ Produktion│
 │Scho││Hen.││Koss │               │ Endreß   ││Gemeinhard │
 └────┘└────┘└─────┘               └──────────┘└───────────┘
```

11. Einkaufsabteilung (Lieferfristen);

    Produktion (Nachbesserung terminlich möglich).

    Fertigungskontrolle (Nachbesserung ist technisch zur Zufriedenheit der Fertigungskontrolle möglich).

12. Der Fall bestätigt die Auffassung von **Galbraith.** Die oberste Firmenleitung kann nur entscheiden, wenn die notwendigen Informationen durch untere Ebenen vorliegen. Letztlich bestimmen sogar der Meister oder der Facharbeiter an der Werkbank, ob eine Nachbesserung möglich ist.

13. Siehe Abb. Seite 61

14. Vorteile: Erfüllung des Wunsches nach Anerkennung, Gedankenaustausch, Ideenaustausch, Ausgleich für uninteressante Arbeit, persönliches Sicherheitsgefühl, Entstehung von betrieblichem Gemeinschaftsgeist, Umgehung formaler Informationswege.

    Nachteile: Störung betrieblicher Anordnungen, leistungshemmende Rivalitäten zwischen betrieblichen Gruppen, Unterdrückung individueller Initiativen, Umgehung der formalen Informationswege.

4 Aufbau und Führung des Betriebs

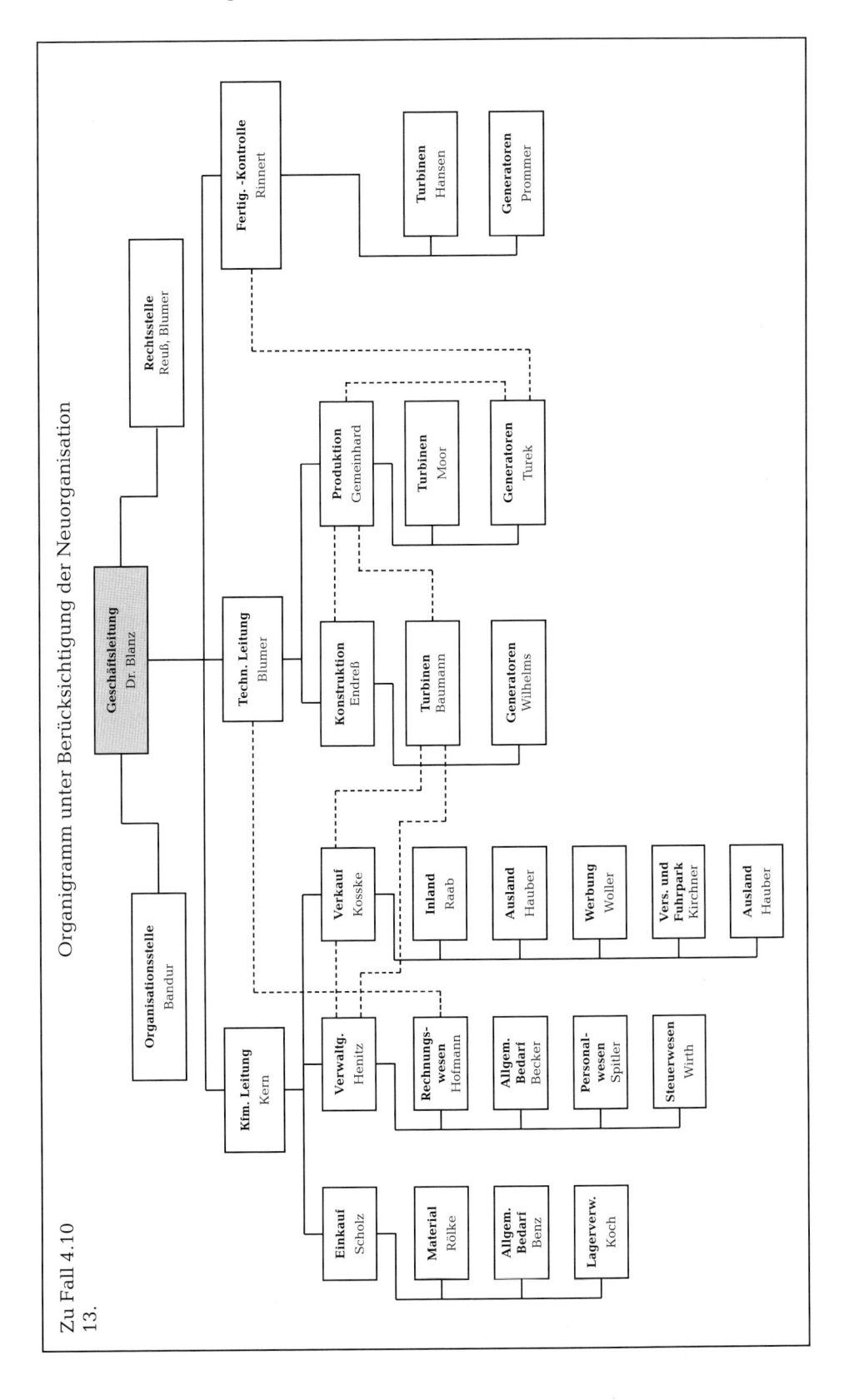

Zu Fall 4.10
13.

Organigramm unter Berücksichtigung der Neuorganisation

- **Geschäftsleitung** – Dr. Blanz
  - **Organisationsstelle** – Bandur
  - **Rechtsstelle** – Reuß, Blumer
  - **Techn. Leitung** – Blumer
    - **Fertig.-Kontrolle** – Rinnert
      - **Turbinen** – Hansen
      - **Generatoren** – Prommer
    - **Produktion** – Gemeinhard
      - **Turbinen** – Moor
      - **Generatoren** – Turek
    - **Konstruktion** – Endreß
      - **Turbinen** – Baumann
      - **Generatoren** – Wilhelms
  - **Kfm. Leitung** – Kern
    - **Verkauf** – Kosske
      - **Inland** – Raab
      - **Ausland** – Hauber
      - **Werbung** – Woller
      - **Vers. und Fuhrpark** – Kirchner
      - **Ausland** – Hauber
    - **Verwaltg.** – Henitz
      - **Rechnungswesen** – Hofmann
      - **Allgem. Bedarf** – Becker
      - **Personalwesen** – Spitler
      - **Steuerwesen** – Wirth
    - **Einkauf** – Scholz
      - **Material** – Rölke
      - **Allgem. Bedarf** – Benz
      - **Lagerverw.** – Koch

4.11 Aufbauorganisation einer Margarinefabrik

I. **Lageanalyse**

1. Organigramm der bestehenden Organisation

Fahrmann KG

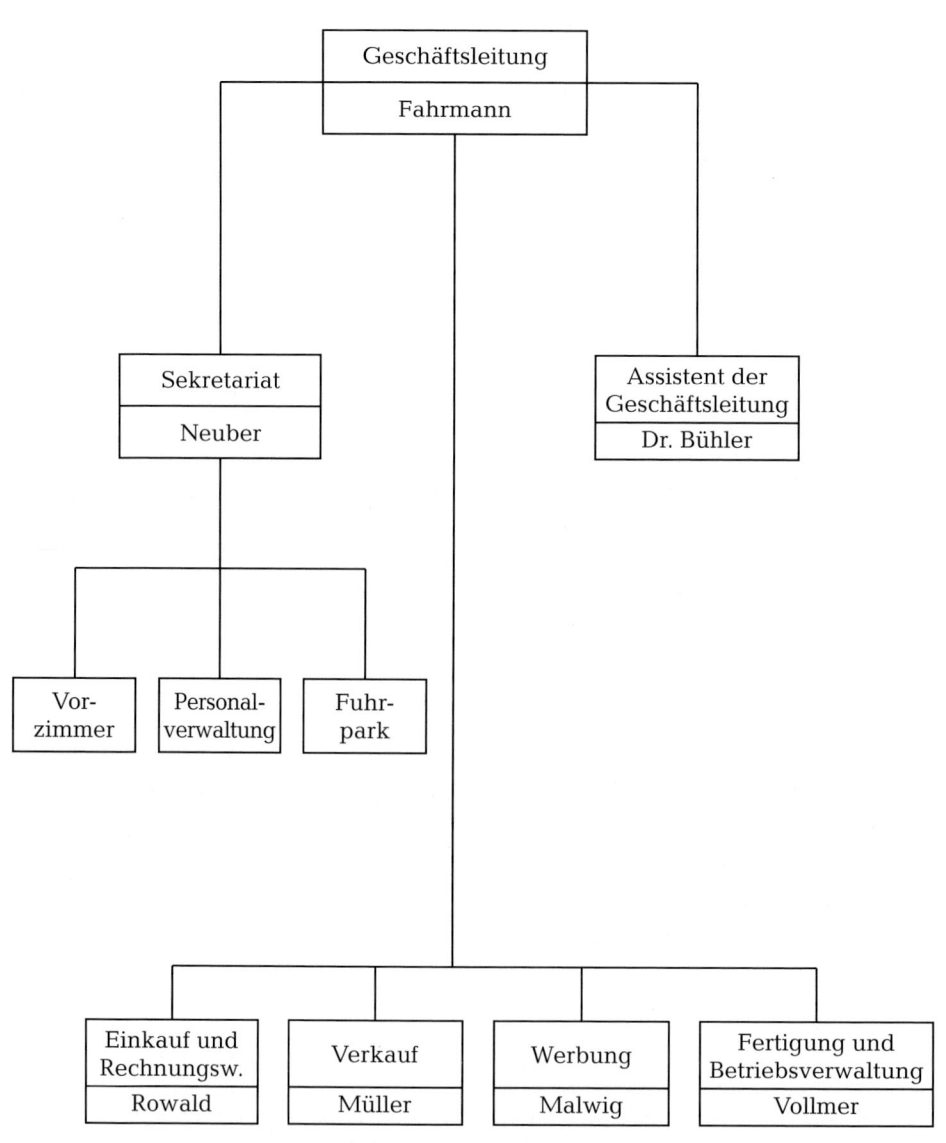

```
                    Geschäftsleitung
                       Fahrmann
          ┌───────────────┼───────────────┐
     Sekretariat                    Assistent der
                                   Geschäftsleitung
       Neuber                         Dr. Bühler
   ┌──────┼──────┐
  Vor-  Personal-  Fuhr-
 zimmer verwaltung park

   ┌─────────┬─────────┬─────────┐
 Einkauf und  Verkauf   Werbung  Fertigung und
 Rechnungsw.                    Betriebsverwaltung
   Rowald    Müller    Malwig      Vollmer
```

2. Entscheidungssystem: Direktorialprinzip; Fahrmann steht alleinige Entscheidungsgewalt zu.

   Weisungssystem: Einliniensystem mit Stabsstelle (Assistent der Geschäftsleitung)

4 Aufbau und Führung des Betriebs

3.

	ungünstige Verhältnisse	günstige Verhältnisse
Allgemein	–	wirtschaftliche Lage
Geschäftsleitung (Fahrmann)	Zersplitterung in Kleinigkeiten, – Vermeidet Entscheidungen	Verhandlungsgeschick
Sekretariat (Neuber)	Sachbearbeiter für Personalfragen ist mit Tätigkeit unzufrieden. – Unterstellung des Fuhrparks	25-jährige Firmenerfahrung der Leiterin, Frau Neuber
Assistent (Dr. Bühler)	Mit seinem Aufgabenbereich unzufrieden	Für Aufgabengebiet Marketing geeignet
Einkauf und Rechnungswesen (Rowald)	Überlastung des Leiters	Sehr gute fachliche Qualifikation des Leiters, Herrn Rowald
Verkauf (Müller)	Bei Kunden nicht beliebt	Besondere organisatorische Fähigkeiten des Leiters
Werbung (Malwig)	Herr M. erledigt kfm. Arbeiten nur widerwillig. – Differenzen mit Fahrmann	–
Fertigung und Betriebsverwaltung (Vollmer)	V. kein Interesse an Betriebsverwaltung. – Mangelhafter Informationsfluss zur Betriebsabrechnung	Moderne Gestaltung des Fertigungsprozesses

II. Zielsetzung

Die Neuorganisation soll
- die evtl. Nachfolgeschaft **Fahrmanns** vorbereiten, damit sich Änderungen in der Nachfolgeschaft auf das Unternehmen nicht nachteilig auswirken;
- dem Schwiegersohn, **Herrn Vollmer,** größeren Entscheidungsspielraum gewähren;
- die Wirtschaftlichkeit des Unternehmens steigern, indem
  - Spannungen zwischen Mitarbeitern beseitigt werden,
  - Mitarbeiter ihren Fähigkeiten und Neigungen entsprechend eingesetzt werden,
  - Kompetenzen und Verantwortung zur Deckung gebracht werden,
  - Informationswege verkürzt werden.

III. Maßnahmen

1. Vorschlag für denkbare Maßnahmen
   a) Entscheidungssystem

   Es wird empfohlen, das Direktorialprinzip grundsätzlich beizubehalten. **Herr Fahrmann** behält die letzte Entscheidungsgewalt. Er delegiert jedoch Entscheidungsbefugnisse weitgehend an seinen Schwiegersohn, **Herrn Vollmer,** der die technische Leitung übernimmt, und an **Herrn Rowald,** dem er die kaufmännische Leitung anvertraut.

   Entscheidungen der **Herren Vollmer** und **Rowald** werden erst durch Gegenzeichnung wirksam.

   b) Weisungssystem

   Das Stabliniensystem wird zu einem reinen Liniensystem umgestaltet. Die Funktionen des Assistenten der Geschäftsleitung wird von der neu einzurichtenden Stelle des kaufmännischen Leiters mitübernommen. (Das Sekretariat unter **Frau Neuber** ist keine Stabsstelle, da sie Weisungsbefugnisse gegenüber den Stellen Telefonzentrale, Personalverwaltung und zentrales Schreibbüro hat.)

   c) Die Kompetenzen nach der Neuorganisation sind aus dem vorstehenden Organigramm ersichtlich.

   Zusätzliche Erläuterungen:

   Herr Fahrmann befasst sich überwiegend mit der Pflege des Kontakts zu Lieferern und Kunden.

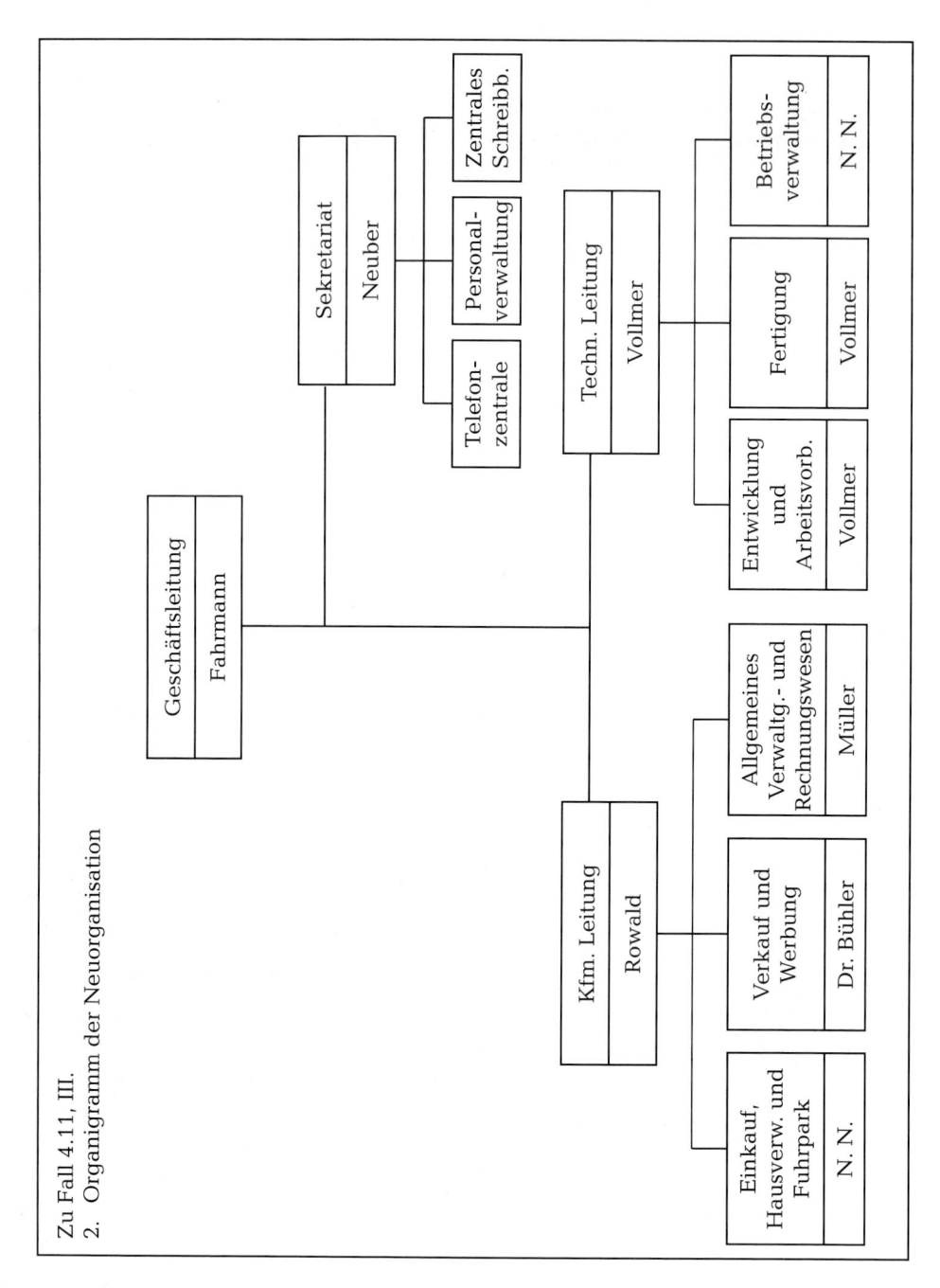

Zu Fall 4.11, III.
2. Organigramm der Neuorganisation

| Geschäftsleitung |
| Fahrmann |

Sekretariat — Neuber
- Telefonzentrale
- Personalverwaltung
- Zentrales Schreibb.

Techn. Leitung — Vollmer
- Entwicklung und Arbeitsvorb. — Vollmer
- Fertigung — Vollmer
- Betriebsverwaltung — N. N.

Kfm. Leitung — Rowald
- Einkauf, Hausverw. und Fuhrpark — N. N.
- Verkauf und Werbung — Dr. Bühler
- Allgemeines Verwaltg.- und Rechnungswesen — Müller

Es wird empfohlen, die Kündigung **Herrn Malwigs** anzunehmen.

Für die Betriebsverwaltung sollte ein erfahrener jüngerer Fachmann eingestellt werden.

Dem bisher **Frau Neuber** als Personalsachbearbeiter unterstellten Industriekaufmann wird die Abteilung Einkauf übertragen.

Herr Müller soll Leiter der Allgemeinen Verwaltung (einschließlich Rechnungswesen) werden.

2. Organigramm, s. oben

4 Aufbau und Führung des Betriebs

Anmerkung:
Diese Fallanalyse bietet weiterhin Material für die problembezogene Behandlung folgender Themen der Aufbauorganisation:
Aufgabengliederung nach der Verrichtung und nach dem Objekt – Stellenbildung und Aufgabenverteilung – Stellenbeschreibungen.

Die Organisation in der Führungsspitze

4.12 Direktorialsystem – Kollegialsystem

1. Verwirklicht ist das Direktorialprinzip, da der Seniorchef sich alle Entscheidungen vorbehalten hat.

2.

	Vorteile	Nachteile
Direktorialprinzip	rasche, eindeutige Entscheidung – klare Führungsbefugnis	es werden zu wenig Meinungen berücksichtigt, vor allem die Meinung von Fachleuten nicht ernsthaft gehört
Kollegialprinzip	demokratische Meinungsbildung – auch Meinungen anderer müssen gehört und berücksichtigt werden	langwieriges Diskutieren statt rascher Entscheidungen

Hier gibt es Anhaltspunkte, das Kollegialprinzip vorzuziehen. Das Kollegialprinzip kann Schwierigkeiten verhindern, die sonst beim Ausscheiden des Seniorchefs entstehen könnten; außerdem erhält das Fachwissen des Tiefbauingenieurs **Hans Körner** und des Betriebswirts **Schwarz** bei der Entscheidungsfindung größeres Gewicht.

4.13 Autoritärer Führungsstil – Mitarbeiterbedürfnisse – Management by Exception – Management by Objectives

1. Dass in der **Union-Hotelmöbel GmbH** ein autoritärer Führungsstil praktiziert wird, zeigt sich vor allem darin, dass **Herr Gerber** seine Entscheidungen ohne nennenswerte Einbeziehung seiner Mitarbeiter trifft. Demgegenüber würden bei einem kooperativen Führungsstil die Mitarbeiter an den Entscheidungen beteiligt. Der autoritäre Führungsstil des **Herrn Gerber** lässt vor allen Dingen die in der Bedürfnispyramide dargestellten »höheren« Bedürfnisse der Mitarbeiter unbefriedigt: Die Qualität der Beziehungen zwischen Vorgesetzten und Untergebenen ist unbefriedigend, die Mitarbeiter fühlen sich in ihren Leistungen nicht genügend anerkannt, ihre Entfaltungsmöglichkeiten sind zu gering. Dass die Arbeitszufriedenheit in dem Unternehmen gering ist, zeigt sich insbesondere in der hohen Fluktuationsrate.

2. Ein kooperativer Führungsstil unter Anwendung der beiden Managementprinzipien Management by Objectives und Management by Exception scheint in der gegebenen Situation geeignet, Schwachstellen der betrieblichen Organisation zu verbessern:
   - Die Überbelastung der Geschäftsleitung wird abgebaut, die wohl die Ursache vieler Terminüberschreitungen ist.
   - Die sozialen Bedürfnisse der Mitarbeiter werden besser befriedigt; auf die bisher mangelnde Befriedigung kann die hohe Fluktuationsrate zurückgeführt werden.
   - Ganz allgemein wird die Leistungsbereitschaft der Mitarbeiter gestärkt, deren Leistung im einzelnen durch Soll-Ist-Vergleiche besser beurteilt werden kann. Auf dieser Grundlage kann ihre individuelle Leistung eine angemessene Anerkennung erfahren.

5 Das Unternehmen

Die Gründung eines Unternehmens

5.01 FALLSTUDIE: Standortwahl eines Unternehmens – Entscheidungsbewertungstabelle

Hinweise für Möglichkeiten einer computerunterstützten Lösung einzelner Teilaufgaben mit Hilfe des Programms EUROBWL finden sich auf der CD (siehe S. 5).

Standortfaktoren	Wichtig-keit ganz wichtiger Faktor = 10 Pkte unwichtiger Faktor 1 Pkt (W)	Standort A		Standort B		Standort C	
		Nutzen der Faktoren sehr hoch = 3 Pkte kein Nutzen = 0 Pkte (B)	Gewichteter Nutzen G = W × B	Nutzen der Faktoren sehr hoch = 3 Pkte kein Nutzen = 0 Pkte (B)	Gewichteter Nutzen G = W × B	Nutzen der Faktoren sehr hoch = 3 Pkte kein Nutzen = 0 Pkte (B)	Gewichteter Nutzen G = W × B
Grundstückspreise	5	1	5	0	0	3	15
Gewerbesteuer	5	2	10	1	5	3	15
Lohnniveau	10	2	20	1	10	3	30
Kundenentfernung	8	1	8	3	24	2	16
Regionalabsatz	8	3	24	1	8	2	16
Verkehrsanbindung	6	2	12	3	18	1	6
Freizeitwert	7	3	21	2	14	1	7
persönliche Präferenz	5	3	15	2	10	1	5
Summen			115		89		110

5.02 Gründung und Firma eines Einzelunternehmens

1. Nein. Die Gründung eines Einzelhandelsgeschäftes für Eisenwaren bedarf keiner Genehmigung. In der Bundesrepublik Deutschland besteht grundsätzlich Gewerbefreiheit. GewO § 1, GG Art. 12,1. Für Einzelhandelsbetriebe ist eine Genehmigung nur notwendig beim Handel mit Waffen, Milch oder Arzneimitteln. Eine Entscheidung des Bundesverfassungsgerichts von 1966 hat den früher allgemein für den Einzelhandel geforderten Nachweis der Sachkunde für verfassungswidrig erklärt.

2. Anmeldung ist erforderlich
   - beim Amtsgericht zur Eintragung ins Handelsregister, da **Beyer** Kaufmann ist (§§ 1, 29 HGB),
   - bei der Ortsbehörde (§ 14 GewO),
   - beim Finanzamt – über die Gemeinde – (§ 138 AO),
   - bei der Berufsgenossenschaft (§§ 2, 121 SGB VII),
   - bei der Industrie- und Handelskammer (Zwangsmitgliedschaft)(§ 2 IHKG),
   - bei der Krankenkasse (§ 5 SGB V),
   - bei der Agentur für Arbeit (Zuteilung einer Betriebsnummer).

5 Das Unternehmen

3. Wilhelm Beyer, eingetragener Kaufmann; – Vorname könnte entfallen; Eisen-Beyer e.K.; Sasbacher Eisenwaren e.K.;

   Einzutragende können wählen zwischen Personen-, Sach- oder Phantasiefirma; für Einzelkaufleute immer erforderlich: Zusatz »eingetragener Kaufmann/Kauffrau« oder entspr. Abkürzung wie z.B. »e.K.«, oder »e.Kfm.« – § 19 (1) Zi 1 HGB; allg. gilt – unabhängig von der Rechtsform – für die Eintragungsfähigkeit einer Firma (§ 18 HGB):

   1. **Unterscheidungskraft** gegenüber anderen Unternehmen;
   2. **Geschäftsverhältnisse** müssen ersichtlich sein:
   3. **Haftungsverhältnisse** müssen offengelegt werden.

4. a) Von den erlaubten Bezeichnungen sind alle noch zu verwenden, da durch Vorname und/oder Branchenangabe ausreichende Unterscheidung. Auch **Gerhard Beyer e.K.** genügt, da **Gerhard Beyer Landesproduktenhandlung e.K.** sich deutlich unterscheidet (anders wäre es bei Tätigkeit in der gleichen Branche).

   b) Eintrag schützt die Ausschließlichkeit der zuerst eingetragenen Firma für den Ort der Niederlassung; für Einreichung der Anmeldung zur Eintragung in das Handelsregister ist öffentlich beglaubigte Form erforderlich (§ 12 HGB); vgl. auch § 129 BGB;

   c) § 22 HGB erlaubt Fortführung der Firmenbezeichnung. Der wirtschaftliche Wert der Firmenbezeichnung soll erhalten werden. Unterschrift mit **G. Beyer** erlaubt.

5. Nein, da es sich nicht um eine Firma am selben Ort oder in der selben Gemeinde handelt (§ 30 HGB), liegt kein unzulässiger Firmengebrauch vor (§ 37 HGB). Wegen der großen räumlichen Entfernung besteht bei einem Eisenwarengeschäft keine Verwechslungsgefahr, sodass Ansprüche (Unterlassen, Schadensersatz) nach § 15 MarkenG ausscheiden.

Rechtsformen

Die offene Handelsgesellschaft (OHG)

5.03 OHG: Firma – Geschäftsführung – Vertretung – Haftung – Gesellschaftsvertrag – Gewinnverteilung

1. Probleme und Vertragliche Regelung:
   Einlagen der Beteiligten (§ 2); Vergütung für die Mitarbeit (§ 4); Verteilung des Gewinns (§ 4); Berechtigung, für die Gesellschaft bindende Verträge abzuschließen (§ 5); Folgen für die Gesellschaft bei Ausscheiden eines Gesellschafters (§ 7);

2. **Kröner & Wiegert OHG, Kröner OHG, Kröner und Löffler OHG, Wismarer Delikatessengroßhandel OHG** u.a. § 19 (1) Zi 2 HGB.

3. Notarielle Beurkundung erforderlich, da Gesellschafter **Wiegert** ein Grundstück einbringt. § 311b BGB.

4. OHG, da Wirksamwerden der OHG nach außen schon mit Geschäftsbeginn. Betrieb eines Handelsgewerbes mit einem nach Art oder Umfang in kaufmännischer Weise eingerichteten Geschäftsbetrieb (§ 1 (2) HGB), damit hat die Eintragung lediglich deklaratorische Wirkung. 123 (2) HGB; also am 15.03. bereits OHG.

5. **Kröner** ist aufgrund von § 6 des Gesellschaftsvertrags Vertreter ohne Vertretungsmacht (§ 177 BGB). Der Vertrag ist schwebend unwirksam. Seine Wirksamkeit ist von der Genehmigung des Mitgesellschafters **Löffler** oder eines Prokuristen abhängig. Wird die Genehmigung verweigert, ist der Vertrag unwirksam. Der Vertragspartner hat dann gem. § 179 BGB wahlweise Anspruch auf Erfüllung oder Schadensersatz gegen den als Vertreter ohne Vertretungsmacht handelnden Gesellschafter. Der Vertreter haftet allerdings dann nicht, wenn der andere Teil den Mangel der Vertretungsmacht kannte oder kennen musste (§ 179 (3) BGB).

6. a) Laut Gesellschaftsvertrag (§ 6f) unterliegt die Aufnahme eines Kredits der Beschlussfassung aller Gesellschafter; demnach hatte er für den Abschluss dieses Rechtsgeschäftes **keine** Geschäftsführungsbefugnis;
   b) **Wiegert** ist zur Vertretung der Gesellschaft ermächtigt (Einzelvertretung). Die Vertretungsmacht umfasst gewöhnliche und außergewöhnliche Geschäfte. §§ 125, 126 HGB. Damit ist der Vertrag gültig.
   c) Ja, weil er seine Geschäftsführungsbefugnis überschritten hat.

7. Aus § 128 HGB:
   a) Nein, jeder Gesellschafter haftet als Gesamtschuldner (solidarisch).
   b) Nein, die Gesellschafter haften persönlich (direkt, unmittelbar).
   c) Nein, die Gesellschafter haften mit ihrem gesamten Vermögen (unbeschränkt).
   d) Nein, Haftungsbeschränkung Dritten gegenüber unwirksam.

8.

	eingebrachtes Kapital in EUR	5 % Verzinsung laut Gesellschaftsvertrag	Vergütung der Arbeitsleistung lt. Gesellschaftsvertrag	Restverteilung nach Köpfen	Gesamter Gewinnanteil	Privatentnahmen	Eingebrachtes Kapital am Jahresende
Kröner	180 000	9 000	57 600	1 200	67 800	57 600	190 200
Löffler	140 000	7 000	57 600	1 200	65 800	57 600	148 200
Wiegert	260 000	13 000	57 600	1 200	71 800	57 600	274 200
Insgesamt	**580 000**	**29 000**	**172 800**	**3 600**	**205 400**	**172 800**	**612 600**

5.04 OHG: Gewinn- und Verlustverteilung – Ausscheiden eines Gesellschafters

1. a)

	eingebrachtes Kapital (€)	4 % Verzinsung	Restverteilung nach Köpfen	Gewinnanteil
Allgeyer	300 000	12 000	70 000	82 000
Brauer	400 000	16 000	70 000	86 000
Colm	600 000	24 000	70 000	94 000
Insgesamt	**1 300 000**	**52 000**	**210 000**	**262 000**

b)

	eingebrachtes Kapital (€)	Tätigkeitsvergütung	4 % Verzinsung	Restverteilung nach Köpfen	Gewinnanteil
Allgeyer	300 000	60 000	12 000	16 000	88 000
Brauer	400 000	54 000	16 000	16 000	86 000
Colm	600 000	48 000	24 000	16 000	88 000
Insgesamt	**1 300 000**	**162 000**	**52 000**	**48 000**	**262 000**

5 Das Unternehmen

c)

	Gewinn-anteil (€)	Tätigkeits-vergütung	Restgewinn (= Gewinnanteil – Tätig-keitsvergütung)	einge-brachtes Kapital	Rentabilität der Einlagen in %
Allgeyer	88 000	60 000	28 000	**300 000**	9,33
Brauer	86 000	54 000	32 000	**400 000**	8,00
Colm	88 000	48 000	40 000	**600 000**	6,67
Insgesamt	**262 000**	162 000	100 000	**1 300 000**	

d) Weil die **Arbeitsleistung** nicht berücksichtigt werden würde. Bevorzugt würden die Gesellschafter, die verhältnismäßig viel Kapital eingelegt haben.

e) Weil dann die **Kapitaleinlage** nicht berücksichtigt werden würde. Bevorzugt wären die Gesellschafter mit der niedrigsten Kapitaleinlage.

f) **Brauer und Colm; Colm** (mit der höchsten Kapitaleinlage) ist am meisten benachteiligt. Er erhält 6,67 % Verzinsung; wegen der Zinsdifferenz zu einer alternativen Geldanlage und wegen der hohen Einlage hat er den größten Nachteil.

2. a)

	eingebrachtes Kapital zu Beginn des Jahres	6% Verzinsung	abzgl. 6% Zins für Privatent-nahmen	abzgl. 6% Zins für ausstehende Einlagen	Zins-anteil	Rest-verteilung nach Köpfen	Gewinn-anteil
Allgeyer	300 000	18 000	1 560	4 800	11 640	83 752	95 392
Brauer	400 000	24 000	1 225		22 775	83 752	106 527
Colm	600 000	36 000	1 455		34 545	83 752	118 297
Insgesamt	1 300 000	78 000	4 240	4 800	68 960	251 256	320 216

b) 4 %. § 121 (1) und § 121 (2) HGB (Veränderung des Kapitalanteils durch Entnahmen).

c) Mit dem Zinsabzug für Privatentnahmen wird erreicht, dass jeder Gesellschafter im Laufe des Geschäftsjahres sein unterschiedlich hohes Eigenkapital nach den Regeln der Zinsrechnung verzinst bekommt.

2. d)

	eingebrachtes Kapital zu Beginn des Jahres	6% Verzinsung	abzgl. 6% Zins für Privatentnahmen	abzgl. 6% Zins für ausstehende Einlagen	Zinsanteil	Restverteilung nach Köpfen	gesamter Gewinnanteil	Privatentnahmen	Kapital am Ende des Jahres
Allgeyer	300 000	18 000	1 560	4 800	11 640	83 752	95 392	42 000	353 392
Brauer	400 000	24 000	1 225		22 775	83 752	106 527	37 000	469 527
Colm	600 000	36 000	1 455		34 545	83 752	118 297	32 000	686 297
Insgesamt	**1 300 000**	**78 000**	**4 240**	**4 800**	**68 960**	**251 256**	**320 216**	**111 000**	**1 509 216**

3. a)

Da **Colm** nicht mehr mitarbeitet, muss den weiter mitarbeitenden Gesellschaftern für ihre Arbeitsleistung eine besondere Vergütung gegeben werden.

b) **Vorschlag:** weiterhin 6% Verzinsung; vom Gewinnrest erhalten A und B je 60 000 EUR vorweg.

c)

	eingebrachtes Kapital zu Beginn des Jahres	6% Verzinsung	abzgl. 6% Zins für Privatentnahmen	abzgl. 6% Zins für ausstehende Einlagen	Zinsanteil	Tätigkeitsvergütung	Restverteilung nach Köpfen	Gewinnanteil
Allgeyer	300 000	18 000	1 560	4 800	11 640	60 000	43 752	115 392
Brauer	400 000	24 000	1 225		22 775	60 000	43 752	126 527
Colm	600 000	36 000	1 455		34 545		43 752	78 297
Insgesamt	**1 300 000**	**78 000**	**4 240**	**4 800**	**68 960**	**120 000**	**131 256**	**320 216**

Berechnung des neuen Kapitals (Formel)

    Altes Kapital
− Entnahmen (bzw. abzüglich Tätigkeitsvergütung falls während des Jahres bereits ausbezahlt)
+ Einlagen
+ Gewinnanteil (bzw. − Verlustanteil)
= Neues Kapital

4. a) Ja. Entnahmerecht bis 4% des Kapitalanteils bei Verlust; § 122 HGB.

   b) Zu gleichen Teilen. § 121 (3) HGB, also je 10 000 EUR

5. a) Bis 31.12. des nächsten Jahres, da das laufende Geschäftsjahr nicht mehr 6 Monate dauert. § 132 HGB

   b) Ja. Er haftet noch 5 Jahre nach seinem Ausscheiden. § 159 (1) HGB

   c) Ja. Der neu eintretende Gesellschafter haftet für bereits begründete Verbindlichkeiten (§ 130 HGB).

Die Kommanditgesellschaft (KG)

5.05 KG: Firma – Geschäftsführung – Vertretung – Gewinnverteilung – Wettbewerbsverbot – Privatentnahmen – Kontrollrecht

1. Vorteile: Kreditaufnahme: Keine Teilung des Gewinns mit Gesellschafter, Geschäftsführungs- und Vertretungsmacht bleibt allein bei ihm.
   Aufnahme eines Gesellschafters: keine Zinskosten. Gesellschaft wird kreditfähiger, Unterstützung durch einen Fachmann.

2. a) z.B. **Fritz Huber, Sanitärgroßhandlung KG.** §§ 161, 19 (1) Zi 3 HGB.

   b) Bisher gut eingeführter Firmenname (z.B. **Fritz Huber Sanitärgroßhandlung**) soll weiterbestehen; lediglich Zusatz »KG« erforderlich

   c) Der Gesellschaftsvertrag kann grundsätzlich formfrei abgeschlossen werden. Da hier ein Grundstück eingebracht wird, ist notarielle Beurkundung notwendig. BGB § 311b.

3. Nein. Der Kommanditist hat keine Vertretungsmacht (§ 170 HGB). Der Vertrag ist schwebend unwirksam (§ 177 BGB).

4. a)

	eingebrachtes Kapital	7% Verzinsung	Unternehmer- lohn	Restverteilung 70:30	Gesamter Gewinnanteil
Huber	1 200 000	84 000	72 000	89 600	245 600
Gütermann	400 000	28 000	–	38 400	66 400
Insgesamt	1 600 000	112 000	72 000	128 000	312 000

Vergleiche dazu auch Aufgabe

10.45 KG: Beteiligungsfinanzierung – Selbstfinanzierung – Verlustverteilung

   b) Die gesetzl. Regelung, dass der 4% des Kapitalanteils übersteigende Gewinn in angem. Verhältnis verteilt wird (§ 168 (2) HGB), ist zu unbestimmt und kann zu Unstimmigkeiten führen.

   c) Weil der Kommanditist weder mitarbeitet noch voll haftet, wäre es ungerecht, den Mehrgewinn auf Vollhafter und Teilhafter mit gleichen Anteilen zu verteilen.

5. a) Nein. Huber hat nicht Recht. §§ 165, 112 HGB b) **Gütermann** würde Vollhafter. Im Haftungsfalle könnte sein Kapitalanteil an der Gesellschaft mit **Huber** gepfändet werden. Grundsätzlich gilt jedoch das Wettbewerbsverbot nicht für Kommanditisten.

6. a) Nein. Für Vollhafter in KG gilt Wettbewerbsverbot. Er darf nicht Vollhafter in gleichartiger Handelsgesellschaft werden. §§ 161 (2), 112 HGB,

   b) Ja. § 112 HGB,

   c) Ja. Kein Wettbewerb zwischen Holz- und Sanitärgroßhandlung. § 112 HGB.

7. Ja. Bei gewöhnlichen Geschäften hat der Kommanditist kein Widerspruchsrecht, § 164 HGB.

8. a) Ja. **Huber** ist Vollhafter und hat deshalb Vertretungsmacht, §§ 161 (2), 125 und 126 (2) HGB. Danach ist eine Beschränkung der Vertretungsmacht Dritten gegenüber unwirksam.

   b) Ja. Schadenersatzanspruch **Gütermanns** gegen **Huber**. Geschäftsführung ohne Auftrag. Bei außergewöhnlichen Geschäften hat der Kommanditist ein Widerspruchsrecht. § 164 HGB. (Der Kommanditist hat bei außergewöhnlichen Geschäften nicht nur ein Widerspruchsrecht, er muss sogar gefragt werden. Baumbach-Duden zu § 164 HGB Anm. 8.)

9. a) Ja. Entnahmerecht des Komplementärs wie in OHG. §§ 161 (2), 122 HGB.

   b) Nein. Kein Entnahmerecht des Kommanditisten. § 169 HGB.

10. Nein. Er kann nur jährlich die Richtigkeit der Bilanz durch Einsicht in die Bücher prüfen. Bei wichtigem Grund weitere Aufklärung nur durch gerichtlichen Beschluss. § 166 HGB.

Die Aktiengesellschaft (AG)

5.06 AG: Gründung – Grundkapital – Eigenkapital – Aktie

1. Ja. Die Gründung ist möglich, da eine oder mehrere Personen eine AG gründen können. § 2 AktG. Mindestnennbetrag des Grundkapitals von 50 000 EUR ist erreicht; § 7 AktG.

2. a) Inhaberaktien lauten nicht auf einen bestimmten Namen, sondern auf einen Inhaber. Die Eigentumsübertragung erfolgt ohne besondere Formalität durch Einigung und Übergabe.

   Namensaktien lauten auf den Namen einer bestimmten natürlichen oder juristischen Person. Der Eigentümer der Aktie ist im Aktienbuch der AG eingetragen. Damit sind der AG ihre Aktionäre namentlich bekannt. Die Eigentumsübertragung erfolgt durch Einigung und Übergabe des **indossierten** Papiers unter Löschung und Neueintrag im Aktienregister (AktG § 67). Namesaktien können nur dann an der Börse gehandelt werden, wenn ihr Erwerb mit einer Blankoabtretungserklärung (Blankozession) verbunden ist. Dieses Übertragungsinstrument wird an Stelle des Indossaments eingesetzt.

   Hinweis: Vinkulierte (gebundene) Namensaktien werden in gleicher Weise wie Namensaktien übertragen. Jedoch ist für die Übertragung die Zustimmung der Gesellschaft erforderlich.

   b) – AG ist über Veränderungern der Aktionärsstruktur sofort informiert
   – Aktionäre sind der AG namentlikch bekannt (unmittelbare Ansprache möglich)
   – Einladungen zur Hauptversammlung, Versand von Geschäfts- oder Quartalsberichten und von Aktionärsberichten ist problemlos möglich (der umständliche Versand der Einladungen für Hauptversammlungen über die Banken entfällt; dadurch lassen sich etwa 50 % Kosten sparen – vgl. Handelsblatt vom 21.03.2001)
   – regelmäßiger Kontakt mit den Aktionären kann zu einer höheren Bindung an das Unternehmen beitragen
   – Organisation der Hauptversammlung ist einfacher, weil der AG der aktuelle Status eines Aktionärs sowie die ihm zustehenden Stimmrechte bekannt sind
   – bei anstehenden »feindlichen« Übernahmen kann der Vorstand direkten Kontakt mit den Anteilseigner aufnehmen

5 Das Unternehmen

- Zukünftig: Namensaktien erleichtern die Durchführung virtueller Hauptversammlungen

3. a) Weil die Firma der AG die Bezeichnung »AG« oder »Aktiengesellschaft« enthalten muss. § 4 AktG. **Eigener Vorschlag: Messtechnik AG;** Begründung: § 4 AktG erlaubt zwar auch Personenfirma (z.B. »Krieger AG«); bei Sachfirma kann jedoch das im Firmennamen zum Ausdruck kommende Tätigkeitsfeld eines Unternehmens werbewirksam genutzt werden.
   b) Gesellschaft BGB. § 705 BGB.
   c) Nein, Gesamtvertretungsbef. §§ 714, 709 BGB.

4. a) Weil zumindest noch die Satzung und die Urkunden über die Bestellung des Vorstands und des Aufsichtsrats vorzulegen sind, §§ 36, 37 AktG.
   b) Mit dem Zeitpunkt der Eintragung, also am 15.12., ist AG entstanden. § 41 AktG. (Mit der Einzahlung am 25.08. wurde die AG zwar errichtet, aber das heißt nur, dass ein nicht rechtsfähiger Verein entstanden ist.)

5. a) 5 Mio. EUR Grundkapital:
   2 Mio. Aktien = 2,50 EUR/Aktie
   b) Nein, der auf die einzelne Aktie anfallende Betrag darf 1 EUR nicht unterschreiten. § 8 (3) AktG. Bei einer Ausgabe von 6 Mio. Aktien würde sich der Betrag von 5 Mio. EUR : 6 Mio. Aktien = 0,833 EUR/Aktie errechnen;
   c) 2 Mio. Aktien à 2,68 EUR = 5,36 Mio. EUR
   d) 107,2 %
   e) Mittelzufluss 5,36 Mio. EUR; Mittelzufluss reicht aus, um errechneten Kapitalbedarf in Höhe von 5 Mio. EUR zu decken.

6. a) 1 Mio. EUR : 2,50 EUR/Aktie = 400 000 Aktien
   b)

Mittelzufluss	5 360 000 EUR
– Gründungskosten	100 000 EUR
»Nettovermögen«	5 260 000 EUR

   $$\frac{5\,260\,000\ \text{EUR}}{2\,\text{Mio. Aktien}} = \underline{\underline{2{,}63\ \text{EUR/Aktie}}}$$

5.07 AG: Hauptversammlung – Aufsichtsrat – Vorstand

1. Bestätigung der **Deutschen Bank** (oder jeder anderen Bank, die die Aktien in Verwahrung hat).

2. Ja, Stimmrecht kann schriftlich übertragen werden. § 135 AktG.

3. a) Mindestens 3, höchstens 15, da die Gesellschaft zwischen 1,5 und 10 Mio. EUR-Grundkapital hat. § 95 AktG.
   b) **Krieger** 20, **Günther** 60; § 134 (1) AktG; bei Nennbetragsaktien Abstimmung nach Nennbeträgen.

   Hinweis: Gemäß § 23 (3) Zi. 4 AktG können Aktien mit unterschiedlichen Nennbeträgen ausgegeben werden. Nennbetragsaktien und Stückaktien sind nebeneinander nicht möglich – § 8 (1) AktG.

   c) Ja. Produktion ist nur in der Zusammenarbeit zwischen Arbeitgeber und Arbeitnehmer möglich. Der Arbeitnehmer ist daher ein Partner, der mitbestimmen soll. § 96 AktG., § 76 BVG.

d) Zeitel erfüllt die persönlichen Voraussetzungen nicht, da Herr Gruber bereits Aufsichtsratsmitglied der Datentechnik AG ist (Überkreuzverflechtung) – AktG § 100 (2) Zi. 3.

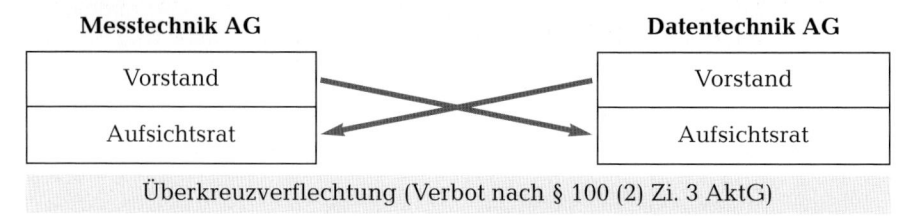

Messtechnik AG   **Datentechnik AG**

Vorstand		Vorstand
Aufsichtsrat		Aufsichtsrat

Überkreuzverflechtung (Verbot nach § 100 (2) Zi. 3 AktG)

Wenn sich Vorstände verschiedener Aktiengesellschaften im Aufsichtsrat gegenseitig kontrollieren (siehe Abbildung), besteht die Gefahr, dass sie ihre Kontrollaufgaben nicht im gebotenen Umfang wahrnehmen (evtl. Absprachen). Deshalb verbietet das Aktiengesetz die Überkreuzverflechtung.

4. Er hat die Mehrheit in der Hauptversammlung bei der Wahl des Aufsichtsrats. §§ 134, 101 AktG. Der Aufsichtsrat wählt den Vorstand. § 84 AktG. Also kann er den Vorstand bestimmen, der unter eigener Verantwortung die Gesellschaft leitet. § 76 AktG. Die Wiederwahl des Vorstands hängt allein von ihm ab.

5. a) Ja, § 78 AktG.

    b) Nein. Zwar ist der Kaufvertrag gültig, denn der Vorstand hat Vertretungsmacht (§ 78 AktG.), doch haftet der Aktionär **Schulz** nicht, weil der Vorstand nur die jur. Person verpflichtet hat. Die AG hat eigene Rechtspersönlichkeit. § 1 AktG.

5.08 AG: Darstellung des Eigenkapitals in der Bilanz

1. Kapital an GuV.
2. Eigenkapital.

I.	Gezeichnetes Kapital	10 000 000 EUR	
II.	Kapitalrücklage	500 000 EUR	
III.	Jahresfehlbetrag	30 000 EUR	10 470 000 EUR

3. ³/₄ Mehrheit des vertretenen Grundkapitals. § 222 AktG.
4. Nein. Der Betrag ist zu gering, um Kapitalherabsetzung durchzuführen. Abdeckung mit Gewinn künftiger Jahre zu erwarten.
5. Eigenkapital.

I.	Gezeichnetes Kapital	10 000 000 EUR	
II.	Kapitalrücklage	500 000 EUR	
III.	Verlustvortrag	220 000 EUR	10 280 000 EUR

6. a) 1 693 000 EUR
    b) 16 %
7. a)

Jahresüberschuss		1 693 000 EUR
./. Verlustvortrag		220 000 EUR
		1 473 000 EUR
./. 5 % ges. Gewinnrücklage	73 650 EUR	
./. andere Gewinnrücklagen	100 000 EUR	173 650 EUR
Bilanzgewinn		1 299 350 EUR

    b) 12 %
    c) 99 350 EUR.

5 Das Unternehmen

5.09 AG: Die kleine AG

1. – **Drescher** und **Malz** sind 65 Jahre alt und beabsichtigen, sich mit ihrer Arbeitskraft in naher Zukunft aus dem laufenden Geschäft zurückzuziehen:
   - OHG-Gesellschafter sind nach Gesetz zur Mitarbeit im Unternehmen verpflichtet.
   - **Malz** und **Drescher** wollen dem Unternehmen ihre Kapitalanteile – ohne Verpflichtung zur Mitarbeit – auch weiterhin zur Verfügung stellen.
   - im Falle der Aufnahme der Kinder als OHG-Gesellschafter werden diese voraussichtlich nicht auf die ihnen gesetzlich zustehenden Rechte auf Geschäftsführungs- und Vertretungsbefugnis verzichten; Grund: Haftung
   - persönliche Haftung von OHG-Gesellschaftern hemmt künftige Unternehmensentwicklung.

2. a) Es genügt, wenn sich an der Feststellung des Gesellschaftsvertrages (der Satzung) eine Person beteiligt; im vorliegenden Fall beteiligen sich 4 Personen.
   b) – Aufsichtsrat besteht nach § 95 AktG aus 3 Mitgliedern;
   – da weniger als 500 Arbeitnehmer beschäftigt werden, finden die Vorschriften über eine Beteiligung der Arbeitnehmer im Aufsichtsrat keine Anwendung – § 76 (6) BetrVG 1952; da der Aufsichtsrat von der Hauptversammlung gewählt wird, bestimmen die 4 Aktionäre allein, wie dieser sich zusammensetzt; wäre die AG vor dem 10. August 1994 in das Handelsregister eingetragen worden, so müsste der Aufsichtsrat zu einem Drittel aus Vertretern der Arbeitnehmer gebildet werden, da es sich nicht um eine **Familiengesellschaft** handelt (§ 76 (6) BVG 1952).

3. a) – bei einem Grundkapital von 6 Mio. EUR und 5 EUR Nennwert pro Aktie hätten 1,2 Mio. Aktien gedruckt werden müssen; um Druckkosten zu sparen, hat man auf eine Einzelverbriefung verzichtet.
   – Ersparnis von Kosten für die Verwaltung der 1,2 Mio. Aktien
   – der Gang zur Börse ist – zumindest aus jetziger Sicht – nicht geplant;
   b) – alle Aktionäre haben jeweils eine Stimme – § 12 (1) AktG –, da jeder Aktionär über den gleichen Nennbetrag verfügt;

4. a) – Vorstand beschließt mit einfacher Mehrheit über die Einberufung.
   b) – solange Aktionäre wie bei dieser kleinen AG namentlich bekannt sind, kann die Hauptversammlung mit eingeschriebenem Brief einberufen werden – § 121 (4) AktG
   c) – wegen des Börsenhandels der Aktien sind die Aktionäre dem Vorstand nicht namentlich bekannt; daher Bekanntmachung der Hauptversammlung in den Gesellschaftsblättern;
   d) – da Aktien nicht an der Börse notiert werden, ist notarielle Beurkundung nicht erforderlich; es genügt eine vom Vorsitzenden des Aufsichtsrates gefertigte und unterzeichnete Niederschrift – § 130 (1) AktG.

Die Gesellschaft mit beschränkter Haftung (GmbH)

5.10 GmbH: Mindestkapital – Firma – Geschäftsführung – Vertretung – Gesellschaftsvertrag – Kaduzierung

1. a) Aus haftungsrechtlichen Überlegungen scheidet die Gründung einer Personengesellschaft aus (keiner der Gesellschafter ist bereit, mit Privatvermögen zu haften);

b)

	Kleine AG	GmbH
Einfluss der Eigenkapitalgeber auf Handlungen **des leitenden Organs** (Geschäftsführer einer GmbH/Vorstand einer AG) (§ 76 ff AktG, § 37 GmbHG)	unabhängiger Vorstand, nachdem von der Hauptversammlung gewählt (§ 76 ff AktG); Besonderheiten: § 111 (4) AktG; in Fragen der Geschäftsführung kann Hauptversammlung nur entscheiden, wenn der Vorstand dies verlangt (§ 119 (2) AktG).	»Weisungsabhängiger« Geschäftsführer (durch Gesellschaftsvertrag oder durch Beschlüsse der Gesellschafter – § 37 GmbHG); u.U. Auswirkung familiärer Konflikte (Bsp. Erbstreitigkeiten) auf die Unternehmensführung
Bildung eines **Aufsichtsrats** (§ 95 ff AktG, § 1 DrittelbG)	zwingend vorgeschrieben (§ 95 ff AktG)	fakultativ (§ 52 GmbHG); zwingend bei mehr als 500 Arbeitnehmern (§ 1 DrittelbG)
Mitbestimmung der Arbeitnehmer im Aufsichtsrat (§§ 1, 4 DrittelbG)	bis 500 Arbeitnehmer mitbestimmungsfrei	siehe Kleine AG
Formvorschriften über die Niederschrift von **Beschlüssen der Hauptversammlung/Gesellschafterversammlung**	Vorschriften zur notariellen Beurkundung von HV-Beschlüssen nicht erforderlich, falls AG nicht börsennotiert ist (§ 130 (1) S. 2 AktG)	für Beschlüsse der Gesellschafterversammlung ist in § 48 GmbHG keine notarielle Beurkundung vorgeschrieben; notarielle Beurkundung ist z.B. nur für *Änderungen* des Gesellschaftsvertrages erforderlich (§ 53 (2) GmbHG
Kapitalbeschaffung über die Börse	möglich	nicht möglich (GmbH-Anteile sind an der Börse nicht handelbar)
gesetzliche Vorschriften bei der Übertragung von Anteilen	Aktien frei veräußerlich	notarielle Beurkundung (§ 15 GmbHG)
Beschlussfassung über die Beschaffung von zusätzlichem **Eigenkapital**	Ausgabe und Druck neuer Aktien nach vorausgegangener Beschlussfassung der Hauptversammlung über Satzungsänderung (§ 182 AktG)	Aufnahme neuer Gesellschafter oder Erhöhung der Stammeinlagen der bisherigen Gesellschafter nach Beschluss über Satzungsänderung (§ 53 GmbHG)

c) Laut Gesellschaftsvertrag ist ein Stammkapital in Höhe von 170 000 EUR vorgesehen; § 5 (1) GmbHG verlangt lediglich ein Stammkapital von 25 000 EUR;

d) Laut Gesellschaftsvertrag betragen die Stammeinlagen für:
Adler: 80 000 EUR, **Berthold:** 60 000 EUR, **Clemens:** 30 000 EUR.
Laut Gesetz (§ 5 (1) GmbHG) muss die Stammeinlage mind. 100 EUR betragen.

Hinweis:
Stammkapital: Garantiekapital (mindestens 25 000 EUR)
Stammeinlage: Die von jedem Gesellschafter auf das Stammkapital zu leistende Einlage (mind. 100 EUR). Die Summe aller Stammeinlagen entspricht dem Stammkapital (§ 5 Abs. 3 GmbHG). Bei der Gründung kann jeder Gesellschafter nur eine Stammeinlage übernehmen. Die Stammeinlagen der einzelnen Gesellschafter können aber unterschiedlich hoch sein. Bei der Gründung muss auf jede Stammeinlage (sofern sie keine Sacheinlage ist) ein Viertel eingezahlt sein.
Geschäftsanteil: Verkörpert das Mitgliedschaftsrecht. Die Höhe des Geschäftsanteils bestimmt sich nach dem Betrag der von einem Inhaber **übernommenen** Stammeinlage (also unabhängig davon, ob auf die Stammeinlage bereits eine volle Einzahlung erfolgt ist oder nicht). Daher können der Wert der Einzahlung auf die Stammeinlage und der Wert des Mitgliedschaftsrechts (Geschäftsanteil) voneinander

5 Das Unternehmen

abweichen. Da die Stammeinlage einen bestimmten Bruchteil des Stammkapitals darstellt, kennzeichnet dieser Bruchteil die Höhe des Geschäftsanteils und damit die **Beteiligungsquote** des Inhabers. Der Geschäftsanteil selbst wird mit dem Betrag der Stammeinlage bezeichnet. Da er das Mitgliedschaftsrecht an der GmbH verkörpert, handelt es sich um den **Nennbetrag**. Sein tatsächlicher Wert richtet sich nach den Vermögensverhältnissen der GmbH. Der Geschäftsanteil ist kein Wertpapier. Er stellt ein fungibles Beteiligungsrecht dar, das veräußert und vererbt werden kann. Anteilscheine können ausgestellt werden, sind aber nichts anderes als Beweisurkunden. Der Geschäftsanteil bestimmt das Stimmrecht (§ 47), die Gewinnverteilung (§ 29) und den Liquidationserlös (§ 72).

e) § 7 (1) GmbHG verlangt, dass vor Eintragung auf jede Stammeinlage mindestens ein Viertel eingezahlt sein muss; Sonderregelung bei Sacheinlagen; **Adler** verpflichtet sich zur Leistung von 35 000 EUR, **Berthold** zu 15 000 EUR, **Clemens** zu 7 500 EUR (vgl. § 3 des Gesellschaftsvertrages); der Gesamtbetrag der eingezahlten Geldeinlagen übersteigt die Hälfte des Mindeststammkapitals – § 7 (2) S. 2 GmbHG –; aus diesen Überlegungen heraus steht einer Eintragung ins Handelsregister nichts entgegen;

f)

Aktiva	Gründungsbilanz der GmbH (Werte in EUR)		Passiva
Ausstehende Einlagen auf das gezeichnete Kapital	112 500	gezeichnetes Kapital	170 000
flüssige Mittel[1]	49 000		
Gründungskosten (Verlustvortrag)	8 500		
	170 000		170 000

g) notarielle Form (§ 2 GmbHG)

2. a) mit Eintragung ins Handelsregister am 10. August 2005 (konstitutive Wirkung der Eintragung) – § 11 (1) HGB; im Innenverhältnis, d.h. für die Gesellschafter untereinander, entsteht die GmbH bereits am 01. Juli 2005 (vgl. § 4 Gesellschaftsvertrag), juristische Person wird sie jedoch erst mit Eintragung

b) Als Handelnde der Vorgesellschaft i.S. von § 11 (2) GmbHG werden bei strenger Auslegung alle Gesellschafter angesehen, die durch Abschluss des Gesellschaftsvertrages der Geschäftsaufnahme zugestimmt haben. In diesem Fall müsste **Berthold** für die von **Adler** eingegangenen Verbindlichkeiten haften (§ 11 (2) GmbHG).

3. Firma kann Sach-, Phantasie- oder Personenfirma mit Zusatz GmbH sein; Firmierungsmöglichkeit: **Entsorgungstechnik Adler GmbH, Adler und Berthold GmbH** u.a. (§ 4 GmbHG)

4. a) GmbH ist juristische Person und erfordert demnach ein zur Vertretung befugtes Organ wie auch die AG; Wesensmerkmal einer Kapitalgesellschaft ist u.a., dass Kapitalgeber und organschaftlicher Vertreter nicht identisch sein müssen (Trennung von Leitung und Eigentum); bei der **Personen**gesellschaft OHG besteht Identität von Leitung und Eigentum (§ 125 HGB), demnach ist eine solche Vorschrift nicht erforderlich;

b) Ja, Geschäftsführer hat Vertretungsmacht. § 35 GmbHG.

c) Der Vertrag wäre schwebend unwirksam. **Adler** und **Bertram** haben Gesamtvertretungsmacht. Schließt **Adler** den Vertrag alleine ab, so handelt er als Vertreter ohne Vertretungsmacht – § 177 (1) BGB.

5. a) **Adler** 1600 Stimmen, **Berthold** 1200 Stimmen, **Clemens** 600 Stimmen. Je 50 EUR Geschäftsanteil 1 Stimme. § 47 (2) GmbHG. Der Geschäftsanteil richtet sich nach der übernommenen Stammeinlage. § 14 GmbHG.

b) Ja. § 29 GmbHG.
Über Gewinnverteilung entscheiden Gesellschafter. § 46 GmbHG. **Berthold** und **Clemens** haben Mehrheit (9:8). § 47 GmbHG

---

[1] 1/4 von 170 000 EUR = 42 500 EUR
zzgl. (Gesellschafter Adler) 15 000 EUR
abzgl. Gründungskosten (5 % von 170 000 EUR) 8 500 EUR
49 000 EUR

6. § 112 (1) HGB gilt lediglich für OHG-Gesellschafter, § 60 (1) HGB bezieht sich auf den Handlungsgehilfen;

   GmbH-Gesellschafter unterliegen wegen der von einer Personengesellschaft abweichenden Zielsetzung kraft Gesetz keinem Wettbewerbsverbot; der Geschäftsführer einer GmbH leistet jedoch kaufmännische Dienste und ist demnach Handlungsgehilfe, sodass seine Tätigkeit dem gesetzlichen Wettbewerbsverbot des § 60 (1) HGB unterliegt; für die anderen beiden GmbH-Gesellschafter bedeutet die Regelung im Gesellschaftsvertrag eine Einschränkung, die über ein gesetzliches Erfordernis hinausgeht;

7. Einforderung von Einzahlungen a.d. Stammeinlage ist Recht der Gesellschafter. § 46 GmbHG. **Adler** und **Berthold** haben Mehrheit (2800 : 600) § 47 GmbHG. Aufgrund des Kaduzierungsverfahrens geht **Clemens** nach einer Nachfrist v. 1 Monat seines Geschäftsanteils verlustig. § 21 GmbHG. Der Geschäftsanteil wird versteigert. Auch bei Mehrerlös hat **Clemens** keinen Anspruch auf den Überschuss. §§ 21, 23 GmbHG.

8. a) § 4 des Gesellschaftsvertrages verlangt bei Veräußerung eines Geschäftsanteils die Zustimmung aller Gesellschafter (Einstimmigkeit); **Adler** oder **Berthold** können demnach den Verkauf verhindern; vgl. auch § 15 (5) GmbHG; Geschäftsanteile sind veräußerlich und vererblich. § 15 (1) GmbHG

   b) Nein. Es bedarf gerichtlicher oder notarieller Form. § 15 (3) GmbHG

5.11 GmbH: Handelsregister – GmbH & Co. KG

1. Die **Schweriner Bootsvermietung GmbH & Co. KG** ist als Personengesellschaft keine juristische Person; demnach ist der Gegenstand des Unternehmens nicht einzutragen.

2. Es handelt sich um eine Kommanditgesellschaft, deren persönlich haftende Gesellschafterin die **Schweriner Bootswerft GmbH** ist; da eine GmbH als juristische Person kein Privatvermögen hat, hat die unbeschränkte Haftung der Komplementär-GmbH für die Gläubiger keine praktische Bedeutung; die Haftung des Kommanditisten **Kurt Kugler** ist beschränkt auf die Einlage in Höhe von 40 000 EUR, nachdem diese erbracht ist;

3. in Abteilung A des Handelsregisters werden u.a. Einzelunternehmen und Personengesellschaften eingetragen; wegen der unbeschränkten Haftung und der fehlenden gesetzlichen Verpflichtung zur Aufbringung eines bestimmten Kapitals kann kein Kapital eingetragen werden;

4. – 15. Dez: deklaratorische Wirkung, da Betrieb eines Handelsgewerbes nach § 1 HGB (Kaufmannseigenschaft beginnt bereits mit Aufnahme der Geschäftstätigkeit).
   – 04. August: konstitutive Wirkung gem. § 11 GmbH

5. Falls in dieser Zeit Geschäfte getätigt wurden, denen **Kugler** zugestimmt hat, haftet er gleich einem persönlich haftenden Gesellschafter.

Die Partnerschaft

5.12 Partnerschaft: Gründung einer Partnerschaft

1. *OHG:*

   persönliche und gesamtschuldnerische Haftung: jeder »Partner« ist in einem eigenständigen Verantwortungsbereich tätig und somit nicht bereit, für Handlungen eines anderen zu haften;

5 Das Unternehmen

GmbH:
- Anonymität der juristischen Person ist für Unternehmen mit Beratungstätigkeit u.U. von Nachteil
- Körperschaftsteuerpflicht der GmbH
- strenge Rechnungslegungsvorschriften

2. Heuer und Partnerschaft, Rechtsanwältin, Wirtschaftsprüfer, Kaufmann (PartGG § 2).

3. Die Partnerschaft übt kein Handelsgewerbe aus (§ 1 PartGG); demnach wird sie auch nicht in das Handelsregister, sondern in das Partnerschaftsregister eingetragen (§ 4 PartGG). Da sie kein Handelsgewerbe betreibt, kann sie auch nicht Kaufmann sein (§ 1 HGB).

4. a) Notarielle Beurkundung (§ 313 BGB), da ein Grundstück mit Bürogebäude eingebracht wird; Schriftform genügt nicht;
   b) Vermögen ist gemeinschaftliches Vermögen der Gesellschafter (Gesellschaftsvermögen), PartGG § 1 (4), BGB § 718.

5. a) – Innenverhältnis: Abschluss des Partnerschaftsvertrages (15. März d.J.)
      – Außenverhältnis: Eintragung ins Partnerschaftsregister (19. Mai); konstitutive Wirkung der Eintragung ins Partnerschaftsregister, PartGG § 7 (1).
   b) Haftungsbeschränkung ist bereichsspezifisch möglich (wesentliches Unterscheidungsmerkmal zur OHG) – § 8 (2) PartGG

6. Neben dem Vermögen der Partnerschaft Haftung der Partner als Gesamtschuldner (PartGG § 8). Demnach kann der **Büromarkt** den Rechnungsbetrag
   1. von jedem Partner in voller Höhe
   2. von jedem Partner zu einem Teil (z.B. je 9 000 EUR)
   3. von der Partnerschaft als »quasi-juristischer« Person verlangen.

Die Genossenschaft

5.13 Genossenschaft: Gründung – Firma – Organe – Geschäftsguthaben – Geschäftsanteil – Haftsumme

1. **Molkereigenossenschaft Ahornsweiler eG;** § 3 (1) GenG.

2. Mind. 7 Genossen (§ 4), schriftl. Statut (§ 5), Wahl des Vorstands und Aufsichtsrats (§§ 24, 36), Eintrag i. Gen.reg. (§ 10) GenG.

3. Vorstand besteht nicht aus 2 Mitgl. § 24 GenG.

4. Ja. Vorstand hat Gesamtvertretungsmacht. § 24 GenG, Vertretungsmacht ist unbeschränkt und unbeschränkbar. § 27 (2) GenG.

5. a) und b)

		Hahn	Graf	Basler
Anzahl der übernommenen Geschäftsanteile		1	1	2
Pflichteinzahlung	EUR	150	150	300
Haftsumme	EUR	750	750	1000
Geschäftsguthaben	EUR	150	300	1000
Nachschuss im Insolvenzfall	EUR	750	750	1000

Im Insolvenzfall sind die Genossen verpflichtet, Nachschüsse zu leisten, wenn die Gläubiger aus der Insolvenzmasse nicht befriedigt werden können und das Statut solche Nachschüsse nicht ausdrücklich ausschließt. Grundsätzlich wird der nachzuschießende Betrag gleichmäßig (»nach Köpfen«) auf alle Genossen verteilt. § 105 GenG.

Jeder Genosse hat jedoch höchstens die im Statut festgelegte Haftsumme als Nachschuss zu leisten. § 119 GenG. Er muss nicht den Geschäftsanteil auffüllen. Nur wenn die Pflichteinlage noch nicht geleistet ist, ist zusätzlich zur Haftsumme noch der an der Pflichteinlage fehlende Betrag nachzuschießen.

Hahn und **Graf** haben deshalb höchstens die Haftsumme von 750 EUR zu leisten.

Ist ein Genosse mit mehr als einem Geschäftsanteil beteiligt, dann darf die Haftsumme nicht niedriger als der Gesamtbetrag der Geschäftsanteile sein. § 121 GenG. Da im Statut eine besondere Regelung fehlt, hat **Basler** höchstens einen Nachschuss von 1000 EUR (Gesamtbetrag der beiden Geschäftsanteile zu je 500 EUR) zu leisten.

6. Nein, § 17 GenG. Im Genossenschaftsrecht gibt es keine direkte Haftung des Genossen gegenüber den Gläubigern. Nur Nachschuss zur Insolvenzmasse (§ 105 GenG).

7. a) Je eine Stimme. § 43 GenG.

    b) Bei der AktG Stimmrecht im Verhältnis der Aktien-Nennwerte bzw. bei Stückaktien nach deren Zahl (AktG § 134), bei der Genossenschaft nach Köpfen (§ 43 GenG).

    c) Ja. Mehrheit der erschienenen Genossen entscheidet. § 43 GenG.
    Keine Mindestzahl vom Gesetz gefordert (**Meyer/Menlenbergh/Beuthin** zu § 43 GenG: mind. 3!).

8. a) **Hahn** 175 EUR, **Graf** 325 EUR; Gewinn wird gutgeschrieben. **Basler** 1000 EUR. Gewinn wird ausgezahlt. Es erfolgt so lange keine Gewinnauszahlung, sondern Gutschrift, bis der Geschäftsanteil erreicht ist. § 19 (1) GenG.

    b) **Hahn** 120 EUR, **Graf** 270 EUR, **Basler** 940 EUR.

9. a) Schriftliche Beitrittserklärung. § 15 (1) GenG.

    b) Durch Eintragung in Liste der Genossen. § 15 (3) GenG.

10. Die Aktie ist ein Inhaberwertpapier, das an der Börse gehandelt wird. Solche Wertpapiere werden von Kapitalanlegern bevorzugt. Das Unternehmen erschließt sich mit der Ausgabe von Aktien den Zugang zum Kapitalmarkt.

Wahl der Rechtsform eines Unternehmens

5.14 FALLSTUDIE: Entscheidung über die günstigste Rechtsform eines Unternehmens – Entscheidungsbewertungstabelle

Hinweise für Möglichkeiten einer computerunterstützten Lösung einzelner Teilaufgaben mit Hilfe des Programms EUROBWL finden sich im Anhang dieses Lösungsbuches.

5 Das Unternehmen

Mögliche Lösung:

Kriterien für die Wahl der Rechtsform eines Unternehmens	Wichtigkeit ganz wichtiger Faktor = 10 Pkte unwichtiger Faktor 1 Pkt W	OHG Nutzen der Faktoren sehr hoch = 3 Pkte kein Nutzen = 0 Pkte B	OHG Gewichteter Vorteil G = W × B	KG Nutzen der Faktoren sehr hoch = 3 Pkte kein Nutzen = 0 Pkte B	KG Gewichteter Vorteil G = W × B	GmbH Nutzen der Faktoren sehr hoch = 3 Pkte kein Nutzen = 0 Pkte B	GmbH Gewichteter Nutzen G = W × B
Haftungsumfang (beschränkt, unbeschränkt)	10	0	0	1	10	3	30
Beschaffung von Eigenkapital	7	1	7	1	7	3	21
Beschaffung von Fremdkapital[1]	7	2	14	2	14	2	14
Geschäftsführungs- u. Vertretungsbefugnis (EK-Geber)	8	3	24	3	24	1	8
Sicherung der Unternehmensfortführung bei Gesellschafterwechsel	10	0	0	2	20	3	30
Veröffentlichung und Prüfung des Jahresabschlusses	5	3	15	3	15	0[2]	0
Gewinn- und Verlustbeteiligung	8	3	24	3	24	1	8
Gründungskosten	4	3	12	3	12	0	0
Recht auf Privatentnahmen	5	3	15	3	15	0	0
Bildung eines Aufsichtsrats	2	3	6	3	6	2[3]	4
Einfluss der »Eigenkapitalgeber« auf Wahl des leitenden Organs	8	3	24	3	24	2[3]	16
u.a							
Summen			**141**		**171**		**131**

Hinweis: Über das für die Entscheidung der optimalen Unternehmensform bedeutsame Kriterium »Steuerbelastung« ist mangels Zahlenmaterial keine Aussage möglich.

Unternehmenszusammenschlüsse

5.15 Kartellbegriff – Kartellverbot

1. Verringerung des Angebots, damit der Preis steigt. Steigerung des Gewinns der **DeBeer-Gesellschaft.**
2. Festlegung von Produktionsquoten oder Festlegung des Preises.
3. Rechtliche Selbständigkeit wird nicht eingeschränkt, wohl aber wirtschaftliche (Entscheidung über Preis- und Produktionsmenge).
4. Ja. Der Käufer ist sonst der Willkür der Unternehmer ausgesetzt und kann ausgebeutet werden.

---

[1] falls dingliche Sicherheiten vorhanden sind, ist die Unternehmensform für die Kreditgewährung nahezu unbedeutend.
[2] entscheidend: auch: Größe der Kapitalgesellschaft (§ 267 HGB)
[3] entscheidend: Zahl der Arbeitnehmer

5. Staatl. Monopole sind Bedarfsdeckungs- und Besteuerungsmonopole (Post, Spiritusmonopol). Bedarfsdeckungsmonopole haben meist die Versorgungsbetriebe. Diese haben zwei kennzeichnende Eigenschaften:

   1. Versorgung der Bevölkerung mit lebenswichtigen Gütern und Diensten zu kostendeckenden Preisen.
   2. Monopolbildung aus technischen Gründen. Es wäre wirtschaftlicher Unsinn, zwei parallele, Wettbewerbern gehörende Eisenbahnlinien zu betreiben.

   Auch staatliche Monopole haben alle wirtschaftlichen Machtmöglichkeiten eines Monopolisten. Sie werden aber durch öffentliche Kontrolle entschärft. Auch die Bevölkerung benutzt tagtäglich die Leistungen öffentlicher Monopole. Kontrolle privater Monopole durch Staatsaufsicht funktioniert schlechter (Kartellamtsprobleme).

   Es fehlt aber auch bei öffentlichen Monopolen der Zwang zu immer besserer Leistung, zur Rationalisierung und Innovation und zur Berücksichtigung der Verbraucherwünsche, der vom Wettbewerb ausgeht.

   Nach **Eucken** (Grundsätze der Wirtschaftspolitik) haben auch staatliche Monopole »regelmäßig die gleiche Politik getrieben wie private Monopole«. Auch öffentliche Monopole schaffen Abhängigkeiten bei Zulieferern und Abnehmern.

5.16 Preisabsprachen nach Ausschreibung öffentlicher Aufträge (Submissionskartell) – Gesetz gegen Wettbewerbsbeschränkungen

1. Absprache ermöglicht, dass Unternehmen A den Zuschlag zu einem um ca. 50% überhöhten Preis erhält; in einer echten Wettbewerbssituation wäre der Angebotspreis weitaus niedriger. Als »Gegenleistung« wird Unternehmen A bei einer späteren Submission gegenüber Unternehmen B oder C ein überhöhtes Angebot abgeben usw. Vorteil für alle beteiligten Unternehmen: Gewinnsteigerungen;

2. Die von den drei Unternehmen getroffene Vereinbarung ist nur dann erfolgreich, wenn sich kein weiterer Anbieter mit einem günstigeren Angebotspreis an der Submission beteiligt.

3. Nein. Die getroffenen Absprachen (Submissionskartell) führen zu einer Beschränkung des Wettbewerbs und sind deshalb nach § 1 GWB unwirksam.

4. Geht man bei der Berechnung von normalen Preisverhältnissen aus (vgl. Spalte 4 der Tabelle), so würde sich der Schaden auf 49 075 EUR belaufen.

5. • Kartellbehörde kann

   1) Unternehmen verpflichten, die Zuwiderhandlung abzustellen (§ 32 (1) GWB),
   2) einstweilige Maßnahmen anordnen (§ 32a (1) GWB);

   • Betroffene Unternehmen müssen Schadensersatz leisten (§ 33 (3) GWB); Voraussetzung: Schaden muss entstanden sein; im vorliegenden Fall ist der Auftrag noch nicht erteilt; demnach ist ein Schaden zunächst noch nicht entstanden; wäre der Auftrag erteilt, wäre als Schadensersatz ein Betrag von 49 075 EUR zu leisten.

   • Kartellbehörde kann Abschöpfung des wirtschaftlichen Vorteils anordnen (§ 34 (1) GWB)

5 Das Unternehmen

5.17 Kartellarten: Normenkartell – Konditionenkartell – Strukturkrisenkartell – Rationalisierungskartell – Exportkartell

Hinweis:
Das Gesetz gegen Wettbewerbsbeschränkungen verzichtet ab der 7. GWB-Novelle auf die bislang übliche Benennung einzelner Kartellarten (Rationalisierungskartell, Strukturkrisenkartell etc.), weil das bis zur Novellierung geltende Anmelde- und Genehmigungsverfahren durch eine Selbsteinschätzung der Unternehmen mit einer nachträglichen Kontrollmöglichkeit durch die Kartellbehörden ersetzt wurde. Trotzdem werden in den Aufgaben und Lösungen die Begriffe beibehalten, weil damit der beabsichtigte wirtschaftliche Zweck einer Kartellvereinbarung zum Ausdruck kommt.

1. a) **Vorteil für**

    Hersteller v. Rundfunkgeräten:
    Erleichterung des Einkaufs; wohl auch billiger, da in größeren Serien hergestellt.

    Röhrenhersteller:
    Rationalisierung wird möglich, da nur noch wenige Normen hergestellt werden.

    Radioreparaturhandwerk:
    geringerer Lagervorrat ist notwendig.

    Käufer von Radiogeräten:
    Kann überall damit rechnen, dass für sein Gerät Ersatzröhren zu bekommen sind.

    b) Ja. Normenkartelle sind vom Verbot des § 1 GWB freigestellt (§ 2 (1) GWB); Voraussetzung: angemessene Beteiligung der Verbraucher an dem entstehenden Gewinn (Preisvorteil);

2. a) Nein. Wettbewerb über Preis und Qualität bleibt erhalten.

    b) Kartell wird wirksam mit Abschluss des Vertrages über die einheitlichen Lieferbedingungen.

3. Durch Aufteilung der Quoten werden Preise dauernd hochgehalten. Der Wettbewerb zwischen den Mühlen fällt weg.

4. a) Durch Spezialisierung auf Typen soll Rationalisierung erreicht werden.

    b) Ja, falls Verbraucher an dem entstehenden Gewinn (Preisvorteil) angemessen beteiligt wird und keine Beeinträchtigung des Wettbewerbs zwischen den Mitgliedstaaten der Europäischen Gemeinschaft erfolgt (§ 2 (1) GWB).

5. Ausfuhrkartell ist Rationalisierungskartell; damit Lösung wie bei 4.b).

5.18 Kartellarten:

	Beispiele	Bezeichnung	Regelung im Gesetz gegen Wettbewerbsbeschränkungen		
			verbotenes Kartell	erlaubtes Kartell	Begründung
1.	Drei Hersteller von Teerfarben beschließen, für ihre Produkte einheitliche Preise zu verlangen.	Preiskartell	x		Verhinderung von Wettbewerb (§ 1 GWB)
2.	Die Hersteller von Kunstdünger vereinbaren, bei Lieferungen an den Großhandel einheitlich 20% Rabatt zu gewähren.	Rabattkartell	x		Einschränkung von Wettbewerb (§ 1 GWB)
3.	Zwei Straßenbauunternehmen treffen eine Vereinbarung, wonach sich jedes Unternehmen nur in einem ihm zugewiesenen Gebiet an öffentlichen Ausschreibungen beteiligt.	Gebietskartell	x		Einschränkung von Wettbewerb (§ 1 GWB)
4.	Hersteller von Büromöbeln vereinbaren einheitliche Lieferungsbedingungen.	Konditionenkartell		x	Keine Beeinträchtigung des Wettbewerbs (§ 2 (1) GWB)
5.	Die Hersteller von Läufern aus Kokosmaterial vereinbaren, dass nur noch Punktmustergewebe mit einem Gewicht von 2000 g je m^2 mit einer Toleranz von +/− 5% hergestellt werden sollen.	Normen- und Typenkartell		x	Keine Beeinträchtigung des Wettbewerbs (§ 2 (1) GWB)
6.	Sechs Energieversorgungsunternehmen, die auf dem Gebiet der Kernenergie tätig sind, wollen sich gemeinsam an Uranminen beteiligen, sowie Vorräte zentral lagern.	Rationalisierungskartell		x	Erlaubt, falls Verbraucher an dem entstehenden Gewinn (Preisvorteil) angemessen beteiligt werden (§ 2 (1) GWB); in diesem Fall keine Beeinträchtigung des Wettbewerbs
7.	Zwei Hersteller von Stromkabeln treffen eine Vereinbarung, wonach sich jedes Unternehmen auf die Herstellung von Kabeln bestimmter Stärke (z.B. 5 × 1,5 mm^2) spezialisiert. Die Unternehmen beliefern sich gegenseitig mit den Kabelstärken, die sie nicht selbst produzieren.	Spezialisierungskartell		x	Erlaubt, falls Verbraucher an dem entstehenden Gewinn (Preisvorteil) angemessen beteiligt werden (§ 2 (1) GWB); in diesem Fall keine Beeinträchtigung des Wettbewerbs
8.	Die beiden Hersteller von Stromkabeln (vgl. Zi. 7) beabsichtigen, zum Vertrieb ihrer Produkte eine Absatz-GmbH zu gründen, an der beide je zur Hälfte beteiligt sind.	Absatzsyndikat		x	Erlaubt, falls Verbraucher an dem entstehenden Gewinn (Preisvorteil) angemessen beteiligt werden (§ 2 (1) GWB); in diesem Fall keine Beeinträchtigung des Wettbewerbs
9.	Deutsche Hersteller von Herrenoberhemden klagen zunehmend über rückläufige Umsätze. Als Ursache dafür nennen sie Billigprodukte aus Südasien. Sie beabsichtigen daher ihre Kapazitäten innerhalb der nächsten 2 Jahre um 20% zu reduzieren. Gleichzeitig soll eine Umstellung ihrer Produktion auf andere Produkte bzw. auf höhere Qualitäten vorgenommen werden.	Strukturkrisenkartell		x	Keine Beeinträchtigung des Wettbewerbs (§ 2 (1) GWB)
10.	4 Hersteller von Leichtbauplatten (alles kleinere und mittlere Unternehmen) haben eine Vereinbarung getroffen, wonach Aluminiumschienen gemeinsam beschafft werden können. Ziel dieser Vereinbarung ist die Ausnutzung von Mengenrabatt.	Mittelstands Kartell		x	Keine wesentliche Beeinträchtigung des Wettbewerbs; Wettbewerbsfähigkeit kleinerer oder mittlerer Unternehmen wird dadurch gefördert (§ 3 GWB)

5.19 Preisbindungsverträge

a) Der Hersteller will durch die Preisempfehlung einen Preiswettbewerb unter den Einzelhändlern verhindern. Er erhofft sich dadurch stabilere Umsätze und Gewinne.

b) Die Vereinbarung ist verboten, da dadurch ein Wettbewerb verhindert wird. Vertikale Preisbindungen sind lediglich für Zeitungen und Zeitschriften möglich (§ 30 GWB).

c) – Kartellbehörde kann Zuwiderhandlung abstellen (§ 32 GWB)
 – evtl. Schadensersatzpflicht (§ 33 GWB)

5.20 Marktbeherrschende Unternehmen

Anzeige bei einer Kartellbehörde (Zuständigkeit: § 48 GWB); Kartellbehörde hat Missbrauchsaufsicht über Unternehmen, die marktbeherrschende Stellung ausnutzen (§ 19 GWB); mögliche Sanktionen: Untersagung (§ 32 GWB), Schadensersatzpflicht (§ 33 GWB), Abschöpfung des wirtschaftlichen Vorteils (§ 34 GWB), Bußgeld (§ 81 (1) und (2) GWB);

5.21 Verbundene Unternehmen – Konzern – Holdinggesellschaft – Trust – Fusionskontrolle – Marktbeherrschende Unternehmen – Gesetz gegen Wettbewerbsbeschränkungen

1. *Vorbemerkung:*
 Die **VEBA OEL AG** ist zu 100% eine Tochtergesellschaft der **VEBA AG**. Die **VEBA OEL** betreibt das Mineralöl- und Petrochemiegeschäft im **VEBA-Konzern**. Dazu gehört vor allem Erdöl zu suchen und zu fördern, Rohöl zu verarbeiten und die fertigen Produkte – im Wesentlichen Kraftstoff, Heizöl und chemische Grundstoffe – zu verkaufen.
 Es handelt sich bei der vorgegebenen Struktur um **verbundene Unternehmen** gem. § 15 AktG, weil
 – rechtlich selbstständige Unternehmen in **Mehrheitsbesitz** der **VEBA OEL AG Gelsenkirchen** stehen (z.B. **Deminex** 60%, **VEBA OIL Libya** 100%, **VEBA OIL Nederland** 100%, …),
 – die **VEBA OEL AG Gelsenkirchen** ein **herrschendes Unternehmen** ist,
 – die rechtlich selbstständigen Unternehmen unter einheitlicher Leitung **(Konzern)** stehen,
 Hinweis: Verbundene Unternehmen liegen bereits vor, wenn eine der in § 15 AktG genannten Bedingungen erfüllt ist.
 Wirtschaftliche Funktionen der verbundenen Unternehmen
 Exploration und Produktion
 DEMINEX, Deutsche Erdölversorgungsgesellschaft mbH – VEBA OIL Lybia – VEBA OIL Nederland
 Versorgung
 VEBA OIL INTERNATIONAL GmbH – VEBA Poseidon Schifffahrt GmbH
 Verarbeitung
 RUHR OEL GmbH – Oberrheinische Mineralölwerke GmbH – Erdoel – Raffinerie Neustadt GmbH u. Co. OHG
 Verkauf
 RAAB KARCHER AG Essen – RAAB KARCHER AG Bochum – RAAB KARCHER Mineralölhandel GmbH Essen – AFS Aviation Fuel Services GmbH

2. a) **VEBA OEL** ist herrschende Gesellschaft

   b) Nach der gesetzlichen Vermutung des § 17 Abs. 2 AktG sind Unternehmen abhängige Unternehmen, wenn sie in Mehrheitsbesitz eines anderen Unternehmens stehen. Dies trifft zu auf **VEBA OIL Libya, VEBA OIL Nederland, DEMINEX; VEBA OIL INTERNATIONAL, VEBA POSEIDON; RAAB KARCHER AG** (mittelbar für **RAAB KARCHER Mineralölhandel**) und **ARAL AG**.

3. **VEBA OEL** kann Einfluss nehmen auf die abhängigen Unternehmen über die Zahl des Aufsichtsrats und des Vorstands in der AG (§§ 119, 101, 111, 84 AktG) und die Bestellung des Geschäftsführers bei der GmbH (§ 46 GmbHG).

4. Die abhängigen Unternehmen stehen unter einheitlicher Leitung der **VEBA OEL AG Gelsenkirchen** (= herrschendes Unternehmen). Demnach liegt ein Konzern vor (§ 18 AktG).

5. Diese Gesellschaften haben keinen eigenen Betrieb. Sie übernehmen als Dachgesellschaften lediglich Verwaltungs- und Koordinationsaufgaben. Damit eine Holding Einfluss ausüben kann, erhält sie von den abhängigen Unternehmen Aktien. Darüber hinaus gibt sie in Höhe ihres gezeichneten Kapitals selbst Aktien aus wie andere Aktiengesellschaften auch.

6. Über die Beteiligung an der **RAAB KARCHER AG** (99,5%) ist mittelbar ein Einfluss auf die **RAAB KARCHER GmbH** möglich, da die **RAAB KARCHER AG** zu 100% an der **RAAB KARCHER GmbH** beteiligt ist.

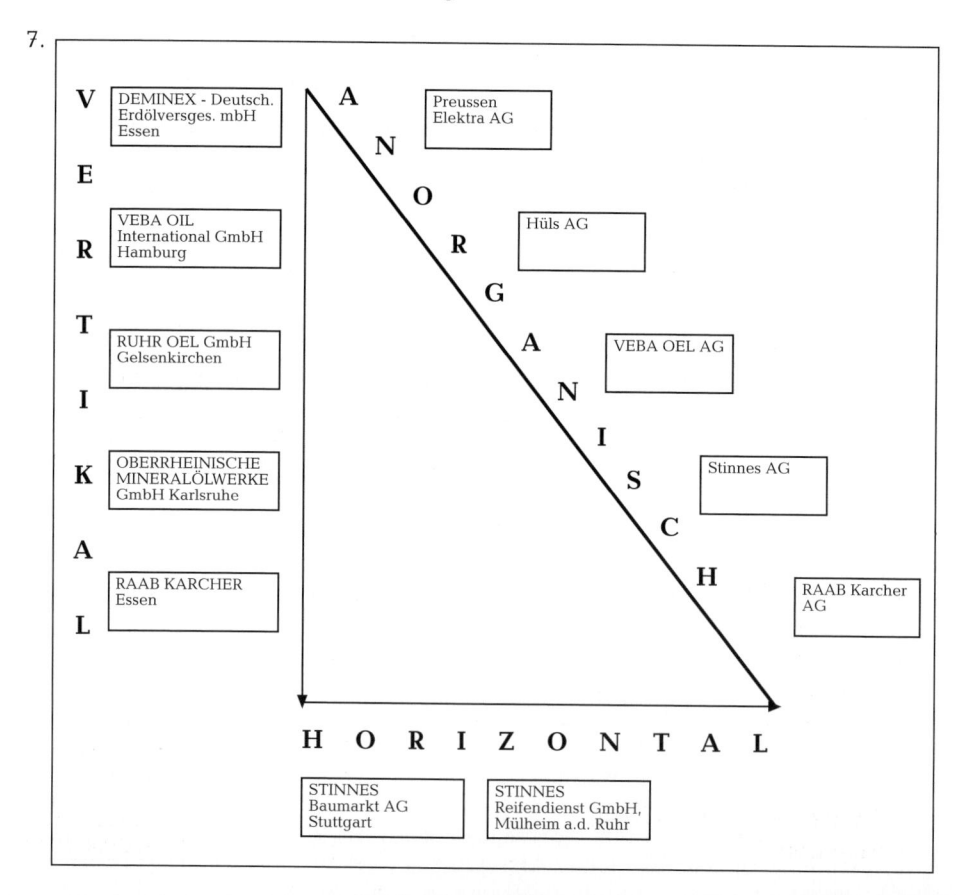

7.

VERTIKAL (links, von oben nach unten):
- DEMINEX - Deutsch. Erdölversges. mbH Essen
- VEBA OIL International GmbH Hamburg
- RUHR OEL GmbH Gelsenkirchen
- OBERRHEINISCHE MINERALÖLWERKE GmbH Karlsruhe
- RAAB KARCHER Essen

ANORGANISCH (Diagonale, von oben nach unten):
- Preussen Elektra AG
- Hüls AG
- VEBA OEL AG
- Stinnes AG
- RAAB Karcher AG

HORIZONTAL (unten):
- STINNES Baumarkt AG Stuttgart
- STINNES Reifendienst GmbH, Mülheim a.d. Ruhr

8. a) Erforderlich wäre lediglich noch ein leitendes Organ (= Vorstand), ein beschließendes Organ (= Hauptversammlung) und ein kontrollierendes Organ (= Aufsichtsrat), damit Wegfall der Organe bei GmbH: Geschäftsführer und Gesellschafterversammlung und eventuell eines Aufsichtsrates, bei den Aktiengesellschaften: Vorstand, Aufsichtsrat, Hauptversammlung.

b)

	Konzern	**Trust**
rechtliche Selbstständigkeit	bleibt erhalten	geht verloren
nichtrechtliche Selbstständigkeit	geht verloren	geht verloren

9. Das Unternehmen ist marktbeherrschend, soweit es
   1. ohne Wettbewerber ist oder keinem wesentlichen Wettbewerb ausgesetzt ist (§ 19 (2) Zi 1 GWB) oder
   2. eine im Verhältnis zu seinen Wettbewerbern überragende Marktstellung hat (§ 19 (2) Zi 2 GWB); zur Oligopolvermutung vgl. § 19 (3) GWB.

10. Bei der Verschmelzung würde die neu zu gründende AG die 8 Chemieunternehmen übernehmen (= Zusammenschluss nach § 37 (1) Zi 1 GWB); der Zusammenschluss ist vor dessen Vollzug beim Bundeskartellamt abzumelden (§ 39 (1) GWB); zur Anmeldung sind alle am Zusammenschluss beteiligten Unternehmen verpflichtet, d.h. neu zu gründende AG sowie Veräußerer (§ 39 (2) GWB);

5.22 Fusion

1. Übertragung; **Werkzeugmaschinen AG** ist das wirtschaftlich stärkere Unternehmen. Bilanz der **Elektro-AG** zeigt einen hohen Verlust, der günstigenfalls durch Sanierungsmaßnahmen auszugleichen wäre.

2. **Elektro-AG:** 80%, **Werkzeug-AG:** 120%.

3. Eine Aktie d. **Elektro-AG** verhält sich zu einer Aktie der **Werkzeug-AG** wie 2:3.

4. 2 Aktien.

5. $\dfrac{5\,100\,000\,€}{3}$ = 1 700 000 EUR; neues gezeichnetes Kapital: 3 400 000 EUR

6. Grunderwerbsteuer, Gebühren für die Eintragung ins HR und die notarielle Beurkundung des Verschmelzungsvertrages, Vergütung des Wirtschaftsprüfers, Druck neuer Aktien.

7. Rückstellungen müssen nach § 249 HGB für ungewisse Verbindlichkeiten u. drohende Verluste aus schwebenden Geschäften gebildet werden. Im vorliegenden Fall handelt es sich bei den Fusionskosten um Schulden, die wohl ihrem Grunde, nicht aber ihrer Höhe und dem Zeitpunkt ihrer Fälligkeit nach bekannt sind (= ungewisse Verbindlichkeiten).

8. Fusionsertrag durch Verminderung des
   gezeichneten Kapitals der **Elektro-AG**   1 700 000 EUR
   ./. Verlust der **Elektro-AG**   1 020 000 EUR
       680 000 EUR

   ./. Kosten der Verschmelzung   200 000 EUR
   Buchgewinn   480 000 EUR

9.

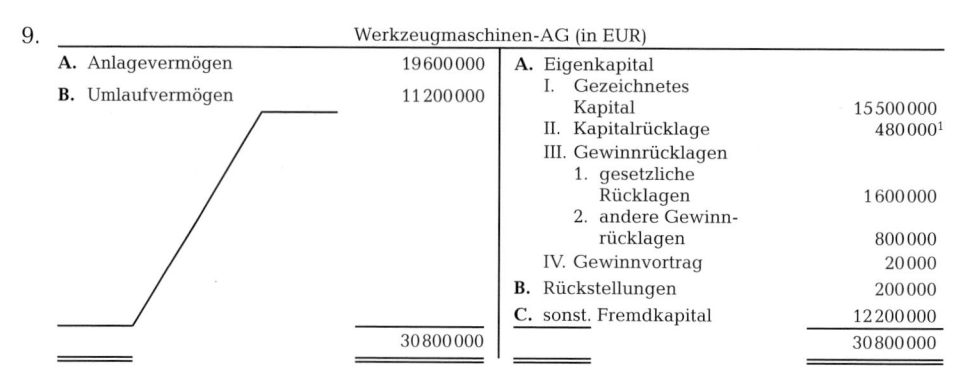

	Werkzeugmaschinen-AG (in EUR)	
A. Anlagevermögen 19 600 000	A. Eigenkapital	
B. Umlaufvermögen 11 200 000	I. Gezeichnetes Kapital	15 500 000
	II. Kapitalrücklage	480 000[1]
	III. Gewinnrücklagen	
	1. gesetzliche Rücklagen	1 600 000
	2. andere Gewinnrücklagen	800 000
	IV. Gewinnvortrag	20 000
	B. Rückstellungen	200 000
	C. sonst. Fremdkapital	12 200 000
30 800 000		30 800 000

10. Die **Werkzeug-AG** kann nach der Verschmelzung als Trust bezeichnet werden, weil die übertragende Gesellschaft ihre rechtliche und wirtschaftliche Selbstständigkeit aufgegeben hat. Sie ist ein Betrieb des Trust geworden. Somit ist ein einheitliches Unternehmen entstanden.

Krise der Unternehmung

Sanierung

5.23 Kennzeichen der Sanierungsbedürftigkeit – Ursachen – Maßnahmen

1. **Kennzeichen:** Umsatzrückgang, Kostendruck

2. **Ursachen:** *innerbetrieblich:*
   Umweltschäden durch Nachlässigkeit im Entsorgungswesen (eventuell mangelnde Qualifikation von Mitarbeitern), fehlende Innovationsfähigkeit des Geschäftsführers hinsichtlich neuer Produktideen

   außerbetrieblich:
   Umsatzrückgang durch Inkrafttreten von gesetzlichen Vorschriften zum Artenschutz

3. **Maßnahmen:** *personell:* Einstellung eines neuen Geschäftsführers mit breiter angelegter Qualifikation;

   finanziell: Beschaffung zusätzlichen Eigenkapitals zur Finanzierung des Umweltschadens

   absatzwirtschaftlich: Aufgabe des Pelz- und Lederfinish; Einrichtung eines betriebseigenen Abholdienstes, der die Kleidungsstücke bei den Reinigungsannahmestellen abholt und wieder zurückbringt; u.a.

5.24 Sanierung bei der AG: Ausgleich eines Jahresfehlbetrages durch Auflösen von Rücklagen

1. gesetzliche Rücklagen 10 000 EUR, Jahresfehlbetrag 0 sonst unverändert.

2. gesetzliche Rücklagen 90 000 EUR an Sanierungskonto[2], Sanierungskonto 90 000 EUR an Entnahmen aus der gesetzlichen Rücklage.

3. Ergänzung der GuV gem. § 275 (2) oder (3) um die Position »Entnahmen aus der gesetzlichen Rücklage«.

---

[1] Der Verschmelzungsgewinn ist nach § 272 (2) HGB als Kapitalrücklage auszuweisen.
[2] andere Kontenbezeichnungen möglich

5.25 Sanierung bei der AG: Zusammenlegung des Grundkapitals

1. Satzungsänderung bedarf ³/₄-Mehrheit des vertretenen Grundkapitals, § 222 AktG.

2.
Aktiva	Bilanz nach der Sanierung		Passiva
Flüssige Mittel	500 000 EUR	Gezeichnetes Kapital	1 800 000 EUR
Sonstiges Vermögen	2 200 000 EUR	Verbindlichkeiten	900 000 EUR
	2 700 000 EUR		2 700 000 EUR

3. Gezeichnetes Kapital an Sanierungskonto 200 000 EUR
   Sanierungskonto an Verlustvortrag 200 000 EUR.

4. Alte Aktien müssen im Verhältnis 10:9 in neue umgetauscht oder herabgestempelt werden.

5.26 Sanierung bei der AG: Rückkauf eigener Aktien

1. 90%

2. Der Preis an der Börse (Börsenkurs) beträgt 60 EUR für eine Stückaktie. Durch eine Stückaktie sind im vorliegenden Fall 100 EUR wertmäßiger Anteil am gezeichneten Kapital verbrieft

   $\left(\dfrac{5\,000\,000 \text{ EUR gezeichnetes Kapital}}{50\,000 \text{ Aktien}} \right) \triangleq 100$ EUR Nennwert pro Stückaktie);

   da sich der Bilanzkurs (90%) ebenfalls auf 100 EUR Nennwert bezieht, kann er direkt mit dem Börsenkurs verglichen werden; der Vergleich macht deutlich, dass die Zukunftsaussichten schlecht beurteilt werden.

3. Kauf:
   Eigene Aktien   300 000 EUR
   an flüssige Mittel   300 000 EUR
   Herabsetzung des gezeichnetes Kapitals:
   gezeichnetes Kapital   500 000 EUR
   an eigene Aktien   300 000 EUR
   an Verlustvortrag   200 000 EUR

4. Flüssige Mittel 700 000, Verlustvortrag 300 000, gezeichnetes Kapital 4 500 000, sonst unverändert.

5. Abnahme um 300 000 EUR.

6. Bei Zusammenlegung (Fall 5.25) unverändert, bei Rückkauf eig. Aktien Abnahme der flüssigen Mittel.

7. Wenn für nächste Jahre Gewinn zur Verlustabdeckung zu erwarten oder wenn Verlust so groß, dass Auflösung der AG einzig sinnvolle Maßnahme ist.

5.27 Sanierung bei der AG: Zuzahlung

1. Jeder betroffene Aktionär muss zustimmen. § 180 (1) AktG

2. Flüssige Mittel 1 450 000 EUR, Verlustvortrag 0 (nach Verrechung mit der durch Zuzahlung zu bildenden Kapitalrücklage in Höhe von 1 000 000 EUR – § 272 (2) HGB), sonst unverändert.

3. Vorher 75%, danach 100% (Bilanzkurs).

Insolvenz

5.28 Zahlungsunfähigkeit als Eröffnungsgrund

1. Wegen der verschlechterten Auftragslage und dem bereits hohen Fremdkapitalanteil im Unternehmen erscheint eine Sanierung nicht sehr sinnvoll; eine Zuführung von Eigenkapital durch Aufnahme neuer Gesellschafter wird deshalb nicht möglich sein; innerbetriebliche Maßnahmen können kurzfristig keinen Erfolg bringen.

2. Den sofort fälligen Verbindlichkeiten (ohne Zins- und Tilgungsdienste aus den Bankkrediten) in Höhe von 270 000 EUR stehen Forderungen und flüssige Mittel in Höhe von 120 000 EUR gegenüber. Selbst wenn ein Verkauf der Vorräte zu einem sofortigen Mittelzufluss von 140 000 EUR zuzüglich Gewinnanteil führt, ist die Liquiditätslage immer noch sehr angespannt. Geht man davon aus, dass das Anlagevermögen zur Aufrechterhaltung der Produktion erforderlich ist – eine Veräußerung von Teilen zur Freisetzung von Liquidität also ausgeschlossen ist –, so handelt es sich wohl um ein strukturelles Liquiditätsproblem.

3. Voraussetzung für Eröffnung des Insolvenzverfahrens ist ein Eröffnungsgrund (§ 16 InsO). Allgemeiner Eröffnungsgrund ist Zahlungsunfähigkeit (§ 17 (1) InsO). Zahlungsunfähigkeit ist nach § 17 (2) InsO insbesondere dann anzunehmen, wenn Zahlungseinstellung erfolgt ist; die betriebenen Einzelvollstreckungsmaßnahmen sind ein Hinweis auf eine bereits erfolgte Zahlungseinstellung. Der Schuldner (nicht ein Gläubiger) kann auch bereits bei drohender Zahlungsunfähigkeit die Eröffnung des Insolvenzverfahrens beantragen (§ 18 (1) InsO).

5.29 Überschuldung als Eröffnungsgrund

1.

zusammengefasste Zwischenbilanz (in Tsd. EUR)			
A. Anlagevermögen	300 000	A. Eigenkapital	– 50 000
B. Umlaufvermögen	200 000	B. Fremdkapital	550 000
	500 000		500 000

2. 90,9% der Schulden könnten beglichen werden

3. Da der ausgewiesene Verlust die Hälfte des Grundkapitals (= gezeichnetes Kapital) übersteigt, hat der Vorstand unverzüglich die Hauptversammlung einzuberufen und ihr dies anzuzeigen (§ 92(1) AktG).

4. a) Bei der Aktiengesellschaft wie bei allen juristischen Personen ist neben der Zahlungsunfähigkeit auch **Überschuldung** ein Insolvenzgrund (§ 19 (1) InsO). Überschuldung liegt vor, wenn das Vermögen die Schulden nicht mehr deckt – § 19 (2) InsO.

   Zur Festellung der Überschuldung ist das Vermögen mit jenen Werten anzusetzen, die sich ergeben, wenn von einer Fortführung des Unternehmens (going-concern-Prinzip) ausgegangen wird (Voraussetzung: Unternehmensfortführung muss nach den Umständen überwiegend wahrscheinlich sein) – § 19 (2) InsO. Da im Falle der **Aachener Weberei AG** die Buchwerte den Zeitwerten entsprechen (vgl. unter 2) liegt eine Überschuldung vor. Demnach ist ein Grund für eine Eröffnung des Insolvenzverfahrens gegeben.

b) Der Antrag auf Eröffnung des Insolvenzverfahrens kann von den Gläubigern, dem Schuldner selbst (§ 13 (1) InsO) oder – bei juristischen Personen – einem Mitglied des Vertretungsorgans (§ 15 (1) InsO) gestellt werden. Wegen der fehlenden Informationen über die Lage der **Aachener Weberei AG** besteht i.d.R. für die Gläubiger kein Grund, einen solchen Antrag zu stellen. Der Vorstand als leitendes Organ ist gem. § 92 (2) AktG verpflichtet, sowohl bei Zahlungsunfähigkeit wie auch bei Überschuldung den Antrag auf Eröffnung des Insolvenzverfahrens zu stellen.

5. Mindestens ein Gesellschafter haftet noch mit seinem Privatvermögen.

5.30 Insolvenzverfahren

1. Eröffnungsgrund: Zahlungsunfähigkeit (§ 17 InsO); Zahlungsunfähigkeit ist gem. § 17 (2) InsO anzunehmen, da **Müller** seine Zahlungen eingestellt hat.

2. Amtsgericht **Weiden** (§§ 2,3 InsO); zuständig: Amtsgericht, in dessen Bezirk ein Landgericht seinen Sitz hat (§ 2 InsO); örtlich zuständig ist das Insolvenzgericht, in dessen Bezirk der Schuldner seinen Gerichtsstand hat (§ 3 InsO);

3. § 13 InsO regelt das Antragsrecht, nicht jedoch die Antragspflicht; Antragspflicht ist den jeweiligen Spezialgesetzen zu entnehmen (AG: § 92 (2) AktG; GmbH: § 64 (1) GmbHG; Genossenschaff: § 99 (1) GenG; eingetragener Verein: § 42 (2) BGB; OHG, KG, GmbH § Co KG: §§ 177a, 130a, 130b HGB). Nach den genannten Spezialgesetzen ist jeweils der gesetzliche Vertreter (Vorstand einer AG, Geschäftsführer einer GmbH) bei Vorliegen eines Insolvenzgrundes (Zahlungsunfähigkeit, Überschuldung) zur Antragstellung verpflichtet, nicht jedoch ein Einzelkaufmann oder ein Privatmann. Die beschränkte Haftung der Gesellschafter sowie die Verwaltung »fremden Eigentums« durch die Vertretungsorgane (Geschäftsführer, Vorstand) einer AG oder GmbH sind der Preis dafür, dass die Vertretungsorgane eine gesetzliche Verpflichtung zur Beantragung der Eröffnung eines Insolvenzverfahrens haben.

   Mögliche Folgen einer Insolvenzverschleppung: Freiheitsstrafe oder Geldstrafe (§ 130b HGB); Schadensersatz (§ 93 AktG).

4. Ja. **Geyer** hat ein *rechtliches Interesse* an der Eröffnung des Insolvenzverfahrens, damit ihm evtl. andere Gläubiger nicht zuvorkommen (z.B. im Rahmen von Einzelvollstreckungen) und auf das vorhandene Vermögen zugreifen, er aber leer ausgeht;

   Geyer kann einen *Eröffnungsgrund* schon dadurch glaubhaft machen, dass **Müller** die Zahlungen eingestellt hat (§ 14 InsO);

5. a) **Sauer** hofft auf volle Befriedigung seiner Forderung.

   b) Nein, weil Einzelvollstreckungen während der Dauer des Insolvenzverfahrens nicht möglich sind (§ 89 (1) InsO). Selbst wenn er im letzten Augenblick *vor* der Eröffnung des Insolvenzverfahrens durch Zwangsvollstreckung eine Sicherung erlangt hätte, würde dies ebenfalls nicht den gewünschten Erfolg bringen. Wegen der »Rückschlagsperre« des § 88 wird eine Sicherung unwirksam, die ein Insolvenzgläubiger im letzten Monat vor dem Antrag auf Eröffnung des Insolvenzverfahrens oder nach diesem Antrag erlangt hat.

6. Eintragung der Eröffnung des Insolvenzverfahrens im Grundbuch (§ 32 InsO); Bekanntmachung des Eröffnungsbeschlusses (§ 30 InsO); Registermitteilung, falls Schuldner in das Handels-, Genossenschafts- oder Vereinsregister eingetragen ist;

7. Briefentwurf. Im Text Nachweis von Höhe und Fälligkeit der Forderung und der Nichtbezahlung;

8. Nein. Durch die Insolvenzeröffnung verliert der Schuldner weder sein Vermögen noch seine Rechts- oder Geschäftsfähigkeit. Jedoch geht das Verwaltungs- und Verfügungsrecht über das zur Masse gehörige Vermögen auf den Verwalter über (§ 80 (1) InsO). Der Schuldner ist darüber hinaus verpflichtet, insbesondere dem Insolvenzgericht und dem Insolvenzverwalter gegenüber Auskunft über alle das Verfahren betreffenden Verhältnisse zu geben (§ 97 InsO).

   Gegebenenfalls kann das Gericht eine Postsperre (§ 99 InsO) anordnen. Bei Verweigerung einer Auskunft oder Mitwirkung ist zwangsweise Vorführung des Schuldners und Verhaftung möglich (§ 98 InsO).

9. Briefentwurf. Hinweis auf Erfüllungsinteresse. – Vertrag bleibt gültig, wenn Insolvenzverwalter Erfüllung verlangt (§ 103 InsO).

10. a) 15%

    b) Geyer erhält 900 EUR.

5.31 Berechnung und Verteilung der Insolvenzmasse

1. Zur Insolvenzmasse gehört das Vermögen:
   - das dem Schuldner zur Zeit der Verfahrenseröffnung gehört
   - das der Schuldner noch während des Verfahrens erlangt (§ 35 InsO):

Vermögen	1 900 000 EUR
– Aussonderung (§ 47 InsO): Ware unter Eigentumsvorbehalt	200 000 EUR
= Insolvenzmasse	1 700 000 EUR

2.

Sachverhalt	Rechtsgrundlage
Ein Lieferer hat Rohstoffe unter Eigentumsvorbehalt geliefert. Die Rohstoffe liegen noch am Lager.	(1) § 47 InsO
Eine Volksbank hat eine Forderung aus einem gewährten Kredit. Zu dessen Sicherung wurden Maschinen sicherungsübereignet.	(2) § 51 Zi 1 InsO
Eine Sparkasse hat eine Kreditforderung aus einer Kreditgewährung. Der Kredit wurde durch Eintragung einer Hypothek gesichert.	(2) § 49 InsO
Arbeitnehmer haben ihre Löhne und Gehälter für Arbeitsleistungen die vor dem 19.09. d.J. (Eröffnungstermin für das Insolvenzverfahren) erbracht wurden, noch nicht erhalten.	(5) §§ 108 (2), 174 InsO[1]
Arbeitnehmer erbringen Arbeitsleistungen auch **nach** Eröffnung des Insolvenzverfahrens.	(4) § 55 (1) Zi 2 InsO
Gerichtskosten für das Insolvenzverfahren.	(3) § 54 Zi 1 InsO
Noch abzuführende Kirchensteuer.	(5)
Forderungen der Insolvenzgläubiger für Zinsen, die in der Zeit nach Eröffnung des Insolvenzverfahrens entstanden sind.	(6) § 39 (1) Zi 2 InsO
Vergütungen und Auslagen des Insolvenzverwalters.	(3) § 54 Zi 2
Liefererverbindlichkeiten	(5)

3. und 4. *(alle Beträge in EUR)*

Insolvenzmasse (§ 35 InsO)		1 700 000
Verwertungserlös der sicherungsübereigneten Maschinen (Mitteilung an absonderungsberechtigte Gläubiger gem. § 168 InsO)	220 000	
– Verwertungskosten	8 000	
= verbleibender Betrag für **Absonderungsgläubiger**	212 000	– 212 000
= verbleibende Masse		1 488 000
– Gerichtskosten (**Kosten des Insolvenzverfahrens** § 54 InsO)		180 000
– Löhne und Gehälter (Masseverbindlichkeiten § 55 InsO)		200 000
= verbleibende Masse		**1 108 000**

---

[1] Löhne und Gehälter aus der Zeit vor Eröffnung des Insolvenzverfahrens werden von der Insolvenzordnung nicht begünstigt behandelt. Jedoch sind die Arbeitnehmer insofern geschützt, als sie für ihr Arbeitsverhältnis aus **den letzten 3 Monaten vor Verfahrenseröffnung** zum Bezug von **Insolvenzgeld** berechtigt sind (§ 183 (3) SGB).

5 Das Unternehmen

Verbindlichkeiten gegenüber den persönlichen Gläubigern
(Insolvenzgläubiger – § 38 InsO):
1. ungesicherte Liefererverbindlichkeiten   4 000 000
2. unbefriedigter Teil der Absonderungsgläubiger
   aus Sicherungsübereignung   88 000
                                             4 088 000

Insolvenzquote: 27,1 %

Die Forderungen der nachrangigen Insolvenzgläubiger (§ 39 InsO) aus Ordnungs- und Zwangsgeldern können wegen der fehlenden Masse nicht berücksichtigt werden (§ 39 (1) Zi 3).

5.32 Aussonderung – Absonderung – Aufrechnung – Anfechtung

1. Restkaufpreis v. 11 000 EUR zahlen (§ 103 (1) InsO). Dadurch geht Aussonderungsanspruch mit dem Eigentumsvorbehalt unter.
2. Sped. hat gesetzl. Pfandrecht § 441 HGB. Insolvenzverwalter soll dem Spediteur eine Frist für die Verwertung setzen. Mehrerlös ist in die Insolvenzmasse abzuführen. § 50 (1) InsO (abgesonderte Befriedigung des Spediteurs).
3. Kreissparkasse hat Recht auf abgesonderte Befriedigung gem. § 49 InsO. Insolvenzverwalter soll versteigern (gemäß Vorschriften ü.d. Zwangsversteigerung und Zwangsverwaltung) und 80 000 EUR an die Kreissparkasse überweisen.
4. Kreissparkasse zum Verkauf und Abführung des Mehrerlöses auffordern.
5. Nein. Der Sicherungsnehmer ist nicht aussonderungs-, sondern nur absonderungsberechtigt. Nur abgesonderte Befriedigung. § 51 Zi 1 InsO.
6. 10 000 EUR werden aufgerechnet. § 94 InsO. Restforderung 6 000 EUR zu 60 % verloren. Abschreibung 3 600 EUR.
7. Schenkung nach § 134 (1) InsO anfechtbar.

5.33 Verbraucherinsolvenz – Schuldenbereinigungsplan

1. Beantragt **Karle** die Eröffnung eines Insolvenzverfahrens mit erfolgreicher Restschuldbefreiung, so beschränken sich die Zahlungen des Schuldners während der folgenden 6 Jahre auf den pfändbaren Teil seines Einkommens (§ 287 (2) InsO). Nach 6 Jahren wäre der Schuldner von weiteren Zahlungen befreit. Eine Schuldenregulierung mit dem Ziel der Abwendung eines Insolvenzverfahrens ist für einen Gläubiger u.a. von Interesse, wenn er sich dadurch ein Ergebnis erhofft, durch welches er nicht – oder nur unwesentlich – schlechter gestellt wird als bei Durchführung eines Insolvenzverfahrens.
2. a) Ja, Schreiben muss gem. § 305 (2) InsO enthalten:
   – Aufforderung, die Höhe der Forderung aufzugliedern in Hauptforderung, Zinsen und Kosten
   – Hinweis auf einen bereits bei Gericht eingereichten oder in naher Zukunft beabsichtigen Antrag auf Eröffnung des Insolvenzverfahrens

   b) Der Gläubiger muss diese Aufstellung auf seine Kosten erstellen (§ 305 (2) InsO).
3. Bei einem monatlichen Nettoeinkommen in Höhe von 1780 EUR könnten bei einer Unterhaltspflicht für 2 Kinder derzeit monatlich 122 EUR gepfändet werden. Die Gläubiger werden i.d.R. dem Schuldenbereinigungsplan dann zustimmen, wenn sie möglichst bald – jedenfalls vor Ablauf der 6 Pfändungsjahre – monatliche Beträge erhalten, die den Pfändungsbetrag übersteigen.

4. Dann besteht kein Grund mehr, einen Antrag auf Eröffnung des Insolvenzverfahrens zu stellen. Mit der außergerichtlichen Einigung wären die Verbindlichkeiten teilweise erlassen. Nach Begleichung der Restschulden wäre **Karle** schuldenfrei.

5 Ja.
Das Vollstreckungsverbot nach § 89 InsO gilt nur für den Fall, dass ein Insolvenzverfahren bereits eröffnet ist. Im Falle eines *außergerichtlichen* Einigungsversuchs ist diese Voraussetzung jedoch nicht erfüllt.

6. 1. Bescheinigung des Steuerberaters **Hess,** aus der sich ergibt, dass eine außergerichtliche Einigung erfolglos war

   2. Antrag auf Erteilung der Restschuldbefreiung

   3. Vermögensverzeichnis und Einkommensverzeichnis

   4. Schuldenbereinigungsplan – § 305 InsO

7. Die Gläubigereinwendungen gegen den Schuldenbereinigungsplan werden auf Antrag eines Gläubigers oder des Schuldners durch die Zustimmung des Insolvenzgerichtes ersetzt, wenn

   1. mehr als die Hälfte der Gläubiger (Kopfzahl) dem Schuldenbereinigungsplan zustimmen und

   2. die Ansprüche (Forderungshöhe) der zustimmenden Gläubiger mehr als 50 % der Gesamtsumme der benannten Gläubiger betragen.

   Da der **Raiffeisenbank** allein schon mehr als 50 % der Forderungen zustehen, ist deren Zustimmung notwendig. Damit sind die Gläubiger nicht an die Quoten aus dem Schuldenbereinigungsplan gebunden.

8. Bei gescheiterter gerichtlicher Schuldenbereinigung wird das Insolvenzverfahren von Amts wegen wieder aufgenommen (§ 311 InsO). Bei Eröffnung des (vereinfachten) Verfahrens wird allerdings – abweichend von § 29 InsO – unter den gegebenen Voraussetzungen nur der Prüfungstermin bestimmt (Verzicht auf einen Berichtstermin) – § 312 InsO.

   Nach Abschluss des Insolvenzverfahrens kann Karle in den Genuss der Restschuldbefreiung kommen, wenn er während der Wohlverhaltensperiode von 6 Jahren (§ 287 (2) InsO) seine Obliegenheiten (Ausübung einer angemessenen Tätigkeit oder Bemühen um eine solche, Herausgabe von 1/2 des ererbten Vermögens an den Treuhänder, Anzeige von Wohnsitz- und Arbeitswechsel) nach § 295 InsO erfüllt.

5.34 Insolvenzverfahren – Restschuldbefreiung

1. Herr **Rauer** will versuchen, nach einiger Zeit vom Rest seiner Verbindlichkeiten befreit zu werden, damit ein Neubeginn möglich ist. Voraussetzung für eine Restschuldbefreiung ist, dass der Schuldner ein Insolvenzverfahren vollständig durchlaufen hat (§ 286 InsO)

2. **Rauer** muss die Restschuldbefreiung beantragen (§ 287 (1) InsO). Dies kann mit dem Antrag auf Eröffnung des Insolvenzverfahrens verbunden werden.

3. Von dem erzielten Nettolohn in Höhe von 2085 EUR wären bei Berechnung gem. § 850c ZPO 44 EUR pfändbar.

5 Das Unternehmen

Berechnung des pfändungsfreien Betrags gem. § 850 c ZPO

Nettoeinkommen:		2 085,00 EUR
davon pfändungsfrei nach § 850 c (1) ZPO:		
Grundfreibetrag	930,00 EUR	
Unterhalt Ehefrau (1. Person)	350,00 EUR	
Unterhalt 3 Kinder (3 · 195,00 EUR)	585,00 EUR	
»vorläufiger« pfändungsfreier Betrag		1 865,00 EUR

Berechnung des »überschießenden« Betrages:

Nettoeinkommen	2 085,00 EUR
pfändungsfrei nach § 850 c (1) ZPO	1 865,00 EUR
»überschießender« Betrag	220,00 EUR

nach § 850 c (2) ZPO zusätzlich pfändungsfreier Betrag:
vom überschießenden Betrag
3/10 für den Schuldner selbst
2/10 für die Ehefrau
3/10 für 3 Kinder

8/10 von 220 EUR =	176,00 EUR
pfändungsfreier Betrag (liegt unter dem Höchstbetrag – § 850c (2) Satz 2 ZPO – von 2 851,00 EUR)	2 041,00 EUR

Berechnung des pfändbaren Betrages:

Nettoeinkommen	2 085,00 EUR	
– pfändungsfreier Betrag	2 041,00 EUR	
= pfändbarer Betrag	**44,00 EUR**	

Der pfändbare Betrag kann auch mit einer Pfändungstabelle (gem. § 850c ZPO) ermittelt werden. Lt. Tabelle: 43,00 EUR (Rundungsdifferenz: 1 EUR)

Diesen Teil seines Arbeitseinkommens (ggf. auch vergleichbare Bezüge) muss Herr **Rauer** an einen vom Gericht zu bestimmenden Treuhänder abtreten (§ 287 Abs. 2 InsO.) Damit muss er sich für die Zeit von 6 Jahren mit dem pfändungsfreien Arbeitseinkommen (lt. vorliegender Berechnung 2 041 EUR) begnügen.

4. Durch den Erwerb des Laufbandes sind keine unangemessen hohe Verbindlichkeiten begründet worden. **Rauer** wollte das Unternehmen retten und hat deshalb dieses Gerät erworben. Die begründeten Verbindlichkeiten sind weder in der Höhe noch in ihrer Art unangemessen – § 290 (1) Zi 4 InsO. Das Insolvenzgericht wird aus diesem Grunde die Restschuldbefreiung nicht versagen.

5. a) Von dem erworbenen Barvermögen muss die Hälfte (= 7 500 EUR) an den Treuhänder herausgegeben werden (§ 295 (1) Zi 2 InsO).

   b) Auf Antrag eines Insolvenzgläubigers wird das Insolvenzgericht die Restschuldbefreiung widerrufen. Dies hätte u. a. zur Folge, dass er die gesamte Erbschaft herausgeben müsste (§ 296 InsO).

6. Ja. Die Haftung juristischer Personen ist beschränkt auf deren Vermögen. Schon allein aus diesem Grund besteht für den Gesetzgeber keine Veranlassung, einer juristischen Person im Falle der Zahlungsunfähigkeit oder Überschuldung die Möglichkeit der Restschuldbefreiung einzuräumen. Abgesehen davon gibt es für eine juristische Person kein pfändbares Einkommen nach einer Pfändungstabelle der ZPO.

6 Arbeits- und Sozialrecht

Personalauswahl und Arbeitsgestaltung

6.01 FALLSTUDIE: Personalauswahl

1. Absage **Dormann:**

   Frau D. war bisher weder in der Branche tätig, noch hat sie Erfahrung mit Verpackungsmaterialien. Ihre letzte berufliche Tätigkeit als Einkaufs-Sachbearbeiterin im Eisenwarenhandel brachte nicht die für die ausgeschriebene Stelle geforderte Berufserfahrung und liegt außerdem schon zu lange zurück.

   Absage **Eisele:**

   Die betriebsinterne Beurteilung weist aus, dass **Herr Eisele** im Bereich der Bewertung der Erfüllung von Mitarbeiter- und Vorgesetztenpflichten die geringste Punktzahl erreicht hat, die gerade noch den Anforderungen entspricht. Gerade auf die Selbstständigkeit des Handelns kommt es bei der ausgeschriebenen Stelle aber besonders an.

2. Bewerbung **Cihbart**

   C. hat eine gute Ausbildung und die von der zu besetzenden Stelle geforderte Erfahrung mit Verpackungsmitteln, sogar im Bereich der pharmazeutischen Industrie. Zu beachten ist jedoch, dass die Familie in den nächsten 5 Jahren den Wohnort Darmstadt nicht wechseln will und **C.** den Aufstieg zum Abteilungsleiter Einkauf erwartet. Wenn die Stelle des Einkaufsleiters nicht alsbald zu besetzen ist und innerbetriebliche Nachfolge nicht vorgesehen ist, sollte man **C.** schon gar nicht zu einem Vorstellungsgespräch einladen. Aber selbst wenn die Einkaufsleitung bald zu besetzen wäre, sollte man daran denken, dass es jetzt darum geht, die Stelle eines Gruppenleiters Verpackung dauerhaft zu besetzen.

3. | **Amberg** | **Bensold** |
   |---|---|
   | Alter: 36 | 43 |
   | **Ausbildung:** | |
   | Lehre Verpackungsmittelmechaniker | Industriefachwirt |
   | FHS Verfahrenstechnik | |
   | **Berufserfahrung:** | |
   | Produktion Kartonfabrik | Papiererzeugnisse in Druckerei |
   | Verpackungsmittelberater | |
   | **Gesamteindruck bei Vorstellung:** | |
   | Personalabteilung: | |
   | überdurchschnittlich | nicht geeignet (Angebertyp?) |
   | Fachbereich: | |
   | überdurchschnittlich | geeignet, wenn auch Fachkenntnisse in Pappe, Kunststoff, Glas fehlen. |

   Amberg ist der eindeutig bestgeeignete Bewerber.

6 Arbeits- und Sozialrecht

6.02 Formen der Arbeitsgestaltung: Arbeitswechsel – Arbeitserweiterung – Arbeitsbereicherung – (Teil-)autonome Arbeitsgruppen

Allgemein: es geht darum, wie Menschen im Arbeitsprozess ihre Persönlichkeit bewahren oder entfalten können.

Arbeitswechsel:
Die Möglichkeiten des Aufgabenwechsels sind begrenzt auf die Arbeiten am Band. Hier wäre es wohl möglich, alle Arbeiterinnen für alle Arbeiten anzulernen und ihnen im regelmäßigen Wechsel andere Arbeiten zu übertragen. Die zu verrichtende Teilarbeit wird dadurch aber noch nicht interessanter.

Arbeitserweiterung (Aufgabenvergrößerung):
Der Arbeitende wechselt nicht über mehrere spezialisierte Arbeitsplätze (wie beim Arbeitswechsel), sondern führt innerhalb seines Arbeitsplatzes verschiedene Tätigkeiten aus. Einer Aufgabenerweiterung stehen grundsätzlich keine Hindernisse entgegen. Jede Näherin könnte z.B. eine umfassendere Näharbeit zu verrichten haben, die bisher auf mehrere Näherinnen aufgeteilt war. Das Fließband könnte u.U. sogar abgeschafft werden. Gewisse Grenzen wird es aus wirtschaftlichen Gründen geben. Es wird wohl nicht sinnvoll sein, dass jede Arbeiterin die Stoffteile selbst zuschneidet, da für diese Arbeit sehr viel spezielle Erfahrung verlangt wird und mehrere Lagen Stoff auf einmal zugeschnitten werden. Wenn die Aufgabenerweiterung so weit getrieben würde, dass jede Arbeiterin wie eine gelernte Schneiderin ein Kleidungsstück herstellt, dann wären die Kleider zu einem Preis, der die Kosten deckt und einen angemessenen Gewinn bringt, unverkäuflich.

Arbeitsbereicherung:
Erweitert werden soll sowohl der Tätigkeitsspielraum wie auch der Entscheidungsspielraum. Man könnte z.B. daran denken, dass die Näherinnen auch ihre Maschinen selbst warten. Um diese Arbeit auszuführen, ist jedoch eine technische Ausbildung erforderlich. Es ist deshalb nicht möglich und wäre auch nicht sinnvoll, den Näherinnen diese Arbeit zu übertragen.

Teilautonome Arbeitsgruppen:
Teilautonome Arbeitsgruppen sind kleine soziale Einheiten von weniger als 20 Personen, denen begrenzte Teilaufgaben zur selbständigen Ausführung übertragen werden. Auch die Arbeitsverteilung erfolgt innerhalb der Gruppe. Jedes Gruppenmitglied ist dabei in der Lage, mehrere unterschiedliche Tätigkeiten auszuüben. Durch die damit verbundene Flexibilität kann gruppenintern ein Belastungsausgleich vorgenommen werden. Man könnte daran denken, teilautonome Arbeitsgruppen einzurichten, die jeweils ein bestimmtes Kleidermodell vom Zuschneiden bis zum Bügeln und Verpacken »selbst gesteuert« herstellen.

6.03 Arbeitszeitgestaltung: Gleitende Arbeitszeit – Arbeitszeitordnung

1. Der Betriebsrat könnte dem Vorschlag zustimmen.
   Sichergestellt werden muss aber,
   – dass höchstens an 30 Tagen im Jahr länger gearbeitet wird,
   – dass die Stetigkeit der Lohnzahlung nicht darunter leidet,
   – dass die Zeitguthaben gebündelt werden können, um die Erholungswirkung zu erhöhen,
   – dass die Belegschaft möglichst frühzeitig über die langfristige Betriebs- und Arbeitszeitplanung unterrichtet wird,
   – dass der Betriebsrat ein Mitspracherecht bei der Festlegung der Freizeitbündelung erhält, damit auch die Arbeitnehmerwünsche zur Dauer und Lage der Freizeitblöcke berücksichtigt werden.

2. Lage und Verteilung der Arbeitszeit können vom einzelnen Arbeitnehmer flexibel gestaltet werden. Die Betriebszeit kann ausgedehnt werden, obwohl die Arbeitszeit des einzelnen Arbeitnehmers gleich bleibt. Der Arbeitnehmer kann Arbeitsbeginn und -ende besser auf seine individuellen Bedürfnisse ausrichten als bei festen Zeiten. Sichergestellt werden muss aber, dass Vorgesetzte bzw. deren Stellvertreter zu jeder Zeit verfügbar sind.

3. Es muss festgestellt werden, wie viele Mitarbeiter erforderlich sind, um eine Abteilung funktionsfähig zu machen. Danach müssen die zu dieser Abteilung gehörenden Mitarbeiter verbindlich vereinbaren, wer zu welcher Zeit zu arbeiten hat, damit diese Abteilung funktionsfähig ist.

4. a) Die Arbeitnehmer können Arbeitsbeginn und -ende auf ihre individuellen Bedürfnisse ausrichten (z.B. Schulzeiten der Kinder; Verkehrsverhältnisse; wenn beide Ehepartner berufstätig sein müssen, Berücksichtigung der Familieninteressen). Die Betriebseinrichtungen können trotz »ausgedünnter« Besatzung länger genutzt werden; die Arbeitnehmer sind besser motiviert, was wiederum zu besseren Arbeitsleistungen führt; die Arbeitsplätze werden attraktiver, was bei Arbeitskräftemangel von Bedeutung sein kann.

   b) Bei Nichtabstimmung der Arbeitsplatzkollegen gerät die Funktionsfähigkeit in Gefahr, weil erforderliche Mitarbeiter evtl. zu spät mit der Arbeit beginnen oder sie zu früh beenden können.

   c) Die Begrenzung der verrechenbaren Arbeitszeit ist erforderlich, um den Personaleinsatz planbar zu erhalten.

6.04 Jobsharing

a) Jobsharing macht es vor allem Hausfrauen möglich, die zeitlichen Erfordernisse des Haushalts mit denen eines Arbeitsplatzes in Einklang zu bringen.

Beim Jobsharing können die Partner untereinander die Arbeitszeit innerhalb der Woche oder auch des Tages absprechen. Allerdings wird auch ein längerfristiger, verbindlicher Arbeitsplan an die Personalplanung gegeben werden müssen.

b) Aus gesellschafts- und familienpolitischen Gründen geht der Trend zur Teilzeitarbeit. Dem kommt Jobsharing entgegen. Viele Hausfrauen wären bereit, unter den Bedingungen von Jobsharing eine Arbeit anzunehmen. Dies führt zu einer Vergrößerung eines häufig sehr qualifizierten, sonst brachliegenden Arbeitskräfteangebots.

Aufteilung eines Arbeitsplatzes macht eine Erweiterung der Betriebsnutzungszeiten auch unter Berücksichtigung der in der AZO vorgegebenen individuellen Zeitgrenzen möglich.

Mehrfachbesetzung eines Arbeitsplatzes erleichtert Vertretungs- und Urlaubsregelungen.

Wenn ein Jobsharing-Partner kündigt oder aus anderen Gründen ausscheidet, hat der verbleibende Partner ein eigenes Interesse daran, selbst einen geeigneten Nachfolger zu finden.

Der Betrieb sollte Daten von Interessenten für das Jobsharing speichern (mit zusätzlichen speziellen Angaben wie Arbeitszeitwünschen oder Qualifikationen), um bei Bedarf entstandene Besetzungslücken füllen zu können.

Auch bei Jobsharing muss den beteiligten Arbeitnehmern eine bestimmte Mindestarbeitszeit vorgeschrieben werden, um die zur Funktionsfähigkeit erforderliche Besetzung der Arbeitsplätze in der Betriebszeit sicherzustellen.

Arbeitsvertrag

Hinweis: Nach einer Entscheidung des BAG (Akz. 5 AZR 572/04) gelten Arbeitsverträge als Verbraucherverträge. Demnach sind Verbraucherschutznormen auch auf Arbeitsverhältnisse anzuwenden. Darüber hinaus wird die gerichtliche Inhaltskontrolle von Formulararbeitsverträgen dadurch verschärft werden.

6.05 Arbeitsvertrag: Abschluss – Vorstellungskosten – Handels- und Wettbewerbsverbot – Ordentliche Kündigung durch den Arbeitnehmer – Lohnfortzahlung

1. a) Briefentwurf.
   b) Einholung von Auskünften bei vertrauenswürdigen und angesehenen Personen über Leistung und Persönlichkeit des Bewerbers.
   c) Verlustgefahr für unersetzliche Originaldokumente.

2. a) Fotokopien haben keinen Beweiswert. Fälschungen sind sehr leicht möglich.
   b) Er handelt als Geschäftsführer ohne Auftrag und hat damit Anspruch auf Ersatz der Vorstellungskosten (BGB §§ 677, 683).
   c) Der Arbeitsvertrag kann mündlich abgeschlossen werden und kam deshalb schon am 25.01. zustande. Die gem. § 2 des NachwG geforderte Niederschrift der wesentlichen Vertragsbedingungen erfüllt lediglich Beweisfunktion und ist für das Zustandekommen des Arbeitsvertrags nicht maßgebend. In diesem Fall ist sie auch gar nicht notwendig, da der Arbeitsvertrag schriftlich abgeschlossen wurde (NachwG § 2 Abs. 4).

3. a) Briefentwurf
   b) Anzuwenden ist BGB § 622 Absatz 1. Das Arbeitsverhältnis endet am 31. März. Die verlängerten Kündigungsfristen des § 622 Absatz 2 BGB bei längerer Betriebszugehörigkeit gelten nur bei Kündigung durch den Arbeitgeber; diese Regelung ist eine reine Schutzvorschrift für den Arbeitnehmer.
   c) **Schnaitmann** müsste damit rechnen, auf Schadenersatz in Anspruch genommen zu werden (z.B. Mehrkosten für eine Ersatzkraft bis zum gesetzlichen Kündigungstermin).

4. a) Gem. § 60 HGB (Gesetzliches Wettbewerbsverbot) darf der Handlungsgehilfe kein Handelsgewerbe betreiben. Der Fachverlag ist ein Handelsgewerbe, wenn ein in kaufmännischer Weise eingerichteter Geschäftsbetrieb erforderlich ist (HGB § 1, Abs. 2).
   Das in § 60 HGB formulierte Verbot ein Handelsgewerbe zu betreiben muss nach der Rechtsprechung des Bundesarbeitsgerichts einschränkend ausgelegt werden, um verfassungskonform zu sein. Der Betrieb eines Handelsgewerbes darf dem kaufmännischen Angestellten nur versagt werden, wenn dies den Arbeitgeber schädigen kann, d.h. wenn der Angestellte ein Handelsgewerbe betreibt, das in Konkurrenz zu dem des Arbeitgebers steht. Dies trifft hier nicht zu. Mit dem Fachverlag macht **Schnaitmann** seinem Arbeitgeber keine Konkurrenz.
   b) Ja. Kein Handelsgewerbe und nicht im Geschäftszweig des Arbeitgebers. § 60 HGB.
   c) Nein. Wettbewerbshandlungen sind auch »gelegentlich« verboten. § 60 HGB.
   d) Nein. §§ 60, 74 HGB verbieten das. Vertraglich wurde die Weitergeltung nach dem Ausscheiden aus dem Arbeitsverhältnis schriftlich vereinbart. Gesetzlich besteht das Wettbewerbsverbot nur für die Dauer des Arbeitsverhältnisses.

5. §§ 60, 61 HGB. Der Arbeitgeber kann Schadenersatz fordern. Bei Geschäften für eigene Rechnung kann er selbst in das Geschäft eintreten; bei Geschäften für fremde Rechnung Vergütung herausfordern; fristlose Kündigung § 626 BGB.

6. Nein. Eine vertraglich vereinbarte Kündigungsfrist darf für den Arbeitnehmer nicht länger sein als für den Arbeitgeber. BGB § 622 (6).

7. Lohnfortzahlung 6 Wochen (EntgeltFZG § 3). Betriebe mit bis zu 20 Arbeitnehmern erhalten von der gesetzlichen Krankenkasse 80% der Lohnfortzahlungskosten zuzüglich der darauf entfallenden Sozialversicherungsbeiträge erstattet (§ 10ff. Lohnfortzahlungsgesetz). Die Mittel werden durch eine Umlage der am Ausgleich beteiligten Arbeitgeber aufgebracht. LFZG § 11.

8. Ja, der Arbeitgeber muss das Gehalt während der Zeit der Arbeitsunfähigkeit zahlen, da die Arbeitsunfähigkeit ohne Verschulden des Arbeitnehmers eingetreten ist (EntgeltFZG § 3). Bei Arbeitsunfähigkeit, die auf Sportunfälle zurückzuführen sind, liegt Verschulden nur vor, wenn sich der Arbeitnehmer die Verletzung bei der Ausübung einer sog. gefährlichen Sportart zugezogen hat oder bei einer nicht besonders gefährlichen Sportart in grober Weise gegen anerkannte Regeln dieser Sportart verstoßen hat. Zu den gefährlichen Sportarten rechnet die Rechtsprechung z.B. Drachenfliegen oder Moto-Cross-Rennen, nicht aber Fußball.

Ausbildungsvertrag

6.06 Ausbildungsvertrag: Abschluss – Wesen des Ausbildungsverhältnisses – Pflichten des Auszubildenden und des Ausbilders – Haftung von Arbeitnehmern für Schäden – Kündigung Minderjähriger

1. Für den Abschluss des Ausbildungsvertrages gibt es keine Formvorschrift. Der wesentliche Inhalt des Ausbildungsvertrages muss nur anschließend schriftlich festgehalten werden. Das Ausbildungsverhältnis ist am 05.07. in Anwesenheit und mit Zustimmung der Eltern rechtsgültig entstanden.

2. a) Ausbildender prüft, ob der Auszubildende für den gewählten Beruf geeignet ist; Auszubildender prüft, ob Neigung vorhanden ist (§ 20 BBiG).
    b) (1) Ja. Kündigungsfrist 4 Wochen. BBiG § 22 (2) Nr. 2.
    (2) Ja, aus wichtigem Grund. BBiG § 22 (2) Nr. 1.
    (3) Nein. Kein Berufswechsel, kein wichtiger Grund.
    (4) Ja. Wichtiger Grund. BBiG § 14 (2) und § 22.

3. a) Ja. Dem Auszubildenden dürfen nur Verrichtungen übertragen werden, die dem Ausbildungszweck dienen. BBiG § 14 (2).
    b) Ja. Liegt im Rahmen des Ausbildungszwecks, wenn für angemessenen Zeitraum.
    c) Ja. Das Ausbildungsverhältnis ist auch ein Erziehungsverhältnis (BBiG § 14 (1) Nr. 5)
    d) Ja. Haftung aus unerlaubter Handlung. BGB § 823.
    e) Für Auszubildende gelten die Grundsätze, die die Rechtsprechung für die Verletzung von Pflichten aus dem Arbeitsverhältnis entwickelt hat. Ein Auszubildender haftet wie jeder Arbeitnehmer für jeden Schaden, der durch schuldhafte Pflichtverletzung entstanden ist. Eine schuldhafte Pflichtverletzung liegt nicht nur bei vorsätzlichem, sondern auch bei fahrlässigem Handeln vor (§ 276 BGB). Die Rechtsprechung des Bundesarbeitsgerichts hat die Haftung des Arbeitnehmers jedoch der Höhe nach eingeschränkt. Dabei sollen folgende Umstände Beachtung finden:
    - Die Größe der mit der Arbeit verbundenen Gefahr,
    - der Grad des dem Arbeitnehmer zur Last fallenden Verschuldens,
    - die Höhe des Arbeitsentgelts,

6 Arbeits- und Sozialrecht

- sonstige mit der Leistungsfähigkeit des Arbeitnehmers zusammenhängende Umstände (Unterhaltspflichten, Alter, Dauer der Betriebszugehörigkeit).

Wenn der Auszubildenden **Petra** überhaupt ein Verschulden anzulasten wäre, dann wäre es äußerst gering.

Berücksichtigt man zusätzlich, dass **Petra** nur eine Ausbildungsvergütung erhält, dann wird **Petra** den Schaden nicht ersetzen müssen.

4. Nein. Verletzung der Schweigepflicht könnte sogar wichtiger Grund zur Kündigung sein (BBiG §§ 13 Nr. 6, 22).

5. Nein. Die Berufsschulzeit ist auf die Arbeitszeit anzurechnen. JArbSchG § 9.

6. Fortzahlung der Ausbildungsvergütung für 6 Wochen. (§ 19 (1) Nr. 2 b)).

7. Ja, gem. § 24 BBiG ist ein Arbeitsverhältnis entstanden.

8. Ja. Ein minderjähriger Arbeitnehmer, der mit Ermächtigung seines gesetzlichen Vertreters Arbeit angenommen hat, ist im Zweifel berechtigt, das Arbeitsverhältnis ohne besondere ausdrückliche Zustimmung des gesetzlichen Vertreters zu kündigen (BGB § 113). Für Berufsausbildungsverträge gilt diese Ermächtigung des § 113 nicht. Würde für **Petra** noch ein Berufsausbildungsverhältnis bestehen, dann könnte sie dieses nur mit Zustimmung ihres gesetzlichen Vertreters kündigen.

Arbeitsschutzgesetze

6.07 Kündigung des Arbeitsverhältnisses durch den Arbeitgeber: Kündigungsfristen – Kündigungsgründe – Kündigungsschutz – Abmahnung

1. Die Kündigungsfrist bei einer ordentlichen Kündigung beträgt nach § 622 BGB in diesem Fall 3 Monate zum Ende eines Kalendermonats, da **A.** schon 8 Jahre im Betrieb beschäftigt ist. Die Kündigung könnte damit – wenn sie überhaupt zulässig ist – frühestens zum 31. Mai ausgesprochen werden.

2. Die **Firma Schaub** beschäftigt mehr als 10 Arbeitnehmer, **Armbruster** ist schon länger als 6 Monate im Betrieb beschäftigt. Das KSchG ist deshalb anwendbar.

   Die häufigen Verspätungen des **A.** gehören in die Gruppe der verhaltensbedingten Gründe im Sinne des § 1 Abs. 1 KSchG. Bei den verhaltensbedingten Gründen zur sozialen Rechtfertigung einer Kündigung ist stets Verschulden gefordert. Das liegt hier offensichtlich vor. Die sich wiederholenden Verspätungen sind daher grundsätzlich ausreichend, eine verhaltensbedingte Kündigung nach § 1 Abs. 1 KSchG zu rechtfertigen.

3. Die Rechtsprechung hat den Grundsatz entwickelt, dass eine Kündigung immer nur das letzte Mittel sein darf. Sowohl eine ordentliche wie auch eine außerordentliche Kündigung sind nur wirksam, wenn eine Interessenabwägung unter Berücksichtigung des Prinzips der Verhältnismäßigkeit (Ultima-Ratio-Prinzip) stattgefunden hat und alle anderen nach den Umständen möglichen und angemessenen milderen Mittel erschöpft sind. Dies erfordert bei Störungen im Leistungsbereich, dass eine Kündigung nur wirksam ist, wenn eine Abmahnung vorausgegangen ist.

   Die Abmahnung muss den Verstoß gegen den Arbeitsvertrag klar bezeichnen (Bestandsfunktion) und deutlich darauf hinweisen, dass im Wiederholungsfall mit arbeitsrechtlichen Konsequenzen (Kündigung) zu rechnen ist (Warnfunktion).

4. Betr.: Abmahnung
Sehr geehrte(r) Frau/Herr …
Sie sind im Monat … an … Arbeitstagen, und zwar jeweils zwischen … und … Minuten, zu spät am Arbeitsplatz erschienen. Ihre tägliche Arbeitszeit beginnt um … Uhr. Ihr Verhalten stellt eine fortgesetzte Verletzung der Ihnen obliegenden arbeitsvertraglichen Pflicht zur pünktlichen Arbeitsaufnahme dar. Wir sind nicht gewillt, dieses Verhalten weiterhin zu dulden und fordern Sie auf, Ihre arbeitsvertraglichen Pflichten zukünftig uneingeschränkt zu erfüllen. Wir weisen ausdrücklich darauf hin, dass Sie im Wiederholungsfall mit einer Kündigung Ihres Arbeitsverhältnisses rechnen müssen.

…, den …   (Unterschrift)

Quelle: Spiegelhalter, Handlexikon Arbeitsrecht, München 1991, Sachwort Abmahnung, IX. Muster

5. Nein. Ein wichtiger Grund im Sinne des § 626 BGB liegt vor, wenn dem Kündigenden die Fortsetzung des Arbeitsverhältnisses bis zum nächsten ordentlichen Kündigungstermin nach Treu und Glauben unzumutbar ist. Auch bei der außerordentlichen Kündigung gilt das Prinzip der Verhältnismäßigkeit (Ultima-Ratio-Prinzip). Wenn schon die ordentliche Kündigung nicht möglich ist, dann erst recht nicht die außerordentliche Kündigung. Im **Wiederholungsfall** ist zu entscheiden, ob er ordentlich oder außerordentlich (fristlos) kündigen kann. Man kann wohl davon ausgehen, dass nach Treu und Glauben dem Arbeitgeber auch dann noch zuzumuten ist, den Ablauf der Kündigungsfrist für eine ordentliche Kündigung abzuwarten, wenn **Armbruster** auch nach erfolgter **Abmahnung** wieder zu spät zur Arbeit erscheint.

6.08 Betriebsbedingte Kündigung: Sozialauswahl

1. Der Einwand, die Stilllegung der Abteilung Kleingeräte sei wirtschaftlich nicht erforderlich, wird nicht zum Erfolg führen. Es handelt sich um eine Unternehmensentscheidung, die vom Arbeitsgericht auf ihre Zweckmäßigkeit nicht überprüft werden darf. Es gibt keinen Anhaltspunkt dafür, dass die Entscheidung völlig willkürlich war. Die Kündigung ist deshalb durch betriebsbedingte Gründe im Sinne des KSchG § 1 Abs. 2 veranlasst.

2. Eine im Sinne des § 1 KSchG betriebsbedingte Kündigung ist trotzdem sozial ungerechtfertigt, wenn der Arbeitgeber bei der Auswahl soziale Gesichtspunkte nicht oder nicht ausreichend berücksichtigt hat. Zu berücksichtigen sind (1) die Dauer der Betriebszugehörigkeit, (2) das Lebensalter, (3) der Grad einer Schwerbehinderung und (4) die Unterhaltspflichten des zu kündigenden Arbeitnehmers. Da **Bareis** die Tätigkeit des **Dahlmann** selbst längere Zeit ausgeführt hat, sind die beiden Arbeitnehmer voll austauschbar. Zwar ist **Bareis** etwas jünger, er ist jedoch länger im Betrieb beschäftigt und hat drei Kinder zu unterhalten, **Dahlmann** nur eines. Bei sozialer Abwägung zwischen diesen beiden Arbeitnehmern durfte der Arbeitgeber deshalb dem Arbeitnehmer **Bareis** nicht die Kündigung aussprechen. Eine Klage, die innerhalb von 3 Wochen nach Zugang der Kündigung beim Arbeitsgericht eingereicht werden muss (KSchG § 4), wird wahrscheinlich Erfolg haben.

6.09 Arbeitsschutz

1. a) Die Höchstarbeitszeit ist in § 3 ArbZG auf 8 Stunden für jeden Werktag festgelegt. Als Werktage gelten die Tage von montags bis samstags. Die wöchentliche Höchstarbeitszeit beträgt damit 48 Stunden.

   Die tägliche Höchstarbeitszeit kann jedoch in freier Vereinbarung zwischen Arbeitgeber und Arbeitnehmer auf 10 Stunden erhöht werden. Damit ist eine

6 Arbeits- und Sozialrecht

wöchentliche Arbeitszeit von 60 Stunden möglich, wenn an keinem Tag die Höchstarbeitszeit von 10 Stunden überschritten wird. Für diese Erhöhung der Arbeitszeit bedarf es keiner besonderen Begründung.

Für die Erhöhung der Arbeitszeit setzt der § 3 ArbZG jedoch eine zeitliche Begrenzung: In einem Zeitraum von 6 Monaten (24 Wochen) dürfen im Durchschnitt 8 Stunden täglicher Arbeitszeit nicht überschritten werden.

Die Verlängerung der Arbeitszeit des Arbeiters wäre damit höchstens auf 60 Stunden möglich. Das würde dem Arbeiter aber nicht den erhofften finanziellen Vorteil bringen, da die Arbeitszeit innerhalb des gesetzlichen Zeitraums von 6 Monaten im Durchschnitt doch täglich 8 Stunden nicht überschreiten darf.

b) Ja. Wenn auch der Arbeitnehmer seinen Arbeitsvertrag frei abschließen darf, so könnte er dem Arbeitgeber gegenüber doch oft in der schwächeren Position sein und unter Druck einer gesundheitsschädigenden Regelung seiner Arbeitszeit zustimmen. Im gegebenen Fall wird der 22-jährige Arbeiter davor geschützt, unbedacht gesundheitliche Schädigungen aus finanziellen Gründen in Kauf zu nehmen.

Andererseits ist mit dem 6-monatigen Ausgleichszeitraum den Tarif-, Betriebs- und Einzelvertragspartnern eine große Flexibilität in der Verteilung der Arbeitszeit zugestanden.

2. 6 Werktage × 8 Stunden tägl. Arbeitszeit = 48 Stunden wöchentlich : 5 Arbeitstage = 9,6 Stunden je Arbeitstag.

3. Am nächsten Tag 9 Uhr. Die ununterbrochene Ruhezeit muss 11 Stunden betragen (§ 5 ArbZG).

4. Ja. wenn innerhalb 6 Monaten der Ausgleich erfolgt (§ 3 ArbZG). In einem Tarifvertrag oder aufgrund eines Tarifvertrags in einer Betriebsvereinbarung könnte ein anderer Ausgleichszeitraum festgelegt werden (§ 7 ArbZG).

6.10 Jugendarbeitsschutz

1. Am nächsten Morgen frühestens 8 Uhr. JArbSchG § 13 fordert 12 Stunden Ruhepause.

2. Ja, weil die Unterrichtszeit 5 Unterrichtseinheiten je 45 Minuten nicht überschritten hat. § 9 JArbSchG.

3. Er hat Anspruch auf 25 Tage Urlaub, weil er zu Beginn des Jahres noch nicht 18 Jahre alt war. § 19 (1) JArbschG.

4. Nein. § 23 JArbSchG verbietet für Jugendliche Arbeiten, für die das Arbeitstempo nicht nur gelegentlich vorgeschrieben ist. Damit ist die Beschäftigung Jugendlicher am Fließband verboten.

6.11 Kündigungsschutz: ungleiche Kündigungsfristen – besonders geschützte Personenkreise (Betriebsrat, werdende Mütter, Schwerbeschädigte)

Hinweis: Das Mutterschutzgesetz findet auch für Ausbildungsverhältnisse Anwendung, weil Ausbildungsverhältnisse i.d.R. als befristete Arbeitsverhältnisse zu bewerten sind.

1. Nein. Gem. BGB § 622 (6) darf für den Arbeitnehmer keine längere Kündigungsfrist vereinbart werden als für den Arbeitgeber.

2. Will ein Arbeitgeber einen Arbeitnehmer wegen Krankheit entlassen, dann werden vom Arbeitsrecht wegen der erhöhten Schutzbedürftigkeit des erkrankten

Arbeitnehmers strenge Maßstäbe angelegt. Unmöglich ist die Entlassung wegen Krankheit jedoch nicht. Bei einer Entlassung wegen Krankheit kommen insbesondere vier Fallgruppen vor: häufige Kurzerkrankung – lang andauernde Erkrankung – dauerhafte Leistungsunfähigkeit – erhebliche krankheitsbedingte Leistungsminderung. In dem gegebenen Fall beruft sich der Arbeitgeber auf häufige Kurzerkrankungen des Arbeitnehmers. Gem. Kündigungsschutzgesetz handelt es sich um eine Kündigung aus »personenbedingten Gründen«. Verlangt wird eine umfassende Interessenabwägung. Zu den dabei zu berücksichtigenden Gesichtspunkten gehören z.B. folgende Umstände: Lebensalter, Dauer der Betriebszugehörigkeit, Auswirkung des krankheitsbedingten Ausfalls auf den Betrieb (Störungen des Produktionsablaufs, wirtschaftliche Lage des Unternehmens). Vor allem sind auch die Auswirkungen auf die Arbeitnehmer zu berücksichtigen, die die gleiche Tätigkeit wie der häufig erkrankte Arbeitnehmer ausüben und während des fast regelmäßig auftretenden krankheitsbedingten Fehlens ihres Kollegen seine Arbeit mit übernehmen müssen. Es kommt also immer auf den Einzelfall an. Die Häufigkeit der Erkrankung und die Zahl der Fehltage je Jahr lassen hier die Vermutung zu, dass auch bei sorgfältiger Interessenabwägung die Kündigung erlaubt sein wird.

3. Ja. Nach dem erneuten Verstoß **Appenzellers** gegen das Wettbewerbsverbot (HGB § 60) trotz vorhergehender Abmahnung ist dem Arbeitgeber **Schilling** nach Treu und Glauben nicht mehr zuzumuten, das Arbeitsverhältnis bis zum Ablauf der Kündigungsfrist fortzusetzen (BGB § 626). Gem. § 15 KSchG ist ein Mitglied des Betriebsrats zwar gegen eine ordentliche Kündigung geschützt, die außerordentliche Kündigung ist aber möglich.

4. Nein. Die Vortäuschung einer Krankheit durch **Frau Hiller** ist zwar ein wichtiger Grund im Sinne des § 626 BGB zur fristlosen Kündigung ihres Arbeitsverhältnisses. Grundsätzlich wäre zu prüfen, ob durch diesen einmaligen Vorfall das Vertrauensverhältnis zwischen Arbeitgeber und Arbeitnehmer so gestört wurde, dass der Vorfall auch ohne Abmahnung schon zur Rechtfertigung einer fristlosen Entlassung ausreichen würde. Das ist hier jedoch nicht von Bedeutung, weil **Frau Hiller** gem. § 9 MuSchG nicht nur gegen eine ordentliche, sondern auch gegen eine außerordentliche Kündigung geschützt ist.

5. Das Kündigungsschutzgesetz ist anzuwenden, weil die **Elektronik GmbH** mehr als 10 Arbeitnehmer beschäftigt und **Gutmann** in dem Unternehmen schon länger als 6 Monate beschäftigt ist. Die Kündigung ist durch dringende betriebliche Erfordernisse bedingt (KSchG § 1), weil eine ganze Abteilung wegfällt und für die dort beschäftigten Arbeitnehmer keine andere Beschäftigungsmöglichkeit im Unternehmen besteht.

Gutmann steht als Schwerbehinderter unter besonderem Kündigungsschutz (§ 85 SGB IX). Die Kündigung bedarf der vorherigen Zustimmung des Integrationsamtes. Bei Zustimmung des Integrationsamtes kann der Arbeitgeber die Kündigung nur innerhalb eines Monats nach Zustellung erklären (§ 88 (3) SGB IX).

6.12 Gesundheits- und Unfallschutz

1. Auf Weisung der Berufsgenossenschaft, die mit allen geeigneten Mitteln für die Verhütung von Arbeitsunfällen zu sorgen hat. § 14 SGB VII.

2. a) Er tut es, um schneller arbeiten zu können und damit einen höheren Akkordverdienst zu erhalten.

   b) Die Berufsgenossenschaft als Träger der Unfallversicherung ist verpflichtet, Vorschriften darüber zu erlassen, welche Einrichtungen, Anordnungen und Maßnahmen die Unternehmer zur Verhütung von Unfällen zu treffen haben. Besonders ausgebildete techn. Aufsichtsbeamte beraten die Unternehmer und überwachen die Beachtung der Vorschriften.

6 Arbeits- und Sozialrecht

c) Bei der Berechnung der Beiträge wird die Unfallhäufigkeit berücksichtigt, um den Unternehmen einen Anreiz zu Unfallverhütungsmaßnahmen zu geben. § 152ff. SGB VII.

3. Er erhält Rente von der Berufsgenossenschaft. Verbotswidriges Handeln schließt Rentenanspruch nicht aus. § 7 SGB VII.

6.13 Befristeter Arbeitsvertrag

1. Ja. Befristung ist zulässig, wenn sie durch einen sachlichen Grund gerechtfertigt ist (§ 14 (1) Zi. 3 TzBfG). Krankheitsvertretung ist sachlicher Grund.

2. Befristung (hier: sachlicher Grund) muss schriftlich vereinbart werden, sonst ist sie unwirksam (§ 14 (4) TzBfG); bei Nichtbeachtung der Formvorschrift gilt Arbeitsvertrag auf unbestimmte Zeit geschlossen.

3. a) Das befristete Arbeitsverhältnis wird mit Wissen des Arbeitgebers auch nach Zweckerreichung fortgesetzt; demnach gilt es auf unbestimmte Zeit verlängert und kann zum vorgesehenen Termin nicht beendet werden (§ 15 TzBfG).

   b) Gem. § 622 BGB beträgt die Kündigungsfrist 4 Wochen zum 15. oder zum Ende eines Kalendermonats. Der späteste Kündigungstermin ist demnach der 03. Oktober, wenn der Arbeitsvertrag am 31. Oktober enden soll.

Mitbestimmung

6.14 Betriebsrat: Wahl und Zusammensetzung – Jugendvertretung

1. Die Wahlvorschriften des § 14 ff. BetrVG wurden nicht eingehalten. Die Wahl war nicht geheim.

2. Nein. Die Wahl war nicht unmittelbar. § 14 BetrVG.

3. Nein. Wahlberechtigt sind Arbeitnehmer erst ab 18 Jahre. § 7 BetrVG.

4. Wahlberechtigt sind insgesamt 540 Arbeitnehmer:

Beschäftigte	600	
Jugendliche unter 18 Jahre	56	(§ 7 BetrVG)
	544	
leitende Angestellte	4	
Wahlberechtigte	540	

   Leitende Angestellte sind nicht wahlberechtigt, da das BetrVG gem. § 5 (3) auf leitende Angestellte keine Anwendung findet.
   Von 540 Wahlberechtigten sind 378 Frauen. Das sind 70 %. § 15 BetrVG schreibt zwingend vor, dass Männer und Frauen im Betriebsrat entsprechend ihrem zahlenmäßigen Verhältnis im Betrieb vertreten sein müssen. Im Betriebsrat bei **Herde & Wannewetsch OHG** müssten damit 8 Frauen vertreten sein. Diese Regelung gilt ab 01.08.2001. Es wird vorhergesehen, dass sich daraus Probleme ergeben werden, die wohl erst vom Bundesarbeitsgericht geklärt werden können.

5. Ja. Alle Arbeitnehmer über 18 Jahre sind wahlberechtigt. §§ 5, 7 BetrVG.

6. a) Er ist nicht 6 Monate im Betrieb. § 8 BetrVG (Ausnahmen jedoch möglich, wenn Mehrheit der Arbeitnehmer sich mit Arbeitgeber einigt).

   b) Ja, weil er in weniger als 6 Monaten noch keinen Einblick in die Verhältnisse des Betriebs hat.

7. Ja. Im Augenblick der Wahl ist er noch nicht 25 Jahre alt. § 61, (2) BetrVG.

8. Ja. Wählbar sind alle wahlberechtigten Arbeitnehmer. § 8 BetrVG.

9. Nein. Arbeitgeber muss Lohn für die Zeit der Tätigkeit im Betriebsrat zahlen. § 37 (3) BetrVG.

6.15 Mitbestimmung in wirtschaftlichen Angelegenheiten – Mitbestimmungsmodelle – Sozialplan

1. Für die GmbH gelten allein die Mitwirkungs- und Mitbestimmungsregelungen des BetrVG. Da im Betrieb mehr als 100 Arbeitnehmer beschäftigt sind, ist ein Wirtschaftsausschuss zu bilden (BetrVG § 106). Der Arbeitgeber hat den Wirtschaftsausschuss rechtzeitig und umfassend über wirtschaftliche Angelegenheiten des Unternehmens zu unterrichten, welche die Interessen der Arbeitnehmer wesentlich berühren. Dazu gehört der Verkauf aller oder eines wesentlichen Teils der Geschäftsanteile durch Gesellschafter der GmbH. (Spiegelhalter, Handlexikon Arbeitsrecht, München 1991, Sachwort »Wirtschaftsausschuss«).
Verhindern kann der Betriebsrat den Verkauf der Geschäftsanteile aber nicht. Wegen der bisher nur vermuteten Verlegung einer Teilfabrikation nach dem Zusammenschluss der GmbH mit der **SÜMAG** kann erst nach der Fusion der Betriebsrat der **SÜMAG** tätig werden.

2. a) Da die GmbH mehr als 500 Beschäftigte hatte, war gem. § 1 Nr. 3 DrittelBG ein Aufsichtsrat zu bilden. An diesem Aufsichtsrat waren die Arbeitnehmer gemäß § 4 DrittelBG zu einem Drittel beteiligt.
Damit bestand wohl die Möglichkeit, wirtschaftliche Fragen mitzudiskutieren. Eine echte Chance zur Durchsetzung von Anliegen der Arbeitnehmer war aber nicht gegeben. Nach der Fusionierung hat das Unternehmen insgesamt mehr als 2000 Beschäftigte. Deshalb gilt (gem. § 1) das Mitbestimmungsgesetz. Der Aufsichtsrat setzt sich dann zusammen (§ 7 MitbestG) aus sechs Aufsichtsratsmitgliedern der Anteilseigner und sechs Aufsichtsratsmitgliedern der Arbeitnehmer. Zwar besteht damit keine volle paritätische Mitbestimmung, weil die Anteilseigner (Aktionäre) es in der Hand haben, den Aufsichtsratsvorsitzenden zu stellen, der bei Stimmengleichheit mit seinen Stimmen entscheidet. Trotzdem wird der Einfluss der Arbeitnehmer in der durch Fusion vergrößerten **SÜMAG** bedeutend größer sein als früher in der **Verpackungs GmbH**. Außerdem ist ein Arbeitsdirektor als gleichberechtigtes Mitglied des Vorstandes zu bestimmen (§ 33 MitbestG).

   b) Da die **SÜMAG** vor der Fusionierung weniger als 2000 Beschäftigte hatte, galten dieselben Mitbestimmungsregelungen wie für die **Verpackungs GmbH**. Der Anteil der Arbeitnehmer wird infolge der Fusionierung auf 50% erhöht, außerdem wird ein Arbeitsdirektor bestellt.

3. Zwar können die Arbeitnehmer ihre Interessen schon im Aufsichtsrat vertreten, die Berücksichtigung ihrer Interessen nicht aber erzwingen. Die geplante Teilstilllegung ist mit dem Arbeitgeber im Wirtschaftsausschuss zu beraten.
Die vorgeschriebene Beratung kann zur Einigung führen. Der Betriebsrat kann z.B. sein Einverständnis erklären, weil in den Verhandlungen erreicht wird, dass weniger Arbeitnehmer als ursprünglich vorgesehen von der Betriebsänderung betroffen sind.
Kommt ein Interessenausgleich nicht zustande, so können sowohl der Betriebsrat wie der Unternehmer den Präsidenten des Landesarbeitsamtes um Vermittlung ersuchen. Bleibt auch dieser Einigungsversuch erfolglos, so kann jede Seite die

6 Arbeits- und Sozialrecht

Einigungsstelle anrufen (§ 112 Abs. 2 BetrVG). Kommt die Einigung nicht zustande, dann ist der Unternehmer völlig frei, die ihm richtig erscheinende wirtschaftliche Entscheidung zu treffen. Trotzdem ist das Verfahren um den Interessenausgleich nicht belanglos. Schöpft der Arbeitgeber nicht alle Einigungsstellenverfahren aus, so muss er ggf. Abfindungen nach § 113 BetrVG zahlen.

Von diesen Maßnahmen zum Interessenausgleich ist der Sozialplan zu unterscheiden. Er dient dem Ausgleich der wirtschaftlichen Nachteile, die dem Arbeitnehmer infolge der geplanten Betriebsänderung entstehen. Er betrifft lediglich die sozialen und personellen Konsequenzen. Die Maßnahme selbst ist dann nicht mehr in Frage gestellt. Ziel des Sozialplans ist die volle Kompensation des Nachteils, wenn nicht die wirtschaftliche Situation des Unternehmens lediglich eine »Milderung« zulässt. Kommt eine Einigung über den Sozialplan nicht zustande, dann entscheidet die Einigungsstelle über den Sozialplan (§ 112 BetrVG).

4. Ergänzungen zur Berücksichtigung berechtigter Einwendungen:
Ein Arbeitsplatzwechsel ist für den Arbeitnehmer nicht zumutbar,
   a) wenn er infolge eines körperlichen Leidens den neuen Arbeitsplatz nur mit wesentlich größeren Beschwernissen erreichen kann und ein Umzug an den neuen Arbeitsort aus berechtigten Gründen von ihm abgelehnt wird;
   b) wenn es sich um einen Teilzeit-Beschäftigten mit maximal 5 Arbeitsstunden pro Arbeitstag handelt;
   c) wenn ihm anstelle seiner bisherigen Vollzeit-Beschäftigung ein Teilzeit-Arbeitsplatz angeboten wird.
   e) Ein Arbeitsplatz ist für den Arbeitnehmer zumutbar, wenn er entweder gleichwertig ist oder in seiner Bewertung nicht mehr als zwei Arbeitswertgruppen oder eine Gehaltsgruppe unter dem bisherigen Arbeitsplatz liegt.
   f) Zusätzlich zu den Beträgen nach Ziffer 5.3 erhalten
      – Arbeitnehmer mit unterhaltsberechtigten Kindern einen Abfindungsbetrag von 750 EUR brutto pro Kind,
      – Schwerbehinderte einen Abfindungsbetrag von 1000 EUR brutto.

(Die Ergänzungen aufgrund der Aufgabenteile 2a, b, c, e und f sind in dem originalen Sozialplan, auf dem die Aufgabenstellung beruht, enthalten.)

6.16 ROLLENSPIEL: Betriebsratssitzung – Entlassung wegen Krankheit

Betriebsratssitzung: Entlassung wegen Krankheit

Die Teilnehmer sollen die Rollen unter ihrem tatsächlichen Namen übernehmen. Die Betriebsratsmitglieder reden sich meist mit dem Vornamen an.

Der kollegiale, menschlich-soziale Aspekt wird wohl insbesondere von dem Betriebsratsmitglied B vertreten werden. Sie müsste ihre Zustimmung zu der Entlassung **Frau Wegmann** gegenüber persönlich vertreten und wäre mit den wirtschaftlichen und sozialen Folgen dieser Entlassung täglich ganz persönlich konfrontiert.

Betriebsratsmitglied E wird es nicht so leicht fallen, in der Betriebsratssitzung den sozialen Aspekt besonders zu betonen, da er die sich daraus ergebenden Lasten auf nicht absehbare Zeit in erheblichem Umfang ganz persönlich zu tragen hat.

Nach der Abstimmung des Betriebsrats sollte das Ergebnis mit der Klasse diskutiert werden. Dabei wäre herauszustellen, dass es sich im Kern um die Frage handelt, ob eine Kündigung wegen Krankheit sozial gerechtfertigt ist (§ 1 KSchG).

Der Fall fällt unter die Gruppe der personenbedingten Kündigungen.

Personenbedingte Kündigungen wegen Krankheit kommen insbesondere in vier Arten vor: häufige Kurzerkrankung – langandauernde Erkrankung – dauerhafte Leistungsunfähigkeit – erhebliche krankheitsbedingte Leistungsminderung.

Nach der Rechtsprechung muss die Prüfung der Zulässigkeit bei diesen vier Arten krankheitsbedingter Kündigung in drei Stufen erfolgen. Diese drei Gesichtspunkte hätten deshalb auch in der Betriebsratssitzung zur Sprache kommen sollen.

1. Stufe: Prognose hinsichtlich künftigen Gesundheitszustandes.
Sind weitere Kurzerkrankungen im bisherigen Umfang zu erwarten?

2. Stufe: Beeinträchtigung betrieblicher Interessen.
Führen die krankheitsbedingten Fehlzeiten zu einer erheblichen Beeinträchtigung der betrieblichen Interessen?

3. Stufe: Interessenabwägung.
Ist es dem Arbeitgeber zumutbar, die Beeinträchtigungen hinzunehmen?

Eine arbeitsgerichtliche Überprüfung würde im Falle des Arbeitnehmers **Wegmann** wohl zu dem Ergebnis führen, dass die Kündigung zulässig ist.

Arbeitsgerichtsbarkeit

6.17 Streitigkeiten aus dem Arbeitsverhältnis

1. Beim Arbeitsgericht. In erster Instanz immer zuständig. § 8 (1) Arbeitsgerichtsgesetz (ArbGG).
2. Ja. In erster Instanz kann auch ein Gewerkschaftsvertreter die Vertretung übernehmen. § 11 ArbGG.
3. Ja. In erster Instanz besteht kein Vertretungszwang. § 11 ArbGG.
4. Er spart Kosten.

Entlohnungsverfahren

6.18 Zeitlohn – Faktoren der Berechnung

1. a)

Lohngruppe	I	II	III	IV	V	VI	**VII**	VIII	IX	X
% des Ecklohnes	72,5	76	80	85	90	95	**100**	110	120	133
Lohngruppenfaktor	0,725	0,76	0,80	0,85	0,90	0,95	**1**	1,10	1,20	1,33

b)

Altersklasse	bis 16	16	17	18	19	20	**21**	22
% der Altersklasse 21	60	70	80	85	90	95	**100**	105
Altersklassenfaktor	0,60	0,70	0,80	0,85	0,90	0,95	**1**	1,05

c)

Ortsklasse	I	II
% der Ortsklasse I	100	97
Ortsklassenfaktor	1	0,97

6 Arbeits- und Sozialrecht

2. a) $10 \times 1{,}2 \times 0{,}85 \times 0{,}97 = 9{,}89$ EUR

   b) Der Lohngruppenfaktor berücksichtigt die persönliche Leistung des Arbeitnehmers (Leistungslohn); Altersklassen- und Ortsklassenfaktor berücksichtigen soziale Verhältnisse (Soziallohn).

   c) $9{,}89 \times 37 = 365{,}93$ EUR
      $12{,}36 \times 8 = 98{,}88$ EUR
      $\phantom{12{,}36 \times 8 = }464{,}81$ EUR

3. a) Stundenlohn: $10 \times 1{,}2 \times 1{,}0 \times 0{,}97 = 11{,}64$ EUR

   Überstundenlohn: $11{,}64 \times 1{,}25 = 14{,}55$ EUR

   $37 \times 11{,}64$ EUR $= 430{,}68$ EUR
   $8 \times 14{,}55$ EUR $= 116{,}40$ EUR
   $\phantom{37 \times 11{,}64\text{ EUR} = }547{,}08$ EUR

   b) Persönliche Stellungnahme.

6.19 Akkordlohn – Normalleistung

1. 100 Dezimalminuten = 60 Zeitminuten
   25 Dezimalminuten = x Zeitminuten

   $$\frac{60 \times 25}{100} = 15$$

   Die Anforderungen wurden nicht verändert. 25 Dezimalminuten entsprechen 15 Minuten einer 60-Minuten-Stunde.

2. 12,00 EUR = 4 Stück   Der Arbeiter muss 4 Stück herstellen, um 12 EUR je Stunde zu verdienen (da er 25 Dezimalminuten für 1 Stück gutgeschrieben bekommt);

   10,00 EUR = x Stück   Wie viel Stück muss er herstellen, damit er 10 EUR verdient, wie bisher im Zeitlohn?

   $$x = \frac{4 \times 10}{12} = 3{,}33 \text{ Stück}$$

   Er muss *mehr* als 3,33 Stück herstellen, um mehr als bisher im Zeitlohn zu verdienen. Mit seiner bisherigen Normalleistung von 4 Stück verdient er also schon mehr.

3. Ja. Ein Akkordarbeiter kann durch Engpässe in der Fertigung oder andere unverschuldete Störungen kurzfristig in seiner Arbeit behindert sein.

4. a) $184 \times 25 = $ **4600** Dezimalminuten

   b) $\dfrac{12}{100} = 0{,}12$ EUR

   c) $4600 \times 0{,}12 = 552{,}00$ EUR

   d) effektiver Stundenlohn aufgrund
      der Akkordlohnabrechnung: $552{,}00 : 37 = 14{,}92$ EUR
      – Stundenlohn im Zeitlohn nach Tarif: $10{,}00$ EUR

      Mehrverdienst je Stunde   **4,92 EUR**

5.

je Stunde hergestellte Stückzahl	Zeitlohn		Akkordlohn	
	Stundenverdienst	Lohnkosten je Stück	Stundenverdienst im Akkordlohn	Lohnkosten je Stück
1	10,00 EUR	10,00 EUR	12,00 EUR	12,00 EUR
2	10,00 EUR	5,00 EUR	12,00 EUR	6,00 EUR
3	10,00 EUR	3,33 EUR	12,00 EUR	4,00 EUR
4	10,00 EUR	2,50 EUR	12,00 EUR	3,00 EUR
5	10,00 EUR	2,00 EUR	15,00 EUR	3,00 EUR
6	10,00 EUR	1,67 EUR	18,00 EUR	3,00 EUR
7	10,00 EUR	1,43 EUR	21,00 EUR	3,00 EUR
8	10,00 EUR	1,25 EUR	24,00 EUR	3,00 EUR

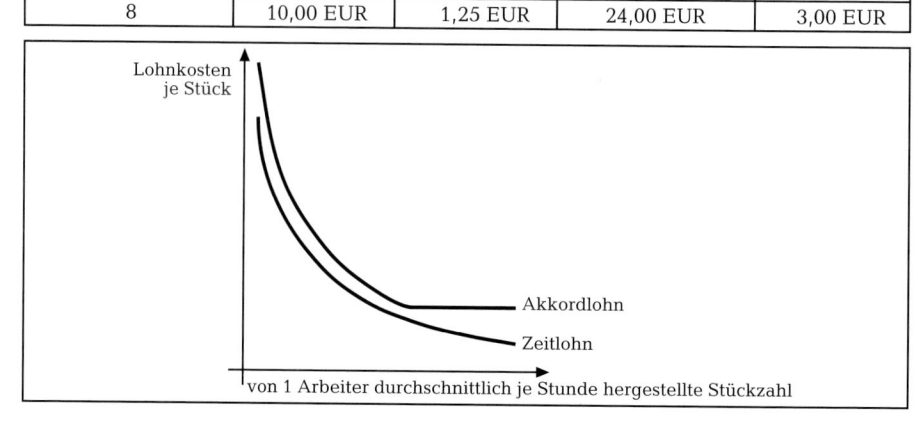

6. **Beurteilung des Akkordlohns vom Standpunkt des Arbeitnehmers:**

Nachteil: Gefahr, dass zu hohes Arbeitstempo zu gesundheitlichen Schäden führt.
Risiko vorübergehender eingeschränkter Leistungsfähigkeit geht überwiegend zu Lasten des Arbeitnehmers.

Vorteil: Leistungsbezogene Entlohnung.

Beurteilung des Akkordlohns vom Standpunkt des Unternehmens:

Nachteil: Gefahr, dass die Qualität der Arbeit zurückgeht.

Vorteil: Die leistungsbezogene Entlohnung kann zu besserer Auslastung der Maschinen führen. Damit sinkt der Anteil der fixen Kosten je Stück.
Die Lohnkosten je Stück bleiben konstant (wenn der Arbeitnehmer mindestens die Normalleistung erbringt).
Kein Risiko mehr für Minderleistungen des Arbeitnehmers (wenn mindestens die Normalleistung erbracht wird).

6.20 Gruppenakkord

1. a) 4000 : 5 = 800 EUR

   b) $\dfrac{\text{Gruppenakkordlohn}}{\text{Summe d. Stundenlöhne A bis E}} = \dfrac{4000}{40} = 100$ EUR

   A: 10 × 100 = 1000 EUR
   B: 9 × 100 = 900 EUR
   C: 8 × 100 = 800 EUR
   D: 7 × 100 = 700 EUR
   E: 6 × 100 = 600 EUR

6 Arbeits- und Sozialrecht

c) $\dfrac{\text{Gruppenakkordlohn}}{\text{Summe der Arbeitsstunden}} = \dfrac{4000}{120} = 33{,}33$ EUR

A: 33,33 × 25 = 833,33 EUR
B: 33,33 × 27 = 899,99 EUR
C: 33,33 × 23 = 766,66 EUR
D: 33,33 × 26 = 866,66 EUR
E: 33,33 × 19 = 633,33 EUR

2. Unterschiedliche Vorbildung, Belastung, Berufserfahrung, Alter.

6.21 Prämienlohn

1. Mit der Prämie soll erreicht werden, dass die Produktion um 10% erhöht wird; das Produktionsergebnis je Arbeitsgruppe und Stunde soll also von 120 auf 132 Bleche steigen. Wenn die Arbeitsgruppe entsprechend der betrieblichen Zielsetzung je Stunde 12 Bleche mehr herstellt, dann erhält jeder Arbeiter der Gruppe eine Prämie von 12 × 0,15 EUR = 1,80 je Stunde.

2. Vor der Einführung des Prämienlohns:

Zeitlohn	50,00 EUR
Maschinenkosten	600,00 EUR
Fertigungskosten	**650,00 EUR**

Fertigungskosten je Blech: 650 : 120 = 5,417 EUR

Nach der Einführung des Prämienlohns:

Zeitlohn	50,00 EUR	
Prämie (5 × 12 × 0,15)	9,00 EUR	59,00 EUR
Maschinenkosten		600,00 EUR
Fertigungskosten		**659,00 EUR**

Fertigungskosten je Blech : 659 : 132 = 4,992 EUR

3. 5,417 EUR (Kosten je Blech bisher) × 132 (neue Produktionsmenge) = 715,044 EUR Fertigungskosten.

Fertigungskosten	715,044 EUR
unveränderte Maschinenkosten	600,000 EUR
für Lohn	115,044 EUR
für Zeitlohn	50,000 EUR
für Prämie	65,044 EUR (12 Bleche zusätzlich, 5 Mann);
12 Bleche 5 Mann	65,044 EUR
1 Blech 1 Mann	x EUR

$\dfrac{65{,}044}{12 \times 5} = 1{,}084$ EUR

Die Prämie je Mann für ein zusätzlich über das 120. Stück hergestellte Blech kann 1,08 EUR betragen, wenn der durch den erhöhten Einsatz der Arbeitnehmer eingetretene Produktionsfortschritt ganz an die Arbeitnehmer weitergegeben werden soll.

6.22 Analytische Arbeitsbewertung – Gewinnbeteiligung

1. a) Lohn des Facharbeiters in Arbeitsgruppe 06:
   9 · 1,3268 = **11,943 EUR**

   neuer Lohn des Facharbeiters in Arbeitsgruppe 08:
   (Die Berücksichtigung der Höchstpunktzahl für Nässe (2) und Gase und Dämpfe (2) bringt den Facharbeiter von der Gruppe mit 14 Punkten in die Gruppe mit 18 Punkten und damit aus der Lohngruppe 06 in die Lohngruppe 08.)
   9 · 1,5053 = **13,545 EUR**
   Erhöhung: **1,602 EUR**

   b) Lohn der Hilfskraft in Arbeitswertgruppe 03:
   9 · 1,1099 = **9,99 EUR**

   Lohn der Hilfskraft in Arbeitswertgruppe 05:
   9 · 1,2471 = **11,224 EUR**
   Erhöhung: **1,234 EUR**

   c) Der Arbeitswertgruppenfaktor (Steigerungsfaktor) ist um so günstiger, je höher die Arbeitswertgruppe.

   Dies zeigt deutlich die »Funktionslinie der Steigerungsfaktoren« (s. Bild im Aufgabenbuch – Seite 177: Funktionslinie der Steigerungsfaktoren).

2. Persönliche Stellungnahme.

3. Aus der im Auszug abgedruckten Tarifvereinbarung ergibt sich, dass die Kritik nicht berechtigt ist.

   I, 4a: Die sachlichen Anforderungen der Arbeitsausführung werden eingeschätzt, nicht die ausführende Person.

   I, 3: Die Arbeitnehmer wirken bei der Einschätzung paritätisch mit.

   Das Bewertungsschema (s. Anlage 1a Seite 172) enthält keine Positionen für Disziplin, Pünktlichkeit, Erhaltung des Arbeitsfriedens.

4. Die analytische Arbeitsbewertung ist eine Methode, mit der die Lohnrelationen zwischen den Arbeitnehmern auf der Basis der Leistung festgelegt werden soll.

   Nicht betroffen von der Anwendung dieser Methode ist die Relation Lohn – Gewinn. Das Problem der Gewinnbeteiligung bleibt deshalb auch bei analytischer Arbeitswertung.

Tarifparteien und Arbeitskampf

6.23 Koalitionsfreiheit – Organisationsprinzipien der Gewerkschaft – Tariffähigkeit – Tarifvertrag – Günstigkeitsprinzip – Allgemeinverbindlichkeitserklärung

1. a) Im Lohntarifvertrag wird der Lohn festgelegt. Übliche Laufzeit ist 1 Jahr. In Rahmen- oder Manteltarifverträgen werden die allgemeinen Arbeitsbedingungen geregelt. Die Änderung dieser grundsätzlichen Regelungen erfolgt nicht so oft. Es ist sinnvoll, die langandauernden Regelungen in einem besonderen Vertrag zusammenzufassen.

   b) Regelungen im Rahmen- oder Manteltarifvertrag: Einteilung der Arbeitnehmer in Lohn- oder Gehaltsgruppen, Arbeitszeit, Kündigung, Arbeitsbefreiung aus persönlichen Gründen, Verfahren der Arbeitsbewertung.

2. a) Ja. Vor dem Zweiten Weltkrieg bestanden viele kleine Einzelgewerkschaften. Danach wurden Gewerkschaften gegründet, die sich nicht nach dem Beruf eines Arbeitnehmers richten, sondern alle Arbeitnehmer eines Industriezweigs organisieren (Industriegewerkschaften). Für alle Arbeitnehmer, die sich mit dem Metallbau beschäftigen, ist die **IG Metall** zuständig. Der Tarifvertrag der **IG Metall** mit dem Arbeitgeberverband gilt auch für den Küchenchef der Werkskantine eines Betriebs in diesem Industriezweig.

b) Nein. Ein Tarifvertrag gilt gem. § 3 TVG nur für die Mitglieder der Tarifvertragsparteien. In der Regel wenden die Arbeitgeber die tarifvertraglichen Regelungen jedoch auch auf Nichtmitglieder der Gewerkschaft an, um sie nicht zu einem Beitritt zu veranlassen.

Der Tarifvertrag kann nach § 5 TVG vom Bundesminister für Arbeit und Sozialordnung für allgemein verbindlich erklärt werden. Dann gilt er unabhängig von der Mitgliedschaft des Arbeitnehmers in der Gewerkschaft und des Arbeitgebers im Arbeitgeberverband.

3. Die Regelungen des Tarifvertrags gelten als Mindestarbeitsbedingungen. Abweichungen in Einzelarbeitsverträgen sind gem. § 4 Abs. 3 TVG nur zugunsten des Arbeitnehmers erlaubt. Dieser Grundsatz wird als »Günstigkeitsprinzip« bezeichnet. **Becker** kann deshalb auf der Grundlage des Tarifvertrags 3900 EUR Gehalt und aus dem Einzelarbeitsvertrag 26 Tage Urlaub beanspruchen.

4. Die vorgeschlagene Regelung ist unzulässig. Sie verstößt gegen Art. 9 Abs. 3 des Grundgesetzes, der garantiert, dass sich Arbeitnehmer zu Gewerkschaften und Arbeitgeber in Arbeitgeberverbänden frei zusammenschließen können (Koalitionsfreiheit). Die Koalitionsfreiheit schließt auch das Recht ein, sich nicht zu organisieren (»negative« Koalitionsfreiheit). Niemand darf gezwungen werden, einer Gewerkschaft beizutreten. Wenn in einem Tarifvertrag vereinbart wäre, bestimmte Vergünstigungen nur den Gewerkschaftsmitgliedern zu gewähren, würde dadurch (nach herrschender Meinung) ein unzulässiger Druck ausgeübt.

5. Nicht jede Verbindung von Arbeitnehmern und Arbeitgebern stellt eine Koalition im Sinne des Art. 9 Abs. 3 GG dar. Aufgrund der Rechtsprechung werden an eine Koalition vor allem folgende Anforderungen gestellt:

   (1) Es muss sich um einen freiwilligen Zusammenschluss von Arbeitgebern oder Arbeitnehmern handeln.
   (2) Der Zusammenschluss muss auf Dauer angelegt sein.
   (3) Zweck der Vereinigung muss die Wahrung und Förderung der Arbeits- und Wirtschaftsbedingungen sein.
   (4) Die Vereinigung muss von »sozialen Gegenspielern« frei sein.
   (5) Es muss sich um eine überbetriebliche Vereinigung handeln.

   Der Berufsverband der Küchenmeister erfüllt die Bedingung 5 nicht, da er sowohl Arbeitgeber als auch Arbeitnehmer organisiert. Er kann damit nicht als Tarifvertragspartner auftreten.

6.24 Gewerkschaftlich organisierter Streik – wilder Streik – Rechtsfolgen des Streiks – Friedenspflicht – Schlichtung – Aussperrung

1. a) Gesetzliche Regelungen zum Arbeitskampf fehlen. Nur aus Art. 9 Abs. 3 Grundgesetz geht hervor, dass der Arbeitskampf erlaubt ist. Das Recht des Arbeitskampfes ist deshalb weitgehend Richterrecht. Damit ein Streik rechtmäßig ist, wird gefordert:

2) Das Ziel des Streiks muss tariflich regelbar sein.

3) Der Streik muss das letztmögliche Mittel zur Erreichung des Zieles sein (Ultima-Ratio-Prinzip).

Der Arbeitnehmer beteiligt sich an einem rechtmäßigen Streik, da der Tarifvertrag ausgelaufen ist und damit eine Friedenspflicht nicht mehr besteht, da sich der Streik auf den Abschluss eines neuen Tarifvertrags mit höheren Löhnen richtet und andere Möglichkeiten zur Erreichung dieses Zieles nicht erkennbar sind (ein Schlichtungsverfahren ist offensichtlich nicht vorgesehen).

Durch den Streik sind die Hauptleistungspflichten des Arbeitsvertrags vorübergehend aufgehoben (Arbeitspflicht und Vergütungspflicht). Nebenpflichten (z.B. Verschwiegenheitspflicht des Arbeitnehmers und Fürsorgepflicht des Arbeitgebers) bleiben bestehen.

Die **EMO AG** muss an die streikenden Arbeitnehmer keinen Lohn zahlen.[1]

b) Der Streik ist eine Waffe der Arbeitnehmer im Arbeitskampf. Das Arbeitskampfrisiko haben deshalb die Arbeitnehmer zu tragen. Andres muss nicht beschäftigt werden und erhält auch keinen Lohn.

c) Arbeitsverweigerung ist grundsätzlich ein Kündigungsgrund. Für die mit einem rechtmäßigen Streik verbundene Arbeitsverweigerung gilt dies jedoch nicht. Durch den Streik ist die Hauptpflicht der Arbeitsleistung vorübergehend ausgesetzt (siehe auch oben unter a).

2. a) Nein. Nach allgemeinen arbeitsrechtlichen Grundsätzen muss der Arbeitgeber das Risiko tragen, dass wegen Materialmangel oder auch wegen Absatzmangel im Betrieb nicht gearbeitet werden kann (Betriebs- oder Wirtschaftsrisiko). Nach der Rechtsauffassung des Bundesarbeitsgerichts entfällt der Lohnanspruch aber dann, wenn sich der Arbeitsausfall als »Fernwirkung« aus einem Streik ergibt und eine Lohnzahlung die »Kampfparität« der Parteien des Arbeitskampfes beeinflussen könnte. Das ist immer der Fall, wenn die nur mittelbar betroffenen Unternehmen im selben Tarifgebiet ansässig sind und der gleichen Branche angehören. Für die **FERMO GmbH** entfällt die Lohnzahlungspflicht schon deshalb, weil sie diese beiden Voraussetzungen erfüllt.

b) Durch die Beschränkung des Streiks auf wenige Betriebe hat die Gewerkschaft geringere Streikunterstützung zu zahlen.

3. a) Die nicht organisierten Arbeitnehmer erhalten weder Streikunterstützung noch Lohn. Auch Arbeitslosenunterstützung wird nicht gewährt, weil damit die **Bundesanstalt für Arbeit** in den Arbeitskampf zugunsten der Gewerkschaft eingreifen würde. Arbeitnehmer, die weder Lohn noch Streikunterstützung beziehen, erhalten bei Nachweis der Bedürftigkeit Sozialhilfe.

b) Die vorgeschlagene Maßnahme ist unzulässig. Die Streikposten dürfen keine Nötigung begehen. Sie müssen z.B. eine Gasse lassen, damit arbeitswillige Arbeitnehmer das Werksgelände betreten können.

4. a) Bei einer staatlichen Zwangsschlichtung kann der Staat willkürlich in die Lohnbildung und damit in den marktwirtschaftlichen Lenkungsprozess eingreifen. Die Politik ist überfordert, wenn sie den »gerechten« Lohn festlegen und den Zielkonflikt mit dem unter ökonomischen Gesichtspunkten zweckmäßigen Lohn ausgleichen soll. Mit einer staatlichen Zwangsschlichtung erhält der Staat viel Macht, die er missbrauchen kann.

---

[1] Die Frage, ob die Arbeitnehmer Anspruch auf Arbeitslosengeld haben (vgl. SGB III § 146), wird in Aufgabe 6.27 behandelt.

6 Arbeits- und Sozialrecht

b) In der Bundesrepublik Deutschland gibt es keine staatliche Zwangsschlichtung. Die vor 1933 gültige staatliche Zwangsschlichtung war für alle Tarifparteien und auch für den Staat von Nachteil. Es gibt nur eine zwischen den Tarifvertragsparteien freiwillig vereinbarte Schlichtung, zu deren Durchführung **DGB** und **BDA** ihren Mitgliedern eine Musterschlichtungsvereinbarung empfohlen haben.

5. Es wird immer noch heftig darüber gestritten, ob die Aussperrung ein zulässiges Kampfmittel ist. Die Verfassung des Landes Hessen erklärt die Aussperrung in Art. 29 sogar ausdrücklich für rechtswidrig.

   Das **Bundesarbeitsgericht** hat entschieden, dass Abwehraussperrungen berechtigt sein können, wenn die Gewerkschaft durch Anwendung besonderer Kampftaktiken (z.B. eng begrenzte Teilstreiks, d.h. Schwerpunktstreiks) bei den Verhandlungen ein Übergewicht erzielt. Dann wird in der Aussperrung ein notwendiges Mittel gesehen, um die Kampfparität zu erhalten. Die Rechtsprechung hält die Aussperrung aber nur dann für gerechtfertigt, wenn das Gebot der Verhältnismäßigkeit beachtet wird. Auf einen eng begrenzten Teilstreik darf nicht mit der Aussperrung sämtlicher Arbeitnehmer des Tarifgebiets geantwortet werden. Aussperren kann jeder Betrieb im Tarifgebiet, der dem kampfführenden Arbeitgeberverband angehört.

6. Der vorgeschlagene Streik würde die Friedenspflicht verletzen, da der Tarifvertrag noch gültig ist. Würde ihn die Gewerkschaft trotzdem durchführen, müsste sie den Arbeitgebern (gem. § 823 BGB) den entstehenden Schaden ersetzen.

7. Die Geschäftsleitung hat Recht. Es handelt sich um einen »wilden« Streik, da er nicht von der Gewerkschaft organisiert ist. Streikende Arbeitnehmer können wegen Arbeitsverweigerung entlassen werden.

Sozialversicherung

6.25 Sozialversicherung – gesetzliche Krankenversicherung – private Krankenversicherung – Pflegeversicherung

1. **Frau Schupp** ist versicherungspflichtig in der gesetzlichen Krankenversicherung wie alle Arbeitnehmer, deren regelmäßiges Jahreseinkommen die Versicherungspflichtgrenze nicht überschreitet (SGB V §§ 5,6). Sie ist versichert aufgrund der versicherungspflichtigen Beschäftigung.

   Die Mitgliedschaft beginnt mit dem Tag des Eintritts in die Beschäftigung (SGB V § 186), auch wenn die Anmeldung (SGB V § 198) versäumt wurde.

2. **Klett** ist nicht versicherungspflichtig, da sein Einkommen über der Versicherungspflichtgrenze liegt (SGB V § 6). Zwar ist er als Berufsanfänger versicherungsberechtigt (SGB V § 9). In diesem Falle beginnt die Mitgliedschaft jedoch erst mit der Beitrittserklärung (SGB V § 188). Die **AOK** muss die Arztkosten deshalb nicht zahlen.

3. a) Nein. **Striebel** ist versicherungspflichtig, d.h. versichert mit Eintritt in das Arbeitsverhältnis (SGB V § 5). Die **AOK** hat keine Möglichkeit, ihn als Mitglied abzulehnen.

   b) Nein. In der Sozialversicherung sind sog. »günstige Risiken« pflichtversichert; dem entspricht, dass auch »ungünstige Risiken« aufgenommen werden müssen.

   c) Eine Privatversicherung würde den Abschluss eines Versicherungsvertrages ablehnen, eine höhere Prämie fordern oder bestehende Vorerkrankungen von der Versicherungsleistung ausschließen.

4. a)

	gesetzliche Krankenversicherung Informationsquelle: SGB V	private Krankenversicherung Informationsquelle: Prospekt »Süddeutscher Ring«
Höhe des Beitrags ** Der Höchstbeitrag des Arbeitgeberbeitrags zu einer privaten Krankenversicherung wird gem. SGB V § 257 (2) unter Anwendung des durchschnittlichen Beitragssatzes aller gesetzlichen Krankenkassen berechnet, der jährlich neu ermittelt wird. In der Lösung wird zur Vereinfachung angenommen, dass der Arbeitgeber bei Übertritt Klötzels in eine private Krankenkasse den Arbeitgeberbeitrag in der bisherigen Höhe weiterzahlt. Auf das Ergebnis des Vergleichs hat das keinen beachtenswerten Einfluss.	15 % von 3562,50 EUR (Bemessungsgrenze 2006) = 534,38 EUR davon Arbeitnehmeranteil 50% = 267,19 EUR Seit 1.7.2005 wird von den Arbeitnehmern ein Sonderbeitrag von 0,9 % für Zahnersatz und Krankengeld erhoben. Der Arbeitgeberanteil entfällt in diesem Fall. Gesamtbeitrag für Herrn Klötzel (Arbeitnehmeranteil) also: 299,25 EUR	Herr Klötzel 300,76 EUR Frau Klötzel 366,18 EUR 2 Kinder 129,54 EUR* --- 796,48 EUR – ges. Arbeitgeberanteil** 264,38 EUR --- selbst zu tragen 532,10 EUR * jedoch Leistungsausschluss für Sohn Georg oder höherer Beitrag
Leistungsausschluss bei alten Leiden	kein Leistungsausschluss	Leistungsausschluss für alle Erkrankungen des Sohnes Georg, die in Zusammenhang mit der chronischen Bronchits stehen, oder erhöhter Beitrag für Sohn Georg (in Berechnung oben noch nicht enthalten)
L E I S T U N G S U M F A N G — ambulante Heilbehandlung	100 % ohne zeitliche Begrenzung; Eigenbeteiligung (»Zuzahlung«) bei Arznei- und Heilmitteln (SGB V §§ 31, 32)	100 % ohne zeitliche Begrenzung, jedoch im Kalenderjahr 100 DM Selbstbeteiligung
stationäre Heilbehandlung	ohne zeitliche Begrenzung Für längstens 14 Tage Eigenbeteiligung 9 EUR je Tag. (Stand 01.01.2002) Kein Anspruch auf Ein- oder Zweibettzimmer und Chefarztbehandlung	100%ige Erstattung ohne Selbstbeteiligung. Kostenersatz für Ein- oder Zweibettzimmer. Chefarztbehandlung
zahnärztliche Behandlung	zahnärztliche Behandlung 100 % kieferorthopädische Behandlung 80 % Zahnersatz 50 %	100 % 75 % 75 %
Krankengeld	80 % des Regelentgelts (wenn kein Arbeitsentgelt mehr gezahlt wird), wegen derselben Krankheit hö. 78 Wochen innerhalb 3 Jahren	kein Krankengeld
Vorfinanzierung der Kostenregulierung	Keine. Kasse rechnet direkt mit Leistungsträger (Arzt, Krankenhaus) ab.	Meist erstattet private Kasse auch unbezahlte Rechnungen

b) Der Gesetzgeber hält höher verdienende Arbeitnehmer nicht mehr für schutzbedürftig. Er unterstellt, dass sie für das Risiko des Krankheitsfalles selbst vorsorgen können.

5. a) Ja. **Klarenberger** erfüllt die Voraussetzungen des SGB V § 9 (1) für eine freiwillige Weiterversicherung (vor dem Ausscheiden mindestens 12 Monate versichert bzw. in den letzten 5 Jahren 24 Monate). Die Erklärung hat innerhalb 3 Monaten zu erfolgen.

b) Arbeitnehmer, die aus der Versicherungspflicht ausscheiden, würden von der Privatversicherung nur mit erheblichen Risikozuschlägen oder unter Ausschluss von Leistungen für bereits bestehende chronische Erkrankungen aufgenommen. Da die Beiträge nach dem Eintrittsalter gestaffelt sind, hätten sie meist schon deshalb höheren Beitrag zu zahlen.

6 Arbeits- und Sozialrecht

6. a) Ja. Berufsanfänger sind, unabhängig von ihrem Einkommen, versicherungsberechtigt (SGB V § 9, 1). Die Anmeldung muss innerhalb von 3 Monaten nach Eintritt in das Beschäftigungsverhältnis erfolgen (§ 9, Abs. 2).

   b) Wer in einer privaten Krankenversicherung gegen Krankheit versichert ist, muss eine private Pflegeversicherung abschließen (SGB XI § 1 (2)).

   c) Eine mögliche Stellungnahme: Weder durch die gesetzliche Krankenkasse noch durch eine Krankheitskostenversicherung bei einem privaten Krankenversicherer werden im Pflegefall besondere Leistungen (Dienst-, Sach- oder Geldleistungen) zur Deckung der Pflegekosten erbracht.

   Die Pflegekosten übersteigen in der Regel bei weitem das Renteneinkommen. Pflegebedürftige Menschen mussten in der Vergangenheit meist Sozialhilfe in Anspruch nehmen. Es erscheint deshalb berechtigt, diese Versorgungslücke nach dem Prinzip der Sozialversicherung zu schließen.

7. a) Ja. Krankenhausbehandlung wird ohne zeitliche Begrenzung gewährt (SGB V §§ 27, 39).

   b) Das Krankenhaus rechnet mit der **AOK** direkt ab.

   c) Bei der Stellungnahme zu beachten:
   Ein Krankenhauspatient wird voll versorgt und hat deshalb gewisse Einsparungen an seinen Lebenshaltungskosten, obwohl er Lohn oder Krankengeld erhält. Zudem ist die Selbstkostenbeteiligung für höchstens 14 Tage zu leisten (SGB V § 39 (4)). Die Zuzahlung bei Krankenhausaufenthalt beträgt zur Zeit (01.01.2002) 9 EUR pro Tag.

   d) Grundsätzlich hat ein Arbeitnehmer Anspruch auf Lohnfortzahlung, wenn er wegen einer Erkrankung arbeitsunfähig wird. Bei jeder erneuten Erkrankung ist der Lohn für 6 Wochen weiter zu zahlen (EntgeltFZG § 3).

   Einschränkungen gibt es jedoch, wenn der Arbeitnehmer immer wieder wegen derselben Krankheit arbeitsunfähig wird. **Fabricius** hat während seines Krankenhausaufenthaltes keinen Anspruch auf Lohnzahlung mehr, weil er in den letzten 6 Monaten wegen der gleichen Erkrankung bereits 6 Wochen Lohnfortzahlung erhalten hat.

   e) **Fabricius** erhält keine Lohnfortzahlung mehr. Damit ist er grundsätzlich berechtigt, Krankengeld zu beziehen (SGB V §§ 44, 49 Abs. 1). Krankengeld wird grundsätzlich unbegrenzt gewährt (SGB V § 48 Abs. 1). Für den Fall der Arbeitsunfähigkeit wegen derselben Krankheit gilt jedoch eine Ausnahmeregelung. In diesem Fall wird Krankengeld für höchstens 78 Wochen innerhalb von 3 Jahren gewährt.

   Fabricius erhält schon deshalb noch Krankengeld, weil er in den vergangenen 3 Jahren weniger als 78 Wochen erkrankt war (und außerdem ein Teil dieser 40 Wochen sehr wahrscheinlich noch durch Lohnfortzahlung abgedeckt war).

6.26 Gesetzliche Rentenversicherung – Lebensversicherung zur Deckung der Versorgungslücke – Sparen als Daseinsvorsorge

1. **Pfeiffer** ist gem. SGB VI § 1 versicherungspflichtig wie alle Personen, die gegen Arbeitsentgelt oder zu ihrer Berufsausbildung beschäftigt sind.

2. a) Wenn er in allen Versicherungsjahren so viel verdient hätte wie der Durchschnitt der Versicherten, dann hätte **Pfeiffer** in 35 Versicherungsjahren 35 × 1,0 = 35 Entgeltpunkte erreicht. (Seine Rente wird dann 905,10 EUR betragen).

b) EP: 60;
Raf: 1,0 (Altersrente);
AR bei Antragstellung 26,13 EUR
geschätzte Altersrente, monatlich: 60 × 1,0 × 26,13 = 1567,80 EUR

c) Monatliche Rente wegen Erwerbsunfähigkeit (EP 50, nach 28 Versicherungsjahren): 50 × 1,0 × 26,13 EUR = 1306,50 EUR

3. In der Rentenversicherung wird das Einkommen höchstens bis zur Bemessungsgrenze berücksichtigt. Für Einkommen, das darüber hinausgeht, zahlt der Versicherte keine Beiträge, dieser Einkommensteil wirkt sich damit auch nicht auf die Berechnung der Entgeltpunkte aus (SGB VI § 157).

4. a) Eintrittsalter 35 Jahre; Versicherungsdauer bis zur Erreichung des 60. Lebensjahres: 25 Jahre; Jahresbeitrag je 1000 EUR Versicherungssumme: 30,03 EUR.

   Berechnung der Versicherungssumme:
   300 EUR monatlich × 12 = 3 600 EUR Jahresbeitrag;
   3 600 EUR : 30,03 = rd. 120 000 EUR

   b) Berechnung der monatlichen Rente bei Inanspruchnahme des Rentenwahlrechts:
   Versicherungssumme in Tsd. EUR: 120
   Jahresbetrag der Rente je 1000 EUR Versicherungssumme: 59,47 EUR
   Jahresrente: 120 × 59,47 = 7 136,40 EUR
   Monatsrente: 7 136,40 : 12 = 594,70 EUR

   c) Die Sozialversicherung deckt die Versicherungsleistungen nach dem sog. Umlageprinzip. Gem. SGB VI § 158 sind die Beitragssätze so festzulegen, dass die von den Versicherten eingehenden Beitragseinnahmen die im folgenden Kalenderjahr anfallenden Ausgaben decken. Die Renten der gesetzlichen Rentenversicherung werden also nicht aus nach versicherungsmathematischen Grundsätzen angesammelten Kapitalbeträgen bestritten.

   Die Privatversicherung legt die Beiträge unter Berücksichtigung des Risikos fest (das sich bei einer Lebensversicherung vor allem aus dem Eintrittsalter und der für dieses Alter statistisch festgestellten Sterbewahrscheinlichkeit ergibt) und sammelt für den Eintritt des Versicherungsfalles Kapitalbeträge an.

   Steigt das Einkommen des Versicherten im Laufe seines Erwerbslebens, dann steigt damit sein Lebensstandard, den er mit der Lebensversicherung für seine Zeit als Rentner sichern will. Wenn der Versicherungsnehmer bei steigendem Einkommen trotzdem nur die fest vereinbarte Versicherungsprämie zahlt, kann die Versicherungsleistung sich auch nur auf diese Prämie beziehen, die auf einem Lebensstandard mit geringerem Einkommen beruht.

   Der Versicherte könnte auch eine dynamische Lebensversicherung abschließen, bei der eine jährliche Beitragssteigerung um einen bestimmten Prozentsatz vereinbart wird. Dann steigt auch die Versicherungssumme laufend. Dabei handelt es sich um nichts anderes, als um einen jährlich neuen Abschluss eines Versicherungsvertrages, die Versicherung berücksichtigt bei der versicherungsmathematischen Berechnung der sich aus dem Erhöhungsbetrag sicher später einmal ergebenden Versicherungsleistung jeweils das erhöhte Eintrittsalter. Der Versicherte hat nur den einzigen Vorteil, dass die Versicherung bei den jährlichen Erhöhungen der Versicherungssumme auf eine Überprüfung des Gesundheitszustandes verzichtet.

   Das Prinzip der dynamischen Rente der gesetzlichen Rentenversicherung ist grundverschieden von der privaten dynamischen Lebensversicherung. Nach der Rentenformel steigt die Rente eines Versicherten schon dann, wenn das durchschnittliche Einkommen aller Versicherten der gesetzlichen Rentenversicherung steigt, auch wenn sein eigenes Einkommen nicht steigt und er deshalb keine erhöhten Beiträge gezahlt hat.

5. a) Selbstständige sind grundsätzlich in der Rentenversicherung nicht versicherungspflichtig (Ausnahmen z.B. selbstständige Lehrer und Erzieher, die keine versicherungspflichtigen Arbeitnehmer beschäftigen, SGB VI § 2). Nicht versicherungspflichtige Personen, die das 16. Lebensjahr vollendet haben, können jedoch freiwillig der gesetzlichen Rentenversicherung beitreten. Dazu muss **Pfeiffer** jedoch einen Antrag stellen (SGB VI § 4 (4)).

   b) Die Schreibkraft übt eine geringfügige Tätigkeit aus – SGB IV § 8, SGB VI § 5 (2). **Pfeiffer** muss seit 01.07.2006 pauschal 15% RV-Beitrag und 10% KV-Beitrag abführen – SGB V § 249 b, SGB VI § 172 (3).

6. Sparen kann Versichern nicht ersetzen, da die Versicherung das Todesfallrisiko sofort übernimmt. Sie muss schon nach Erhalt einer einzigen Prämie ihre Leistung erbringen, wenn der Versicherungsnehmer stirbt. Andererseits ist es bei geschickter Kapitalanlage möglich, eine höhere Rendite als die Erlebensfall-Leistung im Rahmen einer Lebensversicherung zu erzielen.

6.27 Arbeitslosenversicherung – Arbeitslosengeld – Arbeitslosengeld II

1. a) – c) Ja. Beitragspflichtig sind alle Personen, die als Arbeitnehmer gegen Entgelt arbeiten oder zu ihrer Ausbildung beschäftigt sind. SGB III §§ 1, 2, SGB IV § 7.

   d) Der Handelsvertreter ist selbstständiger Kaufmann gem. HGB § 84. Selbstständige sind nicht beitragspflichtig zur Arbeitslosenversicherung.

2. a) Ja, der kaufm. Angestellte erhält Arbeitslosengeld. Arbeitslosengeld ist eine Versicherungsleistung; seine Gewährung ist deshalb nicht an die Voraussetzung der Bedürftigkeit gebunden. Eine Anwartschaft gem. § 123 SGB III ist erfüllt, da der kaufm. Angestellte in den letzten 3 Jahren vor der Arbeitslosmeldung 12 Monate beitragspflichtig beschäftigt war.

   b) Ja. Wer Arbeitslosengeld bezieht, ist krankenversichert. SGB V § 5.

3. Nein, obwohl die Anwartschaft für die Versicherungsleistung Arbeitslosengeld erfüllt ist. Wer arbeitsunfähig ist, steht der Arbeitsvermittlung nicht zur Verfügung. Arbeitsfähigkeit ist gem. SGB III § 118 eine weitere Voraussetzung für die Gewährung von Arbeitslosengeld und Arbeitslosengeld II.

4. Der Berufskraftfahrer erhält Arbeitslosengeld II, weil er Arbeitslosengeld bezogen hat, dieser Anspruch aufgebraucht ist und Bedürftigkeit vorliegt (SGB II §§ 7, 19, 20).

5. Nein. Die Agentur für Arbeit darf durch Gewährung von Arbeitslosengeld nicht in den Arbeitskampf eingreifen. SGB III § 146.

6. a) Nein. Schüler und Studenten, die ein Arbeitsverhältnis eingehen, sind nicht beitragspflichtig.

   b) Nein. Es gibt keine Möglichkeit, der Arbeitslosenversicherung freiwillig beizutreten.

6.28 Gesetzliche Unfallversicherung

1. Die Berufsgenossenschaft trägt die Kosten, denn alle Arbeitnehmer sind dort versichert. §§ 2, 7ff. SGB VII.

2. Ja, er ist Arbeitnehmer und deshalb bei der Berufsgenossenschaft versichert. § 2 SGB VII. Er erhält Leistungen nach § 26ff. SGB VII. Pflichtversicherte der Krankenkasse erhalten ihre Leistungen von dort.

   Verletztenrente, wenn mindestens 20% Erwerbsminderung. § 56 SGB VII.

3. Der Weg zum Arbeitsplatz fällt unter den Unfallschutz der gesetzlichen Unfallversicherung. Daher wird Ersatz der Krankenkosten und eine laufende Rente gewährt. § 8 SGB VII.

   Der Sachschaden am Moped wird nicht ersetzt, denn die gesetzliche Unfallversicherung deckt keinen Sachschaden. § 26 SGB VII.

4. Die Berufsgenossenschaft will erreichen, dass der Betrieb Unfallverhütungsmaßnahmen ergreift. §§ 1, 152, 162 SGB VII (Beitragsbemessung außerdem nach dem Entgelt der Versicherten und dem Grad der Unfallgefahr in diesen Betrieben allgemein).

5. Merkblätter und Plakate werden an die Betriebe ausgegeben, Unfallverhütungsmaßnahmen ausgearbeitet und die Durchführung durch Aufsichtsbeamte überwacht. §§ 14, 17 SGB VII.

7 Beschaffung und Lagerhaltung
(Materialwirtschaft)

Geschäftsprozess der Beschaffung

7.01 Bestandsbuchführung – Bedarfsmeldeschein – Bezugsquellendatei – Anfrage – Angebotsvergleich – Bestellung – Wareneingang – Rechnungskontrolle – Datenflussplan

1. Jan. 30.: WA 34 Abgang 15, tatsächlicher Bestand 47, disponibler Bestand 27

2. Am 27. Jan. wurde der Meldebestand unterschritten.

3. a) Materialbeschaffungsdatei, Liefererdatei
   Beide Dateien sind miteinander verknüpft, sodass die Dateneingabe nur einmal erfolgen muss.
   b) vgl. Auszug aus der Liefererdatei und die dort ausgewiesenen Datenfelder
   c) Liefererdatei

4. IHK, Prospekte, Kataloge, Zeitschriften, Messen, Ausstellungen, Branchenadressbücher, Datenbanken im Internet: www.abconline.de (ABC der deutschen Wirtschaft), www.wlwonline.de (Wer liefert was?), www.branchenbuch.de (Branchenverzeichnis) u.a.m.

5. a) Auf schnellste Lieferung hinweisen.
   b) Ja. Änderungen der Verkaufsbedingungen der Lieferer, Eintrag neuer Bezugsquellen, schnelleres Auffinden der Bezugsquellen

6. Entsprechende Daten dem Angebot entnehmen und den einzelnen Feldern der Liefererdatei zuordnen.

7. Da sofortige Lieferung nötig, nur Angebotsvergleich zwischen Dörken & Mantel und Gulde.

Lieferant	Dörken & Mantel	Gulde KG	
	\multicolumn{2}{c}{Stückpreise}	
Listenpreis	70,50	66,40	
– Rabatt			
+ Zuschläge		3,32	
= Zieleinkaufspreis	70,50	69,72	
– Skonto		2,09	
= Bareinkaufspreis	70,50	67,63	
+ Verpackungskosten	0,67	0,20	
+ Transportkosten	1,33		
= Einstandspreis	72,50	67,83	
Bestellmenge	150	150	
Einstandspreis für die gewünschte Menge	10 875,00	10 174,50	

8. a) Gulde ist der preisgünstigste unter den zuverlässigen und lieferbereiten Lieferern.
   b) 150 · 3,32 = 498,00 – 14,94 (= 3% Skonto) = 483,06 Euro; Verpackungskosten werden davon nicht berührt.

9. Schnellste Beförderungsart verlangen. Für Lieferung Termin setzen, da Bedarf in etwa 10 bis 14 Tagen.

10. Als Bestellnummer wird vom Programm die lfd. Nummer vorgeschlagen; Materialart bzw. Materialnr. muss eingegeben werden; als Bestelldatum schlägt das Programm das aktuelle Kalenderdatum vor, Liefertermin lt. Angebot oder gewöhnlichen Lieferfristen eingeben, Lieferer Nr. (zugehörige Lieferstammdaten werden dann automatisch eingelesen), Positionsnr., Materialnr. und Bestellmenge eingeben, Einzelpreis wird u.U. aus Liefererdatei vorgeschlagen

11. Bei dem Datensatz mit Materialnummer 3120 werden das Bestelldatum und die Bestellmenge ausgewiesen (vgl. Aufgabe 1).

12. a) Aktuelles Tagesdatum und Liefertermine; falls Liefertermin überschritten ist, wird die dazugehörige Bestellung (Materialnr., Lieferernr., Liefertermin) ausgedruckt.

    b) Vermeidung eigener Produktionsausfälle und Lieferungsverzögerungen

13. a) Ausfertigung und Eintragung aufgrund der Daten des Bestellvorgangs.

    b) Buchung in der Lagerbuchhaltung (Materialbestände), Terminüberwachung, Vermeidung von Mahnungen

    c) In der Materialbestandsliste (vgl. Aufgabe 1) werden die bei der Bestellung (Aufgabe 11) dorthin übertragenen Daten (Bestelldatum und Bestellmenge) wieder gelöscht. Stattdessen erfolgt unter dem Datum des Wareneingangs die Fortschreibung des Lagerbestandes (10.02., Beleg: Best. 54, Zugang: 150, Lagerbestand 212 bzw. 192)

14. a) Angebotsdaten, Bestelldaten, Wareneingangsmeldung, Rechnung

    b) Finanzbuchhaltung (Kreditoren)

15. a) (1) Der Einkäufer/Disponent erhält eine Anforderung in Form eines Bedarfsmeldescheins oder eines Bestellvorschlags. Beim Bestellvorschlag handelt es ich um einen EDV-Ausdruck, in dem alle Materialpositionen aufgeführt sind, die den Meldebestand erreicht oder unterschritten haben. Die dazu notwendige Überprüfung führt der Computer nach jeder Buchung oder in regelmäßigen zeitlichen Abständen durch. (Bei entsprechendem Datenaustausch auf EDV-Basis zwischen Lieferern und Kunden geht die Bestellung u.U. ohne weitere Nachprüfung direkt dem Lieferer zu.)

    (2) Die Anforderung wird vom Einkäufer/Disponent geprüft. Dabei sind Änderungen oder Ergänzungen hinsichtlich Menge, Termin etc. möglich, um beispielsweise sich abzeichnende Preisänderungen auf dem Beschaffungsmarkt zu berücksichtigen.

    (3) Mit Hilfe der Materialnummer ermittelt das EDV-Programm aus der Materialstammdatei die Stammdaten des jeweiligen Materials und aus der Liefererdatei den oder die möglichen Lieferer. Dabei werden auch die für die einzelnen Lieferer geltenden Konditionen (Lieferzeit, Mindestbestellmengen, Rabatte etc.) berücksichtigt.

    (4) Die aus der Materialstamm- und Liefererdatei entnommen Daten ergänzt der Einkäufer/Disponent durch die konkreten Bestelldaten (Menge, Liefertermin etc.).

    (5) Das EDV-Programm vergibt eine Bestellnr., druckt die Bestellung aus und speichert die Daten zum Zweck der Terminüberwachung in einer Bestelldatei. In der Materialstammdatei wird die Bestellung als ausstehende Lieferung ebenfalls erfasst. Dadurch ist gewährleistet, dass bei der Lagerbestandsüberwachung in Form einer sog. Dispositionsliste die ausstehende Lieferung als Bestellbestand ausgewiesen wird.

7 Beschaffung und Lagerhaltung

(6) Bei Bestellungsannahme (Auftragsbestätigung) durch den Lieferer gibt der Einkäufer/Disponent die entsprechende Bestellnr. ein und bestätigt in der Bestelldatei Liefermenge und Liefertermin.

(7) Ausstehende Lieferungen können nach Materialnummer oder Liefertermin sortiert und ausgedruckt werden. Für Lieferungen, deren Liefertermin überschritten ist, kann eine spezielle Rückstandsliste und bei Bedarf ein entsprechendes Mahnschreiben ausgedruckt werden.

(8) Das Material wird geprüft und im Lager einsortiert. Werden Mängel festgestellt, erfolgt eine entsprechende Meldung an den Einkäufer/Disponenten, der ggf. eine Mängelrüge veranlasst.

(9) Der Erhalt des Materials wird dem Einkäufer/Disponenten von der Materialannahmestelle in Form einer Materialeingangsmeldung mitgeteilt. Der Einkäufer/Disponent nimmt eine sachliche Prüfung (Vergleich mit Bestellung) vor und vermerkt den Materialeingang in der Bestelldatei. In der Materialstammdatei wird automatisch der Lagerbestand aktualisiert (Umwandlung von Bestellbestand in verfügbaren Lagerbestand).

(10) Nach Überprüfung der Eingangsrechnung durch den Einkäufer/Disponent wird diese von der Finanzbuchhaltung gebucht und zur Zahlung angewiesen. Für die Zahlung kommen u.a. Überweisungsformulare, Online-Überweisung oder beleploser Datenträgeraustausch über Magnetbänder o.Ä. in Frage. Der Rechnungsausgleich wird in der Liefererdatei erfasst.

b) Bestelldatei

c) Zugriff auf die Bestelldatei und Ausdruck einer Rückstandsliste ggf. mit Mahnschreiben.

Kosten der Materialwirtschaft

7.02 Einstandspreis der Beschaffungsmenge –
Unmittelbare (bestellmengenabhängige) und mittelbare
(bestellmengenunabhängige, bestellfixe) Beschaffungskosten

1. Anfangsbestand	3 000 Einheiten
– geplanter Schlussbestand	2 000 Einheiten
Bestandsminderung	1 000 Einheiten
Erwarteter Absatz	18 000 Einheiten
– Bestandsminderung	1 000 Einheiten
Beschaffungsmenge	17 000 Einheiten
Grundpreis (17 000 × 100 EUR)	1 700 000 EUR
– 10% Rabatt	170 000 EUR
Zieleinkaufspreis (Rechnungspreis)	1 530 000 EUR
– 3% Skonto	45 900 EUR
Bareinkaufspreis	1 484 100 EUR
+ Verp.-Kosten (170 × 20 EUR)	3 400 EUR
+ Fracht (1% v. 1 484 100 EUR)	14 841 EUR
Einstandspreis	1 502 341 EUR

2. **Mittelbare (bestellmengenunabhängige) Beschaffungskosten**
   Briefporto, Mietkosten, Personalkosten, Abschreibungen, Büromaterial
   Unmittelbare (bestellmengenabhängige) Beschaffungskosten
   Rechnungspreis der Rohstoffe, Transportversicherung, Verpackung, Importzoll

7.03 Lagerkostenarten – Lagerzins

1. a) 99 Geräte

   b) 99 – 80 = 19 Geräte

   c) Kurzfristig lieferunfähig; Kaufinteressenten wenden sich an Konkurrenz; Imageminderung; Gewinnminderung; geringere Fixkostendeckung.

2. Zukauf von 100 Stück zu vorhandenem Lagerbestand bringt Gefahr, dass Geräte veralten; hohe Lagerkosten; zu geringe Sortimentstiefe bei Fernsehern; Preissenkung wird keine entsprechende Erhöhung der Nachfrage hervorrufen.

3. a) Alle Kosten können durch die Lagerung von Ware verursacht sein, mit Ausnahme der Kosten der Werbung.

   b) Lagereinrichtung: Miete, Sachkosten für Geschäftsräume, Zinsaufwendungen, Abschreibungen, Versicherungen.
   Lagerverwaltung: Löhne, Gehälter, sonstige Geschäftskosten.
   Lagervorräte: Zinsaufwendungen, Versicherungen.

4. Der Geschäftsfreund würde damit auf die Verzinsung des im Lager gebundenen Eigenkapitals verzichten (Opportunitätskosten).

7.04 Lagerkostensatz

1. Lagerkostensatz = $\dfrac{\text{Lagerkosten} \times 100}{\text{durchschnittlicher Lagerbestand in EUR}}$

2. Im 1. bis 3. Jahr sind die Lagerkosten zwar gestiegen. Die Steigerung war aber geringer als der Anstieg des durchschnittlichen Lagerbestandes. Daher ist der Lagerkostensatz in diesen Jahren gesunken.

3. a) Die Lagerkosten umfassen auch fixe Kosten, die unabhängig von der Höhe des durchschnittlichen Lagerbestandes sind. Diese fixen Kosten bleiben bei einer Verringerung des durchschnittlichen Lagerbestandes in voller Höhe weiter bestehen.

   b) Fixe Kosten: Abschreibungen auf das Lagergebäude, Zinsen für die Finanzierung des Lagergebäudes, Gehalt des Lagerverwalters.

7.05 Fehlmengenkosten

5 000 Stück × 0,50 EUR =	2 500 EUR	Preisdifferenzen
	8 000 EUR	Stillstandskosten
3 Tage × 5000 EUR	= 15 000 EUR	Konventionalstrafe
	20 000 EUR	Entgangener Gewinn/Goodwillverlust
	45 500 EUR	Gesamte Fehlmengenkosten

7 Beschaffung und Lagerhaltung

7.06 Lieferbereitschaftsgrad (Servicegrad) – Fehlmengenkosten

1. Lieferbereitschaftsgrad = $\dfrac{\text{sofort lieferbare Menge (580)}}{\text{insg. nachgefragte Menge (485)}} \times 100 = 120\,\%$ (gerundet)

2. Bei einem Lieferbereitschaftsgrad von über 90% steigen die Zins- und Lagerkosten wegen der hohen Sicherheitsbestände erfahrungsgemäß überproportional an.

3. 90,79%

4. Bei sinkendem Lieferbereitschaftsgrad steigen die Fehlmengenkosten (z.B. durch Preisdifferenzen bei Beschaffung von Ersatzmaterial, zusätzliche Transportkosten für Eil- und Express-Sendung, Konventionalstrafen, entgangenen Gewinn, Imageverlust).

7.07 Eigenfertigung oder Fremdbezug (Make or Buy) – Schlanke Produktion (Lean Production)

1. a) *Vorteile:*
   Flexible Reaktionsmöglichkeit auf Marktänderung,
   geringere Kapitalbindung durch Verzicht auf Fertigungskapazitäten,
   evtl. Kostenvorteil

   Nachteile:
   extreme Abhängigkeit von Zulieferern,
   evtl. Leerkapazitäten

   b) *Voraussetzungen:*
   enge Kooperation zwischen Zulieferer und Hersteller (Vernetzung der Produktionspläne zwischen Zulieferer und Hersteller mittels EDV),
   Zuverlässigkeit des Zulieferers hinsichtlich Qualität, Lieferterminen
   kostengünstiger Fremdbezug

2. a) *Monatliche Gesamtkosten bei Eigenfertigung*

Fixkosten	2 000 000 EUR
+ variable Kosten	7 500 000 EUR
(5000 Stück × 1500 EUR)	
Gesamtkosten	9 500 000 EUR

   Monatliche Gesamtkosten bei Fremdbezug
   5000 Stück × 2000 EUR = 10 000 000 EUR

   Bei der gegebenen Situation ist die Eigenfertigung monatlich um 0,5 Mio. EUR günstiger.

   b) Kritische Mengen:

   $\text{Kosten der Eigenfertigung} = \text{Kosten bei Fremdbezug}$
   $2\,000\,000 + 1500 \times X = 500 \times X$
   $2\,000\,000 = 500 \times X$
   $X = 4000$

   Die Eigenfertigung ist ab einer monatlichen Menge von 4000 Stück günstiger.

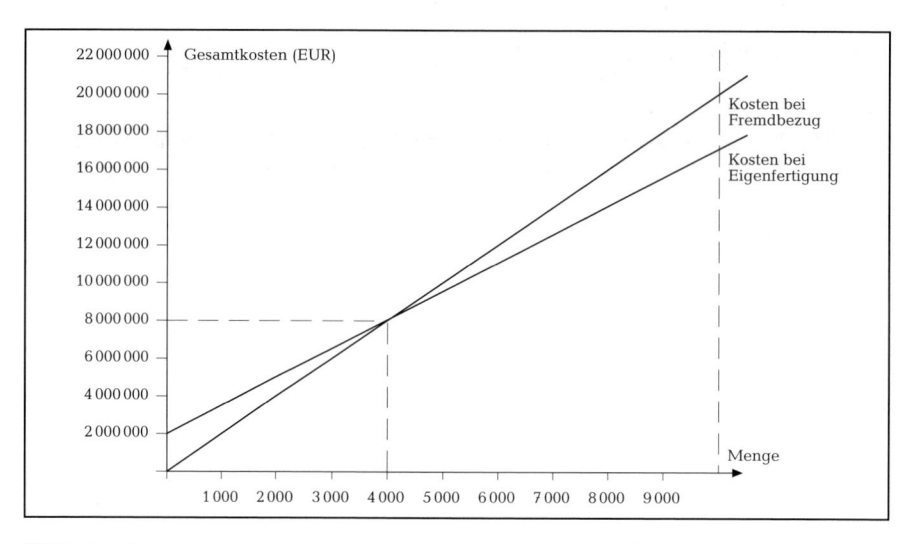

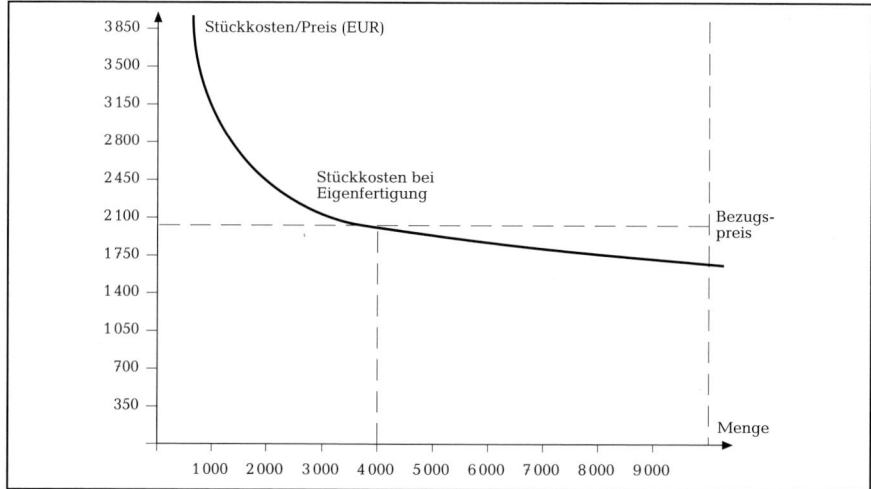

c) Monatliche Gesamtkosten bei Fremdbezug:
5000 Stück × 1800 EUR = 9000000 EUR; der Fremdbezug ist jetzt monatlich um 0,5 Mio. EUR günstiger als die Eigenfertigung.

3. Wenn die freien Lagerkapazitäten anderweitig genutzt und so Kosten für Bau oder Anmietung eines anderen Lagers eingespart werden können, wirkt sich das kostenmäßig zugunsten des Fremdbezugs aus.

4. a) Wert des Sicherheitsbestandes: 2500 Stück × 1500 EUR = 3750000 EUR; davon 20% = 750000 EUR Zins- und Lagerkosten p.a.; davon $1/12$ = 62500 EUR monatlich.

b) Die Zins- und Lagerkosten für den Sicherheitsbestand betragen jeden Monat konstant 62500 EUR. Sie erhöhen daher die fixen Kosten bei der Eigenfertigung und wirken sich somit kostenmäßig zuungunsten der Eigenfertigung aus. Der Fremdbezug wird dadurch vorteilhafter.

c) Die Eigenfertigung wird um 62500 EUR teurer. Gegenüber Aufgabe 2a) beträgt der Kostenvorteil der Eigenfertigung jetzt nur noch 437500 EUR. Die kritische Menge liegt jetzt bei 4125 Stück.

Gegenüber Aufgabe 2c) ist die Eigenfertigung jetzt um 562500 EUR teurer als der Fremdbezug. Die kritische Menge liegt jetzt bei 6875 Stück.

7 Beschaffung und Lagerhaltung

Bedarfsplanung

7.08 Bedarfsermittlung – Bedarfsarten (Primärbedarf – Sekundärbedarf – Zusatzbedarf – Bruttobedarf – Nettobedarf – Beschaffungsbedarf)

1. Primärbedarf (Produktionsmenge) bei Grillgeräten: 1 500
   Primärbedarf (Produktionsmenge) bei Fahrgestellen: 750

2.

Primärbedarf bei Grillgeräten	×	Zahl der Motoren je Gerät	=	Sekundärbedarf bei Motoren
1 500	×	1	=	1 500
Primärbedarf bei Fahrgestellen	×	Zahl der Räder je Fahrgestell	=	Sekundärbedarf bei Rädern
750	×	4	=	3 000

3. Bruttobedarf bei Rädern: 3 000 + 300 = 3 300

4. Motoren:
	Bruttobedarf	1 650
−	Lagerbestand am Anfang	50
+	Sicherheitsbestand	120
=	Nettobedarf	1 720

   Räder:
	Bruttobedarf	3 300
−	Lagerbestand am Anfang	200
+	Sicherheitsbestand	240
=	Nettobedarf	3 340

5.

Grillgeräte Planungsperiode 1

AB	150	Verkauf	1 600
Herstellung	1 500	EB	50

Grillgeräte Planungsperiode 2

AB	50	Verkauf	2 000
Herstellung	2 300	EB	350

Es werden 2 300 Grillgeräte produziert.

a) Nettobedarf Motoren:

	Sekundärbedarf	2 300
+	Zusatzbedarf 10 %	230
=	Bruttobedarf	2 530
−	Lagerbestand am Anfang	120
+	Sicherheitsbestand	250
=	Nettobedarf (Beschaffungsbedarf)	2 660

b) Nettobedarf Motoren unter Berücksichtigung von Vormerk- und Bestellbestand:

	Sekundärbedarf	2 300
+	Zusatzbedarf 10 %	230
=	Bruttobedarf	2 530
–	Lagerbestand am Anfang	120
+	Sicherheitsbestand	250
+	Vormerkbestand	50
–	Bestellbestand	100
=	Nettobedarf (Beschaffungsbedarf)	2 610

6.   Sekundärbedarf
   + Zusatzbedarf
   = Bruttobedarf
   – Lagerbestand (AB)
   + Sicherheitsbestand
   + Vormerkbestand
   – Bestellbestand
   = Nettobedarf (Beschaffungsbedarf)

7.09 Plangesteuerte (programmgebundene) Bedarfsermittlung – Gozintograph – Direktbedarfsmatrix – Gesamtbedarfsmatrix – Baukastenstückliste

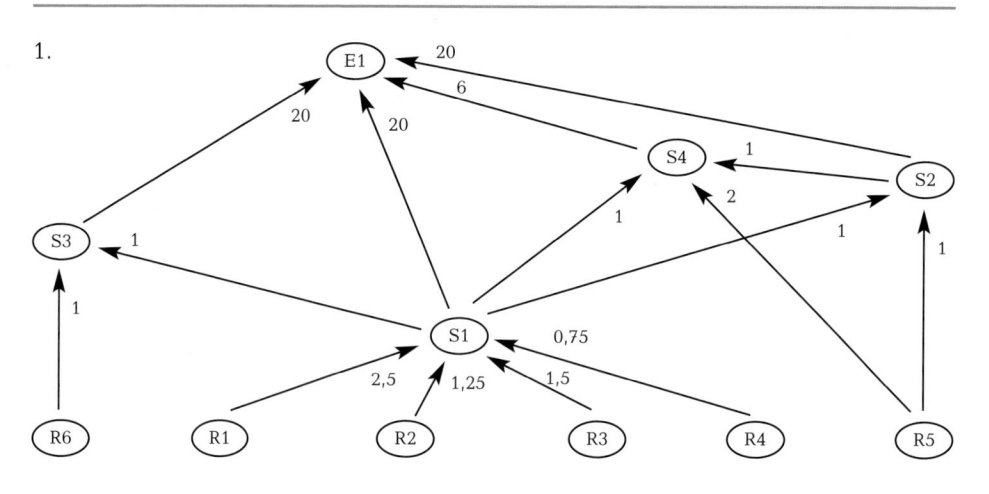

1.

2.

nach von	R1	R2	R3	R4	R5	R6	S1	S2	S3	S4	E1
R1	0	0	0	0	0	0	2,5	0	0	0	0
R2	0	0	0	0	0	0	1,25	0	0	0	0
R3	0	0	0	0	0	0	1,5	0	0	0	0
R4	0	0	0	0	0	0	0,75	0	0	0	0
R5	0	0	0	0	0	0	0	1	0	2	0
R6	0	0	0	0	0	0	0	0	1	0	0
S1	0	0	0	0	0	0	0	1	1	1	20
S2	0	0	0	0	0	0	0	0	0	1	20
S3	0	0	0	0	0	0	0	0	0	0	20
S4	0	0	0	0	0	0	0	0	0	0	6
E1	0	0	0	0	0	0	0	0	0	0	0

7 Beschaffung und Lagerhaltung

3. a) **zeilenweise:** Es wird erkenntlich, in welchen **unmittelbar** übergeordneten Erzeugnissen und Zwischenprodukten (Baugruppen) die einzelnen Teile und Rohstoffe enthalten sind. Diese Information entspricht den (Baukasten-)**Verwendungsnachweisen** (= synthetische Erzeugnisgliederung), die für das vorliegende Beispiel folgendes Aussehen haben:

R1		R2		R3		R4		R5		R6		S1		S2		S3		S4	
Nr.	ME	Nr.	ME	Nr.	ME	Nr.	ME	Nr.	ME	Nr.	ME	Nr.	ME	Nr.	ME	Nr.	ME	Nr.	ME
S1	2,5	S1	1,25	S1	1,5	S1	0,75	S2	1	S3	1	E1	20	E1	20	E1	20	E1	6
								S4	2			S2	1	S4	1				
												S3	1						
												S4	1						

b) **spaltenweise:** Es wird erkenntlich, aus welchen **unmittelbar untergeordneten** Zwischenprodukten (Baugruppen), Einzelteilen und Rohstoffen die einzelnen Erzeugnisse und Zwischenprodukte bestehen. Diese Information entspricht den (Baukasten-)**Stücklisten** (= analytische Erzeugnisgliederung) die für das vorliegende Beispiel folgendes Aussehen haben:

4.

E1		S1		S2		S3		S4	
Nr.	ME	Nr.	ME	Nr.	ME	Nr.	ME	Nr.	ME
S1	20	R1	2,5	S1	1	S1	1	S1	1
S2	20	R2	1,25	R5	1	R6	1	S1	1
S3	20	R3	1,5					R5	2
S4	6	R4	0,75						

5. *Hinweis:* Da im vorliegenden Fall der Produktionsprozess durch eine einfache lineare Struktur ohne Rückkopplung, d.h. ohne Einsatz eines Zwischen- oder Endproduktes, das wiederum ein Vorprodukt für einen der Rohstoffe darstellt, gekennzeichnet ist, lässt sich die Gesamtbedarfsmatrix direkt aus dem Gozinto-Graphen entwickeln. Andernfalls kann die Gesamtbedarfsmatrix aus der Direktbedarfsmatrix berechnet werden. Dazu muss die Direktbedarfsmatrix von einer Einheitsmatrix gleichen Typs (hier also 11 × 11) subtrahiert werden. Durch Inversion der neuen Matrix entsteht die Gesamtbedarfsmatrix.

von \ nach	R1	R2	R3	R4	R5	R6	S1	S2	S3	S4	E1
R1	1	0	0	0	0	0	2,5	2,5	2,5	5	180
R2	0	1	0	0	0	0	1,25	1,25	1,25	2,5	90
R3	0	0	1	0	0	0	1,5	1,5	1,5	3	108
R4	0	0	0	1	0	0	0,75	0,75	0,75	1,5	54
R5	0	0	0	0	1	0	0	1	0	2	32
R6	0	0	0	0	0	1	0	0	1	0	20
S1	0	0	0	0	0	0	1	1	1	1	72
S2	0	0	0	0	0	0	0	1	0	1	26
S3	0	0	0	0	0	0	0	0	1	0	20
S4	0	0	0	0	0	0	0	0	0	1	6
E1	0	0	0	0	0	0	0	0	0	0	1

Erläuterung:

a) Um die 6 Rohstoffe R1 bis R6 herzustellen, sind außer den Rohstoffen selbst keine weiteren Teile nötig. Die ersten 6 Spalten der Gesamtbedarfsmatrix weisen daher – außer den Einsen auf der Diagonalen – nur Nullen auf

b) Um 1 Einheit des Zwischenprodukts S1 herzustellen, sind 2,5 Einheiten R1, 1,25 Einheiten R2, 1,5 Einheiten R3 und 0,75 Einheiten R4 nötig. Die ersten vier Elemente der Spalte S1 weisen daher diese Werte auf, gefolgt von Nullen und der Eins auf der Diagonalen.

c) Da in das Zwischenprodukt S2 eine Einheit von S1 eingeht, enthält S2 **indirekt** auch 2,5 Einheiten von R1, 1,25 Einheiten von R2, 1,5 Einheiten von R3 und 0,75 Einheiten von R4. Außerdem gehen in S2 je eine Einheit von R5 und S1 **direkt** ein.

Der Spaltenvektor S2 lautet daher:

	S2
R1	2,5
R2	1,25
R3	1,5
R4	0,75
R5	1
R6	0
S1	1
S2	1
S3	0
S4	0
E1	0

e) Entsprechend sind die Spaltenvektoren für die Zwischenprodukte S3 und S4 zu entwickeln.

f) Der Spaltenvektor für das Endprodukt (= Mengenstückliste) ergibt sich wie folgt:
Von R1 gehen über S1 50 Einheiten (20 × 2,5), über S2 50 Einheiten (20 × 2,5), über S3 50 Einheiten (20 × 2,5) und über S4 30 Einheiten (6 × 5) in E1 ein. Insgesamt sind somit in E1 180 Einheiten R1 enthalten.
Von R2 gehen über S1 25 Einheiten (20 × 1,25), über S2 25 Einheiten (20 × 1,25), über S3 25 Einheiten (20 × 1,25) und über S4 15 Einheiten (6 × 2,5) in E1 ein. Insgesamt sind somit in E1 90 Einheiten R2 enthalten.
Von R3 gehen über S1 30 Einheiten (20 × 1,5), über S2 30 Einheiten (20 × 1,5), über S3 30 Einheiten (20 × 1,5) und über S4 18 Einheiten (6 × 3) in E1 ein. Insgesamt sind somit in E1 108 Einheiten R3 enthalten.
Von R4 gehen über S1 15 Einheiten (20 × 0,75), über S2 15 Einheiten (20 × 0,75), über S3 15 Einheiten (20 × 0,75) und über S4 9 Einheiten (6 × 1,5) in E1 ein. Insgesamt sind somit in E1 54 Einheiten R4 enthalten.
Von R5 gehen über S2 20 Einheiten (20 × 1) und S4 12 Einheiten (6 × 2) in E1 ein. Insgesamt sind somit in E1 32 Einheiten R5 enthalten.
Von R6 gehen über S3 20 Einheiten (20 × 1) in E1 ein. Insgesamt sind somit in E1 20 Einheiten R6 enthalten.
Von S1 gehen direkt 20 Einheiten und indirekt über S2 20 Einheiten (20 × 1), über S3 20 Einheiten (20 × 1), über S4 12 Einheiten (6 Einheiten direkt von S1 an S4 plus 6 Einheiten indirekt über S2 an S4) in E1 ein. Insgesamt sind somit in E1 72 Einheiten S1 enthalten.

7 Beschaffung und Lagerhaltung

Von S2 gehen direkt 20 Einheiten und indirekt über S4 6 Einheiten (6 × 1) in E1 ein. Insgesamt sind somit in E1 26 Einheiten S2 enthalten.

Von S3 gehen direkt 20 Einheiten in E1 ein. Insgesamt sind somit in E1 20 Einheiten S3 enthalten.

Von S4 gehen direkt 12 Einheiten in E1 ein. Insgesamt sind somit in E1 12 Einheiten S4 enthalten.

Wird jeweils 1 Mengeneinheit der Rohstoffe R1 bis R1 mit 1g gleichgesetzt, ergibt sich für jede Tüte »Bunte Mischung« (= E1) das Gesamtgewicht wie folgt:

180 g R1 (Mehl) + 90 g R2 (Zucker) + 108 g R3 (Fett) + 54 g R4 (Stärke) + 32 g R5 (Schokoladen-Fettglasur) + 20 g R6 (gelöste Fruchtmischung) = 484 g ≅ 500 g

6. a) zeilenweise: Menge der einzelnen Rohstoffe und Zwischenprodukte, die in jeweils eine Mengeneinheit der verschiedenen Zwischen- und Fertigerzeugnisse eingeht (= Teileverwendungsnachweis).

    b) spaltenweise: Mengenbedarf an Rohstoffen und Zwischenprodukten für jeweils eine Mengeneinheit der verschiedenen Zwischen- und Fertigerzeugnisse (= Stückliste); Sekundärbedarf

7. a)

	Rohstoffmenge für 1 Stück E1 in Gramm	Rohstoffmenge für 100 000 Stück E1 in Tonnen
R1	180	18 000 000 g = 18 t
R2	90	9 000 000 g = 9 t
R3	108	10 800 000 g = 10,8 t
R4	54	5 400 000 g = 5,4 t
R5	32	3 200 000 g = 3,2 t
R6	20	2 000 000 g = 2 t

b)

	Menge der Zwischenprodukte für 1 Stück E1 in Stück	Zwischenprodukte für 100 000 Stück E1 in Stück
S1	72	7 200 000 Stück
S2	26	2 600 000 Stück
S3	20	2 000 000 Stück
S4	6	600 000 Stück

8. Rezepturen oder Stücklisten müssen vorhanden sein (= aufwendige Berechnung)

9. Keine oder geringe Lagerbestände und damit geringe Lagerkosten; geringes Risiko fehlerhafter Bedarfsprognosen.

7.10 Prognose des Materialbedarfs – Soll-Ist-Abweichung

1.   30 Stück für Testlauf
   + 2 000 Stück Liefermenge
   +   100 Stück Ausschuss (5 % von 2 000 Stück)
   = 2 130 Stück Auflage der Serie

2. 2 130 Stück × 1,5 kg = 3 195 kg
3. Soll-Ist-Abweichung: 105 kg (3 300 kg − 3 195 kg)

   Mögliche Ursache:
   - Es wurden mehr als 2 000 einwandfreie Türleisten produziert.
   - Beim Testlauf sind mehr als 30 Türleisten unverkäuflich.
   - Ausschuss größer als 5 %
   - Falsches Mischungsverhältnis (zu materialintensiv)
   - Probleme bei der Zurechnung des Materialverbrauchs auf die einzelnen Kostenträger (hier Türleisten)

Beschaffungsplanung

Planung des Beschaffungszeitpunktes

7.11 Meldebestand – Mindestbestand – Fehlmengenkosten – Eiserner Bestand (Sicherheitsbestand)

1. 2400 Tonnen, (200 × 12).
2. a) ab 18.01., 5 Tage.
   b) Aufträge gehen verloren, Stammkunden beziehen von der Konkurrenz.
   c) 3400 Tonnen, 12 Tage normale Lieferfrist, 5 Tage Verzögerung.
   d) Hochwasser, Niedrigwasser, Naturkatastrophen, Unfälle, Streik, politische Ereignisse, unerwartete Nachfragesteigerung.
   e) 4000 Tonnen.

7.12 Meldebestand – Höchstbestand – Bestellzeitpunkt – Bestellintervall

1. (150 × 14) + (150 × 6) = 3000 Tonnen.
2. (Tagesabsatz × Lieferfrist in Tagen) + eiserner Bestand = Meldebestand
3. Mindestbestand: 900; Höchstbestand: 4050; Meldebestand: 3000; Bestellmenge: 3150; Bestellzeitpunkt: Tag 1, Tag 22; Bestellintervall: 21 Tage (= Reichweite der Bestellmenge) = Bestellmenge (3150)/Tagesbedarf (150) = 21

7.13 PC-EINSATZ: Ermittlung des Bestellzeitpunktes (Bestellpunktverfahren) – Berücksichtigung von Fehlmengen

Hinweise für Möglichkeiten einer computerunterstützten Lösung einzelner Teilaufgaben mit Hilfe des Programms EUROBWL finden sich auf der CD (siehe S. 5).

1., 3. a), b) und 4.

	Meldebestand (Stück)	Höchstbestand (Stück)	Verzugsmengen (Stück)	Bestellintervall (Tage)
Servicegrad 100 %	325	550	0	16
Servicegrad 75 %	75	300	100	16
Servicegrad 85 %	115	340	60	16

Verzugsmenge = BM · (100 − Servicegrad) / 100
Höchstbestand = BM · Servicegrad / 100

7 Beschaffung und Lagerhaltung

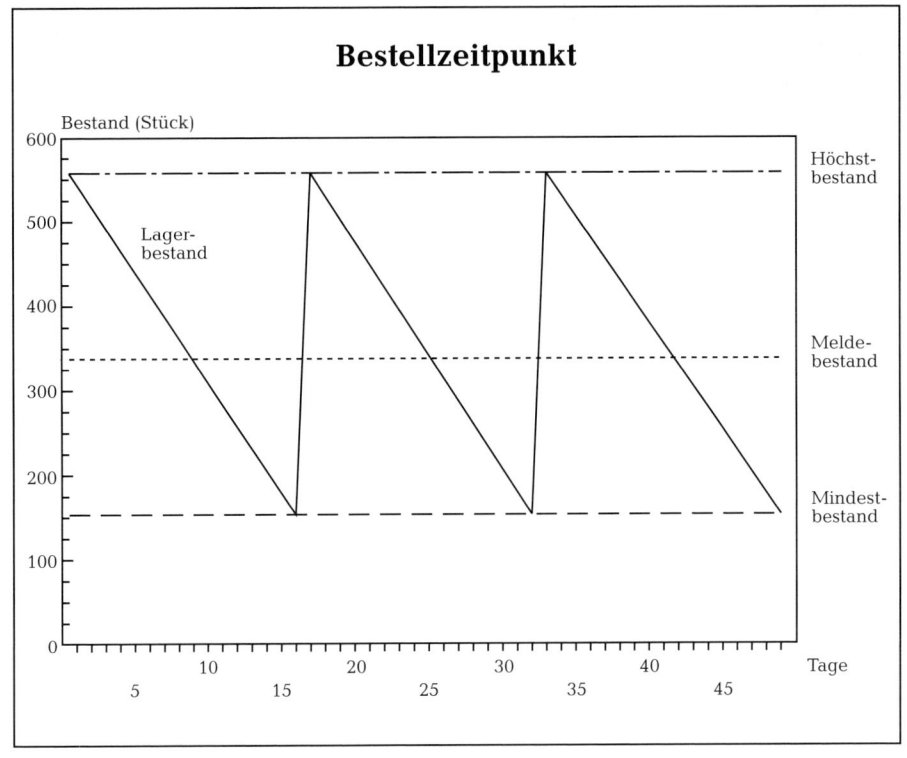

2.

Bestellzeitpunkt

Diagramm: Bestand (Stück) über Tage; Höchstbestand ca. 560, Meldebestand ca. 340, Mindestbestand ca. 160; Lagerbestand sägezahnförmig zwischen Höchst- und Mindestbestand über 45 Tage.

3. c)

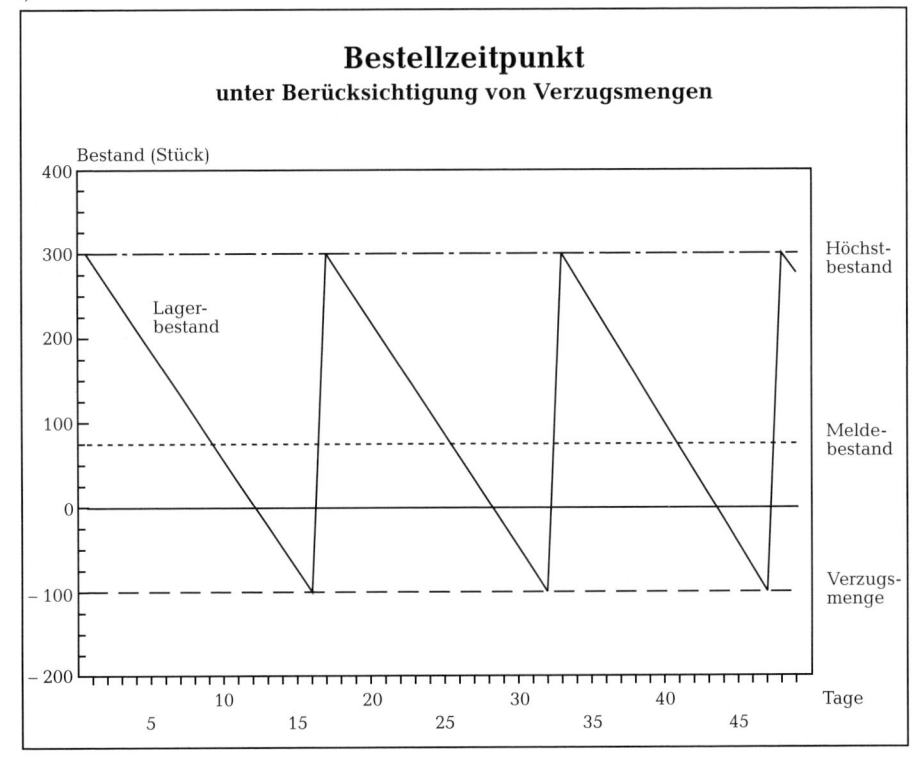

Bestellzeitpunkt
unter Berücksichtigung von Verzugsmengen

Diagramm: Bestand (Stück) über Tage; Höchstbestand ca. 300, Meldebestand ca. 75, Verzugsmenge ca. −100; Lagerbestand sägezahnförmig zwischen Höchstbestand und Verzugsmenge über 45 Tage.

5. **Meldebestand:**

Meldebestand = (Tagesbedarf · Lieferzeit) + Mindestbestand

Entfällt jedoch der Mindestbestand und werden auch Fehlmengen berücksichtigt, verringert sich der Meldebestand um die Fehlmenge. Die Lieferung muss erst dann am Lager eingehen, wenn die eingeplante Verzugszeit abgelaufen ist: Meldebestand = (Tagesbedarf · Lieferzeit) – Fehl- bzw. Verzugsmenge

Höchstbestand:

Bei einem Servicegrad von 100% gilt:

Höchstbestand = Bestellmenge + Mindestbestand

Bei einem Servicegrad < 100% gilt:

Höchstbestand = Bestellmenge · Servicegrad/100

Je höher der Servicegrad, desto höher der Höchstbestand bei gleicher Bestellmenge.

Bestellintervall:

Bestellintervall = Bestellmenge/Tagesbedarf

Diese Größe ist unabhängig vom Servicegrad.

Planung der Beschaffungsmenge (Optimale Bestellmenge)

7.14 Optimale Bestellmenge:
tabellarische, grafische und formelmäßige Ermittlung

Hinweise für Möglichkeiten einer computerunterstützten Lösung einzelner Teilaufgaben mit Hilfe des Programms EUROBWL finden sich auf der CD (siehe S. 5).

1. Optimale Bestellmenge: 200 Mengeneinheiten

Alternative Bestellmengen	Anzahl der Bestellungen im Jahr	Durchschnittlicher Lagerbestand in EUR	Lagerkosten im Jahr (EUR)	Bestellfixe Kosten (EUR)	Summe bestellfixe Kosten und Lagerkosten im Jahr (EUR)	Unmittelbare Beschaffungskosten (Menge × Einstandspreis) (EUR)	Gesamte Kosten der Materialwirtschaft im Jahr (EUR)	Kosten der Materialwirtschaft je Einheit (EUR)
1	2	3	4	5	6	7	8	9
50	20	312,50	50,00	800,00	850,00	12500,00	13350,00	13,35
100	10	625,00	100,00	400,00	500,00	12500,00	13000,00	13,00
125	8	781,25	125,00	320,00	445,00	12500,00	12945,00	12,95
200	**5**	**1250,00**	**200,00**	**200,00**	**400,00**	**12500,00**	**12900,00**	**12,90**
250	4	1562,50	250,00	160,00	410,00	12500,00	12910,00	12,91
500	2	3125,00	500,00	80,00	580,00	12500,00	13080,00	13,08
1000	1	6250,00	1000,00	40,00	1040,00	12500,00	13540,00	13,54

2. Die Summe aus Beschaffungskosten und Lagerkosten ist bei einer Bestellmenge von 200 Mengeneinheiten am geringsten. Unter der Annahme gleichbleibender unmittelbarer Beschaffungskosten (Jahresbedarf × Einstandspreis = 12500 EUR) liegt das Minimum der Gesamtkosten (12900 EUR) bei derselben Bestellmenge (optimale Bestellmenge = 200 Stück) wie das Minimum der Summe aus bestellfixen Kosten und Lagerkosten (400 EUR). Unter dieser Voraussetzung liegt auch der Schnittpunkt zwischen Lagerkostenkurve (200 EUR) und der Kurve der bestellfixen Kosten (200 EUR) bei derselben Bestellmenge. Ändert sich aber beispielsweise in Abhängigkeit von der Bestellmenge der Einstandspreis (z.B. bei Mengenrabatten), gilt dieser Zusammenhang nicht mehr.

7 Beschaffung und Lagerhaltung

[Diagramm: Kostenverlauf in Abhängigkeit von der Bestellmenge mit den Kurven "Summe der bestellfixen Kosten und Lagerkosten", "Lagerkosten" und "bestellfixe Kosten"; y-Achse: EUR (Kosten) von 50 bis 1000; x-Achse: Bestellmenge von 100 bis 1000]

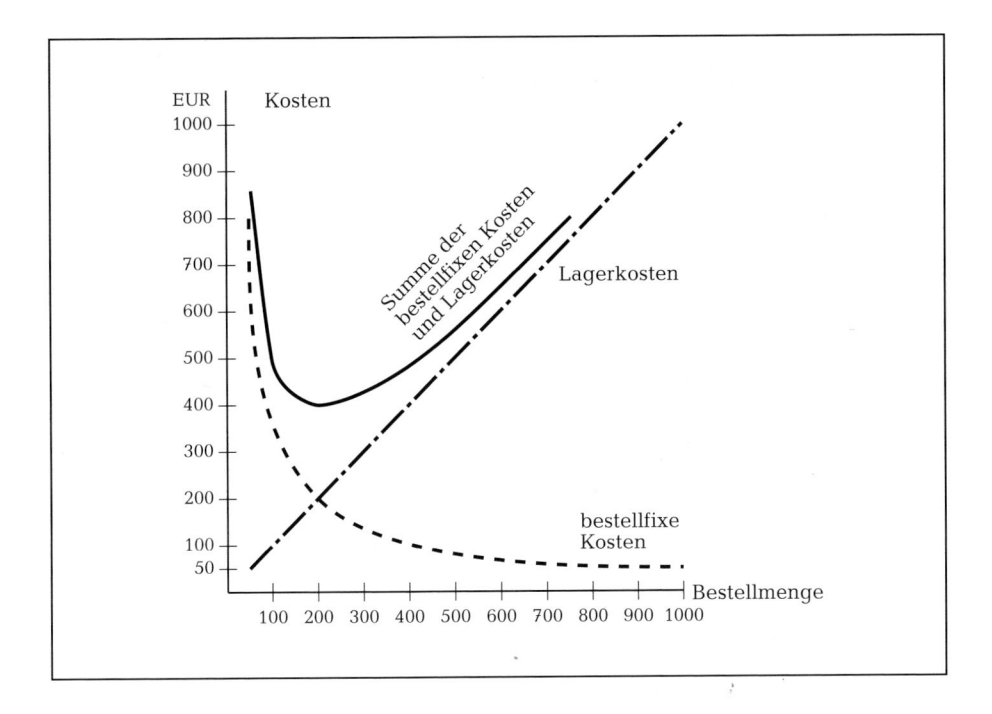

3. $\sqrt{\dfrac{200 \times 40 \times 1\,000}{12{,}50 \times 16}} = 200$ Mengeneinheiten

4. a) **Aufteilung der jährlichen Beschaffungsmenge in gleichbleibende Bestellmengen:**
   Produktionsaufträge sind oft abhängig von der jeweiligen Nachfrage; Lieferer können nicht immer die für den Käufer optimale Bestellmenge liefern.

   Unabhängigkeit der Einstandspreise von der Bestellmenge und dem Bestellzeitpunkt:
   Gewährung gestaffelter Rabattsätze durch Lieferer; sich verändernde Marktpreise zu einzelnen Bestellzeitpunkten.

   Gleichbleibender Lagerabgang:
   Nur bei Vorratsproduktion möglich; Abhängigkeit der Produktion von der Auftragslage.

   Eintreffen der neuen Lieferung zum Zeitpunkt des Aufbrauchs des Lagerbestandes:
   Abhängig von den Produktionsverhältnissen des Lieferers; unvorhersehbare Ereignisse, welche bei Festsetzung des Reservebestandes nicht berücksichtigt werden konnten.

   Gleichbleibende Lager- und Bestellkosten:
   Problem der exakten Kostenermittlung; Schwankungen der Kosten aufgrund sich verändernder Marktdaten (z.B. Arbeitsmarkt).

   b) Eine unter den angenommenen Bedingungen ermittelte optimale Bestellmenge ist zumindest ein Anhaltspunkt für beschaffungspolitische Entscheidungen. Die optimale Bestellmenge hat den Charakter einer Zielgröße, wodurch die Kosten des Beschaffungsbereiches in gewissen vorgegebenen Grenzen gehalten werden können.

7.15 PC-EINSATZ: Optimale Bestellmenge: Mengenrabatt – Kapazitätsbeschränkung des Eigenlagers

Hinweise für Möglichkeiten einer computerunterstützten Lösung einzelner Teilaufgaben mit Hilfe des Programms EUROBWL finden sich auf der CD (siehe S. 5).

1. a) 10 Bestellungen zu je 600 Reifen.

   b) Bestellfixe Kosten + Lagerkosten + Einkaufspreis der Ware = Gesamtkosten
      4 500 EUR   4 500 EUR   600 000 EUR   609 000 EUR

   c) Der Einkaufspreis für den Jahresbedarf beträgt in jedem Fall 6 000 Stück × 100 EUR = 600 000 EUR.

   Dieser Einkaufspreis ist unabhängig von der Zahl der Bestellungen bzw. der Bestellmenge. Lediglich die bestellfixen Kosten und die Lagerkosten sind von der Bestellhäufigkeit bzw. Bestellmenge abhängig. Daher genügt es, diese beiden Kostenarten (= relevante Kosten) bei der Berechnung zu berücksichtigen. Das Ergebnis (optimale Bestellmenge 600 Stück) ändert sich nicht, wenn zusätzlich zu den bestellfixen Kosten und den Lagerkosten auch der Einkaufspreis des Jahresbedarfs berücksichtigt wird.

2. a) Bei Gewährung von Mengenrabatt verändert sich in Abhängigkeit von der Rabattstaffel der Einkaufspreis. Bei zunehmender Bestellmenge steigen zwar die Lagerkosten. Trotzdem kann es kostengünstiger sein, eine hohe Bestellmenge zu wählen, wenn sich dann aufgrund des Mengenrabatts eine Kostenersparnis in Form eines verringerten Einkaufspreises ergibt.

   b) Es ist jetzt auch der Einkaufspreis der Ware zu berücksichtigen, da dieser sich mit Änderung der Bestellmenge ebenfalls ändern kann.

   c) 4 Bestellungen zu je 1 500 Stück (Die optimale Bestellmenge entspricht im vorliegenden Fall der Mindestmenge der 2. Rabattstufe. Je nach Datenkonstellation kann das Optimum aber auch bei einer anderen Bestellmenge liegen);

   d) Bestellfixe Kosten + Lagerkosten + Einkaufspreis der Ware = Gesamtkosten
      1 800 EUR   9 000 EUR   480 000 EUR   490 800 EUR

   e) Die Kostenkurven weisen an den jeweiligen Mindestmengen der einzelnen Rabattstufen Sprünge auf, da an diesen Stellen der Einkaufspreis der Ware sprunghaft fällt. Da die Lagerkosten vom dem mit dem Einkaufspreis bewerteten durchschnittlichen Lagerbestand berechnet werden, ergeben sich auch bei der Lagerkostenkurve derartige Sprungstellen.

3. a) Aufgrund der Kapazitätsbeschränkung kann die optimale Bestellmenge höchstens bei 1 200 Stück liegen.

   b) 6 Bestellungen zu je 1 000 Stück. (Die optimale Bestellmenge entspricht im vorliegenden Fall der Mindestmenge der 1. Rabattstufe. Je nach Datenkonstellation kann das Optimum aber auch bei einer anderen Bestellmenge liegen.)

   c) Bestellfixe Kosten + Lagerkosten + Einkaufspreis der Ware = Gesamtkosten
      2 700 EUR   6 750 EUR   540 000 EUR   549 450 EUR

   d) Die Mehrkosten in Höhe von 58 650 EUR sind in erster Linie darauf zurückzuführen, dass jetzt nicht mehr die preisgünstige zweite Rabattstufe in Anspruch genommen werden kann und daher der Einkaufspreis für den Jahresbedarf nicht 80 EUR je Stück, sondern 90 EUR je Stück beträgt.

7 Beschaffung und Lagerhaltung

Kosten	Aufgabe 2d	Aufgabe 3c	Differenz
Bestellfixe Kosten	1 800	2 700	+ 900
Lagerkosten	9 000	6 750	− 2 250
Einkaufspreis des Jahresbedarfs	480 000	540 000	+ 60 000
Gesamte Beschaffungskosten	489 800	549 450	+ 58 650

Bei derartig hohen Mehrkosten wie im vorliegenden Fall ist zu überlegen, ob nicht durch Anmietung oder Bau eines zusätzlichen Lagers der Vorteil des Mengenrabatt (2. Rabattstufe) doch wahrgenommen werden kann.

7.16 PC-EINSATZ: Optimale Bestellmenge einer Weinhandlung: Mengenrabatt – Inanspruchnahme eines Fremdlagers – Verzugsmengen – Optimaler Servicegrad

Hinweise für Möglichkeiten einer computerunterstützten Lösung einzelner Teilaufgaben mit Hilfe des Programms EUROBWL finden sich auf der CD (siehe S. 5).

Bei den Transportkosten handelt es sich – in Abhängigkeit von der Transportkapazität – um sprungfixe Kosten.

Lkw-Typ	DB 207 D	DB 409 D	MAN 8.150	DB 814
Kapazität (Kartons)	500	800	1 250	1 700
Kosten (EUR)	620	870	1 250	1 530

Es ist sowohl die Beschränkung der Transport- als auch der Lagerkapazität zu berücksichtigen.

1.

Lkw-Typ	(Optimale) Bestellmenge (Kartons)	Transport-kosten (EUR)	Lager-kosten (EUR)	Einkaufs-preis (EUR)	Gesamt-kosten (EUR)
DB 409 D	668,98	2 341,15	2 341,15	63 000	67 682,31
DB 207 D	500	2 232,00	1 750,00	63 000	66 982,00
bisher DB 409 D	800	1 957,50	2 800,00	63 000	67 757,50

Die bisherige Bestellpolitik war nicht optimal. Wegen der hohen Lagerkosten wäre es bei Verwendung des Lkw DB 409 D günstiger gewesen, die Transport- und Lagerkapazität von 800 Kartons nicht voll auszunutzen, sondern nur ca. 670 Kartons bei jeder Fahrt zu holen. Noch kostengünstiger wäre es allerdings, den kleineren Lkw (DB 207 D) zu benutzen und bei jeder Fahrt nur 500 Kartons (= Ladekapazität) zu holen. Dabei sind allerdings die sog. sozialen Kosten in Form höherer Umweltbelastung aufgrund der häufigeren Fahrten nicht berücksichtigt.

2. a) Da die Mindestabnahmemenge für die erste Rabattstufe höher als die Kapazität des Eigenlagers ist, ändert sich an der Lösung zu 1. nichts.

   b) Es ist zu prüfen, ob der Kostenvorteil (Mengenrabatt) bei einer Abnahmemenge von 1 500 Stück den Kostennachteil der dann nötigen Inanspruchnahme des Fremdlagers überwiegt. Bei Abnahme von 1 500 Stück sind die **Gesamt**kosten (nicht die Lagerkosten!) am geringsten. Für den Transport von 1 500 Kartons wird der Lkw DB 814 benötigt.

Lkw-Typ	Bestellmenge (Kartons)	Transport-kosten (€)	Eigenlager-kosten (€)	Fremdlager-kosten (€)	Einkaufs-preis (€)	Gesamt-kosten (€)
DB 814	1 500	1 836	3 520	1 470	54 000	60 826

3.

Lkw-Typ	Bestellmenge (Kartons)	Transport-kosten (€)	Eigenlager-kosten (€)	Fremdlager-kosten (€)	Einkaufs-preis (€)	Gesamt-kosten (€)
DB 814	1500	1836	2500	3000	54000	61336
DB 207 D	500	2232	1750	–	63000	66982

Die Bestellmenge von 1500 Stück wäre wegen des Mengenrabatts – trotz der höheren Lagerkosten – nach wie vor erheblich günstiger.

4. a) und b)

Service-grad	Bestell-menge (Kartons)	Transport-kosten (EUR)	Eigenlager-kosten (EUR)	Fremdlager-kosten (EUR)	Verzugs-kosten (EUR)	Einkaufs-preis (EUR)	Gesamt-kosten (EUR)
64,76%	1500	1836	1829	88	1118	54000	58871
80,0%	1500	1836	3040		360	54000	59236

Plan- und Interaktionsspiele zur Beschaffungsplanung

7.17 PC-INTERAKTIONSSPIEL DISPO 1: Beschaffungsplanung bei bekannten, aber schwankenden Bedarfsmengen

Hinweise für Möglichkeiten einer computerunterstützten Lösung einzelner Teilaufgaben mit Hilfe des Programms EUROBWL finden sich auf der CD (siehe S. 5).

Bei den Modellen zur Ermittlung der optimalen Bestellmenge wird i.d.R. davon ausgegangen, dass die Bedarfsmenge für einen Planungszeitraum (z.B. erwarteter Jahresbedarf) bekannt ist und der Verbrauch während dieses Zeitraums gleichmäßig erfolgt (z.B. konstanter Tagesbedarf). In der Praxis schwankt der Verbrauch jedoch häufig während des Planungszeitraums (z.B. saisonabhängiger Monatsbedarf). Wenn die schwankenden Bedarfsmengen für eine begrenzte Zahl zukünftiger Teilperioden (z.B. Monate) innerhalb des Planungszeitraums (z.B. Jahr) fest vorhersagbar sind (deterministisch vorhersagbare Bedarfsmengen), ist zu bestimmen, wann und wie viel bestellt werden soll, damit die Gesamtkosten (Beschaffungs- und Lagerkosten) möglichst gering sind. Die kostengünstigsten Entscheidungen hinsichtlich Bestellzeitpunkt und Bestellmenge sind im Rahmen der Dynamischen Optimierung ermittelbar. Dabei werden für die optimale Bestellstrategie die Bedarfsmengen so vieler Teilperioden zu einer Bestellmenge zusammengefasst, bis die ansteigenden Lagerkosten die Vorteile einer geringeren Bestellhäufigkeit kompensieren.

1. Optimale Lösung

Monat	01	02	03	04	05	06	07	08	09	10	11	12
Bestell-menge	270	0	230	0	190	0	215	0	260	0	300	0

In diesem Fall ist es am kostengünstigsten, jeweils den Bedarf für die nächsten beiden Monate zu bestellen.

Bestellfixe Kosten 6 × 200 EUR = 1200 EUR
Lagerkosten 735 Stück × 1,20 EUR = 882 EUR
Gesamtkosten 2082 EUR

7 Beschaffung und Lagerhaltung

2. Folgende Überlegung ist bei der optimalen Bestellstrategie zu berücksichtigen: Bei hohen bestellfixen Kosten kann es kostengünstiger sein, Bestellung und Lieferung für mehrere Teilperioden zusammenzufassen und im Voraus zu bestellen. Den sich daraus ergebenden erhöhten Lagerkosten steht eine Verringerung der bestellfixen Kosten gegenüber.

3. Je geringer die bestellfixen Kosten im Verhältnis zu den Lagerkosten, desto häufiger muss bestellt werden und umgekehrt.

7.18 PC-INTERAKTIONSSPIEL DISPO 2:
Beschaffungsplanung bei ungewissen Bedarfsmengen

Hinweise für Möglichkeiten einer computerunterstützten Lösung einzelner Teilaufgaben mit Hilfe des Programms EUROBWL finden sich auf der CD (siehe S. 5).

Bei der *Dynamischen Bestellmengenoptimierung* (Aufgabe 7.17) ist unterstellt, dass die schwankenden Bedarfsmengen für die einzelnen Perioden des Planungszeitraumes (z.B. erwarteter Monatsbedarf) bekannt sind. Dies ist in der Praxis aber häufig nicht der Fall. Vielmehr muss der künftige Bedarf oft auf der Basis von Vergangenheitswerten prognostiziert werden. Die optimale Lösung ist nur nachträglich, nachdem die tatsächliche Bedarfsentwicklung bekannt ist, ermittelbar. Die Kostenabweichung zwischen dieser optimalen Lösung und den Bestellvorschlägen des Benutzers bzw. des Computers sind als Kosten der Entscheidung unter Unsicherheit zu interpretieren. Vor diesem Hintergrund könnten Überlegungen angestellt werden, ob sich diese Kosten u.U. durch zusätzliche Marktforschung (= Aufwendungen) zur Bestimmung der künftigen Bedarfsentwicklung verringern lassen.

1. Individuelle Lösungen

2. Der Computervorschlag beruht auf dem Prognosemodell der Exponentiellen Glättung (vgl. Hilfetext zum Programm). Dieses Verfahren trägt der Tatsache Rechnung, dass ein Vergangenheitswert um so eher Rückschlüsse auf künftige Entwicklungen zulässt, je aktueller er ist. Demzufolge wird bei dieser Vorgehensweise nach jeder Periode – unter Einbeziehung des letzten Periodenbedarfs und entsprechender Gewichtung der Vergangenheitswerte – eine neue Prognose erstellt.

    Da aber im vorliegenden Computerprogramm die Nachfrageentwicklung – teilweise abweichend von der Realität – nicht zyklisch oder trendabhängig, sondern vollständig zufallsbedingt ist, kann die Benutzerlösung durchaus günstiger sein als der Computervorschlag. Dies gilt insbesondere dann, wenn der Benutzer sich streng an den Vergangenheitswerten orientiert. Einzige Begrenzung bei der zufallsbedingten Ermittlung der aktuellen Nachfrage ist die Abweichung um maximal ± 30% vom entsprechenden Vergangenheitswert. Die Wahrscheinlichkeit, dass die Abweichung bis zu + 30% beträgt, ist dabei genauso groß wie die Wahrscheinlichkeit, dass die Abweichung bis zu – 30% beträgt. Daher führt die Annahme, dass die aktuelle Nachfrage im Durchschnitt kaum von der Nachfrage des vergangenen Jahres abweicht, i.d.R. zu relativ guten Ergebnissen.

3. Nur wenn die künftige Nachfrageentwicklung genau vorhersagbar ist, kann die optimale Bestellstrategie ermittelt werden (vgl. Aufgabe 7.17). Zum Zeitpunkt des Bestellvorschlags ist die künftige Nachfrageentwicklung aber auch für den Computer noch ungewiss. Aus den oben angeführten Gründen wäre ein Computervorschlag, der der nachträglich ermittelbaren optimalen Lösung entspricht, rein zufällig.

7.19 PLANSPIEL:
Beschaffungsplanung und Lagerhaltung bei der Getränkehandlung LEMCO

Merkmale des Planspiels LEMCO

1. Die Auswertung des Planspiels durch den Spielleiter ist sowohl manuell als auch mittels eines Computerprogramms[1] möglich. Die Schüler können aber auch selbst die Auswertung vornehmen, so dass u.U. auf einen Spielleiter verzichtet werden kann.[2]

2. Das Planspiel bezieht sich ausschließlich auf den Funktionsbereich BESCHAFFUNG (= funktionales Planspiel). Einziger Entscheidungsparameter ist die Bestellmenge.

3. Im Gegensatz zu Planspielen, bei denen ein Marktmodell simuliert wird, besteht beim Planspiel LEMCO keine Interdependenz zwischen den Entscheidungen der einzelnen Teilnehmergruppen. Die Entscheidung einer Teilnehmergruppe beeinflusst also das Ergebnis der anderen Teilnehmergruppen nicht direkt (= isoliertes Planspiel).

4. Die einzelnen Teilnehmergruppen repräsentieren alle dasselbe Unternehmen (= Mikroplanspiel). Die Unternehmen stehen also nicht in Wettbewerb um Marktanteile o.ä. miteinander. Die Konkurrenz der Teilnehmergruppen untereinander bezieht sich ausschließlich auf die Höhe der Beschaffungs- und Lagerkosten.

Einsatzmöglichkeiten des Planspiels LEMCO

1. Das Planspiel kann einerseits als Einstieg in die Unterrichtseinheit »Beschaffung/Lagerhaltung« dienen. Andererseits ist der Einsatz aber auch am Ende dieser Unterrichtseinheit als zusammenfassender Überblick sinnvoll. In jedem Fall ist es möglich, eine enge Beziehung zu anderen (computergestützten) Aufgaben herzustellen.

   Anknüpfungsmöglichkeiten ergeben sich beispielsweise zu den Bereichen:
   LAGERKENNZAHLEN,
   OPTIMALE BESTELLMENGE
   und
   PC-INTERAKTIONSSPIELE: BESCHAFFUNGSPLANUNG.

2. Die Zahl der Spielperioden ist beliebig. Ca. 5 Spielperioden können als ausreichend angesehen werden, um wesentliche Erfahrungen und Erkenntnisse, die mit dem Planspiel bezweckt werden, zu vermitteln. Bei manueller Auswertung durch den Spielleiter werden für 5 Perioden ca. 90 Minuten benötigt.

3. Die Zahl der Teilnehmergruppen ist beliebig. Bei manueller Auswertung durch den Spielleiter sollten jedoch aus Zeitgründen nicht mehr als 5 Gruppen teilnehmen.

   Für das Planspiel werden neben dem Klassenzimmer keine weiteren Räumlichkeiten benötigt.

4. Spielablauf bei manueller Auswertung durch den Spielleiter[3]

---

[1] Eine entsprechende Diskette ist unter der Best.-Nr. 88013 beim Verlag erhältlich.
[2] Die Vorgehensweise ohne Spielleiter ist im Aufgabenbuch beschrieben.
[3] Zur Vorgehensweise bei computergestützter Auswertung werden entsprechende Hinweise beim Kauf der Diskette mitgeliefert.

7 Beschaffung und Lagerhaltung

4.1 Nach Ende des Entscheidungsprozesses (1. Periode: höchstens 20 Min., Folgeperioden: 5 bis 10 Min.) liefert jede Gruppe ein Exemplar ihres Entscheidungsblattes beim Spielleiter ab. Das Entscheidungsblatt muss Angaben hinsichtlich Bestellmenge (Punkt 1.) und Eilauftrag (Punkt 2.) beinhalten.

4.2 Der Spielleiter überträgt die Bestellmengen jeder Gruppe von den Entscheidungsblättern auf die von ihm geführten Ergebnisblätter (Bestellmenge dieser Periode = Einkaufsmenge der nächsten Periode). Ebenso vermerkt er sich die Entscheidung der einzelnen Gruppen hinsichtlich des Eilauftrages.

4.3 Der Spielleiter ermittelt nach eigenem Belieben die für alle Spielgruppen gleiche Absatzmenge (Nachfrage) unter Beachtung der Schwankungsgrenzen (maximal ±30% Abweichung gegenüber der Vorperiode, aber Gesamtabsatz nie mehr als 500 und nie weniger als 250 Kästen). In der ersten Periode kann als Absatzmenge eine beliebige Zahl zwischen 250 und 500 angenommen werden. Um sowohl Fehlmengen als auch hohe Lagerbestände zu provozieren, sollte der Spielleiter die Absatzmengen – u.U. in Abhängigkeit von den Lagerbeständen der Spielgruppen – in den einzelnen Perioden möglichst stark schwanken lassen.

4.4 Der Spielleiter trägt die ermittelte Absatzmenge in die Entscheidungsblätter ein (Punkt 3.) und gibt diese den Spielgruppen zurück.

4.5 Die Spielgruppen füllen die Ergebnisblätter für die jeweilige Periode aus und ermitteln ihr Periodenergebnis. Dabei hat es sich aus Motivations- und Aktivitätsgründen als zweckmäßig erwiesen, jeden Teilnehmer sein eigenes Ergebnisblatt ausfüllen zu lassen, obwohl je Gruppe ein einziges Exemplar ausreichen würde. Zur Kontrolle berechnet der Spielleiter parallel dazu auf den von ihm geführten Ergebnisblättern der einzelnen Gruppen ebenfalls das jeweilige Periodenergebnis. Dabei ist besonders auf die richtige Bewertung des Wareneinsatzes in Abhängigkeit von der jeweiligen Rabattstufe zu achten.

4.6 Die Gruppen füllen ihr Entscheidungsblatt aus, indem sie das ermittelte Periodenergebnis als Kontrolle für den Spielleiter eintragen (Punkt 4.) und ihre Entscheidungen hinsichtlich Bestellmenge (Punkt 1. der nächsten Periode) und Eilauftrag (Punkt 2. der nächsten Periode) angeben.

5. Am Ende des Spiels sollte unbedingt eine Auswertung und Interpretation der Ergebnisse vorgenommen werden. Dazu könnten beispielsweise die Veränderungen des Lagerbestandes eines Unternehmens grafisch dargestellt, das Verhältnis von Bestell- zu Lagerkosten analysiert und der Zusammenhang zwischen Umsatz- und Gewinnentwicklung erläutert werden. Des Weiteren besteht die Möglichkeit, auf der Basis der Planspielergebnisse verschiedene Lagerkennzahlen zu berechnen und die optimale Bestellmenge zu ermitteln (vgl. Beispieldaten).

Durchführung des Planspiels LEMCO

1. Jeder Schüler erhält einen Satz Spielunterlagen (Spielbeschreibung und Formulare). Der Spielleiter benötigt bei manueller Auswertung entsprechend der Zahl der Teilnehmergruppen je einen Satz Ergebnisblätter.

2. Die Einführung in die Spielregeln und Spielvorgaben sollte anhand der ausgeteilten Unterlagen im Klassenverband erfolgen. Dabei ist es von besonderer Bedeutung, den zyklischen Spielablauf deutlich zu machen.

3. Bildung von beliebig vielen Spielgruppen mit je 3 bis 5 Teilnehmern.

Beispieldaten
Entscheidungsblatt   **Unternehmen Nr. 1**

1. Tragen Sie Ihre Bestellmenge für die Lieferung in der nächsten Woche ein.

Woche	1	2	3	4	5	6	7	8	9	10
Bestellmenge (Kästen)	400	350	50	350	300	700	200			

2. Tragen Sie ein, ob Sie im Falle zu geringer Lagerbestände einen Eilauftrag erteilen wollen. Geben Sie danach das ausgefüllte Entscheidungsblatt beim Spielleiter ab.

Woche	1	2	3	4	5	6	7	8	9	10
Eilauftrag (Ja/Nein)	ja	ja	ja	ja	ja	nein	nein			

3. Der Spielleiter trägt hier die Absatzmenge ein und gibt Ihnen dann das Entscheidungsblatt zurück.

Woche	1	2	3	4	5	6	7	8	9	10
Absatzmenge (vom Spielleiter ermittelt)	350	250	320	416	350	455	500			

4. Tragen Sie als Kontrolle für den Spielleiter ab der zweiten Woche das von Ihnen ermittelte Ergebnis (Gewinn/Verlust) der Vorwoche ein.

Woche	1	2	3	4	5	6	7	8	9	10
Gewinn/Verlust in EUR	600	400	327	333	751	783	2150			

Beispieldaten
Ergebnisblatt 1
Lagerbestände – Lagerkosten – Wareneinsatz   **Unternehmen Nr. 1**

Woche	1	2	3	4	5	6	7	8	9	10
Nachfrage (Kästen) (wird vom Spielleiter festgelegt)	350	250	320	416	350	455	500			
Anfangsbestand (AB) = EB aus der Vorwoche (Kästen)	500	150	300	330	64	64	0			
+ Liefermenge (= Bestellmenge der Vorwoche)	0	400	350	50	350	300	700			
+ Eillieferung (Kästen)	–	–	–	100	–	–	–			
= Angebotsmenge	500	550	650	480	414	364	700			
– Absatzmenge (= Nachfragemenge, aber max. Angebotsmenge)	350	250	320	416	350	364	500			
Endbestand (EB) (Kästen)	150	300	330	64	64	0	200			
Fehlmenge (Kästen)	–	–	–	–	–	91	–			
Lagerkosten (EUR) (AB + EB)/2 × 2,00	650	450	630	394	128	64	200			
durchschnittlicher Einstandspreis (EUR)	6,00	6,00	6,54	7,41	7,06	7,01	5,00			
Wareneinsatz (EUR)	2100	1500	2093	3083	2471	2552	2500			

7 Beschaffung und Lagerhaltung

Beispieldaten
Ergebnisblatt 2
Ermittlung des Periodenergebnisses (in EUR)   Unternehmen Nr. 1

Woche	1	2	3	4	5	6	7	8	9	10
Umsatzerlöse	3 500	2 500	3 200	4 160	3 500	3 640	5 000			
Wareneinsatz	2 100	1 500	2 093	3 083	2 471	2 552	2 500			
+ Bestellkosten für fristgerechte Bestellung	50	50	50	50	50	50	50			
+ zusätzliche Bestellkosten für Eilbestellung	–	–	–	200	–	–	–			
+ Werbekosten (= Fehlmenge der Vorwoche × 1)	–	–	–	–	–	–	91			
+ Lagerkosten	650	450	630	394	128	64	200			
+ Verwaltungskosten	100	100	100	100	100	100	100	100	100	100
= Gesamtkosten	2 900	2 100	2 873	3 827	2 749	2 766	2 850			
Ergebnis (+ = Gewinn, – = Verlust)	600	400	337	333	751	874	2 059			
Summe der Wochenergebnisse	600	1 000	1 327	1 660	2 411	3 285	5 344			

Angebotsvergleich und Liefererauswahl

7.20 Angebotsvergleich anhand des Einstandspreises

1.

	Mayer KG			Electronics GmbH			Unisys GmbH		
Bestellmenge	100	500	1000	100	500	1000	100	500	1000
	Stückpreise								
Listenpreis	22,00	22,00	22,00	23,00	23,00	23,00	25,00	25,00	25,00
– Rabatt			1,10			3,45			5,00
+ Zuschläge	1,10								
= Zieleinkaufspreis	23,10	22,00	20,90	23,00	23,00	19,55	25,00	25,00	20,00
– Skonto	0,46	0,44	0,42				0,75	0,75	0,60
= Bareinkaufspreis	22,64	21,56	20,48	23,00	23,00	19,55	24,25	24,25	19,40
+ Verpackung				0,10	0,10	0,10	1,00		
+ Transport									
= Einstandspreis	22,64	21,56	20,48	23,10	23,10	19,65	25,25	24,25	19,40

Bestellmenge 100 Stück: günstigster Einstandspreis 22,64 EUR **(Mayer KG)**
Bestellmenge 500 Stück: günstigster Einstandspreis 21,56 EUR **(Mayer KG)**
Bestellmenge 1000 Stück: günstigster Einstandspreis 19,40 EUR **(Unisys GmbH)**

2. Bei einer Bestellmenge von 1000 Stück ist aufgrund des Mengenrabatts bei allen drei Anbietern der Einstandspreis je Stück am niedrigsten. Dass sich die **Microtec GmbH** trotzdem für eine geringere Bestellmenge mit einem höheren Einstandspreis je Stück entscheidet, kann folgende Ursachen haben:
   – Da es sich um ein neues Produkt handelt, ist die Produktions- und Absatzmenge noch ungewiss. Es wäre daher risikoreich, Bauteile für 1000 Endprodukte auf Vorrat zu beschaffen.
   – Die Lagerkapazitäten oder die liquiden Mittel reichen nicht für die Beschaffung von 1000 Bauteilen auf einmal aus.
   – Die Lagerkosten bei einer Beschaffungsmenge von 1000 Stück sind größer als der sich durch den Mengenrabatt ergebende Preisvorteil.

7.21 FALLSTUDIE: Angebotsvergleich und Liefererauswahl – Entscheidungsbewertungstabelle

Hinweise für Möglichkeiten einer computerunterstützten Lösung einzelner Teilaufgaben mit Hilfe des Programms EUROBWL finden sich auf der CD (siehe S. 5).

Lösungsvorschlag

Entscheidungskriterien		Simquick		Compair		Olinetto	
	G	B	G × B	B	G × B	B	G × B
Lieferzeit	8	3	24	1	8	3	24
Liefertermine	10	3	30	3	30	1	10
Qualität	10	2	20	2	20	2	20
Image	7	2	14	2	14	1	7
Marktstellung	4	1	4	2	8	2	8
Bestellabwicklung	5	3	15	2	10	1	5
technische Beratung	7	2	14	2	14	2	14
Garantieabwicklung	8	2	16	3	24	1	8
Ersatzteile	7	3	21	3	21	1	7
Design	3	1	3	2	6	3	9
Werbung	6	1	6	2	12	3	18
Summe			167		167		130

	Simquick	Compair	Olinetto
Bestellmenge	50 Stück	50 Stück	50 Stück
Stückpreise			
Listenpreis	3000	2700	2650
– Rabatt	300		
+ Zuschläge			
= Zieleinkaufspreis	**2700**	**2700**	**2650**
– Skonto		54	
= Bareinkaufspreis		**2646**	
+ Verpackung	5		5
+ Transport			
= Einstandspreis	**2705**	**2646**	**2655**

ABC-Analyse als Hilfsmittel der Beschaffungsplanung

7.22 ABC-Analyse als Grundlage für Wirtschaftlichkeitsuntersuchungen im Bereich der Lagerhaltung

Hinweise für Möglichkeiten einer computerunterstützten Lösung einzelner Teilaufgaben mit Hilfe des Programms EUROBWL finden sich auf der CD (siehe S. 5).

1.

Lagergut, geordnet nach der Größe des Verbrauchswertes	Wert des Verbrauchs im Jahr (EUR)	Verbrauchswert in % des Gesamtverbrauchswertes	Summierte (kumulierte) Verbrauchswerte in %	Gruppe
Eichefurnier	990 000	44,0	44,0	A
Mahagonifurnier	450 000	20,0	64,0	A
Kunststofffurnier	247 500	11,0	75,0	A
Pressspanplatten	202 500	9,0	84,0	B
Sperrholzplatten	180 000	8,0	92,0	B
Schrauben (Kartons)	67 500	3,0	95,0	B
Klebstoff (Gebinde)	45 000	2,0	97,0	C
Möbelrollen	24 750	1,1	98,1	C
Beschläge	22 500	1,0	99,1	C
Metallschienen	20 250	0,9	100,0	C
Summe	2 250 000	100,0		

2. Gruppe A: Eichefurnier, Mahagonifurnier, Kunststofffurnier
   Diese drei Güter haben einen Anteil von 75% am Gesamtverbrauchswert.

   Gruppe B: Pressspanplatten, Sperrholzplatten, Schrauben
   Diese drei Güter haben einen Anteil von 20% am Gesamtverbrauchswert.

   Gruppe C: Klebstoff, Metallrollen, Beschläge, Metallschienen
   Diese vier Güter haben einen Anteil von 5% am Gesamtverbauchswert.

3. Aus Zeit- und Kostengründen sollten die Mitarbeiter der Einkaufsabteilung ihre Aktivitäten vor allem auf die Güter der Gruppe A konzentrieren. Bei den C-Gütern handelt es sich um Kleinmaterialien mit geringer Kapitalbindung, die zudem wenig Lagerraum beanspruchen. Hier sollte die Beschaffung vereinfacht werden, um eine zeitliche Entlastung der Mitarbeiter der Einkaufsabteilung zu erreichen.

   Maßnahmen:
   A-Güter
   möglichst genaue Bedarfsermittlung,
   permanente Verbrauchs- und Bestandskontrolle,
   möglichst kleiner Sicherheitsbestand (Kapitalbindung),
   besondere Anstrengungen bei Marktbeobachtung, Beschaffung, Liefererauswahl, Preisgestaltung.

C-Güter

grobe Schätzung des Bedarfs,

Bestandskontrolle nur von Fall zu Fall,

hohe Sicherheitsbestände.

Einige Beschaffungsaktivitäten können rationalisiert werden (z.B. Bestellvorgang), andere können entfallen (z.B. Marktbeobachtung, Angebotsvergleich, Lieferer-auswahl, Qualitätskontrolle). Insgesamt kann die Beschaffung in regelmäßigen Abständen routinemäßig vorgenommen werden. Aus Rationalisierungsgründen ist es u.U. sinnvoll, sich nur auf einen Lieferer zu konzentrieren, da diese Güter kaum Preis- und Qualitätsdifferenzen bei verschiedenen Lieferern aufweisen.

7.23 ABC-Analyse als Grundlage für Entscheidungen im Beschaffungsbereich – Portfolio-Analyse

Hinweise für Möglichkeiten einer computerunterstützten Lösung einzelner Teilaufgaben mit Hilfe des Programms EUROBWL finden sich auf der CD (siehe S. 5).

1.
ABC-Analyse
(Gesamte Materialliste nach fallenden Verbrauchswerten sortiert)

	Rang	Satz Nr.	Materialart	Verbrauchswert je Materialart EUR	%	kumulierte Verbrauchswerte EUR	%	kumul. Mengen-verbrauch %
A	1	9	Wellen	140 000	49,7	140 000	49,7	1,7
A	2	7	Gleitring	42 000	14,9	182 000	64,6	7,7
A	3	11	Kupplung	30 000	10,6	212 000	75,3	7,7
B	4	10	Lagerbock	28 000	9,9	240 000	85,2	7,9
B	5	8	Zahnräder	14 000	5,0	254 000	90,2	8,2
B	6	12	Antrieb	10 000	3,5	264 000	93,7	8,2
B	7	1	Unterleg-scheiben	5 000	1,8	269 000	95,5	57,8
C	8	4	Dichtungen	4 500	1,6	273 500	97,1	72,7
C	9	6	Halterung	3 200	1,1	276 700	98,2	73,7
C	10	2	Schrauben	2 800	1,0	279 500	99,2	93,6
C	11	3	Scharnier	1 200	0,4	280 700	99,6	97,5
C	12	5	Schellen	1 000	0,4	281 700	100,0	100,0

2.
ABC-Analyse
(Tabellarische Zusammenfassung der Ergebnisse)

Gruppe	Anteil an der Gesamtmenge (%) je Gruppe	kumuliert	Anteil am Gesamtverbrauchswert (%) je Gruppe	kumuliert
A	7,7	7,7	75,3	75,3
B	50,1	57,8	20,2	95,5
C	42,2	100,0	4,5	100,0

7 Beschaffung und Lagerhaltung

3.

ABC-Analyse

% des Gesamtverbrauchswertes

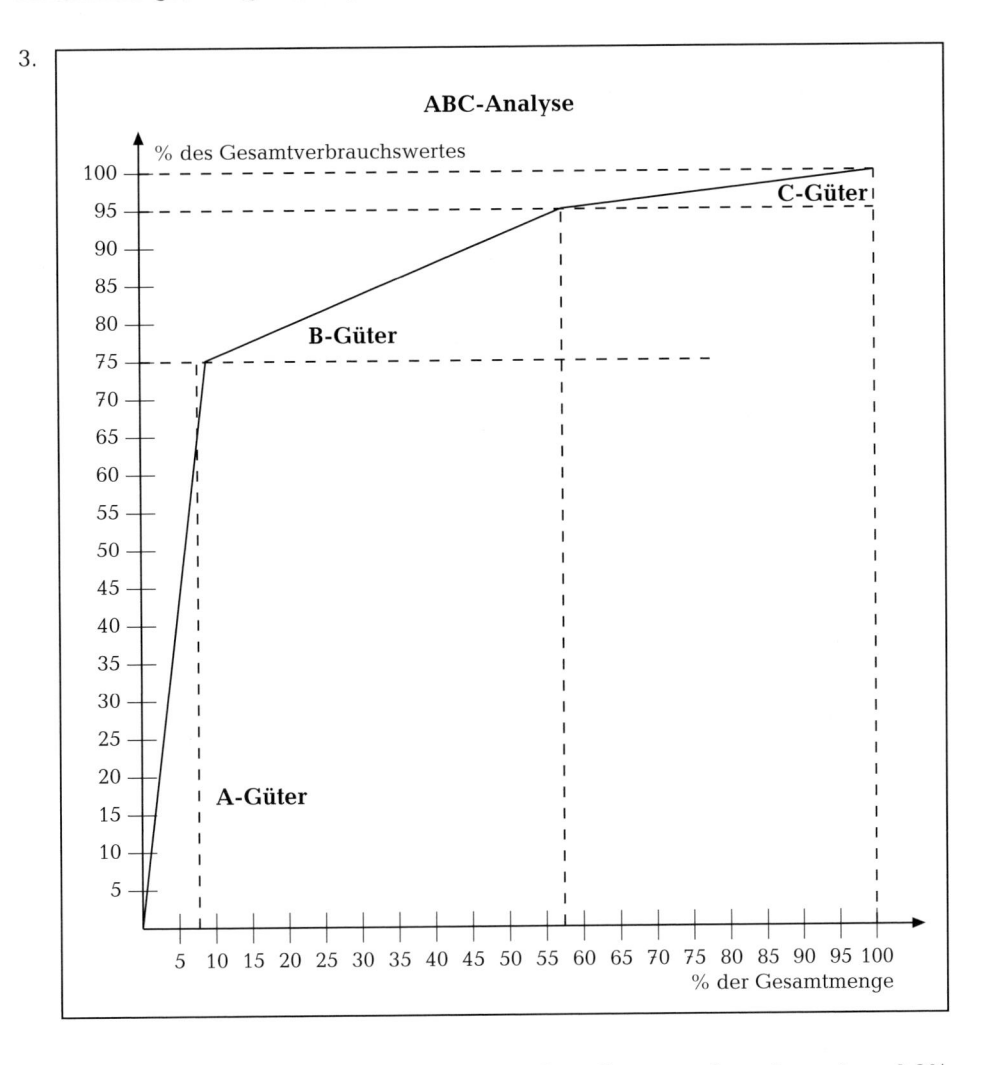

(Diagramm: Lorenzkurve der ABC-Analyse mit A-Gütern, B-Gütern und C-Gütern; x-Achse: % der Gesamtmenge von 5 bis 100; y-Achse: % des Gesamtverbrauchswertes von 5 bis 100. A-Güter bis ca. 5% Menge / 75% Wert; B-Güter bis ca. 55% Menge / 95% Wert; C-Güter bis 100% Menge / 100% Wert.)

4. Die Dichtungen belegen jetzt mit einem Anteil am Gesamtverbrauchswert von 9,8 % Rang 3 (Gruppe A). Vorher betrug der Anteil 1,6 % (Rang 8, Gruppe C).

5. Werkstoffe der Gruppe A:

Häufige Bestellung kleinerer Mengen, um den Lagerbestand zu reduzieren; nach Möglichkeit Beschaffung erst im Bedarfsfall (fertigungssynchrone Beschaffung, just-in-time-Verfahren); genaue (plangesteuerte) Disposition, indem der Bedarf einer Periode rechnerisch aus dem Produktionsplan ermittelt wird (= Zukunftsorientierung); geringe Sicherheitsbestände; exakte Lagerbuchführung und Bestandskontrollen.

Werkstoffe der Gruppe C:

Es gilt das Gegenteil der Anmerkungen zu den Werkstoffen der Gruppe A. Kontrollen können vereinfacht und Sicherheitsbestände großzügig bemessen werden; verbrauchsgesteuerte Disposition, indem der zukünftige Bedarf ohne Rücksicht auf den Produktionsplan aus dem Verbrauch in der Vergangenheit abgeleitet wird.

Werkstoffe der Gruppe B:

Die Werkstoffe dieser Gruppe sind hinsichtlich der Lagerhaltungspolitik von Fall zu Fall der Gruppe A oder C zuzuordnen.

Maß-nahme	Material-gruppe	Begründung
a	A	Fehlentscheidungen führen u.U. zu überhöhten Lagerkosten oder zu Produktionsstillstand
b	A	Günstige Konditionen wirken sich bei dieser Materialgruppe besonders stark aus; nach Möglichkeit langfristige Lieferverträge mit Lieferern
c	C	Fehlentscheidungen sind nicht so folgenschwer wie bei Materialgruppe A und B
d	C	kostenintensive Planungsverfahren lohnen sich angesichts des geringen Materialwertes nicht; durch größere Bestellmengen können bestellmengenunabhängige Kosten (fixe Bestellkosten) verringert werden; die Lagerkosten sind in diesem Fall von geringerer Bedeutung.
e	A	Skontoausnutzung besonders vorteilhaft
f	A/B	Verringerung der durch Lagerbestände verursachten Kapitalbindung und des Lagerrisikos
g	A	Preisvergleiche und niedrigere Einstandspreis wirken sich bei diesen Gütern am meisten aus
h	A/B	Diese Güter weisen einen hohen Wert auf und sollten nicht unkontrolliert entnommen werden dürfen (Diebstahl, Schwund)
i	C	Lagerverwaltung und -kontrolle ist bei diesen Gütern im Verhältnis zu ihrem Wert sehr teuer

Für Materialien der B-Gruppe ist von Fall zu Fall zu prüfen, ob sie den A-Materialien oder den C-Materialien nahestehen.

6. a) Für C-Güter wird der Beschaffungsaufwand reduziert und u.U. eine auf Vergangenheitswerten beruhende verbrauchsgesteuerte Beschaffung vorgenommen. Es kann daher trotz (bzw. wegen) der ABC-Analyse vorkommen, dass bei diesen Gütern eine rechtzeitige Nachbestellung versäumt wird und Engpässe eintreten.

b) Bei der ABC-Analyse werden die Beschaffungsgüter nur nach ihrem wert- bzw. mengenmäßigen Verbrauch sortiert und den Gruppen A, B und C zugeordnet. Damit ist aber nichts über die Bedeutung der einzelnen Beschaffungsgüter für den Produktionsprozess ausgesagt. Ein der Gruppe C zugeordnetes Beschaffungsgut kann trotz seines geringen wertmäßigen Verbrauchs von entscheidender Bedeutung für die Produktion sein. Daher sollten die C-Güter entsprechend ihrer Bedeutung für den Produktionsprozess weiter unterteilt werden.

7. a) I   b) II   c) A/III, B/IV, C/I, D/II

Wirtschaftlichkeit der Lagerhaltung

7.24 Durchschnittlicher Lagerbestand – Umschlagshäufigkeit – Lagerdauer – Lagerzinsen – Lagerzinssatz

1. und 2.

$$\frac{10 + 15 + 8 + 17 + 1 + 5 + 17 + 17 + 13 + 22 + 19 + 14 + 18}{13} = 13{,}5$$

7 Beschaffung und Lagerhaltung

3. $\dfrac{\text{Lagerabgang}}{\varnothing \text{ Lagerbestand}} \quad \dfrac{121}{13,5} = 8,96 \approx 9$

4. Offsetpapier ist ein Verbrauchsgut und hat deshalb eine hohe Umschlagshäufigkeit; der Kleinoffsetdrucker hat als Gebrauchsgut eine geringe Umschlagshäufigkeit.

5. Durchschnittliche Lagerdauer:

   Kleinoffsetdrucker $\dfrac{360}{9} = 40$ Tage

   Offsetpapier $\dfrac{360}{50} = 7,2$ Tage

6. a) Wareneinsatz: 688 000 EUR
   b) durchschnittlicher Lagerbestand 99 577 EUR

   Umschlagshäufigkeit: $\dfrac{688\,000}{99\,577} = 6,9$

   durchschnittliche Lagerdauer: $\dfrac{360}{6,9} = 52,2$ Tage

   Bei Aufgabe 5 handelt es sich um Lagerumschlagshäufigkeit und durchschnittliche Lagerdauer einzelner Artikel des Sortiments (in Stück), bei Aufgabe 6 um die Kennzahlen für das gesamte Sortiment (in EUR).

   c) Umschlagshäufigkeit: $\dfrac{\text{Wareneinsatz}}{\varnothing \text{ Lagerbestand}}$

7. Die Umschlagshäufigkeit ist im Branchendurchschnitt günstiger. Das kann daran liegen, dass der Büromaschinenhändler ein anderes Sortiment hat als der Durchschnitt der Branche. Seine Mindestbestände können zu hoch sein. Er kann z.B. technisch überholte Geräte als Ladenhüter auf Lager liegen haben.

8. a) 6 % von 99 577 EUR (= $\varnothing$ Lagerbestand) = 5 974,62 EUR

   b) $\dfrac{99\,577 \times 6 \times 52,2}{100 \times 360} = 866,32$ EUR

   c) 6 % von 5 000 EUR = 300 EUR

   d) 6 % von 5 000 EUR für 40 Tage = 33,33 EUR

   e) 5 000,00 DM $\triangleq$ 100 %
      33,33 DM $\triangleq$ x %   x = 0,67 %

   f) $\dfrac{\text{Jahreszinssatz (Zinskostensatz)} \times \varnothing \text{ Lagerdauer}}{360}$

7.25 Lagerumschlag – Zinsen

1. und 2.

Branche	Ø Lagerdauer in Tagen	Begründung
Lebensmittel	24	große Absatzmengen, Verderblichkeit, kurze Lagerdauer
Textil	144	Saison, großes Sortiment
Uhren und Schmuck	360	geringe Absatzmengen, aber hoher Wert der Artikel; lange Lagerdauer

3. Meldebestand = (Tagesbedarf × Lieferzeit) + Mindestbestand
   Je höher der Mindestbestand, desto höher der Meldebestand.
   Je höher der Meldebestand, desto höher der ⌀ Lagerbestand.
   Je höher der ⌀ Lagerbestand, desto geringer die Umschlagshäufigkeit bei gleichem Wareneinsatz.

   $$\text{Umschlagshäufigkeit} = \frac{\text{Wareneinsatz}}{\varnothing \text{ Lagerbestand}}$$

4. a) Warenabsatz: verkaufte Menge
   b) Wareneinsatz: verkaufte Menge bewertet mit Einstandspreisen
      (= Umsatz zu Einstandspreisen)
   c) Warenumsatz: verkaufte Menge bewertet mit Verkaufspreisen

5. Bisherige Zinskosten der Lebensmitteleinzelhandlung:
   6% von 400 000 (= ⌀ Lagerbestand) = 24 000 EUR p.a.
   Bei einem ⌀ Lagerbestand von 400 000 EUR und einer Umschlagshäufigkeit von 10 beträgt der Wareneinsatz 4 000 000 EUR. WE = U × ⌀ LB
   Hätte die Lebensmitteleinzelhandlung bei gleichem Wareneinsatz (4 000 000 EUR) die branchenübliche Umschlagshäufigkeit von 15 erreicht, wäre ihr ⌀ Lagerbestand auf 266 667 DM gesunken

   $$\varnothing \text{ Lagerbestand} = \frac{\text{Wareneinsatz}}{\text{Umschlagshäufigkeit}} = \frac{4\,000\,000}{15} = 266\,667 \text{ EUR}$$

   Zinskosten bei einer Umschlagshäufigkeit von 15:
   6% von 266 667 (= ⌀ Lagerbestand) = 16 000 EUR p.a.
   Die Mehrbelastung an Zinsen aufgrund der geringeren Umschlagshäufigkeit beträgt 8 000 EUR (24 000 – 16 000).
   Dieses Ergebnis kann auch durch eine Dreisatzrechnung mit umgekehrtem Verhältnis ermittelt werden (je höher U desto niedriger die Zinsen):
   10 U – 24 000 EUR Zinsen
   15 U – X   EUR Zinsen   X = 240 000 : 15 = 16 000 EUR Zinsen

7.26 Lagerkennzahlen und Sortimentsgestaltung in einem Handelsbetrieb

Hinweise für Möglichkeiten einer computerunterstützten Lösung einzelner Teilaufgaben mit Hilfe des Programms EUROBWL finden sich auf der CD (siehe S. 5).

1.

Warengruppe	1	2	3	4	5	Gesamtes Sortiment
⌀ Lagerbestand (€)	160 000	95 000	75 000	100 000	70 000	500 000
⌀ Umschlagshäufigkeit	5,4	6,2	5,7	2,7	3,0	4,7
Branchendurchschnitt	7,0	5,6	5,2	4,0	3,2	5,0
⌀ Lagerdauer (Tage)	67	58	63	133	120	76
Lagerzinssatz (%)	1,86	1,62	1,74	3,70	3,33	2,12
Lagerzinsen je Umschlag (€)	2977	1543	1308	3704	2333	10615

7 Beschaffung und Lagerhaltung

2. – Die Lagerdauer gibt an, wie lange die Bestände durchschnittlich auf Lager liegen. Je höher die **Umschlagshäufigkeit**, desto geringer die **Lagerdauer** und umgekehrt.

$$\text{Lagerdauer} = \frac{360}{\text{Umschlagshäufigkeit}}$$

In der Praxis wird auch anstelle der 360 (Zins-) Tage nach dem Fabrikkalender mit Arbeitstagen (z.B. 240) gerechnet.

– Bei gegebenem Jahreszinssatz (Marktzinssatz) gilt: Je höher die **Umschlagshäufigkeit**, desto geringer der **Lagerzinssatz** und umgekehrt. Bei hoher Umschlagshäufigkeit ist die Kapitalbindungsdauer kurz. Folglich sind die in % ausgedrückten Kapitalbindungskosten (= Lagerzinssatz) gering.

$$\text{Lagerzinssatz} = \frac{\text{Jahreszinssatz} \times \varnothing \text{ Lagerdauer}}{360}$$

– Bei gegebenem Jahreszinssatz (Marktzinssatz) gilt: Je höher der ⌀ **Lagerbestand** (= gebundenes Kapital), desto höher die **Lagerzinsen** (= Kapitalbindungskosten) und umgekehrt.

$$\text{Lagerzinsen je Umschlag} = \frac{\varnothing \text{ Lagerbestand} \times \text{Jahreszinssatz} \times \varnothing \text{ Lagerdauer}}{100 \times 360}$$

oder

$$\text{Lagerzinsen je Umschlag} = \frac{\varnothing \text{ Lagerbestand} \times \text{Lagerzinssatz}}{100}$$

Die Höhe der Lagerzinsen hängt somit vom ⌀ Lagerbestand, vom Marktzinssatz und von der Lagerdauer ab.

3. Die Umschlagshäufigkeit gibt an, wie oft der ⌀ Lagerbestand während eines Geschäftsjahres umgesetzt wird.

$$\text{Umschlagshäufigkeit} = \frac{\text{Wareneinsatz}}{\varnothing \text{ Lagerbestand}}$$

Die vom Branchendurchschnitt abweichende Umschlagshäufigkeit kann durch

- einen abweichenden Wareneinsatz
  und/oder
- einen abweichenden ⌀ Lagerbestand bei den einzelnen Warengruppen bedingt sein.

Wareneinsatz:
Bei gleichem ⌀ Lagerbestand führt eine Erhöhung des Wareneinsatzes zu einer höheren Umschlagshäufigkeit und damit zu einer Minderung von Lagerdauer, Lagerzinssatz und Lagerzinsen. Der Wareneinsatz wird in erster Linie von der Absatzleistung des Unternehmens bestimmt. Eine Abweichung der Umschlagshäufigkeit vom Branchendurchschnitt kann daher durch Unterschiede hinsichtlich der Absatzmöglichkeiten bzw. der absatzpolitischen Maßnahmen bedingt sein.

⌀ **Lagerbestand:**
Bei gleichem Wareneinsatz führt eine Senkung des ⌀ Lagerbestandes zu einer höheren Umschlagshäufigkeit und zu einer Minderung der Lagerkosten. Eine Abweichung der Umschlagshäufigkeit vom Branchendurchschnitt kann daher durch Unterschiede hinsichtlich der Höhe des ⌀ Lagerbestandes bei den einzelnen Warengruppen bedingt sein. Ziel der Lagerhaltungspolitik muss es sein, unter Beachtung der Lieferfähigkeit die Lagerbestände so niedrig wie möglich zu halten. Mögliche Maßnahmen:

- Beschaffung kleinerer Mengen in kürzeren Zeitabständen (optimale Bestellmenge ermitteln),
- Sicherheitsbestände verringern,
- Sortiment bereinigen (»Ladenhüter« eliminieren).
- Breite und Tiefe des Sortiments überprüfen.

4. Nein, da keine Informationen über den Stückgewinn/Stückverlust der einzelnen Artikel vorliegen. Wenn beispielsweise der Absatzpreis je Stück für die Warengruppe mit der höchsten Umschlagshäufigkeit die Selbstkosten je Stück nicht deckt bzw. keinen positiven Deckungsbeitrag leistet, würde eine Erhöhung der Absatzmenge zusätzliche Verluste erbringen. Eine Sortimentspolitik auf der Basis von Lagerkennzahlen kann zu Fehlentscheidungen führen, da in erster Linie der Deckungsbeitrag einer Warengruppe entscheidend ist.

5.

Warengruppe 4	vorher	nachher
∅ Lagerbestand (EUR)	100 000	100 000
∅ Umschlagshäufigkeit	2,7	4,5
∅ Lagerdauer (Tage)	133	80
Lagerzinssatz (%)	3,70	2,22
Lagerzinsen (EUR%) je Umschlag	3 703,70	2 222,22
HKZ (%)	20,37	15,56
Gewinnzuschlag (%)	15	10

Kalkulation (EUR)

Warengruppe 4	vorher	nachher
Wareneinsatz	270 000	450 000
+ Handlungskosten	55 000	70 000
= Selbstkosten	325 000	520 000
+ Gewinn	48 750	52 000
= Verkaufserlöse	373 750	572 000

7.27 Kostenvergleich Eigenlager/Fremdlager – kritische Lagermenge

Hinweise für Möglichkeiten einer computerunterstützten Lösung einzelner Teilaufgaben mit Hilfe des Programms EUROBWL finden sich auf der CD (siehe S. 5).

1. a)

Lagermenge 80 000 Stück	Eigenlagerung	Fremdlagerung
Fixkosten (EUR)	190 000	0
variable Lagerkosten (EUR)	128 000	280 000
Gesamtkosten (EUR)	318 000	280 000

b) x = Kritische Lagermenge

Fixkosten Eigenlagerung + variable Kosten Eigenlagerung = variable Kosten Fremdlager

$190\,000 + 1{,}60 \times x = 3{,}50 \times x; \quad x = 100\,000$ Stück

7 Beschaffung und Lagerhaltung

2.

Kostenvergleich Eigenlager – Fremdlager

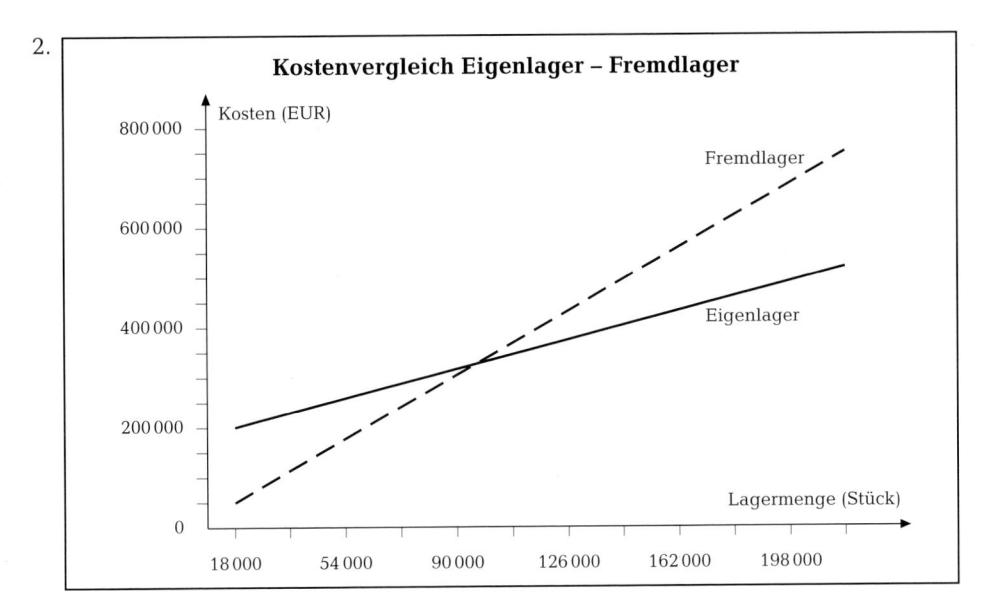

(Diagramm: Kosten (EUR) in Abhängigkeit von der Lagermenge (Stück); Eigenlager als durchgezogene Linie, Fremdlager als gestrichelte Linie; x-Achse: 18 000, 54 000, 90 000, 126 000, 162 000, 198 000; y-Achse: 0 bis 800 000)

7.28 Lagerlose Fertigung – Just-in-time-System (JIT) – Lagerarten – Logistik

1.

Jahr	1990	2002
⌀ Lagerbestand (Mio. EUR)	138,5	185
Wareneinsatz (Mio. EUR)	3 003	9 990
Umschlagshäufigkeit	21,68	54
⌀ Lagerdauer (Tage)	16,6	6,66
Lagerzinsen (EUR)	638 638	342 250

2. a) z.B. Autoradio, Reifen, Sitze, Lichtmaschine

   Kriterien für JIT-fähige Autoteile (u.a.):
   - Teile mit hohem Warenwert, die zu einer hohen Kapitalbindung im Lager führen würden,
   - Teile, von denen es mehrere verschiedene Typen gibt, die alle auf Lager gehalten werden müssten,
   - Teile, die notfalls auch später noch eingebaut werden können, ohne den gesamten Produktionsfluss maßgeblich zu behindern,
   - Teile, die vom Zulieferer in der Nähe des Produktionsstandortes gefertigt/gelagert werden.

2. b) Gruppe A: hoher Anteil am Gesamtverbrauchswert

2. c) **Vorteile**
   - Verringerung der Lagerzinsen und sonstiger Lagerkosten
   - Schnellere Durchlaufzeiten verringern die Stückkosten, da die fixen Lagerkosten auf eine größere Stückzahl verteilt werden können und so der Fixkostenanteil je Stück sinkt.

   Nachteile
   - Hohe Abhängigkeit vom Lieferer bezüglich Lieferzeit und Qualität (In der Praxis werden für nicht rechtzeitige Lieferung hohe Konventionalstrafen vereinbart.)

2. d) **Voraussetzungen:**
   - Intensiver Informationsaustausch mittels EDV-Vernetzung zwischen Lieferer und Abnehmer.
   - Lieferer muss termingenau liefern und die Autoteile nach den Qualitätsanforderungen des Abnehmers herstellen.
   - Lieferer muss über die Produktions- und Absatzpläne des Abnehmers genauestens unterrichtet sein.

   Vorteile:
   - Absatzsicherheit,
   - bei Koordination der Produktionspläne zwischen Zulieferer und Abnehmer auch beim Lieferer Vermeidung von Lagerbeständen (Kostensenkung)
   - Beratung durch Abnehmer hinsichtlich Fertigungsverfahren und Qualitätskontrolle

   Nachteile:
   - hohe Abhängigkeit vom Abnehmer,
   - evtl. zu starke Spezialisierung und damit Krisenanfälligkeit

2. e) Durch erhöhtes Transportaufkommen (»Verlagerung des Lagers auf die Straße«) treten zusätzliche Umwelt- und Verkehrsprobleme auf.

3. **Vorteile für Abnehmer:**
   - sofortige Verfügbarkeit der Autoteile, keine Lieferschwierigkeiten,
   - geringe Kapitalbindung,
   - Arbeitsersparnis im Einkauf

   Vorteile für Lieferer:
   - Arbeitsersparnis bei der Auftragsabwicklung,
   - Frachtvorteil durch Sammelladungen,
   - Bindung des Abnehmers an das Unternehmen

4. **Festplatzsystem:** Jede Ware hat ihren festen Stammplatz. Die Lagerplatzgröße muss dem erwarteten Höchstbestand entsprechen.

   Freiplatzsystem (chaotische Lagerhaltung):
   Jeder im Lager vorhandene freie Platz steht für die Lagerung jeder Ware zur Verfügung.

   Voraussetzung: EDV-gesteuertes Materialwirtschaftssystem, das jederzeit darüber Auskunft gibt,
   - welche Ware sich an welchem Lagerplatz befindet bzw.
   - an welchem Lagerplatz sich welche Ware befindet.

   Vorteil: Bessere Ausnutzung der Lagerkapazitäten

   Nachteil: u.U. keine Transportwegoptimierung; Waren mit hoher Entnahmehäufigkeit lagern u.U. an Lagerplätzen mit langen Transportwegen und umgekehrt.

5. a) Bei 1. wurde die Lagerumschlagshäufigkeit nur auf die Roh-, Hilfs- und Betriebsstoffe (= Beschaffungslager) bezogen und wie folgt berechnet:

$$U = \frac{\text{Lagerabgang zu Einstandspreisen}}{\varnothing \text{ Lagerbestand}}$$

Diese Lagerumschlagshäufigkeit zeigt nur einen Teilbereich des gesamten im Lager gebundenen Kapitals. Die Kennzahl

$$U = \frac{\text{Jahresumsatz}}{\text{Summe aller Vorräte}}$$

umfasst insbesondere auch das Halb- und Fertigwarenlager. Mit dieser Kennzahl ist das gesamte in Vorräten gebundene Kapital angesprochen, das erst durch den Umsatzprozess freigesetzt wird.

7 Beschaffung und Lagerhaltung

5. b) 5. c) 5. d)

Jahr	1990	2002
Gesamtumschlag	8,4	12
Kapitalbindungsdauer der Vorräte (Tage)	42,85	30
kalkulatorische Zinsen auf in Vorräten gebundenes Kapital (Mio. EUR)	7,08	10,42

Die Umschlagshäufigkeit der gesamten Vorräte ist 2002 gegenüber 1990 um fast 50% gestiegen. Dadurch konnte die Kapitalbindungsdauer um ca. 30% gesenkt werden. Da sich der Warenwert der Vorräte von 1990 auf 2002 mehr als verdoppelt hat, sind die Zinskosten trotz der verkürzten Kapitalbindungsdauer gestiegen.

6. Ausgangspunkt von JIT ist die Steuerung durch den Absatzmarkt (»Hol-Prinzip«). Ausgangstermin für JIT ist der Tag der Endmontage. Jede betriebliche Tätigkeit und damit auch die Zulieferung wird an diesem Termin ausgerichtet. Da der Materialbedarf direkt aus den vorliegenden Kundenaufträgen abgeleitet wird, können vorrangig solche Produkte im JIT-Verfahren hergestellt werden, für die bereits Kundenaufträge mit entsprechenden Lieferfristen vorliegen. Dies trifft für den Textilhandel nicht zu.

Wechselwirkung und Zielkonflikte im Bereich der Materialwirtschaft

7.29 Vernetzungsdiagramm zur Materialwirtschaft – Zielkonflikte

1. Nr. 1:
Je höher die Bestellmenge, desto niedriger der Einstandspreis (Mengenrabatt) (–)
Nr. 2: Je höher die Bestellmenge, desto geringer die Bestellhäufigkeit (–)
Nr. 3:
Je höher die Bestellmenge, desto höher der durchschnittliche Lagerbestand (+)
Nr. 4:
Je höher der durchschnittliche Lagerbestand, desto höher die Lagerkosten (+)
Nr. 5:
Je höher der durchschnittliche Lagerbestand, desto höher die Lieferbereitschaft (+)
Nr. 6:
Je höher der durchschnittliche Lagerbestand, desto höher die Kapitalbindung (+)
Nr. 7: Je höher die Lieferbereitschaft, desto niedriger die Fehlmengenkosten (–)
Nr. 8: Je höher die Kapitalbindung, desto höher die Zinskosten (+)
Nr. 9:
Je höher die Bestell- und Lieferhäufigkeit, desto höher die sozialen Kosten (+)
Nr. 10: Je höher die Bestellhäufigkeit, desto höher die bestellfixen Kosten (+)
Nr. 11: Je höher die bestellfixen Kosten, desto höher die Gesamtkosten (+)
Nr. 12: Je höher der Einstandspreis, desto höher die Gesamtkosten (+)
Nr. 13: Je höher die Lagerkosten, desto höher die Gesamtkosten (+)
Nr. 14: Je höher die Zinskosten, desto höher die Gesamtkosten (+)
Nr. 15: Je höher die Fehlmengenkosten, desto höher die Gesamtkosten (+)
Nr. 16: Je höher die Gesamtkosten, desto niedriger der Gewinn (–)
Nr. 17: Je höher die sozialen Kosten, desto höher die Gesamtkosten (+);
die sozialen Kosten werden aber betriebswirtschaftlich nicht erfasst und mindern nicht den Gewinn.

2. Ausgleich gegenläufiger Kostentendenzen: große Bestellmengen bedeuten geringe bestellfixe Kosten, aber hohe Lagerkosten und umgekehrt.

3. Der Käufer kann mit einem geringeren durchschnittlichen Lagerbestand auskommen und den Mindestbestand niedriger halten. Das spart Lagerkosten. Sofern die Marktmacht des Verkäufers ausreicht, wird er sich die ihm entstehenden Lagerkosten durch einen erhöhten Verkaufspreis vergüten lassen. Dadurch erhöht sich für den Käufer der Einstandspreis, so dass es sich lediglich um eine Kostenverlagerung handelt. Durch die mehrmalige Lieferung von Teilmengen steigen zudem – im Vergleich zur einmaligen Lieferung der Gesamtmenge – die Transportkosten und die Umweltbelastung.

4. Vorteile des Streckengeschäfts:
Verringerung von Lagerkosten beim Händler
Einsparung von Transport-, Be- und Entladekosten
Verringerung des Risikos von Transportschäden
Verkürzung der Lieferfristen
u.U. kürzere Transportwege und damit geringere Umweltbelastung

5. a) Nr. 1: Je mehr (stärker, häufiger) Anwendung des jit-Konzepts, desto größer die Transporthäufigkeit (+) (gleichgerichtete Wirkung: je mehr – desto mehr)
Nr. 2: Je größer die Transporthäufigkeit, desto größer der Verkehrsstau (+) (gleichgerichtete Wirkung: je mehr – desto mehr)
Nr. 3: Je größer der Verkehrsstau, desto unpünktlicher die Lieferung (–) (entgegengesetzte Wirkung: je mehr – desto weniger)
Nr. 4: Je unpünktlicher die Lieferung, desto weniger Anwendungen des jit-Konzepts (+) (gleichgerichtete Wirkung: je weniger – desto weniger)

b) Das Dilemma lässt sich wie folgt verdeutlichen: Das jit-Konzept trägt zur Erhöhung der Transportvorgänge und damit des Verkehrsaufkommens bei. Dadurch wird die Gefahr von Verkehrsstaus erhöht. Diese Verkehrsstaus gefährden die pünktliche Lieferung. Die pünktliche Lieferung ist aber der zentrale Kern des gesamten Konzepts.

Ergebnis: Die verstärkte Anwendung des jit-Konzepts führt aufgrund seiner Folgewirkungen zu seiner eigenen Einschränkung.

c) negative Rückkopplung: +, +, –, +
je mehr – desto weniger
Bei negativen Rückkopplungen wird die Wirkung eines Elements durch sich selbst eingeschränkt. Solche Rückkopplungen tragen zur Stabilisierung eines Systems bei.

7.30 Berücksichtigung umweltpolitischer Ziele in der Materialwirtschaft

1. a) Die Ziele stehen teilweise miteinander in Konflikt, d.h., die Verfolgung eines Zieles beeinträchtigt die Realisierung eines anderen Zieles; nicht alle Ziele können gleichzeitig erreicht werden.

b) je höher die Lieferbereitschaft, desto höher die Lagerkosten
je höher die Produktqualität, desto höher die Einstandspreise
je niedriger die Bestände und die Kapitalbindung, desto geringer die Lieferbereitschaft
je niedriger der Einstandspreis aufgrund von Mengenrabatt, desto höher die Bestände

7 Beschaffung und Lagerhaltung

2. Ressourcen schonendes Produktionsprogramm: Produktionsprogramm, bei dem der Verbrauch von Produktionsfaktoren (z.B. Energie, Rohstoffe) verringert wird; Vermeidung von Verschleißproduktion, sparsamer Umgang mit Material, Substitution usw.

   hoher Verwertungsgrad des Materials: Verwendung von recyclingfähigen Materialien, Materialien ohne oder mit geringen Entsorgungsproblemen

   schadstoffarme Produktion und Produkte: umweltverträglicher Produktionsprozess, umweltfreundliche Produkte (blauer Engel), Verringerung von Rückständen (Abfällen) bei der Produktion

3. Materialbeschaffung:
   Auswahl umweltverträglicher/umwelfreundlicher Materialien; Einflussnahme auf Lieferer zur Aufnahme umweltverträglicher Materialien in ihr Produktionsprogramm

   Einsatz umweltfreundlicher Transportwege und Transportmittel, Berücksichtigung der Transporthäufigkeit als umweltbelastendes Element bei der Festlegung der Bestellmenge

   Materiallagerung:
   Vermeidung von umweltgefährdenden Störfällen durch Freisetzung von Schadstoffen (z.B. Bodenbelastung bei der Lagerung von Chemikalien)

   Materialverteilung:
   Umweltverträgliche Verpackung; Mehrwegverpackung; umweltverträgliche Transportwege, Transportmittel und Transporthäufigkeiten; Verkehrssicherheit der Transportmittel zur Vermeidung von Unfällen und dadurch bedingte Freisetzung von Schadstoffen

   Materialentsorgung:
   Abfallvermeidung, Abfallverminderung, Recycling, umweltgerechte Abfallbeseitigung (Sondermülldeponien)

4. a) Verringerung der Lagerkosten vs. Umweltbelastung (soziale Kosten)

   b) Schülerabhängige Antwort

8 Betriebliche Leistungserstellung

Grundlagen der betrieblichen Leistungserstellung

8.01 Betriebliche Funktionsbereiche – Grundphasen des betrieblichen Leistungsprozesses

1. Beschaffung – Einsatzlager – Fertigung – Absatzlager – Absatz

2. Beschaffung: Rohwareneingang
   Einsatzlager: Pumpe zur Entleerung, Öltanks, Butterfarbe und Zutatenlager
   Fertigung: Mischbottich, Rührmaschine, Kühltrommel, Transporthaken, Knetmaschine, Mischmaschine
   Absatz: Kartonsteckerei, Packmaschine, Abtransport
   Absatzlager: Kühlhaus

3.

Art des Betriebes	Beschaffung durch die Einkaufsabteilung[1]	Einsatzlager	Fertigung	Ausführung von Dienstleistungen	Absatzlager	Absatz
Industrie	Werkstoffe (Roh-, Hilfs- und Betriebsstoffe, Einzelteile)	Werkstoffe	Erzeugnisse (Waren)	–	Fertig- und Halbfertigerzeugnisse	Verkauf und Auslieferung von Erzeugnissen
Handel	Handelswaren	Handelswaren	–	Dienstleistung (Warenverteilung)	Verkaufslager, Ladengeschäft	Verkauf und Auslieferung von Handelswaren
Reisebüro	überwiegend Büromaterial, Kataloge, Prospekte	Kataloge, Prospektmaterial	–	Dienstleistung (Beratung, Vermittlung von Reiseverträgen)	–	Verkauf von Dienstleistungen (Reisen)
Transport	Treibstoffe, Ersatzteile für Fahrzeuge	Treibstoffe, Ersatzteile	–	Dienstleistung (Transport)	–	Verkauf von Dienstleistungen (Transportleist.)
Bank	Geldmittel, Wertpapiere u.a.	Geldmittel	–	Dienstleistung (Zahlungsverkehr, Kreditgewährung, Wertpapiergeschäfte)	Geldmittel	Verkauf von Dienstleistungen (Zahlungsverkehr, Kreditgewährung, Wertpapiergeschäfte)
Versicherung	überwiegend Büromaterial	unbedeutend	–	Dienstleistung (Risikotragung)	–	Verkauf von Dienstleistungen (Versicherungspolicen)
Steuerberatungsbüro	überwiegend Büromaterial	unbedeutend	–	Dienstleistung (Beratung, Erstellung von Steuererklärungen etc.)	–	Verkauf von Dienstleistungen (Beratung, Buchführungsarbeiten, Steuererklärungen)
Bauunternehmung	Baumaterial	Baumaterial	Erstellung von Bauwerken	–	–	Verkauf von erstellten Bauwerken

---

[1] Ohne Beschaffung von Betriebsmitteln (Grundstücke, Maschinen), Arbeitskräften und Kapital.

8 Betriebliche Leistungserstellung

Betriebliche Produktionsfaktoren und ihre Kombination

8.02 Einteilung betrieblicher Produktionsfaktoren

1. a) Betriebsmittel (maschinelle Apparatur, über die der Betrieb verfügt): Pumpe, Öltanks, Mischbottich, Rührmaschine, Kühltrommel, Transportkran, Knetmaschine, Mischmaschine, Packmaschine, Kühlhaus.

   b) Werkstoffe: Speiseöle, Butterfarbe, sonstige Zutaten.

   c) z.B. im Mischbottich, in der Rührmaschine, in der Knetmaschine.

2. Ausführende Arbeit.

3. Von links nach rechts: ausführende Arbeit, Betriebsmittel, Werkstoffe.

4. Dispositive Arbeit:
   z.B. Beschaffungsplanung, Produktionsplanung, Absatzplanung, Finanzierungsentscheidungen.

   ausführende Arbeit:
   z.B. Bedienen von Maschinen, Verpacken und Verladen.

8.03 Kombination der Produktionsfaktoren – Substitution – Minimalkostenkombination – Rationalisierung

1. und 2. Mögliche Kombinationen der Produktionsfaktoren zur Herstellung von 30 Möbelstücken:

Nr.	1	2	3
Arbeitseinheiten	4	2	1
Maschineneinheiten	1	3	5
Produktionskosten	260	280	350

Die kostengünstigste Faktorkombination (Minimalkostenkombination) besteht aus 4 Arbeitseinheiten und 1 Maschineneinheit.

3. a)

Nr.	1	2	3
Arbeitseinheiten	4	2	1
Maschineneinheiten	1	3	5
Produktionskosten	320	310	365

Jetzt ist die Faktorkombination 2 Arbeitseinheiten und 3 Maschineneinheiten am kostengünstigsten.

b) Rationalisierung heißt, eine bestimmte Leistung gegenüber früheren Zuständen mit geringeren Kosten zu erzielen. Dies geschieht im vorliegenden Fall, indem der Faktor Arbeit durch den Faktor Kapital ersetzt wird (Substitution). Ein solches Vorgehen entspricht hier dem ökonomischen Prinzip.

Planung des Fertigungsprogramms

8.04 Planung des Fertigungsprogramms – Zusammenhang zwischen Produktion und Absatz

1.

Termine / Erzeugnisse	bis 31.03. (13. KW)	bis 30.06. (26. KW)	bis 30.09. (39. KW)	bis 31.12. (52. KW)	Summe
Skianzüge	–	–	7 000	3 000	10 000
Bademäntel	18 000			22 000	40 000
Freizeitanzüge	14 000	22 000	24 000	–	60 000

2. Welche Erzeugnisse sollen in welcher Menge zu welchem Zeitpunkt hergestellt werden?

3. a) Fertigung synchron zum Absatz
   Absatzschwankungen werden durch sofortige Anpassung der Fertigungsmengen (Beschäftigung) aufgefangen.
   Vorteil:
   geringe Lagerkosten
   Nachteil:
   Die Kapazitätsauslastung schwankt stark. Beim Beschäftigungsrückgang steigen die Fixkosten je Stück. Die Entwicklung der Stückkosten ist somit saisonabhängig.
   Sinnvolle Anwendungsmöglichkeit:
   Betriebe mit geringen Fixkosten

   b) Gleichmäßige Kapazitätsauslastung
   Vorteil:
   Gleichmäßige Kapazitätsauslastung, keine Beschäftigungsschwankungen, keine saisonabhängige Änderung der Stückkosten
   Nachteil:
   Lagerkosten

   c) stufenweise Anpassung
   Versuch, die Vorteile von a) und b) zu nutzen und die Nachteile zu vermeiden, sofern Kapazität stufenweise auf- und abgebaut werden kann. Der Anstieg der Fixkosten je Stück bei Beschäftigungsrückgang kann u.U. aufgrund von sog. intervallfixen (sprungfixen) Kosten vermieden werden.

   d) Ergänzungsprogramm
   Ausgleich von saisonalen Absatzschwankungen durch Aufnahme zusätzlicher Erzeugnisse (Ergänzungsprogramm)
   Vorteil:
   gleichmäßige Kapazitätsauslastung
   Voraussetzung:
   Produktionsanlagen können für unterschiedliche Erzeugnisse genutzt werden
   Anwendungsmöglichkeit:
   Saisonaler Wechsel zwischen Sommer- und Winterbekleidung in der Textilindustrie

8 Betriebliche Leistungserstellung

Planung des Fertigungsprogramms

8.05 Werkstattfertigung – Innerbetrieblicher Standort – Fließfertigung (Reihenfertigung)

1. Bisherige Kosten:

	Material-lager	Stanzerei	Dreherei	Bohrerei	Fräserei	Schleiferei	Lackiererei	Zw.Lager/Montage
Material-lager								
Stanzerei	12 × 10 € = 120 €							
Dreherei		12 × 10 € = 120 €						
Bohrerei			4 × 10 € = 40 €					
Fräserei			6 × 5 € = 30 €	10 × 5 € = 50 €				
Schleiferei				10 × 5 € = 50 €				
Lackiererei	4 × 10 € = 40 €		5 × 5 € = 25 €	6 × 10 € = 60 €		10 × 5 € = 50 €		
Zw.lager/Montage						8 × 10 € = 80 €	2 × 10 € = 20 €	
Fertiglager						4 × 10 € = 40 €	7 × 10 € = 70 €	8 × 5 € = 40 €

Innerbetriebliche Transportkosten pro Tag: 835 EUR

Vorschlag zur Umorganisation (Es gibt mehrere Lösungen, die zu einer Einsparung von Transportkosten führen. Wesentlich ist, dass Werkstätten, zwischen denen die häufigsten Transporte durchgeführt werden, benachbart sind.)

Fräserei	Bohrerei	Schleiferei
		Montage
Dreherei	Lackiererei	Zwischenlager
Stanzerei	Materiallager	Fertiglager

Transportkosten nach der Umorganisation:

	Material-lager	Stanzerei	Dreherei	Bohrerei	Fräserei	Schleiferei	Lackiererei	Zw.Lager/Montage
Material-lager								
Stanzerei	12 × 5 € = 60 €							
Dreherei		12 × 5 € = 60 €						
Bohrerei			4 × 5 € = 20 €					
Fräserei				6 × 5 € = 30 €	10 × 5 € = 50 €			
Schleiferei					10 × 5 € = 50 €			
Lackiererei	4 × 5 € = 20 €			5 × 5 € = 25 €	6 × 5 € = 30 €	10 × 5 € = 50 €		
Zw.lager/Montage						8 × 5 € = 40 €	2 × 5 € = 10 €	
Fertiglager						4 × 10 € = 40 €	7 × 5 € = 35 €	8 × 5 € = 40 €

Innerbetriebliche Transportkosten pro Tag: 560 EUR

Die Umorganisation der Werkstätten lohnt sich nur, wenn die Kostenersparnis durch die Verkürzung der Transportwege langfristig größer ist als die durch die Umorganisation entstehenden Kosten.

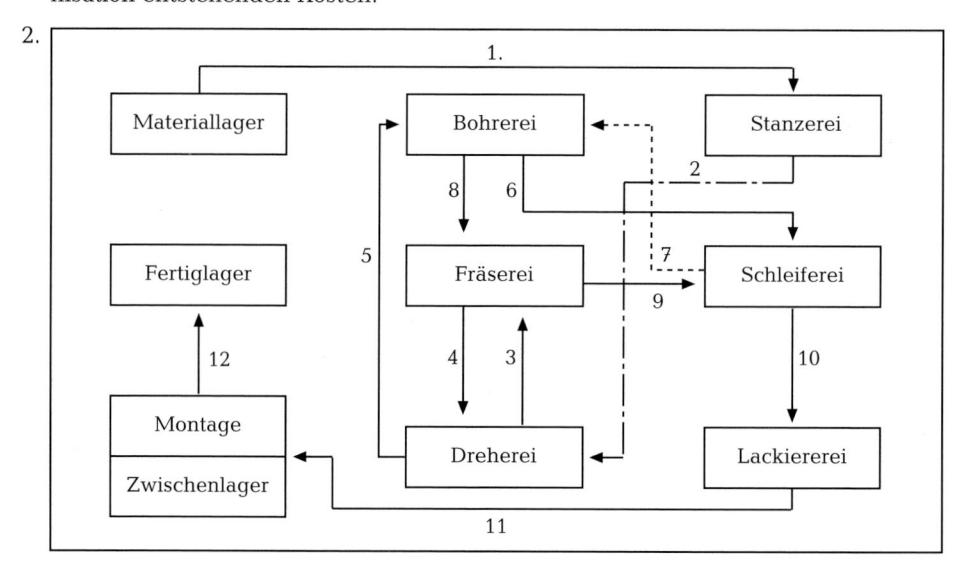

2.

Transportkosten je Durchlauf: 80 EUR

3. Bei einer Umorganisation entsprechend dem Lösungsvorschlag zu Alternative I betragen die Transportkosten 65 EUR je Durchlauf. Eine weitere Reduzierung auf 60 EUR wäre bei einem Tausch zwischen Lackiererei und Schleiferei möglich.

4. a) Bei der Werkstattfertigung durchlaufen die Werkstücke mehrere Werkstätten, in denen gleichartige Maschinen und Arbeitsplätze zusammengefasst sind (Verrichtungsprinzip). Das hat u.U. große innerbetriebliche Transportwege zur Folge, da die Werkstücke in unterschiedlicher Reihenfolge zwischen den einzelnen Werkstätten hin und her transportiert werden müssen. Außerdem

8 Betriebliche Leistungserstellung

können Wartezeiten und Zwischenläger entstehen. Bei den Maschinen handelt es sich um Universalmaschinen, die ggf. für verschiedene Zwecke umrüstbar sind. Die Arbeitskräfte besitzen aufgrund häufiger Produktionsumstellungen große Arbeitserfahrung und Vielseitigkeit.

Die Werkstattfertigung bietet ein Höchstmaß an Flexibilität (Anpassungsmöglichkeit an Kundenaufträge und Marktveränderungen) und eignet sich für die Einzel- und Serienfertigung. Sie ist dann sinnvoll, wenn es in dem Betrieb immer wieder wechselnde Produktionsvorgänge gibt (Produktvielfalt).

b) Bei der Fließfertigung[1] erfolgt die Anordnung der Betriebsmittel und Arbeitsplätze nach der Reihenfolge der Bearbeitung (Prozessfolgeprinzip). Im vorliegenden Fall, in dem die Arbeitsvorgänge wegen ihrer oft unterschiedlichen Dauer nicht zeitlich gebunden und die Arbeitsplätze räumlich unabhängig voneinander sind, spricht man von Reihenfertigung. Der Weitertransport der Werkstücke erfolgt dabei ohne Fließband und ohne bestimmten Arbeitstakt. Dieses Fertigungsverfahren, das sich durch eine Verkürzung der Durchlaufzeiten gegenüber der Werkstattfertigung auszeichnet, bedingt im vorliegenden Fall die zusätzliche Anschaffung von Maschinen (z.B. Drehen I und Drehen II).

Reihenfertigung ist nur dann sinnvoll, wenn sich der Arbeitsablauf über einen längeren Zeitraum nicht verändert.

8.06 Organisationsformen der Fertigung – Fertigungstypen

1. a)/4; b)/3; c)/2; d)/1

2.

Organisationsform Merkmale	Werkstatt- fertigung	Fließ- fertigung
Durchlaufzeiten	hoch	niedrig
Transportkosten	hoch	niedrig
Lagerkosten	hoch	niedrig
Investitionsbedarf	niedrig	hoch
Anpassungsfähigkeit an Marktveränderungen	hoch	niedrig
Anpassungsmöglichkeit bei Beschäftigungsschwankungen	niedrig	hoch
Übersichtlichkeit des Produktionsprozesses	niedrig	hoch
Störanfälligkeit	niedrig	hoch
Stückkosten	hoch	niedrig
Belastung der Mitarbeiter durch monotone Arbeit	niedrig	Fließband: hoch Transferstr.: niedrig
Qualifikation der Mitarbeiter	hoch	Fließband: niedrig Transferstr.: hoch
Lohnkosten	hoch	niedrig
Fehlerquote/Ausschuss	hoch	niedrig
Anwendbarkeit der Divisionskalkulation	nicht möglich; Zuschlagskalkulation nötig	insbes. bei Massenfertigung anwendbar
Verwendung von Spezialmaschinen	Universalmaschinen	hoch
Arbeitsproduktivität	niedrig	hoch

---

[1] Der Begriff Fließfertigung wird hier als Oberbegriff zu Reihen- und Fließbandfertigung benutzt. Zuweilen wird dieser Begriff aber auch gleichbedeutend mit Reihen-, Straßen- oder Linienfertigung verwendet.

3.

Produkte \ Fertigungstypen	Einzel-fertigung	Mehrfachfertigung		
		Massen-fertigung	Sorten-fertigung	Serien-fertigung
Herrenanzüge unterschiedlicher Qualität und Größe			X	
Autos				X
Elektrizität, Gas		X		
Bücher				X
Benzin		X		
Teppiche			X	
Zigaretten		X		
Glühbirnen		X		
Bier			X	
Schrauben			X	X
Schiffe	X			
Staudamm	X			
Papier		X	X	
Möbel				X
Radios				X

4.

Organisationsformen \ Fertigungstypen	Einzelfertigung	Mehrfachfertigung (Sorten-, Serien-, Massenfertigung)
Werkstattfertigung	Werkstattfertigung ist nur dann zweckmäßig, wenn bei der Fertigung ständig wechselnde Produktionsvorgänge vorkommen. Das ist bei der Einzel- und Kleinserienfertigung der Fall.	
Fließfertigung (Reihen-, Fließband-, Transferfertigung)		Die Voraussetzungen für die Fließfertigung sind nur bei Mehrfachfertigung (Großserien-, Sorten- und Massenfertigung) gegeben.
Gruppenfertigung	Gruppenfertigung ist dann besonders geeignet, wenn in einem Betrieb mit einem vielfältigen Fertigungsprogramm und kleinen Serien die Fließfertigung nicht in Frage kommt, gleichzeitig aber bestimmte Einzelteile für alle oder viele Produkte des Betriebs benötigt werden. Anwendungsmöglichkeit grundsätzlich bei Einzel-, Serien- und Sortenfertigung.	

8 Betriebliche Leistungserstellung

8.07 Arbeitszerlegung – Arbeitsproduktivität

1. **Vorher:** 28 Arbeiter bei 9 Stunden Arbeitszeit 175 Kolbenstangen pro Tag
   d.h. bei 252 Arbeitsstunden (28 × 9) 175 Kolbenstangen pro Tag

   $$\text{Arbeitsproduktivität} = \frac{175 \text{ (Output)}}{252 \text{ Stunden (Input)}} = 0{,}694 \text{ Kolbenstangen/Stunde}$$

   Nachher: 7 Arbeiter bei 8 Stunden 2600 Kolbenstangen pro Tag
   d.h. bei 56 Arbeitsstunden (7 × 8) 2600 Kolbenstangen pro Tag

   $$\text{Arbeitsproduktivität} = \frac{2600 \text{ (Output)}}{56 \text{ Stunden (Input)}} = 46{,}43 \text{ Kolbenstangen/Stunde}$$

   Steigerung: $\dfrac{(46{,}43 - 0{,}694) \times 100}{0{,}694} = 6590{,}2\,\%$

2. Das Fließband übernahm den Transport von Material und Fertigteilen, der vorher von den Arbeitern vorgenommen werden musste. Dadurch wurde Zeit gespart. Die Arbeit wurde so weit zerlegt, dass der einzelne Arbeiter seinen Platz nicht mehr verlassen musste.

3. Aufgrund der Fließbandarbeit müssen die Arbeiter immer nur denselben Handgriff tun. (In der Nachkriegszeit war es in der deutschen Automobilindustrie keine Seltenheit, dass ein Arbeiter am Tag 2000- bis 5000-mal die gleiche Bewegung ausführen musste.) Das führt zu hoher körperlicher und psychischer Belastung. Hohe Fluktuation und hoher Krankenstand waren die Folge. Heute erfolgt die Automobilproduktion vornehmlich in Gruppenarbeit.

4. Die Arbeitsproduktivität ist erheblich gestiegen, d.h., bei gleichem Arbeitsaufwand konnten wesentlich mehr Autos hergestellt werden. Da die Löhne aber nicht entsprechend dem Produktivitätsfortschritt angehoben wurden, trat eine Senkung der Lohnkosten je Stück ein. Außerdem sinken bei zunehmender Ausbringungsmenge die Stückkosten auch deswegen, weil sich die Fixkosten (z.B. Abschreibungen) auf eine größere Stückzahl verteilen und der Fixkostenanteil je Stück dadurch sinkt (= Fixkostendegression, Gesetz der Massenproduktion). Diese Senkung der Stückkosten wurde in Form von Preissenkungen an die Käufer weitergegeben.

8.08 Fließfertigung (Reihenfertigung, Fließbandfertigung, Transferstraße)

1.

	Anordnungsmöglichkeiten					
	A	B	C	D	E	F
	Bohren	Drehen	Fräsen	Bohren	Bohren	Drehen
	Gewindeschneiden	Bohren	Bohren	Fräsen	Fräsen	Bohren
	Drehen	Gewindeschneiden	Gewindeschneiden	Drehen	Gewindeschneiden	Fräsen
	Fräsen	Fräsen	Drehen	Gewindeschneiden	Drehen	Gewindeschneiden

2. Anordnungsmöglichkeit B oder F unter 1. oben

3.

	Fließfertigung		Transferstraße (vollautomatische Fließfertigung)
	Reihenfertigung	Fließbandfertigung	
Vorteile	Arbeitszeiten für die verschiedenen Verrichtungen können unterschiedlich groß sein. Arbeiter kann in gewissen Grenzen Arbeitstempo selbst bestimmen. Die Fertigungsplanung ist flexibler.	Wegen der Taktzeit des Bandes muss die Arbeitszeit für jede der Verrichtungen gleich groß oder ein ganzes Vielfaches dieser Zeit sein.	Arbeitskraft hat nur noch überwachende Funktion und ist von jeder langweiligen und schweren Arbeit befreit. Es entsteht weniger Ausschuss.
Nachteile		Arbeiter muss sich der Taktzeit unterordnen.	Besonders hoher Kapitalbedarf macht Unternehmen empfindlich gegenüber Beschäftigungsschwankungen.

8.09 Übergang von der Fließbandarbeit zur Gruppenarbeit in der Automobilindustrie

1. Fließbandarbeit (hoher Grad an Arbeitsteilung, eindeutige Zuordnung von Mitarbeiter und Arbeitsplatz, keine wechselnden Arbeitsanforderungen, schnelle Einarbeitung auch ungelernter Arbeitskräfte auf niedrigem Qualifikationsniveau, Monotonie, geringe Motivation, hoher Krankenstand, …), Hierarchie durch Trennung von Hand- und Kopfarbeit, dadurch Bürokratisierung und lange Informationswege, …

2. Delegation von Verantwortung (Arbeiter entscheiden selbst, wie sie arbeiten), Teamarbeit, Gruppenprinzip mit Job Rotation, Abbau von Hierarchien, Verkürzung der Informationswege, Verbesserung des Vorschlagswesens …
   insgesamt: erhöhte Qualifikationsanforderungen an Arbeitskräfte

3. Humanere Arbeitsbedingungen, Verringerung des Krankenstandes, Erhöhung des Selbstbewusstseins der Arbeiter, …

4. Erhöhung der Produktivität und Qualitätssteigerung u.a. durch Verringerung der Fehlzeiten, Honorierung von Verbesserungsvorschlägen, weniger Reparaturen und Nachbesserungen, …

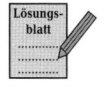

8.10 Übergang von starrer Fertigung (Transferlinie) zum flexiblen Fertigungssystem (FFS) – Computer Integradet Manufacturing (CIM)

1. Hohe Lagerbestände (vermutlich insbesondere Halbfertig- und Fertigwaren) mit der Folge hoher Kapitalbindung und hoher Zinskosten;
   im Verhältnis zur eigentlichen Bearbeitungszeit extrem lange Durchlaufzeiten der einzelnen Aufträge.

2. **Ziele/Merkmale des vorgeschlagenen Fertigungssystems**
   Automatische Fertigung eines variablen (flexiblen) Produktionsprogramms.
   Die Kosten pro Stück eines Produkts sind künftig nicht mehr abhängig von der produzierten Stückzahl, sondern von der Bearbeitungszeit.
   Minimierung der Durchlaufzeit bzw. Maximierung der Auslastung je Zeiteinheit; dadurch Reduzierung bzw. Minimierung der Kapitalbindungskosten (Zinsen)
   Lebenszyklen von Produkten werden verkürzt und Neukonstruktionen häufiger.

8 Betriebliche Leistungserstellung

Voraussetzungen/Ursachen für das vorgeschlagene Fertigungssystem
Verändertes Konsumverhalten in der Wohlstandsgesellschaft
Verbraucher fordern hohe Qualität und individuelle Gestaltung der Produkte.
Steuerung des Produktionsprozesses vom Markt her: Kundenbedarf ist Planungsgrundlage (Hol-System).
Aus den vorliegenden Kundenaufträgen wird beispielsweise der Materialbedarf direkt abgeleitet und unter Vermeidung von Lagerzeiten vom Rechner optimal geplant.

3. Es besteht ein Zielkonflikt zwischen Steigerung von Produktivität und Flexibilität. Transferstraßen (Transferlinien) weisen zwar eine hohe Produktivität bei der Massen- bzw. Großserienfertigung auf, sind aber gleichzeitig wenig flexibel (geringe Möglichkeit für Variantenvielfalt). Einzelne NC-Maschinen sind dagegen äußerst flexibel einsetzbar, weisen aber eine geringe Produktivität auf. Aufgrund der in der Ausgangssituation beschriebenen Nachfrageveränderungen (zunehmende Variantenvielfalt) ist für die **WEMA GmbH** eine Abkehr von der Großserienfertigung mittels Transferstraßen und die Suche nach einem flexibleren Fertigungssystem unerlässlich. Da zwar die von einem bestimmten Produkt benötigten Stückzahlen zurückgehen, es sich andererseits aber nicht um Einzelfertigungen handelt, stellt das zwischen den beiden Extremen liegende flexible Fertigungssystem, das gleichzeitig angemessene Flexibilität und Produktivität gewährleisten soll, die optimale Lösung dar.

4. a) u. b)
In Fabriken mit herkömmlicher Fertigungstechnologie gilt, dass bei **Verdopplung der Produktionsmenge** die Kosten je Stück um etwa ein Drittel sinken (Fixkostendegression, Gesetz der Massenproduktion, Rationalisierungseffekt aufgrund von Lernen durch Erfahrung). Aufgrund veränderter Marktverhältnisse (Marktsättigung, Überproduktion) kommt es aber in Zukunft nicht mehr auf die Ausdehnung der Produktions**menge,** sondern auf die Steigerung von Qualität und Variantenvielfalt an. In herkömmlichen Fabriken würden bei einer **Verdopplung der Variantenvielfalt** die Kosten je Stück wegen zusätzlicher Produktionsanlagen, Umrüstkosten etc. um 20–30% steigen (vgl. Abb. zu Nr. 4). Bei flexibler Automation können demgegenüber verschiedenartige Produkte kostengünstiger hergestellt werden, sodass eine Verdopplung der Variantenvielfalt lediglich eine Kostensteigerung je Stück von 10–15% bewirkt (vgl. Abb. zu Nr. 4). Dies bedingt den Ersatz bisheriger – auf Massenproduktion ausgerichteter – Fertigungssysteme (z.B. Fließband) durch flexible Fertigungssysteme (u.a. mit CNC-Maschinen), bei denen beispielsweise keine oder nur geringe Umrüstkosten bei Änderung der Produktvariante entstehen.

5. 1 = PPS, 2 = CAD, 3 = CAQ, 4 = CAP, 5 = CAM

6. Stufen 1 bis 4: CAD
   Stufen 5 und 6: CAM mit CAP und CAQ

7. 1 = Materialwirtschaft
   2 = Auftragsfreigabe
   3 = Fertigungssteuerung
   4 = Konstruktion
   5 = Steuerung von NC-Maschinen und Robotern
   6 = Qualitätssicherung

8.11 Lean Production in der Automobilindustrie

1. Lean Production zeichnet sich u.a. aus durch: geringe Fertigungszeit, geringe Entwicklungszeit, geringeren Raumbedarf, geringe Lagerdauer und geringeren Lagerbestand.

2. Gruppenarbeit ist vorherrschend, intensive Qualifizierung der Arbeitskräfte, geringere Zahl der Lohngruppen deutet auf geringere Unterschiede hinsichtlich der Qualifikation und der Tätigkeitsart bei den einzelnen Arbeitern und damit auf einen geringeren Grad der Arbeitsteilung hin.

3.

	Massenproduktion nach tayloristischem Muster (»Fordismus«)	Lean Production (»Toyotismus«)
Fertigungsverfahren	1, 5, 6	2, 3, 4
Grad der Arbeitsteilung	8, 9, 13	7, 10, 11, 12
Arbeitsumfang und Arbeitsbedingungen	14, 16, 17	15
Qualifikation der Arbeitskräfte	18	19
Qualitätskontrolle und -sicherung	21	20, 22, 23
Prinzip der Materialwirtschaft	24	25

4. Durch Verringerung der Fertigungstiefe (d.h., der Anteil der von Zulieferern gekauften Teile steigt) wird die Tätigkeit im Automobilwerk selbst zunehmend auf die Montage fremdbezogener Bauteile beschränkt. Das führt zu einer schnelleren und kostengünstigeren Produktion.
   Anteil der von Zulieferern gekauften Bauteile 1995: **BMW** 60%, **Audi** 60%, **VW** 55%, **Ford** 50%, **Opel** 50%, **Mercedes** 35%.

5. Die Beschaffung konzentriert sich immer mehr auf einige wenige Systemlieferanten, die ihrerseits mit anderen Unternehmen zusammenarbeiten. Die Systemlieferanten liefern einbaufertige Teile, die nur noch montiert werden müssen. Das System »Autotür« beinhaltet beispielsweise auch die komplette Verglasung, elektrische Fensterheber, Kabelbäume, Armlehne, Verriegelungsmechanismus, Türverkleidung, Rückspiegel samt elektrischer Verstellung sowie die exakt abgestimmte Lackierung.

6. Das durch das Just-in-time-Prinzip bedingte erhöhte Verkehrsaufkommen führt zu größerer Verkehrsdichte mit entsprechenden Staus und vermehrter Umweltbelastung.

7. Ursachen:
   Arbeitskräftemangel, Belastung der Arbeiter am Fließband, hohe Fluktuation, einseitige Lohngrundlage (Produktivität)
   Änderungen:
   »Humanisierung der Arbeitswelt«, Verzicht auf lagerlose Fertigung am Band; Einführung von Puffern (Band wird in einzelne Bänder aufgeteilt, die durch Zwischenlager unterbrochen sind), Band kann von einer Gruppe angehalten werden, ohne dass andere Arbeitsgruppen dadurch behindert werden, Änderung der Lohnberechnung; bisher: abhängig von der Produktivität (Akkordlohn); jetzt: Aufteilung in Grundgehalt und qualifikationsabhängigen Zuschlag.

Planung des Fertigungsablaufs – Fertigungssteuerung

8.12 Erzeugnisgliederung und Stücklisten

1. Baugruppen: Scharniere
   Einzelteile: Schalen, Scharnierbänder, Nieten, Zylinderstifte
   Rohstoffe: Tiefziehblech

8 Betriebliche Leistungserstellung

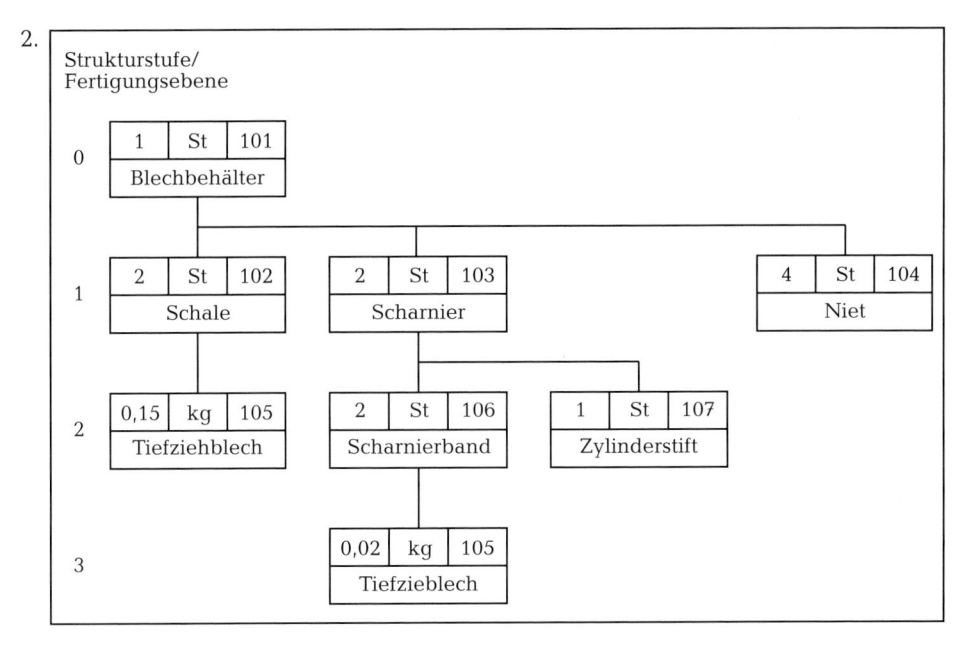

2.

Strukturstufe/Fertigungsebene

```
0:  [1 | St | 101] Blechbehälter
1:  [2 | St | 102] Schale    [2 | St | 103] Scharnier    [4 | St | 104] Niet
2:  [0,15 | kg | 105] Tiefziehblech    [2 | St | 106] Scharnierband    [1 | St | 107] Zylinderstift
3:  [0,02 | kg | 105] Tiefzieblech
```

3.

Mengenstückliste			
Teile-Nr.: **101**		Bezeichnung: **Blechbehälter**	
Teile-Nr.	Bezeichnung	Menge	Mengeneinheit
102	Schalen	2	St
103	Scharniere	2	St
104	Niet	4	St
105	Tiefziehblech	0,38	kg
106	Scharnierband	4	St
107	Zylinderstift	2	St

4. Dient als Dispositionsgrundlage für die Materialbeschaffung (Teilbedarfsermittlung).

Da die Erzeugnisstruktur nicht erkennbar ist und mehrfach verwandte Baugruppen, Einzelteile und Rohstoffe in einer Position ausgewiesen werden, ist die darüber hinaus gehende Aussagekraft von Mengenstücklisten auf Erzeugnisse mit einfacher Struktur beschränkt. Im vorliegenden Fall wird beispielsweise der Rohstoff »Tiefziehblech« nur **einmal** ausgewiesen, obwohl er für die Einzelteile 102 (Schale) **und** 106 (Scharnierband) benötigt wird.

5.

Strukturstückliste						
Teile-Nr.: **101**				Bezeichnung: **Blechbehälter**		
Fertigungsebene			Teile-Nr.	Bezeichnung	Menge	Mengeneinheit
1			102	Schale	2	St
	2		105	Tiefziehblech	0,15	kg
1			103	Scharnier	2	St
	2		106	Scharnierband	2	St
		3	105	Tiefziehblech	0,02	kg
	2		107	Zylinderstift	1	St
1			104	Niet	4	St

6. Die Erzeugnisstruktur und der Fertigungsablauf sind erkennbar, so dass die Materialdisposition stufenweise und damit genauer und kostengünstiger als mit Mengenstücklisten durchgeführt werden kann. Außerdem ist die Terminplanung stufenweise möglich. Da aber mehrmals in einem Erzeugnis enthaltene Baugruppen, Einzelteile und Rohstoffe jedesmal neu aufgeführt werden, weisen Strukturstücklisten i.d.R. einen großen Umfang und – bei EDV-mäßiger Erfassung – einen hohen Speicherbedarf auf. Die Art der Mengenangaben erschwert die Bedarfsermittlung, da die Menge der zugehörenden Einzelteile mit der Mengenangabe der Baugruppe zu multiplizieren ist.

7.

Baukastenstückliste				
Teile-Nr.: 101			Bezeichnung: **Blechbehälter**	
Stufe	Teile-Nr.	Bezeichnung	Menge	Mengeneinheit
1	102	Schale	2	St
1	103	Scharnier	2	St
1	104	Niet	4	St

Baukastenstückliste				
Teile-Nr.: 103			Bezeichnung: **Scharnier**	
Stufe	Teile-Nr.	Bezeichnung	Menge	Mengeneinheit
2	106	Scharnierband	2	St
2	107	Zylinderstift	1	St

Baukastenstückliste				
Teile-Nr.: 102			Bezeichnung: **Schale**	
Stufe	Teile-Nr.	Bezeichnung	Menge	Mengeneinheit
2	105	Tiefziehblech	0,15	kg

Baukastenstückliste				
Teile-Nr.: 106			Bezeichnung: **Scharnierband**	
Stufe	Teile-Nr.	Bezeichnung	Menge	Mengeneinheit
3	105	Tiefziehblech	0,02	kg

8. Die Erzeugnisstruktur für mehrstufige Erzeugnisse ist nur schwer erkennbar, da dazu alle zu einem Erzeugnis gehörenden Baukastenstücklisten herangezogen werden müssen. Der Materialbedarf ist nicht direkt ersichtlich, sondern muss berechnet werden.

   Kommen Baugruppen und eigengefertigte Teile auf verschiedenen Ebenen mehrmals vor, was im vorliegenden Beispiel allerdings nicht zutrifft, muss die Baukastenstückliste nur einmal erstellt und gespeichert werden. Dadurch wird der Speicheraufwand, der Änderungsaufwand und die Fehlerquote beim Eingeben und Ändern der Stücklistendaten von Wiederholteilen verringert.

9. Die Baukastenstückliste ist wegen des vergleichsweise geringen Speicherungs- und Änderungsaufwandes am besten für den EDV-Einsatz geeignet. Aus dem Satz von Baukastenstücklisten, die zu einem Erzeugnis gehören, kann sowohl die Mengenstückliste als auch die Strukturstückliste erzeugt werden.

10. Konstruktion: Auskunft über die in der Konstruktionszeichnung dargestellten Teile
    Arbeits-/Fertigungsplanung: Grundlage für die Ablaufplanung der Fertigung
    Beschaffung: Grundlage für die Materialbedarfsermittlung (Materialarten und Materialmengen)
    Lager: Grundlage für die termingerechte Bereitstellung von Teilen
    Rechnungswesen: Grundlage für die Vor- und Nachkalkulation

8 Betriebliche Leistungserstellung

8.13 Arbeitsplan – Auftragszeit nach REFA – Zeitakkord

1. Stücklisten enthalten in ihrer Grundform die Zusammenstellung **aller** Baugruppen und Einzelteile eines Erzeugnisses. Für **alle** Positionen der Stückliste wird ein Arbeitsplan (i.d.R. mittels EDV) erstellt. Stücklisten sind somit Voraussetzung für die Erstellung von Arbeitsplänen. Der Arbeitsplan kann als Bindeglied zwischen Stückliste und technischem Arbeitsablauf angesehen werden.

2. a) Der Arbeitsplan zeigt den technischen Arbeitsablauf und gibt Antwort auf die Fragen
   aus welchem Material (woraus ?)
   mit welchen Betriebsmitteln (womit ?)
   mit welchen Arbeitsgängen (wie ?)
   mit welchem Zeitaufwand (wann ?)
   das Erzeugnis bzw. seine Bau- und Einzelteile hergestellt werden.

   b) Die Ergebnisse der Arbeitsplanung sind u.a. Ausgangsdaten für die
   – Materialbereitstellung (Art, Menge, Zeit)
   – Terminplanung (Ermittlung der Durchlaufzeiten und Fertigstellungstermine)
   – Lohnabrechnung (Vorgabezeiten und Lohngruppen)
   – Kostenrechnung (Angebotskalkulation, Kostenarten-, Kostenstellen-, Kostenträgerrechnung)

3. Für einen Blechbehälter werden 4 Scharnierbänder benötigt (vgl. Abb.).
   Nach REFA werden folgende beide Vorgabezeiten unterschieden:
   – Belegungszeit der Betriebsmittel
   – Auftragszeit
   Im vorliegenden Fall sind Belegungszeit und Auftragszeit identisch.

Betriebmittelrüstzeit	10 Min.
+ Betriebsmittelstückzeit $200 \times 4 \times 1$ Min.	800 Min.
= Belegungszeit	810 Min.
	13 Stunden 30 Minuten

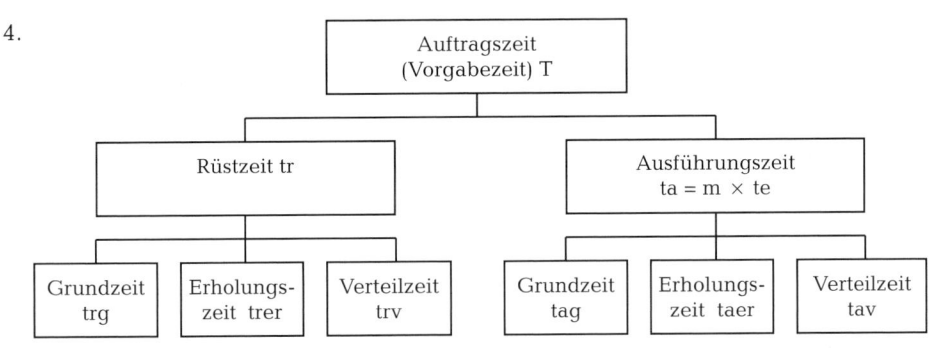

4.

```
                    Auftragszeit
                   (Vorgabezeit) T
                   ┌──────┴──────┐
              Rüstzeit tr    Ausführungszeit
                              ta = m × te
         ┌────┬────┐         ┌────┬────┐
     Grund- Erho- Verteil-  Grund- Erho- Verteil-
     zeit  lungs- zeit      zeit  lungs- zeit
     trg   zeit   trv       tag   zeit   tav
           trer                    taer
```

Die Erholungszeit kann als prozentualer Zuschlag zur Grundzeit angegeben werden:
6 Min. Pause nach 60 Min. Arbeitszeit = 10% Zuschlag zur Grundzeit (tag)

	Rüstzeit	Stückzeit	Ausführungszeit
Grundzeit	8 Min. (trg)	1 Min.	800×1 Min. = 800 Min. (tag)
Verteilzeit	15% von 8 Min. = 1,2 Min. (trv)	10% von 1 Min.. = 0,1 Min.	$800 \times 0,1$ Min. = 80 Min. (tav)
Erholungszeit	10% von 8 Min. = 0,8 Min. (ter)	10% von 1 Min. = 0,1 Min.	$800 \times 0,1$ Min. = 80 Min. (taer)
Summe	Rüstzeit = 10 Min. (tr)	Stückzeit = 1,2 Min. (te)	Ausführungszeit = 960 Min. (ta)

5. Refa-Grundgleichung: T = tr + m × te
   m = 800 Stück
   te = 5,2 Min. (Summe der Stückzeiten aller Tätigkeiten)
   tr = 15 Min.

   Es wird hier nur die längste Rüstzeit (15 Min. für Arbeitsvorgangsnr. 20 bzw. 30) angesetzt, da davon ausgegangen wird, dass das Vorbereiten, Einrichten und Wiederherstellen der Arbeitsplätze parallel und nicht nacheinander erfolgt.

Auftragszeit (Vorgabezeit) T	= Rüstzeit (tr) + Menge × Stückzeit = 15 Min. + 800 × 5,2 Min. = 4175 Min. = 69,583 Std. = 69 Std. 35 Min.

6. 60 Min. : 1,2 Min. je Stück = 50 Stück (Normalleistung je Stunde: 50 Stück)

7. 120% von 50 = 60 Stück (Istleistung je Stunde: 60 Stück)
   60 Stück × 7,5 Std = 450 Stück pro Tag

8. a) 9,90 EUR × 7,5 Std. = 74,25 EUR
   + 15 %   11,14 EUR   Akkordzuschlag
   =   85,39 EUR
   + 20 %   17,08 EUR   Leistungsgrad 120 %
   =   102,47 EUR

   oder: Der Zeitakkord wird vorgegeben (vgl. Arbeitsplan und Aufgabe 4):

   Zeitsatz (Zeitakkordsatz) $= \dfrac{60 \text{ Min.}}{\text{Normalleistung je Stunde}} = \dfrac{60}{50} = 1,2$ Min. (vgl. 4)

   Verdienst je Minute:

   Minutenfaktor $= \dfrac{\text{Akkordrichtsatz/h}}{60} = \dfrac{9,90 + 1,485}{60} = 0,18975$ EUR

   Bruttolohn = Stückzahl × Zeitsatz × Minutenfaktor
              = 450   × 1,2   × 0,18975   = 102,47 EUR

   Wegen der einfacheren Verrechnungsmöglichkeit wird beim Zeitakkord meist mit 100-Minuten-Stunden (Dezimalstunden) gerechnet. Die Zeitvorgabe erfolgt dann in Dezimalminuten. In diesem Fall gilt:

   Zeitsatz in Dezimalminuten (Zeitakkordsatz) $= \dfrac{100 \text{ Min.}}{\text{Normalleistung/h}} = \dfrac{100}{50} = 2$ Min.

   Verdienst je Minute:
   Akkordrichtsatz: 9,90 + 1,485 (15%) = 11,385

   Dezimal-Minutenfaktor $= \dfrac{\text{Akkordrichtsatz/h}}{100} = \dfrac{11,385}{100} = 0,11385$ EUR

   Bruttolohn = Stückzahl × Zeitsatz (Dez.Min.) × Dez.-Minutenfaktor
              = 450   × 2   × 0,11385   = 102,47 EUR

   b) Akkordlohn in 7,5 Stunden   102,47 EUR
      Grundlohn in 7,5 Stunden (7,5 × 9,90)   74,25 EUR
      Differenz in 7,5 Stunden   28,22 EUR
      Differenz in 1 Stunde   3,76 EUR

8 Betriebliche Leistungserstellung

9. Verdienst je Stunde: 84,15 EUR : 7,5 Std.   = 11,22 EUR
   Grundlohn je Stunde   8,50 EUR
   + 20 % Akkordzuschlag   1,70 EUR
                                10,20 EUR (Akkordrichtsatz)

   − Akkordrichtsatz   10,20 EUR
   Zuschlag wegen erhöhtem Leistungsgrad   1,02 EUR   = 10 %
       Leistungsgrad: 110 %

   oder

   $\text{Leistungsgrad} = \dfrac{\text{Istleistung}}{\text{Normalleistung}} \times 100$

   Normalleistung lt. Arbeitsplan: 60 Stück pro Stunde

   Zeiteinsatz in Dezimalminuten: $\dfrac{100 \text{ Min.}}{60 \text{ Stück}} = 1{,}67$ Min.

   Gutschrift je Minute:

   Dezimal-Minutenfaktor = $\dfrac{10{,}20 \text{ (Akkordrichtsatz)}}{100} = 0{,}102$ EUR

   Bruttolohn = Stückzahl × Zeiteinsatz (Dez.Min.) × Dez.-Minutenfaktor
   84,15   = Stückzahl × 1,667   × 0,102 EUR
   Stückzahl   = 495 Stück in 7,5 Stunden
               = 66 Stück in 1 Stunde

   Leistungsgrad = $\dfrac{66}{60} \times 100 = 110\%$

8.14 Losgröße – Losgrößenabhängige und losgrößenunhabhängige Kosten

1. a) 12 000 : 2 = 6 000 Stück
   b) 62 000 EUR : 2 = 31 000 EUR
   c) 10 % vom Wert des durchschnittlichen Lagerbestandes;
      10 % von 31 000 = 3 100 EUR
   d) 65 100 : 12 000 = 5,425 EUR

2. Wert des durchschnittlichen Lagerbestandes: (6 000 × 5 + 2 000) : 2 = 16 000 EUR

Druckkosten: 12 000 × 5 EUR =	60 000 EUR
Druckvorbereitungskosten 2 × 2 000	4 000 EUR
Herstellkosten des Jahresbedarfs	64 000 EUR
+ Lagerkosten 10 % von 16 000	1 600 EUR
Gesamtkosten des Jahresbedarfs	65 600 EUR

   Kosten je Stück: 65 600 : 12 000 = 5,467 EUR
   Die Stückkosten sind um 0,042 EUR höher als bei 1.d)
   Begründung: Die Lagerkosten sind zwar um 1 500 EUR geringer, dafür sind aber die Rüstkosten um 2 000 EUR höher, so dass die Gesamtkosten der Jahresproduktion um 500 EUR höher sind als im Fall 1.
   500 EUR : 12 000 Stück = 0,042 EUR Mehrkosten je Stück.

3.

0	Jahresbedarf: 12 000 Stück			
1	Losgröße Stück	6000 (Halbjahresbedarf)	12000 (Jahresbedarf)	24000 (Zweijahresbedarf)
2	Anzahl der Lose pro Jahr	2	1	0,5
3	variable Kosten je Stück EUR (Material, Lohn)	5,00	5,00	5,00

4	variable Herstellkosten je Los EUR (1 × 3)	30 000	60 000	120 000
5	Kosten der Druckvorbereitung je Los (Rüstkosten) EUR	2 000	2 000	2 000
6	Gesamte Herstellkosten je Los EUR (4 + 5)	32 000	62 000	122 000
7	variable Herstellkosten für den Jahresbedarf EUR (0 × 3)	60 000	60 000	60 000
8	Kosten der Druckvorbereitung (Rüstkosten) für den Jahresbedarf EUR (2 × 5)	4 000	2 000	1 000
9	Gesamte Herstellkosten für den Jahresbedarf EUR (7 + 8)	64 000	62 000	61 000
10	Zins- und Lagerkostensatz %	10	10	10
11	Durchschnittlich im Lager gebundenes Kapital pro Jahr EUR (50% von 6)	16 000	31 000	61 000
12	Zins- und Lagerkosten EUR (10 × 11)	1 600	3 100	6 100
13	Gesamtkosten des Jahresbedarfs EUR (9 + 12)	65 600	65 100	67 100
14	Kosten je Stück des Jahresbedarfs EUR (13 : 0)	5,467	5,425	5,592

4. Losgrößenabhängig: Zins- und Lagerkosten
 Losgrößenunabhängig: Rüstkosten, variable Herstellkosten

5. Je größer die Losgröße, desto geringer die Rüstkosten.
 Je größer die Losgröße, desto höher die Lagerkosten.

6. Zwischen 6 000 und 24 000.

8.15 Tabellarische, grafische und formelmäßige Ermittlung der optimalen Losgröße

Hinweise für Möglichkeiten einer computerunterstützten Lösung einzelner Teilaufgaben mit Hilfe des Programms EUROBWL finden sich auf der CD (siehe S. 5).

Hinweis:
Bei Anwendung flexibler Fertigungssysteme sind die Rüstkosten nahezu bedeutungslos, sodass in diesem Fall das Problem der optimalen Losgröße und der optimalen Variantenfolge (vgl. Aufgaben 8.16 und 8.17) nicht auftritt.

Losgröße in Stück	Zahl der Fertigungslose	Rüstkosten (EUR)	durchschnittlicher Lagerbestand (EUR)	Lagerkosten (EUR)	Summe (Rüst- + Lagerkosten) (EUR)
500	100	50 000	10 000	2 000	52 000
1 000	50	25 000	20 000	4 000	29 000
1 500	33,3	16 650	30 000	6 000	22 250
2 000	25	12 500	40 000	8 000	20 500
2 500	20	10 000	50 000	10 000	20 000
3 000	16,67	8 335	60 000	12 000	20 335
3 500	14,28	7 140	70 000	14 000	21 140
4 000	12,5	6 250	80 000	16 000	22 250
4 500	11,1	5 555	90 000	18 000	23 555
5 000	10	5 000	100 000	20 000	25 000

8 Betriebliche Leistungserstellung

2. Bei einer Losgröße von 2 500 Stück ist die Summe aus Rüst- und Lagerkosten am geringsten.

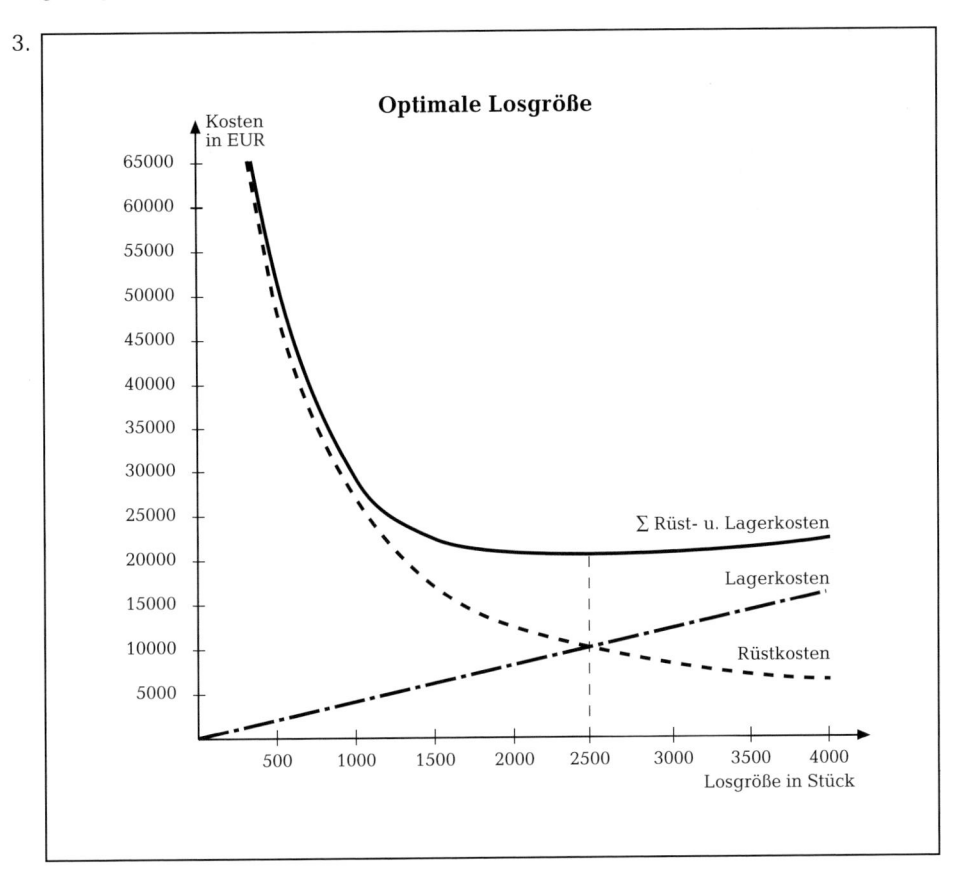

3.

Optimale Losgröße

(Diagramm: Kosten in EUR auf der y-Achse von 0 bis 65000, Losgröße in Stück auf der x-Achse von 0 bis 4000. Kurven: Σ Rüst- u. Lagerkosten, Lagerkosten, Rüstkosten. Minimum bei 2500 Stück.)

4. Das Minimum der Summe aus Rüst- und Lagerkosten liegt bei 2 500 Stück. Dies entspricht unter den hier vorliegenden Bedingungen dem Schnittpunkt zwischen Lagerkosten- und Rüstkostenkurve.

5.
$$X_{opt} = \sqrt{\frac{200 \times 50\,000 \times 500}{40 \times 20}} = 2\,500$$

6. – Die Auftragsmenge bzw. der Periodenbedarf ist im Voraus bekannt und kann in gleich große Lose aufgeteilt werden. In der Praxis spielen jedoch Nachfrageveränderungen und Preiserwartungen i.d.R. eine wesentliche Rolle bei Festlegung der Produktionsmenge (z.B. größere Stückzahl bei erwarteten Preissteigerungen und umgekehrt).
   – Die Herstellkosten je Stück bleiben unverändert.
   – Die Rüstkosten sind fix.
   – Die Abnahme des Lagerbestandes erfolgt gleichmäßig (konstanter Tagesbedarf ohne saisonale oder konjunkturelle Schwankungen).
   – Die Lagerkosten hängen vom durchschnittlichen Lagerbestand ab.
   – Die Fertigungs- und Lagerkapazitäten reichen für die optimale Losgröße aus.
   – Die Finanzierungsmittel reichen für die Finanzierung des Lagerbestandes aus.

8.16 Optimale Losgröße bei Serien- und Sortenfertigung

Hinweise für Möglichkeiten einer computerunterstützten Lösung einzelner Teilaufgaben mit Hilfe des Programms EUROBWL finden sich auf der CD (siehe S. 5).

1.

	a)	b)
SX10 Losgröße	13 000	6 500
Rüstkosten	11 000 EUR	22 000 EUR
Lagerkosten	461 500 EUR	230 750 EUR
MZ 35 Losgröße	6 000	3 000
Rüstkosten	16 000 EUR	32 000 EUR
lagerkosten	255 900 EUR	127 950 EUR
RS 70 Losgröße	4 500	2 250
Rüstkosten	22 000 EUR	44 000 EUR
Lagerkosten	198 000 EUR	99 000 EUR
Summe	964 400 EUR	555 700 EUR

2. Bei zunehmender Losgröße sinken die Rüst- und steigen die Lagerkosten und umgekehrt.

3. a)

Reifensorte	Optimale Losgröße	Zahl der Lose	Rüstkosten	Lagerkosten	Gesamtkosten
SX 10	2 000	13	71 500	71 000	142 500
MZ 35	1 500	8	64 000	63 975	127 975
RS 70	1 500	6	66 000	66 000	132 000
Summe		27	201 500	200 975	402 475

b) Entscheidend ist, dass nach jedem Los ein Sortenwechsel vorgenommen wird.

Los Nr.	1	1	1	2	2	3	2	4	3	5	3	6	4	7	4
Sorte	SX	MZ	RS	SX	MZ	SX	RS	SX	MZ	SX	RS	SX	MZ	SX	RS

Los Nr.	8	5	9	5	10	6	11	6	12	7	13	8
Sorte	SX	MZ	SX	RS	SX	MZ	SX	RS	SX	MZ	SX	MZ

Erläuterung:

Zuerst 2 000 Stück von SX 10, dann 1 500 Stück von MZ 35, dann 1 500 Stück von RS 70, dann wieder 2 000 Stück von SX 10 usw., bis 13 Lose von SX, 8 Lose von MZ 35 und 6 Lose von RS 70 erreicht sind.

Die Gesamtkosten betragen 402 475 EUR (vgl. 3 a) gegenüber 964 400 EUR (vgl. 1 a) bzw. 555 700 EUR (vgl. 1 b).

c) – Der Jahresbedarf/-absatz ist bekannt und kann in gleich große Lose aufgeteilt werden.
- Die Herstellkosten je Stück bleiben unverändert.
- Die Abnahme des Lagerbestandes erfolgt gleichmäßig (konstanter Tagesbedarf).
- Die Rüstkosten sind fix.
- Die Lagerkosten hängen vom Wert des durchschnittlichen Lagerbestandes ab.
- Die Fertigungs- und Lagerkapazitäten reichen für die optimale Losgröße aus.

8 Betriebliche Leistungserstellung

4. a)

Gruppe	Optimale Losgröße	Zahl der Lose	Rüst-kosten	Lager-kosten	Gesamt-kosten
1	1250 (1226,5)	6	147 000	152 688	299 688
2	1075 (1074,2)	7	105 000	104 813	209 813
Summe		13	252 000	257 501	509 501

b)

Los Nr.	1	1	2	2	3	3	4	4	5	5	6	6	7
Sorte	2	1	2	1	2	1	2	1	2	1	2	1	2

Erläuterung: (vgl. 3.b)

Zuerst 1075 Stück von Gruppe 2 (= Los Nr. 1), dann 1250 Stück von Gruppe 1 (= Los Nr. 1), dann 1250 Stück von Gruppe 2 usw., bis 6 Lose von Gruppe 1 und 7 Lose von Gruppe 2 produziert sind.

5. Aus der Sicht des Reifenherstellers sprechen folgende Gründe

	für den Abschluss eines Liefervertrags	gegen den Abschluss eines Liefervertrags
mit dem Automobilwerk	geringere Rüst- und Lagerkosten Ausstattung fabrikneuer Lkws mit Reifen dieses Herstellers zieht Folgeaufträge des Großhandels nach sich (Markentreue) aber: dazu Kapazitätserweiterung nötig	extreme Abhängigkeit schmales Sortiment Streikanfälligkeit (Ziel: Lahmlegung der Automobilindustrie)
mit Reifen-großhandlungen	mehr Flexibilität bei der Gestaltung der Liefertermine breiteres Sortiment	höhere Rüst- und Lagerkosten

Entscheidend sind die übrigen Vertragsbedingungen, insbesondere der Preis.

8.17 Reihenfolgeplanung – Probleme der optimalen Losgröße

1. Es ergeben sich zwei mögliche Variantenfolgen:
   a) Pullover → Jacken → Westen → Pullover → …
   b) Pullover → Westen → Jacken → Pullover → …

   Die Rüstkosten betragen bei den beiden Variantenfolgen

   a) 500 + 400 + 700 = 1600 EUR
   b) 600 + 300 + 600 = 1500 EUR

   Die optimale Variantenfolge ist somit: Pullover → Westen → Jacken → Pullover → …

2. Da die kontinuierliche Lieferung von Westen vertraglich vereinbart ist (vgl. Nr. 8.15), dürfte im vorliegenden Fall ein Verzicht auf Absatz und Umsatz bei Westen nicht in Frage kommen. Diese Lösung wäre ohnehin nur dann sinnvoll, wenn die dadurch entstehende Gewinneinbuße geringer ist als die zusätzlichen Kosten, die durch das Abweichen von der optimalen Losgröße zur Aufrechterhaltung der Lieferfähigkeit entstehen.

   Im vorliegenden Fall muss von der optimalen Losgröße abgewichen werden, indem entweder die Losgröße bei Westen – zwecks höherem Lagerbestand – erhöht oder die Losgröße bei Pullovern – zwecks verkürzter Produktionsdauer – gesenkt wird. In beiden Fällen steigen die Kosten.

8.18 Zeitlicher Ablaufplan: Maschinenbelegungsplan – Balkendiagramm

1. a) X: 6 Stunden, Y: 5 Stunden, Z: 6 Stunden
   b) 12 Stunden
   c) M2
   d) M1: 7 Stunden, M2: 1 Stunde, M3: 7 Stunden

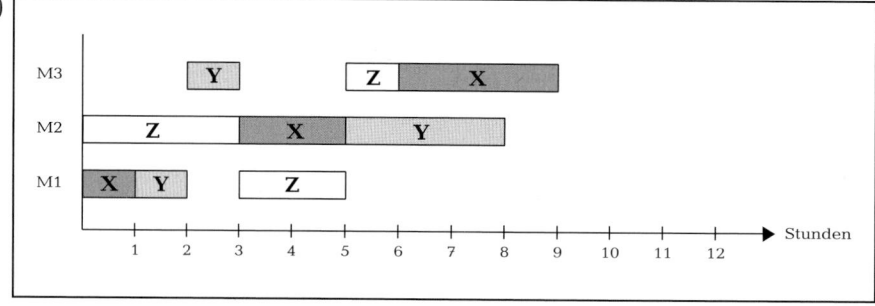

2. a)

	1	2	3	4	5	6	7	8	9	10	11	12
M3			Y	Y			Z	Z	X X X			
M2	Z	Z	Z	X	X	Y	Y	Y				
M1	X	Y	Z	Z	Z							

   b) Von 12 auf 9 Stunden
   c) M1: 1 Stunde, M3: 4 Stunden

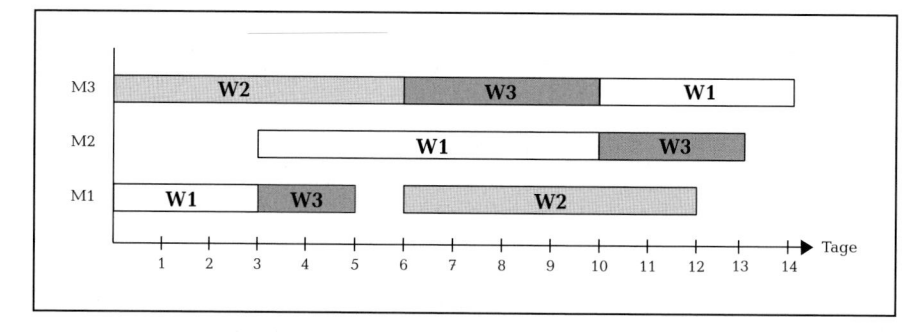

3.

	1	2	3	4	5	6	7	8	9	10	11	12	13	14
M3	W2 W2 W2 W2				W3 W3 W3			W1 W1 W1 W1						
M2			W1 W1 W1 W1 W1 W1 W1							W3 W3 W3			
M1	W1 W1		W3 W3			W2 W2 W2 W2 W2 W2							

8.19 Netzplan (Einführung): Terminplanung – Gesamtpuffer – Kritischer Weg

1. Lösungen zu den Aufgaben 1, 3, 6, 9 10 und 11

1	2	3	4	5	6	7	8	9	10	11
Vorgang		Dauer in Tagen	Vorgänger	Nachfolger	frühester		spätester		Gesamtpuffer	freie Puffer
					Anfangszeitpunkt	Endzeitpunkt	Anfangszeitpunkt	Endzeitpunkt		
Nr.	Bezeichnung				FAZ	FEZ	SAZ	SEZ	GP	FP
1	Entscheidung	1	–	2,3	0	1	0	1	0	0
2	Marktanalyse	30	1	5	1	31	1	31	0	0
3	Entwurf	14	1	4	1	15	9	23	8	0
4	Detailzeichnung	8	3	5	15	23	23	31	8	8
5	Werbevorbereitung	10	2,4	–	31	41	31	41	0	0

8 Betriebliche Leistungserstellung

2.

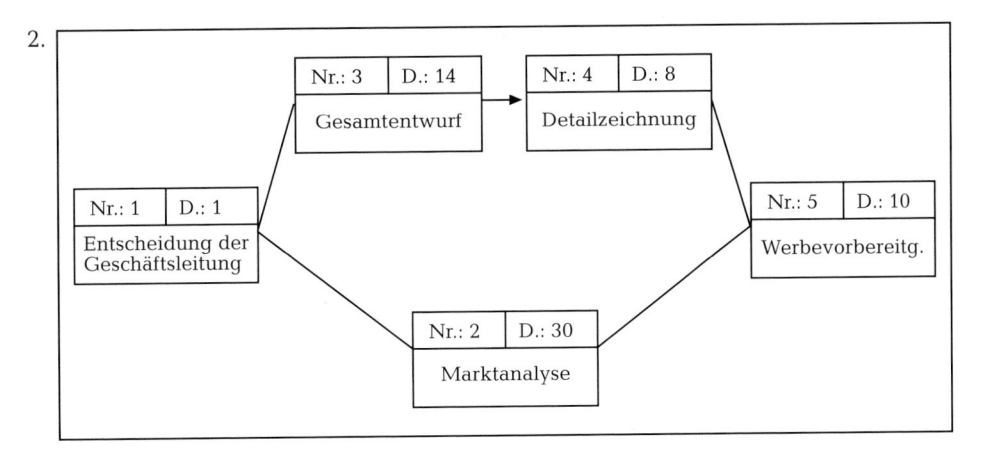

```
                ┌─────────┬────────┐      ┌─────────┬───────┐
                │ Nr.: 3  │ D.: 14 │      │ Nr.: 4  │ D.: 8 │
                ├─────────┴────────┤─────▶├─────────┴───────┤
                │  Gesamtentwurf   │      │  Detailzeichnung│
                └──────────────────┘      └─────────────────┘
┌─────────┬───────┐                                              ┌─────────┬────────┐
│ Nr.: 1  │ D.: 1 │                                              │ Nr.: 5  │ D.: 10 │
├─────────┴───────┤                                              ├─────────┴────────┤
│ Entscheidung der│                                              │ Werbevorbereitg. │
│ Geschäftsleitung│                                              │                  │
└─────────────────┘                                              └──────────────────┘
                            ┌─────────┬────────┐
                            │ Nr.: 2  │ D.: 30 │
                            ├─────────┴────────┤
                            │  Marktanalyse    │
                            └──────────────────┘
```

4. Nach den Eintragungen zu Aufgabe 4 sieht der Netzplan folgendermaßen aus:

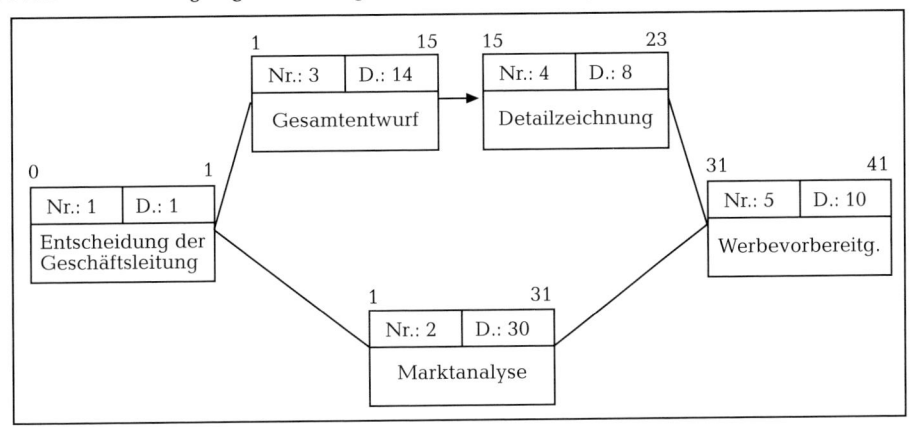

```
                    1           15    15         23
                ┌─────────┬────────┐      ┌─────────┬───────┐
                │ Nr.: 3  │ D.: 14 │      │ Nr.: 4  │ D.: 8 │
                ├─────────┴────────┤─────▶├─────────┴───────┤
                │  Gesamtentwurf   │      │  Detailzeichnung│
                └──────────────────┘      └─────────────────┘
   0         1                                               31           41
┌─────────┬───────┐                                           ┌─────────┬────────┐
│ Nr.: 1  │ D.: 1 │                                           │ Nr.: 5  │ D.: 10 │
├─────────┴───────┤                                           ├─────────┴────────┤
│ Entscheidung der│                                           │ Werbevorbereitg. │
│ Geschäftsleitung│                                           │                  │
└─────────────────┘                                           └──────────────────┘
                        1           31
                    ┌─────────┬────────┐
                    │ Nr.: 2  │ D.: 30 │
                    ├─────────┴────────┤
                    │  Marktanalyse    │
                    └──────────────────┘
```

5. Am 41. Tag.

7. Die Detailzeichnungen müssen spätestens am 31. Tag beendet sein, da an diesem Tag mit der Werbevorbereitung begonnen werden muss. Da für die Detailzeichnung 8 Tage benötigt werden, ist der späteste Anfangszeitpunkt (SAZ) der 23. Tag.

8. Nach den Eintragungen zu Aufgabe 8 sieht der Netzplan folgendermaßen aus:

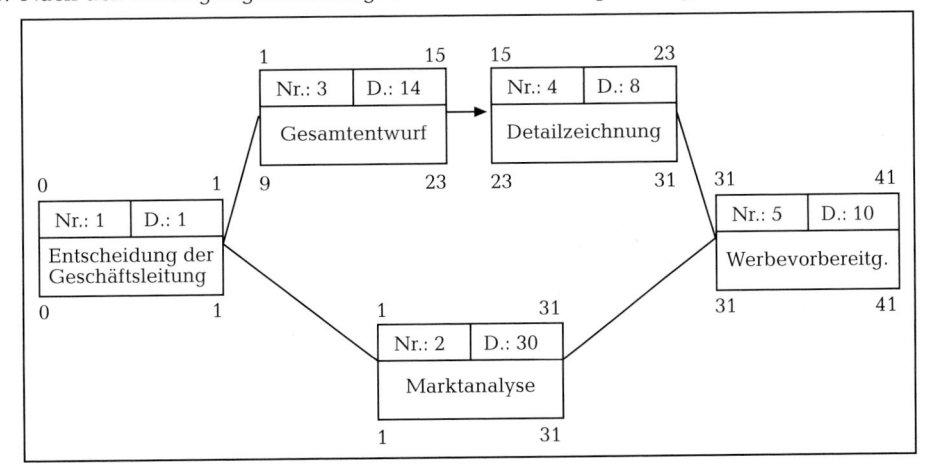

```
                    1           15    15         23
                ┌─────────┬────────┐      ┌─────────┬───────┐
                │ Nr.: 3  │ D.: 14 │      │ Nr.: 4  │ D.: 8 │
                ├─────────┴────────┤─────▶├─────────┴───────┤
                │  Gesamtentwurf   │      │  Detailzeichnung│
                └──────────────────┘      └─────────────────┘
   0         1       9           23    23         31         31           41
┌─────────┬───────┐                                           ┌─────────┬────────┐
│ Nr.: 1  │ D.: 1 │                                           │ Nr.: 5  │ D.: 10 │
├─────────┴───────┤                                           ├─────────┴────────┤
│ Entscheidung der│                                           │ Werbevorbereitg. │
│ Geschäftsleitung│                                           │                  │
└─────────────────┘                                           └──────────────────┘
   0         1                                                 31           41
                        1           31
                    ┌─────────┬────────┐
                    │ Nr.: 2  │ D.: 30 │
                    ├─────────┴────────┤
                    │  Marktanalyse    │
                    └──────────────────┘
                        1           31
```

12. Nach den Eintragungen von Aufgabe 12 sieht der Netzplan folgendermaßen aus:

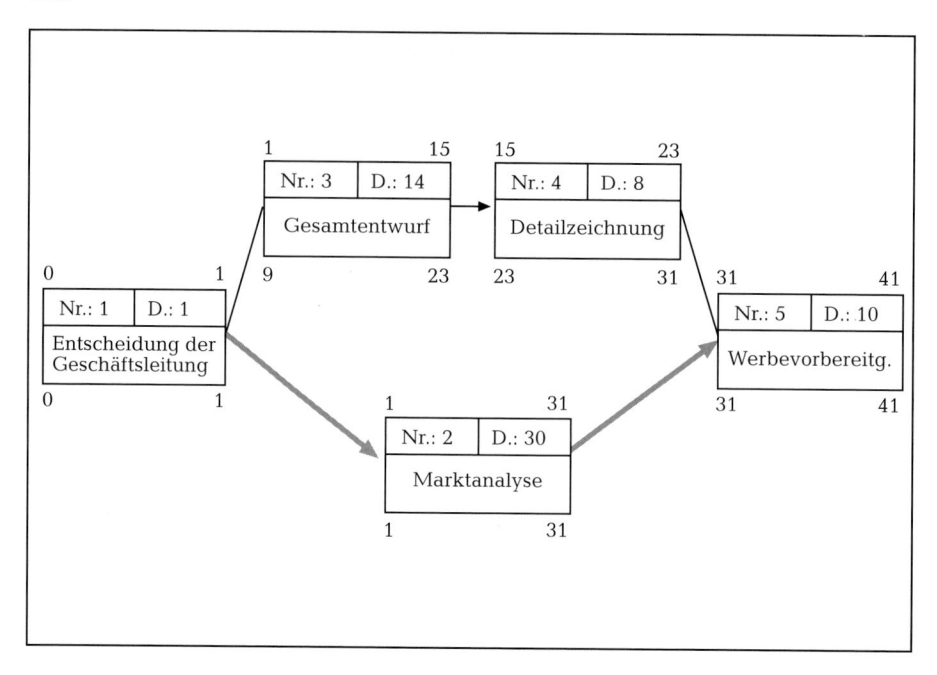

```
                    1        15    15        23
                   ┌─────┬─────────┐ ┌─────┬────────┐
                   │Nr.: 3│ D.: 14 │→│Nr.: 4│ D.: 8  │
                   ├─────┴─────────┤ ├─────┴────────┤
                   │ Gesamtentwurf │ │Detailzeichnung│
                   └───────────────┘ └───────────────┘
    0         1     9        23    23        31    31                41
  ┌─────┬────────┐                                ┌─────┬────────┐
  │Nr.: 1│ D.: 1 │                                │Nr.: 5│ D.: 10 │
  ├─────┴────────┤                                ├─────┴────────┤
  │ Entscheidung der │                            │Werbevorbereitg.│
  │ Geschäftsleitung │                            └───────────────┘
  └─────────────────┘
    0         1         1              31          31          41
                       ┌─────┬────────┐
                       │Nr.: 2│ D.: 30 │
                       ├─────┴────────┤
                       │ Marktanalyse │
                       └──────────────┘
                         1          31
```

13. Der frühestmögliche Endzeitpunkt kann nicht erreicht werden.

8.20 Terminplanung mittels Netzplan – Gesamtpuffer – Kritischer Weg

Hinweise für Möglichkeiten einer computerunterstützten Lösung einzelner Teilaufgaben mit Hilfe des Programms EUROBWL finden sich auf der CD (siehe S. 5).

1. und 3.

Nr.	Vorgang Bezeichnung	Dauer in Tagen	Vor- gänger	Nach- folger	frühester Anfangs- FAZ	frühester End- zeitpunkt FEZ	spätester Anfangs- SAZ	spätester End- zeitpunkt SEZ	Ge- samt- puffer GP
1	Detailzeichnung	3	–	2	0	3	0	3	0
2	Stückliste erstellen	3	1	3, 4, 5	3	6	3	6	0
3	Arbeitsvorbereitung	10	2	6	6	16	26	36	20
4	Materialbeschaffung	30	2	6	6	36	6	36	0
5	Kalkulation	2	2	6	6	8	34	36	28
6	Einzelteilfertigung	12	3, 4, 5	7	36	48	36	48	0
7	Zusammenbau	1	6	8	48	49	48	49	0
8	Kontrolle	1	7	–	49	50	49	50	0

8 Betriebliche Leistungserstellung

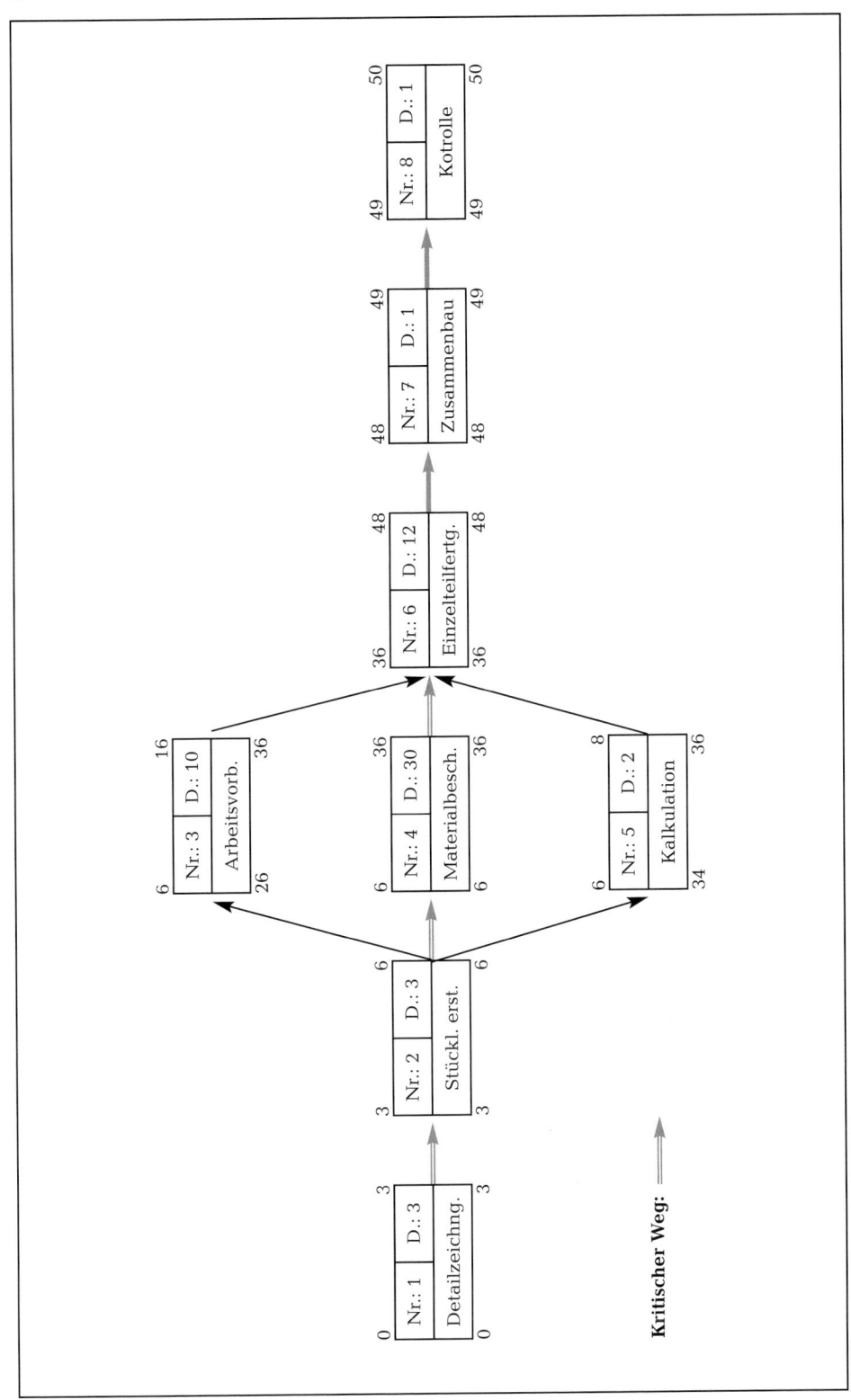

2.

Network diagram nodes (each: top-left = earliest start, top-right = earliest finish, Nr., D. (duration), label, bottom-left = latest start, bottom-right = latest finish):

- Nr.: 1, D.: 3, Detailzeichng., 0 / 3 / 0 / 3
- Nr.: 2, D.: 3, Stückl. erst., 3 / 6 / 3 / 6
- Nr.: 3, D.: 10, Arbeitsvorb., 6 / 16 / 26 / 36
- Nr.: 4, D.: 30, Materialbesch., 6 / 36 / 6 / 36
- Nr.: 5, D.: 2, Kalkulation, 6 / 8 / 34 / 36
- Nr.: 6, D.: 12, Einzelteilfertg., 36 / 48 / 36 / 48
- Nr.: 7, D.: 1, Zusammenbau, 48 / 49 / 48 / 49
- Nr.: 8, D.: 1, Kotrolle, 49 / 50 / 49 / 50

Kritischer Weg: ⇒

8.21 Netzplan eines komplexen Projekts

Hinweise für Möglichkeiten einer computerunterstützten Lösung einzelner Teilaufgaben mit Hilfe des Programms EUROBWL finden sich auf der CD (siehe S. 5).

1.

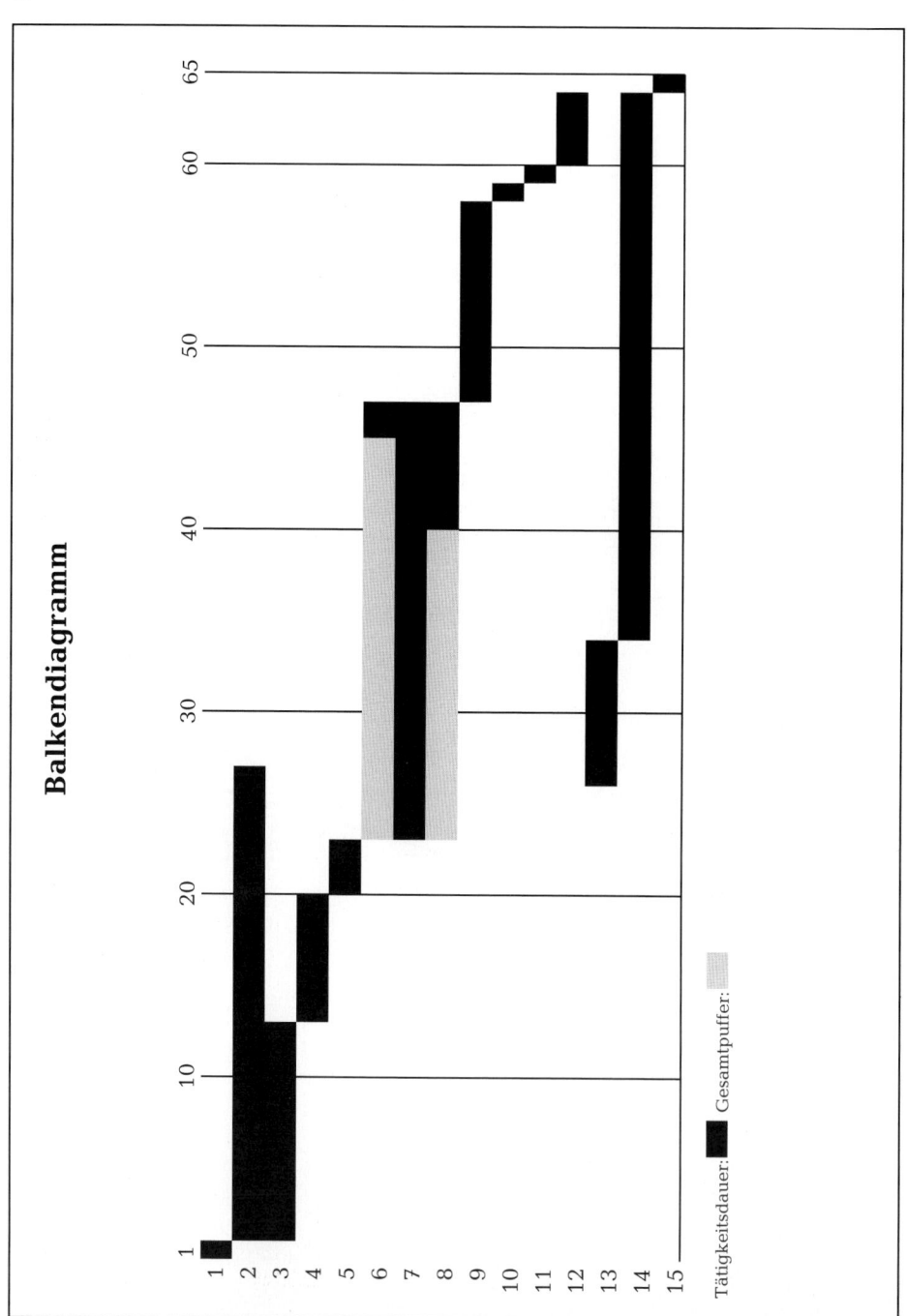

8 Betriebliche Leistungserstellung

2. u. 3.

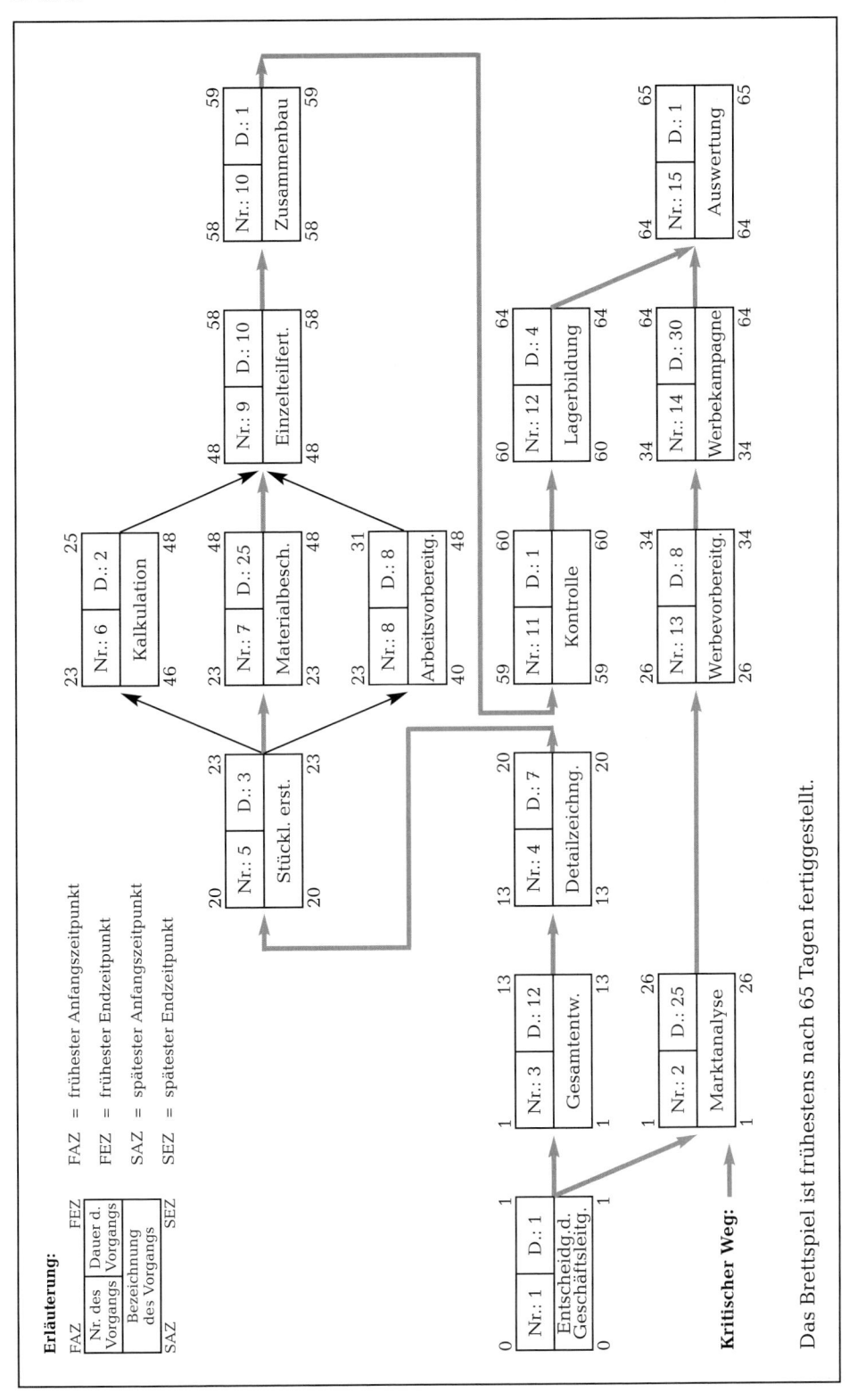

Erläuterung:

FAZ		FEZ
Nr. des Vorgangs	Dauer d. Vorgangs	
	Bezeichnung des Vorgangs	
SAZ		SEZ

FAZ = frühester Anfangszeitpunkt
FEZ = frühester Endzeitpunkt
SAZ = spätester Anfangszeitpunkt
SEZ = spätester Endzeitpunkt

Kritischer Weg: ⟶

Das Brettspiel ist frühestens nach 65 Tagen fertiggestellt.

Netzplan mit Vorgängen:

- Nr. 1, D.:1, Entscheidg.d. Geschäftsltg. (0–1, 0–1)
- Nr. 2, D.:25, Marktanalyse (1–26, 1–26)
- Nr. 3, D.:12, Gesamtentw. (1–13, 1–13)
- Nr. 4, D.:7, Detailzeichng. (13–20, 13–20)
- Nr. 5, D.:3, Stückl. erst. (20–23, 20–23)
- Nr. 6, D.:2, Kalkulation (23–25, 46–48)
- Nr. 7, D.:25, Materialbesch. (23–48, 23–48)
- Nr. 8, D.:8, Arbeitsvorbereitg. (23–31, 40–48)
- Nr. 9, D.:10, Einzelteilfert. (48–58, 48–58)
- Nr. 10, D.:1, Zusammenbau (58–59, 58–59)
- Nr. 11, D.:1, Kontrolle (59–60, 59–60)
- Nr. 12, D.:4, Lagerbildung (60–64, 60–64)
- Nr. 13, D.:8, Werbevorbereitg. (26–34, 26–34)
- Nr. 14, D.:30, Werbekampagne (34–64, 34–64)
- Nr. 15, D.:1, Auswertung (64–65, 64–65)

4. Terminliste

Tag	Datum	FAZ	SAZ	FEZ	SEZ
1	Mo., der 07.04.	2,3	2,3	1	1
2	Di., der 08.04.				
3	Mi., der 09.04.				
4	Do., der 10.04.				
5	Fr., der 11.04.				
6	Mo., der 14.04.				
7	Di., der 15.04.				
8	Mi., der 16.04.				
9	Do., der 17.04.				
10	Di., der 22.04.				
11	Mi., der 23.04.				
12	Do., der 24.04.				
13	Fr., der 25.04.	4	4	3	3
14	Mo., der 28.04.				
15	Di., der 29.04.				
16	Mi., der 30.04.				
17	Fr., der 02.05.				
18	Mo., der 05.05.				
19	Di., der 06.05.				
20	Mi., der 07.05.	5	5	4	4
21	Do., der 08.05.				
22	Fr., der 09.05.				
23	Mo., der 12.05.	6, 7, 8	7	5	5
24	Di., der 13.05.				
25	Mi., der 14.05.				6
26	Do., der 15.05.	13	13	2	2
27	Fr., der 16.05.				
28	Mo., der 19.05.				
29	Di., der 20.05.				
30	Mi., der 21.05.				
31	Do., der 22.05.			8	
32	Fr., der 23.05.				
33	Mo., der 26.05.				
34	Di., der 27.05.	14	14	13	13
35	Mi., der 28.05.				
36	Do., der 30.05.				
37	Fr., der 02.06.				
38	Di., der 03.06.				
39	Mi., der 04.06.				
40	Do., der 05.06.		8		
41	Fr., der 06.06.				
42	Mo., der 10.06.				
43	Di., der 11.06.				
44	Mi., der 12.06.				
45	Fr., der 13.06.				
46	Mo., der 16.06.		6		
47	Di., der 17.06.				
48	Mi., der 18.06.	9	9	7	6, 7, 8
49	Fr., der 20.06.				
50	Mo., der 23.06.				
51	Di., der 24.06.				
52	Mi., der 25.06.				
53	Do., der 26.06.				
54	Fr., der 27.06.				
55	Mo., der 30.06.				
56	Di., der 01.07.				
57	Mi., der 02.07.				
58	Do., der 03.07.	10	10	9	9
59	Fr., der 04.07.	11	11	10	10
60	Mo., der 07.07.	12	12	11	11
61	Di., der 08.07.				
62	Mi., der 09.07.				
63	Do., der 10.07.				
64	Fr., der 11.07.	15	15	12, 14	12, 14
65	Mo., der 14.07.			15	15

8 Betriebliche Leistungserstellung

8.22 FALLSTUDIE: Terminplanung: Balkendiagramm – Maschinenbelegungsplan – Netzplan

Hinweise für Möglichkeiten einer computerunterstützten Lösung einzelner Teilaufgaben mit Hilfe des Programms EUROBWL finden sich auf der CD (siehe S. 5).

Die Bearbeitung der Fallstudie soll nach Möglichkeit in Gruppenarbeit erfolgen. Für die Erstellung eines der beiden Balkendiagramme (progressiv oder retrograd) und des Maschinenbelegungsplanes sowie für die anschließende Gruppenpräsentation mittels Folien sind ca. 2 Unterrichtsstunden nötig. Die Erstellung des Netzplanes sowie des nicht bearbeiteten Balkendiagramms kann als Hausaufgabe erfolgen. Erfahrungsgemäß ist es zweckmäßig, wenn die Schüler ihre Lösungen zunächst mit Bleistift erstellen. Für eine bessere Übersicht können (insbesondere bei der Erstellung der Folien) die Teilaufträge 167/I, 167/II und 167/III in unterschiedlichen Farben eingezeichnet werden.

Hinweis:

Im Folgenden (ab nächster Seite) wird für die Terminplanung (Balkendiagramm und Netzplan) davon ausgegangen, dass

1. jede Maschine bzw. jeder Arbeitsplatz nur **einmal** vorhanden ist und gleichartige Arbeitsgänge (z.B. Plakette stanzen und Deckel stanzen) daher nacheinander erfolgen müssen,

2. innerhalb der drei Baugruppen der nächste Arbeitsgang erst dann begonnen werden kann, wenn der vorhergehende **vollständig** abgeschlossen ist (Werkstattfertigung; z.B. zuerst 2000 Plaketten stanzen, dann 2000 Plaketten prägen).

Würde eine Fließfertigung unterstellt (z.B. jede gestanzte Plakette wird sofort an den benachbarten Arbeitsplatz zum Prägen weiter gereicht, so dass die Arbeitsgänge parallel zueinander erfolgen), würde sich die in der Terminplanung ausgewiesene Fertigungsdauer erheblich verringern.

Vereinfachter Arbeitsplan Pokal Typ »Herkules«

Lfd. Nr.	Arbeitsgänge	Masch.-Nr.	Maschinen	Fertigungslos Rüstzeit Min.	Stück Ausführungszeit je Stück Sekunden	Gesamtauftragszeit Min.	Gesamtauftragszeit Std.	Auftragsnummer Tage (1 Tag = 8 Std.)
1	Entscheidung, Kalk.						8	1
	Baugruppe, Plakette Auftragsnummer 167/I							
2	1. Plakette stanzen	10	Stanzmaschine	80	12,0	480	8	1
3	2. Plakette prägen	11	Hydraulische Presse	30	13,5	480	8	1
4	3. Am Unterteil Gewinde andrehen	12	Drehautomat	20	57,0	1920	32	4
5	4. Kegel andrehen	12	Drehautomat	20	57,0	1920	32	4
6	5. Unterteil von der Stange abstechen	12	Drehautomat	10	28,5	960	16	2
7	6. Unterteil an Plakette anlöten	13	Lötvorrichtung	10	28,5	960	16	2
8	7. Plakette lackieren (goldfarben)	14	Spritzanlage	40	42,0	1440	24	3
	Baugruppe Deckel Auftragsnummer 167/II							
9	1. Deckel ausstanzen und lochen	10	Stanzmaschine	80	12,0	480	8	1
10	2. Deckel tiefziehen	11	Hydraulische Presse	30	13,5	480	8	1
11	3. Deckel lackieren (hellgrün)	14	Spritzanlage	10	28,5	960	16	2
	Baugruppe Pokalzylinder mit Boden Auftragsnummer 167/III							
12	1. Pokalzylinder absägen	15	Metallkreissäge	10	28,5	960	16	2
13	2. Zylinder sicken (Rundung eindrücken)	16	Sickenmaschine	30	13,5	480	8	1
14	3. Boden ausstanzen	10	Stanzmaschine	30	13,5	480	8	1
15	4. Boden einlöten	13	Lötvorrichtung	40	42,0	1440	24	3
16	5. Zylinder lackieren (dunkelgrün)	14	Spritzanlage	40	42,0	1440	24	3
17	Montage, Verpacken, Versand	17	Versand	–	–		16	2

8 Betriebliche Leistungserstellung

Progressive Terminplanung
Balkendiagramm: 2 000 Pokale Typ »Herkules«
Auftragsnr. 167

TAGE

Nr.	Arbeitsgänge	1	2	3	4	5	6	7	8	9	10	11	12	13	14	15	16	17	18	19	20	21	22	23	24	25
1	Entscheidung, Planung, Kalkulation	■																								
Plakette Auftrags Nr. 167/I																										
2	Plakette stanzen			■																						
3	Plakette prägen				■																					
4	Gewinde am Unterteil drehen					■	■	■																		
5	Kegel andrehen								■	■	■															
6	Unterteil von der Stange abstechen											■														
7	Unterteil an Plakette anlöten												■	■												
8	Plakette lackieren (goldfarben)															■	■	■								
Deckel Auftrags Nr. 167/II																										
9	Deckel ausstanzen und lochen					■																				
10	Deckel tiefziehen						■																			
11	Deckel lackieren (hellgrün)						■	■																		
Zylinder/Boden Auftrags Nr. 167/III																										
12	Zylinder absägen			■	■																					
13	Zylinder sicken (Rundung eindrücken)					■																				
14	Boden stanzen						■	■																		
15	Boden anlöten								■	■																
16	Zylinder lackieren (dunkelgrün)										■	■														
17	Montage, Verpackung, Versand																			■	■					

Retrograde Terminplanung (Beginn der Rückwärtsrechnung am 22. Tag, da der Juli lt. Fabrikkalender 22 Arbeitstage hat)
Balkendiagramm: 2000 Pokale Typ »Herkules«   **Auftragsnr. 167**

TAGE

Nr.	Arbeitsgänge	1	2	3	4	5	6	7	8	9	10	11	12	13	14	15	16	17	18	19	20	21	22	23	24	25
1	Entscheidung, Planung, Kalkulation		■	■																						
Plakette Auftrags Nr. 167/I																										
2	Plakette stanzen				■																					
3	Plakette prägen					■																				
4	Gewinde am Unterteil drehen						■	■																		
5	Kegel andrehen								■	■																
6	Unterteil von der Stange abstechen												■	■												
7	Unterteil an Plakette anlöten														■	■										
8	Plakette lackieren (goldfarben)																■	■	■							
Deckel Auftrags Nr. 167/II																										
9	Deckel ausstanzen und lochen								■	■																
10	Deckel tiefziehen											■	■													
11	Deckel lackieren (hellgrün)													■												
Zylinder/Boden Auftrags Nr. 167/III																										
12	Zylinder absägen									■	■															
13	Zylinder sicken (Rundung eindrücken)											■														
14	Boden stanzen														■											
15	Boden anlöten															■										
16	Zylinder lackieren (dunkelgrün)																■	■								
17	Montage, Verpackung, Versand																						■			

8 Betriebliche Leistungserstellung

Lösungsvorschlag für progressive Vorgehensweise:

Maschinenbelegungsplan

Nr. der Arbeitstage lt. Fabrikkalender ⇒	133	134	135	136	137	138	139	140	141	142	143	144
Kalendertage (Datum) ⇒	29.06.	30.06.	01.07.	02.07.	05.07.	06.07.	07.07.	08.07.	09.07.	12.07.	13.07.	14.07.
Nr. Maschine/Abteilung												
00 Entscheidung, Planung, Kalkulation			167									
10 Stanzmaschine	162	162		167/I	167/II					167/III		
11 Hydraulische Presse	158				167/I	167/I				167/I		
12 Drehautomat	161	161	162	162		167/I	165	165	167/I	167/I	166	166
13 Lötvorrichtung	160	160	161	161	162	162	163	163	163	163	164	164
14 Spritzanlage		158	160	160	161	161	162	162	162	162	167/I	167/I
15 Metallkreissäge	162	162	163	163	164	164	167/II	167/II	167/III		167/III	167/III
16 Sickenmaschine	161	161	162	162	163	163	164	164			165	165
17 Versandabteilung	157	157	158	158	159	159	160	160	160	160	161	161

Nr. der Arbeitstage lt. Fabrikkalender ⇒	145	146	147	148	149	150	151	152	153	154	155	156
Kalendertage (Datum) ⇒	15.07.	16.07.	19.07.	20.07.	21.07.	22.07.	23.07.	26.07.	27.07.	28.07.	29.07.	30.07.
Nr. Maschine/Abteilung												
00 Entscheidung, Planung, Kalkulation												
10 Stanzmaschine	166	166										
11 Hydraulische Presse	165	165	166	166		166						
12 Drehautomat	167/I	167/I	167/I		166					166		
13 Lötvorrichtung	167/III		167/III	167/III	167/III	167/I	167/I	167/I	166	166		
14 Spritzanlage	163	164		166			166	166	166			
15 Metallkreissäge	165	165	166	166	166	166						
16 Sickenmaschine			165	165				164				165
17 Versandabteilung	161	161	162	162	163	163	164	164	167	167		

Lösungsvorschlag für retrograde Vorgehensweise: **Maschinenbelegungsplan**

Nr. der Arbeitstage lt. Fabrikkalender ⇒	133	134	135	136	137	138	139	140	141	142	143	144
Kalendertage (Datum) ⇒	29.06.	30.06.	01.07.	02.07.	05.07.	06.07.	07.07.	08.07.	09.07.	12.07.	13.07.	14.07.
Nr. Maschine/Abteilung												
00 Entscheidung, Planung, Kalkulation			167									
10 Stanzmaschine	162	162		167/II	167/I					167/III		
11 Hydraulische Presse	158				167/II	167/I	165	165			166	166
12 Drehautomat	161	161	162	162	162		163	163	167/I	167/I	164	164
13 Lötvorrichtung	160	160	161	161	161	162	167/I	167/I	163	167/I	167/I	167/I
14 Spritzanlage		158	160	160		161	162	162	162	163		
15 Metallkreissäge	162	162	163	163	164	164	167/III	167/III				167/II
16 Sickenmaschine	161	161	162	162	163	163	164	164	167/III		165	165
17 Versandabteilung	157	157	158	158	159	159	160	160	160	160	161	161

Nr. der Arbeitstage lt. Fabrikkalender ⇒	145	146	147	148	149	150	151	152	153	154	155	156
Kalendertage (Datum) ⇒	15.07.	16.07.	19.07.	20.07.	21.07.	22.07.	23.07.	26.07.	27.07.	28.07.	29.07.	30.07.
Nr. Maschine/Abteilung												
00 Entscheidung, Planung, Kalkulation												
10 Stanzmaschine	166	166										
11 Hydraulische Presse	165	165	166	166								
12 Drehautomat	167/I	167/I	167/I	167/I	166	166						
13 Lötvorrichtung	167/III	167/III	167/III	167/III	167/I	167/I	166	166	166	166		
14 Spritzanlage	163	164	167/II	166	167/III	167/III	167/I	167/I	167/I			
15 Metallkreissäge	165	165	166	165	166	166						
16 Sickenmaschine				162	163	163	164	164				
17 Versandabteilung	161	161	162	162	163	163	164	164			167	165

8 Betriebliche Leistungserstellung

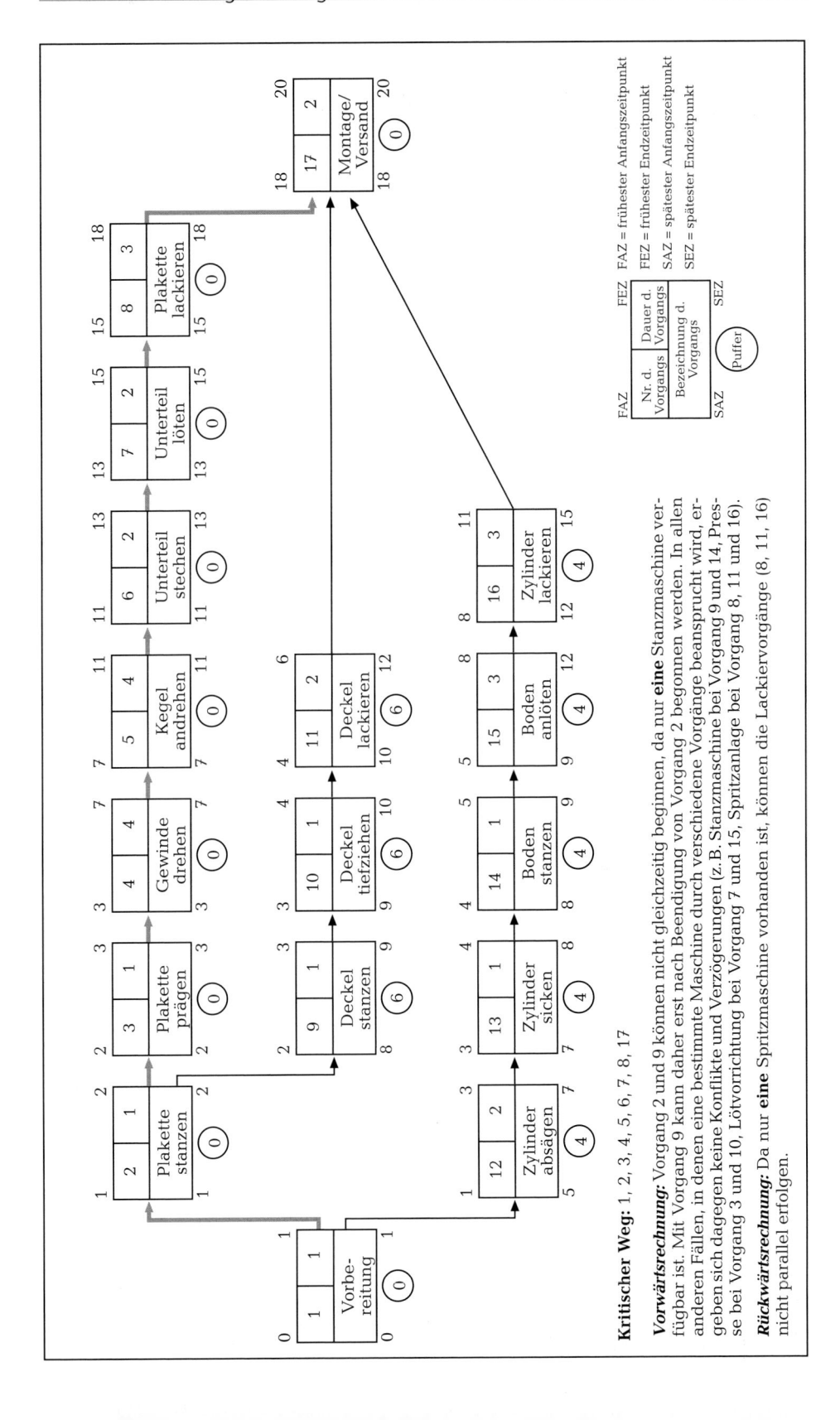

Kritischer Weg: 1, 2, 3, 4, 5, 6, 7, 8, 17

Vorwärtsrechnung: Vorgang 2 und 9 können nicht gleichzeitig beginnen, da nur **eine** Stanzmaschine verfügbar ist. Mit Vorgang 9 kann daher erst nach Beendigung von Vorgang 2 begonnen werden. In allen anderen Fällen, in denen eine bestimmte Maschine durch verschiedene Vorgänge beansprucht wird, ergeben sich dagegen keine Konflikte und Verzögerungen (z. B. Stanzmaschine bei Vorgang 9 und 14, Presse bei Vorgang 3 und 10, Lötvorrichtung bei Vorgang 7 und 15, Spritzanlage bei Vorgang 8, 11 und 16).

Rückwärtsrechnung: Da nur **eine** Spritzmaschine vorhanden ist, können die Lackiervorgänge (8, 11, 16) nicht parallel erfolgen.

Legende:
FAZ = frühester Anfangszeitpunkt
FEZ = frühester Endzeitpunkt
SAZ = spätester Anfangszeitpunkt
SEZ = spätester Endzeitpunkt

FAZ	Dauer d. Vorgangs	FEZ
Nr. d. Vorgangs	Bezeichnung d. Vorgangs	(Puffer)
SAZ		SEZ

Netzplantabelle (siehe Hinweis beim Netzplan auf Seite 191)

Nr.	Bezeichnung	FAZ	FEZ	SAZ	SEZ	Puffer gesamt	Puffer freier
1	Entscheidung/Vorbereitung	0	1	0	1	0	0
2	Plakette stanzen	1	2	1	2	0	0
3	Plakette prägen	2	3	2	3	0	0
4	Gewinde drehen	3	7	3	7	0	0
5	Kegel andrehen	7	11	7	11	0	0
6	Unterteil stechen	11	13	11	13	0	0
7	Unterteil löten	13	15	13	15	0	0
8	Plakette lackieren	15	18	15	18	0	0
9	Deckel stanzen	2	3	8	9	6	0
10	Deckel tiefziehen	3	4	9	10	6	0
11	Deckel lackieren	4	6	10	12	6	6
12	Zylinder absägen	1	3	5	7	4	0
13	Zylinder sticken	3	4	7	8	4	0
14	Boden stanzen	4	5	8	9	4	0
15	Boden anlöten	5	8	9	12	4	0
16	Zylinder lackieren	8	11	12	15	4	4
17	Montage/Versand	18	20	18	20	0	0

Fertigstellung nach 20 Arbeitstagen.

Mögliche Erweiterungen der Aufgabe bei Lösung mittels EDV:

a) Angenommen, aufgrund technischer Notwendigkeiten müssen die Lackierarbeiten (Vorgänge 8, 11, 16) unmittelbar aufeinander folgen. Danach würde die Vorgangliste gegenüber der Ausgangssituation wie folgt verändert:

Lfd. Nr.	Vorgang (Tätigkeit)	Betriebsmittel	Dauer (Tage)	Vorgänger (Nr.)	Nachfolger (Nr.)
8	Plakette lackieren	Spritzanlage	3	7	**11**
11	Deckel lackieren	Spritzanlage	2	10	**16**

Prüfen Sie, ob sich der Fertigstellungstermin ändert.

Lösung: Fertigstellung nach 25 Arbeitstagen.

Terminverschiebung um 5 Tage, da sich der kritische Weg um die Vorgänge 11 (Deckel lackieren) und 16 (Zylinder lackieren) verlängert. Der Lackiervorgang für alle drei Teile kann erst beginnen, wenn das Unterteil der Plaketten angelötet ist (Vorgang 7 FEZ 15 Tage). Der Lackiervorgang dauert insgesamt 8 Tage (3 Tage für Plaketten, 2 Tage für Deckel, 3 Tage für Zylinder). Bei Aufgabe 1 konnten Deckel und Zylinder bereits vorher lackiert werden, was eine Zeitersparnis von 5 Tagen (2 Tage für Deckel, 3 Tage für Zylinder) bewirkte.

b) Angenommen, durch den Einsatz zusätzlicher Stanzmaschinen können die Stanzarbeiten (Vorgänge 2, 9, 14) zeitlich parallel erfolgen. Dadurch würde die Vorgangliste gegenüber der Ausgangssituation wie folgt verändert:

Lfd. Nr.	Vorgang (Tätigkeit)	Betriebsmittel	Dauer (Tage)	Vorgänger (Nr.)	Nachfolger (Nr.)
1	Enscheidung …		1	–	**2, 9, 12, 14**
9	Deckel stanzen	Stanzmaschine	1	1	**10**
13	Zylinder sticken	Sickenmaschine	1	12	**15**

Prüfen Sie, ob durch diese Veränderung der Auftrag im Vergleich zur Ausgangssituation bzw. im Vergleich zu Aufgabenteil a) in kürzerer Zeit fertiggestellt werden kann. Begründen Sie das Ergebnis.

Lösung: Fertigstellung nach 20 Arbeitstagen (wie Ausgangssituation) bzw. 25 Arbeitstagen (wie Aufgabe a).

Die Vorgänge 9 (Deckel stanzen) und 14 (Boden stanzen) liegen nicht auf dem kritischen Weg. Daher führt ein früherer FEZ bei diesen Vorgängen nicht zu einer Verkürzung der Gesamtdauer.

8 Betriebliche Leistungserstellung

Fertigungskontrolle

8.23 Wirtschaftlichkeit der Qualitätskontrolle – »Null-Fehler-Strategie« – Qualitätsmanagement – Produkthaftung

1.

Fehlerquote (%)	Kosten der Qualitätskontrolle (Prüfkosten) in EUR	Fehlerkosten in EUR	Summe der Prüf- und Fehlerkosten
0	75 000	0	75 000
2	25 000	4 000	29 000
4	12 500	8 000	20 500
6	8 335	12 000	20 335
8	6 250	16 000	22 250
10	5 000	20 000	25 000

2. Gegenläufige Entwicklung von Fehler- und Prüfkosten.

   Je mehr Fehler in der Fertigung verursacht werden, desto mehr Kosten für die Behebung der Fehler fallen an (Fehlerkosten).

   Je geringer die Qualitätskontrolle, desto weniger Prüfkosten fallen an. Je geringer die Prüfkosten, desto höher die Fehlerquote.

   Solange die Prüfkosten über den Fehlerkosten liegen, sinkt die Summe der Kosten bei zunehmender Fehlerquote und umgekehrt.

3. vgl. Grafik

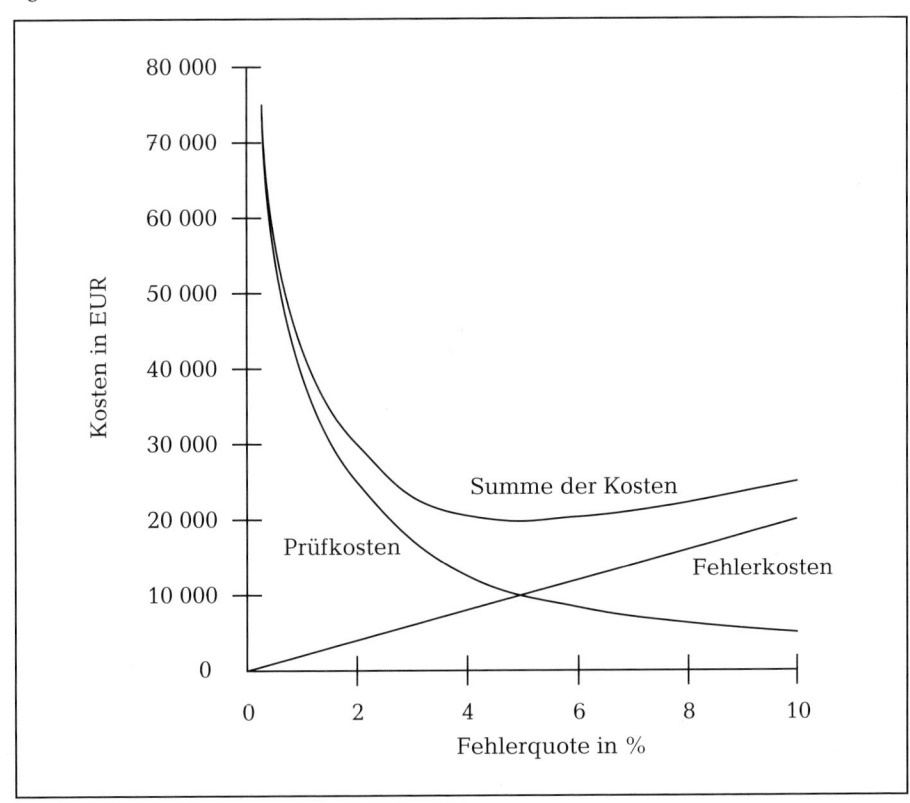

4. Die kostenminimale Fehlerquote liegt bei 5%
   (Prüfkosten: 10 000; Fehlerkosten: 10 000; Summe der Kosten 20 000 EUR).

5. In den letzten Jahren hat die Qualitätssicherung bei der Produkterstellung immer größere Beachtung gefunden. Dies ist u.a. zurückzuführen auf
   - EU-verbindliche Normen (z.B. seit 1993 ISO-Norm 90000 ff. als EN 29000–29004),
   - strengere Gesetze über Produkthaftung,
   - gesteigerte Qualitätserwartung der Kunden,
   - strikte Kundenorientierung,
   - Wettbewerbsbedingungen,
   - Entsorgungsprobleme und Entsorgungskosten bei kurzlebigen (qualitätsgeminderten) Produkten

   Neben wirtschaftlichen Gründen spielen für die Qualitätsanforderungen in der Automobilbranche (vgl. dazu auch Aufgabe 8.11 Lean Production in der Automobilindustrie) ebenso wie in anderen Branchen mit besonderen Sicherheitsansprüchen (z.B. Medizintechnik, Flugzeugbau) auch ethische Gründe eine Rolle, da Qualitätsmängel dieser Produkte u.U. Menschenleben gefährden können. Die Intensität der Maßnahmen zur Qualitätskontrolle darf daher in diesen Fällen nicht allein zu einem Optimierungsproblem auf der Grundlage betrieblich erfasster Kosten werden. Schon die durch Qualitätsmängel entstehenden Imageschäden sind kaum in Geldwerten (i.S. von entgangenem Gewinn) auszudrücken. Infolge von Qualitätsmängeln können auch Menschen verletzt oder gar getötet werden. Solche »Schäden« können nicht einfach mit einer versicherungsmathematisch berechneten Haftsumme in Rechnung gestellt und zur Entscheidungsgrundlage werden. Der Hersteller hat in diesen Fällen auch eine ethische, nicht kalkulierbare Verantwortung für Leben und Gesundheit der Mitmenschen.

   Trotz intensiver Qualitätskontrolle sind Fehler nie ganz zu vermeiden. Das zeigen u.a. die gelegentlich vorkommenden Rückrufaktionen der Hersteller. Unter **wirtschaftlichen** Gesichtspunkten ist in diesen Fällen bei Entdeckung des Fehlers abzuwägen:

   Kosten der Rückrufaktion und durch den Rückruf entstehender Imageschaden vs. Kosten möglicher Schadenersatzansprüche und dadurch entstehender Imageschaden

   Unter **wirtschaftsethischen** Gesichtspunkten ist abzuwägen:

   Kosten der Rückrufaktion und durch den Rückruf entstehender Imageschaden vs. Gefährdung von Menschenleben.

6. Nach dem Produkthaftungsgesetz haftet der Hersteller für Folgeschäden aus der Benutzung seiner Produkte. Hersteller im Sinne des Gesetzes ist auch, wer ein Teilprodukt herstellt, das im Endprodukt enthalten ist (ProdHaftG § 4 (1), S. 1).
   Wird durch fehlerhafte Bremsbeläge ein Sach- oder Personenschaden verursacht, haftet der Zulieferer der Bremsbeläge (ProdHaftG § 1 (1)). Der Automobilhersteller, der die Bremsbeläge eingebaut hat, ist ebenfalls Hersteller im Sinne des Produkthaftungsgesetzes. Der Geschädigte kann Schadenersatz wahlweise vom Autohersteller oder vom Hersteller der Bremsbeläge verlangen. Wird der Automobilhersteller für Schadenersatzforderungen in Anspruch genommen, kann er auf den Hersteller der Bremsbeläge zurückgreifen.
   Ist nur Sachschaden entstanden, hat der Geschädigte einen Schaden bis zur Höhe von 500 EUR selbst zu tragen (ProdHaftG § 11). Wurde die beschädigte Sache gewerblich genutzt, besteht überhaupt keine Ersatzpflicht (ProdHaftG §1 (1), S. 2).
   Bei Personenschäden haftet der Hersteller nur bis zu einer Höchstsumme von 85 Mio. EUR (ProdHaftG § 10).

8 Betriebliche Leistungserstellung

Rationalisierung der Fertigung

8.24 Normung – Typung – Spezialisierung – Baukastensystem

Normung:	2, 4
Typung:	5, 7
Spezialisierung:	1, 6
Baukastensystem:	3

9 Absatz

Marketing als Konzept marktorientierter Unternehmensführung

9.01 Marketing – Käufermarkt – Produktmanagement – Matrixorganisation

1. Verkäufermarkt: Nachfrage größer als Angebot. Die Anbieter haben gegenüber den Nachfragern eine starke Marktstellung. Da die Nachfrager auf das Gut angewiesen sind, können die Anbieter ihre Preisvorstellungen und sonstigen Bedingungen leichter durchsetzten.
   Käufermarkt: Angebot größer als Nachfrage. Die Nachfrager haben gegenüber den Anbietern eine starke Marktstellung, da sie zwischen verschiedenen Anbietern wählen können (Konkurrenz, Marktsättigung, »Der Kunde ist König«).
   Heute ist nicht die Produktion, sondern der Absatz der Engpass in den meisten Unternehmen. Das macht eine kundenorientierte Denkweise und Ausrichtung aller unternehmerischen Aktivitäten auf absatzpolitische Ziele erforderlich (= Marketing).

2. Die Ausschreibung einer speziellen Stelle für einen **Produktmanager** sowie die Aufgabenbeschreibung in der Anzeige (zuständig für Produktpolitik, Marktanalysen- und -prognosen, Werbung, Verkaufsförderung usw.) sind Hinweise auf eine marktorientierte Unternehmensführung. Die Aufgabenbeschreibung »Abstimmung der Marketingkonzeption mit anderen Abteilungen« macht deutlich, dass es sich dabei um eine das ganze Unternehmen einbeziehende Denkweise handelt.

3. Einkauf, Fertigung (Entwicklung), Absatz (Marketingstrategie, Produktpolitik, Absatzplanung, Werbung, Vertrieb), Verwaltung (Kostenrechnung, Kalkulation).

4. Die Produktmanagerin hat für die von ihr betreute Produktgruppe (Damenkleidung) u.a. folgende Aufgaben: Marktbeobachtung, Marktanalysen, Marktprognosen, Planung von Marketingmaßnahmen (Produkt-, Kontrahierungs-, Kommunikations-, Distributionspolitik), Planung und Ausarbeitung der Marketingstrategie (Marktsegmentierungsstrategie, Wettbewerbsstrategie, Produktstrategie) zusammen mit den anderen Abteilungen, Koordination aller für die Produktgruppe bedeutsamen Aufgaben und Stellen, Kontrolle sämtlicher Pläne und des Produktetats (z.B. Werbeetat), Überwachung des Produkterfolgs (Marktanteil, Umsatz, Kosten, Deckungsbeitrag, Gewinn, …).
   Im vorliegenden Fall ist die Stelle der Produktmanagerin eine Stabsstelle. Sie hat also keine Anweisungsbefugnisse gegenüber anderen Stellen. Durch Beschaffung von Informationen und Beratung bereitet sie die von der Leitung der Absatzabteilung zu treffenden Entscheidungen vor. Die Durchsetzungsmöglichkeiten einer von der Produktmanagerin zu entwickelnden Marketingkonzeption für Damenkleidung hängen dabei maßgeblich vom Grad der Zusammenarbeit mit den anderen Abteilungen und der Überzeugungskraft der Stelleninhaberin ab. Wenn die Stelle mit einer fähigen und dynamischen Bewerberin besetzt wird, die aber ihre Ideen aufgrund der vorliegenden Organisationsstuktur nicht durchsetzen kann und am Widerstand der betroffenen Abteilungen scheitert, ist – wenn keine organisatorischen Änderungen vorgenommen werden (vgl. Frage 5) – zu erwarten, dass sie künftig keine kreativen Vorschläge mehr einbringt, ihr Engagement verringert und letztlich frustriert kündigt. Da sie keine Entscheidungskompetenz und Anweisungsbefugnis außerhalb ihrer eigenen Stelle hat, kann sie – entgegen dem Hinweis in der Stellenausschreibung – auch nicht für das Ergebnis verantwortlich gemacht werden.
   Wenn die Stelle des Produktmanagers tatsächlich als Stabsstelle in die bestehende Organisationsstruktur eingebunden werden soll, wird in der Stellenausschreibung eindeutig gegen den Organisationsgrundsatz der Einheit von Aufgabe, Kompe-

9 Absatz

tenzen und Verantwortung verstoßen. Im vorliegenden Fall besteht ein Ungleichgewicht hinsichtlich Verantwortung und Kompetenz.

5. Bei der Matrixorganisation hat der Produktmanager die Kompetenz, in allen Funktionsbereichen (Einkauf, Fertigung, Absatz, Verwaltung) zu entscheiden, was für das von ihm betreute Produkt getan werden soll und wann diese Maßnahmen ergriffen werden sollen. Die Leiter der einzelnen Funktionsbereiche (Funktionsmanager) entscheiden lediglich über das Wie der vom Produktmanager festgelegten Marketingmaßnahmen. Die Matrixorganisation ist damit eine marketingorientierte Organisationsstruktur. Sie bietet sich insbesondere in Unternehmen mit vielen verschiedenartigen Produkten an. Voraussetzung für den Erfolg ist eine entsprechende Ausstattung der Produktmanager mit Entscheidungsbefugnissen. Außerdem müssen alle Abteilungen diese (horizontale) Kompetenz des Produktmanagers akzeptieren, um Konflikte an den Schnittstellen zu vermeiden. Bei einer Matrixorganisation entsteht allerdings ein erheblicher Zeit- und Personalaufwand.

Marktforschung und Absatzplanung

9.02 FALLSTUDIE: Absatzorientierte Standortwahl – Methoden der Marktforschung – Konkurrenz- und Nachfrageanalyse

1. Die Überprüfung anhand des Fragenkatalogs führt zu einer positiven Bewertung des geplanten Standorts.

2. Berechnung der möglichen Nachfrage bzw. des möglichen Umsatzes:

Einnahmen und Ausgaben ausgewählter privater Haushalte im Berichtsjahr

	Haushalts-typ 1	Haushalts-typ 2	Haushalts-typ 3	Summe
Ausgaben für Foto- und Kinogeräte einschl. Filmen u.Ä. je Haushalt und Monat	2,10 €	10,80 €	16,40 €	
Zahl der Haushalte in Dobertal	2 000	2 160 (60 % v. 3600)	1 440 (40 % v. 3600)	5 600
Ausgaben der Haushalte in Dobertal für Foto- und Kinogeräte etc. pro Jahr	50 400 € (12 × 2,10 × 2 000)	279 936 € (12 × 10,80 × 2160)	283 392 € (12 × 16,40 × 1 440)	613 728 €
abzüglich Umsatzvolumen, das in die Landeshauptstadt abfließt (50%)				306 864 €
Umsatzvolumen in Dobertal pro Jahr				306 864 €
Umsatzvolumen pro Jahr unter Berücksichtigung des Fremdenverkehrs (geschätzter Zuschlag 10 %)				337 550 €
Umsatzvolumen pro Jahr nach Abzug des Anteils der ortsansässigen Drogerie und des SB-Lebensmittelmarktes (geschätzt: 20 %)				270 040 €
Jahresumsatz je m^2 Geschäftsfläche				3 600 € (270040/75)
Jahresumsatz je m^2 Verkaufsfläche				4 910 € (270040/55)

Der mit Hilfe der Sekundäranalyse ermittelte Jahresumsatz je m² Geschäftsfläche würde ca. 10% und der Jahresumsatz je m² Verkaufsfläche ca. 25% unter dem Branchendurchschnitt liegen. Dennoch sprechen u.a. folgende Gründe für eine Eröffnung der Filiale:
- gute Lage des Ladenlokals,
- günstige Konkurrenzsituation,
- Möglichkeit, bei entsprechender Absatzpolitik, das bisher in die Landeshauptstadt abfließende Umsatzvolumen in verstärktem Maße der neuen Filiale zuzuleiten,
- erwartete Zunahme der Einwohnerzahl durch Zuzug aus der Landeshauptstadt,
- erwartete Zunahme des Fremdenverkehrs.

9.03 Absatzplanung: Absatzstrategische Alternativen – Absatzrisiko

1. Alternative 2:

   Die Nachfrage nach A nimmt mit sinkendem Preis zu (elastische Nachfrage). B wird teilweise durch A substituiert (Substitutionsgüter).

   Alternative 3:

   Die Absatzsteigerung der Produkte A und B liegt jeweils bei 100 000 Stück gegenüber Alternative 1. Preise bleiben unverändert, so dass die Absatzsteigerung als eine Reaktion auf die erhöhten Werbeausgaben angenommen werden kann.

2. a)

	Alternative 1			Alternative 2		
	A	B	C	A	B	C
Var. Kosten	45 000	62 500	35 000	54 000	57 500	36 000
Fixe Kosten	125 000	100 000	100 000	125 000	100 000	100 000
	170 000	162 500	135 000	179 000	157 500	136 000
Kosten ohne Werbung		467 500			472 500	
Werbung		25 000			25 000	
Ges. Kosten		492 500			497 500	
Erlöse	180 000	200 000	157 500	198 000	184 000	162 000
Ges.-Erlös		537 500			544 000	
Gewinn		45 000			46 500	

	Alternative 3			Alternative 4		
	A	B	C	A	B	C
Var. Kosten	60 000	87 500	37 000	67 500	81 250	36 000
Fixe Kosten	125 000	116 000	100 000	142 500	116 000	100 000
	185 000	203 500	137 000	210 000	197 250	136 000
Kosten ohne Werbung		525 500			543 250	
Werbung		75 000			75 000	
Ges. Kosten		600 500			618 250	
Erlöse	240 000	280 000	166 500	247 500	260 000	162 000
Ges.-Erlös		686 500			669 500	
Gewinn		86 000			51 250	

9 Absatz

b) Jede Entscheidung für eine bestimmte Alternative eines Absatzplanes hat zur Folge, dass alle Aktivitäten des Beschaffungs-, Produktions-, Absatz-, Finanz- und Personalbereichs an den geplanten Daten der gewählten Alternative orientiert werden müssen.

Die Entscheidung für Alternative 3 bedeutet demnach eine aufgrund der angenommenen Marktsituation (Bedürfnisstruktur, Kaufwille, Kaufkraft, Konkurrenzstrategie, saisonale und witterungsbedingte Situationen) erwartete Reaktion auf bestimmte absatzpolitische Maßnahmen.

Die Entscheidung für eine Alternative erfolgt somit immer unter Risiko, welches sich im Beschaffungsbereich (Mengen- und Preisrisiken beim Einkauf, Lagerrisiko), im Produktionsbereich (z.B. ungenügende Ausnutzung der Betriebskapazität) und im Finanzierungsbereich (Ausrichtung der Kapitalbedarfsrechnung und der Finanzierung auf die gewählte Alternative) fortsetzt.

Produkt- und Sortimentspolitik

9.04 Produktpolitik: Produktinnovation – Produktvariation – Produktdifferenzierung – Produktdiversifikation – Produkteliminierung

1. Laterale Diversifikation
2. Differenzierung
3. Innovation
4. Differenzierung
5. Eliminierung
6. Laterale Diversifikation
7. Vertikale Diversifikation
8. Horizontale Diversifikation
9. Horizontale Diversifikation
10. Variation
11. Differenzierung
12. Differenzierung
13. Differenzierung
14. Variation
15. Horizontale Diversifikation
16. Variation
17. Differenzierung
18. Variation
19. Differenzierung

9.05 Produktlebenszyklus

1. Phase 1 = Forschung und Entwicklung, Phase 2 = Einführung, Phase 3 = Wachstum, Phase 4 = Reife, Phase 5 = Marktsättigung, Phase 6 = Rückgang

2. Preispolitik

Phasen Absatzpolitische Maßnahmen	Einführung	Wachstum	Reife	Sättigung	Rückgang
Preis	hoch (= Exklusiv-Preispolitik) oder niedrig (= Penetrationspreisstrategie durch niedrige Einführungspreise) hier: Hochpreispolitik	Preissenkung bei bisheriger Exklusivpreispolitik bzw. Preiserhöhung bei bisheriger Niedrigpreispolitik hier: Preissenkung nach Hochpreispolitik	Orientierung an der Konkurrenz; i.d.R. Preissenkung aufgrund zunehmender Konkurrenz und zunehmender elastischer Nachfrage	niedrig, Preisdifferenzierung	niedrig, Preisnachlässe (evtl. sogar Preiserhöhung)

3.

Phasen Absatzpoli-tische Maß-nahmen	Einführung	Wachstum	Reife	Sättigung	Rückgang
Produkt-politik		Produkt-verbesserung, Produkt-variation, wenn Konkurrenz-produkte auftreten	Produkt-verbesserung, Produkt-variation, Produktdiffe-renzierung, um sich von den zunehmenden Konkurrenz-produkten zu unterscheiden	Produkt-variation, Produkt-differenzierung	am Ende der Phase: Produkt-eliminierung
Werbung	Einführungs-werbung (Produkt-bekannt machen)	Expansions-werbung; keine nennens-werte Ein-schränkung der Werbung	Erhaltungs-werbung (Erinnerungs-werbung)	Erhaltungs-werbung (Erinnerungs-werbung)	Einschränkung der Werbung, Reduktionswer-bung (=Bindung der Kunden an andere/neue Produkte aus dem Produk-tionsprogramm)

4. Die Maßnahmen führen i.d.R. zu Kostensteigerungen. Ob der Gewinn trotz der Ko-stenerhöhung steigt oder sinkt, hängt von der Umsatzentwicklung ab.

Umsatz, Kosten und Gewinn können sich in den einzelnen Phasen folgendermaßen entwickeln:

Phase 1: Forschung und Entwicklung: Da noch kein Umsatz anfällt, sondern nur Kosten entstehen, ist die Phase durch Verluste gekennzeichnet.

Phase 2: Einführung: Da einerseits die verkaufte Menge und der Umsatz noch klein sind, andererseits aber hohe Kosten für die Markterschließung (Vertriebs- und Werbekosten) anfallen, entsteht ein Verlust.

Phase 3: Wachstum: Die Wachstumsphase beginnt, wenn das Produkt erstmals Gewinne einbringt. Absatzmenge und Umsatz steigen. Starke Umsatzzuwächse. Möglicherweise treten Konkurrenzprodukte auf mit der Folge eines starken Preis- und Konditionenwettbewerbs.

Phase 4: Reifephase: Weitere Umsatzsteigerung bis zum Maximum; die Wachs-tumsraten der Umsätze sinken am Ende dieser Phase auf 0, Produktdifferenzierung, um sich von den zunehmenden Konkurrenzprodukten zu unterscheiden, i.d.R. Preis-senkungen aus Wettbewerbsgründen und wegen der zunehmend elastischen Nach-frage.

Phase 5: Sättigungsphase: Umsatz und Gewinn sinken; negatives Umsatzwachs-tum; Produktvariation und Produktdifferenzierung; Versuche, den Lebenszyklus zu verlängern.

Phase 6: Rückgang: Starker Umsatzrückgang; negative Wachstumsraten; Verluste; Ursachen: z.B. technisch bessere Substitutionsgüter, Kaufkraft- und Einkom-mensänderungen, ...

5. a) ja   d) ja   g) ja
   b) ja   e) nein   h) nein
   c) nein   f) nein   i) nein

9.06 Produktionsprogramm – Sortimentsbreite und Sortimentstiefe – Diversifikation – Produktplanung – Deckungsbeitragsrechnung

1. Die Aufnahme des neuen Produkts steht im vorliegenden Falle in einem lockeren, aber technisch sinnvollen Zusammenhang mit dem bisherigen Leistungsprozess des Unternehmens. **Storz** wird mit dem Sportgerät auf einem neuen Markt tätig, indem er seine Kenntnisse, Erfahrungen und vorhandene Organisation für die Herstellung und den Absatz des neuen Produkts verwertet. Mit der Diversifizierung wird das Absatzrisiko, das mit der Festlegung auf eine bestimmte Sortimentsstruktur verbunden ist, vermindert.

2. **Storz** will mit den bisherigen Abnehmern im Geschäft bleiben und die vorhandenen Produktionsanlagen noch ausnützen. Mit der Aufnahme des neuen Produkts entstehen Risiken, z.B. wenn
   - die Konkurrenz mit einem ähnlichen Produkt früher auf den Markt kommt,
   - sich die Herstellung des Produkts als zu teuer erweist,
   - die allgemeine wirtschaftliche Entwicklung rückläufig wird,
   - sich die Bedürfnisstruktur der Konsumenten ändert.

3. Regaltyp 1 sollte aus dem Produktionsprogramm herausgenommen werden, da er den geringsten Beitrag zur Deckung der Fixkosten leistet.

   Rechnerische Begründung:

   Bisheriger Gewinn pro Monat

   Vollkostenrechnung

	Typ 1	Typ 2	Typ 3	**Summe**
Erlös	18 000	26 000	31 000	75 000
− Kosten	14 800	21 100	31 000	66 900
= Gewinn	3 200	4 900	0	**8 100**

   Deckungsbeitragsrechnung

	Typ 1	Typ 2	Typ 3	**Summe**
Erlös	18 000	26 000	31 000	75 000
− variable Kosten	11 100	15 800	23 200	50 100
= Deckungsbeitrag	6 900	10 200	7 800	24 900
− Fixkosten				16 800
= Gewinn				**8 100**

   Würde Typ 3 gestrichen, ergäbe sich folgende Situation:

   Deckungsbeitragsrechnung

	Typ 1	Typ 2	Typ 3	**Summe**
Erlös	18 000	26 000	0	44 000
− variable Kosten	11 100	15 800	0	26 900
= Deckungsbeitrag	6 900	10 200	0	17 100
− Fixkosten				16 800
= Gewinn				**300**

Wenn Typ 1 gestrichen wird, ergibt sich dagegen folgende Situation:

	Typ 1	Typ 2	Typ 3	Summe
Erlös	0	26 000	31 000	57 000
− variable Kosten	0	15 800	23 200	39 000
= Deckungsbeitrag	0	10 200	7 800	18 000
− Fixkosten				16 800
= Gewinn				1 200

9.07 PC-EINSATZ: Absatzpolitische Entscheidungen auf der Basis der Deckungsbeitragsrechnung

Hinweise für Möglichkeiten einer computerunterstützten Lösung einzelner Teilaufgaben mit Hilfe des Programms EUROBWL finden sich auf der CD (siehe S. 5).

1.

Produkt	Umsatz (EUR)	Deckungsbeitrag (EUR)	umsatzbezogener Deckungsbeitrag
A	60 000	15 000	25,00 %
B	240 000	56 000	23,33 %
C	200 000	25 000	12,50 %
D	180 000	60 000	33,33 %
E	120 000	− 10 000	− 8,33 %
F	70 000	30 000	42,86 %

2. Nach fallenden Umsätzen geordnet (Umsatzanalyse):

Gruppe	Rang	Produkt	Umsatz EUR	%	kumulierte Umsätze EUR	%
A	1	B	240 000	27,6	240 000	27,6
A	2	C	200 000	23,0	440 000	50,6
A	3	D	180 000	20,7	620 000	71,3
B	4	E	120 000	13,8	740 000	85,1
B	5	F	70 000	8,0	810 000	93,1
C	6	A	60 000	6,9	870 000	100,0

Die Umsatzanalyse reicht als Entscheidungsgrundlage für die Zusammensetzung des Produktionsprogramms nicht aus, da keine Rückschlüsse hinsichtlich Gewinn-/Verlustbeitrag der einzelnen Produkte möglich sind. Die umsatzstärksten Produkte können gleichzeitig die verlustreichsten sein und umgekehrt.

Nach fallenden Deckungsbeiträgen geordnet (Deckungsbeitragsanalyse):

Gruppe	Rang	Produkt	Deckungsbeitrag EUR	%	kum. Deckungsbeiträge EUR	%
A	1	D	60 000	34,1	60 000	34,1
A	2	B	56 000	31,8	116 000	65,9
C	3	F	30 000	17,0	146 000	83,0
C	4	C	25 000	14,2	171 000	97,2
C	5	A	15 000	8,5	186 000	105,7
C	6	E	− 10 000	− 5,7	176 000	100,0

9 Absatz

Die Deckungsbeitragsanalyse lässt Aussagen darüber zu, welchen Beitrag die einzelnen Produkte zur Deckung der Fixkosten leisten. Weist ein Produkt einen negativen Deckungsbeitrag auf, ist der Gesamtgewinn größer, wenn dieses Produkt aus dem Produktionsprogramm gestrichen wird.

Nach fallenden umsatzbezogenen Deckungsbeiträgen geordnet (Umsatz-Deckungsbeitragsanalyse):

Rang	Produkt	Umsatzbezogener Deckungsbeitrag (Deckungsbeitrag · 100/Umsatz)
1	F	42,86%
2	D	33,33%
3	A	25,00%
4	B	23,33%
5	C	12,50%
6	E	− 8,33%

Die Kennzahl DB je Produktgruppe · 100/U je Produktgruppe

gibt an, wieviel Deckungsbeitrag (DB) in EUR je 100 EUR Umsatz (U) von einer Produktgruppe erwirtschaftet wird. Idealerweise sollen Produkte mit den höchsten Umsätzen auch die größten Deckungsbeiträge liefern und umgekehrt.

Im vorliegenden Fall ist die Struktur des Produktionsprogramms nicht optimal. Wenn beispielsweise bei Produkt D die Absatzmenge um 20% auf 320 Stück sinkt, bedeutet das eine Umsatzverringerung um 36 000 EUR (= 4,14% des Gesamtumsatzes) und eine Deckungsbeitragsverringerung um 12 000 EUR (= 6,82% des gesamten Deckungsbeitrags).

3. Bei Mengenausdehnung sind die Produkte mit dem höchsten Deckungsbeitrag je Stück (dB) am förderungswürdigsten. Hier also die Produkte F und D.

	vorher	nachher
Umsatz (EUR)	870 000	985 000
− Variable Kosten (EUR)	694 000	798 500
− Fixkosten (EUR)	150 000	157 500
= Gewinn (EUR)	26 000	29 000
Umsatzrentabilität	2,99%	2,94%

Es wäre aber sinnvoller gewesen, nur das Produkt F zu fördern, da bei Produkt D wegen der erhöhten var. Kosten der dB nachher geringer ist als vorher. Der Gewinn würde dann 36 500 EUR statt 29 000 EUR betragen.

4. Bei einer Sortimentsbereinigung sind die Produktgruppen mit dem geringsten Deckungsbeitrag (auf die Produktgruppe bezogen) zu eliminieren. Hier also Produktgruppe E und A.

	vorher	nachher
Umsatz (EUR)	985 000	805 000
− Variable Kosten (EUR)	798 500	623 500
− Fixkosten (EUR)	157 500	140 000
= Gewinn (EUR)	29 000	41 500
Umsatzrentabilität	2,949%	5,16%

Betriebliche Preispolitik

9.08 Preisbildung bei vollkommener Konkurrenz: Angebot – Nachfrage – Markt – Gleichgewichtspreis

1. a) 4,70 b) 4,60 u. 4,70

2.

Preis in EUR je kg	Angebot in tausend kg	Nachfrage in tausend kg	Umsatz in tausend kg
4,40	30	140	30
4,50	40	110	40
4,60	80	110	80
4,80	100	90	90
4,90	100	70	70
5,00	100	50	50
5,10	150	40	40

bei 4,80 EUR größte umgesetzte Menge.

3. Börsenhandel mit Metallen u. solchen landw. Erzeugnissen, die durch bestimmte Standard- oder Durchschnittsqualitäten eindeutig festlegbar, weil Vertragsschluss ohne anwesende Ware bzw. über vertretbare Ware möglich.

9.09 Betriebliche Preispolitik bei vollständiger und unvollständiger Konkurrenz

1. Kfix = Fixe Kosten insgesamt 250 000 EUR
   kv = variable Kosten je Stück 450 EUR
   Evp = Einzelhandelsverkaufspreis 1 240 EUR
   R = Rabatt an den Einzelhandel 40 %
   x = Absatzmenge

$$\frac{Kfix}{x} + kv = Evp - R; \quad \frac{250\,000}{x} + 450 = 1\,240 - 496$$

$$250\,000 = 294\,x$$
$$x = 850$$

Wenn die Absatzmenge von 850 Stück überschritten wird, erzielt das Unternehmen Gewinn.

2. **Beurteilung der Konzeption A**
Die **Panther AG** bietet das Benzin-Mofa unter starkem Wettbewerb an. In dieser Situation hat das Unternehmen gar keine andere Möglichkeit, als sich am Marktpreis als Leitpreis zu orientieren. Sonst würde es innerhalb kürzester Zeit seinen gesamten Absatz an die Konkurrenz verlieren.

Mit der neu entwickelten Batterie für Elektro-Mofas hat das Unternehmen gegenüber den Konkurrenzangeboten einen entscheidenden Vorteil. Wenn es trotzdem seine Preispolitik zunächst an dem Preis für die technisch unterlegenen Konkurrenzprodukte orientiert, kann man dieses Vorgehen als übertrieben vorsichtig bezeichnen. Es ist zu erwarten, dass mit dieser Preispolitik den Konkurrenten sehr rasch beachtliche Marktanteile abgewonnen werden. Damit ist aber nicht gesagt, dass bei dieser Preispolitik mit dem zurzeit auf dem Markt konkurrenzlosen Elektro-Mofa auch der größtmögliche Gewinn erzielt wird. Das Ergebnis der Markterkundung zeigt, dass dies nicht der Fall ist. Der größtmögliche Gewinn liegt bei einem Einzelhandelspreis von 1583 EUR. Mit einem Preis, der über dem der Konkurrenz liegt, würde der Wert des neuen Produkts sogar noch werbewirksam betont.

Beurteilung der Konzeption B

Orientiert das Unternehmen den Preis an den Stückkosten, die bei der im Einführungsjahr absetzbaren Produktionsmenge von 3000 Stück entstehen, dann würde das Elektro-Mofa zum Preis von 2000 EUR auf dem Markt angeboten. Bei diesem Preis wird eine Umsatzrendite von $16^2/_3\%$ erzielt. Der Preis ist gegenüber dem Preis für die technisch nicht ganz gleichwertigen Konkurrenzprodukte (1300 EUR) jedoch so hoch, dass der Absatz bei dieser Absatzmenge stagnieren würde. Bei Preisen, die aufgrund einer Vollkostenrechnung festgelegt werden, kann sich ein Unternehmen geradezu »aus dem Markt herauskalkulieren«.

Beurteilung der Konzeption C

Die **Panther AG** ist mit ihrem neuen Produkt der Konkurrenz technisch überlegen. Dass damit eine gewisse Marktmacht erlangt wurde, zeigt auch das Ergebnis der Markterkundung. Bei Preisen über denen der Konkurrenz (1300 EUR) besteht immer noch eine beachtliche Nachfrage nach dem neu entwickelten Elektro-Mofa. Der größte Stückgewinn wird bei einem Einzelhandelspreis von 1750 EUR erzielt. Bei einer Preissenkung auf 1583 EUR steigt der Gesamtgewinn weiter, obwohl der Stückgewinn sinkt. Das liegt daran, dass bei dieser Preissenkung die Absatzmenge prozentual stärker steigt als die prozentuale Preissenkung ausmacht (Elastizität der Nachfrage).

Selbst wenn in einer Einführungsphase bei einem Preis von 1583 EUR nicht sofort ein Absatz von 6500 Stück, sondern nur von 3000 Stück erreicht wird, sollte das Unternehmen diesen Preis festlegen. Zwar entstehen bei einer Produktionsmenge von 3000 Stück Stückkosten von 1000 EUR und der Fabrikabgabepreis beträgt (bei einem Einzelhandelsverkaufspreis von 1583 EUR) nur 950 EUR. Auf der Basis einer Vollkostenrechnung entsteht ein Verlust je Stück von 50 EUR. Über die variablen Stückkosten hinaus wird aber immer noch ein Deckungsbeitrag zu den fixen Kosten in Höhe von 450 EUR erzielt. Wenn die Zahlen, die die Marktkundung ergeben haben, einigermaßen zuverlässig sind, wird der Absatz bei diesem Preis bald auf 6500 Stück steigen und den maximal möglichen Gewinn erbringen.

empfohlener Einzelhandelspreis (EUR)	Absatzmenge (Stück)	Fabrikabgabepreis (40% Rabatt) (EUR)	fixe Kosten je Stück (EUR)	variable Kosten je Stück (EUR)	Gesamtkosten je Stück (EUR)	Stückgewinn (EUR)	Gesamtgewinn (EUR)
1	2	3	4	5	6	7	8
2167	2000	1300	750,00	500,00	1250,00	50,00	100 000
2083	2500	1250	600,00	500,00	1100,00	150,00	375 000
2000	3000	1200	500,00	500,00	1000,00	200,00	600 000
1917	3500	1150	428,57	500,00	928,57	221,43	775 000
1833	4000	1100	375,00	500,00	875,00	225,00	900 000
1750	5000	1050	300,00	500,00	800,00	250,00	1 250 000
1667	5800	1000	258,62	500,00	758,62	241,38	1 400 000
1583	6500	950	230,77	500,00	730,77	219,23	1 425 000
1500	7100	900	211,27	500,00	711,27	188,73	1 340 000
1417	7600	850	197,37	500,00	697,37	152,63	1 160 000
1333	8000	800	187,50	500,00	687,50	112,50	900 000

9.10 Preispolitik eines Monopolisten – Marktsegmentierung – Preisdifferenzierung

1. a) Der größtmögliche Gewinn wird bei einem Preis von 13 500 EUR erzielt.

Preis (in Tsd. EUR)	16,5	16	15,5	15	14,5	14	13,5	13	12,5	12	11,5	11	10,5
Absatzmenge (in Tsd. Stück)	43,5	46	49	53	58	64	70	75	80	83	85	87	89
Umsatzerlös (in Mio. EUR)	717,75	736	759,5	795	841	896	945	975	1000	996	977,5	957	934,5
Gesamtkosten (in Mio. EUR)	626,25	645	667,5	697,5	735	780	825	862,5	900	922,5	937,5	952,5	967,5
Gewinn (in Mio. EUR)	91,5	91	92	97,5	106	116	120	112,5	100	73,5	40	4,5	– 33

b) Wird der Preis von 13 500 EUR auf 13 000 EUR gesenkt, dann steigt der Umsatzerlös wegen der gestiegenen Absatzmenge um 30 Mio. EUR. Die Kosten steigen jedoch um 37,5 Mio. EUR. Der Gewinn muss damit um 7,5 Mio. EUR sinken.

2. a) Umsatzerlös beim Preis von 16 500 EUR und einer Absatzmenge von 3500 Autos:

   16 500 × 3 500 = 57,75 Mio. EUR

   Variable Gesamtkosten bei einer Produktionsmenge von 4 000 Stück (Preis 16 000 EUR):

   4 000 × 7 500 (variable Kosten je Stück) = 30 Mio. EUR

   Deckungsbeitrag bei einem Umsatzerlös von 77,5 Mio. EUR und variablen Gesamtkosten von 37,5 Mio. EUR:

   77,5 Mio. EUR – 37,5 Mio. EUR = 40 Mio. EUR

   b) Eine Vollkostenrechnung bringt das Ergebnis, dass der größtmögliche Gewinn von 120 Mio. EUR beim Preis von 13 500 EUR erzielt wird. Bei diesem Preis wird auch der größtmögliche Deckungsbeitrag (Überschuss des Umsatzerlöses über die variablen Gesamtkosten) in Höhe von 420 Mio. EUR erreicht.

   Der Gewinn kann auch aus der Deckungsbeitragsrechnung abgeleitet werden:

Deckungsbeitrag	420 Mio. EUR
– fixe Kosten	300 Mio. EUR
Gewinn	120 Mio. EUR

   c) Auf dem englischen Markt ist der Deckungsbeitrag bei einem Preis von 12 500 EUR am größten. Gesamtgewinn: 400 Mio. (DB) – 300 Mio. (Kf) = 100 Mio. EUR.

   d) Auf dem Markt Resteuropa ist der Deckungsbeitrag bei einem Preis von 16 500 EUR am größten. Gesamtgewinn: 391,5 Mio. (DB) – 300 Mio. (Kf) = 91,5 Mio. EUR.

   e) Bei einer Marktsegmentierung mit Preisdifferenzierung wird folgender Gewinn erzielt:

Deckungsbeitrag auf dem englischen Markt	130 Mio. EUR
Deckungsbeitrag auf dem Markt Resteuropa	360 Mio. EUR
Summe der Deckungsbeiträge	490 Mio. EUR
– fixe Kosten	300 Mio. EUR
Gewinn	190 Mio. EUR

   Ohne Preisdifferenzierung wird nur ein Gesamtgewinn von 120 Mio. EUR erzielt.

9 Absatz

f) Eine Preisdifferenzierung zwischen den Teilmärkten Frankreich und Resteuropa könnte kaum erfolgreich sein. Innerhalb der Europäischen Gemeinschaft bestehen keine Zollgrenzen. Würde in Frankreich das neu entwickelte Drei-Liter-Auto billiger als in Resteuropa angeboten, dann müsste damit gerechnet werden, dass neue Autos in den Raum re-importiert werden, in dem sie teurer angeboten werden, zumal die Transportkosten unerheblich wären.

Mit einem Re-Import aus England ist schon deshalb nicht zu rechnen, weil die dort angebotenen Autos mit Rechtssteuerung ausgestattet sind. Auch die Transportkosten wären höher.

9.11 Kostenanalyse als Instrument der Absatzpolitik

Hinweise für Möglichkeiten einer computerunterstützten Lösung einzelner Teilaufgaben mit Hilfe des Programms EUROBWL finden sich auf der CD (siehe S. 5).

1.

Preis (EUR)	Menge (Stück)	Besch.-grad %	TFK (Tsd. €)	TVK (Tsd. €)	TK (Tsd. €)	U (Tsd. €)	G (Tsd. €)	DB (Tsd. €)	BEP (Stück)
250	1 000	50	110	90	200	250	50	160	688
200	2 000	100	110	180	290	400	110	220	1 000
170	3 000	75	125	270	395	510	115	240	1 563
145	4 000	100	125	360	485	580	95	220	2 273
120	5 000	83	150	450	600	600	0	150	5 000
105	6 000	100	150	540	690	630	– 60	90	10 000
95	7 000	100	175	630	805	665	– 140	35	35 000

DB = Deckungsbeitrag
BEP = Break even point (Gewinnschwelle)

Beim Preis von 170 EUR und einer Absatzmenge von 3000 Stück ist der Gewinn (und damit auch der Deckungsbeitrag) am höchsten. Allerdings ist die Kapazität von 4000 Stück nur zu 75% ausgelastet.

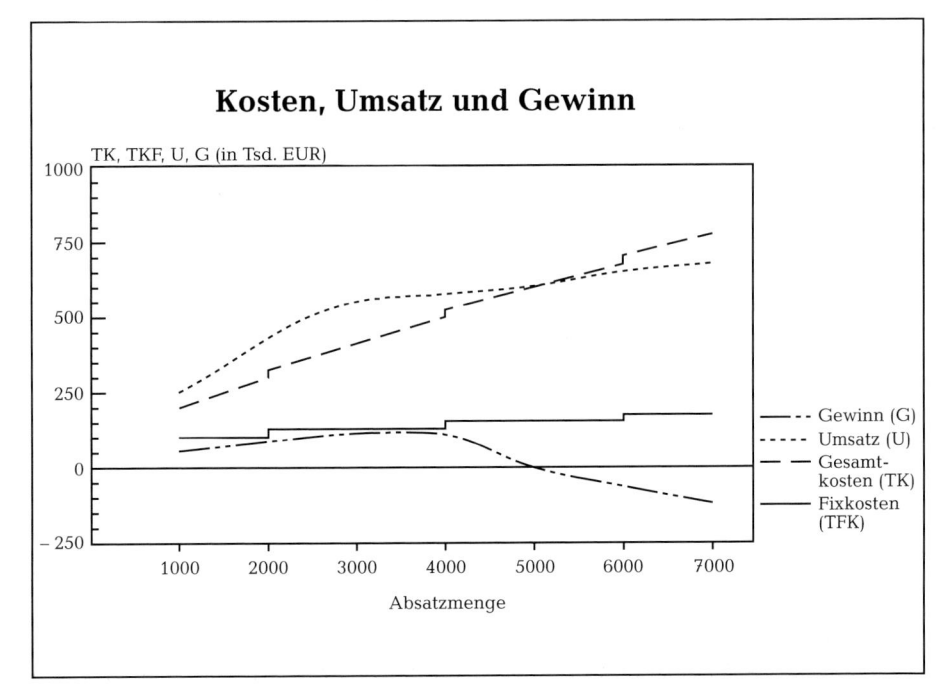

Kosten, Umsatz und Gewinn

TK, TKF, U, G (in Tsd. EUR)

— · — Gewinn (G)
· · · · · Umsatz (U)
— — Gesamtkosten (TK)
—— Fixkosten (TFK)

Absatzmenge

2.

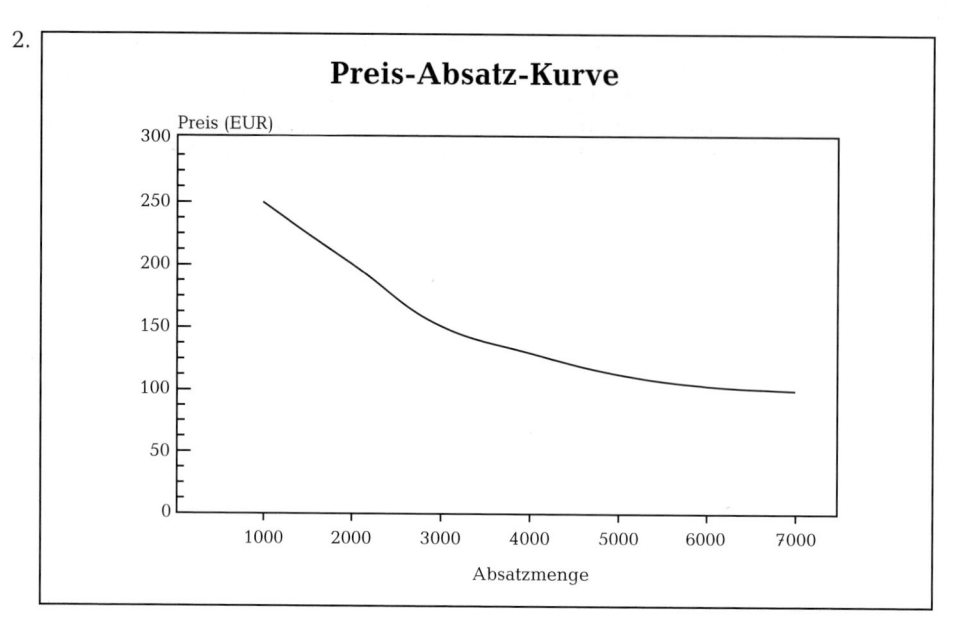

Preis-Absatz-Kurve

[Diagramm: Preis (EUR) auf der y-Achse (0 bis 300), Absatzmenge auf der x-Achse (1000 bis 7000), fallende Kurve von ca. 250 EUR bei 1000 Stück bis ca. 100 EUR bei 7000 Stück]

3.

Preis EUR	Änderung in %	Menge Stück	Änderung in %	Elastizität ε	Umsatz Tsd. EUR	Änderung in Tsd. EUR
250		1 000			250	
	− 20,0		100,0	5,00		150
200		2 000			400	
	− 15,0		50,0	3,33		110
170		3 000			510	
	− 14,7		33,3	2,27		70
145		4 000			580	
	− 17,2		25,0	1,45		20
120		5 000			600	
	− 12,5		20,0	1,60		30
105		6 000			630	
	− 9,5		16,7	1,76		35
95		7 000			665	

Die Nachfrage ist elastisch, da die direkte Preiselastizität größer als 1 ist. Die prozentuale Nachfrageerhöhung ist somit größer als die prozentuale Preissenkung. Daher steigt der Umsatz bei einer Preissenkung. Die Preissenkung wird durch einen überproportionalen Mengenzuwachs nicht nur ausgeglichen, sondern überkompensiert.

Zwischen Umsatzänderung, Preis und Elastizität besteht folgender Zusammenhang:

a) Bei einer Änderung des Preises ist die Umsatzveränderung um so größer, je größer die Nachfrageelastizität ist.

b) Bei einer Preiserhöhung
– steigt der Umsatzerlös (Absatzmenge Preis), wenn die Preiselastizität kleiner als 1 ist,
– sinkt der Umsatzerlös, wenn die Preiselastizität größer als 1 ist.

Bei einer Preissenkung
– steigt der Umsatzerlös, wenn die Preiselastizität größer als 1 ist,
– sinkt der Umsatzerlös wenn die Preiselastizität kleiner als 1 ist.

4. Wird die Nachfrage elastisch, kann der Umsatzminderung mit einer Preissenkung entgegengewirkt werden. Bei elastischer Nachfrage ($\varepsilon > 1$) führt jede Preissenkung zu einer Umsatzerhöhung. Wird die Nachfrage unelastisch, dann führt – wenn dies

auf dem Markt durchsetzbar ist – eine Preiserhöhung zu einer Umsatzsteigerung. Diese Maßnahmen der Preispolitik können durch andere absatzpolitische Maßnahmen (z.B. verstärkte Werbung) unterstützt werden. Entscheidend bei diesen Überlegungen sind aber letztlich nicht die Umsatzveränderungen, sondern die Auswirkungen auf den Gewinn, der sich aus der Differenz zwischen Umsatz und Kosten ergibt.

5. Der zusätzliche Werbeaufwand wäre lohnend. Der Gewinn würde um 5 000 EUR erhöht. Zusätzlicher Absatz: 1 000 Stück. Zusätzlicher Erlös: 170 000 EUR. Zusätzliche Kosten: 75 000 EUR Werbeaufwand + 90 000 EUR variable Kosten = 165 000 EUR. 170 000 EUR – 165 000 EUR = 5 000 EUR.

9.12 PLANSPIEL MINIMAX: Produktionsplanung und Preispolitik bei der MINIMAX GmbH (MINI-Planspiel mit GewinnMAXimierung)

Merkmale des Planspiels MINIMAX

1. Die Auswertung des Planspiels durch den Spielleiter ist sowohl manuell als auch mittels eines Computerprogramms[1] möglich.

2. Das Planspiel bezieht sich auf die Funktionsbereiche PRODUKTION und ABSATZ (= funktionales Planspiel). Entscheidungsparameter sind die Produktionsmenge und der Absatzpreis.

3. Es besteht eine Interdependenz zwischen den Entscheidungen der einzelnen Teilnehmergruppen. Die Preisgestaltung eines Unternehmens beeinflusst durch die Marktreaktion nicht nur die eigenen, sondern auch die Absatzmöglichkeiten aller anderen Unternehmen. Dabei wirkt sich der Vorteil eines Unternehmens zugleich als Nachteil der anderen aus (= interdependentes Modell).

4. Die einzelnen Teilnehmergruppen repräsentieren verschiedene, miteinander konkurrierende Unternehmen (= Makroplanspiel).

Einsatzmöglichkeiten des Planspiels MINIMAX

1. Das Planspiel eignet sich als Einführung in die Betriebswirtschaftslehre. Es kann aber auch jederzeit in einem späteren Stadium sinnvoll eingesetzt werden. Spezielle Vorkenntnisse sind nicht erforderlich. In jedem Fall ist es möglich, eine enge Beziehung zu anderen Aufgaben herzustellen.

2. Die Zahl der Spielperioden ist zunächst auf 4 beschränkt. Bei manueller Auswertung durch den Spielleiter werden dafür ca. 90 Minuten benötigt. Es ist aber ohne Schwierigkeiten möglich, weitere Spielperioden anzufügen.

3. Die Zahl der Teilnehmergruppen ist für die manuelle Auswertung zunächst auf 4 beschränkt. Bei entsprechender Ausdehnung der Absatzmenge ist eine Erhöhung möglich. Bei computerunterstützter Auswertung ist die Zahl der Teilnehmergruppen von 3 bis 6 frei wählbar.

4. Für das Planspiel werden neben dem Klassenzimmer keine weiteren Räumlichkeiten benötigt.

Durchführung des Planspiels MINIMAX

1. Jeder Schüler erhält einen Satz Spielunterlagen (Spielbeschreibung und Formulare). Der Spielleiter benötigt bei manueller Auswertung entsprechend der Zahl der Teilnehmergruppen je einen Satz Entscheidungs- und Ergebnisblätter.

---

[1] Eine entsprechende Diskette ist unter der Best.-Nr. 88013 beim Verlag erhältlich.

2. Die Einführung in die Spielregeln und Spielvorgaben sollte anhand der ausgeteilten Unterlagen im Klassenverband erfolgen. Dabei ist es von besonderer Bedeutung, den zyklischen Spielablauf deutlich zu machen.

3. Danach werden die Spielgruppen mit je 3 bis 5 Teilnehmern gebildet.

4. Spielablauf bei manueller Auswertung durch den Spielleiter[1].

4.1 Nach Ende des Entscheidungsprozesses (1. Periode: ca. 20 Min., Folgeperioden: ca. 10 Min.) liefert jede Gruppe ein Exemplar ihres Entscheidungsblattes beim Spielleiter ab. Das Entscheidungsblatt muss Angaben hinsichtlich des Verkaufspreises und der Produktionsmenge beinhalten (Punkt 1).

4.2 Der Spielleiter überträgt die Produktionsmengen und Verkaufspreise von den Entscheidungsblättern auf die von ihm geführten Entscheidungs- und Ergebnisblätter der einzelnen Gruppen.

4.3 Der Spielleiter ermittelt nach untenstehender Regel Absatzmengen der einzelnen Spielgruppen in Abhängigkeit vom jeweiligen Verkaufspreis.

4.4 Der Spielleiter trägt die ermittelten Absatzmengen bei Punkt 2. und die Verkaufspreise der Konkurrenten bei Punkt 3. in die Entscheidungsblätter ein und gibt diese den Spielgruppen zurück.

4.5 Die Spielgruppen füllen die Ergebnisblätter für die jeweilige Periode aus und ermitteln ihr Periodenergebnis. Dabei hat es sich aus Motivations- und Aktivitätsgründen als zweckmäßig erwiesen, jeden Teilnehmer sein eigenes Ergebnisblatt ausfüllen zu lassen, obwohl je Gruppe ein einziges Exemplar ausreichen würde. Zur Kontrolle berechnet der Spielleiter parallel dazu auf den von ihm geführten Ergebnisblättern der einzelnen Gruppen ebenfalls das jeweilige Periodenergebnis. Dabei ist besonders auf die richtige Berücksichtigung der Bestandsveränderungen zu achten.

4.6 Die Gruppen füllen ihr Entscheidungsblatt aus, indem sie das ermittelte Periodenergebnis als Kontrolle für den Spielleiter eintragen (Punkt 4.) und ihre Entscheidungen hinsichtlich Verkaufspreis und Produktionsmenge (Punkt 1. der nächsten Periode) angeben.

5. Am Ende des Spiels sollte unbedingt eine Auswertung und Interpretation der Ergebnisse vorgenommen werden. Dazu kann beispielsweise die Entwicklung von Absatz-/Produktionsmengen, Preisen, Kosten, Umsatz und Gewinnen grafisch dargestellt und die Abhängigkeit der Größen voneinander analysiert werden (vgl. Vernetzungsdiagramm). Des Weiteren besteht die Möglichkeit, auf der Basis der Planspielergebnisse für ein Unternehmen die Gewinnschwelle im Zeitablauf zu ermitteln und eine Deckungsbeitragsrechnung vorzunehmen (vgl. Beispieldaten).

Zu 4.3: Mögliche Verteilungsregel bei manueller Auswertung:

Unternehmen mit dem höchsten Preis	*10% der Aufträge,*
Unternehmen mit dem zweithöchsten Preis	*20% der Aufträge,*
Unternehmen mit dem dritthöchsten Preis	*30% der Aufträge,*
Unternehmen mit dem niedrigsten Preis	*40% der Aufträge.*
	100%

Verlangen mehrere Unternehmen einen gleich hohen Preis, wird ein entsprechender Mittelwert gebildet (z.B. 15%, 15%, 30%, 40% oder 10%, 20%, 35%, 35%).

---

[1] Zur Vorgehensweise bei computerunterstützter Auswertung werden entsprechende Hinweise beim Kauf der Diskette mitgeliefert.

9 Absatz

Beispieldaten
Entscheidungsblatt   Unternehmen Nr. 1

1. Tragen Sie Ihre Preis-/Mengenentscheidungen ein. Geben Sie danach das ausgefüllte Entscheidungsblatt beim Spielleiter ab.

Quartal	1	2	3	4
Verkaufspreis (EUR) (max. 300 EUR)	250	150	160	140
Produktionsmenge (max. 1 500 Stück)	650	350	1200	100

2. Der Spielleiter trägt hier die von Ihnen erzielte Absatzmenge ein.

Quartal	1	2	3	4
Absatzmenge in Stück	200	900	800	600

3. Der Spielleiter trägt hier die Preise Ihrer Konkurrenten aus der letzten Periode ein.

Quartal	1	2	3	4
Preis Unternehmen 1	250	150	160	140
Preis Unternehmen 2	180	160	150	150
Preis Unternehmen 3	170	140	140	150
Preis Unternehmen 4	170	160	150	160

4. Tragen Sie als Kontrolle für den Spielleiter ab der zweiten Periode das von Ihnen errechnete Netto-Quartalsergebnis des vergangenen Quartals ein

Quartal	1	2	3	4
Nettogewinn/ Nettoverlust in EUR	7 750	15 975	20 800	

Ergebnisblatt 1 (Bestandsrechnung)   Unternehmen Nr. 1

Quartal	1	2	3	4
Anfangsbestand (AB) (Stück)	0	450	0	400
+ Produktionsmenge (max. 1500 Stück)	650	350	1200	100
= Angebotsmenge	650	800	1200	500
− Absatzmenge (höchstens Angebotsmenge)	200	800	800	500
= Endbestand (EB) (Stück)	450	0	400	0
durchschnittlicher Lagerbestand in EUR (AB + EB)/2 × 100	22 500	22 500	20 000	20 000

Beispieldaten
Ergebnisblatt 2: Ermittlung des Periodenergebnisses (in EUR)   Unternehmen Nr. 1

Quartal	1	2	3	4
Umsatzerlöse	50 000	120 000	128 000	70 000
+ Bestandserhöhung bzw. − Bestandminderung	+ 45 000	− 45 000	+ 40 000	− 40 000
= Gesamtleistung	95 000	75 000	168 000	30 000
variable Produktionskosten	65 000	35 000	120 000	10 000
+ fixe Kosten	20 000	20 000	20 000	20 000
+ Lagerkosten (10 % vom durchschnittlichen Lagerbestand in EUR)	2 250	2 250	2 000	2 000
= Gesamtkosten	87 250	57 250	142 000	32 000
Quartalsergebnis (Gewinn/Verlust)	7 750	17 750	26 000	− 2 000
− Gewinnsteuern	−	1 775	5 200	−
= Nettogewinn/ Nettoverlust	7 750	15 975	20 800	− 2 000
Summe der Nettoquartalsergebnisse	7 750	23 725	44 525	42 525

Vernetzungsdiagramm

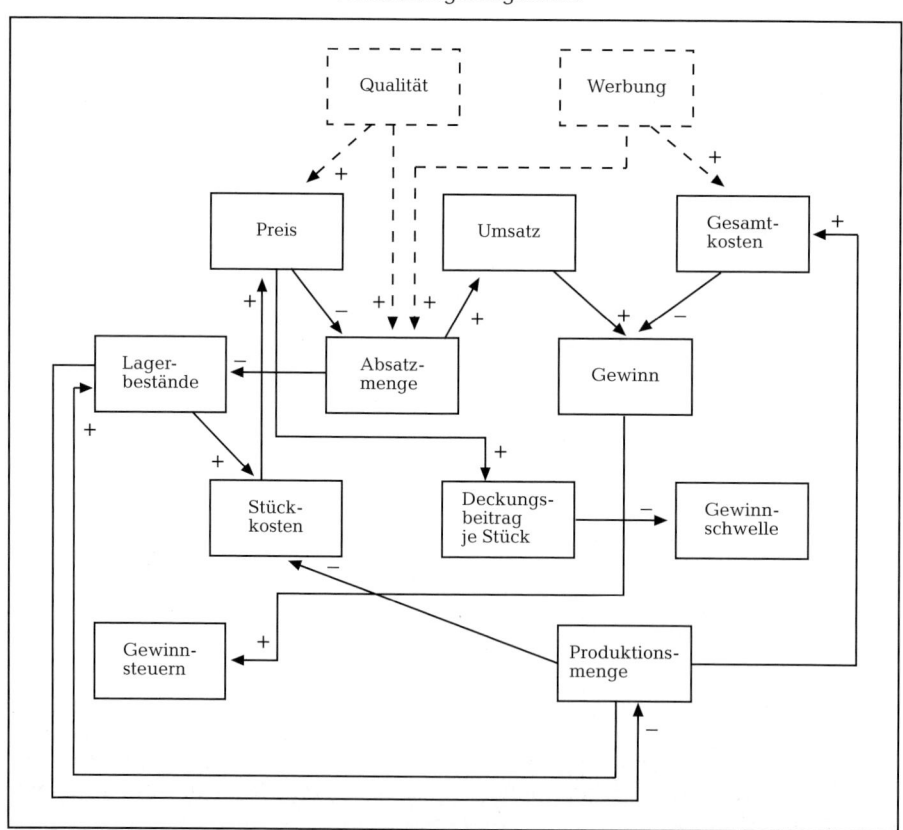

9 Absatz

9.13 PLAN- UND STRATEGIESPIEL STRATOLIGO:
Anbieterverhalten auf einem oligopolistischen Markt – Kartellbildung

Das Spiel basiert auf dem sog. »Gefangenen-Dilemma«.

Die Wirkung des Gefangenen-Dilemmas zeigt sich im vorliegenden Fall darin, dass es für den einzelnen Oligopolisten (= Kartellmitglied) zweckmäßiger ist, sich nicht an die vereinbarte Mengenbeschränkung zu halten, weil sich daraus für ihn eine bessere Situation (= höherer Gewinn) ergibt.

Da diese Überlegung aber für alle Oligopolisten gilt, wird sich unter der Zielsetzung der Gewinnmaximierung tendenziell kein Unternehmen an die Mengenbeschränkung halten. Die Angebotsmenge wird daher steigen und der Preis niedrig sein. Dies ist zum Vorteil der Verbraucher.

Diese für die Gesamtwirtschaft positive Wirkung der Konkurrenz beruht darauf, dass sich die Unternehmen beim Wettbewerb in einer Gefangenen-Dilemma-Situation befinden, in der jedes Unternehmen versucht, individuell rational zu handeln und seinen eigenen Gewinn zu maximieren.

Das tatsächliche Ergebnis ist dabei aber davon abhängig, wie die anderen Unternehmen reagieren. Würden alle Unternehmen sich nicht an Individualvorteilen orientieren, sondern kollektiv rational handeln, würden letztlich alle Unternehmen einen höheren Gewinn erzielen und einen individuellen Vorteil aus diesem Verhalten ziehen.

Kollektiv rationales Handeln würde bedeuten, den Gesamtgewinn aller Unternehmen zu maximieren und nicht den Gewinn eines einzelnen Unternehmens.

Das vorliegende Spiel wird – ohne den ökonomischen Hintergrund eines Oligopolmarktes – in der gruppendynamischen Literatur in verschiedenen Varianten z.B. unter dem Titel »Gewinne, so hoch du kannst!« bzw. »Verschaff' dir so viel Punkte, wie du kannst!« beschrieben. (Vgl. u.a. **G. Stenford,** Gruppenentwicklung im Klassenraum und anderswo, Braunschweig 1980, S. 130ff.).

Dementsprechend kommt es bei diesem Spiel nicht auf das Endergebnis (= Höhe des Gewinns), sondern auf das Verhalten der Gruppen und die sich daraus ergebenden gruppendynamischen Erscheinungen während des Spiels an:

- Gruppenegoismen vs. Kooperation,
- Gesamtinteressen vs. Partikularinteresse,
- Einhaltung von Verabredungen vs. Vertragsbruch

    etc.

In wirtschaftsethischer Hinsicht beinhaltet das Spiel eine besondere Brisanz:

Das normalerweise als verwerflich anzusehende Verhalten des Vertragsbruchs führt im vorliegenden Fall durch Unterlaufen des Quotenkartells zu einer Begünstigung der Verbraucher und damit gesamtgesellschaftlich zu einem positiven Ergebnis.

Im vorliegenden Fall ist das Verhalten eines Oligopolisten, der aus eigennützigen Motiven (Gewinnsteigerung) den gesetzeswidrigen Kartellvertrag bricht, unter ethischen Gesichtspunkten als positiv zu bewerten, da auf diesem Wege die mit der illegalen Kartellbildung einhergehende Ausschaltung des Leistungswettbewerbs unterlaufen wird.

9 Absatz

Tabelle 1: Gewinn und Verlust bei unterschiedlichen Strategiekombinationen in Tsd. EUR (ausgefüllt)

Nr.	Strategie-kombi-nationen	Gesamt-angebot (Stück)	Markt-preis je Stück (EUR)	Gewinn je Unter-nehmen vor Steuern	Gewinn je Unter-nehmen nach Steuern	Verlust je Unter-nehmen	Konsumenten-nutzen
1	4 mal A	20400	200	---	---	90	+ 360
	0 mal B			---	---		
2	3 mal A	18200	220	12	6	---	+ 216
	1 mal B			---	---	252	
3	2 mal A	16000	250	165	82	---	0
	2 mal B			---	---	165	
4	1 mal A	13800	300	420	210	---	− 360
	3 mal B			---	---	20	
5	0 mal A	11600	400	---	---	---	− 1080
	4 mal B			270	135	---	

Beispieldaten   Gruppe:
Entscheidungs- und Ergebnistabelle

Runde	Zeit (Min.)	Beratung	Entscheidung Unternehmen				kumulierte Gewinne/Verluste nach Steuern/Strafen (Tsd. EUR)				Konsumenten-nutzen (kumuliert) (Tsd. EUR)
			1	2	3	4	U1	U2	U3	U4	
1	10	intern	A	B	B	A	+ 82	− 165	− 165	+ 82	0
2	1	intern	A	A	A	A	− 8	− 255	− 255	− 8	+ 360
3	3 / 1	extern intern	B	A	A	A	− 260	− 243	− 243	+ 2	+ 576
4	1	intern	A	A	A	A	− 350	− 333	− 333	− 88	+ 936
5 Bonus/Malus 3-fach	3 / 1	extern intern	A	B	A	B	− 227	− 828	− 219	− 583	+ 936
6	1	intern	A	A	A	A	− 317	− 918	− 309	− 673	+ 1296
7	1	intern	A	A	A	A	− 407	− 1008	− 399	− 763	+ 1656
8 Bonus/Malus 5-fach	3 / 1	extern intern	B	A	A	A	− 1667	− 948	− 399	− 703	+ 2736
9	1	intern	A	A	A	A	− 1757	− 1038	− 429	− 793	+ 3096
10 Bonus/Malus 10-fach	3 / 1	extern intern	A	B	A	B	− 1107	− 2688	− 389	− 2443	+ 3096

Werbepolitik

9.14 Werbeetat – Auswahl von Werbeträgern – Zeitschriftenwerbung

1. Marktziele der Werbung, verfügbare Mittel

   Die Größen Umsatz, Gewinn, Deckungsbeitrag, Marktanteil liegen für das neue Waschmittel noch nicht vor und hängen ihrerseits wiederum von der Höhe des Werbeetats ab.

2. und 3.

Nr.	Zeitschrift	Zahl der Leser pro Ausgabe (= Seitenpreis × 1 000/ Tausenderpreis)	Zahl der lesenden Hausfrauen	Anzeigenpreis je 1 000 lesende Hausfrauen (Tausenderpreis für die Zielgruppe »Hausfrauen«)
1	Frauenjournal	160 000	144 000 (90 %)	90,28
2	Britta	320 000	256 000 (80 %)	148,44
3	Carmen	340 000	255 000 (75 %)	94,12
4	Heim und Haus	500 000	275 000 (55 %)	83,64
5	Neue Mode	320 000	224 000 (70 %)	78,13

Die Zeitschriften sollten in aufsteigender Reihenfolge der zielgruppenspezifischen Tausenderpreise ausgewählt werden. Demzufolge sind je 3 Anzeigen in den Zeitschriften Nr. 5, 4 und 1 zu platzieren.

Nr. 5 Neue Mode	3 × 17 500 EUR =	52 500 EUR
Nr. 4 Heim und Haus	3 × 23 000 EUR =	69 000 EUR
Nr. 1 Frauenjournal	3 × 13 000 EUR =	39 000 EUR
Summe:		160 500 EUR
Etatüberschuss:		4 500 EUR

4.

	Zeitung A	Zeitung B
Zahl der lesenden Hausfrauen	1 500 000	1 100 000
zusätzliche Absatzmenge im nächsten Quartal	600 000 Stück	550 000 Stück
zusätzlicher Umsatz im nächsten Quartal	750 000 EUR	687 500 EUR
– zusätzliche variable Kosten im nächsten Quartal	300 000 EUR	275 000 EUR
– zusätzliche Kosten für die Anzeigenwerbung im nächsten Quartal	120 000 EUR	100 000 EUR
= zusätzlicher Deckungsbeitrag im nächsten Quartal	330 000 EUR	312 500 EUR

Der durch die Werbung bedingte zusätzliche Absatz führt in beiden Fällen zu einem zusätzlichen positiven Deckungsbeitrag. Daher lohnt sich die Werbung. Die Werbung sollte in Zeitung A erfolgen, da hier der zusätzliche Deckungsbeitrag um 17 500 EUR höher ist.

9.15 FALLSTUDIE: Werbeplan – Werbeetat – Werbeträger – Werbekosten – Streuzeit

Vorbemerkungen

Der Zeitbedarf für die Bearbeitung der Fallstudie beträgt einschließlich der Gruppenpräsentation ca. 3 Unterrichtsstunden. Die Gruppen sollen selbstständig einen Werbeplan für das Produkt **FLEXIBIKE** erstellen. Die dazu notwendigen Arbeitsblätter müssen den Gruppen in ausreichender Zahl als Kopien (vgl. Kopiervorlagen) zur Verfügung gestellt werden, da getroffene Entscheidungen vermutliche mehrfach revidiert werden. Die Eintragungen sollten möglichst mit Bleistift erfolgen. Für die Gruppenpräsentation sollten die Ergebnisse auf eine Folien übertragen werden. Insbesondere bei der Ermittlung der geschätzten Absatzmenge und der Höhe des Werbeetats werden vermutlich vom Lehrer Hilfestellungen erwartet.

Ergebnisse der Gruppenentscheidungen

Der Entscheidungsspielraum der Gruppen ist sehr groß. Insofern erhebt die vorgeschlagene Musterlösung nicht den Anspruch auf Richtigkeit. Auch die vorgeschlagene Lösung ist für Diskussionen offen. Ob sie der Problemlage angemessen ist, kann erst durch eine Werbeerfolgskontrolle festgestellt werden. Eine solche findet aber im vorliegenden Fall nicht statt. Damit ist aber zugleich ein Übergang zum Thema der nächsten Stunde geschaffen.

Trotz des großen Entscheidungsspielraums wären aber beispielsweise folgende Lösungen als falsch anzusehen, wie die Diskussion der Gruppenergebnisse vermutlich zeigen würde:

1. Ein Großteil der Werbeausgaben wird auf die Zielgruppe Einzelhandel verwendet. Der Einzelhandel kommt als Zielgruppe erst dann in Betracht, wenn die Verbraucher das Produkt von sich aus nachfragen (2. Phase)
2. Die Streuzeitinformation des Marktforschungsinstituts wird nicht beachtet. Dadurch entstehen Streuverluste.
3. Die Zielgruppe Endverbraucher wird nicht ausreichend beachtet und analysiert. Falsch wäre hier zum Beispiel eine Anzeigenkampagne in der Zeitschrift »**Bravo**«.

Werbeplan für das Produkt: **FLEXIBIKE**   Datum:

1. Ermittlung der potentiellen Nachfrage und des erwarteten Umsatzes:
   auf der Basis der Materialien 1 und 2:

   Hinweis für die Berechnung der prozentualen Anteile einzelner Haushaltstypen: Einfachheitshalber soll davon ausgegangen werden, dass der prozentuale Anteil eines bestimmten Haushaltstyps an der Gesamtzahl der Haushalte auch seinem prozentualen Anteil an anderen Haushaltstypen entspricht. Wenn also beispielsweise 20,7 % aller Haushalte großstädtische Mehrpersonenhaushalte sind, sind gleichzeitig auch 20,7 % aller Mehrpersonenhaushalte mit einem monatlichen Nettoeinkommen von mehr als 3750 EUR großstädtische Haushalte.

Gesamtzahl der Haushalte		36,23 Mio.	100%
Mehrpersonenaushalte in Gemeinden mit 100 000 und mehr Einwohnern	Berechnung: Gesamtzahl der Haushalte in Städten über 100 000 Einwohnern (13,11 Mio.) abzgl. Einpersonenhaushalte in diesen Städten (5,608 Mio.) = 7,502 Mio.		20,70% aller Haushalte
Mehrpersonenhaushalte mit männlicher Bezugsperson im Alter von 25 bis 65 Jahren	Berechnung: Gesamtzahl der Haushalte mit Bezugsperson zw. 25 und 65 Jahre (13,098 Mio. + 12,603 Mio. = 25,701 Mio.) abzüglich der Einpersonenhaushalte in dieser Altersgruppe (3,629 Mio. + 2,718 Mio. = 6,347 Mio.) abzüglich der Mehrpersonenhaushalte mit weibl. Bezugsperson in dieser Altersgruppe (2,971 Mio. + 2,557 Mio. – 1,354 Mio. – 1,556 Mio. = 2,618 Mio.) – 25,701 Mio. – 6,347 Mio. – 2,618 Mio. = 16,736 Mio.		46,19% aller Haushalte
Mehrpersonenhaushalte mit einem monatlichen Haushaltseinkommen von 2 000 EUR und mehr	Berechnung: 7, 572 Mio. + 1,460 Mio. = 9,032 Mio.		24,92% aller Haushalte

9 Absatz

Gesamtzahl der Haushalte	36 230 000
davon 20,7% = Zahl der Mehrpersonenhaushalte in Städten über 100 000 Einwohnern	7 499 000
davon 46,19% = Zahl der Mehrpersonenhaushalte in Städten über 100 000 Einwohnern mit männlicher Bezugsperson im Alter zwischen 25 und 65 Jahren	3 464 000
davon 24,92% = Zahl der Mehrpersonenhaushalte in Städten über 100 000 Einwohnern mit männlicher Bezugsperson im Alter zwischen 25 und 65 Jahren und einem monatlichen Haushaltsnettoeinkommen von 2 000 EUR und mehr = Zahl der potentiell als FLEXIBIKE-Käufer auftretende Haushalte	863 000
davon 25% Marktvolumen lt. Prognose des Marktforschungsinstituts	215 750
davon 10% Marktsättigung im ersten Jahr = erwarteter Absatz	21 575
Multipliziert mit dem Abgabepreis an den Einzelhandel (500 EUR) = erwarteter Umsatz	10 787 000

2. Ermittlung des Werbeetats

Geschätzter Umsatz		10 787 000 EUR
Werbeetat	10% vom Umsatz	1 078 750 EUR
Begründung für die Höhe des Werbeetats	Da es sich um eine Einführungswerbung für ein neues Produkt handelt, muss der Werbeetat im Verhältnis höher sein als bei den bereits am Markt eingeführten Kinder- und Jugendrädern.	

3. Zielgruppen

Wer wird umworben?	auf die einzelnen Zielgruppen entfallender Anteil des Werbeetats in %	in EUR	Begründung
Großhandel	0	0	Vertriebsweg über Einzelhandel
Einzelhandel	10	107 875	vereinbarte Beteiligung an den Werbematerialien des Herstellers
Endverbraucher	90	970 875	neues Produkt; Endverbraucher muss umworben werden, um Markt zu erschließen.
Summe	100	1 078 750	

4. Werbeinstanz

Wer wirbt?	Welche Anteile des Werbeetats stehen dem Werbenden zur Verfügung? in %	in EUR
4.1 Marketingabteilung der BIKE TRADE GmbH	90	970 875
4.2 Großhandel	0	0
4.3 Einzelhandel	10	107 875
Summen	100	1 078 750

5. Werbemittel

Welche Werbemittel sollen verwendet werden von …	Werbemittel	Wie viel EUR stehen dafür aus dem Werbeetat zu Verfügung?
… der Marketingabteilung	*Fernsehspot* *Werbebriefe* *Zeitungsanzeigen*	lt. 4.1: 970 875
… dem Großhandel		lt. 4.2 0
… dem Einzelhandel	*Werbemittel, die der Hersteller zur Verfügung stellt.*	lt. 4.3 107 875

6. Aufteilung des Werbeetats für das Produkt **FLEXIBIKE** auf verschiedene Werbemittel/Werbeträger

Werbemittel	Werbeträger	Anzahl der Werbemittel/ Häufigkeit des Einsatzes	Produktions- kosten insgesamt	Berechnung der Werbekosten	Summe aus Produktions- und Werbekosten
Fernsehspot 20 Sekunden	ARD, RTL, SAT1	10-mal	20 000 EUR	Gesamtkosten für die 3 Sender pro Minute 120 000 EUR; pro 20-Sek. Somit 40 000 EUR; bei 10 Einsätzen: 400 000 EUR	420 000 EUR
Werbebriefe	Werbung per Post	100 000 Stück	100 000 × 0,75 = 25 000 EUR	Porto: 100 000 × 0,24 = 24 000 EUR; Adressen: 7 500 EUR	56 500 EUR
Zeitschriften- anzeigen	Spiegel	6 Stück, vierfarbig ½ Seite	6 × 11 × 1 250 EUR = 82 500 EUR	35 000 : 2 × 6 = 1 050 000 EUR	187 500 EUR
	Stern	5 Stück vierfarbig ½ Seite	5 × 18 × 1 250 EUR = 112 500 EUR	50 000 : 2 × 5 = 125 000 EUR	237 500 EUR
	Div. Fachzeit- schriften für Freizeit, Camping usw.	4 Stück (Auflage jeweils ca. 100 000 Stück)	4 × 1 250 = 5 000 EUR	Durchschnitts- preis 15 000 EUR × 4 = 60 000 EUR	65 000 EUR
Summe					966 500 EUR

9 Absatz

7. Streuzeit: Verteilung des Werbeetats der Marketingabteilung auf die einzelnen Monate. Rundfunk, TV, Kino, Plakate, Anzeigen, Werbebriefe.

1. Halbjahr

Werbemittel	Werbeträger	Produktions-kosten Tsd. €	Januar Stück	Januar Tsd. €	Februar Stück	Februar Tsd. €	März Stück	März Tsd. €	April Stück	April Tsd. €	Mai Stück	Mai Tsd. €	Juni Stück	Juni Tsd. €	Σ 1. HJ Tsd. €
Fernsehspot	ARD, RTL, SAT1	20													420
Werbebriefe	Werbung per Post	25									50000	15,75			40,75
Zeitschriften	Spiegel	82,5					3	52,5	3	52,5					187,5
	Stern														
	Fachzeit-schriften	5									4	60			65
Summe		132,5						252,5		252,5		75,75			713,25
Verteilung auf die Streuzeit in %		13,7						26,1		26,1		7,8			73,8

Verteilung des Werbeetats der Marketingabteilung auf die einzelnen Monate. Rundfunk, TV, Kino, Plakate, Anzeigen, Werbebriefe.

2. Halbjahr

Werbemittel	Werbeträger	Produktions-kosten Tsd. €	Juli Stück	Juli Tsd. €	August Stück	August Tsd. €	September Stück	September Tsd. €	Oktober Stück	Oktober Tsd. €	November Stück	November Tsd. €	Dezember Stück	Dezember Tsd. €	Σ 2. HJ Tsd. €
Fernsehspot	ARD, RTL, SAT1	s.o.													
Werbebriefe	Werbung per Post												50000	15,75	15,75
Zeitschriften	Spiegel	112,5					2	50	1	25	2	50			237,5
	Stern														
	Fachzeit-schriften														
Summe		112,5						50		25		50		15,75	253,25
Verteilung auf die Streuzeit in %		11,6						5,2		2,6		5,2		1,6	26,2

9.16 ROLLENSPIEL: Werbung und Bedürfnisse

Hinweise zu dem Rollenspiel

Pro und Contra: Soll unnütze und geschmacklose Werbung, die Verbraucher nur zu sinnlosem oder gar schädlichem Konsum verführt, verboten werden?

Einführung in das Rollenspiel:

Aufgabenstellung, zu besetzende Rollen und Organisation des Spielablaufs sollten vom Lehrer motivierend vorgetragen werden. Er weist darauf hin, dass die Anwälte mit ihren eigenen Zeugen die Befragung vorbesprechen sollten.

Für die Durchführung des Spiels werden mindestens 55 Minuten benötigt. Dabei wird vorausgesetzt, dass sich alle Personen strikt an die folgenden Zeitvorgaben halten (in der Reihenfolge des Ablaufs):

Moderator: zur Einführung	5 Minuten
Pro-Anwalt: Eröffnungsplädoyer	5 Minuten
Contra-Anwalt: Eröffnungsplädoyer	5 Minuten
Pro-Anwalt: Befragung des Sachverständigen der Gegenpartei	5 Minuten
Contra-Anwalt: Befragung des Sachverständigen der Gegenpartei	5 Minuten
Pro-Anwalt: Befragung des eigenen Sachverständigen	5 Minuten
Contra-Anwalt: Befragung des eigenen Sachverständigen	5 Minuten
Pro-Anwalt: Schlussplädoyer	5 Minuten
Contra-Anwalt: Schlussplädoyer	5 Minuten
Schlussabstimmung und Befragung des Publikums	10 Minuten

Aus Erfahrung wird empfohlen, die Durchführung des Rollenspiels in einer Doppelstunde durchzuführen. Wenn nach der Schlussabstimmung, in der Phase der »Befragung des Publikums«, die Klasse mit einbezogen wird, kann sich eine lebhafte Diskussion ergeben, die nicht abgebrochen werden sollte. Damit das Spiel auch einen Beitrag zur Erziehung zur Gesprächsdisziplin leisten kann, hat der Moderator darauf zu achten, dass die festgelegten Zeiten von den handelnden Personen unbedingt eingehalten werden. Schon im vorbereitenden Gespräch sollte deutlich und nachdrücklich darauf hingewiesen werden, dass nach Ablauf der festgelegten Redezeit das Wort entzogen wird. Wenn nach Einschätzung der situativen Bedingungen die oben vorgeschlagene Redezeit nicht ausreicht, sollten von vornherein längere Redezeiten festgelegt werden.

Im Folgenden werden (exemplarisch) einige Pro- und Contra-Argumente gegenübergestellt, die in vielfältiger Weise verwendet werden könnten, z.B.

- im abschließenden Gespräch mit der Klasse zur Ergänzung,
- im vorbereitenden Einzelgespräch mit einer im Spiel auftretenden Person, die den Lehrer um den Nachweis von Materialien oder um Anregungen bittet.

PRO

Werbung verführt die Verbraucher zu einer sinnlosen Steigerung der Bedürfnisse. Die Werbung macht die Marktwirtschaft zu einer Bedarfsweckungswirtschaft. Sie sollte eine Bedarfsdeckungswirtschaft sein.

Werbung verführt auch zu gesundheitsschädigendem Konsum (Tabakwerbung). Die Kosten der Gesundheitsschäden hat dann die Allgemeinheit zu tragen (Krankenkassen).

Werbung produziert Informationsmüll und manipuliert den hilflosen Verbraucher mit psychologischen Tricks, die er nicht durchschaut.

Mit Anzeigen, Plakaten usw. werden Ressourcen der Volkswirtschaft völlig sinnlos verschleudert, die man sinnvoller einsetzen sollte.

Werbung arbeitet oft mit effekthaschender Geschmacklosigkeit und verdirbt damit die guten Sitten. Sie verletzt gelegentlich sogar die Menschenwürde.
Beispiel: **Benetton** Werbung: Stempel HIV auf nacktem Po. Blutbefleckte Hose und T-Shirt eines bosnischen Soldaten. Lehmziegel schleppende Kinder (Kinderarbeit).
Beispiel »sexistische« Werbung: Männerhände halten lustvoll Frauenbrüste im Griff. Dazu die Erläuterung: »Er hat seinen Spaß, wir haben Ihre Bluse.«

CONTRA
»Wer immer erklärt, dass einige Bedürfnisse künstlich und nicht der Befriedigung wert seien, der hat die Pflicht, die Kriterien zu nennen, die er bei der Abgrenzung gegenüber den >echten< angewandt hat, und um dies zu leisten, muss er über eine Theorie der menschlichen Natur verfügen, die erklärt, auf was der Mensch ein echtes Anrecht hat oder was seine Entwicklung fördert. Eine solche Entscheidung kann nicht anders als willkürlich und rein persönlich sein.« **(Leszek Kolakowski)**
Werbung für Tabakwaren im Fernsehen ist in der Bundesrepublik bereits verboten.
Die Verbraucher haben längst gelernt, mit der Werbeflut umzugehen und aus dem »Informationsmüll« relevante Botschaften herauszufiltern.
Ohne Werbung kann Marktwirtschaft nicht funktionieren. Bei dem unüberschaubaren Warenangebot erfüllt die Werbung eine unentbehrliche Mittlerrolle zwischen Hersteller und Käufer. Ohne Werbung würden vorhandene Marktstrukturen zementiert. Werbung reflektiert die Sitten der Gesellschaft, aber sie beeinflusst sie nicht. Staat (Richter) sollte nicht Geschmackswächter sein. Ohne Not sollte das Grundrecht auf freie Meinungsäußerung nicht beschränkt werden. In der Bundesrepublik gibt es ohnehin schon umfassende, die Werbung betreffende gesetzliche Verbote.

Materialien:
Grundgesetz (Art. 1 und Art. 5)
Gesetz gegen den unlauteren Wettbewerb (insbes. § 1)

Informationen:
Von der Werbewirtschaft wurde 1972 der »Deutsche Werberat« gegründet, der eine freiwillige Kontrolle im Bereich Werbung ausübt.
Während der Bundesgerichtshof »Schockwerbung« (z.B. die oben erwähnte Benetton-Werbung) 1995 als unlautere Werbung (Verstoß gegen die guten Sitten) untersagte, hat das Bundesverfassungsgericht dieses Verbot am 12. Dezember 2000 wieder aufgehoben (Einschränkung der Meinungsfreiheit).

Distribution: Absatzmethoden, Absatzorganisation und Transport

9.17 Absatzmethoden: Einzelhandel – Großhandel

1. Einsparungen durch Änderung der Absatzwege kann in folgenden Abteilungen erfolgen: Fertigwarenlager (kleiner); Werbung (wird teilweise vom Großhandel übernommen); Verkauf (weniger Vertreter u. Reisende erforderlich); einfacherer Versand an wenige Großabnehmer, deshalb kleinerer Fuhrpark erforderlich; Buchhaltung, Mahnabteilung (weniger Rechnungen, deshalb weniger Arbeitsanfall).
2. Beurteilung der Einschaltung des Großhandels
    a) vom Standpunkt der Uhrenfabrik:
    – Verringerung der Vertriebskosten (s. Nr. 1).
    – Gleichmäßigere Beschäftigung, weil Großhandel längerfristig vorausbestellt.
    – Vermindertes Lagerrisiko.
    – Beschränkung des Produktionsprogramms auf weniger Artikel (Großserien mit Kostendegression).

b) vom Standpunkt des Einzelhändlers mit kleinerem Uhrenumsatz:

Leichtere und schnellere Ergänzung des eigenen Warenlagers aus dem Sortiment des Großhändlers; Kreditgewährung durch Großhändler.

3. Großhändler übernimmt Funktionen, die sonst der Hersteller oder Einzelhändler übernehmen müsste. Die Großhandelsbetriebe wirken an der Umgruppierung des Güterstromes mit, indem sie als Aufkaufgroßhändler sammeln und verteilen oder als Absatzgroßhändler eine sortimentsbildende Tätigkeit ausüben.

9.18 Absatz durch Reisende oder Handelsvertreter – Absatzkontrolle

Hinweise für Möglichkeiten einer computerunterstützten Lösung einzelner Teilaufgaben mit Hilfe des Programms EUROBWL finden sich im Anhang dieses Lösungsbuches.

1. a) Notwendige Vertreter zur Bearbeitung des Absatzgebietes: 558 + 320 + 60 = 938 : 600 = 2 Vertreter.

   b) Der Besuch von Großkunden ist für Unternehmer und Vertreter lohnender, da je Besuch mehr verkauft werden kann.

2. a) $\dfrac{20\,x}{100} = 2800; \quad x = 14\,000$ EUR

   Der Einsatz eines Reisenden wird für das Unternehmen lohnend, wenn ein Umsatz von 14 000 EUR je Monat überschritten wird.

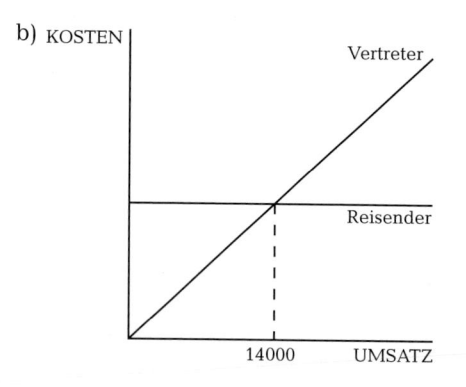

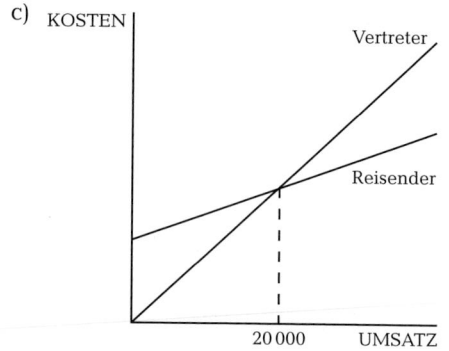

   b) [Diagramm KOSTEN/UMSATZ mit Schnittpunkt bei 14000, Geraden Vertreter und Reisender]

   c) [Diagramm KOSTEN/UMSATZ mit Schnittpunkt bei 20000, Geraden Vertreter und Reisender]

   $\dfrac{20\,x}{100} = 2000 + \dfrac{10\,x}{100}; \quad x = 20\,000$ EUR

3. Das Velobil bringt 25 EUR Gewinn je Stück. Der Absatzrückgang an Velobils bringt deshalb einen so großen Gewinnrückgang, dass selbst die Absatzsteigerung der Sportgeräte dies nicht mehr ausgleichen kann, da sie nur 12,50 EUR Gewinn je Stück bringen.

4. a) Da die Provision vom Verkaufspreis berechnet wird, erhält der Vertreter eine höhere Provision, wenn er viele Sportgeräte verkauft, weil diese einen höheren Endpreis haben.

   b) Der Gewinnanteil des Velobils ist höher als der des Sportgerätes. Die Vertreter werden also den Absatz des Velobils forcieren und damit auch das Interesse von Storz wahren (höherer Stückgewinn bei Velobil).

9.19 FALLSTUDIE: Reisende und Handelsvertreter im Vergleich – Entscheidungsbewertungstabelle

Hinweise für Möglichkeiten einer computerunterstützten Lösung einzelner Teilaufgaben mit Hilfe des Programms EUROBWL finden sich im Anhang dieses Lösungsbuches.

1. Beispiel für eine mögliche Schülerlösung:

Entscheidungsbewertungstabelle (Nutzwertanalyse)

| Beurteilungskriterien | Wichtigkeit W | Absatzmittler | | | |
| | | Reisender | | Handelsvertreter | |
		B	G = W × B	B	G = W × B
Verkaufsfähigkeit	5	2	10	3	15
Einsatzbereitschaft/ Eigeninteresse	5	2	10	3	15
Vertrautheit mit dem Produkt	2	3	6	1	2
Kundenpflege/ Kundenbetreuung	5	3	15	2	10
Steuerung und Kontrolle durch das Unternehmen	2	2	4	1	2
Flexibilität hinsichtlich der Einsatzmöglichkeiten	2	3	6	1	2
Marktkenntnis/ Marktbeobachtung	4	1	4	3	12
Umfang des Sortiments/Vertrieb von Komplementärartikeln	1	0	0	5	5
Summe			55		63
Rang			2		1

Kriterien für die Wahl zwischen Reisenden und Handelsvertretern[1]

Kriterium	Reisender	Einfirmenvertreter	Mehrfirmenvertreter
Vertragliche Bindung	§§ 59 ff. HGB, unselbstständig, stark weisungsgebunden	§§ 84 ff. HGB, selbstständig, grundsätzlich nicht weisungsgebunden	in der Regel wie Einfirmenvertreter
Arbeitszeit und Tätigkeit	Vorgabe durch das Unternehmen, Umsatzsoll	freie Gestaltung im Rahmen des Vertrages	in der Regel wie Einfirmenvertreter
Entgelt	Gehalt, evtl. Provision und Prämien	Provision vom erzielten Umsatz (Deckungsbeitrag)	in der Regel wie Einfirmenvertreter
Zusätzliche Kosten	Kfz-Kosten, Bürokosten, Sozialleistungen, Telefonkosten, Tagegelder, Übernachtungsgelder	eventuell aus Vertrag, z.B. garantiertes Einkommen	in der Regel keine
Kostencharakter	größtenteils fix	fast nur variabel	in der Regel variabel
Kundenbearbeitung	weitgehend durch Vorgabe durch die Verkaufsleitung	nach eigener Entscheidung in Abstimmung mit der Verkaufskonzeption des Unternehmens	wie Einfirmenvertreter, Überschneidungen können auftreten

---

[1] Quelle: H.C. Weis, Marketing, Ludwigshafen 1993, S. 298

Kriterium	Reisender	Einfirmenvertreter	Mehrfirmenvertreter
Kontakte zu Kunden	auf der Basis des Verkaufsprogramms und persönlicher Beziehungen	auf der Basis des Verkaufsprogramms und persönlicher Beziehungen	sehr vielseitige Kontakte durch das breite Verkaufsprogramm von verschiedenen Unternehmen
Interessenlage	vertritt vorwiegend Interessen des Unternehmens	vertritt Interessen des Unternehmens und »eigene« Interessen	vertritt vorwiegend sein Interesse und das seiner Kunden
Änderung der Verkaufsbezirke	grundsätzlich leicht möglich	schwieriger, nur mit Einverständnis des Vertreters, sonst Änderungskündigung	wie Einfirmenvertreter
Berichterstattung	kann von Verkaufsleitung genau vorgeschrieben werden	muss vertraglich vereinbart werden	wie Einfirmenvertreter
Einsatzmöglichkeiten	grundsätzlich im gesamten Unternehmen	nur im Rahmen des Vertrages	Rücksichtnahme auf die anderen Unternehmen
Arbeitskapazität	steht dem Unternehmen zur Verfügung	steht dem Unternehmen voll zur Verfügung	verteilt sich auf mehrere Unternehmen
Arbeitsweise	weitgehend unternehmensorientiert	unternehmens- und einkommensorientiert	vorwiegend einkommensorientiert
Verkaufstraining	integrierter Bestandteil der Aus- und Weiterbildung	entsprechend des Vertrages	schwieriger möglich, nur im Rahmen des Vertrages
Nebenfunktionen	Verkaufsförderung, Markterkundung, Kundendienst	entsprechend der vertraglichen Vereinbarungen	schwieriger möglich, nur im Rahmen des Vertrages
Kündigung	wie bei jedem Angestellten	Sonderregelung, eventuell Ausgleichsanspruch nach § 89 HGB	wie Einfirmenvertreter

2. Bei einem Umsatz zwischen 750 000 EUR und 900 000 EUR pro Jahr werden 3 Reisende benötigt.
   Maximaler Jahresumsatz eines Reisenden: 4000 Stück × 75 EUR = 300 000 EUR.
   Jahresumsatz von 3 Reisenden: 900 000 EUR

3. Fixkosten pro Jahr für 3 Reisende: (1750 + 250 + 6200) × 12 × 3 = 93 600 EUR
   Kosten der Reisenden bei einem Jahresumsatz von 750 000 EUR bzw. 900 000 EUR:
   93 600 EUR + 750 000 EUR × 0,015 = 104 850 EUR
   93 600 EUR + 900 000 EUR × 0,015 = 107 100 EUR
   Kosten der Handelsvertreter bei einem Jahresumsatz von 750 000 bzw. 900 000 EUR:
   750 000 EUR × 0,1 = 75 000 EUR
   900 000 EUR × 0,1 = 90 000 EUR
   Der Einsatz von Handelsvertretern ist in beiden Fällen billiger.

   Hinweis: Der kritische Umsatz lässt sich im vorliegenden Fall nicht auf herkömmliche Weise algebraisch ermitteln, da bei zunehmendem Umsatz auch die Zahl der Reisenden steigt und dadurch sog. sprungfixe Kosten entstehen. Die grafische Lösung zeigt aber, dass bei der vorliegenden Datenkonstellation der Einsatz von Handelsvertretern in jedem Fall billiger ist.

4. Da im vorliegenden Fall der Einsatz von Handelsvertretern im Vergleich zu Reisenden den höheren Nutzwert aufweist und außerdem billiger ist, ist es ratsam Handelsvertreter einzusetzen.

9 Absatz

9.20 Spediteur – Frachtführer

1. Zwischen der **Möbelfabrik Dominus** und dem Spediteur **Maurer** besteht ein Speditionsvertrag (HGB §§ 453 ff.). Der Spediteur lässt die Güterversendung durch Frachtführer ausführen. Die Wahl des Frachtführers hat er mit der Sorgfalt eines ordentlichen Kaufmanns auszuführen (§ 454 HGB). Die Zustimmung des Auftraggebers muss er aber nicht einholen.

2. a) **Siegel** muss seine Ansprüche (aus Kaufvertrag) bei der **Möbelfabrik Dominus** geltend machen.

   b) Zwischen der **Möbelfabrik Dominus** und dem Spediteur **Maurer** besteht ein Speditionsvertrag. Der könnte Grundlage einer Schadenersatzpflicht sein. **Maurer** ist jedoch nur verpflichtet, den Frachtführer mit der Sorgfalt eines ordentlichen Kaufmanns auszuwählen. Dies hat er getan. Deshalb ist er zum Ersatz des Schadens nicht verpflichtet. (Für das Verschulden des Frachtführers hat er nicht gem. § 278 BGB zu haften, da dieser nicht sein Erfüllungsgehilfe ist.)

   Mit dem Frachtführer **Neuhaus** und der Möbelfabrik besteht keine vertragliche Beziehung. Deshalb bestehen grundsätzlich keine Schadenersatzansprüche. Der Spediteur **Maurer** kann jedoch seine Schadenersatzansprüche an die **Möbelfabrik Dominus** abtreten.

3. Ja. Der Spediteur **Maurer** hat Anspruch auf Provision. Sie ist schon fällig, wenn das Transportgut dem Frachtführer übergeben ist (§ 456 HGB).

9.21 Kostenvergleich: Eigener Fuhrpark – Fremdtransport – Fuhrparkleasing

1. Kosten bei eigenem Fuhrpark
   fixe Kosten   200 000 EUR
   variable Kosten (5 Mio./1000 × 25)   125 000 EUR

   Gesamtkosten pro Jahr   325 000 EUR

   Kosten bei Leasing
   fixe Kosten   235 000 EUR
   variable Kosten (5 Mio./1000 × 25)   125 000 EUR

   Gesamtkosten pro Jahr   360 000 EUR

   Kosten bei Fremdtransport
   variable Kosten (5 Mio./1000 × 50)   250 000 EUR

   Gesamtkosten pro Jahr   250 000 EUR

   Der Fremdtransport ist bei einem zu transportierenden Warenwert von 5 Mio. EUR pro Jahr die kostengünstigste Alternative.

2. Kosten bei eigenem Fuhrpark   =   Kosten bei Fremdtransport
   $200\,000 + X/1000 \times 25$ = $X/1000 \times 50$
   $200\,000 + 0{,}025 \times X$ = $0{,}05 \times X$
   $200\,000$ = $0{,}025 \times X$
   X =   8 Mio.

   Ab einem zu transportierenden Warenwert von 8 Mio. EUR pro Jahr wäre die Anschaffung eines eigenen Fuhrparks kostengünstiger.

   Das Fuhrparkleasing ist im vorliegenden Fall bei jeder Transportleistung kostenungünstiger als die Anschaffung eines eigenen Fuhrparks.

3. Im Falle eines eigenen oder geleasten Fuhrparks kann das Unternehmen bei Absatz- und Beschaffungstransporten schneller und flexibler reagieren als beim Fremdtransport. Zeitaufwendige Verhandlungen mit Frachtführern entfallen in diesem Fall.

Bei den Alternativen eigener oder geleaster Fuhrpark sind ggf. Vergleichsrechnungen unter Berücksichtigung von Finanzierungsart (Kreditfinanzierung bzw. Eigenfinanzierung des eigenen Fuhrparks), Liquiditätsaspekten und steuerlichen Auswirkungen vorzunehmen.

Rechtliche Rahmenbedingungen der Marketingmaßnahmen

9.22 Wettbewerbsrecht und Marketing – Verbraucherschutz

1. Irreführung über den Preis. Es ist unzulässig, im Schaufenster besonders preiswerte Waren anzubieten, wenn im Laden selbst keine Waren dieser Art vorhanden sind (Lockvogelangebote). Recht der Konkurrenten: Klage auf Unterlassung. §§ 5, 8, 9 UWG

2. Verkauf unter den Selbstkosten ist grundsätzlich erlaubt. Es liegt hier keine Irreführung und keine Preisschleuderei vor. Marktmächtige Unternehmen dürfen aber nicht auf Dauer unter Einstandspreis anbieten (§ 20 Abs. 4 GWB).

3. Durch die unrichtigen Angaben liegt eine Verletzung gem. §§ 3 und 4 UWG mit Unterlassungsanspruch bzw. Strafandrohung vor.

4. Irreführung. Vorratsmenge darf weder zu hoch noch zu niedrig angegeben werden. Zu niedrig angegebene Vorratsmengen täuschen großen Absatz vor. Recht der Konkurrenten: Klage auf Unterlassung. §§ 5, 8, 9 UWG

5. Irreführend. Eine solche Alleinstellungswerbung ist nur dann zulässig, wenn nachgewiesen werden kann, dass bezüglich objektiv nachprüfbarer Merkmale (z.B. Umsatz) ein entsprechend deutlicher und nachhaltiger Vorsprung, der schon eine längere Zeit bestanden haben muss, gegenüber den Konkurrenten besteht. Recht der Konkurrenten: Klage auf Unterlassung. §§ 5, 8, 9 UWG

6. Ein Vergleich der eigenen Preise mit unverbindlich empfohlenen Preisen ist zulässig, wenn für die Verbraucher eindeutig kenntlich gemacht wird, dass der höhere Preis eine unverbindliche Preisempfehlung darstellt. Ein Vergleich ist aber dann nicht zulässig, wenn es sich bei den Preisempfehlungen um »Mondpreise«, d.h. überhöht festgesetzte und am Markt nicht durchsetzbare Preise handelt.

7. Durch Umsetzung einer EU-Richtllinie in deutsches Recht ist seit 2000 vergleichende Werbung unter folgenden Vorausetzungen erlaubt (§ 6 UWG):
   – Die Werbung darf nicht unwahr sein oder einen Irrtum hervorrufen.
   – Eigenschaften müssen nachprüfbar sein, d.h. die Werbeaussagen müssen sich an Tatsachen orientieren.
   – Es muss sich um typische Eigenschaften handeln.
   – Verunglimpfende oder herabsetzende Werbung ist unzulässig.

9 Absatz

Im vorliegenden Fall wäre die Werbung u.a. deswegen nicht erlaubt, weil sie herabsetzend ist. Außerdem ist sie möglicherweise unwahr und nicht nachprüfbar.

Recht der Konkurrenten: Klage auf Unterlassung und Schadensersatz gem. §§ 6, 8, 9 UWG.

8. Verbraucheraufklärung durch vergleichende Warentests ist erlaubt und nicht sittenwidrig, wenn die Untersuchung neutral, sachkundig und objektiv vorgenommen wurde.

9. Wenn davon ausgegangen werden kann, dass der Kunde solche nichtssagenden Anpreisungen als werbende Übertreibung (Superlativ-Werbung) erkennt und nicht als Tatsachenbehauptung auffasst, liegen keine Verstöße gegen §§ 4 und 5 UWG vor.

10. Barzahlungsrabatte an Letztverbraucher durften bis 2001 3% nicht übersteigen. Durch Aufhebung des Rabattgesetzes im Jahr 2001 ist diese Beschränkung entfallen.

11. War bereits gem. § 1 (2) Nr. d der 2001 aufgehobenen ZugabeVO erlaubt.

12. War bereits gem. § 1 (2) Nr. d der 2001 aufgehobenen ZugabeVO erlaubt.

13. Erlaubt, da die unentgeltliche Zuwendung bei objektiver Betrachtung als nicht geeignet erscheint, den Umworbenen so zu beeinflussen, dass er nicht umhin kann, die Ware zu kaufen. (Kommentar zu § 1 UWG)

14. Verstoß gegen § 1 PAngV, weil der Endpreis nicht gesondert hervorgehoben wurde. Ordnungswidrigkeit gem. § 10 PAngV, die mit einem Bußgeld bestraft werden kann. Eine fehlende oder unklare Preisauszeichnung kann auch wegen Irreführung über den Preis gegen § 5 UWG verstoßen. Rechte der Konkurrenten: Klage auf Unterlassung und ggf. Schadenersatz. §§ 8 und 9 UWG.

15. Zulässig, da PAngV nur für Letztverbraucher gilt.

16. Verstoß gegen § 7 (1) und (5) PAngV. Die Preise müssen Endpreise (einschließlich Bedienungsgeld) sein.

    Ordnungswidrigkeit gem. § 10 PAngV, die mit einem Bußgeld bestraft werden kann. Eine fehlende oder unklare Preisauszeichnung kann auch wegen Irreführung über den Preis gegen § 6 UWG verstoßen. Rechte der Konkurrenten: Klage auf Unterlassung und ggf. Schadenersatz. §§ 8 und 9 UWG.

17. Verstoß gegen § 2 PAngV, weil der Grundpreis (hier: 1 kg = 0,74 EUR) nicht angegeben ist. Ordnungswidrigkeit gem. § 10 PAngV, die mit Bußgeld bestraft werden kann.

18. Umweltbezogene Werbung, wenn der »Bio-Hinweis« nicht eindeutig belegt ist, gilt als Verstoß gegen §§ 4, 5 UWG. Gleiches gilt für Gefühls- und Vertrauensausnützung durch Angst, Verunsicherung, Gesundheitswerbung, Werbung mit Kindern, gefühlsbetonte Werbung.

19. Mit dem Umweltzeichen »**Blauer Engel**« kann in der Werbung auf umweltrelevante Aspekte von Produkten hingewiesen werden. Die Produkte müssen bestimmte Anforderungen erfüllen und im Vergleich zu anderen Produkten mit gleichem Gebrauchszweck die Umwelt weniger belasten. Der Produktgruppe »Mehrwegflaschen« wurde der »**Blaue Engel**« von der »**Jury Umweltzeichen**« zuerkannt. Voraussetzung für die Nutzung durch einzelne Hersteller ist, dass zwischen dem Produkthersteller und dem Deutschen Institut für Gütesicherung und Kennzeichnung (RAL) ein Zeichennutzungsvertrag abgeschlossen wurde. Wenn dies im vorliegenden Fall des Abfüllbetriebes geschehen ist, wird das Umweltzeichen zu Recht für Werbezwecke verwendet.

20. Der »**Grüne Punkt**« ist kein Umweltzeichen wie z.B. der »**Blaue Engel**«. Der »**Grüne Punkt**« darf aufgrund eines Lizenzvertrages mit dem **Dualen System Deutschland GmbH (DSD)** gegen eine Gebühr, die der Finanzierung des Dualen Systems dient, von Unternehmen auf ihre Verkaufspackung gedruckt werden. Mit dem »**Grünen Punkt**« wird deutlich gemacht, dass die Verpackung innerhalb des Systems entsprechend der Verpackungsverordnung entsorgt und verwertet wird. Der »**Grüne Punkt**« beinhaltet aber keine Aussagen über besondere umweltrelevante Eigenschaften der Produkte. Für Verbraucher, die die Bedeutung des Zeichens nicht genau kennen, kann er daher irreführend sein. Ein Verstoß gegen § 5 UWG liegt aber nicht vor. Wenn die Brauerei im vorliegenden Fall einen Lizenzvertrag mit dem DS abgeschlossen und ihre Gebühr bezahlt hat, ist sie zum Aufdruck des »**Grünen Punktes**« auf ihre Getränkedosen berechtigt.

21. Zusendung unbestellter Waren stellt eine Belästigung dar, die als Verstoß gegen das UWG gilt. Recht des Belieferten: Klage auf Unterlassung § 8 UWG: Frau **Schubert** muss die Kerzen nicht bezahlen oder zurückschicken, sondern nur eine angemessene Zeit aufbewahren und zur Abholung bereithalten.

22. Unerwünschte Briefkastenwerbung stellt eine Belästigung dar, die gegen § 7 UWG verstößt. Recht des Kunden: Klage auf Unterlassung. § 8 UWG.

23. Trotz des Briefkastenaufklebers ist der Postbote verpflichtet, jede adressierte Sendung (dazu gehören auch Werbebriefe) zuzustellen. Wer die weitere Zustellung adressierter Werbung verhindern möchte, kann sich kostenlos auf die sog. Robinsonliste setzen lassen. (**Deutscher Direktmarketing Verband,** Postfach 1401, 71254 **Ditzingen**). Damit wird erreicht, dass die dem DDV angeschlossenen Unternehmen die Zusendung weiterer Werbesendungen einstellen. Bei Unternehmen, die diesem Verband nicht angehören, besteht nur die Möglichkeit, jeden einzelnen Absender schriftlich aufzufordern, künftig die Zusendung von Werbematerial zu unterlassen. Notfalls ist eine Unterlassungsklage gem. § 8 UWG möglich. Außerdem kann jede ungeöffnete Sendung mit dem Vermerk »Annahme verweigert« versehen und an den Absender zurückgeschickt werden.

10 Investition, Finanzierung und Kreditsicherung

Investitionsplanung und Investitionsrechnung

10.01 Vergleich von Produktionsverfahren – Ersatz noch produktionsbereiter Anlagen

1. **Alte Anlage:** Abschreibung   30 000 EUR
                    Lohnkosten   36 000 EUR
                                      66 000 EUR

   20 000 Stück können mit 66 000 EUR anlageabhängigen Kosten hergestellt werden. Kosten für 1 Stück: 3,30 EUR

   Neue Anlage: Abschreibung   36 000 EUR
                     Lohnkosten   24 000 EUR
                                      60 000 EUR

   25 000 Stück können mit 60 000 EUR anlageabhängigen Kosten hergestellt werden. Kosten für 1 Stück: 2,40 EUR

   Die neue Anlage arbeitet wirtschaftlicher.

2. Bei der Berechnung der Kosten, die bei Einsatz der neuen Anlage entstehen, ist der Buchwert der dann zu verschrottenden Anlage abzgl. dem Schrotterlös für die alte Anlage den Kosten für die neue Anlage zuzuschlagen.

   Verlust an der alten Anlage
   (120 000 EUR – 12 000 EUR) : 10   10 800 EUR
   Abschreibung auf die neue Anlage   36 000 EUR
   Lohnkosten   24 000 EUR
                                        70 800 EUR

   Unter der Annahme, dass der Betrieb nur 20 000 Stück absetzen kann und damit die neue Anlage gar nicht voll ausgelastet werden kann, betragen die Kosten je Stück:

   $$\frac{70\,800}{20\,000} = 3{,}54 \text{ EUR}$$

   Unter diesen Umständen wäre es günstiger, die alte Anlage weiter zu benutzen und erst nach ihrer völligen Abnutzung die moderne Anlage anzuschaffen, weil bei Einsatz der alten Anlage nur 3,30 EUR Kosten je Stück entstehen.

3. Können 25 000 Stück abgesetzt werden, dann entstehen bei Einsatz der neuen Anlage

   Kosten je Stück in Höhe von $\dfrac{70\,800}{25\,000} = 2{,}832 \text{ EUR}$

   Unter diesen Umständen wäre es sinnvoll, die alte Anlage sofort zu verschrotten.

10.02 Kostenvergleichsrechnung für eine Erweiterungsinvestition

1. Gesamtkosten bei maschineller Fertigung:
   640 000 + (200 000 · 12) = 3 040 000 EUR
   Gesamtkosten bei halbautomatischer Fertigung:
   1 000 000 + (200 000 · 10) = 3 000 000 EUR
   Die halbautomatische Fertigung ist kostengünstiger.

2. a) Gesamtkosten bei einer Produktionsmenge von 140 000 Stück:

   Maschinelle Fertigung: Halbautomatische Fertigung:
   640 000 + 140 000 · 12 = 2 320 000 EUR   1 000 000 + 140 000 · 10 = 2 400 000 EUR

   Bei einer Produktionsmenge von 140 000 ist die maschinelle Fertigung kostengünstiger.

   b) Gesamtkosten bei erhöhten variablen Kosten:

   Maschinelle Fertigung: Halbautomatische Fertigung:
   640 000 + 200 000 · 13 = 3 240 000 EUR   1 000 000 + 200 000 · 11 = 3 200 000 EUR

   Bei einer Produktionsmenge von 200 000 Stück ist die halbautomatische Fertigung trotz der gestiegenen variablen Kosten noch günstiger.

   c) Welches Produktionsverfahren günstiger ist, hängt – wenn alle anderen Umstände gleich bleiben (z.B. Produktionsmenge, Preis) – allein von den Kosten ab.

3. a) 640 000 + 12 x = 1 000 000 + 10 x
   x = 180 000

   Die halbautomatische Fertigung wird kostengünstiger, wenn die Produktionsmenge von 180 000 Stück überschritten wird.

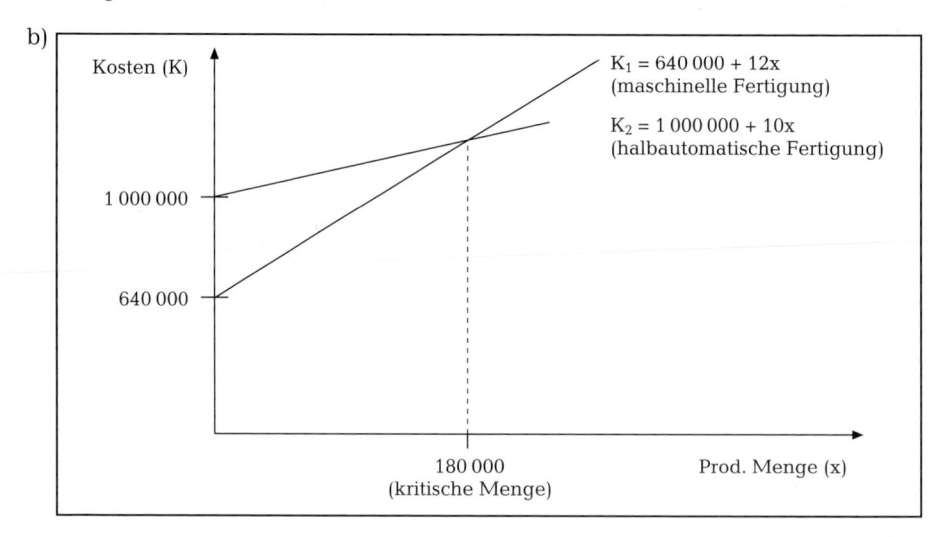

   b)

   $K_1 = 640\,000 + 12x$ (maschinelle Fertigung)

   $K_2 = 1\,000\,000 + 10x$ (halbautomatische Fertigung)

   Achsen: Kosten (K) / Prod. Menge (x); Markierungen bei 640 000 und 1 000 000 auf der Kostenachse; kritische Menge bei 180 000.

4. Annahmen für die Berechnungen unter 1.:
   - Die variablen Kosten werden als proportional angenommen.
   - Die Kapazität ist bei einer Produktionsmenge von 200 000 Stück (und darunter) noch nicht ausgelastet. Sonst würden Sprungkosten entstehen (sprunghafte Erhöhung der Fixkosten zur Vergrößerung der Kapazität).

10 Investition, Finanzierung und Kreditsicherung

10.03 Kostenvergleichsrechnung für eine Erweiterungsinvestition bei steigender Absatzentwicklung – Sensitivitätsanalyse

Hinweise für Möglichkeiten einer computerunterstützten Lösung einzelner Teilaufgaben mit Hilfe des Programms EUROBWL finden sich auf der CD (siehe S. 5).

Verfahren 1

	Jahr 1	Jahr 2	Jahr 3	Jahr 4	Jahr 5
Menge (Stück)	4 000	7 000	9 000	10 000	10 000
Beschäftigungsgrad (%)	40	70	90	100	100
Fixkosten (Tsd. EUR)	1 500	1 500	1 500	1 500	1 500
davon					
Nutzkosten (Tsd. EUR)	*600*	*1 050*	*1 350*	*1 500*	*1 500*
Leerkosten (Tsd. EUR)	*900*	*450*	*150*	*0*	*0*
Variable Kosten insgesamt (Tsd. EUR)	14 000	24 500	31 500	35 000	35 000
Gesamtkosten (Tsd. EUR)	15 500	26 000	33 000	36 500	36 500
Erlöse (Tsd. EUR)	20 000	35 000	45 000	50 000	50 000
Deckungsbeitrag (Tsd. EUR)	6 000	10 500	13 500	15 000	15 000
Gewinn/Verlust (Tsd. EUR)	4 500	9 000	12 000	13 500	13 500
Gewinnschwelle	1 000 Stück				

Verfahren 2

	Jahr 1	Jahr 2	Jahr 3	Jahr 4	Jahr 5
Menge (Stück)	4 000	7 000	9 000	10 000	10 000
Beschäftigungsgrad (%)	40	70	90	100	100
Fixkosten (Tsd. EUR)	4 000	4 000	4 000	4 000	4 000
davon					
Nutzkosten (Tsd. EUR)	*1 600*	*2 800*	*3 600*	*4 000*	*4 000*
Leerkosten (Tsd. EUR)	*2 400*	*1 200*	*400*	*0*	*0*
Variable Kosten insgesamt (Tsd. EUR)	12 000	21 000	27 000	30 000	30 000
Gesamtkosten (Tsd. EUR)	16 000	25 000	31 000	34 000	34 000
Erlöse (Tsd. EUR)	20 000	35 000	45 000	50 000	50 000
Deckungsbeitrag (Tsd. EUR)	8 000	14 000	18 000	20 000	20 000
Gewinn/Verlust (Tsd. EUR)	4 000	10 000	14 000	16 000	16 000
Gewinnschwelle	2 000 Stück				

Verfahren 3

	Jahr 1	Jahr 2	Jahr 3	Jahr 4	Jahr 5
Menge (Stück)	4 000	7 000	9 000	10 000	10 000
Beschäftigungsgrad (%)	40	70	90	100	100
Fixkosten (Tsd. EUR)	9 800	9 800	9 800	9 800	9 800
davon					
Nutzkosten (Tsd. EUR)	*3 920*	*6 860*	*8 820*	*9 800*	*9 800*
Leerkosten (Tsd. EUR)	*5 880*	*2 940*	*980*	*0*	*0*
Variable Kosten insgesamt (Tsd. EUR)	8 800	15 400	19 800	22 000	22 000
Gesamtkosten (Tsd. EUR)	18 600	25 200	29 600	31 800	31 800
Erlöse (Tsd. EUR)	20 000	35 000	45 000	50 000	50 000
Deckungsbeitrag (Tsd. EUR)	11 200	19 600	25 200	28 000	28 000
Gewinn/Verlust (Tsd. EUR)	1 400	9 800	15 400	18 200	18 200
Gewinnschwelle	3 500 Stück				

	Verfahren 1	Verfahren 2	Verfahren 3
Gesamtkosten über 5 Jahre (Tsd. EUR)	147 500	140 000	137 000
Gesamtgewinn über 5 Jahre (Tsd. EUR)	52 500	60 000	63 000

Mit Verfahren 3 wird der höchste Gesamtgewinn erwirtschaftet. Gleichzeitig liegt aber bei diesem Verfahren – wegen der hohen Fixkosten – die Gewinnschwelle bei der größten Produktionsmenge. Bezüglich unerwarteter Veränderungen von Preisen und Kosten (Preissenkungen bzw. Kostenerhöhungen) ist dieses Verfahren am anfälligsten. Falls sich z.B. (zeitweise) nur ein Absatzpreis realisieren lässt, der um 20% unter dem geschätzten Preis liegt, würde die Gewinnschwelle auf 5 444 Stück steigen. Diese Absatzmenge kann aber zumindest im ersten Jahr nicht erreicht werden, so dass sich für dieses Jahr bei Verfahren 3 ein Verlust ergeben würde. Die beiden anderen Verfahren weisen hingegen bei einer solchen Preissenkung jeweils eine Gewinnschwelle aus, die niedriger als die mögliche Absatzmenge ist. Die grafische Darstellung zeigt die besondere Preisreagibilität der Gewinnschwelle bei Verfahren 3.

Gewinnschwellenanalyse (Sensitivitätsanalyse)

	Gewinnschwelle (Stück)		
	Verfahren 1	Verfahren 2	Verfahren 3
Ausgangssituation	1 000	2 000	3 500
Preissenkung (20%)	3 000	4 000	5 444
Erhöhung der variablen Kosten (20%)	1 875	2 875	4 153
Erhöhung der Fixkosten (20%)	1 200	2 400	4 200

Die endgültige Entscheidung für eines der drei Verfahren hängt von der Genauigkeit der geschätzten Preis- und Kostenentwicklung ab. Daneben könnten neben der Kostenvergleichsrechnung auch andere statische und dynamische Investitionsrechenverfahren zur Überprüfung der gefundenen Lösung eingesetzt werden.

Gewinnschwellenanalyse (Sensitivitätsanalyse) Verfahren 3						
Stückpreis (EUR)	:	5 000,00	Variable Stückkosten	:		2 200,00
Fixkosten (EUR)	:	9 800 000,00	Kapazitätsgrenze (Stück)	:		10 000
Gewinnschwelle (Stück)	:	3 500	Gewinnschwelle (Umsatz)	:		17 500 000
Gewinnmaximum	:	10 000	Stück erbringen 18 200 000,00 EUR Gewinn.			

Sensitivitätsanalyse						
Variation % des Grundwertes der Ausgangssituation	Fixkosten (EUR)	Gewinn-schwelle	Var. Stück-kosten (EUR)	Gewinn-schwelle	Stückpreis (EUR)	Gewinn-schwelle
50	4 900 000	1 750	1 100,00	2 513	2 500,00	32 667
60	5 880 000	2 100	1 320,00	2 663	3 000,00	12 250
70	6 860 000	2 450	1 540,00	2 832	3 500,00	7 538
80	7 840 000	2 800	1 760,00	3 025	4 000,00	5 444
90	8 820 000	3 150	1 980,00	3 245	4 500,00	4 261
100	**9 800 000**	**3 500**	**2 200,00**	**3 500**	**5 000,00**	**3 500**
110	10 780 000	3 850	2 420,00	3 798	5 500,00	2 970
120	11 760 000	4 200	2 640,00	4 153	6 000,00	2 579
130	12 740 000	4 550	2 860,00	4 579	6 500,00	2 279
140	13 720 000	4 900	3 080,00	5 104	7 000,00	2 042
150	14 700 000	5 250	3 300,00	5 765	7 500,00	1 849

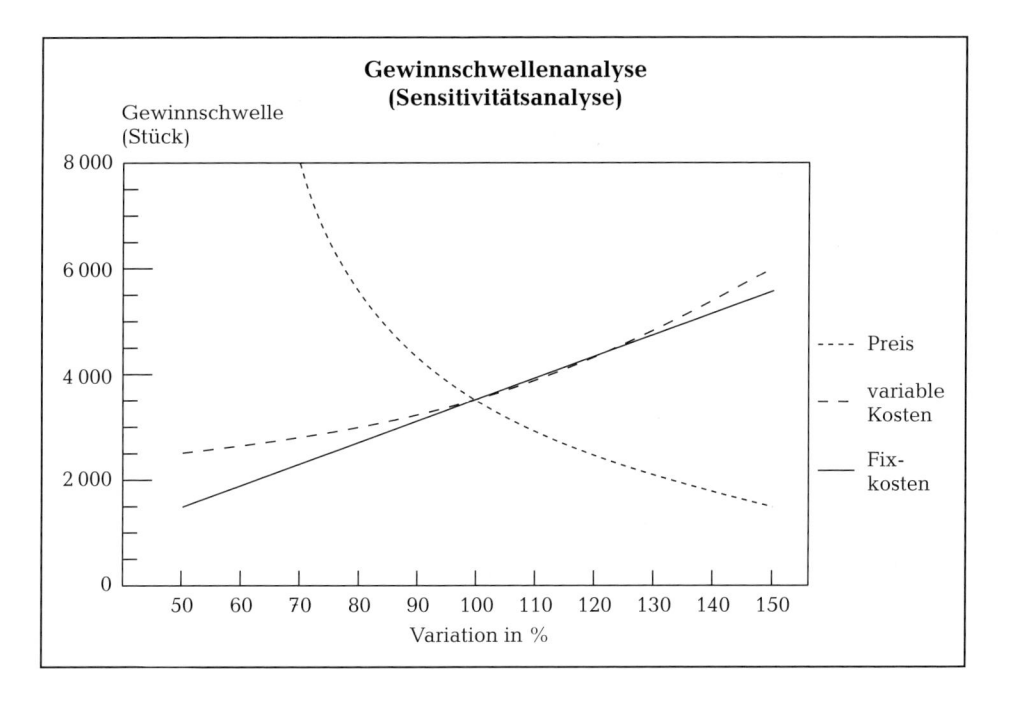

10 Investition, Finanzierung und Kreditsicherung

Gewinnschwellenanalyse (Sensitivitätsanalyse)

Diagramm: Gewinnschwelle (Stück) in Abhängigkeit von der Variation in % (50–150); Kurven für Preis (gestrichelt), variable Kosten (gestrichelt kurz) und Fixkosten (durchgezogen).

10.04 Gewinnvergleichsrechnung – Rentabilitätsvergleichsrechnung zweier Anlagen

Lösungsblatt

1.

Aggregate	A	B
Abschreibung	25 000	12 000
kalkulatorische Zinsen (8% von 1/2 Ansch. Kosten)	4 000	2 400
sonstige Fixkosten	11 000	1 600
Summe fixe Kosten	**40 000**	**16 000**
Fixe Kosten je Stück	0,80	0,40
Variable (prop.) Kosten je Stück	10,00	10,50
Gesamte Kosten je Stück	**10,80**	**10,90**

Das Aggregat A arbeitet am kostengünstigsten.

2.

Aggregate	A (50 000 Stück/Jahr)	B (40 000 Stück/Jahr)
Umsatz	550 000	440 000
– Kosten	540 000	436 000
= Gewinn	**10 000**	**4 000**

3. Verzinsung bei Vollauslastung jedes Aggregates

Aggregate	A (50 000 Stück/Jahr)	B (40 000 Stück/Jahr)
Gewinn	10 000	4 000
durchschnittlich gebundenes Anlagekapital	100 000 : 2 = 50 000	60 000 : 2 = 30 000
Verzinsung	**20%**	**13 1/3 %**

Hinweis: Die Ergebnisse sind nur bedingt vergleichbar, weil bei Aggregat B lediglich 60 000 EUR Anschaffungsausgaben anfallen (und nicht 100 000 EUR wie bei Aggregat A). Bei einem ausführlichen Rentabilitätsvergleich müsste eine **Differenzinvestition** in Höhe von 40 000 EUR berücksichtigt werden. Der Einfachheit halber wird angenommen, dass diese Differenzinvestition zum Kalkulationszinsfuß angelegt wird.

4. Verzinsung bei einem Absatz von 40 000 Stück

Aggregate	A	B
Stückkosten	40000/40000 + 10 = 11 EUR	16000/40000 +10,50 = 10,90 EUR
Stückgewinn	0	0,10
Gesamtgewinn	0	4 000
druchschnittlich gebundenes Anlagekapital	50 000	30 000
Verzinsung	0%	$13^{1/3}$%

10.05 Statische Amortisationsrechnung (pay-back-Methode; pay-off-Methode) – Gewinnvergleich

1. a) und b)
   Der aus dem Investitionsobjekt erzielbare Gewinn errechnet sich aus der Differenz: Erlöse – Aufwendungen. Nicht alle mit dem Investitionsobjekt in Zusammenhang stehenden Aufwendungen des laufenden Geschäftsjahres waren gleichzeitig auch auszahlungswirksam. Auszahlungswirksam waren die Löhne und Gehälter, die Materialkosten – nicht jedoch die Abschreibungen. Demnach kann das Unternehmen am Ende eines Geschäftsjahres nicht nur über den erzielten Zusatzgewinn, sondern auch über die »verdienten« Abschreibungen verfügen. Über die Art der zugeflossenen Liquidität kann nur eine Aussage gemacht werden, wenn Informationen über die Zahlungsmodalitäten vorliegen (Barkauf oder Kreditkauf).

a)

	Alternative 1	Alternative 2
Zusatzgewinn	28 000	20 000
Abschreibung	20 000	36 000
jährlicher Rückfluss an liquiden Mitteln (»Cashflow« pro Periode)	48 000	56 000

b)

	Alternative 1	Alternative 2
Amortisationszeit	100 000 : 48 000 = 2,08 Jahre	180 000 : 56 000 = 3,21 Jahre

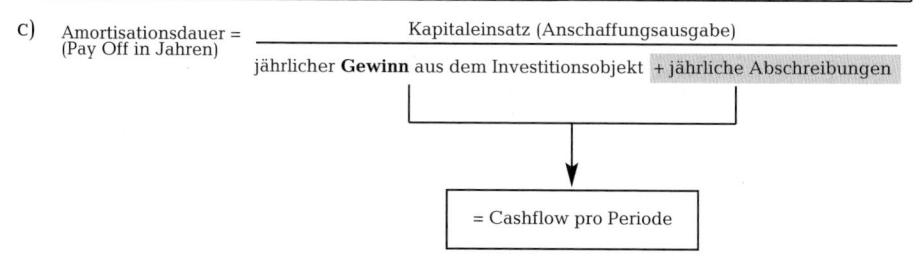

c) $$\text{Amortisationsdauer (Pay Off in Jahren)} = \frac{\text{Kapitaleinsatz (Anschaffungsausgabe)}}{\underbrace{\text{jährlicher \textbf{Gewinn} aus dem Investitionsobjekt} + \text{jährliche Abschreibungen}}_{= \text{Cashflow pro Periode}}}$$

d) Entscheidung: Alternative 1, da eingesetzte Mittel bereits nach 2,08 Jahren wieder zurückgeflossen sind;

2.

Jahr	Alternative I		Alternative II	
	a)	b)	a)	b)
1	28 000	28 000	20 000	20 000
2	28 000	28 000	20 000	20 000
3	– 60 000[1]	28 000	– 108 000[1]	20 000
4		– 40 000[1]		– 72 000[1]
5				
Totalgewinn	– 4 000	+ 44 000	– 68 000	– 12 000

---

[1] Annahme: Abschreibung des Restwertes wegen Verschrottung

10 Investition, Finanzierung und Kreditsicherung

3. Die statische Amortisationsrechnung ist lediglich ein grober Maßstab zur Beurteilung eines Investitionsrisikos. Sie ist hingegen nicht geeignet zur Beurteilung der Verzinsung bzw. der Rentabilität einer Investition, da sie die Restlebensdauer nach Ablauf der Amortisationsdauer außer Acht lässt. Nach der Amortisationsrechnung wird eine Investition dann vorgenommen, wenn folgende Bedingung erfüllt ist: Ist-Amortisationszeit < Soll-Amortisationszeit.

Im vorliegenden Fall zeigt die Gewinnvergleichsrechnung, dass keines der beiden Investitionsobjekte einen Totalgewinn erbringt, wenn sich der Modeartikel lediglich 2 Jahre am Markt hält. Für den Fall, dass sich der neu aufzunehmende Artikel 3 Jahre am Markt hält, kann bei Investitionsalternative I mit einem Totalgewinn von 44 000 EUR gerechnet werden.

10.06 Gewinn- und Rentabilitätsvergleich – Wiedergewinnungszeit

1. 96 % – 600 000 EUR 100 % – 625 000 EUR

Wenn Spesen und Stückzinsen vernachlässigt werden, können mit dem Bereitschaftskapital von 600 000 EUR Obligationen im Nominalwert von 625 000 EUR erworben werden.

Rentabilität der Obligationen unter den Annahmen, dass die Rückzahlung der Obligationen zum Nennwert erfolgt und der Kursgewinn von 25 000 EUR auf die Restlaufzeit von 5 Jahren zu verteilen ist:

Zinsen p.a. 6,5 % von 625 000 EUR	= 40 625 EUR
jährlicher Anteil des Kursgewinns 25 000/5 Jahre	= 5 000 EUR
Gesamtertrag p.a.	45 625 EUR

Rendite der Obligationen:

$$p_{eff} = \frac{45\,625 \cdot 100}{600\,000} = 7,6\,\%$$

Investitionen zur Betriebserweiterung:

Umsatzerlöse p.a.	50 000 · 25 EUR	= 1 250 000 EUR
– variable Kosten p.a.	50 000 · 20 EUR	= 1 000 000 EUR
– Fixkosten p.a.		200 000 EUR
Gewinn p.a.		50 000 EUR

Bei der Rentabilitätsberechnung von Sachinvestitionen wird wegen der Abschreibung i.d.R. das durchschnittlich gebundene Kapital (= Investitionssumme/2) zu Grunde gelegt. Die Berechnung wird dann nach folgender Formel vorgenommen:

$$p_{eff} = \frac{\varnothing\,Gewinn \cdot 100}{Investitionssumme/2} = \frac{50\,000 \cdot 100}{300\,000} = 16,67\,\%$$

2. a) Wiedergewinnungszeit der Investition zur Betriebserweiterung

Einzahlungen p.a. (= Umsatzerlöse)		= 1 250 000 EUR
– Auszahlungen p.a.		
40 % der Fixkosten	80 000 EUR	
variable Kosten	1 000 000 EUR	1 080 000 EUR
= Einzahlungsüberschuss p.a.		170 000 EUR

600 000 EUR Anschaffungsausgaben : 170 000 EUR = 3,53

Die Wiedergewinnungszeit (Amortisationszeit) beträgt 3,53 Jahre.

b) Es muss die Restlaufzeit zu Grunde gelegt werden. Die Summe der Zinszahlungen (40 625 EUR p.a.) erreicht während der 5-jährigen Restlaufzeit nicht die Investitionssumme von 600 000 EUR. Im Gegensatz zur Betriebserweiterungsinvestition erfolgt bei der Anlage in Obligationen aber am Ende der Laufzeit die Rückzahlung des Nennwertes (625 000 EUR).

3. vgl. 1.

Obligationen:
Gewinn in 5 Jahren
Zinsen 5 · 40 · 625   = 203 125 EUR
Kursgewinn   25 000 EUR
Gesamtgewinn   228 125 EUR

Betriebserweiterung:
Gewinn in 5 Jahren
5 · 50 000   250 000 EUR

4. Die Betriebserweiterungsinvestition ist risikoreicher als die Kapitalanlage in Obligationen. Wenn sich die Erwartungen hinsichtlich Kosten, Absatzmenge und Absatzpreis aber erfüllen, ist die Betriebserweiterung hinsichtlich Rentabilität, Gewinn und Wiedergewinnungszeit vorteilhafter.

10.07 Zinseszinsformel – Aufzinsungsformel

1. Guthaben 40 000 EUR + 10 %, Zins, nach 1 Jahr 44 000 EUR.

2. $K_1 = K_0 + K_0 \dfrac{p}{100} = K_0 + K_0 i = K_0 (1 + i)$.

3. $44\,000 + 4\,400 = 48\,400$ EUR.

4. $K_2 = K_1 + K_1 \cdot i = K_0 (1 + i) + K_0 (1 + i) i = K_0 (1 + i)(1 + i) = K_0 (1 + i)^2$.

5. $K_n = K_0 (1 + i)^n$.

6. Zins und Zinseszins aus dem Gewinn und dem kalk. Lohn sind zu berücksichtigen.

10.08 Abzinsungsformel und Gegenwartswert

1. a) $K_n = K_0 (1 + i)^n$ $\quad\quad i = \dfrac{p}{100}$

   $K_0 = \dfrac{K_n}{(1 + i)} n$ oder $K_0 = \dfrac{K_n}{(1 + p : 100)^n}$ $\quad$ i. Beisp. $\dfrac{10}{100} = 0,1$

   b) $E_2 = 2\,420\,000$
   $\quad i = 0,10$
   $\quad A_0 = \dfrac{2\,420\,000}{(1 + 0,10)^2} = 2\,420\,000 : 1,21 = \underline{\underline{2\,000\,000\text{ EUR}}}$

2. K_0 = Zukunftswert · Abzinsungsfaktor
   $K_0 = 2 \cdot 420\,000 \cdot 0,683 = 1\,652,860$ EUR

3. Die Kapitalanlage verzinst sich bis zum Einsatz, wobei auch der anfallende Zins wieder verzinst wird.

4. $K_0 = 2\,420\,000 \cdot 0,735 = 1\,778\,700$ EUR.

10 Investition, Finanzierung und Kreditsicherung

10.09 PC-EINSATZ: Kapitalanlage – Sparformen – Zinseszinsrechnung – Rentenrechnung

Hinweise für Möglichkeiten einer computerunterstützten Lösung einzelner Teilaufgaben mit Hilfe des Programms EUROBWL finden sich auf der CD (siehe S. 5).

In der Finanzmathematik wird eine regelmäßig wiederkehrende Zahlung (Ein- oder Auszahlung) als Rente bezeichnet. Bei den Aufgaben 1–4 handelt es sich um eine Rentenrechnung, da hier regelmäßig wiederkehrende Zahlungen vorkommen, die zu verzinsen sind.

1. Rentenrechnung, bei der die Höhe der vorschüssigen Rente, die Laufzeit und der Rentenendwert gegeben sind. Gesucht ist der Zinssatz.

	Jahresbeitrag (Jahresrente) (EUR)	Rentenendwert (EUR)	Laufzeit (Jahre)	Zinssatz (%)
Männer	1 200	117 615	30	6,837
Frauen	1 200	121 085	30	6,991

Hinweis: Frauen erhalten wegen der höheren Lebenserwartung einen günstigeren LV-Tarif. Die Wahrscheinlichkeit, dass die versicherte Person das vereinbarte Endalter nicht erreicht und die Todesfallsumme fällig wird, ist bei Frauen geringer.

2. Rentenrechnung, bei der der Rentenendwert, die Laufzeit und der Zinssatz gegeben sind. Gesucht ist der Jahresbeitrag (Jahresrente).

	Jahresbeitrag (Jahresrente) (EUR)	Rentenendwert (EUR)	Laufzeit (Jahre)	Zinssatz (%)
Männer	4 436,22	117 615	15	6,837
Frauen	4 506,80	121 085	15	6,991

3. Rentenrechnung, bei der die Höhe der vorschüssigen Jahreszahlung (Rente), die Laufzeit und der Zinssatz gegeben sind. Gesucht ist der Rentenendwert.

Jahresbeitrag (Jahresrente) (EUR)	Rentenendwert (EUR)	Laufzeit (Jahre)	Zinssatz (%)
1 200	54 000,32	30	2,5
1 200	22 056,27	15	2,5

4. Rentenrechnung, bei der der Rentenendwert, die Laufzeit und der Zinssatz gegeben sind. Gesucht ist die vorschüssige Jahreszahlung (Jahresrente).

Jahresbeitrag (Jahresrente) (EUR)	Rentenendwert (EUR)	Laufzeit (Jahre)	Zinssatz (%)
2 613,65	117 615	30	2,5
6 399,00	117 615	15	2,5
2 690,76	121 085	30	2,5
6 587,79	121 085	15	2,5

5. u. 6. Bei den Aufgaben 5. und 6. handelt es sich um eine Zinseszinsrechnung. Im Gegensatz zur Rentenrechnung wird keine regelmäßig wiederkehrende Zahlung (Rente), sondern nur ein einziger Kapitalbetrag verzinst.

5. Zinseszinsrechnung, bei der das Endkapital, der Zinssatz und die Laufzeit gegeben sind. Gesucht ist das Anfangskapital (Barwert).

Anfangskapital) (EUR)	Endkapital (EUR)	Laufzeit (Jahre)	Zinssatz (%)
16 173,80	117 615	30	6,837
43.615,16	117 615	15	6,837
15 946,78	121 085	30	6,991
43 942,18	121 085	15	6,991

6.

Verzinsungsart/Zinssatz	Verdopplung	Verdreifachung
Zinssatz 6,837		
einfache Verzinsung	14 J, 7 M, 15 T	29 J, 3 M, 1 T
reine Zinseszinsen	10 J, 5 M, 23 T	16 J, 7 M, 10 T
gemischte Verzinsung	10 J, 5 M, 20 T	16 J, 7 M, 7 T
stetige Verzinsung	10 J, 1 M, 20 T	16 J, 0 M, 25 T
Zinssatz 6,991 %		
einfache Verzinsung	14 J, 3 M, 19 T	28 J, 7 M, 9 T
reine Zinseszinsen	10 J, 3 M, 3 T	16 J, 3 M, 3 T
gemischte Verzinsung	10 J, 3 M, 0 T	16 J, 3 M, 0 T
stetige Verzinsung	9 J, 10 M, 29 T	15 J, 8 M, 17 T
Zinssatz 2,5 %		
einfache Verzinsung	40 J, 0 M, 0 T	80 J, 0 M, 0 T
reine Zinseszinsen	28 J, 0 M, 26 T	44 J, 5 M, 27 T
gemischte Verzinsung	28 J, 0 M, 25 T	44 J, 5 M, 26 T
stetige Verzinsung	27 J, 8 M, 21 T	43 J, 11 M, 10 T

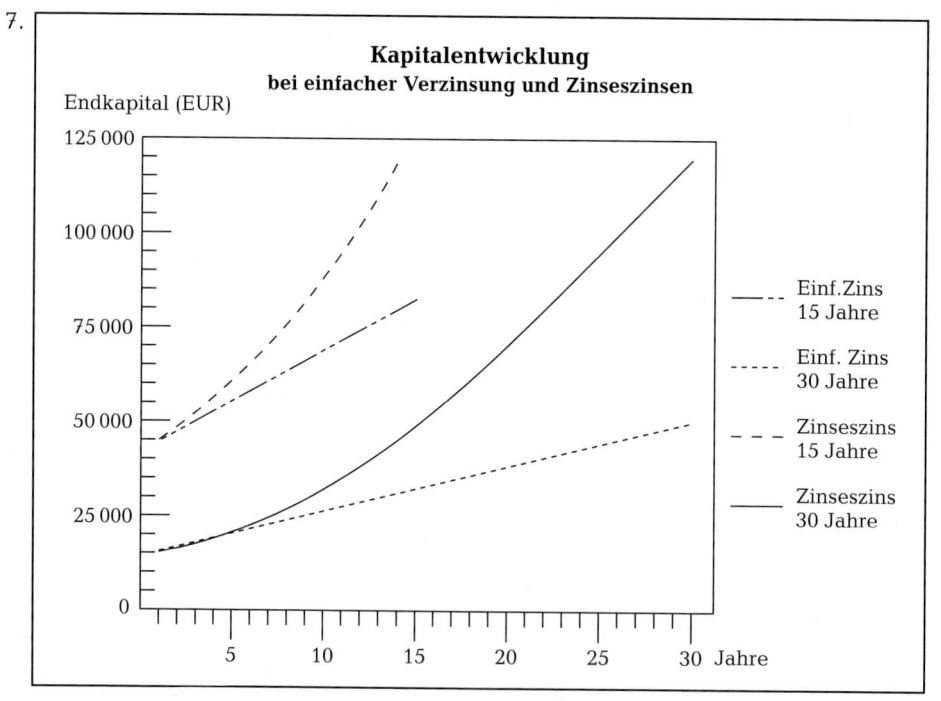

7.

Kapitalentwicklung bei einfacher Verzinsung und Zinseszinsen

_ _ _ Einf. Zins 15 Jahre

...... Einf. Zins 30 Jahre

– – – Zinseszins 15 Jahre

——— Zinseszins 30 Jahre

Die Art des Wachstums, bei der der Zuwachs immer ein bestimmter Anteil des jeweiligen Bestandes ist, heißt exponentielles Wachstum. Der Bestand wächst immer schneller.

10 Investition, Finanzierung und Kreditsicherung

Weitere Wachstumsmodelle:

Lineares Wachstum: Der Zuwachs hat einen konstanten Wert. Das Wachstum erfolgt gleichmäßig (z.B. einfache Verzinsung).

Begrenztes Wachstum: Der Zuwachs ist ein fester Anteil W des Unterschieds zwischen dem jeweiligen Bestand und einer vorgegebenen Obergrenze (Sättigung) G. Für W < 1 gilt: Der Bestand nähert sich zuerst schnell, dann immer langsamer der Grenze G an (z.B. Algenwachstum).

Logistisches Wachstum: Der Zuwachs hängt sowohl vom Bestand als auch vom Unterschied zwischen Bestand und vorgegebener Obergrenze G ab. Für W < 1/G gilt: Nach exponentiellem Beginn folgt ungefähr lineares Wachstum. Schließlich nähert sich der Bestand langsam an G an (z.B. Ausbreitung von Epidemien).

10.10 Dynamische Investitionsrechnung: Kapitalwertmethode

Hinweise für Möglichkeiten einer computerunterstützten Lösung einzelner Teilaufgaben mit Hilfe des Programms EUROBWL finden sich auf der CD (siehe S. 5).

1. Zinsertrag: 200 000 EUR zu 6 % = 12 000 EUR
   Der Unternehmer muss demnach mehr als 12 000 EUR Gewinn erwirtschaften.

2. Bei der Wertpapieranlage ist sein Risiko gering bzw. fast 0.

3. a) Gegenwartswert der Einnahmeüberschüsse des ersten Jahres:

   $$K_0 = \frac{E_n}{\left(1+\frac{p}{100}\right)^n} \quad \text{demnach} \quad K_1 = \frac{106\,000}{\left(1+\frac{6}{100}\right)} = 106\,000 : \frac{106}{100} = 100\,000 \text{ EUR}$$

   b) Gegenwartswert der Einnahmeüberschüsse des 2. Jahres:

   $$K_2 = \frac{127\,000}{\left(\frac{106}{100}\right)^2} = 127\,000 : 1{,}1236 = 113\,029{,}54 \text{ EUR}$$

   Summe der Gegenwartswerte der Einnahmeüberschüsse <u>213 029,54 EUR</u>

4. 213 029,54 − 200 000 Anschaffg. Ausgabe = 13 029,54 EUR.
   Rein zahlenmäßig ist die Investition vorteilhaft, weil die »Verzinsung« höher ist als 6 % (Wertpapieranlage erbringt lediglich 12 000 EUR).

5. Kapitalwert $C_0 = -200\,000 + \dfrac{12\,000}{1{,}06^1} + \dfrac{12\,000}{1{,}06^2} + \dfrac{200\,000}{1{,}06^2}$

   $= -200\,000 + 11\,320{,}75 + 10\,679{,}96 + 177\,999{,}29$

   $\underline{\underline{= 0}}$

6. Kapitalwert = 0: Die Investition erbringt die angesetzte Verzinsung;
   Kapitalwert negativ: Die erwartete Verzinsung wird nicht erreicht;
   Kapitalwert größer als 0: Die Investition bringt mehr als die vorgesehene Verzinsung.

7. Die Anschaffungsausgaben der verglichenen Investitionsobjekte müssen gleich sein, sie müssen gleiche Nutzungsdauer haben, der angesetzte Zinsfuß muss realistisch sein (eine brauchbare Bezugsgröße ist die erzielbare Eigenkapitalrentabilität vorhandener Anlagen).

10.11 Dynamische Investitionsrechnung: Methode des internen Zinsfußes

1. Kapitalwert $C_0 = -200\,000 + \dfrac{106\,000}{1{,}05^1} + \dfrac{127\,000}{1{,}05^2}$

   $= -200\,000 + 100\,952{,}38 + 115\,192{,}74 \quad = \underline{\underline{16\,145{,}12 \text{ EUR}}}$

2. Kapitalwert $C_0 = -200\,000 + \dfrac{106\,000}{1{,}15^1} + \dfrac{127\,000}{1{,}15^2}$

   $= -200\,000 + 92\,173{,}91 + 96\,030{,}25 \quad = \underline{\underline{-11\,795{,}84 \text{ EUR}}}$

3. Der interne Zinsfuß muss größer als 5% und kleiner als 15% sein.

4. Kapitalwert C_0

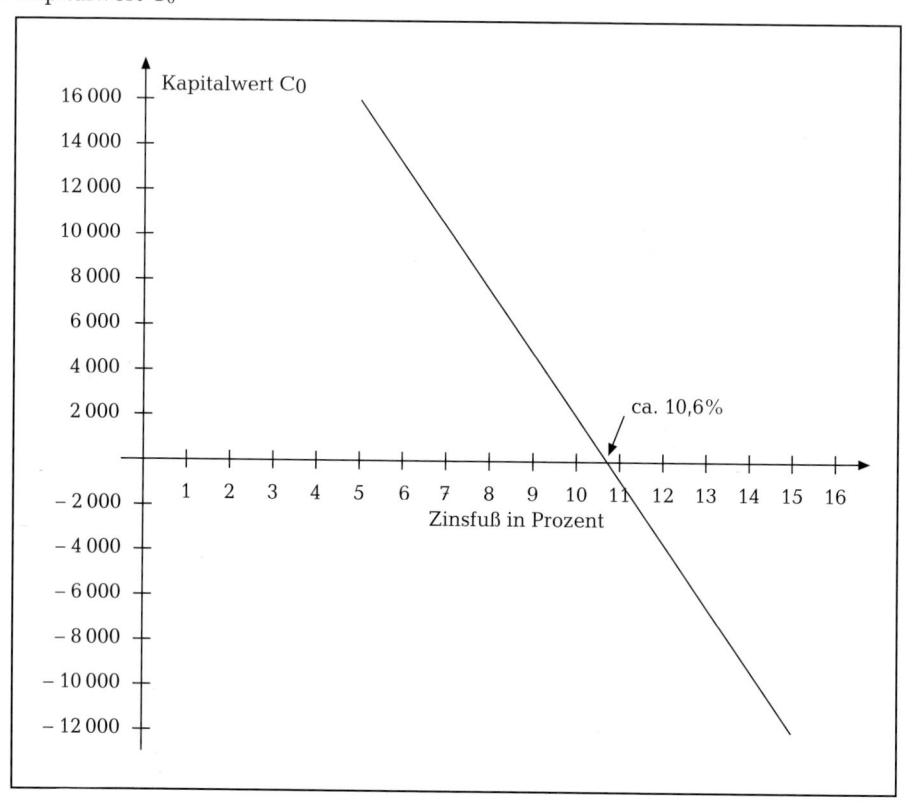

   (Grafik: Kapitalwertkurve schneidet die Zinsfußachse bei ca. 10,6%)

5. Interner Zinsfuß ist bei Produktionsanlage um ca. 4,5% höher als die Verzinsung, die bei einer Anlage in festverzinslichen Wertpapieren erzielt werden kann. Ob letztlich die freie Liquidität zum Kauf der gebrauchten Produktionsanlage verwendet wird, ist von der Einschätzung des Investitionsrisikos, das mit dieser Investition verbunden ist, abhängig.

6. a) Gewünschte Mindestverzinsung wird genau erreicht

   b) Gewünschte Mindestverzinsung wird nicht erreicht

   c) Verzinsung aus dem Investitionsobjekt ist größer als gewünschte Mindestverzinsung

10 Investition, Finanzierung und Kreditsicherung

10.12 PC-EINSATZ: Dynamische Investitionsrechnung: Kapitalwertmethode – Annuitätenmethode – Methode des internen Zinsfußes

Hinweise für Möglichkeiten einer computerunterstützten Lösung einzelner Teilaufgaben mit Hilfe des Programms EUROBWL finden sich auf der CD (siehe S. 5).

	Investitionsalternativen	
	Filialeröffnung	Wertpapieranlage
Kapitalwert (EUR)	38 375	0
Annuität p.a. EUR	9 738	0
interner Zinsfuß %	15,26	8,5
Amortisationsdauer		
– statisch	4,00	5,00
– dynamisch	5,00	5,00

Da der Zinssatz der Wertpapieranlage dem Kalkulationszinsfuß entspricht, ist sowohl der Kapitalwert als auch die Annuität bei der Wertpapieranlage gleich 0.

Bei der Wertpapieranlage wird ein Kursgewinn/-verlust vernachlässigt. Es ist unterstellt, dass die investierten 100 000 EUR nach 5 Jahren in voller Höhe wieder zur Verfügung stehen (Kauf und Verkauf der Wertpapiere zum gleichen Kurs).

Die Filialeröffnung ist vorteilhafter als die Wertpapieranlage.

Kapitalwertmethode

Der Einzelhändler erhält	
bei Filialeröffnung (Kapitalwert 38 375 EUR)	bei Wertpapieranlage (Kapitalwert 0 EUR)
– die investierten 100 000 EUR zurück	– die investierten 100 000 EUR zurück
– eine Verzinsung in Höhe des Kalkulationsfußes von 8,5%	– eine Verzinsung in Höhe des Kalkulationsfußes von 8,5%
– einen zusätzlichen Überschuss, dessen Barwert 38 375 EUR beträgt.	– **keinen** zusätzlichen Überschuss

Annuitätenmethode

Der Einzelhändler erhält	
bei Filialeröffnung (Kapitalwert 38 375 EUR)	bei Wertpapieranlage (Annuität 0 EUR)
– die investierten 100 000 EUR zurück	– die investierten 100 000 EUR zurück
– eine Verzinsung in Höhe des Kalkulationsfußes von 8,5%	– eine Verzinsung in Höhe des Kalkulationsfußes von 8,5%
– einen durchschnittlichen Jahresüberschuss von 9 738 EUR	– **keinen** zusätzlichen Überschuss

Methode des internen Zinsfußes

Der Einzelhändler erhält	
bei Filialeröffnung (interner Zinsfuß 15,26% > Kalkulationszinsfuß 8,5%)	bei Wertpapieranlage (interner Zinsfuß 8,5% = Kalkulationszinsfuß 8,5%)
– die investierten 100 000 EUR zurück	– die investierten 100 000 EUR zurück
– eine Verzinsung in Höhe des Kalkulationsfußes von 8,5%	– eine Verzinsung in Höhe des Kalkulationsfußes von 8,5%
– eine zusätzliche Verzinsung des Kapitals von 6,76%	– keine zusätzlichen Verzinsung des Kapitals

Amortisationsdauer (Wiedergewinnungszeit)	
bei Filialeröffnung	bei Wertpapieranlage
Nach 4 Jahren erreicht die Summe der Einzahlungsüberschüsse (ohne die Erstauszahlung von 100 000 EUR) die Investitionssumme. (Statische Methode)	Nach 5 Jahren erreicht die Summe der Einzahlungsüberschüsse (ohne die Erstauszahlung von 100 000 EUR) die Investitionssumme. Am Ende des 5. Jahres fließen die 100 000 EUR aus dem Wertpapierverkauf in voller Höhe zurück (Statische Methode).
Nach 5 Jahren erreicht die Summe der mit dem Kalkulationszinsfuß abgezinsten Einzahlungsüberschüsse (ohne die Erstauszahlung von 100 000 EUR) die Investitionssumme. (Dynamische Methode)	Die Summe der mit Kalkulationszinsfuß abgezinsten Einzahlungsüberschüsse (ohne die Erstauszahlung von 100 000 EUR) erreichen während der 5-jährigen Anlagedauer nicht die Investitionssumme (Dynamische Methode). Erst am Ende des 5. Jahres wird durch den Verkaufserlös in Höhe von 100 000 EUR die Investitionssumme erreicht.

Grafik: Kapitalwertfunktion

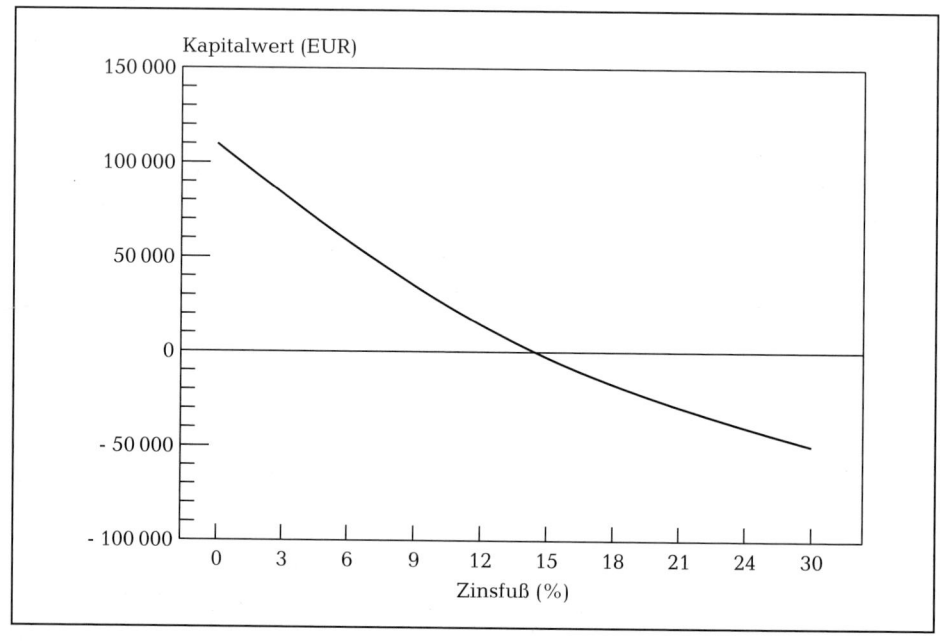

Finanzplanung

10.13 Finanzierung – Investierung

1. | Mittelverwendung | vereinfachte Bewegungsbilanz | Mittelherkunft |
|---|---|---|

Zunahme Anlagevermögen:		**Mittelbeschaffung von außen:**	
Sachanlagen	11,0	1. durch Anteilseigner	4,8
Beteiligungen	1,0	2. druch Dritte (Gläubiger)	12,0
Zunahme Umlaufvermögen:			
Vorräte	5,0	**Mittelbeschaffung von innen:**	1,2
flüssige Mittel	1,0		
	18,0		18,0

10 Investition, Finanzierung und Kreditsicherung

2. Aus der Bewegungsbilanz sind folgende Zahlen ersichtlich.
   aufgebrachte Mittel: 18,0 Mio. EUR
   (Netto-)Investitionen: 17,0 Mio. EUR
   Die Erhöhung der flüssigen Mittel in Höhe von 1,0 Mio. stellt keine Investition dar. Unter dem Begriff **Investition** wird allgemein die Verwendung von finanziellen Mitteln zur Beschaffung von Sachvermögen, immateriellem Vermögen oder Finanzvermögen verstanden. (Vgl. Wöhe. Einführung in die Allgemeine Betriebswirtschaftslehre, 12. Auflage, S. 487).
   In Anlehnung an diesen Investitionsbegriff lässt sich die Aktivseite der Bilanz aufgliedern in einen **Zahlungsbereich** und einen **Investitionsbereich**. Die Aktivseite obiger Bilanz lässt sich danach wie folgt darstellen:

   Mittelverwendung

Zunahme Anlagevermögen:		Investitionsbereich
Sachanlagen	11,0	
Beteiligungen	1,0	
Zunahme Umlaufvermögen:		
Vorräte	5,0	←
flüssige Mittel	1,0	← Zahlungsbereich
	18,0	

3. Bruttoanlageinvestition = Nettoanlageinvestition + Abschreibungen

	=	11	+	2	= 13
Vorratsinvestitionen	=	17	−	12	= 5
Finanzinvestitionen	=	3	−	2	= 1
Nettoinvestition	=	17			

   → Bruttoinvestition 19 Mio. EUR − Abschreibung 2 Mio. EUR
   = Nettoinvestition 17 Mio. EUR

   Die Differenz zwischen der Gesamtsumme der Investitionen (Bruttoinvestition) in Höhe von 19 Mio. EUR und den Nettoinvestitionen in Höhe von 17 Mio. EUR wurde aus Abschreibungsrückflüssen finanziert.

10.14 Kapitalbedarfsrechnung für einen Handelsbetrieb

1. Der kumulierte Kapitalbedarf erreicht am 8. Tag seinen Höchststand; der bis zu diesem Tag aufgelaufene Kapitalbedarf beträgt 137 240 EUR (s. Tabelle S. 244).
2. Abschreibungen sind Aufwendungen, die – z.B. im Gegensatz zu monatlich anfallenden Mietaufwand – nicht auszahlungswirksam sind. Sie haben u.a. die Aufgabe, die mit der Anschaffung verbundenen Anschaffungskosten z.B. für die Geschäftseinrichtung auf deren Nutzungsdauer zu verteilen. Ein Finanzbedarf entsteht so bereits zum Zeitpunkt der Anschaffung.
3. Täglich anfallende Kosten (EUR):

Wareneinsatz (im Durchschnitt von 10 Tagen)	1 200
Geschäftskosten (ohne Miete)	200
Miete (hier im Durchschnitt von 25 Verkaufstagen gerechnet)	160
Abschreibung	50
Tägliche Kosten	1 610
Verkaufserlös	1 740
Tagesgewinn	130

   Die Privatentnahmen übersteigen den Gewinn. Das führt zu einem Substanzverzehr, der zu Liquiditätsschwierigkeiten führen wird.

	0	1	2	3	4	5	6	7	8	9	10	11	12	13	14	15	16	17	18	19	20
I. Einzahlungen			Kundenziel			1,74	1,74	1,74	1,74	1,74	1,74	1,74	1,74	1,74	1,74	1,74	1,74	1,74	1,74	1,74	1,74
II. Auszahlungen Geschäftsausstattung	35																				
Kfz	30																				
Kaution	12																				
Wareneinkauf				Liefererziel					60	–	–	–	–	–	–	–	–	–	12	–	–
Geschäftsausgaben (einschließlich Miete)		4,2	0,2	0,2	0,2	0,2	0,2	0,2	0,2	0,2	0,2	0,2	0,2	0,2	0,2	0,2	0,2	0,2	0,2	0,2	0,2
Privatentnahme		0,2	0,2	0,2	0,2	0,2	0,2	0,2	0,2	0,2	0,2	0,2	0,2	0,2	0,2	0,2	0,2	0,2	0,2	0,2	0,2
Summe der Auszahlungen	77	4,4	0,4	0,4	0,4	0,4	0,4	0,4	60,4	0,4	0,4	0,4	0,4	0,4	0,4	0,4	0,4	0,4	12,4	0,4	0,4
III. Mittelbedarf (–)	77	4,4	0,4	0,4	0,4				58,66												
Mittelfreisetzung (+) je Tag (I – III)						1,34	1,34	1,34		1,34	1,34	1,34	1,34	1,34	1,34	1,34	1,34	1,34	1,34	1,34	1,34
IV. Kumulierter Mittelbedarf	77	81,4	81,8	82,2	82,6	81,26	79,92	78,58	137,24	135,9	134,56	133,22	131,88	130,54	129,2	127,86	126,52	125,18	135,84	134,5	133,16

10 Investition, Finanzierung und Kreditsicherung

10.15 Kapitalbedarfsrechnung für einen Fertigungsbetrieb

1. Kapitalbedarf für die Herstellung der Betriebsbereitschaft (EUR)

Fertigungsband	1 000 000 EUR
Trocknungskessel	100 000 EUR
Silo	80 000 EUR
Verpackungsmaschine	300 000 EUR
Eiserner Bestand $(1400 + 600) \cdot 22 \cdot 3 =$	132 000 EUR
Einführungswerbung	388 000 EUR
Summe	2 000 000 EUR

Eiserner Bestand:
Hartweizengries:	22 t für 3 Tage zu 1 400 EUR =	92 400 EUR
Eizusatz:	22 t für 3 Tage zu 600 EUR =	39 600 EUR
		132 000 EUR

2. s. Tabelle S. 246

3. s. Tabelle S. 246

10.16 Finanzplanung – Finanzielles Gleichgewicht

1.

Kapitalfluss (EUR) \ Tag	1	2	3	4	5
Mittelbedarf des Vortages		102 000	103 000	104 500	102 000
Ausgaben für Investitionen	100 000				
laufende Ausgaben	2 000	1 000	1 500	2 000	1 000
	102 000	103 000	104 500	106 500	103 000
Rückfluss	–	–	–	4 500	–
neuer Mittelbedarf	102 000	103 000	104 500	102 000	103 000

Kapitalfluss (EUR) \ Tag	6	7	8	9	10
Mittelbedarf des Vortages	103 000	104 500			
Ausgaben für Investitionen	–	–			
laufende Ausgaben	1 500	2 000			
	104 500	106 500			
Rückfluss	–	4 500			
neuer Mittelbedarf	104 500	102 000			

2.
Höchster Kapitalbedarf	104 500 EUR
– eigene Mittel	90 000 EUR
Erforderlicher Kredit (Spitze)	14 500 EUR

2.

Auszahlungen für \ Tag	1	2	3	4	5	6	7	8	9	10	11	12	13	14	15	16	17	18	19	20
Herstellung der Betriebsbereitschaft	2000																			
Laufende Betriebstätigkeit:																				
• Fertigungsmaterialkosten	5	5	5	5	5	5	5	5	5	5	5	5	5	5	44	44	44	44	44	44
• Materialgemeinkosten														5	5	5	5	5	5	5
• Fertigungskosten (Fertigungslöhne, Fertigungsgemeinkosten)					5	5	5	5	5	5	5	5	5	5	5	5	5	5	5	5
• Verwaltungs- und Vertriebsgemeinkosten	10	10	10	10	10	10	10	10	10	10	10	10	10	10	10	10	10	10	10	10
Summe: Tageskapitalbedarf	2015	15	15	15	15	20	20	20	20	20	20	20	20	20	64	64	64	64	64	64
Kapitalbedarf des Vortages	–	2015	2030	2045	2060	2075	2095	2115	2135	2155	2175	2195	2215	2235	2255	2319	2383	2447	2511	2515
+ Auszahlungen des laufenden Tages	2015	15	15	15	15	20	20	20	20	20	20	20	20	20	64	64	64	64	64	64
– Rückfluss (Einzahlungen)																			60	60
Neuer Stand des Kapitalbedarfs	2015	2030	2045	2060	2075	2095	2115	2135	2155	2175	2195	2215	2235	2255	2319	2383	2447	2511	2515	2519

Lagerung Material: Tage 1–5
Produktion: Tage 6–9
Fertiglager: Tage 10–13
Kundenziel: Tage 14–18
14 Tage Lieferziel

3.

	Lagerdauer Material	Fertigungs-dauer	Lager Fertigprodukte	Kundenziel	Lieferziel	Tage insgesamt	ausgaben-wirksame Kosten je Tag	Summe der täglichen finanziellen Vorleistungen
Fertigungsmaterialkosten	5	3	5	5	–14	4	44	176
Materialgemeinkosten	5	3	5	5	–	18	5	90
Fertigungskosten	–	3	5	5	–	13	5	65
Verwaltungs- und Vertriebsgemeinkosten	5	3	5	5	–	18	10	180
Ausgabenwirksame Kosten für die laufende Betriebstätigkeit								511
Ausgaben zur Herstellung der Betriebsbereitschaft								2000
(Höchst-) Kapitalbedarf (am 18. Tag)								**2511**

10 Investition, Finanzierung und Kreditsicherung

3. Im Falle einer Absatzverzögerung von 6 Tagen fällt der Verkauf des ersten Stücks auf den 10. Tag usw. Damit ist der Finanzplan vom 4. Tag an zu korrigieren:

...	4	5	6	7
neuer Mittelbedarf	106 500	107 500	109 000	111 000

4. Der tägliche Mittelbedarf verringert sich während der ersten 12 Tage um jeweils 4 700 EUR.

10.17 Kurzfristiger Finanzplan

1.

	Einnahmen	Ausgaben	Kontostand
Kontostand **Anfang Januar:**			+ 150 000
alte Forderungen	100 000		
alte Verbindlichkeiten		200 000	
Vkf. alte FE 100 000 (Herst.Ko) + 15 000 (15% Vw. + Vt.G Ko.) + 23 000 (20% Gewinn)	138 000		
Herstellungsausgaben (ohne Rohstoffe wegen Ziel)		65 000[1]	
Kontostand **Anfang Februar:**			+ 123 000
alte Forderungen	300 000		
alte Verbindlichkeiten		600 000	
Vkf. alte FE	138 000		
Herstellungsausgaben		85 000	
Kontostand **Anfang März:**			– 124 000
alte Forderungen	200 000		
alte Verbindlichkeiten		500 000	

Vkf. neue FE
  selbstko.   100 000
  + Gewinn   20 000
	120 000		

Herstellungsausgaben		85 000	
Kontostand **Anfang April:**			– 389 000
Vkf. neue FE	120 000		
Herstellungsausgaben		85 000	
			– 354 000

2. Ab März muss Kredit bereitstehen. Die bisherige Zahlungsfähigkeit kann gefährdet sein; Entscheidung, ob lang- oder kurzfristiger Kredit, je nach Entwicklung.

---

[1] FL + MGK + FGK + VWVtGK – nicht ausg. wirksam = 65 000
  15 000 10 000 40 000 15 000 15 000

10.18 Langfristiger Finanzplan

	lfd. Jahr	nächstes Jahr	übernächstes Jahr
Ausgaben:			
Investitionsreste	450 000	450 000	–
Sortimentserweiterung Ansch. Ausg.	150 000	–	–
Fertig. Aufw. (monatl., 272 000)	3 264 000	3 264 000	3 264 000
Beteiligung		500 000	
Vorräte	600 000	600 000	600 000
alte Kredite	180 000	80 000	30 000
Zahlungsverkehr	5 000 000	5 000 000	5 000 000
Jahresgewinn alt	400 000	400 000	400 000
neu 500 · 300 = 150 000 · 12 =	1 800 000	1 800 000	1 800 000
Neu-Kredit-Tilgung		70 000	70 000
Verzinsung	14 000	14 000	7 000
	11 858 000	12 178 000	11 171 000

	lfd. Jahr	nächstes Jahr	übernächstes Jahr
Einnahmen:			
Verk. bisheriges Sortiment	4 000 000	4 000 000	4 000 000
Festgelder		500 000	
Anlagenveräußerung	100 000		
Lieferer-Kredite	300 000	300 000	300 000
Neukredit	140 000		
Altkredite	1 500 000	2 000 000	1 500 000
Absatz Sort. Erweiterung (300 · 1 500) = 450 000 · 12	5 400 000	5 400 000	5 400 000
	11 440 000	12 200 000	11 200 000

Die Abgrenzung der Begriffe **Finanzplanung** und **Kapitalbedarfsrechnung** ist nicht immer eindeutig. Die Finanzplanung dient erstens der Aufrechterhaltung des finanziellen Gleichgewichts eines Unternehmens und soll zweitens verhindern, dass sich zeitweise zu hohe liquide Mittel in eine Unternehmen ansammeln (Wöhe: Einführung in die Allgemeine Betriebswirtschaftslehre, 12. Aufl., S. 541). Im Finanzplan werden demnach »*zeitpunktgenaue Zahlungsströme*« abgebildet. Unter Kapitalbedarfsrechnung wird allgemein die Ermittlung des Finanzbedarfs zur Durchführung der verschiedenen unternehmerischen Teilpläne **einer Periode** verstanden (Gablers Wirtschaftslexikon, S. 2743).

10.19 Cashflow

1. Tilgung 1 Mio. EUR (in fünf Raten)	200 000 EUR
+ Zins für 1 Mio EUR zu 10%	100 000 EUR
Benötigte flüssige Mittel am Ende des 1. Jahres	300 000 EUR

10 Investition, Finanzierung und Kreditsicherung

2. a)

Bilanzgewinn		140 000 EUR
+ Zuführung zu Gewinnrücklagen		160 000 EUR
+ Aufwendungen, nicht Ausgaben		
Abschreibung	80 000	
Zuführung zu den Pensionsrückst.	44 000	124 000 EUR
Verfügbare flüssige Mittel (Cashflow)		424 000 EUR

b) $\dfrac{100 \cdot 424\,000}{1\,420\,000} = 29{,}9\%$ (Cashflow)

c) Der Investitionskredit könnte bei den gegebenen Bedingungen auch ohne Umsatzerhöhung aus dem Cashflow verzinst und getilgt werden.

Außenfinanzierung

Eigenfinanzierung – Beteiligungsfinanzierung

10.20 Eigenfinanzierung bei Einzelunternehmung und Kommanditgesellschaft

1.

Aktiva	Übernahmebilanz Alternative A		Passiva
Vermögen	1 000 000	**Eigenkapital:**	400 000
		Fremdkapital:	
		Darlehen (Bruder)	200 000[1]
		Bankschulden	400 000
	1 000 000		1 000 000

Aktiva	Übernahmebilanz Alternative B		Passiva
Vermögen	1 000 000	**Eigenkapital:**	
		Komplementär	400 000
		Kommanditist	200 000
		Fremdkapital:	
		Bankschulden	400 000
	1 000 000		1 000 000

2. Kommt auf Einschätzung der Geschäftsentwicklung an.
   Pessimistisch: Alternative B (kein Liquiditätsentzug durch Zinsverpflichtungen)
   Optimistisch: Alternative A (Zins- und Tilgungsverpflichtungen sind mit der Geschäftsentwicklung vereinbar)
   – Hebelwirkung des Darlehens für die Eigenkapitalrendite
   – bei Entscheidung für KG eventuell nachteilig: Kontrollrecht des Kommanditisten

---

[1] Berechnung:
Reinvermögen des Bauunternehmens: 1 000 000 – 400 000   = 600 000 EUR
Anteil jedes Sohnes (1/2)   = 300 000 EUR
Der Handwerker schuldet seinem Bruder zunächst 300 000 EUR.
Darlehen des Studenten = 300 000 EUR – 100 000 EUR Barauszahlung aus privaten Mitteln = 200 000 EUR

3. $\dfrac{1\,000\,000 = 100\,\%}{600\,000 = x}$

$$= \dfrac{100 \times 600\,000}{1\,000\,000} = \underline{\underline{60\,\%\ \text{Eigenkapital}}}$$

$$\underline{\underline{40\,\%\ \text{Fremdkapital}}}$$

4. Die Eigenkapitalquote des Unternehmens ist überdurchschnittlich hoch. Die hohe Quote von 60% lässt erkennen, dass Unternehmer/Gesellschafter bereit sind sich selbst am Risiko des Unternehmens zu beteiligen. Das hohe Eigenkapital trägt das Risiko im Falle des Verlustes und verringert damit als eine Art Puffer ganz wesentlich die Gefahr der Insolvenz. Damit eng verbunden ist die »aquisitorische Wirkung« des Eigenkapitals: Je größer der Verlustpuffer, desto geringer ist das Risiko von Vermögensverlusten der Gläubiger und desto einfacher ist die Beschaffung von zusätzlichem Fremdkapital.

10.21 Beteiligungsfinanzierung bei der AG: Kapitalerhöhung gegen Einlagen – Bezugsrecht – Vorzugsaktie – Kapitalrücklage – Bilanzkurs – Bookbuilding

1. Das Bankenkonsortium übernimmt die Platzierung der Aktien. Grund: Kreditinstitute besitzen die Kapitalmarkterfahrung und die Vertriebsorganisation, die für das Gelingen einer Emission erforderlich sind. Der Zweck eines Konsortiums besteht oft nicht allein in der Unterbringung der Aktien, sondern umfasst auch zusätzliche Aufgaben wie z.B.: Börseneinführung und Kurspflege.

2. Der Ausgabekurs wird so durch den Markt mitbestimmt. Damit werden die jungen Aktien zum **Marktpreis** ausgegeben; das emittierende Unternehmen ist damit von der Festsetzung eines spekulativen Ausgabekurses entbunden. (Bookbuilding-Verfahren: Vorgabe nicht eines festen Ausgabekurses, sondern einer Kursbandbreite.)

Vor- und Nachteile des **Bookbuilding-Verfahrens:**

Vorteile	Nachteile
• Da die Preisbildung erst während der Zeichnungsphase durch die Anleger erfolgt, ist eine Überbewertung und anschließender Kurssturz an der Börse nicht sehr wahrscheinlich.	• Hoher Aufwand für das Konsortium, da durch Befragung von möglichen Großanlegern eine Preisspanne festgelegt werden muss, die realistisch und marktnah ist.
• Eine Streuung der Aktien ist möglich. Bonitätsmäßig einwandfreie institutionelle Anleger, die eine langfristige Anlagestrategie verfolgen, können bevorzugt werden. Spontane Verkäufe in der Anfangsphase (Gewinnmitnahmen/Angstverkäufe) unterbleiben weitgehend. Der Anfangskurs bewegt sich in ruhigen Bahnen (vgl. Ausgabe der Aktien der Telekom im Jahre 1996).	• Private Anleger werden bei der anfänglichen Festlegung des Spannungspreises nicht berücksichtigt und bei der Zuteilung benachteiligt.

10 Investition, Finanzierung und Kreditsicherung

Vor- und Nachteile einer **Festpreisemission:**

Vorteile	Nachteile
• Für die Banken im Vergleich zum Bookbuilding-Verfahren einfach, schnell und kostengünstig. • Alle Anlegergruppen werden bei der Zuteilung gleich behandelt. Es werden i.d.R. keine Unterschiede zwischen privaten und institutionellen Anlegern gemacht.	• Der Emissionspreis wird zwischen Bankenkonsortium und Aktiengesellschaft vereinbart. Da das Emissionsgeschäft für die Banken üblicherweise sehr lukrativ ist, herrscht großer Wettbewerb. Gewöhnlich erhält das Konsortium den Auftrag zum Verkauf der Aktien (Platzierungsauftrag), das den höchsten und somit für die AG einträglichsten Kurs vorschlägt. Die hohen Emissionskurse für die jungen Aktien konnten in der Vergangenheit an der Börse oft nicht gehalten werden. Die Anleger erlitten Verluste, das Ansehen von Bank und AG litt.

3. a) 25 Mio. EUR ($1/4$ von 100 Mio. EUR)

   b) Die Zahl der Aktien muss im gleichen Verhältnis wie das Grundkapital erhöht werden, 10 Mio. neue Stückaktien.

   c) 41 Mio. EUR flüssige Mittel (10 Mio. Stückaktien à 4,10 EUR = 41 Mio. EUR).

4. a) 12 Mio. EUR;

   b) 9,6% (125 Mio. EUR = 100%
      12 Mio. EUR =   x %)

5. a) Ja. Für Kapitalerhöhung ist Mehrheit von $3/4$ des Grundkapitals nötig; § 182 AktG; der Aktionär hat Sperrminorität.

   b) 24%; Aktienbesitz: 30% von 40 Mio. Aktien = 12 Mio. Aktien; bezogen auf die Anzahl der Stückaktien nach der Kapitalerhöhung (50 Mio. Stück) sind dies 24%.

   c) Erhaltung von Mehrheitsverhältnissen, Erhaltung der Beteiligungen an den stillen Reserven und den Erfolgsaussichten.

6. a)

	Grundkapital	Rücklagen- summe	Eigenkapital	Bilanzkurs
Vor der Kapitalerhöhung	100 Mio. EUR	80 Mio. EUR	180 Mio. EUR	180%
Nach der Kapitalerhöhung	100 Mio. + 25 Mio. = 125 Mio. EUR	80 Mio. + 16 Mio.[1] = 96 Mio. EUR	221 Mio. EUR	176,8%

   b) Kapitalrücklage

   c) Mit Verwässerung des Eigenkapitals ist der auf eine Aktie entfallende Eigenkapitalanteil gemeint; zu einer Verwässerung kommt es, weil der Ausgabekurs der jungen Aktien unter dem bisherigen Bilanzkurs liegt; damit werden die vorhandenen Rücklagen auf eine größere Zahl von Aktien verteilt, was zu einem niedrigen Bilanzkurs (Verwässerungseffekt) führt;

---

[1] Wertmäßiger Anteil einer Aktie am Grundkapital: 2,50 EUR $\left(\frac{125 \text{ Mio. GK (neu)}}{50 \text{ Mio. Aktien}}\right)$; Agio: 10 Mio. neue Aktien à 1,60 EUR/Aktie = 16 Mio. EUR

d) wertmäßiger Anteil einer Aktie am Grundkapital: 2,50 EUR;
   tatsächliches Eigenkapital pro Aktie bei Bilanzkurs 176,8 %: 4,42 EUR
   Ausgabekurs: 4,10 EUR

   »Preisvorteil«: 0,32 EUR

e) 0,32 EUR auf 4 alte Aktien → 0,08 EUR/Aktie

f) Formel: $B = \dfrac{4{,}50 - 4{,}10}{4/1 + 1} = 0{,}08$ EUR

   Hinweis:
   Ableitung der Formel für den rechnerischen Wert eines Bezugsrechts (über die Zahlen des Beispiels):

Durchschnittskurs nach Kap.-Erhöhung:	4 alte Aktien à 4,50 EUR	= 18,00 EUR
	1 junge Aktie à 4,10 EUR	= 4,10 EUR
	5 Aktien	= 22,10 EUR
	1 Aktie	= 4,42 EUR
	(siehe auch Berechnung nach Bilanzkurs)	

Durchschnittskurs	D	=	4,42 EUR
− Bezugskurs der jungen Aktien −	K_n	=	4,10 EUR
= Kursgewinn einer jungen Aktie			0,32 EUR (siehe d)

   Preis dafür: 4 Bezugsrechte à 0,08 EURO (siehe e) 0,32 EURO

   I: Kursverlust f. eine Altaktie: $B = K_a - D = 4{,}50 - 4{,}42$ EUR $= 0{,}08$ EUR

   II: Kursgewinn f. eine junge Aktie: $B = \dfrac{D - K_n}{a/n} = \dfrac{4{,}42 - 4{,}10}{4/1} = 0{,}08$ EUR

   aus Gleichung II ergibt sich III: $B \times a/n = D - K_n$

   Summe I u. III: $B + B \times a/n = K_a - K_n$

   $B (1 + a/n) = K_a - K_n$

   $B = \dfrac{K_a - K_n}{a/n + 1}$

7.
   a) Aktionär **Eichhorn** besitzt **vor der Kapitalerhöhung**
      100 Aktien à 4,50 EUR = 450,00 EUR

      Nach der Kapitalerhöhung sinkt der rechnerische Wert seiner Aktien auf
      100 Aktien à 4,42 EUR = 442,00 EUR
      zusätzlich: Einräumung von 100 Bezugsrechten à 0,08 EUR/Aktie
      =   8,00 EUR
      Gesamtwert nach Kapitalerhöhung = 450,00 EUR

      Durch Verkauf der Bezugsrechte zum rechnerischen Bezugsrechtswert wird der Kursverlust vollständig ausgeglichen.
   b) Mit seinen 100 Bezugsrechten kann er 25 junge Aktien zum Kurs von 4,10 EUR erwerben.
      25 junge Aktien × 4,10 EUR = 102,50 EUR

8. a) Sinkt die allgemein mögliche Dividende unter 12%, dann stellen sich die Stammaktionäre schlechter. Ihre Dividende wird zu Gunsten der Vorzugsaktionäre gekürzt.
   b) Für die Geschäftsleitung hat die Vorzugsaktie Vorteile: Dividendenzahlung nur bei Gewinn, keine Rückzahlungspflicht des zugeflossenen Kapitals wie etwa im Falle einer Fremdfinanzierung;
   c) Aktienkäufer können ihre Chancen nur beurteilen, wenn sie wissen, ob bevorrechtigte Ansprüche auf den Gewinn bestehen.

10 Investition, Finanzierung und Kreditsicherung

10.22 Genehmigtes Kapital

1. Der Zeitpunkt für die Verwendung des neuen Kapitals steht noch nicht fest. Bis zur Verwendung müssten die Finanzmittel u.U. mit ungünstiger Verzinsung vorübergehend angelegt werden.

2. a) Der Ausgabekurs junger Aktien liegt regelmäßig über der wertmäßigen Beteiligung am Grundkapital um von Neuaktionären einen Beitrag zu den bereits angesammelten stillen Reserven zu erlangen. Niedrigeres Nominalkapital macht bei gegebenem Dividendensatz auch einen geringeren zu erwirtschaftenden Dividendenbetrag erforderlich.

   b) Zweckmäßig, weil es Ausnutzung der Marktsituation ermöglicht; unbedenklich, weil nach § 204 (1) AktG Kontrolle durch Aufsichtsrat.

3. Nach § 202 AktG Satzungsänderung. Mehrheit, die mindestens $3/4$ des bei der Beschlussfassung in der Hauptversammlung vertretenen Grundkapitals umfasst.

4. a) Bei einem Nennwert von 20 EUR müsste der Ausgabekurs auf 30 EUR/Aktie festgesetzt werden.

   b) – **Lebensmittelhandels-AG** soll Publikumsgesellschaft werden
       – niedriger Ausgabekurs bedeutet Kaufanreiz auch für Kleinsparer

   c) $3 \cdot x = 12$ Mio. $x = 4\,000\,000$ Aktien à 2 EUR Nennwert
      erforderliche Nennwerthöhe 8 Mio. EUR; unter Berücksichtigung von Emissionskosten ist höherer Nennbetrag als 8 Mio. EUR erforderlich.

10.23 Kapitalerhöhung aus Gesellschaftsmitteln – Berichtigungsaktien

Hinweise für Möglichkeiten einer computerunterstützten Lösung einzelner Teilaufgaben mit Hilfe des Programms EUROBWL finden sich auf der CD (siehe S. 5).

1. **Hinweis:** Die Begriffe »Gezeichnetes Kapital« und »Grundkapital« lassen sich in dieser Aufgabe synonym verwenden, weil es sich bei der **zusammengefassten Bilanz** nicht um eine zu veröffentlichende Handelsbilanz handelt.

   Gesetzliche Grundlagen: §§ 207, 182, 284 u. 208 AktG;

   Nach § 208 AktG Abs. 1 Satz 2 können andere Gewinnrücklagen und deren Zuführungen in voller Höhe in Grundkapital umgewandelt werden; die Kapitalrücklage und die gesetzliche Gewinnrücklage nur, soweit sie zusammen den zehnten oder den in der Satzung bestimmten höheren Teil des bisherigen Grundkapitals übersteigen. Ein Gewinnvortrag muss zuerst in Rücklagen umgewandelt werden und ist erst dann umwandlungsfähig.

   Im vorliegenden Fall demnach:

andere Gewinnrücklagen (volle Höhe)		1,6 Mio. EUR
Kapitalrücklage	0,2 Mio. EUR	
gesetzliche Rücklage	0,6 Mio. EUR	
	0,8 Mio. EUR	
– 10% aus 4,0 Mio. EUR	0,4 Mio. EUR	
umwandlungsfähiger Teil der gesetzlichen Rücklage und der Kapitalrücklage		0,4 Mio. EUR
		2,0 Mio. EUR

   Hinweis: Das AktG enthält keine Vorschriften, welche Rücklagen (Gewinn- oder Kapitalrücklagen) zuerst umgewandelt werden müssen; demnach sind bei nicht vollständiger Umwandlung unterschiedliche Lösungen möglich.

2. a) gezeichnetes Kapital (4,0 Mio. EUR) : Kapitalerhöhung (2,0 Mio. EUR) = 2 : 1

   b) Aktiva   Bilanz nach der Kapitalerhöhung   Passiva

Anlagevermögen:		Eigenkapital:	
Grundstücke und Gebäude	5,0	Grundkapital	
Maschinen,		(gezeichnetes Kapital)	6,0
Geschäftsausstattung	6,0	gesetzliche Rücklage	0,4
Umlaufvermögen:		Gewinnvortrag	0,01
Vorräte	1,5	**Fremdkapital:**	
Forderungen	2,5	Darlehenschulden	6,8
flüssige Mittel	0,1	Verbindlichkeiten geg. Lieferer	1,89
	15,1		15,1

3. **Bilanzkurs vor der Kapitalerhöhung:**
   Grundkapital (= gezeichnetes Kapital)   4   Mio. = 100 %
   Eigenkapital   6,41 Mio. = x   x = 160,25 %

   Bilanzkurs nach der Kapitalerhöhung:
   Grundkapital (= gezeichnetes Kapital)   6   Mio. = 100 %
   Eigenkapital   6,41 Mio. = x   x = 106,83 %

4. Letztjähriger Dividendenbetrag:
   800 000 EUR auf Grundkapital von 4 Mio. EUR   = 20 %
   Diesjähriger Dividendenbetrag:
   800 000 EUR auf Grundkapital von 6 Mio. EUR   = 13,28 %
   demnach 13 % Dividende

5. Eigenkapital vor der Kapitalerhöhung = Eigenkapital nach der Kapitalerhöhung (6,41 Mio.); Aktionäre leisten keinen Kaufpreis für die »Gratisaktien«, jedoch wird bislang unverbrieftes Eigenkapital (= Rücklagen) in Aktien verbrieft; da die Summe des Eigenkapitals unverändert ist, die Zahl der Aktien jedoch steigt, ist der auf eine Aktie entfallende Eigenkapitalanteil geringer (sinkender Kurs); damit haben sich die Vermögenswerte der Aktionäre durch die Kapitalerhöhung aus Gesellschaftsmitteln nicht verändert; treffenderer Ausdruck für Gratisaktien: Berichtigungsaktien, da den Altaktionären nichts geschenkt wird.

6. a) 80 000 Aktien$_{alt}$ à 81 EUR Kurswert   = 6 480 000 EUR
     + 40 000 Aktien$_{neu}$ à 0 EUR   =   0 EUR
     ───
       120 000 Aktien   = 6 480 000 EUR
       Kurs pro Aktie   =   54 EUR

   Hinweis: Aufgrund des Bilanzkurses errechnet sich folgender Kurs: Eigenkapital 6,41 Mio. EUR : 120 000 Aktien = 53,41 EUR; dies entspricht ≈ 106,83 % (s. Ziffer 3);

   b) Bezugsrechtsformel: $B = \dfrac{K_a - K_n}{a/n + 1}$

   $$B = \dfrac{81 - 0}{2/1 + 1} = 27{,}00 \text{ EUR}$$

   c) Der neue Durchschnittskurs liegt bei umgerechnet 54,00 EUR;
   (Kurs$_{alt}$ 81 − Wert Bezugsrecht 27);
   andere Berechnungsmöglichkeit siehe 6. a);
   vom Vorstand angestrebtes Ziel wurde damit erreicht;

10 Investition, Finanzierung und Kreditsicherung

d) – Erschließung neuer Käuferschichten (Publikums-AG);
 – Schaffung einer günstigen Ausgangssituation zur Durchführung einer Kapitalerhöhung gegen Einlagen (niedriger Kurs bewirkt u.U. höhere Nachfrage);
 – Dividendenoptik (niedrigerer Kurs führt bei unverändertem Dividendensatz zu höherer Effektivverzinsung); oder: um den gleichen Dividendenbetrag auszuschütten, kann ein geringerer Dividendensatz beschlossen werden bzw. bei gleichem Dividendensatz wird ein höherer Dividendenbetrag ausgeschüttet (= Tiefstapelei für publikumsscheue Gesellschaften);

e) Herabsetzung des Nennwerts einer Aktie von 50 EUR auf einen niedrigeren EUR-Betrag (Mindestnennbetrag: 1 EUR – § 8 (2) AktG); Umstellung von Nennbetragsaktien auf Stückaktien (wobei Zahl der Stückaktien Zahl der bisherigen Nennbetragsaktien übersteigen müsste);

7. a) **Christa Mustermann** würde aufgrund ihres Besitzes von 39 Aktien 19,5 Berichtigungsaktien erhalten. Um 20 Berichtigungsaktien zu bekommen, müsste sie jedoch im Besitz von 40 Aktien sein. Will sie ihre »Spitze« abrunden, so müsste sie demnach noch 1 Bezugsrecht kaufen. Unter der Voraussetzung, dass der Kaufpreis eines Bezugsrechtes dessen rechnerischem Wert entspricht, müsste sie dafür 27,00 EUR (vgl. 6. b) aufwenden. Der Betrag von 27,00 EUR plus die Spitze von 0,5 Aktien ergeben zusammen wieder 54,00 EUR.

b) Die Bank verkauft die freie Spitze (1 Bezugsrecht) zum aktuellen Preis (eventuell 27,00 EUR – je nach Börsensituation); damit erhält die Aktionärin lediglich 19 Berichtigungsaktien zuzüglich des Verkaufserlöses aus dem Bezugsrecht, abzüglich Verkaufsspesen.

10.24 Kauf eigener Aktien – Kapitalerhöhung mit Ausschluss des Bezugsrechts

1. ad Ⓐ: Tritt die Aktiengesellschaft selbst als Anbieter oder Nachfrager für ihre Aktien auf, so kann sie dadurch unerwünschte Kursausschläge nach oben oder nach unten verhindern. Im Interesse einer »Dividendenoptik« hat sie damit Einfluss auf die Effektivverzinsung ihrer Papiere (siehe auch unten Punkt 3).
ad Ⓑ: Ist der Zinssatz für Fremdkapital niedriger als die in diesem Unternehmen erzielbare Rentabilität des Gesamtkapitals, so führt die Aufnahme von Fremdkapital bzw. der Ersatz von Eigen- durch Fremdkapital zu einer Erhöhung der Rentabilität des Eigenkapitals (= Leverage-Effekt). Vgl. hierzu auch die Aufgaben 10.57 und 10.58
ad Ⓒ: Der Rückkauf eigener Aktien durch die AG ist wegen der höheren Nachfrage in aller Regel mit einer Kurssteigerung verbunden. Bei den Aktionären, die aus ihrem Bestand Aktien verkaufen, entsteht dadurch ein Gewinn, den man als alternative Dividendenzahlung ansehen kann. Wenn die Aktionäre die Aktien nicht innerhalb der steuerlich bedeutsamen Spekulationsfrist verkaufen, dann führt dies zu keiner steuerlichen Belastung für den Aktionär. Wegen der Verringerung der sich im Umlauf befindlichen Aktien erhöht sich andererseits auch der Gewinn pro Aktie. Der Rückkauf eigener Aktien trägt damit in besonderer Weise dem Shareholder-Value-Gedanken Rechnung.

Weitere Ziele:
– eigene Aktien sollen als Belegschaftsaktien an Mitarbeiter verkauft werden (Vorzugskurs).
– Beschaffung einer »Akquisitionswährung« für eine eventuelle Übernahme anderer Unternehmen
– Erschwerung »feindlicher« Übernahmen (gestiegener Kurs macht Übernahme teurer)

2. Nein. Aus eigenen Aktien stehen der Gesellschaft keine Rechte zu (§ 71 b AktG).

3.
Konto	Soll/EUR	Haben/EUR
eigene Aktien an Bank	5 Mio.	5 Mio.

4. Gem § 272 (4) i.V.m. § 71 (2) AktG ist eine Rücklage in Höhe des auf der Aktivseite ausgewiesenen Betrages der eigenen Aktien zu bilden (entsprechend der Zahlen unter 3. wären dies 5 Mio EUR). Falls bereits Gewinnrücklagen vorhanden sind, so könnten diese entsprechend aufgelöst bzw. umgebucht werden (Buchungssatz: Gewinnrücklagen an Rücklagen für eigene Aktien 5 Mio. EUR). Andernfalls müsste aus dem Jahresüberschuss des laufenden Geschäftsjahres eine Rücklage für eigene Anteile gebildet werden. Die damit verbundene Ausschüttungssperre ginge letztlich zu Lasten einer möglichen Dividendenausschüttung. Aus dieser Sichtweise wären die Bedenken des Sprechers berechtigt.

5. a) 3/4-Mehrheit des bei der Beschlussfassung vertretenen Grundkapitals erforderlich.

   b) Die genehmigte bezugsrechtsfreie Kapitalerhöhung ermöglicht dem Vorstand bei der Platzierung der Aktien die Ausnutzung günstiger Kapitalmarktsituationen. Für den Fall, dass eine Ausgabe der neuen Aktien nahe dem Börsenkurs erfolgen kann, wäre die Kapitalverwässerung und damit der rechnerische Wert des Bezugsrechts ohnedies gering, sodass dessen Ausschluss für die Aktionäre kaum Folgen hat. Für die Aktiengesellschaft ist eine solche Ausgabe besonders vorteilhaft, weil ein hohes Aufgeld (Agio) erzielt werden kann. Wird eine solche Kapitalerhöhung ohne Ausschluss des Bezugsrechts durchgeführt, ist ein Vorlauf von bis zu 50 Tagen erforderlich. Demgegenüber führt der Bezugsrechtsausschluss dazu, dass die Transaktionen in zwei bis maximal elf Tagen abgewickelt werden können.

6. Der Großaktionär kann zum Erhalt seiner Stimmrechtsquote in der Hauptversammlung jederzeit die entsprechende Anzahl von Aktien über die Börse hinzu kaufen.

10.25 Bedingtes Kapital – Belegschaftsaktien

1. Vorteile: Kein Liquiditätsentzug;
   Gewinn wird in Grundkapital umgewandelt;
   engere Bindung der Belegschaftsmitglieder an das Unternehmen;
   Ansporn für die Belegschaftsmitglieder mitzuhelfen, dass Gewinne erwirtschaftet werden, weil sie an diesen als Anteilseigner beteiligt sind.

2. Die Barausschüttung ist für die Arbeitnehmer interessant, die das Geld für dringende Anschaffungen benötigen.
   Sie wird auch von denen vorgezogen werden, die kein Interesse an unternehmerischen Gesichtspunkten haben.
   Wer risikoorientiert ist, wird Belegschaftsaktien vorziehen, weil sie die Chance der Teilhabe am Produktivvermögen mit allen Möglichkeiten und Risiken bieten. Die Belegschaftsaktie ist als Vermögensbildung zu betrachten und hat damit auch Vorsorge-Aspekte. Sie erhöht die wirtschaftliche Unabhängigkeit des Eigentümers, weil sie ihm Verwertungsmöglichkeiten neben seiner Arbeitskraft bietet.

3. a) Nach § 199 AktG entscheidet der Vorstand allerdings »nur in Erfüllung des im Beschluss über die bedingte Kapitalerhöhung festgesetzten Zwecks«.

   b) Die Bedingung ist, dass Arbeitnehmer der Gesellschaft neue Aktien gegen Einlage von Geldforderungen beziehen, »die den Arbeitnehmern aus einer ihnen von der Gesellschaft eingeräumten Gewinnbeteiligung zustehen«. (§ 192 Abs. 2, 3 AktG).

10 Investition, Finanzierung und Kreditsicherung

4. Bei der bedingten Kapitalerhöhung soll die Kapitalerhöhung nur soweit durchgeführt werden, wie von einem Umtausch- oder Bezugsrecht Gebrauch gemacht wird, das die Gesellschaft auf die neuen Aktien einräumt (§ 192 Abs. 1 AktG).

Beim genehmigten Kapital wird der Vorstand durch Satzung oder qualifizierten Hauptversammlungsbeschluss für höchstens fünf Jahre nach Eintragung ermächtigt, das Grundkapital bis zu einem bestimmten Nennbetrag durch Ausgabe neuer Aktien gegen Einlagen zu erhöhen (§ 202, Abs. 1 AktG).

Bei bedingter wie genehmigter Kapitalerhöhung darf der Nennbetrag des neuen Kapitals die Hälfte des Grundkapitals nicht übersteigen, das zur Zeit der Beschlussfassung vorhanden ist (§§ 192, Abs. 3, 202, Abs. 3 AktG).

10.26 Kapitalerhöhung gegen Einlagen – Kapitalerhöhung aus Gesellschaftsmitteln

Hinweise für Möglichkeiten einer computerunterstützten Lösung einzelner Teilaufgaben mit Hilfe des Programms EUROBWL finden sich auf der CD (siehe S. 5).

1. a) Die Zahl der Aktien muss im selben Verhältnis wie das Grundkapital erhöht werden. 100 000 neue Stückaktien.

Aufgabe:	1. b, c, d	1. e, f	2. a, b, c
	Kapitalerhöhung gegen Einlagen		
Gez. Kapital (EUR)			
vorher	50 000 000	50 000 000	50 000 000
nachher	55 000 000	55 000 000	54 000 000
Zahl der Aktien			
vorher	1 000 000	1 000 000	1 000 000
nachher	1 100 000	1 100 000	1 080 000
Bezugsverhältnis	10 : 1	10 : 1	25 : 2
Dividendennachteil (EUR)	6	6	0
Bilanzkurs (%)			
vorher	200	200	200
nachher	209,09	218,18	214,07
rechnerischer Mittelkurs (EUR)	213,64[2]	218,18	218,15
Wert des Bezugsrechts (EUR)[1]	5,82	1,27	1,85
Zufluss liquider Mittel (EUR)	15 000 000	20 000 000	15 600 000
davon für			
Erhöhung des gez. Kapitals (EUR)	5 000 000	5 000 000	4 000 000
Erhöhung der Kapitalrücklagen durch Agio (EUR)	10 000 000	15 000 000	11 600 000

---

[1] Für den Fall, dass die neuen Aktien nicht voll dividendenberechtigt sind, errechnet sich das Bezugsrecht nach der Formel:

$$B = \frac{K_a - (K_n + \text{Dividendennachteil} - \text{Dividendenvorteil})}{\frac{a}{n} + 1}$$

[2]
$$\begin{aligned}
&1 \text{ Mio.} \quad \text{Aktien}_{alt} \quad \text{à } 220 \text{ EUR} = 220 \text{ Mio. EUR} \\
+\ &100\,000 \quad \text{Aktien}_{neu} \quad \text{à } 150 \text{ EUR} = \underline{\ 15 \text{ Mio. EUR}} \\
& \hspace{12em} 235 \text{ Mio. EUR}
\end{aligned}$$

$$\frac{235 \text{ Mio. EUR}}{1{,}1 \text{ Mio. Aktien}} = 213{,}64 \text{ EUR}$$

1. e) Berechnung des Emissionskurses

   Eine Kapitalerhöhung um 5 Mio. EUR entspricht 100 000 jungen Aktien mit einem wertmäßigen Anteil am Grundkapital von 50 EUR/Aktie.

   $$\text{Emissionskurs} = \frac{\text{Kapitalbedarf (20 Mio.)}}{\text{Zahl der jungen Aktien (100 000)}} = 200$$

   f) Durch den höheren Emissionskurs steigt bei gleichem Börsenkurs der rechnerische Mittelkurs.

   Der Wert des Bezugsrechts, der von der Differenz zwischen altem Börsenkurs und Emissionskurs abhängt, sinkt somit.

   Da im vorliegenden Fall ein Dividendennachteil der jungen Aktien um 6 EUR vorliegt, stimmt die Differenz zwischen altem Börsenkurs und rechnerischem Mittelkurs nicht mit der Höhe des Bezugsrechts überein (vgl. Bezugsrechtsformel bei Berücksichtigung von Dividendenvor- und -nachteilen im Hilfetext des Programms).

2. d) Berechnung des Emissionskurses

   Eine Kapitalerhöhung um 4 Mio. EUR entspricht 80 000 jungen Aktien mit einem wertmäßigen Anteil am Grundkapital von 50 EUR/Aktie.

   $$\text{Emissionskurs} = \frac{\text{Kapitalbedarf (20 Mio.)}}{\text{Zahl der jungen Aktien (80 000)}} = 250$$

   e) In diesem Fall müsste der Emissionskurs höher als der Börsenkurs sein. Das würde zu einem negativen Wert des Bezugsrechts führen, was in der Praxis i.d.R. nicht vorkommt (vgl. 2 f).

   f) Dadurch kann den Kleinaktionären u.U. die Ausübung ihres Bezugsrechts erschwert werden.

   Ein Großaktionär, der seine beherrschende Stellung erweitern möchte, kann – sofern er dazu finanziell in der Lage ist – auf diesem Wege zusätzliche Bezugsrechte kaufen.

   Allerdings verstößt er u.U. gegen seine eigenen Interessen, wenn er aufgrund seiner beherrschenden Position einen so hohen Bezugskurs durchsetzt (theoretisch sogar Bezugskurs > Börsenkurs), dass die Unterbringung der von ihm nicht übernommenen jungen Aktien am Kapitalmarkt gefährdet ist.

3. a) Die Kreditwürdigkeit der AG steigt, weil ein erhöhtes Grundkapital für den Gläubiger »sicherer« ist als freie Rücklagen.

   Freie Rücklagen könnten nämlich aufgelöst und zur Dividendenzahlung verwendet werden. Beim Grundkapital ist das nicht möglich.

   b) Börsenkurs wird nicht durch die Ausgabe von Berichtigungsaktien gesenkt (Shareholder-Value-Gedanke).

   Es fallen keine Kosten für die Ausgabe und Zuteilung von Berichtigungsaktien an.

   c) Bei Aktiengesellschaften, deren Grundkapital durch die Ausgabe von Nennbetragsaktien aufgebracht wurde, müssten sich durch die Kapitalerhöhung ohne gleichzeitige Aktienausgabe die Nennbeträge ändern.

   Weil, aber durch jede Aktie ein bestimmter Nennbetrag verbrieft ist (siehe Aufdruck auf der Aktie), ist ein Verzicht auf die Ausgabe von Berichtigungsaktien nur bei Aktiengesellschaften mit Stückaktien möglich.

10 Investition, Finanzierung und Kreditsicherung

d)

	keine Aktien	400 000 neue Stückaktien
Gez. Kapital (EUR) vorher nachher	50 000 000 70 000 000	50 000 000 70 000 000
Zahl der Aktien vorher nachher	1 000 000 1 000 000	1 000 000 1 400 000
Bilanzkurs (%) vorher nachher	200 142,86	200 142,86
rechnerischer Mittelkurs (EUR)	220	157,14
Berichtigungsabschlag (EUR)	0	62,86
Erhöhung des gez. Kapitals (EUR)	20 000 000	20 000 000
Verminderung der Rücklagen (EUR)	20 000 000	20 000 000
Zufluss liquider Mittel (EUR)	0	0

e) Ein niedriger Bezugskurs (= hoher Wert des Bezugsrechts) wird von Kleinaktionären, die nicht am Bezug junger Aktien interessiert sind, als vorteilhaft angesehen, da sie den Verkauf der Bezugsrechte als zusätzliche (steuerfreie) Dividende betrachten. Wollen sie hingegen die ihnen zustehenden jungen Aktien erwerben, so erhalten sie bei gegebenem Kapitaleinsatz aufgrund des niedrigen Bezugskurses relativ mehr dividendenberechtigte junge Aktien.

f) Kurssenkung durch Kapitalerhöhung aus Gesellschaftsmitteln, um bei der nachfolgenden Kapitalerhöhung gegen Einlagen junge Aktien zu einem niedrigen Ausgabekurs erwerben zu können.

Fremdfinanzierung

10.27 Darlehensvertrag – Kreditwürdigkeitsprüfung bei einem Handelsbetrieb – Finanzierungskennzahlen

1. a)

1. Eigenkapital- quote:	$\dfrac{616\,440 \times 100}{2\,334\,800} = 26,40\,\%$	4. Umsatzbedingte Liquidität: (Liqu. 3. Grades)	$\dfrac{66\,800 \times 100}{18\,360} = 363,80\,\%$
2. Barliquidität: (Liqu. 1. Grades)	$\dfrac{12\,800 \times 100}{18\,360} = 69,71\,\%$	5. Anlagen- deckungsgrad durch Eigenkapital:	$\dfrac{616\,440 \times 100}{2\,268\,000} = 27,17\,\%$
3. Einzugsbedingte Liquidität: (Liqu. 2. Grades)	nicht von Bedeutung, da die Drogerie keine Kundenforderungen hat	6. Eigenkaprent.:	$\dfrac{116\,740 \times 100}{600\,070^{1)}} = 19,45\,\%$

[1] durchschnittliches Eigenkapital = (583 700 + 616 440) / 2 = 600 070

b) 1. **Eigenkapitalquote** liegt mit 26,4 % über dem Bundesdurchschnitt des Einzelhandels von ca. 20 %.

2. **Barliquidität** von 69,71 % sagt aus, dass die momentan vorhandenen flüssigen Mittel nur zur Deckung von ca. 70 % der kurzfristigen Verbindlichkeiten ausreichen. Da die genaue Fälligkeit der Verbindlichkeiten jedoch nicht bekannt ist, bringt die Kennzahl für die umsatzbedingte Liquidität (363,8 %) die Bestätigung, dass das Unternehmen als zahlungsfähig angesehen werden kann.

3. **Anlagendeckungsgrad:** 27,7 % des Anlagevermögens sind durch Eigenkapital gedeckt. Anzustreben ist eine Deckung des Anlagevermögens durch Eigenkapital und/oder langfristiges Fremdkapital. Das Unternehmen verfügt über eine Summe von 2316440 EUR Eigen- und langfristigem Fremdkapital bei einem Anlagevermögen in Höhe von 2268000 EUR. Damit ist der Grundsatz eingehalten, langfristig gebundenes Vermögen auch langfristig zu finanzieren (Fristenkongruenz).

4. **Eigenkapitalrentabilität:** Eine Verzinsung des Eigenkapitals von 19,45 % sichert dem Unternehmer eine angemessene Verzinsung seines eingesetzten Kapitals und gewährt ihm darüber hinaus noch eine entsprechende Risikoprämie.

   Ergebnis: Kennzahlen aus der Bilanzauswertung erlauben eine Kreditgewährung.

2. a) Schriftform ist gesetzlich nur für Verbraucherdarlehensverträge (BGB § 492) vorgeschrieben; Darlehensverträge, die für gewerbliche Zwecke abgeschlossen werden, unterliegen keinem Formzwang;

   b) Zinsniveau am Kreditmarkt müsste sinken

   c) – Auszahlung erfolgt in Höhe von 98 % des Nominalbetrages
      – Anfall von Bearbeitungsgebühren

   d) Bereitstellungsprovision ist zu erbringen, wenn der Darlehensbetrag nicht wie vorgesehen – oder nur teilweise – zur Auszahlung kommt; wird der Kaufvertrag der Drogerie Vogt mit ihrem Lieferer in der vorgesehenen Weise ausgeführt, ist keine Bereitstellungsprovision fällig, weil der Auszahlungstermin für das Darlehen exakt geplant werden kann.

   Berechnung einer Bereitstellungsprovision ist gerechtfertigt, da Bank im Falle der Nichtauszahlung in ihrer Dispositionsfähigkeit eingeschränkt ist (Bereitstellung von Liquidität für einen unbestimmten Termin erlaubt keine anderweitige Kreditvergabe).

   e) bei vierteljährlicher Tilgung in Höhe von 5500 EUR ist das Darlehen nach 2 Jahren getilgt.

   f) Liquiditätszuflüsse aus dem laufenden Verkauf von Waren sind bestimmend für die Wahl der Laufzeit.

10.28 Kapitalbedarf – Kreditarten – Kontokorrentkredit

1.

Monate	Januar	Februar	März	April	Mai	Juni
monatlicher Kapitalbedarf	– 84	– 9	– 6	– 3	– 45	+ 42

2.

Monate	Januar	Februar	März	April	Mai	Juni
kumulierter Kapitalbedarf	– 84	– 93	– 99	– 102	– 147	– 105

10 Investition, Finanzierung und Kreditsicherung

3. a) Die Bank muss im Falle des Kontokorrentkredits jederzeit mit einer Inanspruchnahme zumindest in Höhe der vereinbarten Kreditlinie durch den Kreditnehmer rechnen. Die dafür erforderliche Liquidität muss bereitgestellt werden. Würde der Kreditnehmer die vereinbarte Kreditlinie z.B. überhaupt nicht in Anspruch nehmen, so könnte die Bank auch keine Sollzinsen berechnen, obwohl sie die Mittel für den Bankkunden bereithalten muss. Das mit dieser Disposition verbundene Risiko schlägt sich in der Berechnung höherer Sollzinsen nieder.

b) Alternative I:
Kreditbedarf: 147 000 EUR
Zinssatz: 9 %
Laufzeit: 1/2 Jahr
Zinsen: 6615 EUR

Alternative II:

Kapital	Tage	#
84 000	30	25 200
93 000	30	27 900
99 000	30	29 700
102 000	30	30 600
147 000	30	44 100
105 000	30	31 500
Summe		**189 000**

Zinsen = Summe # / Zinsteiler = 189 000 / 30 = **6300 EUR**

c) Bei Entscheidung für Alternative I (Kreditauszahlung 147 000 EUR bereits im Januar) verfügt die Werbeagentur über freie Liquidität in unterschiedlicher Höhe. So werden z.B. im Januar lediglich 84 000 EUR benötigt, sodass 63 000 EUR (147 000 EUR − 84 000 EUR) alternativ angelegt werden könnten. Für eine zutreffende Aussage müsste die freie Liquidität mit dem jeweils zu erzielenden Guthabenzinssatz verzinst werden. Dies würde dazu führen, dass sich im Ergebnis die für Alternative I errechnete Zinsbelastung in Höhe von 6615 EUR netto vermindern würde.

4.

	Fälligkeitsdarlehen	Kontokorrentkredit
Auszahlung/Bereitstellung	Auszahlung zu dem im Vertrag festgelegten Termin	Bereitstellung einer Kreditlinie; Inanspruchnahme bei Bedarf;
Höhe des Zinssatzes im Vergleich	niedriger als bei Kontokorrentkredit	höher als bei Fälligkeitsdarlehen
Tilgung	Ende der Laufzeit lt. Vertrag	Zusage meist für 1 Jahr; bei ordnungsmäßiger Kontoführung Möglichkeit der Prolongation
Fälligkeit	mittel- oder langfristiger Kredit	kurzfristiger Kredit

10.29 Schuldscheindarlehen – Ratentilgung – Einmaltilgung – Disagio

1. Finanzierungsangebot der Bank:

1	2	3	4	5
Jahr	Darlehensschuld	Zinsbetrag	Tilgungsbetrag	Gesamtbelastung
1	2 000 000 EUR	120 000 EUR	400 000 EUR	520 000 EUR
2	1 600 000 EUR	96 000 EUR	400 000 EUR	496 000 EUR
3	1 200 000 EUR	72 000 EUR	400 000 EUR	472 000 EUR
4	800 000 EUR	48 000 EUR	400 000 EUR	448 000 EUR
5	400 000 EUR	24 000 EUR	400 000 EUR	424 000 EURM
Summen		360 000 EUR	2 000 000 EUR	2 360 000 EUR

Finanzierungsangebot der Versicherung:

Da die Auszahlung der Versicherung lediglich zu 98 % erfolgt, ist die Darlehenshöhe wie folgt zu errechnen:

$$\frac{98\% - 2\,000\,000\text{ EUR}}{100\% - \quad x} = \frac{2\,000\,000 \times 100}{98} = \underline{\underline{2\,040\,816{,}30\text{ EUR}}}$$

1	2	3	4	5
Jahr	Darlehensschuld	Zinsbetrag	Tilgungsbetrag	Gesamtbelastung
1	2 040 816,30 EUR	122 448,98 EUR		122 448,98 EUR
2	2 040 816,30 EUR	122 448,98 EUR		122 448,98 EUR
3	2 040 816,30 EUR	122 448,98 EUR		122 448,98 EUR
4	2 040 816,30 EUR	122 448,98 EUR		122 448,98 EUR
5	2 040 816,30 EUR	122 448,98 EUR	2 040 816,30 EUR	2 163 265,28 EUR
Summen		612 244,90 EUR	2 040 816,30 EUR	2 653 061,20 EUR

2. Angebot der Bank ist günstiger, da hier Auszahlung zu 100 % erfolgt; bei gleichem Nominalzinssatz (6 %) der beiden Anbieter und zusätzlich 2 % Disagio der Versicherung wird die **Halbleiter AG** unter Kostengesichtspunkten das Angebot der Bank annehmen;

   Die Tilgungsmodalitäten sind in beiden Fällen unterschiedlich:
   – Versicherungsgesellschaft: Einmaltilgung am Ende der Laufzeit → während der Laufzeit keine Liquiditätsbelastung durch Tilgung
   – beim Schuldscheindarlehen kann die im Vergleich zur Ratentilgung noch nicht benötigte Liquidität zinsbringend angelegt werden
   – Bank: Ratentilgung → während der Laufzeit Liquiditätsbelastung durch lfd. Tilgung

3. – wegen der unterschiedlichen Tilgungsmodalitäten können die Ergebnisse nicht verglichen werden
   – Disagio als Vorauszins stellt Finanzierungskosten dar, die in der vorliegenden Tabelle der Versicherung nicht enthalten sind; um das Disagio zu berücksichtigen, ist die Berechnung des Effektivzinssatzes nötig;

4. jährlicher Disagioanteil   8 163,26 EUR
   jährliche Zinsen   122 448,98 EUR
   jährliche Kreditkosten   130 612,24 EUR

$$p_{eff} = \frac{130\,612{,}24 \times 100}{2\,000\,000} = \underline{\underline{6{,}53\,\%}}$$

10 Investition, Finanzierung und Kreditsicherung

10.30 Damnum (Disagio) – Ratentilgung

1.

Jahr	Darlehensschuld am Jahresanfang	Zinsbetrag	Tilgungsbetrag	Gesamtrate am Ende des Jahres
1	1,2 Mio.	72 000	–	72 000
2	1,2 Mio.	72 000	300 000	372 000
3	900 000	54 000	300 000	354 000
4	600 000	36 000	300 000	336 000
5	300 000	18 000	300 000	318 000

2. Zins 1. bis 5. Jahr: $72\,000 + \frac{4}{2}(72\,000 + 18\,000) =$ 252 000 EUR

   Abgeld: 48 000 EUR

   Gesamte Kreditkosten: 300 000 EUR

   durchschnittliche jährliche Kreditkosten: 300 000 : 5 =   60 000 EUR

   durchschnittlicher jährlicher Verfügungsbetrag:

   (1 152 000 + 1 152 000 + 852 000 + 552 000 + 252 000) / 5   792 000 EUR

   792 000 EUR = 100 %
   60 000 EUR = x %   **x = 7,58 % (Effektivzins)**

3. a) Bank   1 152 000

   aktive Rechnungsabgrenzung   48 000   an Darlehensschuld   1,2 Mio.

   b) **Ende 1. Jahres:**

   Zinsaufwand   72 000   an Bank   72 000

   Abschreibung   9 600   an aktive Rechnungsabgrenzung   9 600

   Ende 2. Jahres:

   Darlehensschuld   300 000

   Zinsaufwand   72 000   an Bank   372 000

   Abschreibung   9 600   an aktive Rechnungsabgrenzung   9 600

   Ende 3. Jahres:

   Darlehensschuld   300 000

   Zinsaufwand   54 000   an Bank   354 000

   Abschreibung   9 600   an aktive Rechnungsabgrenzung   9 600

Hinweis: Das Damnum (Disagio) kann auch planmäßig, d.h. entsprechend der jährlichen Zinsbelastung aus dem Darlehen, abgeschrieben werden. Demnach ergibt sich folgende Lösung:

Ende Jahr	Zins	Tilgung	Abschreibung des Disagios[1]
1	72 000 EUR	–	13 714,29 EUR
2	72 000 EUR	300 000 EUR	13 714,29 EUR
3	54 000 EUR	300 000 EUR	10 285,71 EUR
4	36 000 EUR	300 000 EUR	6 857,14 EUR
5	18 000 EUR	300 000 EUR	3 428,57 EUR
Summe	252 000 EUR	1 200 000 EUR	**48 000,00 EUR**

[1] Berechnung: $\dfrac{48\,000 \text{ EUR}}{(72 + 72 + 54 + 36 + 18)} = 190{,}47619$ EUR/Teil

  1. Jahr: 190,47619 EUR · 72 = 13 714,29 EUR
  2. Jahr: 190,47619 EUR · 72 = 13 714,29 EUR
  3. Jahr: 190,47619 EUR · 54 = 10 285,71 EUR
  …
  …

10.31 Effektivverzinsung bei (normierten, standardisierten) Ratenkrediten

Hinweise für Möglichkeiten einer computerunterstützten Lösung einzelner Teilaufgaben mit Hilfe des Programms EUROBWL finden sich auf der CD (siehe S. 5).

Bei Inanspruchnahme der Mittel aus dem Festgeldkonto verzichtet er auf Guthabenzinsen in Höhe von 5% p.a. Der Effektivzins für diese Finanzierungsalternative beträgt somit 5%. Der Effektivzins des Ratenkredits beträgt 14,58%.

Zur Berechnung des Effektivzinssatzes gem. § 6 (2) PAngV wird das Jahr mit 365 Tagen, 52 Wochen oder 12 gleich langen Monaten (zu je 30,4166 Tagen) angesetzt.

Eine annäherungsweise Berechnung ohne Computer kann mit Hilfe des durchschnittlichen Kreditbetrages wie folgt vorgenommen werden:

Berechnung des Effektivzinses mit Hilfe des durchschnittlichen Kreditbetrages:

Zinsen (8 · 20 EUR)	160 EUR
Bearbeitungsgebühr	100 EUR
Gesamte Kreditkosten	260 EUR

Monatsrate:

Monatlicher Tilgungsanteil (5000 : 8) für den ursprünglichen Kredit	625,00 EUR
+ Zinsen (0,4% von 5000)	20,00 EUR
+ mtl. Anteil (Tilgung) Bearbeitungsgebühr 2% von 5000 = 100 davon 1/8	12,50 EUR
= Monatsrate	657,50 EUR

$$\text{durchschnittlicher Kreditbetrag} = \frac{\text{Anfangskredit} + 0}{2}$$

$$= \frac{5000 + 0}{2} = 2500{,}00 \text{ EUR}$$

$$p = \frac{260 \cdot 100 \cdot 12}{2500 \cdot 8} = 15{,}6\%$$

10 Investition, Finanzierung und Kreditsicherung

10.32 Vergleich Leasing/Kreditfinanzierung – Effektivverzinsung bei Ratenkrediten

Hinweise für Möglichkeiten einer computerunterstützten Lösung einzelner Teilaufgaben mit Hilfe des Programms EUROBWL finden sich auf der CD (siehe S. 5).

1. Kaufpreis   25 530 EUR
   – Anzahlung   5 106 EUR
   = Kredit   20 424 EUR
   Effektivzins lt. PreisaVO 5,88 %
   (Berechnung ohne Computer vgl. Aufgabe 10.31)

2. Es wird davon ausgegangen, dass der Leasingnehmer das Fahrzeug nach Ablauf der Grundmietzeit von 36 Monaten zum kalkulierten Restwert kauft. Andernfalls wären Kreditkauf und Leasing (Miete) nicht vergleichbar.

   Kaufpreis   25 530 EUR
   – Mietsonderzahlung   5 106 EUR = Eigenkapital
   – Kauf zum kalkulierten Restwert
     nach 36 Monaten (Gegenwartswert)[1]   11 920,96 EUR = Eigenkapital
   =   8 503,04 EUR = Fremdkapital

   $$K_0 = \frac{K_n}{(1 + p/100)^n}$$ (vgl. Programm Zinseszinsrechnung)

   Es gilt: Je höher der Kalkulationszinsfuß,
   – desto niedriger der Barwert der Restzahlung
   – desto höher das Fremdkapital
   – desto geringer die Effektivverzinsung der Leasingfinanzierung

   und umgekehrt.

   Da die Höhe des Kalkulationszinsfußes (= Zinsfuß, zu dem liquide Mittel zinsbringend angelegt werden können) nur subjektiv bestimmbar ist und sich im Zeitablauf ändern kann, findet sich bei Leasingangeboten wie dem obigen i.d.R. keine Angabe des Effektivzinses.

   Für den o.g. Fall ergibt sich eine Effektivverzinsung von 18,26 %.
   Wird der Kalkulationszinsfuß mit 2,5 % angenommen, beträgt die Effektivverzinsung 28,12 % (Barwert der Restzahlung: 12 814,67), bei 9,77 % Kalkulationszinsfuß beträgt sie 5,88 % (Barwert der Restzahlung: 10 434 EUR).

3. Vgl. dazu 1. und 2.
   Nur wenn der Käufer nicht benötigte liquide Mittel zu mindestens 9,77 % Zins anlegen kann (z.B. Verringerung eines Kontokorrentkredits), ist der Effektivzins des Leasingangebotes günstiger als der des Kreditangebotes. Für eine noch genauere Analyse müsste allerdings die Barwertsumme (Kapitalwert) aller mit der Kredit- bzw. Leasingfinanzierung einhergehender Zahlungen miteinander verglichen werden. Die Finanzierungsalternative mit der geringsten Barwertsumme der Zahlungen ist am günstigsten. Dabei ist die Barwertsumme als der Betrag aufzufassen, der heute zum Kalkulationszinsfuß mit Zins- und Zinseszins angelegt werden müsste, um daraus sämtliche mit der jeweiligen Finanzierungsform einhergehenden Zahlungen bestreiten zu können. Das Ergebnis hängt wiederum entscheidend vom gewählten Kalkulationszinsfuß ab.

---

[1] Da der Kauf zum kalkulierten Restwert erst nach 36 Monaten erfolgt, muss dieser Zukunftswert (K_n) auf den heutigen Tag abgezinst werden (Barwert) Die Höhe des Barwertes (K_0) hängt vom gewählten Kalkulationszinsfuß (p) ab.

Mit Hilfe der Beispielrechnung kann jeder relativ einfach seinen eigenen Finanzierungsvergleich anstellen.

Wichtig dabei ist es, den Restwert des Fahrzeugs nach Ablauf des Kredit- oder Leasingvertrags zu kennen. Bei unabhängigen Schätzstellen (zum Beispiel Schwacke oder DAT) kann man danach fragen.

Der Vergleich wird mit dem sogenannten Gegenwartswert durchgeführt. Dafür werden alle Zahlungen (monatliche Raten, Restwert) auf den Zeitpunkt des Vertragsschlusses abgezinst. Der Gegenwartswert kann dann mit dem Preis, der bar bezahlt werden müsste, verglichen werden.

- Für die Leasing- oder Kreditraten kann man den Gegenwartswert wie folgt berechnen: Der Faktor (siehe für Kreditraten Tabelle 1, für Leasingraten Tabelle 2) wird mit der Monatsrate multipliziert.
- Zu diesem Betrag muss die Sonderzahlung/Anzahlung addiert werden.
- Beim Leasingvertrag muss außerdem noch der abgezinste Gebrauchtwagenpreis hinzugerechnet werden. Beispiel: Der Restwert eines Fahrzeugs beträgt nach 36 Monaten Laufzeit 13 800 EUR. Bei einem Zinssatz von 8 Prozent (siehe Tabelle 3) beträgt der Gegenwartswert 13 800 EUR × 0,7938 = 10 954,44 EUR.

Beispielrechnung für einen Mittelklassewagen:
Listenpreis: 25 530 EUR. Anzahlung/Sonderzahlung: 20 Prozent, Faktor: 8 Prozent (Mischzins aus Anlage- und Kreditzins), Vertragslaufzeit: 36 Monate.

Barkauf

Listenpreis	25 530 EUR
./. Preisnachlass, z.B. 5%	1 277 EUR
= Gegenwartswert	**24 253 EUR**

Finanzierung
Laufzeit 36 Monate, effektiver Jahreszins 5,9%, Anzahlung 20%

Listenpreis	25 530 EUR
./. Preisnachlass (hier nicht berücksichtigt)	
./. Eigenkapital von 20%	5 106 EUR
= zu finanzierender Betrag	20 424 EUR
Monatl. Rate in EUR × Faktor aus Tabelle 1 (618,80 EUR × 32,0433 = 19 828,39 EUR)	19 828 EUR
+ eingesetztes Eigenkapital	5 106 EUR
= Gegenwartswert der Finanzierung (Kreditpreis)	**24 934 EUR**

Leasing

Listenpreis	25 330 EUR
Monatl. Rate in EUR × Faktor aus Tabelle 2 (302,63 EUR × 32,2495 = 9 759,67 EUR	
= Barwert der Leasingraten	9 760 EUR
+ Sonderzahlung von 20%	5 106 EUR
+ Restwert Faktor aus Tabelle 3 (13 800 EUR × 0,7938 = 10 954,44 EUR)	10 954 EUR
= Gegenwartswert des Leasingpreises	**25 820 EUR**

Mittelklassewagen: 25 530 EUR						
Leasing						
Volkswagen Leasing	5 106	258,00	14 394,00	13 800	–	24 380,81
AKB Lesing	5 106	318,69	16 578,84	13 800	–	26 338,03
ALD AutoLeasing	5 106	302,63	16 000,68	13 800	–	25 820,11
Kredit						
Volkswagen Bank	5 106	618,80	27 382,80	–	5,90	24 934,39
AKB Bank	5 106	649,99	28 505,64	–	9,49	25 933,82

10 Investition, Finanzierung und Kreditsicherung

Laufzeit (Monate)	3	4	5	6	Zinssatz (in Prozent) 7	8	9	10	11	12
Tabelle 1					**Faktor für Finanzierung[1]**					
24	23,2757	23,0451	22,8198	22,5994	22,3838	22,1729	21,9665	21,7646	21,5668	21,7372
36	34,4076	33,9073	33,4213	32,9490	32,4898	32,0433	31,6090	31,1865	30,7752	30,3748
48	45,2152	44,3517	43,5180	42,7127	41,9347	41,1826	40,4554	39,7518	39,0710	38,4118
60	55,7081	54,3943	53,1338	51,9238	50,7617	49,6449	48,5712	47,5385	46,5447	45,5878
Tabelle 2					**Faktor für Leasing[2]**					
24	23,3331	23,1206	22,9127	22,7094	22,5104	22,3156	22,1249	21,9381	21,7552	21,5760
36	34,4924	34,0183	33,5574	33,1093	32,6735	32,2495	31,8368	31,4351	31,0440	30,6630
48	45,3267	44,4969	43,6953	42,9206	42,1718	41,4476	40,7469	40,0688	39,4122	38,7763
60	55,8455	54,5724	53,3503	52,1766	51,0487	49,9643	48,9213	47,9176	46,9512	46,0204
Tabelle 3					**Faktor für Restwert**					
24	0,9426	0,9246	0,9070	0,8900	0,8734	0,8573	0,8417	0,8264	0,8116	0,7972
36	0,9151	0,8890	0,8638	0,8396	0,8163	0,7938	0,7722	0,7513	0,7312	0,7118
48	0,8885	0,8548	0,8227	0,7921	0,7629	0,7350	0,7084	0,6830	0,6587	0,6355
60	0,8626	0,8219	0,7835	0,7473	0,7130	0,6806	0,6499	0,6209	0,5935	0,5674

[1] Erste Rate nach 30 Tagen (nachschüssig).
[2] Erste Rate wird sofort mit der Sonderzahlung fällig (vorschüssig).

4. Weitere Überlegungen könnten sich auf folgende Punkte beziehen:
   - I.d.R. schreiben Leasing- bzw. Kreditgeber den Abschluss einer Vollkaskoversicherung vor. Zuweilen vermitteln Kredit- bzw. Leasinggeber diese Versicherung, wobei diese Angebote i.d.R. nicht von den tarifgünstigsten Versicherungsgesellschaften stammen.
   - Beim Leasing ist i.d.R. die Wartung des Fahrzeugs in einer Vertragswerkstatt vorgeschrieben, bei Kreditkauf nicht.
   - Die Leasingraten unterliegen der Umsatzsteuer. Für den Privatmann besteht keine Vorsteuerabzugsberechtigung.
   - Umsatzsteuererhöhungen während der Mietzeit führen zu einer Erhöhung der Leasingraten und des kalkulatorischen Restwertes.

10.33 Annuitätentilgung – Ratentilgung

Hinweise für Möglichkeiten einer computerunterstützten Lösung einzelner Teilaufgaben mit Hilfe des Programms EUROBWL finden sich auf der CD (siehe S. 5).

1. u. 2.

Jahr	Darlehensschuld (Anfang des Jahres)	Tilgung	Zins	Annuität
1	100 000,00	17 045,64	8 000,00	25 045,64
2	82 954,36	18 409,29	6 636,35	25 045,64
3	64 545,07	19 882,03	5 163,61	25 045,64
4	44 663,04	21 472,60	3 573,04	25 045,64
5	23 190,44	23 190,44	1 855,20	25 045,64
Summen		100 000,00	25 228,20	125 228,20

Zahlung insgesamt nach 5 Jahren ⬆

3. Annuität: Darlehensbetrag 100 000 EUR, Annuitätenfaktor bei 10-jähriger Tilgung und einem Zinssatz von 8 % = 0,14903
100 000 × 0,14903 = 14 903 EUR/Jahr

4. »ersparte Zinsen« des zweiten Jahres = 8 000 EUR − 6 636,35 EUR
= 1 363,65 EUR

Tilgung 1. Jahr 17 045,64 EUR + »ersparte Zinsen« 1 363,65 EUR
= 18 409,29 EUR Tilgung 2. Jahr

5.

Jahr	Darlehensschuld (Anfang des Jahres)	Tilgung	Zins
1	100 000	20 000	8 000
2	80 000	20 000	6 400
3	60 000	20 000	4 800
4	40 000	20 000	3 200
5	20 000	20 000	1 600
Summen		100 000	24 000

124 000 EUR Zahlung insgesamt

6. Die Tilgung ist beim Ratendarlehen während der ersten 3 Jahre höher als beim Annuitätendarlehen. Daraus errechnen sich niedrigere Zinsen, was insgesamt zu einer niedrigeren Gesamtbelastung führt.

7. Liquiditätsbelastung: Sie ist bei der Ratentilgung am Anfang höher, fällt aber dann unter die Belastung durch die Annuität.

10.34 Annuitätendarlehen mit vorgegebener Anfangstilgung oder vorgegebener Laufzeit – Effektivverzinsung

Hinweise für Möglichkeiten einer computerunterstützten Lösung einzelner Teilaufgaben mit Hilfe des Programms EUROBWL finden sich auf der CD (siehe S. 5).

1. 18 000 EUR (Annuität).

2.

	Zinsen	Tilgung	Annuität
1. Jahr	15 000,00	3 000,00	18 000
10. Jahr	12 248,28	5 751,72	18 000

3. 24,78 Jahre.

4. 246 066,42 EUR Zinsen, d.h. das 1,23-fache der Darlehenssumme.

5. und 6.

Steuerersparnis in EUR bei einem Grenzsteuersatz von 30 %			
Laufzeit	1. Jahr	10. Jahr	Gesamte Laufzeit
24,78 Jahre	4 500,00	3 674,49	73 819,92
10 Jahre	4 500,00	609,85	27 411,56

Bei einer Laufzeit von 10 Jahren beträgt die Annuität 29 137,19 EUR. Durch die höhere Tilgung (1. Jahr 14 137,19) sinkt die Restschuld schneller, so dass insgesamt weniger Zinsen gezahlt werden (91 371,85 EUR in 10 Jahren). Folglich ist auch die Steuerentlastung geringer.

10 Investition, Finanzierung und Kreditsicherung

7. a) Kreditinstitut

   Das Disagio dient u.a. der
   - Deckung der mit der Kreditbearbeitung verbundenen Kosten,
   - Feinsteuerung des Effektivzinses, (z.B. Effektivzinserhöhung ohne Änderung des Nominalzinses durch Senkung des Auszahlungskurses),
   - »optischen« Vorteilhaftigkeit von Kreditangeboten durch geringeren Nominalzins.

   Das Disagio diente den Banken u.U. auch dazu, Darlehensnehmer von einer vorzeitigen Tilgung bzw. Kündigung des Darlehens abzuhalten. In diesem Fall wurde das auf die ursprünglich vereinbarte Gesamtlaufzeit berechnete Disagio üblicherweise nicht anteilig zurückerstattet. Nach einem BGH-Urteil von 1990 kann der Darlehensnehmer aber bei vorzeitiger Beendigung des Darlehensvertrages i.d.R. eine anteilige Erstattung des Disagios verlangen.

   Aus der Sicht des Schuldners (Darlehensnehmers):

   Das Disagio zählt steuerrechtlich zu den Geldbeschaffungskosten. Es kann von Privatleuten bei den Einkünften aus Vermietung und Verpachtung im Rahmen der Einkommensteuererklärung in bestimmten Fällen als Werbungskosten im Jahr der Darlehensaufnahme in voller Höhe steuermindernd geltend gemacht werden (EStG §§ 8, 9, 21).

   Das Disagio führt zu einer Minderung des Auszahlungsbetrages. Bietet die Bank einen Auszahlungskurs von 100% nicht an oder wünscht der Darlehensnehmer aus steuerlichen Gründen einen Auszahlungskurs < 100%, so kann, wenn der Darlehensnehmer auf den vollen Darlehensbetrag angewiesen ist, die Aufstockung des Darlehens durch ein zusätzliches Tilgungsstreckungsdarlehen vereinbart werden. Während des vereinbarten Tilgungsstreckungszeitraumes wird das Tilgungsstreckungsdarlehen verzinst und getilgt.

b) Die verschiedenen Kombinationen müssen durch »Ausprobieren« (Variation der Eingabedaten) ermittelt werden.

	Auszahlungskurs (%)	Nominalzins (%)	Effektivzins (%)
Kombination 1	100,00	7,50	7,50
Kombination 2	97,75	7,00	7,50
Kombination 3	96,25	6,67	7,50
Kombination 4	93,25[1])	6,00	7,50
usw.			

c) Vergleich verschiedener Kombinationen von Auszahlungskurs und Nominalzins bei einem Grenzsteuersatz von 30% und einem Kalkulationszinsfuß von 5%. Das Disagio wird im Jahr der Darlehensaufnahme in voller Höhe steuerlich geltend gemacht (Werbungskosten bei den Einkünften aus Vermietung und Verpachtung).

	Kombi 1	Kombi 2	Kombi 3	Kombi 4
Auszahlungskurs (%)	100,0	97,75	96,25	93,25
Nominalzins (%)	7,50	7,00	6,67	6,00
Effektivzins (%)	7,50	7,50	7,50	7,50
Darlehensbetrag (EUR)	200 000,00	204 603,50	207 792,21	214 477,21
Auszahlungsbetrag (EUR)	200 000	200 000	200 000	200 000
Liquiditätsbelastung vor Steuern (EUR) (Zinsen und Tilgung)	291 371,85	291 309,47	291 352,57	291 405,81
Steuerersparnis (EUR) Steuersatz 30%	27 411,56	27 392,84	27 405,77	27 421,74
Liquiditätsbelastung nach Steuern (EUR)	263 970,30	263 916,63	263 946,80	263 984,06
∑ Barwerte der Liquiditätsbelastung nach Steuern (Kalkulationszinsfuß 5%)	202 498,96	202 271,38	202 160,23	201 909,96

---

[1]) Seit 1.1.04 wird steuerlich bei mindestens 5-jähriger Zinsfestschreibung höchstens ein Disagio von 5% anerkannt.

Liquiditätsbelastung vor und nach Steuern ist in allen Fällen annähernd gleich. Lediglich die Barwertsummen der Liquiditätsbelastungen nach Steuern differieren. Das Darlehensangebot mit dem höchsten Disagio (Auszahlungskurs 93,25%) weist den niedrigsten Barwert auf und ist unter diesem Aspekt am günstigsten. Das ist darauf zurückzuführen, dass in diesem Fall durch das hohe Disagio bereits im ersten Jahr eine hohe Steuerentlastung entsteht, die sich bei den anderen Kombinationen erst in den späteren Jahren (aufgrund höherer Zinsen) bemerkbar macht. Eine Minderung der Liquiditätsbelastung im ersten Jahr ist aber wegen des damit verbundenen Zinsvorteils günstiger als eine Entlastung zu einem späteren Zeitpunkt.

8. a) und b) Die Liquiditätsbelastung vor Steuern (Zins und Tilgung), die Steuerentlastung und die Liquiditätsbelastung nach Steuern sind unabhängig davon, ob das Disagio im ersten Jahr in voller Höhe steuermindernd geltend gemacht wird oder ob diese Steuerminderung über die Laufzeit verteilt wird, indem jährlich Abschreibungen (= Aufwand) auf das Disagio geltend gemacht werden. Somit ist die Liquiditätsbelastung vor und nach Steuern identisch mit den Ergebnissen von 7. c). Die Art der steuerlichen Behandlung des Disagios hat ausschließlich Auswirkungen auf den Zeitpunkt (nicht auf die Höhe) der Steuerentlastung. Dabei ist eine möglichst frühzeitige Steuerentlastung vorzuziehen. Dieser Vorteil drückt sich in einem geringeren Barwert der Liquiditätsbelastung nach Steuern aus.

	Kombi 1	Kombi 2	Kombi 3	Kombi 4
Auszahlungskurs (%)	100,0	97,75	96,25	93,25
Nominalzins (%)	7,50	7,00	6,67	6,00
Effektivzins (%)	7,50	7,50	7,50	7,50
Darlehensbetrag (EUR)	200 000,00	204 603,50	207 792,21	214 477,21
Auszahlungsbetrag (EUR)	200 000	200 000	200 000	200 000
∑ Barwerte der Liquiditätsbelastung nach Steuern (Kalkulationszinsfuß 5%) Disagio im Jahr der Darlehensaufnahme geltend gemacht	202 498,96 Disagio 0	202 271,30	202 160,23	201 909,96
∑ Barwerte der Liquiditätsbelastung nach Steuern (Kalkulationszinsfuß 5%) Disagio linear über die Laufzeit abgeschrieben	202 498,96 Disagio 0	202 520,18	202 581,49	202 692,63
∑ Barwerte der Liquiditätsbelastung nach Steuern (Kalkulationszinsfuß 10%) Disagio im Jahr der Darlehensaufnahme geltend gemacht	160 167,24 Disagio 0	159 816,91	159 611,27	159 168,49
∑ Barwerte der Liquiditätsbelastung nach Steuern (Kalkulationszinsfuß 10%) Disagio linear über die Laufzeit abgeschrieben	160 167,24 Disagio 0	160 223,82	160 300,03	160 448,14

Ergebnis:
1. Kann das Disagio im Jahr der Darlehensaufnahme in voller Höhe als Werbungskosten steuerlich geltend gemacht werden, gilt: Je höher das Disagio und je höher der Kalkulationszinsfuß, desto niedriger ist die Barwertsumme der Liquiditätsbelastung nach Steuern. Je niedriger die Barwertsumme, desto vorteilhafter ist die Liquiditätsbelastung.
2. Bei steuerrechtlicher Aktivierungs- und Abschreibungspflicht für das Disagio gilt:
Der Verzicht auf ein Disagio zu Gunsten eines höheren Nominalzinses ist günstiger als die lineare Abschreibung des Disagios. Je höher der Kalkulationszinsfuß, desto vorteilhafter ist der Verzicht auf ein Disagio.

Anmerkung: Bei Tilgungsdarlehen (Ratentilgung und Annuitätentilgung) kommt steuerrechtlich anstelle der linearen Abschreibung auch eine Abschreibung in Abhängigkeit von der tatsächlichen Inanspruchnahme des Darlehens in Betracht.

10 Investition, Finanzierung und Kreditsicherung

10.35 Annuitätendarlehen mit vorgegebener Laufzeit – Ratentilgung

Hinweise für Möglichkeiten einer computerunterstützten Lösung einzelner Teilaufgaben mit Hilfe des Programms EUROBWL finden sich auf der CD (siehe S. 5).

1. und 2.

	1. Jahr	8. Jahr
Annuität (EUR)	80 518,00	80 518,00
Tilgungsbetrag (EUR)	50 518,00	75 960,00

3., 4., 5., 6.

	Annuitätentilgung		Ratentilgung	
Laufzeit (Jahre)	8	15	8	15
Annuität (EUR)	80 518,00	51 481,00	–	–
Σ Zinsen (EUR)	144 144,00	272 221,00	135 000,00	240 000,00
KöSt-Ersparnis (KöSt-Satz: 25%)	36 036,80	68 055,25	23 750,00	60 000,00

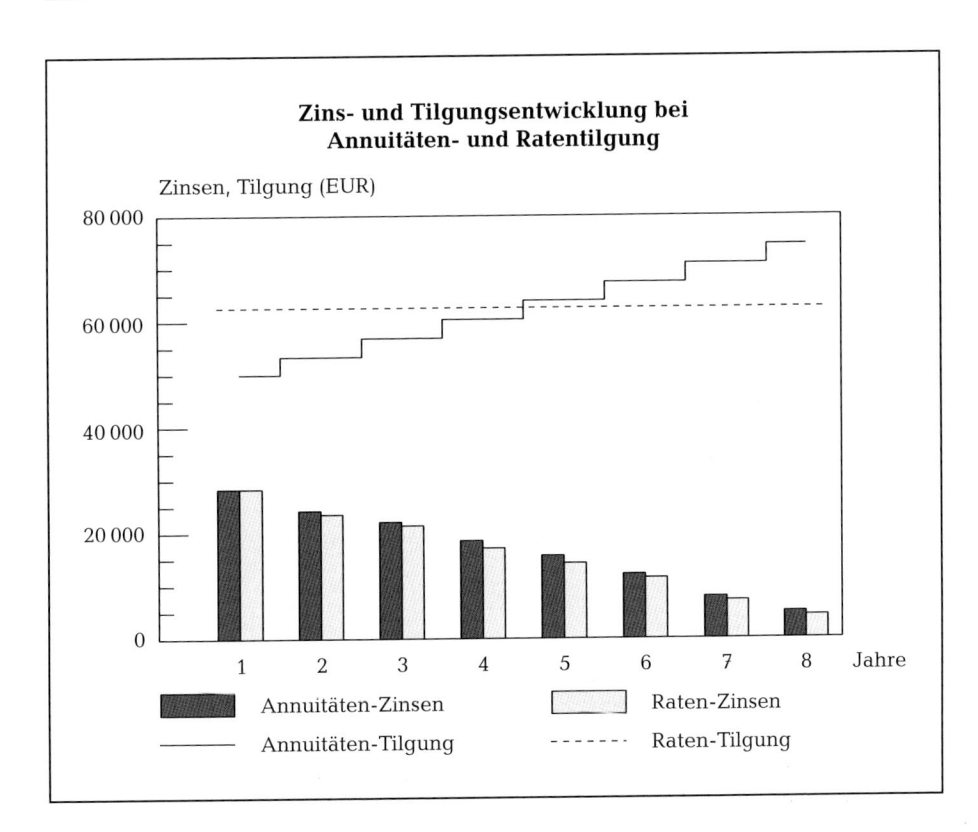

Zins- und Tilgungsentwicklung bei Annuitäten- und Ratentilgung

10.36 Vergleich verschiedener Darlehensformen

Hinweise für Möglichkeiten einer computerunterstützten Lösung einzelner Teilaufgaben mit Hilfe des Programms EUROBWL finden sich auf der CD (siehe S. 5).

1. Darlehenssumme 100 000 EUR; Zinssatz 10%;

   Laufzeit 10 Jahre; Gewinnsteuersatz 40%;

   Kalkulationszinsfuß 10%

	Ratentilgung	Annuitäten-tilgung	Einmaltilgung jährliche Zinsen	Einmaltilgung Zinseszinsen
Σ Zinsen	55 000	62 745	100 000	159 374
Σ Zahlung vor Steuern	155 000	162 745	200 000	259 374
Σ Steuer-minderung	22 000	25 098	40 000	63 750
Σ Zahlung nach Steuern	133 000	137 647	160 000	195 625
Σ Barwerte nach Steuern	84 578	82 816	75 422	63 636

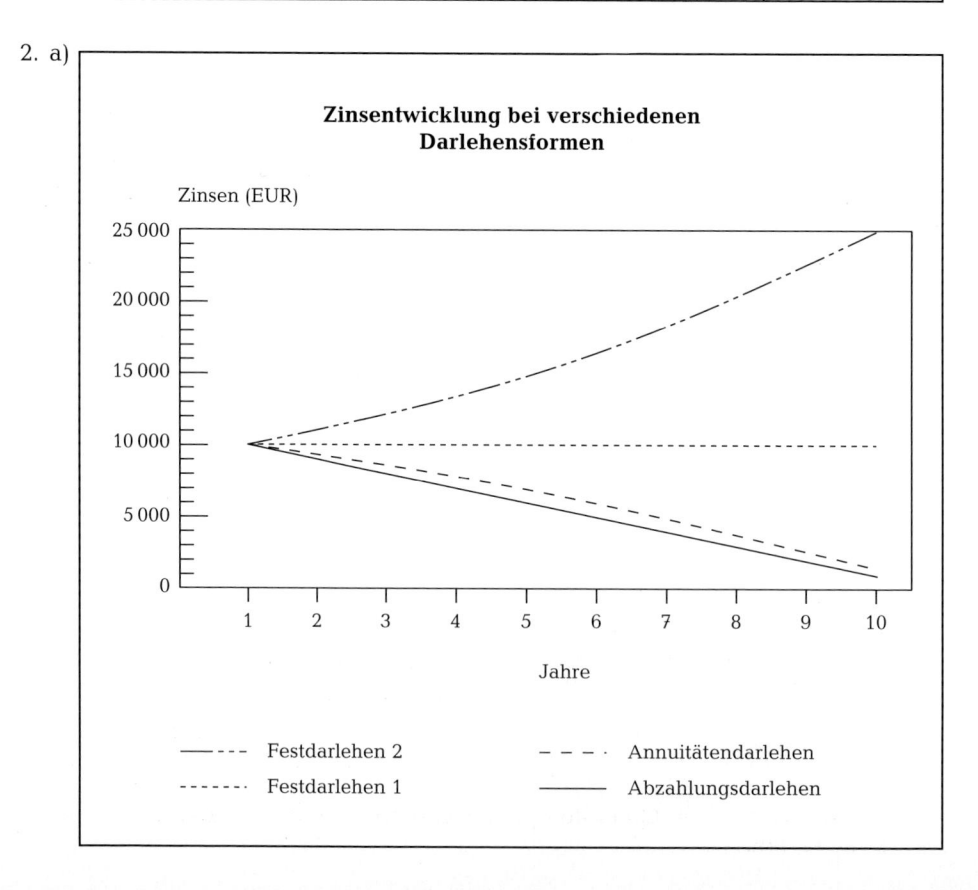

2. a)

Zinsentwicklung bei verschiedenen Darlehensformen

– - – Festdarlehen 2   – – – Annuitätendarlehen
- - - - Festdarlehen 1   ——— Abzahlungsdarlehen

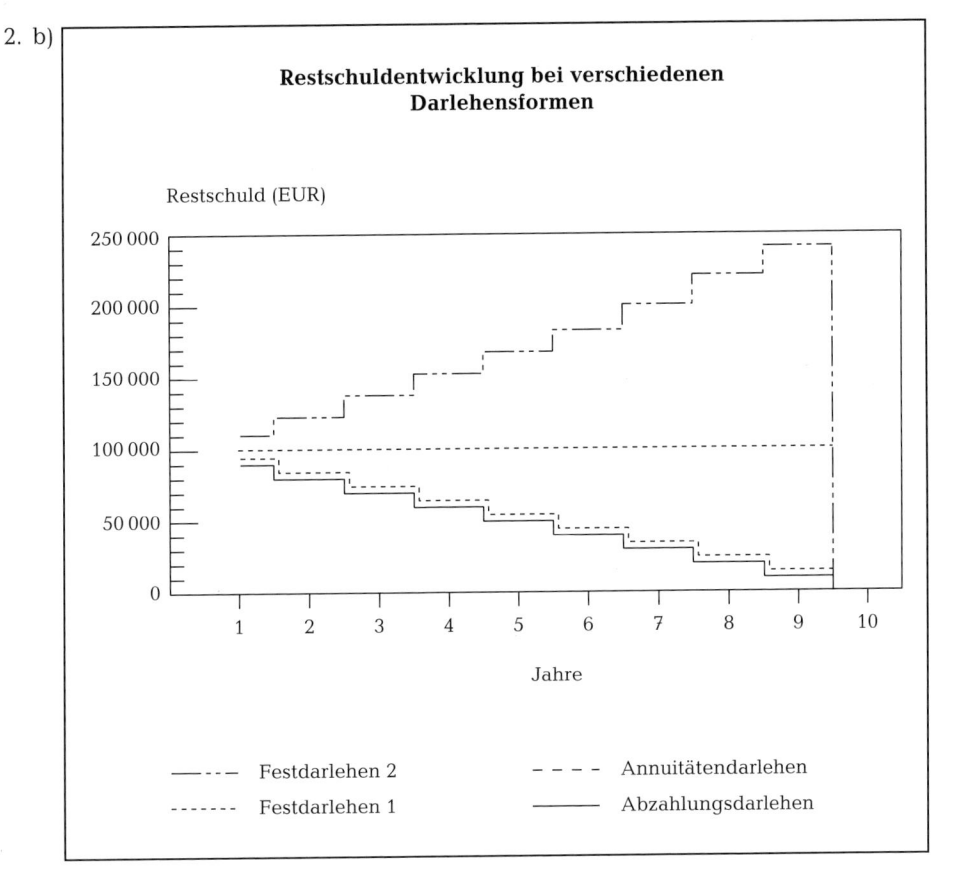

10 Investition, Finanzierung und Kreditsicherung

2. b)

Restschuldentwicklung bei verschiedenen Darlehensformen

[Diagramm: Restschuld (EUR) über Jahre 1 bis 10]

—·— Festdarlehen 2   – – – Annuitätendarlehen
······ Festdarlehen 1   ―― Abzahlungsdarlehen

3. Bei einem Kalkulationszinsfuß von 6% sind die Barwertsummen aller Darlehensformen gleich.

   Bei einem Kalkulationszinsfuß < 6% weist das Darlehen mit Ratentilgung den kleinsten Barwert aller vier Alternativen auf.

4. Die Vorteilhaftigkeit des Fälligkeitsdarlehens mit Zinseszinszahlung (Variante 4) beruht auf dem späten Zahlungszeitpunkt der Zins- und Tilgungsleistungen und der sich daraus ergebenden niedrigen Barwertsumme des Schuldendienstes (Zins- und Tilgungszahlungen).

   Diese Größe wird maßgeblich durch den hohen Grenzsteuersatz und den hohen Kalkulationszinsfuß bestimmt (vgl. 5. und 6.).

   – In der Praxis ist diese Darlehensform höchst selten, bei Stellung entsprechender Sicherheiten aber denkbar. Dem widerspricht auch nicht das Zinseszinsverbot gem. § 248 BGB (vgl. dazu Hilfetext des Programms »Darlehensformen im Vergleich«).

   – Unsicherheit über die zukünftige Höhe des Kalkulationszinsfußes; bei der vorliegenden Berechnung ist unterstellt, dass der Kalkulationszinsfuß während der nächsten 10 Jahre konstant 10% beträgt.

   – Unsicherheit über die zukünftige Entwicklung des Grenzsteuersatzes. Die Vorteilhaftigkeit von Variante 4 beruht u.a. auf der außergewöhnlich hohen Steuerentlastung aufgrund hoher Zinsen und eines hohen Grenzsteuersatzes. Dabei ist unterstellt, dass der Grenzsteuersatz während der nächsten 10 Jahre konstant 60% beträgt.

5. Darlehenssumme 100 000 EUR; Zinssatz 10 %;
   Laufzeit 10 Jahre; Gewinnsteuersatz 30 %;
   Kalkulationszinsfuß 10 %

	Ratentilgung	Annuitäten-tilgung	Einmaltilgung jährliche Zinsen	Einmaltilgung Zinseszinsen
Σ Zinsen	55 000	62 745	100 000	159 374
Σ Zahlung vor Steuern	155 000	162 745	200 000	259 374
Σ Steuerminderung	16 500	18 824	30 000	47 812
Σ Zahlung nach Steuern	138 500	143 922	170 000	211 562
Σ Barwerte nach Steuern	88 434	87 112	81 566	72 727

Ergebnis: Bei sinkendem Grenzsteuersatz und Konstanz aller anderen Variablen nimmt die Vorteilhaftigkeit von Variante 4 ab.

6. Darlehenssumme 100 000 EUR; Zinssatz 10 %;
   Laufzeit 10 Jahre; Gewinnsteuersatz 30 %;
   Kalkulationszinsfuß 5 %

	Ratentilgung	Annuitäten-tilgung	Einmaltilgung jährliche Zinsen	Einmaltilgung Zinseszinsen
Σ Zinsen	55 000	62 745	100 000	159 374
Σ Zahlung vor Steuern	155 000	162 745	200 000	259 374
Σ Steuerminderung	16 500	18 824	30 000	47 812
Σ Zahlung nach Steuern	138 500	143 922	170 000	211 562
Σ Barwerte nach Steuern	109 113	110 267	115 443	123 693

Ergebnis: Bei sinkendem Kalkulationszinsfuß und Konstanz aller anderen Variablen nimmt die Vorteilhaftigkeit von Variante 4 ab.
Ergebnis 5. und 6.
Je niedriger der Grenzsteuersatz und je niedriger der Kalkulationszinsfuß, desto vorteilhafter ist Variante 1.

10.37 Fremdfinanzierung: Vergleich Darlehen und Industrieobligation

1. **Darlehen:** Einflussnahme der Kredit gewährenden Bank möglich (Pkt. 7 des Kreditangebots); Zinssatz kann nach Punkt 2 des Kreditangebots jederzeit geändert werden.

   Anleihe: Kein Einfluss der Obligationsinhaber auf die Geschäftsführung. Zinssatz unveränderlich während der gesamten Laufzeit. Antrag auf Zulassung an der Börse durch ein an der Börse zugelassenes Kreditinstitut bei der Zulassungsstelle der Börse.

10 Investition, Finanzierung und Kreditsicherung

2. a) Die Anleihe wird mit 101% zurückgezahlt. 1% der Anleihesumme von 10 Mio. = 100 000 EUR.

   b) Das fiktive Aktivum besteht aus Ab- u. Aufgeld der Anleihe.
   Ausgabekurs 98% = 2% Abgeld, Rückzahlung 101 = 1% Aufgeld = 3% aus 10 Mio. = 300 000 EUR.

   c) Konto der Obligationäre   9,8 Mio.
      Aktive Rechnungsabgrenzung   0,2 Mio.   an Anleiheschuld   10 Mio.
      Aktive Rechnungsabgrenzung   0,1 Mio.   an Aufgeldschuld   0,1 Mio.
      Bank   9,8 Mio.   an Kto. d. Obligationäre   9,8 Mio.
      Emissionskosten   0,6 Mio.   an Bank   0,6 Mio.

   d) Anleiheschuld   1 Mio.
      u. Aufgeldschuld   0,01 Mio. an Bank   1,01 Mio.
      Anleihezinsaufwand   0,48 Mio. an Bank   0,48 Mio.
      Abschreibung   0,02 Mio. an Aktive
                                                 Rechnungsabgrenzung   0,02 Mio.

3. Sie will die Verkäuflichkeit (Platzierung) erleichtern. Deckungsstockfähigkeit bedeutet, dass die Papiere zur Anlage der Vermögenswerte einer Versicherung verwendet werden dürfen, die zur Deckung der Prämienreserven aller Versicherten eines Versicherers erforderlich sind. Der Deckungsstock wird getrennt verwaltet. Ein Treuhänder überwacht die Einhaltung der strengen aufsichtsrechtlich vorgeschriebenen Vermögensanlage-Richtlinien.

   Mündelsicherheit von Papieren ist gegeben, wenn sie von der Bundesregierung mit Zustimmung des Bundesrates zum Anlegen von Mündelgeldern für geeignet erklärt worden sind (§ 1807 I. Ziff. 4 u. 5 BGB) od. im Gesetz zur Anlage von Mündelgeldern aufgeführt sind (§ 1805 ff. BGB).

4. a) 3 EUR

   b) Weil der Zins jedes Jahr erneut anfällt, Agio u. Disagio aber auf die Laufzeit verteilt werden müssen.

   c)

   Tilgungszeit: 0 1 2 3 4 5 6 7 8 9 10

   Gesamtlaufzeit: 0 1 2 3 4 5 6 7 8 9 10 11 12 13 14 15

   $$\frac{1. + 10. \text{ Tilgungsjahr}}{2} + 5 \text{ tilgungsfreie Jahre} = 10^{1/2} \text{ Jahre oder}$$

   $$\frac{6. + 15. \text{ Anleihejahr}}{2} = \frac{21}{2} = 10^{1/2} \text{ Jahre}$$

   Abgeld + Aufgeld auf $10^{1/2}$ Jahre verteilt: $\frac{3,0}{10,5} = 0,2857$ EUR je Jahr

   Gesamtertrag: $6 + 0,2857 = 6,2857$ je Jahr

   Effektivzins bei einem Ausgabekurs von 98%:

   $$\frac{6,2857 \cdot 100}{98} = 6,4\% \text{ (Bruttorendite)}$$

10.38 Emission von Schuldverschreibungen: Übernahme und Unterbringung – Konsortium

1. a) Sofortige Verfügbarkeit des Gesamterlöses der Emission; kein Absatzrisiko.

   b) Bank trägt Risiko des Misslingens der Emission (Emission wird nicht abgesetzt), erhält dafür ganze Differenz zwischen (niedrigerem) Übernahmekurs und erreichtem (höherem) Verkaufs-(Ausgabe-)Kurs.

2. Vertragsgesellschaft (BGB § 705) gebildet von Banken (Konsorten) zur gemeinsamen Durchführung eines bestimmten Geschäfts, in diesem Falle der Emission der Ferrit-Anleihe.

3. a) Platzierungskonsortium hat kein Verkaufsrisiko.

   b) Eingeschränktes Verkaufsrisiko; bei starker Nachfrage Recht auf Erhöhung der Übernahmequote.

4. a) Weil Werbung des Konsortiums nur Aufforderung zum Antrag durch Zeichnung.

   b) Ja; im Zeichnungsschein verpflichtet sich der Zeichner zur Abnahme der gezeichneten Papiere bzw. des geringeren Betrages, der ihm zugeteilt wird.

10.39 Wandelschuldverschreibung – Umfinanzierung

1. Unsicherheit der Konjunkturentwicklung lässt Aktienemission für Käufer sehr riskant erscheinen. Wandelobligationen machen die Käufer zunächst zu Gläubigern der emittierenden Gesellschaft. Das damit verbundene Risiko ist geringer als bei Aktienkauf. Obligationen gewähren eine feste Verzinsung. Außerdem geben die Wandelobligationen die Möglichkeit, im Falle inflationärer Entwicklungen aus der Gläubigerposition in eine Teilhaberposition umzuwechseln u. einen »Geldwert« (die Obligation) in einen »Sachwert« (die Aktie) umzuwandeln.

2. Die Umtauschbedingungen der Wandelanleihe werden meist einen Anreiz zur Umwandlung in Aktien bieten müssen. Sie geben dem Erwerber damit mehr Gegenleistungen als dem Käufer gewöhnlicher Anleihen. Dafür wird der Zins (meist auch der Ausgabekurs) niedriger angesetzt als bei diesen.

3. Umtauschverhältnis 4:1 Zuzahlung   erste Phase   90%
   zweite Phase   120%
   dritte Phase   150%

Umtausch	Nennwert Wandelschuldverschrbg.	Nennwert eingetauschte Aktien Verhältnis 4 : 1	Zuzahlung = Mittelzufluss	
			in %	in EUR
1. Phase	16 Mio.	4,0 Mio.	90	3,6 Mio.
2. Phase	10 Mio.	2,5 Mio.	120	3,0 Mio.
3. Phase	4 Mio.	1,0 Mio.	150	1,5 Mio.
Summe				8,1 Mio.

4. a) Konversionsanleihe, weil die Wandelobligationen in Inhaberaktien umgetauscht werden.

   b) Konversionsanleihe schafft neue Finanzmittel durch Zuzahlungen, sofern dies in den Anleihebedingungen vorgesehen ist.

10 Investition, Finanzierung und Kreditsicherung

Optionsanleihe schafft neue Finanzmittel, weil die jungen Aktien mit neu zufließenden Finanzmitteln bezahlt werden müssen, wenn der Obligationär von seinem Bezugsrecht Gebrauch macht. In beiden Fällen bleibt bis zum Abschluss der Umwandlungsmöglichkeit ungewiss, bis zu welchem Betrag die Obligationäre der AG als Gesellschafter beitreten.

10.40 Leasing und Kreditkauf im Vergleich – Entscheidungsbewertungstabelle

Hinweise für Möglichkeiten einer computerunterstützten Lösung einzelner Teilaufgaben mit Hilfe des Programms EUROBWL finden sich auf der CD (siehe S. 5).

1. 1. Eigenkapital soll nach dem Vorschlag aus der Anzeige nicht zur Finanzierung von Fuhrpark verwendet werden – somit steht es zur Finanzierung anderer Vermögensteile zur Verfügung –;

   2. Beschaffung der Fahrzeuge über Leasing; damit keine Mittelbindung in der Vermögensposition »Fuhrpark«.

2. a)

Leasing – Grundmietzeit

Jahr	Leasingraten	Aufwand	Liquiditätsbelastung
1	140 000	140 000	140 000
2	140 000	140 000	140 000
3	140 000	140 000	140 000
	420 000	420 000	420 000

Kreditfinanzierung – Grundmietzeit

Jahr	Kredit Jahresanfang	Tilgung	Zins	Abschreibung	Aufwand	Liquiditätsbelastung
1	300 000	75 000	24 000	75 000	99 000	99 000
2	225 000	75 000	18 000	75 000	93 000	93 000
3	150 000	75 000	12 000	75 000	87 000	87 000
					279 000	279 000

b) Leasingfinanzierung 1. bis 4. Jahr

Jahr	Leasingraten Kaufoption	Aufwand	Liquiditätsbelastung
1	140 000	140 000	140 000
2	140 000	140 000	140 000
3	140 000	140 000	140 000
4	75 000	75 000[1]	75 000
		495 000	495 000

---

[1] Annahme: Restnutzungsdauer 1 Jahr; → Abschreibung in Höhe von 75 000

Kreditfinanzierung 1. bis 4. Jahr

Jahr	Kredit Jahresanfang	Tilgung	Zinsen	Abschreibung	Aufwand	Liquiditäts- belastung
1	300 000	75 000	24 000	75 000	99 000	99 000
2	225 000	75 000	18 000	75 000	93 000	93 000
3	150 000	75 000	12 000	75 000	87 000	87 000
4	75 000	75 000	6 000	75 000	81 000	81 000
			60 000	300 000	360 000	360 000

	Leasing Liquiditätsbelastung	Leasing Aufwand	Kreditfinanzierung Liquiditätsbelastung	Kreditfinanzierung Aufwand
Grundmietzeit	420 000	420 000	279 000	279 000
gesamte Nutzungsdauer	495 000	495 000	360 000	360 000

Aufwand und Liquiditätsbelastung sind in beiden Fällen geringer; Entscheidung: Kreditfinanzierung

3. – unterschiedlicher zeitlicher Anfall der Zahlungen müsste in einer zusätzlichen Rechnung berücksichtigt werden (Barwertermittlung)
   – Auswirkung steuerlicher Effekte ist nicht thematisiert

4. Kreditfinanzierung 1. bis 3. Jahr

Jahr	Kredit Jahresanfang	Tilgung	Zins	Abschreibung	Aufwand	Liquiditäts- belastung
1	300 000	100 000	24 000	75 000	99 000	124 000
2	200 000	100 000	16 000	75 000	91 000	116 000
3	100 000	100 000	8 000	75 000	83 000	108 000
4				75 000	75 000	
Summen		300 000	48 000	300 000	348 000	348 000

Vorteil einer 3-jährigen Finanzierung: **insgesamt** geringere Liquiditätsbelastung als bei 4-jähriger Laufzeit

Nachteil: in den einzelnen Jahren höhere Liquiditätsbelastung wegen höherer Tilgung

5. Mögliche Lösung:

KRITERIUM	BEDEUTUNG	Leasing Nutzen	Leasing Gewichteter Nutzen	Kreditkauf Nutzen	Kreditkauf Gewichteter Nutzen
Liquiditätsbelastung	10	1	10	3	30
Aufrechterhaltung von Kreditspielraum	6	3	18	0	0
Übernahme des Investitionsrisikos	3	3	9	0	0
Anpassung an aktuelle Modellentwicklungen	8	3	24	0	0
Summe			**61**		**30**

10 Investition, Finanzierung und Kreditsicherung

Begründung der Punkte**gewichtung:**

1. Liquiditätsbelastung: bereits angespannte Liquidität; weitere Zukunftsinvestitionen mit der Folge zusätzlicher Liquiditätsbelastungen geplant; demnach: hohe Wichteziffer
2. Künftiger Kreditspielraum: hat mit 6 Punkten eine geringere Bedeutung als die beiden erstgenannten Kriterien, weil z.B. mittelfristig keine weiteren Investitionen geplant sind
3. Investitionsrisiko: schwache Gewichtung, weil offenbar gesicherte Markterwartungen vorhanden
4. Modellanpassung: meist zusätzliche Serviceleistung aus dem Leasingverhältnis o.a. vom Schüler begründete Antworten

6. – kein Kreditspielraum vorhanden
   – evtl. Serviceleistungen des Leasinggebers (z.B. Rückgabe der Fahrzeuge gegen neuere Modelle)
   – keine Sicherheiten und Bürgschaften erforderlich
   – unveränderliche Leasing-Gebühren stellen eine klare Planungs- und Kostengrundlage dar
   – steuerliche Gesichtspunkte

10.41 Analyse einer Vergleichsrechnung: Leasing oder Kauf eines Pkw

Für einen Privatmann ist die Vergleichsrechnung aus folgenden Gründen nicht zutreffend:

1. In der Tabelle ist die auf den Kaufpreis bzw. die Leasingraten entfallende Umsatzsteuer vernachlässigt. Dies ist bei Gewerbetreibenden wegen der Möglichkeit des Vorsteuerabzugs berechtigt. Bei Privatleuten würde sich aber der Kaufpreis bzw. die Leasingraten um die Umsatzsteuer erhöhen.
2. Für einen Privatmann besteht keine Möglichkeit, Kfz-Abschreibungen bzw. Leasingraten steuerlich geltend zu machen. Er kann durch diese Aufwendungen also keine Minderung der Einkommensteuer (Spalte 5 bzw. 8) erzielen.

Folgende Sachverhalte gehen nicht aus der Tabelle hervor, sind aber dennoch für den Vergleich Leasing – Kauf bei Privatleuten bzw. Gewerbetreibenden wichtig:

Bei einem Gewerbetreibenden wirken sich i.d.R. sämtliche Kfz-Aufwendungen (Reparaturen, Benzin, Kfz-Steuer, Haftpflicht- und Kaskoversicherung) des betrieblich genutzten Kfz als Betriebsausgaben steuermindernd aus.

Bei einem Privatmann führt höchstens die Kfz-Haftpflichtversicherung im Rahmen der Sonderausgaben unter bestimmten Voraussetzungen zu einer Minderung der Einkommensteuer. Daneben könnte sich bei Privatleuten u.U. durch die Kilometergeldpauschale im Rahmen der Einkünfte aus unselbstständiger Arbeit eine weitere Steuerminderung ergeben, wenn das Fahrzeug für die Fahrten zur Arbeit benutzt und die Werbungskostenpauschale überschritten wird.

Beim Leasing wird i.d.R. der Abschluss einer Vollkaskoversicherung und die regelmäßige Wartung des Fahrzeugs in einer Vertragswerkstatt verlangt. Das ist beim Kauf des Fahrzeugs nicht der Fall.

10.42 Kontokorrentkredit – Wechselkredit

1. Zinsbelastung bei Zahlung mit Ausgleichswechsel
   a) Angepasster Zinsfuss für 90 Tage zu 6%:
      360 Tage – 6%
      90 Tage – x%
      $$x = 1{,}5\%$$
   b) Berechnung des Wechselbetrages
      98,5%   – 20 000 EUR
      100%   – x EUR
      x (Wechselbetrag des Ausgleichswechsels) = 20 304,57 EUR
   c) Anlagemöglichkeit für freie Finanzmittel zu 5% für 30 Tage
      Der Rechnungsbetrag geht nach 60 Tagen Kundenziel bei dem Südfrüchte-Importeur **Carlos Schultz** ein. Bis zur Fälligkeit des Wechsels kann er diese Finanzmittel noch 30 Tage zinsbringend anlegen.
      5% von 20 000 EUR erbringen in 30 Tagen 83,33 EUR.
   d) Berechnung der effektiven Zinsbelastung bei Finanzierung mit Wechsel

Diskont – Aufschlag für 90 Tage	304,57 EUR
– Anlage von 20 000 EUR zu 5% für 30 Tage	83,33 EUR
Zinsbelastung bei Zahlung mit Ausgleichswechsel	221,24 EUR

2. **Zinsbelastung bei Barzahlung mit 2% Skonto**
   2% Skonto bei Zahlung des Rechnungsbetrags nach 10 Tagen   400 EUR
   Schultz benötigt einen Kredit, bis die **Früchteverwertung** nach 60 Tagen Ziel den Rechnungsbetrag von 20 000 EUR zahlt. Da **Schultz** selbst erst nach 10 Tagen zu zahlen hat, benötigt er einen Kredit für 60 – 10 = 50 Tage. Er erhält ihn zu einem Zinssatz von 8%.
   Zins von 19 600 EUR für 50 Tage zu 8% = 217,78 EUR.
   Effektive Zinsbelastung bei Barzahlung unter Inanspruchnahme von Skonto:

Zinsertrag aus Skonto	400,00 EUR
– Zinsaufwand für Kredit	217,78 EUR
Zinsvorteil	182,22 EUR

3. **Ergebnis**
   Es ist für den Südfrüchte-Importeur **Schultz** günstiger, die Lieferung Orangen bar unter Inanspruchnahme von Skonto zu zahlen, obwohl er den Betrag über einen Kontokorrentkredit finanzieren muss.

10.43 Forderungsabtretung (Zession) – Factoring

1. Besuch von Theorie- und Praxisunterricht und Zahlung des vereinbarten Preises – je nach Inanspruchnahme der Leistungen der Fahrschule
2. **Fahrschule Traut** hat die Forderung an **Tanja Meister** an die **DATAPART** verkauft; Kaufvertrag wurde zwischen **Fahrschule Traut** und **DATAPART** geschlossen.
3. Bei der **DATAPART** handelt es sich um eine Factoringgesellschaft (= Finanzierungsinstitut). Unter Factoring ist der Ankauf von Forderungen aus Warenlieferungen oder Dienstleistungen durch ein Finanzierungsinstitut zu verstehen.

10 Investition, Finanzierung und Kreditsicherung

Bedeutung:
1. Beschaffung von liquiden Mitteln für den Kunden = **Finanzierungsfunktion**
2. Übernahme von Inkasso- und Mahnwesen = **Servicefunktion**
3. Übernahme des Ausfallrisikos (Kreditrisiko) = **Delkrederefunktion**
4. evtl. Führung der Debitorenbuchhaltung von der Factoringgesellschaft
   - Factoring-Gebühr – (= Entgelt für Übernahme des Delkredererisikos)
   - Zinsen (= Entgelt für Bevorschussung der Forderungen vom Tag der Inanspruchnahme des Vorschusses bis zum Zahlungseingang); Formel *Umsatz = Liquidität* – vgl. Anzeige – kann schon allein wegen des Zinsabschlags in vollem Umfang nicht zutreffen

Hinweis: Die Factoring-Gebühr errechnet sich aus einem bestimmten Prozentsatz vom Rechnungsbetrag. Ihre Höhe ist vom Umsatz des Factoring-Kunden, von der Zahl seiner Abnehmer und der durchschnittlichen Höhe der Ausgangsrechnungen abhängig. Die Zinsen für die Bevorschussung entsprechen im Allgemeinen den banküblichen Zinssätzen für Kontokorrentkredite.

4. a)

Unterschiede zwischen Factoring und Kreditgewährung gegen Zession	
Factoring	Kreditgewährung gegen Zession
• Rechtsgeschäftliche Grundlage: **Kaufvertrag** zwischen Factor (Finanzierungsinstitut) und Kunde – Factor ist Käufer der Forderungen • Forderungsabtretung ist Bestandteil des Erfüllungsgeschäftes im Rahmen eines **Kaufvertrages** zwischen Factor und Verkäufer der Forderung • Kunde des Factors hat keinen Anspruch auf Rückübertragung der abgetretenen Forderung	• Rechtsgeschäftliche Grundlage: **Kreditsicherungsvertrag** zwischen Kreditnehmer und Bank • Abtretung der Forderungen erfolgt **sicherungsweise** (Kreditsicherung) • Kreditnehmer einer Bank hat Anspruch auf Rückübertragung der abgetretenen Forderung, wenn z.B. Kredit getilgt

b) Die Bank will sich damit vor dem Delkredererisiko (Ausfallrisiko) schützen.

Innenfinanzierung

10.44 Offene Selbstfinanzierung einer Einzelunternehmung

1. Zunahme (Reinvermögen) um 128 000 EUR (1 528 000 – 1 400 000 = 128 000);

2. – Erzielung von Gewinnen
   - teilweise oder vollständiger Verzicht auf Gewinnausschüttung (hier: teilweise Verzicht auf Privatentnahmen)

3. Nicht entnommene Gewinne wurden bereits in Vermögensteile des Unternehmens investiert; Liquiditätssituation erlaubt keine weitere Gewinnentnahme:

Gewinn	224 000 EUR
– Privatentnahme	96 000 EUR
nicht entnommene Gewinne	128 000 EUR

   flüssige Mittel: 34 000 EUR

   Ohne eine Veräußerung von Vermögensteilen oder eine zusätzliche Aufnahme von Krediten wäre eine Gewinnentnahme nicht möglich;

4. Rentabilität des Eigenkapitals im Sportgeschäft: $\frac{224\,000 \times 100}{1\,400\,000} = 16\,\%$

   alternative Kapitalanlage: 8 %

   selbst unter Berücksichtigung des allgemeinen Unternehmerrisikos dürfte eine Kapitalanlage im eigenen Unternehmen sinnvoller sein als ein Kauf festverzinslicher Wertpapiere;

10.45 KG: Beteiligungsfinanzierung – Selbstfinanzierung – Verlustverteilung

1.

Gründungsbilanz zum 01. Oktober 2005

ausstehende Einlage Ginter	12 000	Kapital Frank Wehrle	312 000
Anlagevermögen	876 000	Kapital Hubert Wehrle	420 000
Umlaufvermögen	756 000	Kommanditkapital Ginter	132 000
(übriges UV 636 000		Fremdkapital	780 000
+ Einlage Ginter 120 000)			
	1 644 000		1 644 000

2. Durch die Neuaufnahme des Kommanditisten Ginter ist eine Beteiligungsfinanzierung in Höhe von 132 000 EUR eingetreten.

3. a)

Schlussbilanz zum 31.12.2006

Anlagevermögen	876 000	Kapital Frank Wehrle	439 568
Umlaufvermögen[1]	1 113 270	Kapital Hubert Wehrle	562 568
		Kommanditkapital Ginter	132 000
		Fremdkapital	780 000
		sonst. Verbindlichkeiten Ginter	75 134
	1 989 270		1 989 270

b) Offene Selbstfinanzierung durch Nichtausschüttung bzw. Nichtentnahme von Gewinnen:

Komplementär Frank Wehrle:	127 568 EUR
Komplementär Hubert Wehrle:	142 568 EUR
	270 136 EUR

Hinweis:
Der Gewinnanteil des Kommanditisten Ginter trägt nicht zur offenen Selbstfinanzierung bei. Vielmehr stellt der ihm zustehende Gewinnanteil bis zur Auszahlung für die KG eine Verbindlichkeit dar. Der Kapitalanteil des Kommanditisten (bedungenes Kapital) bleibt unverändert.

---

[1]
bisheriges Umlaufvermögen:	636 000 EUR
+ Einlage Ginter	132 000 EUR (120 000 + 12 000)
	768 000 EUR
+ nicht entnommener Gewinn F. Wehrle	127 568 EUR (171 968 – 18 000 – 26 400)
+ nicht entnommener Gewinn H. Wehrle	142 568 EUR (177 368 – 18 000 – 16 800)
+ Gewinnanteil Ginter	75 134 EUR
Umlaufvermögen per 31.12.2006	1 113 270 EUR

Kapitalien Komplementäre:
Frank Wehrle: 312 000 + 171 968 – 18 000 – 26 400 = 439 568 EUR
Hubert Wehrle: 420 000 + 177 368 – 18 000 – 16 800 = 562 568 EUR

Kapital Kommanditist:
Kurt Ginter: 132 000 EUR

10 Investition, Finanzierung und Kreditsicherung

c)   **Gewinnverteilungstabelle**

Gesell-schafter	Anfangs-kapital	Tätig-keits-ver-gütung	Zinsen 5%	Rest-gewinn 2:2:1	Gesamt-gewinn	Privat-ent-nahme	End-kapital
F. Wehrle	312 000	18 000	15 600	138 588	172 188	26 400	439 788
H. Wehrle	420 000	18 000	21 000	138 588	177 588	16 800	562 788
K. Ginter	120 000		5 400[1]	69 294	74 694		132 000 (62 694 so Verb)
Summen	852 000	36 000	42 000	346 470	424 470	43 200	1 134 576 (62 694 so Verb)

Schlussbilanz zum 31.12.2006

Anlagevermögen	876 000	Kapital Frank Wehrle	439 788
Umlaufvermögen	1 101 270[2]	Kapital Hubert Wehrle	562 788
		Kommanditkapital Ginter	132 000
		Fremdkapital	780 000
		sonst. Verbindlichkeiten Ginter	62 694
	1 977 270		1 977 270

---

[1] Zinsen K. Ginter:

    Guthabenzinsen: 5% von 120 000 EUR für 360 Tage = 6 000 EUR
  − Zinsen f. ausstehende Einlage: 5% von 12 000 EUR für 360 Tage =   600 EUR
                                                                                                  = 5 400 EUR

[2] bisheriges Umlaufvermögen: 636 000 EUR
    Einlage Ginter   120 000 EUR
  + nicht entnommener Gewinn F. Wehrle   127 788 EUR (172 188 − 18 000 − 26 400)
  + nicht entnommener Gewinn H. Wehrle   142 788 EUR (177 588 − 18 000 − 16 800)
  + Gewinnanteil Ginter   74 694 EUR
    Umlaufvermögen per 31.12.2006   1 101 270 EUR

4. **Verlustverteilungstabelle**

Gesell-schafter	Anfangs-kapital	Tätig-keits-ver-gütung[1]	Schuld-zinsen 5%	Verlust-vertei-lung 2:2:1	Privat-ent-nahme	End-kapital
F. Wehrle	312 000	18 000		41 018	26 400	244 582
H. Wehrle	420 000	18 000		41 018	16 800	362 182
K. Ginter	120 000 (ab 15.07.01 132 000)		325	20 509		132 000 − 20 509 − 325 (= 111 166)[2]
Summen	852 000 (864 000)	36 000	325	102 545[1]	43 200	717 930

[1]) ausbezahlt

Die Gewinn- bzw. Verlustverteilung kann auch mit Hilfe eines Gewinnverwendungskontos durchgeführt werden.

Buchungen der Verlustverteilung:

Konto	Soll/€	Haben/€	Kommentar
(1) Gewinnverwendungskonto an GuV-Konto	66 870	66 870	Umbuchung des Reinverlustes aus der GuV-Rechnung an das das Gewinnverwendungskonto
(2) Gewinnverwendungskonto an Kapitalkonto F. Wehrle an Kapitalkonto H. Wehrle	36 000	18 000 18 000	Verrechnung der Tätigkeitsvergütung entsprechend Gesellschaftsvertrag
(3) Forderungen Kommanditist Ginter an Gewinnverwendungskonto	325	325	Verrechnung der Schuldzinsen des Kommanditisten Ginter
(4) Kapitalkonto F. Wehrle Kapitalkonto H. Wehrle Verlustvortrag Ginter an Gewinnverwendungskonto	41 018 41 018 20 509	102 545	Verteilung des Gesamtverlustes nach Verrechnung von Tätigkeitsvergütungen und Zinsen

---

[1] Für die Ermittlung des zu verteilenden Verlustes wird der in der GuV-Rechnung ausgewiesene Verlust um die Tätigkeitsvergütung erhöht. Andernfalls würde sich die Tätigkeitsvergütung in vollem Umfang zu Lasten der Kapitalanteile der Komplementäre auswirken. Durch Einbeziehung in die Verlustverteilung wird auch der Kommanditist anteilsmäßig mit der Tätigkeitsvergütung belastet. Entsprechend wird der in der GuV ausgewiesene Verlust um die auf den Kommanditisten entfallenden Schuldzinsen für die ausstehende Einlage verringert, da sonst auch die Komplementäre durch diese Zinsen, die allein dem Kommanditisten zuzurechnen sind, belastet würden.

    Berechnung des zu verteilenden Verlustes:

Reinverlust lt. Gewinn- und Verlustrechnung	− 66 870 EUR
+ Schuldzinsen Kommanditist Ginter	+ 325 EUR
− Tätigkeitsvergütungen Komplementäre	− 36 000 EUR
zu verteilender Verlust	− 102 545 EUR

[2] Der Verlustanteil des Kommanditisten Ginter in Höhe von 20 509 EUR kann auf der Aktivseite der Bilanz als Korrekturposten zur Kommanditeinlage oder mit Minuszeichen auf der Passivseite ausgewiesen werden. Die Zinsen für die ausstehende Einlage stellen eine Forderung der KG an den Kommanditisten dar.

Für den Fall, dass der Kommanditist seine Kommanditeinlage noch nicht vollständig geleistet hat, darf der Verlustanteil nicht mit der noch ausstehenden Einlage saldiert werden. Aus der in der Bilanz ausgewiesenen ausstehenden Einlage ist erkennbar, in wie weit der Kommanditist seine übernommenen Verpflichtungen aus dem Gesellschaftsvertrag erfüllt hat. Im Falle einer Verrechnung der ausstehenden Einlage mit einem Verlustanteil ginge diese Information verloren.

10 Investition, Finanzierung und Kreditsicherung

Gewinnverwendungskonto

(1) Reinverlust	66 870	(3) Zinsen Ginter	325
(2) Tätigkeitsvergütung	36 000	(4) »Gesamtverlust«	**102 545**
	102 870		102 870

Kapitalkonto F. Wehrle

Tätigkeitsvergütung	18 000[1]	AB	312 000
Privatentnahme	26 400[2]	(2) Tätigkeitsvergütung	18 000
(4) Verlustanteil	41 018		
Saldo	**244 582**		

Kapitalkonto H. Wehrle

Tätigkeitsvergütung	18 000[1]	AB	420 000
Privatentnahme	16 800[2]	(2) Tätigkeitsvergütung	18 000
(4) Verlustanteil	41 018		
Saldo	**362 182**		

Kapitalkonto Ginter

Saldo	**132 000**	AB	120 000
		Einlage[2]	12 000

Forderung Kommanditist Ginter

(3) Zinsen	325		

Verlustvortrag Kommanditist Ginter

(4) Verlustanteil	20 509		

10.46 Offene Selbstfinanzierung einer AG: Jahresüberschuss – Bilanzgewinn – Rücklagen

1. a) 1 693 000 EUR

   b) Gewinn und Verlust an Eigenkapital 1 693 000 EUR

   c) gezeichnetes Kapital enthält die Summe aller Aktiennennbeträge; Veränderung ist nur möglich, wenn über den Veränderungsbetrag Aktien ausgegeben werden, wozu ein qualifizierter Mehrheitsbeschluss der Hauptversammlung erforderlich ist;

2. a) Jede Aktie wurde mit 0,25 EUR über dem Betrag der wertmäßigen Beteiligung am Grundkapital

   $$\left(\frac{10 \text{ Mio. EUR}}{2 \text{ Mio. Aktien}} = 5 \text{ EUR/Aktie}\right)$$

   ausgegeben; bei 2 Mio. Aktien ergibt dies ein zusätzliches Eigenkapital von 500 000 EUR – eben die Kapitalrücklage.

---

[1] Tätigkeitsvergütung während des Jahres (monatliche Buchung: Privat bzw. Eigenkapital an Bank 1 500 €)
[2] Buchungen der Privatentnahmen sowie der Einlagen erfolgen während des Geschäftsjahres jeweils zum Zeitpunkt der Entnahme.

b) 5 % von 1 693 000 EUR = 84 650 EUR (§ 150 (2) AktG)

c) Bilanzauszug

gezeichnetes Kapital	10 000 000
Kapitalrücklage	500 000
gesetzliche Rücklagen	84 650
Bilanzgewinn	1 608 350
(Verb. gegenüber Aktionären)	

(Dividendensatz: 16,08 % (16 %))

d) 10 584 650 EUR

3. a) 804 175 EUR

Rechnung:

Jahresüberschuss	1 693 000
− Zuführung gesetzliche Rücklage (5 %)	84 650
=	1 608 350
− Zuführung andere Gewinnrücklagen (§ 58 (2) AktG) →	**804 175**
= **Bilanzgewinn**	**804 175**

b) Bilanzauszug

gezeichnetes Kapital	10 000 000
Kapitalrücklage	500 000
gesetzliche Rücklagen	84 650
andere Gewinnrücklagen	804 175
Bilanzgewinn	804 175
(Verb. gegenüber Aktionären)	

10.47 Finanzwirtschaftliche Bewegungsbilanz (Finanzierungsbild) – Rücklagenpolitik – Arten der Finanzierung

1. a)

Aktiva	Veränderung	Mittelherkunft	Mittelverwendung
I. Anlagevermögen:			
Unbebaute Grundstücke	−	−	−
Gebäude	− 50	50	−
Betriebseinrichtungen	− 250	250	−
Finanzanlagen	+ 500	−	500
II. Umlaufvermögen:			
Vorräte	+ 100		100
Forderungen	+ 300	−	300
Flüssige Mittel	+ 200	−	200
Passiva			
Gezeichnetes Kapital	+ 300	300	−
Gewinnrücklagen	+ 200	200	−
Rückstellungen	− 200	−	200
Verbindlichkeiten	+ 450	450	−
Bilanzgewinn	+ 50	50	−
Summe der Veränderungen		1 300	1 300

10 Investition, Finanzierung und Kreditsicherung

b) Mittelverwendung   Bewegungsbilanz   Mittelherkunft

Vermehrung der Aktiva:		Verminderung der Aktiva:	
Finanzanlagen	500	Gebäude	50
Vorräte	100	Betriebseinrichtungen	250
Forderungen	300		
Flüssige Mittel	200		
Verminderung der Passiva:		**Vermehrung der Passiva:**	
Rückstellungen	200	Grundkapital	300
		Gewinnrücklagen	200
		Verbindlichkeiten	450
		Bilanzgewinn	50
	1 300		1 300

Jeder Vermögensteil muss finanziert worden sein, genau wie jede Schuldentilgung. Infolge dessen ist jede Erhöhung der Aktivposten und jede Verminderung von Passivposten Mittelverwendung.

Jede Verminderung von Aktivposten und jede Erhöhung von Passivposten macht Finanzmittel verfügbar, zeigt also die Herkunft der Mittel.

2. **Beteiligungsfinanzierung:**
   Gezeichnetes Kapital   300

   Selbstfinanzierung:
   Bilanzgewinn u. Rücklagenbildung   250

   Fremdfinanzierung:
   Verbindlichkeiten   450

   Finanzierung durch Umschichtung:
   Gebäude   ⎫ Bilanzänderung   40
   Betriebseinrichtung ⎭ – Abschreibungen   60
   Abschreibungen   200   1 300

3. Rücklagen sind, genau wie neues Grundkapital, Eigenkapital. Beide erhöhen in gleicher Weise die Kreditfähigkeit und die Sicherheit des Unternehmens.

   Allerdings müssen Rücklagen tatsächlich nicht mit Dividende bedient werden, sind insofern also der Erhöhung des Grundkapitals vorzuziehen. Die Finanzierung über Rücklagen bewirkt, dass die damit erwirtschafteten Gewinne dem Eigenkapital des Unternehmens zuwachsen. Das macht diesen Finanzierungsweg für Unternehmen bedeutungsvoll, die wegen ihrer Rechtsform und ihrer Größe keinen Zugang zum Kapitalmarkt haben.

   Rücklagenbildung verursacht im Gegensatz zur Kapitalerhöhung keine Kosten. Durch Rücklagenbildung lässt sich Fremdkapital ersetzen, sodass der darauf zu zahlende Zins entfällt.

   Von Nachteil ist, dass der fehlende Kostendruck unter Umständen dazu verführt, Investitionen ohne genügende Beachtung des damit verbundenen Risikos vorzunehmen. Das Ergebnis sind Kapitalfehlleitungen, weil am Markt vorbei produziert wird. Verdeckte Rücklagen gehen unter und führen zu falschen Rentabilitätskennziffern. Durch ihre unerkannte Auflösung werden noch Gewinne ausgewiesen, obwohl die Leistung des Unternehmens ohne verdeckte Rücklagenauflösung keine mehr oder evtl. sogar Verluste erbracht hätte.

Für Rentabilitätsberechnungen wird es bei Vorhandensein stiller Rücklagen schwierig, das wirkliche Eigenkapital zu ermitteln, mit dessen Hilfe der Erfolg erwirtschaftet wurde. Das ausgewiesene Eigenkapital stellt aber nur einen Teil der eingesetzten Mittel dar. Das Streben nach Rücklagenbildung kann im Wettstreit mit dem Wunsch der Aktionäre nach höheren Dividenden zu unnötig hohen Preisen führen. In diesem Falle wird die Bildung von Zusatzkapital dem Verbraucher aufgebürdet.

4. Bilanzausweis der unbebauten Grundstücke zu deren Anschaffungskosten (100 Mio. EUR) bei zwischenzeitlich gestiegenem Tageswert führte in der Vergangenheit zur Bildung stiller Reserven (verdeckte Selbstfinanzierung); damit keine Auswirkungen auf Ausweis in Bewegungsbilanz des lfd. Jahres; Auswirkungen würden sich ergeben, wenn die Grundstücke veräußert würden.

5. Die Unternehmensleitung folgt dem Grundsatz der kaufmännischen Vorsicht und legt stille Reserven; Substanzerhaltung.

10.48 Stille Selbstfinanzierung

1. Als geringwertige Wirtschaftsgüter (Anschaffungskosten übersteigen nicht den Betrag von 410 EUR) können sie im Jahr der Anschaffung voll abgeschrieben werden (§ 6 (2) EStG).

2.

Konto	Soll/EUR	Haben/EUR
flüssige Mittel	1 428,00	
an Geschäftsausstattung		12,00
sonst. betr. Erträge		1 188,00
Umsatzsteuer		228,00

Hinweis: Wegen USt-Verprobung wird der Verkauf in der Praxis wie folgt gebucht:

Konto	Soll/EUR	Haben/EUR
flüssige Mittel	1 428,00	
an **Erlöse** aus dem Abgang von Gegenständen des Anlagevermögens bei Buchgewinn		1 200,00
Umsatzsteuer		228,00

Nach Abschluss der entsprechenden Konten steht auch hier der Veräußerungsgewinn in der GuV-Position »sonstige betriebliche Erträge«.

3. Erhöhung der gewinnabhängigen Steuern im Jahr des Verkaufs: 40% v. 1188 = 475,20 EUR (Mittelabfluss in eben dieser Höhe an das Finanzamt)

4. a) Lineare Abschreibung ist möglich (§ 7 Abs. 1 EStG)

   b) Abschreibung: $3 \times 7{,}69\%$ von 4740 EUR = 1093,52 EUR; Restbuchwert: 3 646,48 EUR

   c)   1 200,00 EUR (Verkaufspreis)
       − 3 646,48 EUR (Restbuchwert)

      = 2 446,48 EUR Veräußerungs**verlust**

10 Investition, Finanzierung und Kreditsicherung

d) Im Jahr des Verkaufs entsteht zwar ein Veräußerungsverlust, in den Vorjahren wäre jedoch wegen der niedrigeren Abschreibung ein höherer Gewinn ausgewiesen worden mit entsprechenden nachteiligen steuerlichen Wirkungen (Vorauss.: Gewinn wird erzielt). Auszubildender hat nur z.T. recht.

5. Vorüberlegung: Finanzierung = Mittelbeschaffung (Investierung = Mittelverwendung);
   erhöhte Abschreibung → erhöhter Aufwandsausweis in der GuV → 2 Folgen:
   1. Verminderung von gewinnabhängigen Steuerzahlungen;

   > Die Steuerminderung führt in späteren Perioden zu einer Steuernachholung. Die Summe der Steuerzahlungen wird dadurch nicht verändert (Annahme: auch in künftigen Perioden fallen Gewinne an).

   2. Verhinderung von Mittelabfluss (Gewinnauszahlung) an die Anteilseigner
   Finanzierungswirkung: *Verhinderung von Mittelabfluss* an Finanzamt und Anteilseigner
   geräuschlos: Betrag der *erhöhten* Abschreibung ist weder in Bilanz noch in Gewinn- und Verlustrechnung offen ausgewiesen; → = stille (verdeckte) Selbstfinanzierung)

6. a) Abschreibung zunächst geometrisch-degressiv, zum optimalen Zeitpunkt Wechsel zur linearen Abschreibung; Rechnung: Restbuchwert: Restnutzungsdauer > geometrisch-degressiver AfA-Betrag; Ziel: Bildung stiller Reserven (verdeckte Selbstfinanzierung)

   b) – Fahrzeug wurde geometrisch-degressiv abgeschrieben (lineare Abschreibung wäre möglich gewesen)
      – Verkaufspreis liegt bei 24 000 EUR – Buchwert beträgt 22 784 EUR → stille Reserven in Höhe von 24 000 EUR – 22 784 EUR = 1 216 EUR

7. a) **Franz Winterhalter OHG** muss eine Rückstellung wegen einer ungewissen Verbindlichkeit bilden (§ 249 (1) HGB);
   sonstige betriebliche Aufwendungen (Garantieleistungen) an Rückstellungen 30 000 EUR

   b) Rückstellungen 30 000 EUR an Bank   18 200 EUR
                          sonst. betr. Erträge 11 800 EUR
                          (Erträge aus der Auflösung von Rückstellungen)

   c) altes Geschäftsjahr: sonstiger betrieblicher Aufwand führt zu einem um 30 000 EUR verminderten Gewinnausweis;
   → überhöht ausgewiesener Aufwand hat zu einer Verminderung der gewinnabhängigen Steuern geführt; ebenso: Verhinderung von Gewinnabfluss an die Anteilseigner; → Finanzierungswirkung wie bei Ziffer 5; im Jahr der Auflösung der Rückstellung führt der Ausweis der sonstigen betrieblichen Erträge in Höhe von 11 800 EUR zu einer vermehrten Steuerzahlung;

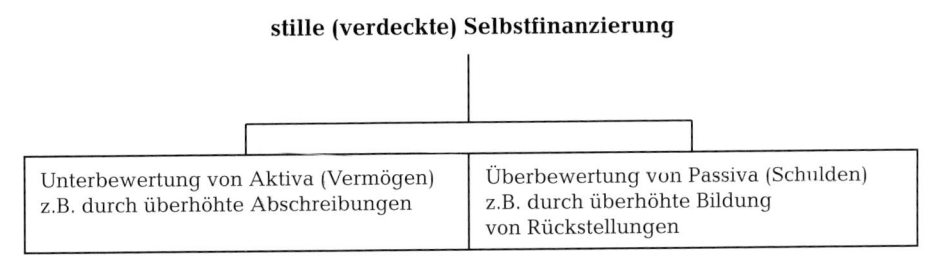

8.
stille (verdeckte) Selbstfinanzierung

Unterbewertung von Aktiva (Vermögen) z.B. durch überhöhte Abschreibungen	Überbewertung von Passiva (Schulden) z.B. durch überhöhte Bildung von Rückstellungen

10.49 Kreislauf der Abschreibung – Kapitalfreisetzungseffekt

1. Personalaufwand + Materialaufwand + Zinsen + sonstige Aufwendungen
   (z.B. Strom, Energie u.a.)
   2 400 000 + 2 600 000 + 600 000 + 400 000 = 6 000 000 EUR

2. a) und b)
gesamter Mittelzufluss aus den Umsatzerlösen	8 200 000 EUR
– »auszahlungswirksame« Aufwendungen	6 000 000 EUR
= verbleibende flüssige Mittel	2 200 000 EUR a)
– Gewinn – falls ausgeschüttet –	1 100 000 EUR
= »Überschuss«	1 100 000 EUR b)

   Ergebnis: Investition in Höhe von 800 000 EUR lässt sich auch dann aus eigener Kraft finanzieren, wenn der Gewinn ausgeschüttet wird.

3. a) Aufwendungen:
   7 142,86 EUR (bilanzmäßige Abschreibung: 100 000 : 14 = 7 142,86 EUR/Jahr)
   b) Kosten:
   7 142,86 EUR (kalk. Abschreibungen: 100 000 : 14 = 7 142,86 EUR/Jahr)
   c) Erträge:
   7 142,86 EUR (in den Umsatzerlösen enthaltene kalkulatorische Abschreibung)
   d) liquide Mittel:
   7 142,86 EUR (Mittelzufluss durch die in den Umsatzerlösen enthaltene kalkulatorische Abschreibung = »verdiente« Abschreibung)

4. a) Aufwendungen:
   7 142,86 EUR (bilanzmäßige Abschreibung: 100 000 : 14 = 7 142,86 EUR/Jahr)
   b) Kosten:
   7 857,14 EUR (kalk. Abschreibung: 110 000 : 14 = 7 857,14 EUR/Jahr)
   c) Erträge:
   7 857,14 EUR (in den Umsatzerlösen enthaltene kalkulatorische Abschreibung)
   d) liquide Mittel:
   7 857,14 EUR (Mittelzufluss durch die in den Umsatzerlösen enthaltene kalkulatorische Abschreibung)

5. 7 142,86 EUR (Betrag aus der bilanzmäßigen Abschreibung); Zusatzkosten in Höhe von 714,28 EUR sind Gewinnbestandteil und wurden demnach ausgeschüttet;

6. Es stehen insgesamt liquide Mittel in Höhe der bilanzmäßigen Abschreibung von 14 285,72 EUR (2faches des linearen Abschreibungsbetrages) zur Verfügung. Dieser Betrag gliedert sich unter Finanzierungsaspekten wie folgt auf:
Finanzierung aus Abschreibungsrückflüssen (Umfinanzierung):	7 857,14 EUR
Finanzierung aus Unterbewertung des Vermögens (stille Selbstfinanzierung 14 285,72 EUR – 7 857,14):	6 428,58 EUR
gesamte Mittelbeschaffung (Finanzierungseffekt)	14 285,72 EUR

7. Bei Verzicht auf die bilanzielle Abschreibung wäre der ausgewiesene Gewinn um 7 142,86 EUR höher. Folgen: Ausschüttung an die Unternehmenseigner sowie Steuerzahlungen an das Finanzamt;

   in der Gewinn- und Verlustrechnung ausgewiesener »Abschreibungsaufwand« (bilanzmäßige Abschreibung) wirkt so tatsächlich als Ausschüttungssperre.

10 Investition, Finanzierung und Kreditsicherung

10.50 Finanzierung aus Abschreibungen: Abschreibungsrückfluss und Investition – Kapazitätserweiterungseffekt

Hinweise für Möglichkeiten einer computerunterstützten Lösung einzelner Teilaufgaben mit Hilfe des Programms EUROBWL finden sich auf der CD (siehe S. 5).

1. Finanzierung aus Abschreibungsrückflüssen – Kapazitätserweiterungseffekt

Erstausstattung:	10 Maschinen	Anschaffungswert je Maschine:	20 000 EUR
Nutzungsdauer:	5 Jahre	Preissteigerung pro Jahr:	0 %
Abschreibungsart:	linear	Abschreibungssatz:	20,00 %
Abschreibungsgrundlage:		Anschaffungswert:	

	Jahresanfang		Jahresende				Anfang Folgejahr	
Jahr	Maschinenzahl	∑ Anschaffungswerte	Abschreibung	∑ Restwerte	liquide Mittel	Maschinen Abgang	Maschinen Zugang	Liquide Mittel (Rest)
1	10	200 000	40 000	160 000	40 000	0	2	0
2	12	240 000	48 000	152 000	48 000	0	2	8 000
3	14	280 000	56 000	136 000	64 000	0	3	4 000
4	17	340 000	68 000	128 000	72 000	0	3	12 000
5	20	400 000	80 000	108 000	92 000	10	4	12 000
6	14	280 000	56 000	132 000	68 000	2	3	8 000
7	15	300 000	60 000	132 000	68 000	2	3	8 000
8	16	320 000	64 000	128 000	72 000	3	3	12 000
9	16	320 000	64 000	124 000	76 000	3	3	16 000
10	16	320 000	64 000	120 000	80 000	4	4	0

2. Die Summe aus Restwert plus investitionsbereiten Abschreibungen ergibt stets 200 000 EUR.

3. | Jahr | Maschinenzahl | Kapazität |
   |---|---|---|
   | 1 | 10 | 1 000 000 |
   | 2 | 12 | 1 200 000 |
   | 3 | 14 | 1 400 000 |
   | 4 | 17 | 1 700 000 |
   | 5 | 20 | 2 000 000 |
   | 6 | 14 | 1 400 000 |
   | 7 | 15 | 1 500 000 |

4. Gesamtstückzahl zu Beginn des Jahres 1:
   10 Masch. × 100 000 Stück × 5 Jahre = <u>5 Mio. Stück.</u>

5. Die mit Abschreibungsrückflüssen finanzierten Maschinen werden eingesetzt, ehe die Nutzungsmöglichkeiten der alten aufgebraucht sind.
   Die Abschreibungen werden nicht bis zum Ende der Nutzungsmöglichkeit der Erstinvestitionen angesammelt und erst dann im Einsatz investiert, sondern schon vorher für zusätzliche Investitionen verwendet.

6. Das Ausscheiden verbrauchter Anlagen und die Vergütung für ihre Nutzung fallen zeitlich auseinander. Der Abschreibungsbetrag wird als Kosten der Anlagennutzung im Verkaufspreis der hergestellten Leistungen früher vergütet, als er für den Ersatz der Anlagen benötigt wird.
   Voraussetzungen für das Zustandekommen des Lohmann-Ruchti-Effektes:
   – Laufende Investierung der Abschreibungsrückflüsse in neue Anlagen;
   – Verkaufserlöse müssen kostendeckend auch die Abschreibungsbeträge erbringen;
   – Finanzierung der Erstausstattung mit eigenen Mitteln;
   – Die dem Anwachsen des Anlagevermögens angemessene Erweiterung des Umlaufvermögens muss finanziert werden können.

Wirkungen:
- Kapazitätserweiterung ohne Zuführung neuer Mittel;

Kritischer Punkt:
- Ausscheiden der Erstausstattung, weil Aufrechterhaltung der erreichten Kapazität die Zuführung neuer Mittel erforderlich macht, sonst reduzierte Produktionsmöglichkeit.

10.51 Finanzierung von Investitionen aus Abschreibungsrückflüssen: Gesamtkapazität – Periodenkapazität

Hinweise für Möglichkeiten einer computerunterstützten Lösung einzelner Teilaufgaben mit Hilfe des Programms EUROBWL finden sich auf der CD (siehe S. 5).

1. Erstausstattung: 10 Busse   Anschaffungswert 100 000 EUR
   Nutzungsdauer: 4 Jahre   lineare Abschreibung

	Jahresanfang		Jahresende					Anfang Folgejahr
Jahr	Zahl der Busse	∑ Anschaffungswerte	Abschreibung	∑ Restwerte	liquide Mittel	Busse Abgang	Busse Zugang	liquide Mittel (Rest)
1	10	1 000 000	250 000	750 000	250 000	0	2	50 000
2	12	1 200 000	300 000	650 000	350 000	0	3	50 000
3	15	1 500 000	375 000	575 000	425 000	0	4	25 000
4	19	1 900 000	475 000	500 000	500 000	10	5	0
5	14	1 400 000	350 000	650 000	350 000	2	3	50 000
6	15	1 500 000	375 000	575 000	425 000	3	4	25 000
7	16	1 600 000	400 000	575 000	425 000	4	4	25 000
8	16	1 600 000	400 000	575 000	425 000	5	4	25 000
9	15	1 500 000	375 000	600 000	400 000	3	4	0
10	16	1 600 000	400 000	600 000	400 000	4	4	0

Werden die Abschreibungsrückflüsse, die vor dem Ersatzbeschaffungszeitpunkt in liquider Form zur Verfügung stehen, wieder für gleichartige Maschinen (Busse) verwendet (investiert), erhöht sich der Maschinenbestand (Busbestand).

Die zusätzlichen Maschinen erhöhen wieder die Abschreibungsrückflüsse, sodass wiederum mehr Mittel investiert werden können.

10 Investition, Finanzierung und Kreditsicherung

2.

Kapazitätserweiterungseffekt

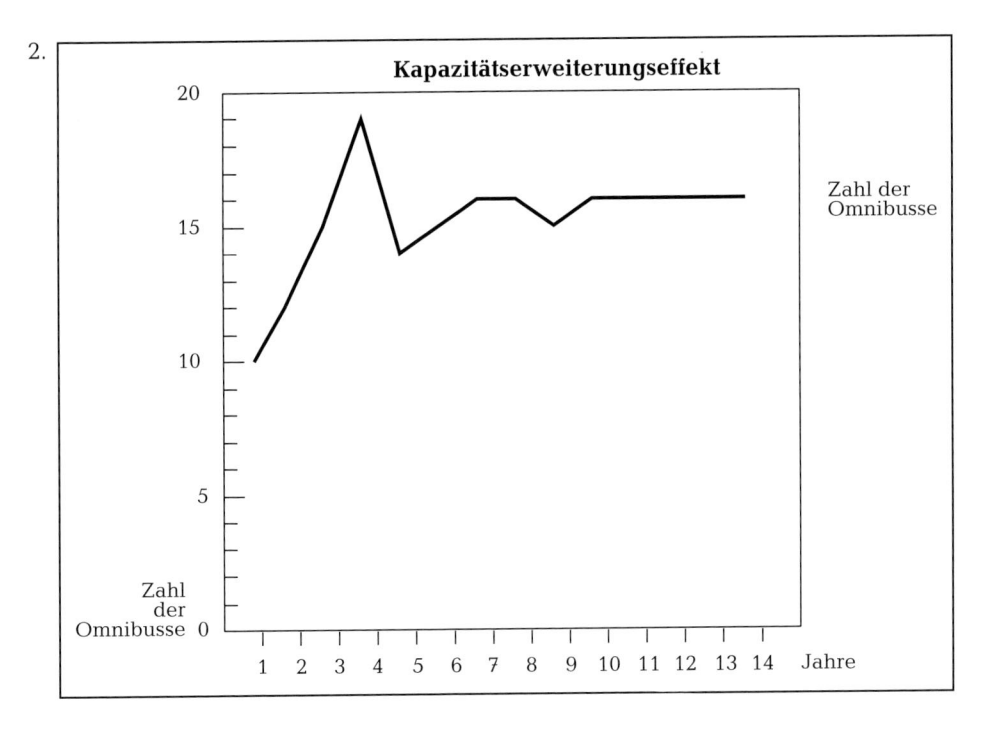

(Diagramm: Zahl der Omnibusse über Jahre 1–14; Werte steigen von 10 in Jahr 1 auf ca. 19 in Jahr 4, fallen auf 14 in Jahr 5, dann pendelnd bei 15–16 ab Jahr 6.)

3.

	4. Jahr	5. Jahr	6. Jahr	10. Jahr
Kapazitätszuwachs in % gegenüber der Erstausstattung	90	40	50	60

4. Teil-Perioden-Kapazität   = 50 000 km
   (= Periodenkapazität **eines** Busses)

   Teil-Gesamt-Kapazität   = 200 000 km
   (= Gesamtkapazität **eines** Busses
   während der Nutzungsdauer)

Entwicklung der Gesamt-Total-Kapazität und der Gesamt-Perioden-Kapazität

Jahr	Zugang Busse	Zahl der Busse	\multicolumn{4}{c|}{Jahresanfang davon Busse mit einer Restnutzungsdauer von}	Gesamt-Total-Kapazität km	Gesamt-Perioden-Kapazität km	Jahresende Abgang Busse
			4 J	3 J	2 J	1 J			
1	10	10	10	0	0	0	2 000 000	500 000	0
2	2	12	2	10	0	0	1 900 000	600 000	0
3	3	15	3	2	10	0	1 900 000	750 000	0
4	4	19	4	3	2	10	1 950 000	950 000	10
5	5	14	5	4	3	2	2 000 000	700 000	2
6	3	15	3	5	4	3	1 900 000	750 000	3
7	4	16	4	3	5	4	1 950 000	800 000	4
8	4	16	4	4	3	5	1 950 000	800 000	5
9	4	15	4	4	4	3	1 950 000	750 000	3
10	4	16	4	4	4	4	2 000 000	800 000	4
11	4	16	4	4	4	4	2 000 000	800 000	4
usw.									

Zur Berechnung der Total- und Periodenkapazität vgl. Aufgabe 10.52.

5. Im letzten Nutzungsjahr (4. Jahr) der Erstausstattung erreicht die Periodenkapazität mit 19 Bussen bzw. 950 000 km ihren Höhepunkt.

Nach Ausscheiden der Erstausstattung geht die Kapazität von 19 auf 14 Busse zurück.

Es müssten somit Anfang des 5. Jahres zusätzliche Investitionen (5 Busse) getätigt werden, die anderweitig finanziert werden müssten.

10.52 PC-EINSATZ: Kapazitätserweiterungseffekt (Lohmann-Ruchti-Effekt): Bedingungen und Ausmaß der Kapazitätserweiterung

Hinweise für Möglichkeiten einer computerunterstützten Lösung einzelner Teilaufgaben mit Hilfe des Programms EUROBWL finden sich auf der CD (siehe S. 5).

1. a) Erstausstattung: 10 Maschinen

   Anschaffungswert: 20 000 EUR

   Nutzungsdauer: 10 Jahre

   lineare Abschreibung

	Jahresanfang					Jahresende		Anfang Folgejahr	
Jahr	Maschinenzahl	∑ Anschaffungswerte	Abschreibung	∑ Restwerte	liquide Mittel	Maschinen		liquide Mittel (Rest)
						Abgang	Zugang	
1	10	200 000	20 000	180 000	20 000	0	1	0
2	11	220 000	22 000	178 000	22 000	0	1	2 000
3	12	240 000	24 000	174 000	26 000	0	1	6 000
4	13	260 000	26 000	168 000	32 000	0	1	12 000
5	14	280 000	28 000	160 000	40 000	0	2	0
6	16	320 000	32 000	168 000	32 000	0	1	12 000
7	17	340 000	34 000	154 000	46 000	0	2	6 000
8	19	380 000	38 000	156 000	44 000	0	2	4 000
9	21	420 000	42 000	154 000	46 000	0	2	6 000
10	23	460 000	46 000	148 000	52 000	10	2	12 000
11	15	300 000	30 000	158 000	42 000	1	2	2 000
12	16	320 000	32 000	166 000	34 000	1	1	14 000
13	16	320 000	32 000	154 000	46 000	1	2	6 000
14	17	340 000	34 000	160 000	40 000	1	2	0
15	18	360 000	36 000	164 000	36 000	2	1	16 000
16	17	340 000	34 000	150 000	50 000	1	2	10 000
17	18	360 000	36 000	154 000	46 000	2	2	6 000
18	18	360 000	36 000	158 000	42 000	2	2	2 000
19	18	360 000	36 000	162 000	38 000	2	1	18 000
20	17	340 000	34 000	148 000	52 000	2	2	12 000

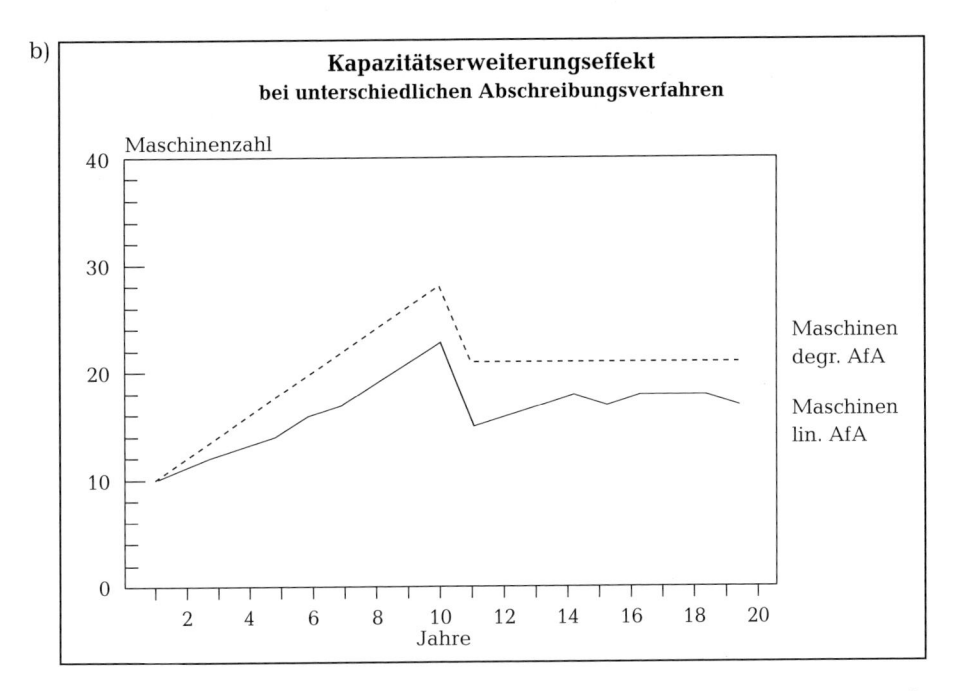

b)

Kapazitätserweiterungseffekt bei unterschiedlichen Abschreibungsverfahren

(Diagramm: Maschinenzahl über Jahre 0 bis 20; gestrichelte Linie: Maschinen degr. AfA; durchgezogene Linie: Maschinen lin. AfA)

c) **Kapitalfreisetzungseffekt:** Unter der Annahme, dass die Abschreibungen als Kostenfaktor in den Verkaufspreis einkalkuliert werden und die in den Umsatzerlösen enthaltenen Abschreibungsrückflüsse (»verdiente Abschreibungen«) erst zu einem späteren Zeitpunkt für eine Ersatzinvestition benötigt werden, erfolgt eine Vermögensumschichtung (Kapitalfreisetzung) von Anlagevermögen in liquide Mittel. Die Höhe des freigesetzten Kapitals entspricht somit den Abschreibungsbeträgen.

Kapazitätserweiterungseffekt: Werden die freigesetzten Mittel bereits vor dem Ersatzbeschaffungszeitpunkt (= Ende der Nutzungsdauer) wieder investiert, vergrößert sich der Anlagenbestand und damit die Kapazität (Erweiterungsinvestition). Aufgrund des erhöhten Anlagenbestandes erhöhen sich wiederum Abschreibungen und freigesetztes Kapital, dessen Reinvestition wiederum den Anlagenbestand erhöht. Der Vorgang ähnelt dem Zinseszinseffekt beim Kapitalwachstum.

d)

Phase	Jahr	Besonderheiten bei der Kapazitätsentwicklung
1	1	Einleitung des Kapazitätserweiterungseffekts durch Beschaffung der Erstausstattung
2	1 bis 10	Wachstumsperiode bis zum Ausscheiden der Erstausstattung
3	11 bis 14	Annäherung an einen Gleichgewichtszustand
4	14 bis ∞	Gleichgewicht: Zugang und Abgang gleichen sich aus, so dass der Maschinenbestand konstant bleibt

e) Teil-Perioden-Kapazität = 1 000 Mengeneinheiten
(= Periodenkapazität **einer** Maschine)

Teil-Gesamt-Kapazität = 10 000 Mengeneinheiten
(= Gesamtkapazität **einer** Maschine während der Nutzungsdauer)

Entwicklung der Gesamt-Total-Kapazität und der Gesamt-Perioden-Kapazität

Phase	Anfang des Jahres	maximale Maschinenzahl	Gesamt-Total-Kapazität	Gesamt-Perioden-Kapazität
1	1	10	100 000	10 000
2	10	23	97 000	23 000
3	14	17	97 000	17 000
4	20	17	91 000	17 000

Berechnung der Gesamt-Total-Kapazität am Beispiel der Phasen 1 und 2:

Phase 1; Anfang des 1. Jahres; 10 Maschinen:
10 Maschinen · 10 Jahre · 1000 ME = 100 000

Phase 2; Anfang des 10. Jahres; 23 Maschinen:

```
10 Maschinen · 1 Jahr  RND · 1000 ME = 10 000 ME
 1 Maschine  · 2 Jahre RND · 1000 ME =  2 000 ME
 1 Maschine  · 3 Jahre RND · 1000 ME =  3 000 ME
 1 Maschine  · 4 Jahre RND · 1000 ME =  4 000 ME
 1 Maschine  · 5 Jahre RND · 1000 ME =  5 000 ME
 2 Maschinen · 6 Jahre RND · 1000 ME = 12 000 ME
 1 Maschine  · 7 Jahre RND · 1000 ME =  7 000 ME
 2 Maschinen · 8 Jahre RND · 1000 ME = 16 000 ME
 2 Maschinen · 9 Jahre RND · 1000 ME = 18 000 ME
 2 Maschinen · 10 Jahre RND · 1000 ME = 20 000 ME
Σ 23 Maschinen                         97 000 ME
```

ME = Mengeneinheit
RND = Restnutzungsdauer

f)

Nutzungsdauer in Jahren	1	2	3	5	8	10	20
lineare Abschreibung in %	100	50	33,3	20	12,5	10	5
KEF	1	1,3	1,5	1,6	1,7	1,8	1,9[1]

Je länger die Nutzungsdauer, desto größer der Kapazitätserweiterungsfaktor.

Die Formel gilt bei **linearer Abschreibung** für den Fall, dass die Reinvestitionen nicht kontinuierlich, sondern nur am Ende einer Periode (bzw. am Anfang der nächsten Periode) vorgenommen werden. Die Formel macht deutlich, dass bei zunehmender Nutzungsdauer der KEF steigt.

2.

Maschinen-bestand der Erstausstattung	Perioden-kapazität Anfang 1. Jahr	Änderung der Periodenkapazität gegenüber dem ersten Jahr			
		4. Jahr	5. Jahr	6. Jahr	10. Jahr
10	10 000	13 000	14 000	16 000	23 000
4	10 000	12 500	12 500	15 000	20 000
2	10 000	10 000	10 000	15 000	20 000

Der Kapazitätserweiterungseffekt ist um so größer.
- je größer die Zahl der Maschinen bei der Erstausstattung, d.h.
- je geringer die Anschaffungskosten einer einzelnen Maschine, d.h.
- je größer die Teilbarkeit der Investitionsobjekte ist.

---

[1] *Hinweis:*
Das Programm »EUROBWL« berücksichtigt jeweils eine Entwicklung für 30 Jahre. Im 28., 29. und 30. Jahr errechnet sich danach ein KEF von 1,8. Werden mehr als 30 Jahre betrachtet, so ergibt sich ein KEF von 1,9 (siehe Formel sowie Grafik in »EUROBWL«).

10 Investition, Finanzierung und Kreditsicherung

Im Vergleich zu wenigen großen Maschinen mit hohen Anschaffungskosten reichen die Abschreibungsrückflüsse bei vielen kleinen Maschinen mit geringeren Anschaffungskosten bereits früher aus, um wieder neue Maschinen zu kaufen und die Periodenkapazität zu erweitern.

3. a) Erstausstattung: 10 Maschinen Anschaffungswert 20 000 EUR
   Nutzungsdauer: 10 Jahre degressive Abschreibung

	Jahresanfang			Jahresende			Anfang Folgejahr	
Jahr	Maschinenzahl	∑ Anschaffungswerte	Abschreibung	∑ Restwerte	liquide Mittel	Maschinen Abgang	Zugang	liquide Mittel (Rest)
1	10	200 000	40 000	160 000	40 000	0	2	0
2	12	240 000	40 000	160 000	40 000	0	2	0
3	14	280 000	40 000	160 000	40 000	0	2	0
4	16	320 000	40 000	160 000	40 000	0	2	0
5	18	360 000	40 000	160 000	40 000	0	2	0
6	20	400 000	40 000	160 000	40 000	0	2	0
7	22	440 000	40 000	160 000	40 000	0	2	0
8	24	480 000	40 000	160 000	40 000	0	2	0
9	26	520 000	40 000	160 000	40 000	0	2	0
10	28	560 000	61 475	138 525	61 475	10	3	1 475
11	21	420 000	44 000	154 525	45 475	2	2	5 475

Bei Investition liquider Mittel in Höhe der degressiven Abschreibungsbeträge ist der Kapazitätserweiterungseffekt erheblich größer. Begründung: Bei degressiver Abschreibung sind die Abschreibungsbeträge in den ersten Jahren größer als bei linearer Abschreibung. Damit stehen größere Abschreibungsrückflüsse für die Investitionen zur Verfügung. Die erhöhten Investitionen während der ersten Jahre bewirken eine Erhöhung der Abschreibungsbemessungsgrundlage, auf die wiederum der höhere degressive Abschreibungssatz angewandt wird.

b) vgl. Grafik

c) In der Aufgabenstellung ist unterstellt, dass der tatsächliche Werteverzehr linear erfolgt. Dementsprechend werden in der Kostenrechnung lineare kalkulatorische Abschreibungen in Höhe von 20 000 EUR jährlich verrechnet. Die bilanziellen Abschreibungen betragen dagegen im ersten Jahr aufgrund der degressiven Abschreibung 40 000 EUR. Decken die Umsatzerlöse nicht nur die linearen kalkulatorischen Abschreibungen, sondern auch die degressiven bilanziellen Abschreibungen, stehen dem Betrieb im ersten Jahr 20 000 EUR mehr finanzielle Mittel zur Verfügung als bei linearer bilanzieller Abschreibung. Dieser Betrag wäre bei linearer bilanzieller Abschreibung als Gewinn ausgewiesen worden und hätte u.U. als Ausschüttung und Gewinnsteuer den Betrieb verlassen. Bei degressiver bilanzieller Abschreibung werden diese Mittel aber durch die niedrigere Bewertung des Anlagevermögens an den Betrieb gebunden (stille Selbstfinanzierung).

d)

Nutzungsdauer in Jahren	1	2	3	5	8	10	20
degressive Abschreibung in %	100	20	20	20	20	20	10
KEF	1	1,1	1,2	1,4	1,8	2,1	2,1

Solange der degressive Abschreibungssatz kleiner als der lineare Abschreibungssatz ist, ist auch der KEF kleiner als bei linearer Abschreibung.

e)

Anfang des Jahres	Maschinenzahl	Gesamt-Perioden-Kapazität	Gesamt-Total-Kapazität
1	10	10 000	100 000
2	12	12 000	110 000
3	14	14 000	118 000
4	16	16 000	124 000
5	18	18 000	128 000
6	20	20 000	128 000
7	22	22 000	128 000
8	24	24 000	128 000
9	26	26 000	128 000
10	28	28 000	128 000
11	21	21 000	128 000
12	21	21 000	128 000
usw.			

Werden liquide Mittel in Höhe der degressiven Abschreibung, die im Vergleich zur tatsächlichen Wertminderung überhöht ist, reinvestiert, vergrößert sich nicht nur die Gesamt-Perioden-Kapazität (von 10 000 im 1. Jahr auf 21 000 ab dem 11. Jahr), sondern auch die Gesamt-Total-Kapazität (von 100 000 im 1. Jahr auf 128 000 ab dem 5. Jahr).

Begründung: Durch die überhöhten Abschreibungen erfolgt neben der Vermögensumschichtung (20 Tsd. EUR im Beispiel bei 3.c)) zusätzlich eine stille Selbstfinanzierung (20 Tsd. EUR im Beispiel bei 3.c)), die zu einem entsprechenden Vermögenszuwachs führt. Auf diesen Vermögenszuwachs ist die Ausweitung der Gesamt-Total-Kapazität zurückzuführen.

4. Voraussetzungen für das Wirksamwerden des Kapazitätserweiterungseffekts in seiner reinen Form:
   1. Es besteht Vollkostendeckung (Preis > = Selbstkosten), und die Abschreibungen liegen in liquider Form vor (»verdiente Abschreibungen«).
   2. Die Abschreibungsrückflüsse werden möglichst bald in gleichartige Anlagegüter investiert.
   3. Die Erstausstattung ist neuwertig und auf eine nicht liquiditätsbelastende Art (z.B. Eigenkapital) finanziert. (Wenn Teile der Abschreibungsrückflüsse statt für eine Reinvestition für Zinsen und Tilgung verwendet werden müssten, fällt der Kapazitätserweiterungseffekt entsprechend geringer aus.)
   4. Für die mit der Kapazitätserweiterung einher gehende Erhöhung des sonstigen Anlage- und Umlaufvermögens stehen entsprechende anderweitige Finanzierungsmittel zur Verfügung.
   5. Wiederbeschaffungspreise und Produktionstechnik bleiben konstant.
   6. Die Investitionspolitik des Unternehmens richtet sich nach der Finanzierbarkeit der Produktionskapazitäten und nicht nach den Absatzerwartungen (unbegrenzte Absatzmöglichkeiten).
   7. Die Verkaufspreise sinken trotz des steigenden Angebots nicht unter die Selbstkosten.

   Der Kapazitätserweiterungseffekt ist um so größer,
   – je länger die Nutzungsdauer (Aufgaben 1.f) und 3.d)),
   – je größer die Zahl der Maschinen der Erstausstattung bzw. je größer die Teilbarkeit der Investitionsobjekte bzw. je geringer die Anschaffungskosten einer einzelnen Maschine (Aufgabe 2),
   – je höher der Abschreibungssatz bei gleicher Nutzungsdauer (Aufgaben 1.f) und 3.d)).

10 Investition, Finanzierung und Kreditsicherung

10.53 Abschreibung und Substanzerhaltung unter Berücksichtigung einer Erhöhung der Wiederbeschaffungspreise

Hinweise für Möglichkeiten einer computerunterstützten Lösung einzelner Teilaufgaben mit Hilfe des Programms EUROBWL finden sich auf der CD (siehe S. 5).

1. Da die Bemessungsgrundlage für die bilanziellen Abschreibungen höchstens die Anschaffungskosten sind, reichen liquide Mittel in Höhe der Summe dieser Abschreibungsbeträge zum Ersatzbeschaffungszeitpunkt nicht aus, um bei gestiegenen Anschaffungskosten eine neue Maschine zu beschaffen. Die Finanzierungslücke ist um so größer, je länger die Nutzungsdauer und je höher die Preissteigerungsrate ist. Bei 10-jähriger Nutzungsdauer und einer jährlichen Preissteigerungsrate von 4% beträgt die Finanzierungslücke 32,4%.

Beispiel:
Anschaffungskosten: 20 000 EUR
Wiederbeschaffungskosten nach 10 Jahren und 4% Preissteigerung p.a. nach der Zinseszinsformel:

$$K_n = 20\,000 \left(1 + \frac{4}{100}\right)^{10} = 29\,604{,}89 \text{ EUR}$$

Benötigte Mittel für Ersatzinvestition je Maschine	29 604,89 EUR
− Vorhandene Mittel für Ersatzinvestition je Maschine	20 000,00 EUR
Finanzierungslücke je Maschine	9 604,89 EUR

Finanzierungslücke in % des Finanzierungsbedarfs:
29 604,89 − 100%
9 604,89 − x%   x = 32,44%

2. a) Bei linearer Abschreibung betragen die bilanziellen Abschreibungen (= Abschreibung vom Anschaffungswert) in jedem Jahr 20 000 EUR, die kalkulatorischen Abschreibungen (= Abschreibung vom Wiederbeschaffungswert) hingegen 29 605 EUR. Werden die sonstigen Kosten bzw. Aufwendungen mit 180 000 EUR und die Umsatzerlöse mit 250 000 EUR angenommen, ergibt sich folgende Situation:

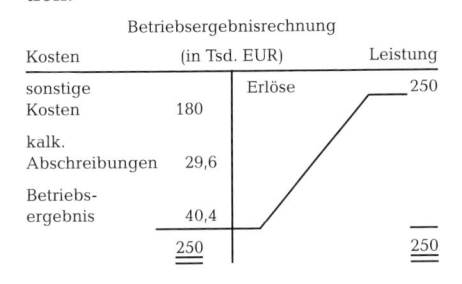

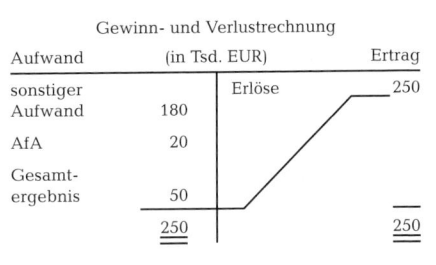

Betriebsergebnisrechnung	(in Tsd. EUR)			Gewinn- und Verlustrechnung	(in Tsd. EUR)	
Kosten			Leistung	Aufwand		Ertrag
sonstige Kosten	180	Erlöse	250	sonstiger Aufwand	180	Erlöse 250
kalk. Abschreibungen	29,6			AfA	20	
Betriebsergebnis	40,4			Gesamtergebnis	50	
	250		250		250	250

Durch die bilanziellen Abschreibungen werden liquide Mittel in Höhe von 20 000 EUR an den Betrieb gebunden. Die bilanziellen Abschreibungen wirken als Ausschüttungssperre, indem diese Mittel, die andernfalls als Gewinn auszuweisen wären, vor einer Besteuerung und Ausschüttung bewahren. Die jährlich 20 000 EUR machen aber nur einen Teil der für die Wiederbeschaffung nötigen Mittel aus. Der über die bilanziellen Abschreibungen hinausgehende Teil der kalk. Abschreibungen (hier 9,6 Tsd. EUR) wird als Gewinn ausgewiesen und muss versteuert werden. Durch die Gewinnsteuern und eine etwaige Ausschüttung an die Anteilseigner entsteht für die Wiederbeschaffung der Anlagegüter zum Ersatzbeschaffungszeitpunkt eine Finanzierungslücke.

b) 10 Jahre lang jährlich 9 604,89 EUR.

c) Soll die Substanz des Unternehmens erhalten bleiben, dürfen diese Gewinnteile nicht ausgeschüttet werden. Vielmehr werden diese Mittel für die Ersatzinvestition zum Wiederbeschaffungszeitpunkt benötigt. Es handelt sich also – bei Verfolgung des Ziels der Substanzerhaltung – nicht um »echte«, ausschüttbare Gewinne (sog. Umsatzgewinne), sondern um Scheingewinne. Da diese Scheingewinne ihre Ursache in den durch Preissteigerungen voneinander abweichenden heutigen Anschaffungskosten und den Wiederbeschaffungskosten am Ende der Nutzungsdauer haben, werden sie auch als Preissteigerungsgewinne bezeichnet.

d) Wenn die in die Rücklagen eingestellten Beträge anderweitig investiert werden, stehen sie u.U. zum Ersatzbeschaffungszeitpunkt nicht in liquider Form zur Verfügung, so dass sie nicht als Finanzierungsmittel für die Ersatzinvestition dienen können. Im Rahmen eines Finanzplanes muss dafür gesorgt werden, dass zum Ersatzbeschaffungszeitpunkt entsprechende Mittel in liquider Form vorliegen.

e) In Höhe von 200 000 EUR (= 20 000 EUR bilanzielle Abschreibung pro Jahr) handelt es sich um eine Finanzierung aus Vermögensumschichtung. Dem Zuwachs an liquiden Mitteln steht eine gleich hohe Abnahme des Anlagevermögens gegenüber.
In Höhe von 96 048,90 EUR (= 9 604,89 Einstellung in die Rücklagen pro Jahr) liegt eine offene Selbstfinanzierung vor.

3. Entwicklung des Maschinenbestandes: Preissteigerung 4%

Jahr	Lineare Abschreibung vom		Degressive Abschreibung 20% vom	
	Anschaffungswert	Wiederbeschaffungswert	Anschaffungswert	Wiederbeschaffungswert
1	10	10	10	10
2	10	11	11	12
3	11	12	13	15
4	12	14	15	18
5	13	16	16	21
6	14	18	18	24
7	16	20	19	28
8	17	22	21	31
9	18	25	22	35
10	20	28	23	39
11	11	21	15	34
12	12	23	15	37
13	12	25	15	39
14	12	26	14	41
15	12	27	14	44
16	12	28	13	47
17	11	30	13	49
18	11	31	12	52
19	10	32	12	55
20	9	33	12	58
21	9	34	11	61
22	9	35	11	64
23	8	36	10	68
24	8	37	9	72
25	8	39	9	75
26	7	41	9	79
27	7	42	8	84
28	6	44	8	89
29	7	45	8	94
30	6	46	7	99

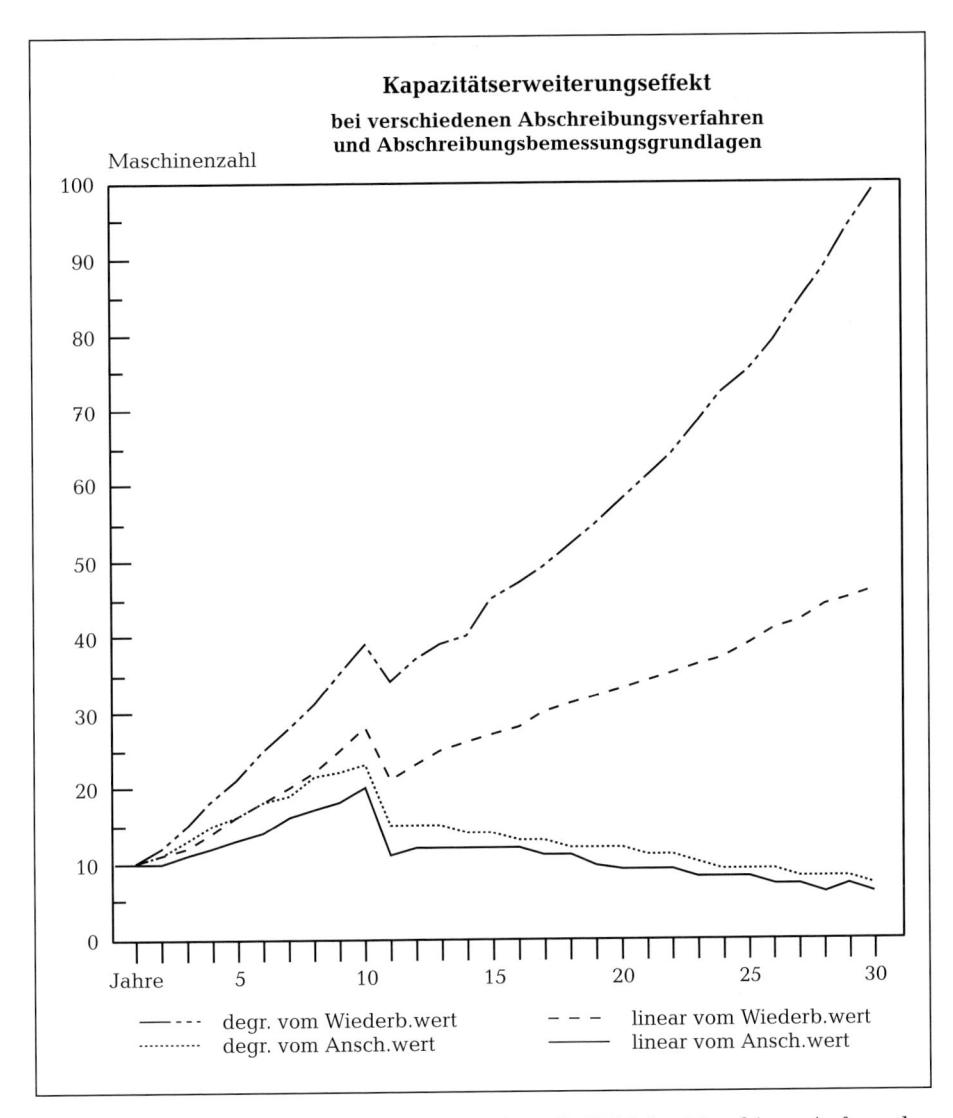

10 Investition, Finanzierung und Kreditsicherung

**Kapazitätserweiterungseffekt
bei verschiedenen Abschreibungsverfahren
und Abschreibungsbemessungsgrundlagen**

Legende:
— · — degr. vom Wiederb.wert
· · · · · · degr. vom Ansch.wert
— — — linear vom Wiederb.wert
——— linear vom Ansch.wert

4. Bei einer jährlichen Preissteigerung von 5 % ist die Zahl der Maschinen Anfang des 11. Jahres genauso groß wie Anfang des 1. Jahres. Ab einer jährlichen Preissteigerung von 6 % stehen Anfang des 11. Jahres weniger Maschinen zur Verfügung als Anfang des 1. Jahres.

10.54 Finanzierung aus Rückstellungen

1.

	vollständige Gewinnausschüttung (Gewinnsteuersatz 45%)	Gewinnthesaurierung (Gewinnsteuersatz 45%)
Gewinn vor Steuern − Gewinnsteuer	180 000 EUR 81 000 EUR	180 000 EUR 81 000 EUR
= Gewinn nach Steuern − Ausschüttung	99 000 EUR 99 000 EUR	99 000 EUR
Finanzierungsvolumen	−	99 000 EUR

2. a) Der ausgewiesene Gewinn vermindert sich um 20 000 EUR.
Es ist folgende Buchung erforderlich:

Konto	Soll/EUR	Haben/EUR
Aufwendungen für Altersversorgung und Unterstützung	20 000	
an Pensionsrückstellungen		20 000

b)

	vollständige Gewinnausschüttung (Gewinnsteuersatz 45%)	Gewinnthesaurierung (Gewinnsteuersatz 45%)
Gewinn vor Zuführung zu den Rückstellungen	180 000 EUR	180 000 EUR
– Zuführung zu den Rückstellungen	20 000 EUR	20 000 EUR
= Gewinn vor Steuern	160 000 EUR	160 000 EUR
– Gewinnsteuer	72 000 EUR	72 000 EUR
= Gewinn nach Steuern	88 000 EUR	88 000 EUR
– Ausschüttung	88 000 EUR	–
offene Selbstfinanzierung	0 EUR	88 000 EUR
+ Finanzierung aus Rückstellungen	20 000 EUR	20 000 EUR
Finanzierungsvolumen	20 000 EUR[1]	108 000 EUR

3. Unter der Voraussetzung, dass die Pensionsrückstellungen wie vorgesehen gebildet und die verbleibenden Gewinne nach Steuern nicht – bzw. allenfalls in Höhe von 28 000 EUR/Jahr – ausgeschüttet werden, lässt sich der Aufbau des Lagers ohne die Zuführung zusätzlicher Mittel von außen finanzieren. Der jährliche Finanzmittelbedarf in Höhe von 80 000 EUR lässt sich auch ohne die Finanzierung aus Rückstellungen allein aus der offenen Selbstfinanzierung (88 000 EUR) decken.

10.55 Finanzierung aus Pensionsrückstellungen – Gewinnbeteiligung

	Versicherungsvertrag	Pensionskapital (Anlage in Wertpapieren)	Pensionsrückstellung
Kostenfaktor Arbeit	Erhöhung der Kosten	Erhöhung der Kosten	Erhöhung der Kosten
Gewinn	gewinnschmälernd	gewinnschmälernd	gewinnschmälernd
Zeitpunkt des Liquiditätsentzugs	laufend, durch Zahlung der Versicherungsprämie	Mittel nicht im Unternehmen einsetzbar (evtl. in gewissem Umfang Einfluss auf den Zeitpunkt der Zahlung). Belastung bei Eintritt des Rentenfalls.	Mittel bis zum Eintritt des Risikos um Unternehmen einsetzbar
Risiko	übertragen auf Versicherungsgesellschaft	Grundsätzlich wird Risiko von dem Unternehmen getragen (»Eigenversicherung«)	Grundsätzlich wird Risiko vom Unternehmen getragen.
Verwaltungskosten	Keine Verwaltungskosten im Unternehmen.	Verwaltungskosten fallen im Unternehmen an.	Verwaltungskosten fallen im Unternehmen an.

---

[1] Mit Eintritt des Pensionsfalles fließen flüssige Mittel aus dem Unternehmen ab; demnach stehen die Mittel nicht für unbegrenzte Zeit zur Verfügung.

10 Investition, Finanzierung und Kreditsicherung

10.56 Finanzierung durch Umschichtung

Die Gesamtleistung erhöhte sich (bei unveränderten Preisen auf dem Absatzmarkt) um $1/3$ gegenüber dem Vorjahr. Die dafür notwendige Erhöhung der Produktionsmenge konnte ohne Vergrößerung des Anlagevermögens allein durch Vollauslastung der bisher unterbeschäftigten Kapazität erreicht werden. In diesem Bereich entstand also gar kein Kapitalbedarf.

Auch das Lager an Roh-, Hilfs- und Betriebsstoffen hat sich trotz Produktionsausweitung nicht erhöht. Kräftige und wirksame Rationalisierungsmaßnahmen haben damit das Entstehen von Kapitalbedarf für die Produktionsausweitung wesentlich reduziert.

Das Lager an fertigen und unfertigen Erzeugnissen konnte sogar im Rahmen der Rationalisierungsmaßnahmen verringert werden. Die Umschlagshäufigkeit des Lagers (Gesamtleistung: Lagerbestand) hat sich verbessert. Dadurch wurden finanzielle Mittel im Unternehmen freigesetzt.

Nur der Forderungsbestand hat sich im Laufe der Produktions- und Absatzausweitung erhöht und verursachte Kapitalbedarf. Der nach Wirksamkeit der Rationalisierungsmaßnahmen noch entstandene Kapitalbedarf wurde durch finanzielle Umschichtung gedeckt.

Finanzierungsgrundsätze – Finanzierungsoptimierung

10.57 Finanzierungsgrundsätze – Goldene Finanzierungsregel, Goldene Bilanzregel

Wechselfinanzierung: Nicht geeignet, sofern nicht feststeht, dass das Unternehmen die Wechselsummen an deren Verfalltag auch verfügbar hat. Außerdem widerspricht dies auch der goldenen Finanzierungsregel, die auch goldene Bankregel genannt wird. Danach müssen sich die Finanzierungsmittel und deren Verwendung in ihrer Fristigkeit entsprechen. Das ist hier nicht der Fall.

Stiller Gesellschafter: Geeignet, da die Lkws die Kapazität erhöhen. Damit ist der Finanzbedarf für die Anschaffung dieser Lkws Dauerbedarf, sodass Eigenkapital als Finanzierungsweg den Forderungen der Finanzierungsgrundsätze am besten entspricht.

Bankkredit: Hier stimmen zwar die Tilgungsfristen u. Tilgungsbeträge mit dem Ausmaß der Wertminderung der Lkws überein, sodass bei kostendeckender Leistungsverwertung keine Beeinträchtigung der Funktionsfähigkeit des Unternehmens aus Liquiditätsgründen zu befürchten sein sollte.

Dennoch widerspricht dies der goldenen Bilanzregel, wonach das Anlagevermögen durch Eigenkapital gedeckt sein soll.

In der weiteren Form der goldenen Bilanzregel wird gefordert, dass das langfristig zur Verfügung stehende Kapital (Eigenkapital und langfristiges Fremdkapital) größer ist als das Anlagevermögen und die langfristigen Außenstände, damit ein Teil des Umlaufvermögens langfristig finanziert ist. Eine Faustregel besagt, dass das für rund ein Drittel des Umlaufvermögens der Fall sein soll.

10.58 Leverage Effekt – Umfinanzierung – Finanzierungsgrundsätze

1.
$$\text{Rentabilität des Eigenkapitals} = \frac{\text{Reingewinn} \cdot 100}{\text{Eigenkapital}}$$

$$\text{Rentabilität des Gesamtkapitals} = \frac{(\text{Reingewinn} + \text{Fremdkapitalzinsen}) \cdot 100}{(\text{Eigenkapital} + \text{Fremdkapital})}$$

	Gewinn	Eigenkapital	Fremdkapital	Fremdkap.Zins %	Fremdkap.Zins EUR	Rendite des Eigenkapitals	Rendite des Gesamtkapitals
vor der Umfinanzierung	200 000	1 000 000	0	–	–	20 %	20%
nach der Umfinanzierung	175 000	750 000	250 000	10	25 000	23,33%	20%

2. Zur Beantwortung der Frage 2 lässt sich jeder beliebige Betrag ansetzen.
   Annahme: Auch dieser Gesellschafter erhält eine Auszahlung in Höhe von 250 000 DM;

	Gewinn	Eigenkapital	Fremdkapital	Fremdkap.Zins %	Fremdkap.Zins EUR	Rendite des Eigenkapitals	Rendite des Gesamtkapitals
vor der Umfinanzierung	175 000	750 000	250 000	10	25 000	23,33%	20%
nach der Umfinanzierung	150 000	500 000	500 000	10	50 000	30 %	20%

3. Fremdkapitalzins: 20%
   Lösung nach Ausscheiden des ersten Gesellschafters:

	Gewinn	Eigenkapital	Fremdkapital	Fremdkap.Zins %	Fremdkap.Zins EUR	Rendite des Eigenkapitals	Rendite des Gesamtkapitals
vor der Umfinanzierung	200 000	1 000 000	0	–	–	20%	20%
nach der Umfinanzierung	150 000	750 000	250 000	20	50 000	20%	20%

Lösung nach Ausscheiden des zweiten Gesellschafters:

	Gewinn	Eigenkapital	Fremdkapital	Fremdkap.Zins %	Fremdkap.Zins EUR	Rendite des Eigenkapitals	Rendite des Gesamtkapitals
vor der Umfinanzierung	150 000	750 000	250 000	20	50 000	20%	20%
nach der Umfinanzierung	100 000	500 000	500 000	20	100 000	20%	20%

4. Rentabilität des Eigenkapitals erhöht sich, solange Fremdzins niedriger ist als Rentabilität des Gesamtkapitals.

5. Verstoß gegen **Grundsatz der Sicherheit.** Er besagt, dass die größtmögliche Eigenkapitalausstattung auch die größtmögliche Sicherheit für zur Verfügung gestelltes Fremdkapital bietet. Das Eigenkapital ist die Grundlage dafür, dass Fremdkapital überhaupt zur Verfügung gestellt wird.
   Verstoßen wurde auch gegen die **1:1-Regel,** wonach ein Unternehmen mindestens ebensoviel Kapital einsetzen muss wie seine Gläubiger.

10 Investition, Finanzierung und Kreditsicherung

Nach der **goldenen Bilanzregel** i.e.S. soll das Anlagevermögen durch Eigenkapital gedeckt sein, damit nicht Gläubiger durch Abzug ihrer Mittel die sofortige Stilllegung des Unternehmens bewirken können. Diesem Grundsatz lässt sich allerdings durch Langfristigkeit des Fremdkapitals, zumindest bedingt, auch Rechnung tragen.

10.59 Leverage Effekt – Finanzierungsziele – Vergleich Aktie/Obligation

1. Dass die 5-EUR-Aktie zu einem Kurs von 10 EUR ausgegeben wird, hat keinen Einfluss auf den Liquiditätszufluss. Die AG braucht das Grundkapital nur um 1 Mio. EUR zu erhöhen, um einen Liquiditätszufluss von 2 Mio. EUR zu erreichen. Der Unterschied besteht also darin, dass Aktionäre nur dann einen Dividendenanspruch haben, wenn Gewinn erwirtschaftet wird. Der Zinsanspruch der Obligationäre besteht, auch wenn kein Gewinn erzielt wurde.

2. a) Gesamtkapitalrentabilität $= \dfrac{(3{,}4 \text{ Mio.} + 1{,}8 \text{ Mio.}) \times 100}{43{,}6 \text{ Mio.}} = \underline{\underline{11{,}9\%}}$

   b) Rentabilität des Eigenkapitals $= \dfrac{3{,}4 \text{ Mio.} \times 100}{21 \text{ Mio.}} = \underline{\underline{16{,}2\%}}$

   c) Eigenkapitalrentabilität bei Aktienemission:

   $x = \dfrac{3{,}9 \text{ Mio.} \times 100}{23 \text{ Mio.}} = \underline{\underline{17\%}}$

   Eigenkapitalrentabilität bei Finanzierung durch Obligation:
   Neuer Jahresüberschuss: 3,9 Mio. – Zins (6 % von 2 Mio. =) 120 000 = 3,78 Mio.

   $x = \dfrac{3{,}78 \times 100}{21} = \underline{\underline{18\%}}$

   Eigenkapitalrentabilität bei »gemischter« Finanzierung:
   Neuer Jahresüberschuss: 3,9 Mio. – Zins (6 % von 1 Mio. =) 60 000 = 3,84 Mio.

   $x = \dfrac{3{,}84 \times 100}{22} = \underline{\underline{17{,}5\%}}$

   d) ein Kapitaleinsatz von z.B. 100 EUR erwirtschaftet in diesem Unternehmen ein Bruttoergebnis von 11,90 EUR; müssen für den Kapitaleinsatz – wie im Falle der Obligationen – 6 % Zinsen = 6 EUR gezahlt werden, so führt der verbleibende Restbetrag (5,90 EUR) zu einer Erhöhung des Gewinns bei unverändertem Eigenkapital; damit verbessert sich die Rentabilität des Eigenkapitals mit zunehmender Fremdfinanzierung (= Hebelwirkung – Leverage Effekt);
   Allgemein gilt demnach: Solange die Rentabilität des Gesamtkapitals größer ist als der Zins für Fremdkapital, führt die Finanzierung einer Investition durch Fremdkapital zu einer Erhöhung der Rentabilität des Eigenkapitals.

Kreditsicherung

10.60 Bürgschaft

1. Zur Gültigkeit des Bürgschaftsvertrages ist schriftliche Erteilung der Bürgschaftserklärung erforderlich (§ 766 BGB); Ausnahme: Bürgschaft ist Handelsgeschäft – dann auch mündliche Erklärung möglich (§ 350 HGB).

2. Die Bank will nicht nur den Eingang des Darlehensbetrages, sondern auch die aufgelaufenen Zinsen, Gebühren etc. sicherstellen.

   Hinweis: Eine Bürgschaft ist nichtig, wenn der Bürge nicht einmal die laufenden Zinsen aufbringen kann (BGH, AZ IX ZR 198/98).

3. a) Herr **Klein** hat kein Recht auf Einrede der Vorausklage (vertraglicher Ausschluss dieses Rechts gem. Ziffer 4 der Bürgschaftserklärung) – § 771 BGB;

   b) Forderung des Gläubigers (Raiffeisenbank Marlen) gegen den Hauptschuldner **(Herta Klein)** geht auf den Bürgen **(Herr Klein)** über – § 774 BGB;

4. bis das Darlehen vollständig zurückgezahlt ist (Akzessorität der Bürgschaftsverpflichtung)

10.61 Forderungsabtretung (Zession)

1. ...steht gegen ihren Schuldner **M. Kuhl,** Niederstr. 5, **41460 Neuss,** eine Forderung aus **Warenlieferung**/Reparatur/ ... in Höhe von 25 000 EUR nebst 6% Zinsen seit **15.07.** zu.

   ... der Firma **Fahrner KG** steht gegen **E. Haug,** Leinestr. 9, **30159 Hannover,** eine Forderung aus **Warenlieferung** in Höhe von **30 000 EUR** zu. ...

   Gerichtsstand für alle Ansprüche aus diesem Vertrag ist **Kaiserslautern.**

2. Drittschuldner: **Haug;**
   Zedent: **Kuhl;**
   Zessionar: **Fahrner.**

3. a) Nein; § 407 BGB.
   b) Ja; §§ 398, 407 BGB.
   c) Die »abgetretene Forderung« besteht nicht oder ist bereits an andere abgetreten; § 408 BGB; Zedent gibt für d. abgetretene Forderung bei ihm eingehenden Gegenwert nicht an Zessionar weiter.

4. Ja; §§ 398, 409, 410 BGB (Vorlage der Abtretungsurkunde).

5. Ja; § 404 BGB.

6. Hingabe der Forderung an Erfüllungs statt; **Kuhl** haftet nach § 437 BGB nur für Bestehen, nicht Güte der abgetretenen Forderung; deshalb durch diese Klausel Ausfallsicherung.

7. Die Wechselforderung gibt die zusätzlichen Zugriffsmöglichkeiten des Wechselrechts (Rückgriff, Wechselklage).

10.62 Lombardkredit

1. Risiko von Kursschwankungen ist bei Aktien ungleich höher als bei festverzinslichen Wertpapieren;

2.

Wertpapier	Stückzahl bzw. Nom.Betr.	Tageskurs	Tageswert	Beleihungswert
Daimler-Aktien	800 Stück	670	536 000	402 000
Bundesobligationen	200 000 nom.	105	210 000	168 000
Sparkassenobligationen	300 000 nom.	113	339 000	271 200
			1 085 000	841 200

10 Investition, Finanzierung und Kreditsicherung

3.

Darlehensbetrag	800 000,00
– Beleihungswert Aktien	402 000,00
verbleiben abzusichern	398 000,00
– Bel. Wert Bundesobl.	168 000,00
verbleiben abzusichern durch Sparkassenobligationen	230 000,00

$$\frac{230\,000 \times 100}{113} = 203\,539{,}82 \text{ EUR} \rightarrow \mathbf{204\,000 \text{ EUR}} \text{ nominal Sparkassenobligationen}$$

4. Eigentümer: **Rimo-Elementebau GmbH**
   Besitzerin: Bank

10.63 Sicherungsübereignung

1. Nein, alle Vermögensgegenstände werden für Betrieb benötigt.

2. a) Ja, da ohne Eigentumsvorbehalt geliefert,
   b) Gläubiger: **Melau**; Schuldner: **M. Kuhl**; Schuld: 90 000 EUR; Schuldgrund: Warenlieferung; Rate: 15 000 EUR; Beginn: 01.08.; Übereignung: Maschinen; Ort: **Neuss (Rh.), Niederstr. 5**; Gerichtsstand: **Braunschweig**.

3. Nein; Sicherungsnehmer kann von seinem Recht nur im Rahmen d. Sicherungszwecks Gebrauch machen (siehe Punkt 2 des Vertrages).

4. a) Weil sich die Einigung auf bestimmt bezeichnete Gegenstände erstrecken muss und sich die veräußerten Stücke jederzeit aussondern lassen müssen,
   b) Maschinenart; Masch.-No.; Hersteller; Baujahr; Standort im Betrieb,
   c) Nein; es ist nicht vorgeschrieben, sicherungsübereignetes Vermögen gesondert auszuweisen.

5. Interventionsklage; § 771 ZPO.

6. **M.** muss versuchen die übereigneten Werte in Besitz zu nehmen. Sollte sie **K.** nicht freiwillig herausgeben, muss **M.** Herausgabe-Klage erheben. Sobald **M.** im Besitz der sicherungsübereigneten Werte ist, hat er folgende Verwertungsmöglichkeiten:
   1) Freihändiger Verkauf (Interesse wahrend, da die Sicherungsübereignung als Treuhandverhältnis gilt).
   2) Öffentliche Versteigerung nach vorheriger Androhung (§ 1233ff. BGB).

10.64 Eintragungen im Grundbuch – Vorkaufsrecht – Grunddienstbarkeit

1. Auf Angabe der für einen Interessenten wichtigen Punkte achten.

2. a) 25.03.00 durch Erbteilung (Eintragung entscheidet).
   b) Ja, keine weitere Eintragung in Abt. I, keine Löschung der Eintragung vom 25.03.00.

3. **Kuhl** kann die Räume für Geschäftszwecke nutzen, weil das zu Gunsten von **Frau Kökel** eingetragene Wohnrecht am 14.01.2000 gelöscht wurde.

4. a) **Kuhl**; §§ 1098 (1), 505 (2) BGB (dingl. Vorkaufsrecht f.d. jeweiligen Eigentümer des Grundstücks Nr. 9), da **Frock** nicht bereit ist in den Kaufvertrag einzutreten und den Kaufpreis von 450 000 EUR zu zahlen.

b) Nein; **Schuhler** ist nach § 510 BGB verpflichtet, Frock unverzüglich den Abschluss eines Kaufvertrages über das Grundstück mitzuteilen. **Frock** kann dann innerhalb von 2 Mon. (§ 510 (2) BGB) nach Empfang der Mitteilung durch Erklärung gegenüber **Schuhler** (§ 505 BGB) in diesen Kaufvertrag eintreten.

10.65 Grundpfandrechte: Hypothek – Grundschuld

1. **Volksbank Waiblingen, Reiner, Bausparkasse Mainz.**

2. **Hypothek** (§ 1113 BGB): Zahlung einer bestimmten Geldsumme aus dem Grundstück zur Befriedigung **einer Forderung** an den Hypothekengläubiger;
   kraft der Hypothek haftet das Grundstück nicht nur für die Hauptforderung, sondern auch für Zinsen und Nebenleistungen (§§ 1115, 1118 BGB); deshalb müssen im Grundbuch neben dem Geldbetrag auch der Zinssatz und, soweit über die gesetzlichen Nebenleistungen hinaus weitere Nebenleistungen vereinbart worden sind, auch der Geldbetrag und die Nebenforderungen angegeben werden;

   Grundschuld (§ 1191 BGB): Zahlung einer bestimmten Geldsumme aus dem Grundstück an den Grundschuldgläubiger;
   Unterscheidung: Hypothek ist an Bestehen einer Forderung gebunden (Akzessorität), Grundschuld nicht (»Grundschuld ohne Schuldgrund«).

3. 450 000 – 90 000 – 28 000 – 54 000 = 278 000 EUR

4. Grundstücke und Gebäude 450 000 EUR
   an Zahlungsmittel   278 000 EUR
   an langfristige Verbindlichkeiten   172 000 EUR

5. **Kuhl** muss sich nicht um die Finanzierung dieser Beträge bemühen; Ersparnis von Eintragungskosten für eventuell neue Grundpfandrechte; eventuell günstiger Zinsfuß

6. a) Nein; Hypothek besteht immer nur in Höhe der zugrunde liegenden Forderung (BGB § 1113);
   b) Grundschuld ist sachenrechtlich ganz von Grundgeschäft und seiner Erfüllung losgelöst, insofern sind die Bedenken aus formal-juristischer Sicht gerechtfertigt; in der Praxis vereinbaren Kreditnehmer und Kreditnehmer regelmäßig, dass der Kreditgeber auf die Inanspruchnahme der Grundschuld insoweit verzichtet, als der Kreditnehmer seinen Verpflichtungen nachgekommen ist (z.B. bei Zahlung der vereinbarten Zins- und Tilgungsleistungen);

7. – Hypothek verlangt nach § 1113 BGB Forderungsnachweis (Akzessorität);
   – Grundschuld dagegen ist abstrakt, d.h., dass
     – der Kreditgeber weder bei der Bestellung noch bei der Verwertung der Grundschuld eine Forderung beweisen muss
     – der Schuldner keine Einwendungen aus dem Grundgeschäft erheben kann
     – die Grundschuld auch bei vorübergehender Kredittilgung in voller Höhe bestehen bleibt
     – die Grundschuld nach der Kredittilgung für neue Darlehen als Sicherheit dienen kann

8. a) Grundschuld zugunsten des Eigentümers; § 1177 BGB
   b) **Max Reiner;** §§ 883, 1179 BGB

11 Steuern und ihre Einflüsse auf betriebswirtschaftliche Entscheidungen

Einkommen- und Körperschaftsteuer

11.01 Einkunftsarten – Ermittlung der Einkünfte

Hinweis: Die Lösung basiert auf den am 01.01.2005 geltenden gesetzl. Vorschriften.

1.

Einkunftsarten gem. § 2 EStG	Einkünfte des Ehepaars Schmitz
Einkünfte aus Land- und Forstwirtschaft	keine
Einkünfte aus Gewerbebetrieb	Einkünfte aus der Versicherungsagentur
Einkünfte aus sebstständiger Arbeit	Honorar für Vorträge und Veröffentlichungen
Einkünfte aus nichtselbstständiger Arbeit	Gehalt von Frau Schmitz
Einkünfte aus Kapitalvermögen	Zinseinkünfte
Einkünfte aus Vermietung und Verpachtung	Mieteinkünfte
Sonstige Einkünfte gem. § 22 EStG	grundsätzlich u.a. auch Einkünfte aus privaten Veräußerungsgeschäften (früher: Spekulationsgeschäfte); im vorliegenden Fall handelt es sich aber weder beim Verkauf der Wertpapiere noch beim Verkauf der Eigentumswohnung um Spekulationsgewinne, da die sog. Spekulationsfrist gem. EStG § 23 Abs. 1 nicht unterschritten wurde.

Der Lottogewinn bleibt unversteuert. Da es sich nicht um eine regelmäßige Zahlung oder einen Spekulationsgewinn handelt, gehört er nicht zu den »Sonstigen Einkünften« i.S. von § 22 EStG. Gleiches gilt für das einmalige Schmerzensgeld. Eine Rente müsste dagegen gem. § 22 (mit ihrem Ertragswert) versteuert werden. Das Krankengeld stellt zwar eine regelmäßige Zahlung dar, bleibt aber gem. § 3 Nr. 1a steuerfrei.

1. Einkünfte aus Land- und Forstwirtschaft			0
2. Einkünfte aus Gewerbebetrieb			
	Provisionseinnahmen	75 000 €	
	– Betriebsausgaben	30 000 €	
	= Gewinn		45 000 €
3. Einkünfte aus selbstständiger Arbeit			
	Honorar	800 €	
	– 25 % Betriebsausgabenpauschale gem. EStR 99 Nr. 143[1]	200 €	
	= Gewinn		600 €
4. Einkünfte aus nichtselbstständiger Arbeit			
	Bruttoarbeitslohn	10 000 €	
	– Werbungskostenpauschale gem. ESTG § 9a Nr. 1a[2]	920 €	
	= Überschuss		9 080 €

[1] Da hier kein Einzelnachweis über die Betriebsausgaben im Zusammenhang mit den Einkünften aus selbstständiger Arbeit vorliegt, wird gem. Einkommensteuer-Richtlinien 1999 Nr. 143 von der Betriebsausgabenpauschale Gebrauch gemacht Diese beträgt 25% der Einnahmen aus dieser Tätigkeit, höchstens jedoch 624 EUR pro Jahr. Hier 25% von 800 EUR = 200 EUR.

[2] Da die nachgewiesenen Werbungskosten (Fahrten zur Arbeit, Berufskleidung. Kontoführungsgebühr etc.) im vorliegenden Fall 920 EUR nicht überschreiten, wird der Arbeitnehmer Pauschbetrag gem. EStG § 9a Nr. 1a in Höhe von 920 EUR angesetzt.

5. Einkünfte aus Kapitalvermögen	Zinsen	1 000 €	
	– Werbungskostenpauschale gem. ESTG § 9a Nr. 1b[1]	102 €	
	– Sparer-Freibetrag gem. EStG § 20 Abs. 4	1 500 €	
	= Überschuss		0 €
6. Einkünfte aus Vermietung und Verpachtung			
	Mieteinanahmen	7 500 €	
	– Werbungskosten	2 500 €	
	= Überschuss		5 000 €
7. Sonstige Einkünfte[2]		0	0
Summe der Einkünfte			**59 680 €**

11.02 FALLSTUDIE: Ermittlung des zu versteuernden Einkommens – Einkommensteuererklärung

Hinweis: Die Aufgabe eignet sich sowohl zum Einsatz kommerzieller Software (Einkommensteuerprogramme) als auch für das Ausfüllen der entsprechenden Formulare des Finanzamtes zur Einkommensteuererklärung (Mantel und Anlage N). Die Lösung basiert auf den am 01.01.2007 geltenden gesetzlichen Vorschriften sowie dem Einkommensteuertarif 2007.

1. a) Ermittlung der **Werbungskosten** für die Einkünfte aus nichtselbstständiger Arbeit.

Art der Werbungskosten	Bemerkung/Berechnung	Betrag
Fahrtkosten (unabhängig von der Art des Beförderungsmittels)	seit 01.01.2007 ab 20 Entfernungskilometer absetzbar	0,00 EUR
Computer (Die Finanzbehörden erkennen einen Computer nur dann als Arbeitsmittel an, wenn der Nachweis erbracht wird, dass eine private Nutzung nahezu ausgeschlossen ist. Davon wird hier ausgegangen.)	Da der Nettopreis mit 410 EUR die GWG-Grenze übersteigt (§ 6 Abs. 2 EStG), kann nur der anteilige Abschreibungsbetrag geltend gemacht werden. Hier: 1 500 EUR/3 Jahre Nutzungsdauer.	500,00 EUR
VHS-Kurs	Fahrtkosten 10 × 30 km × 0,30 (Dienstpauschale 0,30 EUR je gefahrenen Kilometer, wenn die Fahrtkosten nicht einzeln nachgewiesen werden)	90,00 EUR
		125,00 EUR
Fachzeitschrift		32,50 EUR
Fachliteratur		19,80 EUR
Kontoführungsgebühr	Ohne Nachweis wird eine Pauschale von 16,00 EUR gewährt.	16,00 EUR
Summe		**783,30 EUR**

Alle anderen Ausgaben stellen keine Werbungskosten dar.

---

[1] Da keine Werbungskosten im Zusammenhang mit den Einkünften aus Kapitalvermögen angegeben sind (z.B. Depotgebühren, Börsenzeitschriften, Telefongebühren für Kauf- und Verkaufsaufträge), wird der Pauschbetrag für Eheleute gem. EStG § 9a Nr. 1b in Höhe von 102 EUR angesetzt.

[2] Sowohl beim Verkauf der Wertpapiere als auch beim Verkauf der Eigentumswohnung wurde die sog. Spekulationsfrist gewahrt. Deshalb liegen hier keine privaten Veräußerungsgeschäfte (EStG § 23 Abs. 1) und somit auch keine »Sonstigen Einkünfte« (EStG § 22 Nr. 2) vor.

11 Steuern und ihre Einflüsse auf betriebswirtschaftliche Entscheidungen

Die Summe der Werbungskosten übersteigt den Arbeitnehmer-Pauschbetrag in Höhe von 920 EUR (§ 9a EStG). Daher wirkt sich der Nachweis dieser Aufwendungen steuermindernd aus.

1. *Einkünfte aus Land- und Forstwirtschaft*		0 EUR
2. *Einkünfte aus Gewerbebetrieb*		0 EUR
3. *Einkünfte aus selbstständiger Arbeit*		0 EUR
4. Einkünfte aus nichtselbstständiger Arbeit		
Bruttoarbeitslohn	16 800,00 EUR	
Werbungskosten (mindestens 920 EUR)	− 920,00 EUR →	15 880,00 EUR
5. Einkünfte aus Kapitalvermögen		
Einnahmen	75,00 EUR	
Werbungskosten (ggf. Pauschbetrag 51 EUR)	− 51,00 EUR	
Sparerfreibetrag (750 EUR)	− 750,00 EUR →	0 EUR
6. *Einkünfte aus Vermietung und Verpachtung*		0 EUR
7. *Sonstige Einkünfte*		0 EUR
Summe der Einkünfte		**15 880,00 EUR**
Altersentlastungsbetrag (EStG § 24a)		0 EUR
Gesamtbetrag der Einkünfte		**15 880,00 EUR**
Sonderausgaben		
Vorsorgeausgaben (Berechnung siehe nächste Seite) mindestens Vorsorgepauschale gem EStG § 10c (hier 2 376 EUR) höchstens Vorsorgehöchstbetrag EStG § 10 Abs. 3 (hier 2 565 EUR)		2 565,00 EUR
Sonstige Sonderausgaben (mindestens 36 EUR) (Kirchensteuer, Spenden)		393,24 EUR
Außergewöhnliche Belastungen		0 EUR
Einkommen		
Kinderfreibetrag		0 EUR
Betreuungs-, Erziehungs-, Ausbildungsfreibetrag		0 EUR
Haushaltsfreibetrag		0 EUR
Zu versteuerndes Einkommen		**12 921,76 EUR**

2. Berechnung der Steuererstattung
   Laut Einkommensteuer-Grundtabelle 2007 fällt bei einem zu versteuernden Einkommen von 12 921,76 EUR Einkommensteuer in Höhe von 1 040 EUR an.

	Gezahlte Steuern lt. Lohnsteuerkarte	**Zu zahlende Steuern**	**Erstattung**
Einkommensteuer	1 165,92 €	1 040,00 €	125,92 €
Kirchensteuer (in BW 8% der Einkommensteuer)	93,24 €	83,20 €	10,04 €
Solidaritätszuschlag (5,5% der Einkommensteuer, sofern die Einkommensteuer die Freigrenze von 972 EUR übersteigt; höchstens jedoch 20% der Differenz zwischen Einkommensteuer und Freigrenze von 972 EUR, SolZG §§ 3 (5), 4)	38,76 €	0,00 €	38,76 €
Summe	1 297,92 €	1 123,20 €	174,72 €

b) **Sonstige steuermindernde Ausgaben:**

Sonderausgaben § 10 EStG
    Vorsorgeaufwendungen
        Arbeitnehmeranteil zur Sozialversicherung laut
        Lohnsteuerbescheinigung   3562 EUR
        Kfz-Haftpflichtversicherung   675 EUR
                                                       4237 EUR

Hinweis: Ab 2005 wurde die steuerliche Abzugsfähigkeit von Vorsorgeaufwendungen völlig neu geregelt, um den Beiträgen zu einer privaten Altersvorsorge und der Umstellung auf eine nachgelagerte Besteuerung der Alterseinkünfte Rechnung zu tragen. Im Rahmen einer **Günstigerprüfung** berechnet das Finanzamt aber die abzugsfähigen Vorsorgeaufwendungen bzw. die Vorsorgepauschale auch nach 2005 noch nach der Berechnungsmethode für 2004, wenn die alte Regelung für den Steuerpflichtigen günstiger ist. Das trifft für Frau Beyer wegen ihres geringen Einkommens und der Nichtgeltendmachung von Beiträgen für die private Altersvorsorge zu. Für die Berechnung der Vorsorgepauschale und des Vorsorgehöchstbetrags ist im vorliegenden Fall also die 2004 geltende (alte) Berechnungsmethode anzuwenden.

Berechnung der Vorsorgepauschale: § 10c EStG (bis 2004):

I. 20% des Arbeitslohns		3360	
II. davon aber maximal	3068		
a) 3068 EUR abzüglich 16% des Arbeitslohns (Vorwegabzug)	− 2688		
Rest	380	− 380	380
		2980	
b) vom Rest maximal 1334 EUR (Grundhöchstbetrag)		− 1334	1334
Rest		1646	
c) vom Rest die Hälfte (hälftiger Abzug), maximal aber 667 EUR		1646 : 2 = 823	667
Summe der Teilbeträge			2381
Abrundung auf einen durch 36 teilbaren Betrag = **Vorsorgepauschale**			**2376**

Ohne besonderen Nachweis werden Vorsorgeaufwendungen in Höhe von 2376 EUR berücksichtigt.

Berechnung der steuerlich abzugsfähigen Vorsorgeaufwendungen gem § 10 Abs. 3 EStG (bis 2004):

		abzugsfähige Beträge
Versicherungsbeiträge	4237	
1. Vorwegabzug	3068	
Kürzung um 16% des Arbeitslohns	− 2688	
= Vorwegabzug	380	380
Restliche Versicherungsbeiträge	3857	
2. Grundhöchstbetrag 1334 EUR	1334	1334
Restliche Versicherungsbeiträge	2523	
3. Hälftiger Abzug vom Rest maximal 667 EUR	667	667
4. Pflegeversicherungszusatzbetrag bei Geburtsjahrgängen ab 1958		184
Abzugsfähige Vorsorgeaufwendungen = **Vorsorgehöchstbetrag**		**2565**

Die tatsächlichen Vorsorgeaufwendungen liegen über der Vorsorgepauschale. Im vorliegenden Fall werden 2565 EUR (= Vorsorgehöchstbetrag) an Vorsorgeaufwendungen berücksichtigt.

Sonstige Sonderausgaben

Kirchensteuer laut Lohnsteuerbescheinigung	93,24 EUR
Spende	300,00 EUR
	393,24 EUR

Hinweis: Es wird unterstellt, dass Frau Beyer ihrer Bank einen Freistellungsauftrag erteilt hat, so dass die Zinsen in Höhe von 75 EUR steuerfrei geblieben sind. Sollte dies nicht der Fall sein, hat die Bank von diesen Zinsen gem §§ 43 Abs. 1 und 43a EStG 30% Kapitalertragsteuer (Zinsabschlagsteuer) einbehalten und an das Finanzamt abgeführt. Diese Kapitalertragsteuer wird im vorliegenden Fall ebenfalls im Rahmen der Einkommensteuererklärung erstattet.

11 Steuern und ihre Einflüsse auf betriebswirtschaftliche Entscheidungen

11.03 Einkommensteuertarif – Durchschnittssteuersatz – Grenzsteuersatz – Splittingverfahren

Hinweis: Die Lösung basiert auf dem Einkommensteuertarif 2007.

1./2.

zu versteuerndes Jahreseinkommen in EUR	tarifliche Einkommensteuer in EUR (Grundtabelle)	Durchschnittssteuersatz in %	Zunahme des zu versteuernden Jahreseinkommens in EUR	Zunahme der Einkommensteuer in EUR	Grenzsteuersatz in %
1	2	3 (= Sp.2 : Sp.1 × 100)	4	5	6 (= Sp.5 : Sp.4 × 100)
bis 7 664	0	0,00			
8 000	51	0,64	236	51	15,00
9 000	216	2,40	1 000	165	16,50
10 000	398	3,98	1 000	182	18,20
15 000	1 542	10,28	5 000	1 144	22,88
20 000	2 850	14,25	5 000	1 308	26,16
25 000	4 271	17,08	5 000	1 421	28,42
30 000	5 807	19,36	5 000	1 536	30,72
35 000	7 458	21,31	5 000	1 651	33,02
40 000	9 233	23,08	5 000	1 775	35,50
45 000	11 102	24,67	5 000	1 869	37,38
50 000	13 096	26,19	5 000	1 994	39,88
55 000	15 186	27,61	5 000	2 090	41,80
60 000	17 286	28,81	5 000	2 100	42,00
65 000	19 386	29,82	5 000	2 100	42,00
70 000	21 486	30,69	5 000	2 100	42,00

Hinweis: Der Grenzsteuersatz gibt eigentlich die Erhöhung der Steuerbelastung bei Erhöhung des zu versteuernden Einkommens um **eine** Einheit (z.B. 1 EUR) an. Hier wird eine Erhöhung des zu versteuernden Einkommens um jeweils 5 000 EUR zugrunde gelegt. Daher stellen die ermittelten Grenzsteuersätze nur Näherungswerte dar.

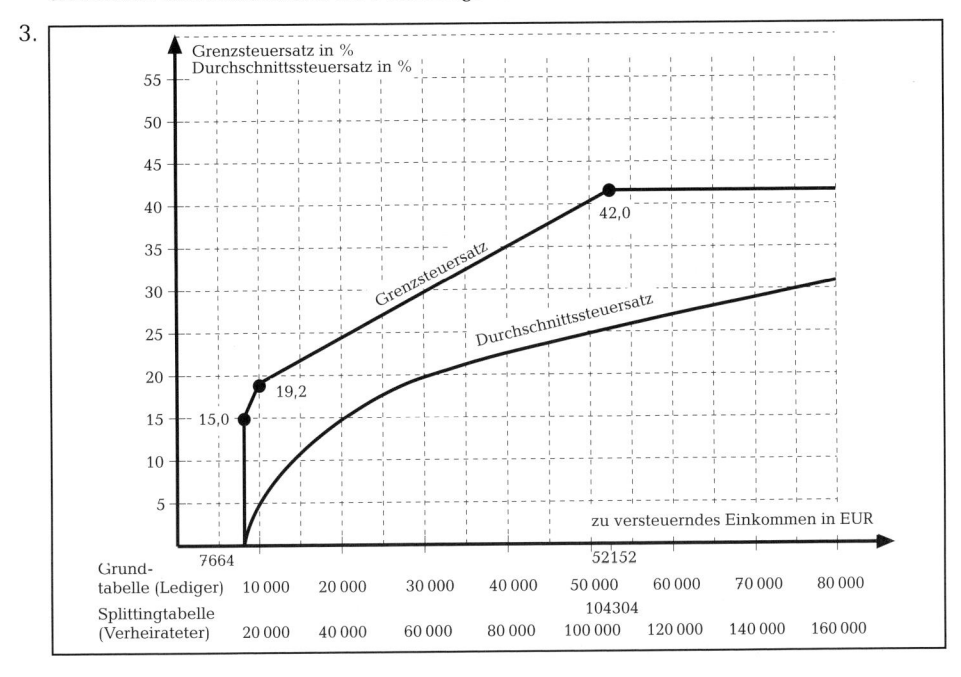

3.

4. Zone I (von 0 EUR bis 7 664 EUR): steuerfreies Existenzminimum (Grundfreibetrag).
   Grenzsteuersatz = 0%
   Zone II (von 7 664 EUR bis 52 152 EUR): Progressionszone (linear-progressiv),
   Grenzsteuersatz steigt von 15,0% bis 42,0%
   Zone III (ab 52 153 EUR): obere Proportionalzone mit konst. Grenzst.Satz von 42,0%
   Zone IV (ab 250 001 EUR): obere Proportionalzone mit konst. Grenzst.Satz von 45,0%

5.

Fall	bisheriges zu versteuerndes Jahreseinkommen in EUR	vom Zusatzeinkommen in Höhe von 100 EUR zu zahlende Einkommensteuer in EUR
a)	5 000	0
b)	10 000	18,20
c)	20 000	26,16
d)	40 000	35,50
e)	50 000	39,88
f)	65 000	42,00
g)	70 000	42,00

6. Die Besteuerung nach dem Leistungsfähigkeitsprinzip sieht vor, die Steuerlast nach der Leistungsfähigkeit der Steuerzahler zu verteilen. Meistens wird das Einkommen als Ausdruck der steuerlichen Leistungsfähigkeit (und damit als Steuerbemessungsgrundlage) herangezogen. Ein progressiver Einkommensteuersatz wird i.d.R. als Besteuerungsform angesehen, die dem Prinzip der Besteuerung nach der Leistungsfähigkeit am ehesten entspricht. Allerdings müssten auch bei einem proportionalen Einkommensteuersatz (z.B. einheitlicher Steuersatz von 35%) Bezieher höherer Einkommen mehr Einkommensteuer bezahlen als Bezieher niedrigerer Einkommen.

Der Grenzsteuersatz gibt nicht die Gesamtbelastung des zu versteuernden Einkommens an, sondern nur die Belastung jeden **zusätzlichen** Euros zu versteuernden Einkommens. Es handelt sich somit um die **Belastung der Einkommensspitze** (= Spitzensteuersatz). Das zu versteuernde Einkommen eines Ledigen in Höhe von 70 000 EUR wird zwar einem Spitzensteuersatz von 42,0% unterworfen. Es wird aber nur der über 52 152 EUR hinausgehende Betrag (hier 17 848 EUR) mit einem Steuersatz von 42,0% besteuert. Das Einkommen ab dem Existenzminimum bis zu 52 152 EUR wird hingegen mit den niedrigeren Steuersätzen der Progressionszone versteuert. Das Einkommen bis 7 664 EUR (Existenzminimum) bleibt unversteuert. Daher liegt die prozentuale Belastung des Gesamteinkommens (= Durchschnittssteuersatz) immer unter dem Grenzsteuersatz. Seit 01.01.2007 beträgt der Steuersatz für ein zu versteuerndes Einkommen über 250 000 EUR 45%.

7.

Ehepaar mit einem zu versteuernden Einkommen von 40 000 EUR. Der Mann ist Alleinverdiener.	Nichteheliche Lebensgemeinschaft mit einem zu versteuernden Einkommen von 40 000 EUR. Der Mann ist Alleinverdiener.	Ehepaar mit einem zu versteuernden Einkommen von 40 000 EUR. Davon entfallen jeweils 20 000 EUR auf jeden der beiden berufstätigen Ehepartner.	Nichteheliche Lebensgemeinschaft mit einem zu versteuernden Einkommen von 40 000 EUR. Davon entfallen jeweils 20 000 EUR auf jeden der beiden berufstätigen Partner.
Splitting-Verfahren 2 850 EUR × 2 = 5 700 EUR	lt. Grundtabelle (Ledige) 9 233 EUR	Splitting-Verfahren 2 850 EUR × 2 = 5 700 EUR	lt. Grundtabelle (Ledige) 2 850 EUR + 2 850 EUR = 5 700 EUR

11 Steuern und ihre Einflüsse auf betriebswirtschaftliche Entscheidungen

8. Beim Splitting-Verfahren kann jeder Ehepartner für das halbe Gesamteinkommen das volle steuerfreie Existenzminimum sowie die im Vergleich zur oberen Proportionalzone niedrigeren Steuersätze der ersten und zweiten Progressionszone ausnutzen. Das ist im Vergleich zu unverheirateten Paaren immer dann von Vorteil, wenn ein Ehepartner Allein- oder Hauptverdiener ist und ein relativ hohes Einkommen bezieht, das mit einem entsprechend hohen (Grenz-)Steuersatz belegt wird. Durch die fiktive Halbierung des Gesamteinkommens wird so getan, als ob beide Ehepartner jeweils zur Hälfte zum Gesamteinkommen beitragen – auch dann, wenn ein Ehepartner gar kein eigenes Einkommen bezogen hat. In dem Steuerbetrag, der sich für dieses hälftige Einkommen ergibt, sind sowohl das steuerfreie Existenzminimum sowie die niedrigen Steuersätze der Progressionszone berücksichtigt. Durch die Verdopplung dieses Steuerbetrages kommt **jeder** der beiden Ehepartner in den Genuss dieser niedrigen Anfangsbesteuerung. Daher ist die sich aus **zwei niedrigen** Einkommen (z.B. je 25 000 EUR) ergebende Steuer**summe** geringer als der Steuerbetrag, der sich für ein doppelt so hohes Einkommen (z.B. 50 000 EUR) ergibt.

11.04 Lohnsteuer – Lohnsteuerklassen – Quellenabzugsverfahren

1.

	1	2	3	4	5	
	Herr Abele	Herr Bauer	Herr Cleff	Frau Cleff	Ehepaar Cleff	Frau Dagel
	ledig, (St. Kl. I/0), Facharbeiter	verheiratet, 2 Kinder (St.Kl. III/2), Angestellter. Frau Bauer ist nicht berufstätig.	Familie Cleff hat 1 Kind. Herr Cleff arbeitet als Verkaufsleiter in einer Großhandlung (St.Kl. III/1). Frau Cleff arbeitet halbtags als Arzthelferin (St.Kl. V)			alleinstehend, 1 Kind (St.Kl. II/1), Verkäuferin
Brutto-monatsverdienst in EUR	2 000,00	2 500,00	4 000,00	1 000,00	5 000,00	1 200,00
– Lohnsteuer in EUR	261,66	136,50	544,66	183,50	728,16	28,16
+ Kindergeld in EUR (EStG § 66)		308,00	154,00		154,00	154,00
Monatsverdienst in EUR nach Lohnsteuer und Kindergeld	1 738,34	2 671,50	3 609,34	816,50	4 425,84	1 325,84
Unterschied zum Bruttomonatsverdienst in %	– 13,08	+ 6,86	– 9,77	– 18,35	– 11,48	+ 10,49

2. Herr Abele ist ledig und hat die Steuerklasse 1, während Herr Bauer als Verheirateter die Steuerklasse III hat.

Die unterschiedliche Steuerbelastung resultiert daher, dass in der Steuerklasse III auch für den Ehepartner der Grundfreibetrag, der Sonderausgaben-Pauschbetrag und die Vorsorgepauschale berücksichtigt sind. Diese Freibeträge bzw. Pauschalen sind daher doppelt so hoch, wie in der Steuerklasse I. In der Steuerklasse III wird also der Splitting-Tarif berücksichtigt, während in allen anderen Steuerklassen der Grund-Tarif zugrunde liegt.

Bei der Berechnung der Lohnsteuer sind in den einzelnen Steuerklassen bereits folgende Freibeträge berücksichtigt:

Steuerklasse Freibeträge in EUR	I	II	III	IV	V	VI
Grundfreibetrag	7 664	7 664	7 664	7 664	–	–
Grundfreibetrag für Ehegatten	–	–	7 664	–	–	–
Arbeitnehmerpauschbetrag[1]	920	920	920	920	920	–
Sonderausgabenpauschbetrag	36	36	72	36	–	–
Entlastungsbetrag für Alleinerziehende	–	1 308	–	–	–	–
Kinderfreibetrag je Kind[2]	1 824	1 824	3 648	1 824	–	–
Betreuungs-, Erziehungs-, Ausbildungsfreibetrag je Kind[2]	1 080	1 080	2 160	1 080	–	–
Versorgungsfreibetrag[3]	3 900	3 900	3 900	3 900	3 900	–
Altersentlastungsbetrag[4]	1 900	1 900	1 900	1 900	1 900	–
Vorsorgepauschale für Arbeitnehmer	10 Prozent vom Gesamtbeitrag zur gesetzlichen Rentenversicherung + 11 Prozent vom Arbeitslohn, jedoch maximal 1500/3000 Euro (Alleinstehende/Ehepaare).					

[1] Pensionäre bekommen stattdessen eine Werbungskostenpauschale von 102 Euro.
[2] Diese Freibeträge haben meist nur Auswirkungen auf den Solidaritätszuschlag und die Kirchensteuer. Er gilt für Kinder, die steuerlich das ganze Jahr berücksichtigt werden.
[3] Pensionäre erhalten einen Freibetrag in Höhe von 40 Prozent der Jahrespension, jedoch höchstens 3 000 Euro plus einem Zuschlag von 900 Euro.
[4] Von Arbeitslöhnen und anderen Einkünften (außer Renten und Pensionen) sind 40 Prozent bis zum Höchstbetrag von 1 900 Euro im Jahr steuerfrei, wenn Steuerzahler vor dem 1. Januar 1941 geboren wurden.
Quelle: Stiftung Warentest, Finanztest, Steuern 2005

3. 405,50 EUR

4. a) Herr Cleff (IV/0,5): 913,25 EUR Lohnsteuer
   Frau Cleff (IV/0,5): <u>13,16 EUR</u> Lohnsteuer
   926,41 EUR gesamte Lohnsteuer im Monat

   Bei der Steuerklassenkombination III/V fallen dagegen nur 728,16 EUR Lohnsteuer an.

   Ursache: In Steuerklasse III ist der Splitting-Tarif angewandt, d.h., bei Herrn Cleff werden Grundfreibetrag, Sonderausgaben-Pauschbetrag und Vorsorge-Pauschale verdoppelt. Dafür werden diese Frei- bzw. Pauschbeträge bei Frau Cleff (Steuerklasse V) nicht mehr berücksichtigt. Da Herr Cleff ein wesentlich höheres Einkommen (und damit einen höheren Grenzsteuersatz) hat als seine Frau, führt dieses Vorgehen aufgrund des progressiven Einkommensteuertarifs zu einer entsprechend hohen Steuerentlastung. Die Nichtberücksichtigung dieser Beträge bei Frau Cleff fällt dagegen wegen ihres geringen Einkommens und des sich daraus ergebenden geringen Grenzsteuersatzes nicht so stark ins Gewicht.

   b) Im Rahmen der Einkommensteuerveranlagung wird der Nachteil der ungünstigen Steuerklassenwahl wieder ausgeglichen. Die Höhe der zu zahlenden Einkommensteuer ist somit bei beiden Kombinationen (IV/IV und III/V) gleich. Im vorliegenden Fall würde bei der Kombination IV/IV die zu viel gezahlte Einkommensteuer nachträglich erstattet, während diese Steuer bei der Kombination III/V erst gar nicht gezahlt wurde. Durch die Wahl der günstigen Steuerklasse ergibt sich somit keine Steuerersparnis, sondern lediglich ein Zinsvorteil.

   c) Wenn die Ehepartner unterschiedlich hohe Einkommen haben. Faustregel: Verdient ein Ehepartner mehr als 50% des gemeinsamen Arbeitslohns, sollte er die Steuerklasse III und der andere die Steuerklasse V wählen. Die Kombination IV/IV ist in diesem Fall ungünstig.

11 Steuern und ihre Einflüsse auf betriebswirtschaftliche Entscheidungen

5. Selbstständige werden zur Einkommensteuer veranlagt. Dazu müssen sie eine Steuererklärung abgeben, auf deren Basis nachträglich das zu versteuernde Einkommen des Vorjahres und die Höhe der zu zahlenden Einkommensteuer ermittelt wird. I.d.R. müssen aber vierteljährliche Vorauszahlungen auf die zu erwartende Steuerschuld geleistet werden.

Bei Arbeitnehmern behält der Arbeitgeber die Lohnsteuer (= Einkommensteuer auf die Einkünfte aus nichtselbstständiger Arbeit) regelmäßig vom Bruttolohn ein und führt sie an das Finanzamt ab (Quellenabzugsverfahren).

11.05 Dividendenbesteuerung: Körperschaftsteuer - Kapitalertragsteuer - Halbeinkünfteverfahren

1., 2. und 3.

		für 100 Aktien	je Aktie
Gewinnausschüttung der AG	100%	1018,68 EUR	10,19 EUR
− 26,375 %[1]) Körperschaftsteuer + Solz	26,375%	268,68 EUR	2,69 EUR
= Bardividende	73,625%	750,00 EUR	7,50 EUR
− 20% Kapitalertragsteuer		150,00 EUR	1,50 EUR
− 5,5% Solidaritätszuschlag auf die KESt		8,25 EUR	0,08 EUR
= Nettodividende (Gutschrift)		591,75 EUR	5,92 EUR

[1]) 25% KSt + 5,5% Solz auf die KSt

4. 20% Kapitalertragsteuer sowie 5,5% Solidaritätszuschlag auf die Kapitalertragsteuer.

Die Kapitalertragsteuer ist eine Erhebungsform der Einkommensteuer. Sie ist eine Steuer des Aktionärs, welche die AG für ihn abzuführen hat. Ebenso wie bei der Lohnsteuer handelt es sich dabei um ein Quellenabzugsverfahren. Gem. EStG § 44 Abs. 1 S. 3 muss die AG (nicht die Depotbank!) von den auszuschüttenden Gewinnen den Abzug der Kapitalertragsteuer vornehmen. Da es sich bei der Kapitalertragsteuer um eine im voraus entrichtete Einkommensteuer handelt (Abschlagsteuer), kann der Aktionär diese Kapitalertragsteuer ebenso wie den darauf entfallenden Solidaritätszuschlag auf seine Einkommensteuerschuld anrechnen.

5.

zur Ausschüttung bereitgestellter Gewinn für 100 Aktien	1018,68 EUR	100,0 % der Gewinnausschüttung
− Körperschaftsteuer + Solz (26,375 % der Gewinnausschüttung)	268,68 EUR	26,375% der Gewinnausschüttung
= Bardividende	750,00 EUR	73,625% der Gewinnausschüttung
− Kapitalertragsteuer (20% der Bardividende)	150,00 EUR	15,0 % der Gewinnausschüttung
− Solidaritätszuschlag (5,5% der Kapitalertragsteuer)	8,25 EUR	0,825% der Gewinnausschüttung
= Gutschrift (Nettodividende)	591,75 EUR	40,825% der Gewinnausschüttung

6 a) Anrechenbare Kapitalertragsteuer zzgl. Solidaritätszuschlag: 158,25 EUR
158,25 × 100/750 = 21,1%

b) Steuerpflichtige Einkünfte aus Kapitalvermögen: 50% der Bardividende

	= 375,00 EUR
30% Einkommensteuer von 375,00 EUR	112,50 EUR
+ 5,5% Solidaritätszuschlag auf die EKSt	6,19 EUR
= Steuerschuld	118,69 EUR
Bescheinigte anrechenbare Kapitalertragsteuer	150,00 EUR
Bescheinigter anrechenbarer Solidaritätszuschlag auf die KEST	8,25 EUR
= Steuergutschrift	158,25 EUR

Herr **Helder** hat aufgrund der Dividendenzahlung eine Einkommensteuerschuld (einschl. Solidaritätszuschlag) von 118,69 EUR. Seine Steuergutschrift (einschließlich Solidaritätszuschlag) beträgt 158,25 EUR. Der Differenzbetrag in Höhe von 39,56 EUR wird ihm im Rahmen der Einkommensteuererklärung vom Finanzamt erstattet.

c) Wenn der Einkommensteuersatz mehr als 40 % beträgt (= Zweifaches des Steuersatzes der Kapitalertragsteuer). Bei einem Einkommensteuersatz von 40% ist die Steuerschuld genauso groß wie die Steuergutschrift.

Beispiel:

40% Einkommensteuer von 375,00 EUR	150,00 EUR
+ 5,5% Solidaritätszuschlag auf die EKSt	8,25 EUR
= Steuerschuld	158,25 EUR

Die Steuergutschrift beträgt ebenfalls 158,25 EUR (vgl. 6b)

7 a) Gem. EStG § 20 Abs. 4 ist bei der Ermittlung der Einkünfte aus Kapitalvermögen nach Abzug der Werbungskosten ein Sparer-Freibetrag von 1 550 EUR (Ledige) bzw. 3 110 EUR (Verheiratete) abzuziehen. Wenn der Bank ein Freistellungsauftrag des Steuerpflichtigen vorliegt, werden die Kapitaleinkünfte bis zu dieser Höhe von der Bank ohne Steuerabzug (hier: Bardividende in Höhe von 750,00 EUR) ausgezahlt. Im vorliegenden Fall wurde offensichtlich ein solcher Freistellungsauftrag gestellt und ausgenutzt. Die Herrn Helder von der ABC-Bank gutzuschreibenden Zins- und Dividendenerträge übersteigen aber den Sparer-Freibetrag, so dass von den überschießenden Beträgen Kapitalertragsteuer und der darauf entfallenden Solidaritätszuschlag einbehalten und nur die Nettodividende (hier: 591,75 EUR)gutgeschrieben wird.

b) Ihm wäre die Bardividende in Höhe von 750,00 EUR gutgeschrieben worden.

Erläuterung zur Verrechnung der einbehaltenen Kapitalertragssteuer:

Die AG muss gem. EStG §§ 43a Abs. 1 Nr. 1 u. 44 Abs. 1 20% Kapitalertragsteuer (20 % bezogen auf die Bardividende = 15,0 % bezogen auf die Gewinnausschüttung) abziehen. Den örtlichen Depotbanken der Aktionäre wird in jedem Fall unter Einschaltung der Clear-Stream-Banking AG, Frankfurt (früher: Wertpapier-Sammelbank) nur die Nettodividende überwiesen. Ohne Freistellungsauftrag bzw. bei ausgeschöpftem Sparer-Freibetrag schreiben die örtlichen Depotbanken ihren Kunden die anteilige Nettodividende – seit 1995 unter Abzug des Solidaritätszuschlags auf die Kapitalertragsteuer – gut. Kunden, deren Freistellungsauftrag noch nicht ausgeschöpft ist, wird die anteilige Bardividende (also inklusive Kapitalertragsteuerguthaben und darauf entfallender Solidaritätszuschlag) gutgeschrieben. Gleiches gilt für Kunden, die eine sog. NV-Bescheinigung (= Bescheinigung des Finanzamtes, dass der Kapitalanleger voraussichtlich nicht zur Einkommensteuer veranlagt wird) vorlegen. Die Depotbanken fordern die Kapitalertragsteuer, die sie ihren Kunden auf diesem Wege erstattet haben, vom Bundesamt für Finanzen zurück.

Umsatzsteuer

11.06 Umsatzsteuer: Mehrwertsteuerverfahren – Vorsteuer – Zahllast

1. a) (Siehe nebenstehende Seite.)

   b) 9500 EUR (1900 EUR Sägewerk u. jew. 3800 EUR Möbelfabrik u. Versandhandel.

   c) Die Endverbraucher haben 9500 EUR Umsatzsteuer an den Versandhändler gezahlt. Davon sind auf Stufe I 1900 EUR, auf Stufe II 3800 EUR und auf Stufe III ebenfalls 3800 EUR von den jeweiligen Unternehmen an das Finanzamt abgeführt worden.

2. a) (Siehe nebenstehende Seite.)

11 Steuern und ihre Einflüsse auf betriebswirtschaftliche Entscheidungen

Zu Aufgabe 11.06:

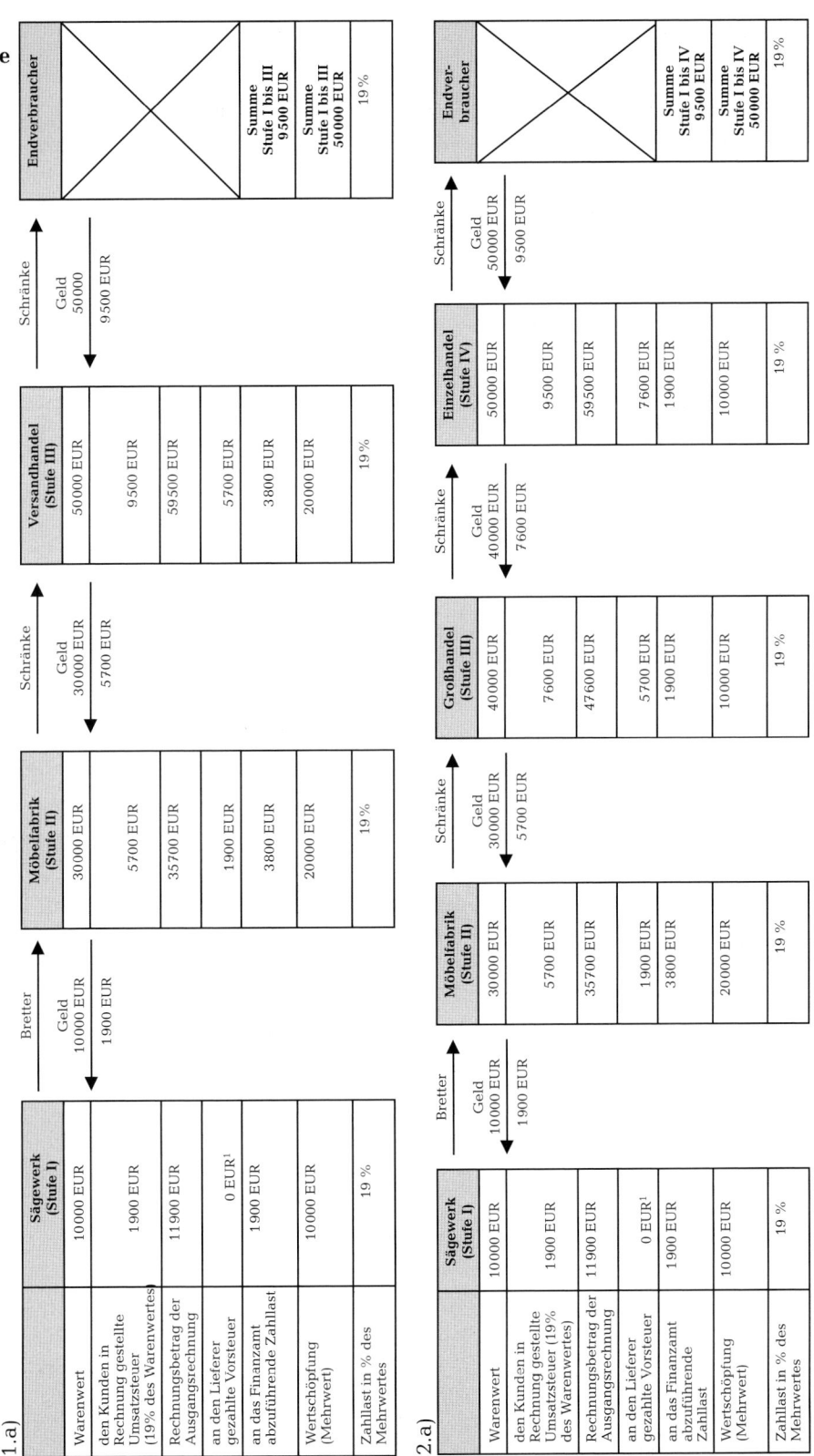

1.a)

	Sägewerk (Stufe I)	Möbelfabrik (Stufe II)	Versandhandel (Stufe III)	Endverbraucher
Warenwert	10 000 EUR	30 000 EUR	50 000 EUR	Summe Stufe I bis III 9 500 EUR
den Kunden in Rechnung gestellte Umsatzsteuer (19 % des Warenwertes)	1 900 EUR	5 700 EUR	9 500 EUR	Summe Stufe I bis III 50 000 EUR
Rechnungsbetrag der Ausgangsrechnung	11 900 EUR	35 700 EUR	59 500 EUR	
an den Lieferer gezahlte Vorsteuer	0 EUR[1]	1 900 EUR	5 700 EUR	
an das Finanzamt abzuführende Zahllast	1 900 EUR	3 800 EUR	3 800 EUR	
Wertschöpfung (Mehrwert)	10 000 EUR	20 000 EUR	20 000 EUR	
Zahllast in % des Mehrwertes	19 %	19 %	19 %	19 %

Warenfluss: Bretter (Geld 10 000 EUR / 1 900 EUR) → Schränke (Geld 30 000 EUR / 5 700 EUR) → Schränke (Geld 50 000 EUR / 9 500 EUR)

2.a)

	Sägewerk (Stufe I)	Möbelfabrik (Stufe II)	Großhandel (Stufe III)	Einzelhandel (Stufe IV)
Warenwert	10 000 EUR	30 000 EUR	40 000 EUR	50 000 EUR
den Kunden in Rechnung gestellte Umsatzsteuer (19 % des Warenwertes)	1 900 EUR	5 700 EUR	7 600 EUR	9 500 EUR
Rechnungsbetrag der Ausgangsrechnung	11 900 EUR	35 700 EUR	47 600 EUR	59 500 EUR
an den Lieferer gezahlte Vorsteuer	0 EUR[1]	1 900 EUR	5 700 EUR	7 600 EUR
an das Finanzamt abzuführende Zahllast	1 900 EUR	3 800 EUR	1 900 EUR	1 900 EUR
Wertschöpfung (Mehrwert)	10 000 EUR	20 000 EUR	10 000 EUR	10 000 EUR
Zahllast in % des Mehrwertes	19 %	19 %	19 %	19 %

Endverbraucher: Summe Stufe I bis IV 9 500 EUR; Summe Stufe I bis IV 50 000 EUR; 19 %

Warenfluss: Bretter (Geld 10 000 EUR / 1 900 EUR) → Schränke (Geld 30 000 EUR / 5 700 EUR) → Schränke (Geld 40 000 EUR / 7 600 EUR) → Schränke (Geld 50 000 EUR / 9 500 EUR)

---

[1] Abweichend von dieser Angabe dürfen land- und forstwirtschaftliche Betriebe in Wirklichkeit auch dann einen Vorsteuerabzug vornehmen, wenn für sie keine Vorsteuer angefallen ist (UStG § 24). Im vorliegenden Fall (Bretter) würde der Umsatzsteuer 19 % und die (angenommene) Vorsteuer 9 % betragen. Dadurch würde sich eine Zahllast von 7 % ergeben.

2. b) Nein. Es werden nach wie vor 9500 EUR an das Finanzamt abgeführt (1900 EUR Sägewerk, 3800 EUR Möbelfabrik und jeweils 1900 EUR Großhandel und Einzelhandel).

   c) Die Zahl der Produktions- und Handelsstufen verändert die Belastung nicht. Das liegt daran, dass auf jeder Stufe die gezahlte Vorsteuer von der eigenen Umsatzsteuerschuld abgezogen werden kann.

3. Auf jeder Stufe wird der dem bisherigen Warenwert hinzugefügte Wert (= Mehrwert) besteuert.

4. Steuerschuldner ist das Unternehmen; Steuerträger ist – sofern die Überwälzung in Form von höheren Preisen gelingt – letztlich der Verbraucher.

5. Die Umsatzsteuer belastet die Ergebnisrechung der Unternehmen nicht. Die von den Kunden vereinnahmte Umsatzsteuer ist identisch mit der vom Unternehmen gezahlten Vorsteuer plus der ans Finanzamt abgeführten Zahllast. Somit ist die Umsatzsteuer ein durchlaufender Posten ohne Wirkung auf das Unternehmensergebnis.

6. Wenn die Umsatzsteuererhöhung auf allen Stufen in Form von höheren Preisen auf den jeweiligen Kunden überwälzt werden kann, ergibt sich keine Wirkung auf das Unternehmensergebnis. Wenn aber wegen der erhöhten Preise die Nachfrage zurückgeht (elastische Nachfrage) bzw. Preiserhöhungen gegenüber den Kunden nicht durchgesetzt werden können, werden letztlich die Unternehmen, die die Umsatzsteuer nicht überwälzen konnten, belastet.

11.07 Umsatzsteuerpflichtige Vorgänge – Umsatzsteuer-Voranmeldung

1. a) Steuerpflichtiger Umsatz: Süßwaren 7%; Tabakwaren 19%, Erfrischungsgetränke 19%, alkohol. Getränke 19%, Zeitungen/Bücher 7%

   b) nein

   c) Anzahlungen sind in jedem Fall umsatzsteuerpflichtig.

   d) Steuerpflichtiger Umsatz: 7% (Bei Wirtschaftszweigen, für die keine Pauschalbeträge in den sog. Eigenverbrauchstabellen ausgewiesen sind, muss eine monatliche Aufzeichnung der Entnahmen erfolgen. Ansonsten werden monatlich die pauschalen Werte angesetzt.)

   e) nein

   f) Steuerpflichtiger Umsatz: 19%

   g) Die private PKW-Nutzung ist gem. EStG § 6 (1) Nr. 4, S. 2 monatlich mit 1% des inländischen Listenpreises zzgl. USt einkommensteuerpflichtig. (Alternative: Nachweis der auf Privatfahrten entfallenden Aufwendungen durch Belege und Fahrtenbuch.) Für die Umsatzsteuer gilt: Bei gemischt genutzten Fahrzeugen, die nach dem 31.03.1999 angeschaft werden, kann bei der Anschaffung die Vorsteuer nur noch zu 50% geltend gemacht werden [UStG § 15 (1a)]. Dafür entfällt aber die Umsatzsteuer auf die Leistungsentnahme (= private Nutzung), da es sich nicht um eine gleichgestellte sonstige Leistung handelt (UStG § 3 (9a) S. 2). Im vorliegenden Fall fällt also keine Umsatzsteuer an.

   h) nein

   i) Steuerpflichtiger Umsatz: 7%

   j) nein

   k) nein

   l) nein

m) nein, dafür aber Versicherungssteuer

n) nein, dafür aber Grunderwerbsteuer

o) Bei innergemeinschaftlichem Erwerb zwischen Unternehmen gilt das Bestimmungslandprinzip. Die Ware wird in Frankreich von der USt befreit und in Deutschland der »Erwerbsteuer« in Höhe von 19% (für alkoholische Getränke) unterworfen;
Vorsteuerabzug = 19% von 3050 EUR = 579,50 EUR.

p) Steuerpflichtiger Vorgang: 19% vom tatsächlichen Warenwert

q) Wareneinkauf durch Privatleute: Er muss die französische Umsatzsteuer bezahlen und kann die Ware ohne weitere steuerliche Belastung nach Deutschland einführen. Für die Großhandlung bedeutungslos.

r) Für Autos gilt bei **Privatkäufen** ausnahmsweise das Bestimmungslandprinzip: Befreiung von der französischen Umsatzsteuer; dafür aber Umsatzsteuer in Deutschland. Für die Großhandlung bedeutungslos.

s) Vorsteuerabzug: 19%

t) Vorsteuerabzug: 7% von 2000 EUR; 19% von 500 EUR

u) Vorsteuerabzug: 19% von 6500 EUR

2. Der Unternehmer hat i.d.R. bis zum 10. Tag nach Ablauf jedes Kalendermonats (Voranmeldezeitraum) eine Umsatzsteuer-Voranmeldung auf einem amtlich vorgeschriebenen Formular abzugeben. Die vom Unternehmer errechnete Steuer ist als Vorauszahlung zu leisten. Für jedes abgelaufene Kalenderjahr ist rückwirkend eine Umsatzsteuererklärung abzugeben. Die Vorauszahlungen werden mit der dabei errechneten Steuer verrechnet.

Bei Lieferungen zwischen EU-Ländern ist zwischen Lieferungen an Privatpersonen und Lieferung an Unternehmen zur Verwendung im Unternehmen zu unterscheiden. Privatleute unterliegen der Umsatzsteuer des Herkunftslandes (außer bei neuen Autos). Importierende Unternehmen sind von der Umsatzsteuer des Herkunftslandes befreit, unterliegen aber einer Erwerbsteuerpflicht in Höhe des Umsatzsteuersatzes im Bestimmungsland. Die Erwerbsteuer ist vorsteuerabzugsberechtigt. Für die Umsatzsteuerbefreiung bei Lieferungen zwischen Unternehmen unterschiedlicher EU-Länder muss die Umsatzsteuer-Identifikationsnummer des Lieferers und des Kunden auf der Rechnung vermerkt sein. Dadurch wird zugleich die Erwerbsteuerpflicht des Kunden nachgewiesen.

Umsätze mit 19% USt (Nettowarenwert in EUR)		Umsatzsteuer (EUR)	Umsätze mit 7% USt (Nettowarenwert in EUR)		Umsatzsteuer (EUR)
a) Erfrischungsgetr.	12000	2280,00	a) Süßwaren	10000	700,00
a) Tabakwaren	8000	1520,00	a) Zeitungen	7000	490,00
a) Alkohol. Getr.	6000	1140,00	d) Eigenverbrauch	100	7,00
c) Anzahlung Getränke	3000	570,00	i) Süßw./Zeitung	2500	175,00
f) Lieferwagen	12000	2280,00			
p) Sekt	80	15,20			
Summe	41080	7805,20		19600	1372,00

Vorsteuerabzug 19 % USt (Nettowarenwert in EUR)		Vorsteuer (EUR)	Vorsteuerabzug 7 % USt (Nettowarenwert in EUR)		Vorsteuer (EUR)
o) Rotwein, Spirit.	3 050	579,50	t) Zeitschriften	2 000	140,00
s) Tabakwaren	5 000	950,00			
t) Pornohefte	500	95,00			
u) Getränke	6 500	1 235,00			
Summe	**15 050**	**2 859,50**		**2 000**	**140,00**

	Umsatzsteuer 19 %	(Umsätze: 41 080)	7 805,20 EUR	Zeile **28**
+	Umsatzsteuer 7 %	(Umsätze: 19 600)	1 372,00 EUR	Zeile **29**
+	Steuerpflichtiger innergemeinschaftl. Erwerb	(Umsätze: 3 050)	579,50 EUR	Zeile **37**
=			9 756,70 EUR	Zeile **43**
−	Vorsteuer 19 %	(ohne innergem. Erwerb)	2 280,00 EUR	Zeile **47**
−	Vorsteuer 7 %		140,00 EUR	Zeile **47**
−	Vorsteuer aus innergemeinschaftl. Erwerb		579,50 EUR	Zeile **48**
	Zahllast		6 757,20 EUR	Zeile **58**

Gewerbesteuer

11.08 Gewerbesteuer

1. Die Gewerbesteuer ist eine betriebliche Steuer (Aufwandsteuer), die den Gewinn mindert.

2.   Gewinn vor Abzug der GewSt   100 000,00 EUR
   + Hinzurechnung gem. § 8 GewStG (50 % der Dauerschuldzinsen)   30 000,00 EUR
   − Kürzungen gem. § 9 GewStG
       (1,2 % des Einheitsw. des Grundstücks)   1 800,00 EUR
   = Gewerbeertrag gem. § 7 GewStG
       vor Abzug der Gewerbesteuer   128 200,00 EUR
       abgerundet auf volle 50 EUR gem. § 11 GewStG   128 200,00 EUR
   = verbleibender Gewerbeertrag
       gem. § 11 (1) vor Abzug der GewSt.   128 200,00 EUR

3. Steuermesszahl (hier: GmbH): 5 % gem. § 11 (2) Zi. 2
   Gewerbeertrag (128 200) · Steuermesszahl (5 %)
   = vorläufiger **Steuermessbetrag:**   6 400,00 EUR

   Steuermessbetrag (6 400,00) · Hebesatz (400 %)
   = vorläufige **Gewerbesteuerschuld:**   25 600,00 EUR

4. Die Gewerbesteuer mindert den ESt- bzw. KSt-pflichtigen Gewinn. Dieser ESt- bzw. KSt-pflichtige Gewinn beeinflusst aber wiederum die Höhe der Gewerbesteuer, da der Gewerbeertrag als Besteuerungsgrundlage auf dem ESt- bzw. KSt-pflichtigen Gewinn beruht (§ 7 GewStG).

   M.a.W.: Die GewSt mindert ihre eigene Besteuerungsgrundlage. Im vorliegenden Fall ist also für die Berechnung der KSt der vorläufige Gewinn von 100 000,00 EUR um die (noch nicht bekannte) zu zahlende GewSt zu verringern. Dieser verringerte Gewinn ist dann wiederum die Grundlage für die Ermittlung des Gewerbeertrags und die Berechnung der Gewerbesteuer.

11 Steuern und ihre Einflüsse auf betriebswirtschaftliche Entscheidungen

5. Bei einer Steuermesszahl von 5% und einem Hebesatz von 400% ist lt. Tabelle der Multiplikator 0,1667 anzuwenden.

   $128\,200 \cdot 0{,}1667 = 21\,337{,}60$ EUR endgültige Gewerbesteuer.

   M.a.W.: Bei einer Steuermesszahl von 5% und einem Hebesatz von 400% beträgt die GewSt 16,67% des Gewerbertrages vor Abzug der Gewerbesteuer.

   Der Multiplikator (Prozentsatz) beruht auf folgender Formel:

   $$G = m \cdot h \,(E - G) = \frac{m \cdot h}{1 + m \cdot h} \cdot E$$

   G = GewSt,   E = Gewerbeertrag vor Abzug der GewSt,
   m = Messzahl,   h = Hebesatz

Gliederung und Einteilung der Steuern

11.09 Steuerarten im Überblick

Nr.	Steuerarten in absteigender Reihenfolge des Steueraufkommens	Verteilung auf Bund, Länder und Gemeinden			Gegenstand der Besteuerung			Wirkung auf Bilanz und GuV			
		Bund	Länder	Gemeinden	Hinzuerwerb von Eigentum	Besitz von Eigentum	Verbrauch von Eigentum	Gewinnschmälernde Betriebssteuern (Aufwandsteuern)	Personensteuern (Steuern des Unternehmers)	Aktivierungspflichtige Steuern	Durchlaufende Posten
1	Lohnsteuer	X	X	X	X						X
2	Umsatzsteuer	X	X	X			X				X
3	Mineralölsteuer	X					X			(X)³⁾	X
4	Gewerbesteuer	X	X	X	X			X			
5	Einkommensteuer	X	X	X	X				X		
6	Tabaksteuer	X					X	X		(X)³⁾	X
7	Körperschaftsteuer	X	X	X	X				X		
8	Kapitalertragsteuer	X	X	X	X				X		(X)¹⁾
9	Kfz-Steuer		X			X		X			
10	Zinsabschlag	X	X	X	X				X		
11	Grundsteuer			X		X		X			
12	Versicherungsteuer	X					X	X			
13	Grunderwerbsteuer		X				X			X	
14	Branntweinsteuer	X					X				X
15	Erbschaftsteuer		X		X				X		
16	Lotteriesteuer		X				X				X
17	Kaffeesteuer	X					X			(X)³⁾	X
18	Biersteuer		X				X			(X)³⁾	X
19	Schaumweinsteuer	X					X			(X)³⁾	X
20	Vergnügungsteuer			X			X	X			
21	Hundesteuer			X		X		(X)²⁾	X		

---

[1] Wenn die AG für die Aktionäre Kapitalertragsteuer abführt
[2] Wenn es sich um einen Wachhund handelt
[3] Wenn Bestände aktiviert wurden, beinhaltet der Wertansatz auch diese Verbrauchssteuer.

Betriebswirtschaftliche Entscheidungen unter steuerlichen Gesichtspunkten

11.10 Vergleich der Steuerbelastung bei Personen- und Kapitalgesellschaften – Verdeckte Gewinnausschüttung

Hinweis zu 1: Während es sich steuerrechtlich bei den Gewinnen der OHG für Herrn Tech und Herrn Netzer um Einkünfte aus Gewerbebetrieb handelt, die sich gem. § 35 EStG um die anrechenbare Gewerbesteuer ermäßigen, stellen die ausgeschütteten Gewinne der GmbH für Herrn Netzer und Herrn Tech Einkünfte aus Kapitalvermögen dar. Für diese Einkünfte wird keine Steuerermäßigung nach § 35 EStG, sondern lediglich ein Sparer-Freibetrag (§ 20 Abs. 4 EStG) und eine Werbungskostenpauschale (§ 9a Nr Ib EStG) gewährt. Auf die Berücksichtigung der beiden letztgenannten Vergünstigungen wird im Folgenden verzichtet. Ebenso bleiben der Solidaritätszuschlag (5,5 % der Einkommensteuer) sowie die Kirchensteuer (8 % bzw. 9% der Einkommensteuer) unberücksichtigt.

	GmbH		
	Gewinn wird vollständig einbehalten	Gewinn wird zur Hälfte einbehalten	Gewinn wird vollständig ausgeschüttet
UNTERNEHMENSBEREICH			
① Gewinn vor Steuern	200 000	200 000	200 000
② – Gewerbesteuer gem. Annahme (2) (GewStG §§ 10, 11, 14, 16)	– 33 333	– 33 333	– 33 333
③ = Gewinn vor Körperschaftsteuer	166 667	166 667	166 667
④ – 25 % Körperschaftsteuer vom Gewinn (Zeile 3) (KStG § 23)	– 41 667	– 41 667	– 41 667
⑤ = Gewinn nach Steuern	125 000	125 000	125 000
⑥ einbehaltener Gewinn nach Steuern	125 000	62 500	0
⑦ ausgeschütteter Gewinn (Bardividende)		62 500	125 000
⑧ – 20 % Kapitalertragsteuer vom ausgeschütteten Gewinn (Bardividende) (Zeile 7) (EStG §§ 43, 43a)		– 12 500	– 25 000
⑨ = ausgezahlter Betrag (Nettodividende)		50 000	100 000

	Netzer	Tech	Netzer	Tech
GESELLSCHAFTERBEREICH				
Berechnung der Einkünfte aus Kapitalvermögen der Gesellschafter				
⑩ ausgezahlter Betrag je Gesellschafter (Nettodividende) (je 1/2 von Zeile 9)	25 000	25 000	50 000	50 000
⑪ + anrechenbare Kapitalertragsteuer (Steuergutschrift) (je 1/2 von Zeile 8)	6 250	6 250	12 500	12 500
⑫ = Einkünfte aus Kapitalvermögen (EStG § 20)	31 250	31 250	62 500	62 500
Berechnung der Einkommensteuer der Gesellschafter (Halbeinkünfteverfahren)				
⑬ Einkommensteuerpflichtige Einkünfte aus Kapitalvermögen (Halbeinkünfteverfahren): 50 % der Einkünfte (Bardividende) (1/2 von Zeile 12) (EStG § 3 Nr. 40 d, § 20 Abs. 1 Nr. 1)	15 625	15 625	31 250	31 250
⑭ Einkommensteuer auf die steuerpflichtigen Einkünfte aus Kapitalvermögen lt. Auszug aus der Steuertabelle (EStG § 32 a)	1 699	1 699	6 209	6 209

11 Steuern und ihre Einflüsse auf betriebswirtschaftliche Entscheidungen

	GmbH				
	Gewinn wird vollständig einbehalten	Gewinn wird zur Hälfte einbehalten		Gewinn wird vollständig ausgeschüttet	
GESELLSCHAFTERBEREICH		Netzer	Tech	Netzer	Tech
Berechnung der Nettoeinnahme der Gesellschafter					
[15] Einkünfte aus Kapitalvermög. *(Zeile 12)*		31 250	31 250	62 500	62 500
[16] − Einkommensteuer auf die steuerpfl. Einkünfte aus Kapitalvermög. *(Zeile 14)*		1 699	1 699	6 209	6 209
[17] = Nettoeinnahmen der Gesellschafter		29 551	29 551	56 291	56 291
Berechnung der gesamten Steuerbelastung (Unternehmens- und Gesellschafterbereich)					
[18] Nettoeinnahmen der Gesellschafter insgesamt *(Zeile 17 x 2)*		59 102		112 582	
[19] + einbehaltener Gewinn nach Steuern *(Zeile 6)*	125 000	62 500		0	
[20] = Gesamtgewinn nach Steuern	125 000	121 602		112 582	
[21] + Gewerbe-, Körperschaft- und Einkommensteuer insgesamt *(Zeilen 2+4+16)*	75 000	78 398		87 418	
[22] = Gesamtgewinn vor Steuern *(Zeile 1)*	200 000	200 000		200 000	
[23] Steuerbelastung des Bruttogewinns in % *(Zeile 21 · 100/Zeile 22)*	37,50 %	39,19 %		43,71 %	

	OHG					
	Gewinn wird vollständig einbehalten		Gewinn wird zur Hälfte einbehalten		Gewinn wird vollständig ausgeschüttet	
UNTERNEHMENSBEREICH						
[1] Gewinn vor Steuern	200 000		200 000		200 000	
[2] − Gewerbesteuer gem. Annahme (2) *(GewStG §§ 10, 11, 14, 16)*	− 25 248		− 25 248		− 25 248	
[3] = Gewinn vor Einkommensteuer	174 752		174 752		174 752	
GESELLSCHAFTERBEREICH	Netzer	Tech	Netzer	Tech	Netzer	Tech
Berechnung der Einkommensteuer der Gesellschafter auf Einkünfte aus Gewerbebetrieb						
[4] Einkünfte der Gesellschafter aus Gewerbebetrieb *(je 1/2 von Zeile 3) (EStG §§ 2, 15)*	87 376	87 376	87 376	87 376	87 376	87 376
[5] Einkommensteuer auf die Einkünfte aus Gewerbebetrieb lt. Auszug aus der Steuertabelle (EStG 32a)	28 783	28 783	28 783	28 783	28 783	28 783
[6] − Steuerminderung bei gewerblichen Einkünften in Höhe des 1,8fachen des Gewerbesteuermessbetrages gem. Annahme (2) *(1/2 von 11 362 € je Gesellschafter)* (EStG § 35)	− 5 681	− 5 681	− 5 681	− 5 681	− 5 681	− 5 681
[7] = Einkommensteuerbelastung insgesamt	23 102	23 102	23 102	23 102	23 102	23 102
Berechnung der Nettoeinnahme der Gesellschafter						
[8] Einkünfte aus Gewerbebetrieb *(Zeile 4)*	87 376	87 376	87 376	87 376	87 376	87 376
[9] − Einkommensteuerbelastung insgesamt *(Zeile 7)* 26 831	− 23 102	− 23 102	− 23 102	− 23 102	− 23 102	− 23 102
[10] = Nettoeinnahmen der Gesellschafter	64 274	64 274	64 274	64 274	64 274	64 274

	OHG		
	Gewinn wird vollständig einbehalten	Gewinn wird zur Hälfte einbehalten	Gewinn wird vollständig ausgeschüttet
BERECHNUNG DER GESAMTEN STEUERBELASTUNG (Unternehmens- und Gesellschafterbereich)			
[11] Gesamtgewinn nach Steuern (= Nettoeinnahmen der Gesellschafter insgesamt) *(Zeile 10 · 2)*	128 548	128 548	128 548
[12] + Gewerbe- und Einkommensteuer insgesamt *(Zeilen 2 + 7)*	71 452	71 452	71 452
[13] = Gesamtgewinn vor Steuern *(Zeile 1)*	200 000	200 000	200 000
[14] Steuerbelastung d. Bruttogewinns in % *(Zeile 12 · 100/Zeile 13)*	35,73 %	35,73 %	35,73 %

Ergebnis des Vergleichs:

- Die Gewinne von Kapitalgesellschaften werden im Falle der Ausschüttung höher besteuert als im Falle der Einbehaltung. Dies ist trotz des einheitlichen Körperschaftsteuersatzes von 25 % der Fall, weil die Hälfte der ausgeschütteten Gewinne zusätzlich der Einkommensteuer beim Anteilseigner unterliegt. Die Höhe der Gesamtbelastung hängt vom individuellen Einkommensteuersatz des Anteilseigners ab. Die Höherbesteuerung der ausgeschütteten Gewinne ist vom Gesetzgeber aus wirtschaftspolitischen Gründen beabsichtigt, da im Unternehmen verbleibende Gewinne für Investitionen zur Verfügung stehen und auf diese Weise beschäftigungsfördernd wirken sollen.

- Die Steuerbelastung bei Personengesellschaften ist unabhängig von der Art der Gewinnverwendung immer gleich hoch. Die Höhe der Belastung hängt vom individuellen Einkommensteuersatz der Gesellschafter ab.

- Je nach Höhe des individuellen Einkommensteuersatzes kann die Steuerbelastung bei Personengesellschaften höher sein als bei Kapitalgesellschaften (insbesondere bei Einbehaltung des Gewinns). Ob durch die Wahl einer bestimmten Gesellschaftsform Vor- oder Nachteile hinsichtlich der steuerlichen Belastung der Gewinne durch Einkommen- bzw. Körperschaftsteuer entstehen, hängt letztlich vom individuellen Einkommensteuersatz der Gesellschafter ab (Zur Auswirkung des individuellen Einkommensteuersatzes vgl. auch 2.)

2. Da es sich nicht bei der Geschäftsführertätigkeit im vorliegenden Fall nicht um eine sozialversicherungspflichtige Arbeitnehmertätigkeit handelt (vgl. dazu Fußnote im Aufgabenbuch), fallen für die GmbH keine Arbeitgeberbeiträge zur Sozialversicherung an. Die Vergütung in Höhe von insgesamt 200 000 EUR stellt einen gewinnmindernden Aufwand dar. Es ergibt sich somit im vorliegenden Fall kein Gewinn für die GmbH und für die Gesellschafter keine positiven Einkünfte aus Kapitalvermögen gem. § 20 EStG. Gleichzeitig erhöhen sich aber für die Gesellschafter die Einkünfte aus nichtselbständiger Arbeit (§ 19 EStG). Aus der Sicht der Gesellschafter liegt somit eine Verlagerung von einer Einkunftsart auf eine andere vor. Während die Einkünfte aus Kapitalvermögen nur zur Hälfte der Einkommensteuer unterliegen, sind die Einkünfte aus nichtselbständiger Tätigkeit in voller Höhe einkommensteuerpflichtig (abgesehen von möglichen Werbungskosten bzw. der Werbungskostenpauschale in Höhe 1 044 EUR). Die auf ein zu versteuerndes Jahreseinkommen von 100 000 EUR entfallende Einkommensteuer beträgt nach dem Einkommensteuertarif (vgl. Tabelle im Aufgabentext) 38 623 EUR. Für beide Gesellschafter zusammen beträgt die Einkommensteuer somit 77 246 EUR.

Ohne Berücksichtigung der verschiedenen Frei- und Pauschbeträge (Sparer-Freibetrag und Werbungskostenpauschale bei Einkünften aus Kapitalvermögen)

11 Steuern und ihre Einflüsse auf betriebswirtschaftliche Entscheidungen

und den möglicherweise abzugsfähigen Werbungskosten bei Einkünften aus nichtselbständiger Arbeit lässt sich folgender Vergleich anstellen:

	Gewinnausschüttung (vgl. Lösung zu Aufg. 1)	Geschäftsführergehälter
Gewinn vor Steuern	200 000	0
Gewerbe- und Körperschaftsteuer	75 000	0
Einkünfte aus Kapitalvermögen	125 000	0
Einkommensteuer auf die Einkünfte aus Kapitalvermögen	12 418	0
Nettoeinkünfte der Gesellschafter aus Kapitalvermögen	112 582	0
Einkommensteuer auf die Einkünfte aus nichtselbstständiger Arbeit	0	68 172
Nettoeinkünfte aus nichtselbständiger Arbeit	0	131 828
Nettoeinkünfte insgesamt	**112 582**	**131 828**

Ergebnis:
Bei der Vergütung der Geschäftsführertätigkeit wären im vorliegenden Fall die Nettoeinkünfte für jeden Gesellschafter um 9 623 EUR pro Jahr höher als bei der Gewinnausschüttung.

Hinweis:
Wenn es sich bei der Geschäftsführertätigkeit um eine weisungsgebundene Tätigkeit und damit um eine abhängige Beschäftigung als Arbeitnehmer handelt (Einkünfte aus nichtselbständiger Arbeit gem. § 19 EStG), müssen neben der von der GmbH abzuführenden Lohnsteuer auch die Arbeitgeber- und Arbeitnehmerbeiträge zur gesetzlichen Sozialversicherung berücksichtigt werden. Diese Beiträge begründen u.U. entsprechende Leistungsansprüche an die gesetzliche Kranken-, Pflege-, Arbeitslosen- und Rentenversicherung. Im Falle der Gewinnausschüttung bzw. von Einkünften aus selbständiger Arbeit müssen diese Risiken privat aus den erhaltenen Einkünften gedeckt werden.

3. Gewerbesteuer (unverändert)   25 248
+ Einkommensteuer auf die Einkünfte aus Gewerbebetrieb in Höhe von 174 752 EUR lt. Tabelle   65 481
− Steuerermäßigung gem. EStG § 35 (1,8 × 6 312)   − 11 362
= Steuerbelastung   79 367

Steuerbelastung in %: $\rightarrow \frac{79\,367 \times 100}{200\,000} = 39{,}68\%$

Die höhere Steuerbelastung gegenüber dem OHG-Gesellschafter ist auf den progressiven Einkommensteuertarif zurückzuführen. Während die Gesellschafter auf ihre Einkünfte aus Gewerbebetrieb in Höhe von je 87 376 EUR jeweils 28 783 EUR, zusammen also 57 566 EUR Einkommensteuer (vor Abzug der Steuerermäßigung) zu entrichten haben, muss der Einzelunternehmernehmer auf die doppelte Höhe der Einkünfte (174 752 EUR) mehr als das Doppelte an Einkommensteuer (nämlich: 65 481 EUR) bezahlen. Da Gewerbesteuer und Steuerermäßigung gem. EStG § 35 unverändert bleiben, ist auf grund der Steuerprogression die Steuerlast für den Einzelunternehmer um 7 915 EUR (65 481 EUR − 57 566 EUR) höher als für die beiden OHG-Gesellschafter zusammen.

4. a) Alle Maßnahmen führen zu einer Minderung des GmbH-Gewinns und damit zu einer Verringerung von Körperschaft- und Gewerbesteuer.

   Beim Gesellschafter führen diese Maßnahmen in den meisten Fällen zu einer Erhöhung des zu versteuernden Einkommens und damit der zu zahlenden Einkommensteuer – außer wenn er als **Privatmann** bzw. Endverbraucher von der GmbH ein zinsgünstiges Darlehen, Waren zu günstigen Preisen oder Gegenstände zu einem günstigen Mietzins erhält.

   b) Ohne diese Maßnahmen wäre der GmbH-Gewinn höher. Auf diesem Wege fließen den Gesellschafter Gewinnbestandteile der GmbH zu, ohne dass diese bei der GmbH als Gewinn ausgewiesen sind.

   c) Gem. KStG § 8 Abs. 3 darf die verdeckte Gewinnausschüttung das Einkommen und damit den Gewinn der Kapitalgesellschaft nicht mindern. Ist der Gewinn aufgrund verdeckter Ausschüttung zu niedrig ausgewiesen, ist der fehlende Betrag hinzuzurechnen und der Körperschafsteuer zu unterwerfen.

   Wenn die Finanzbehörden also Fälle von verdeckter Gewinnausschüttung aufdecken, ergibt sich keine Körperschaftsteuerminderung für die Kapitalgesellschaft.

11.11 Betriebsaufspaltung – Betriebsgesellschaft – Besitzgesellschaft

1. *Anlagevermögen* (Betriebsgrundstücke und -gebäude, Maschinen, Betriebs-, Lager- und Büroeinrichtungen) verbleiben bei der OHG, *Umlaufvermögen* (Roh-, Hilfs- und Betriebsstoffe, Waren, Forderungen) werden auf die Betriebsgesellschaft übertragen.

2. Wesentliches Merkmal der Doppelgesellschaft: Trennung von Besitz und Betrieb. Die Besitzgesellschaft **(Besitz***personengesellschaft) verpachtet* Anlagegegenstände an die Betriebsgesellschaft **(Betriebs***kapitalgesellschaft)*. Die Betriebsgesellschaft übernimmt die Funktionen Beschaffung, Produktion und Absatz (= eigentliche Betriebstätigkeit). Die Betriebsaufspaltung hat als Instrument der steuerlichen Rechtsformoptimierung durch den Wegfall der Vermögenssteuer zum 01.01.97 an Bedeutung verloren. Vorher konnten durch die Vermögensübertragung an die Personengesellschaft (OHG) die vermögenssteuerrechtlichen Nachteile der Kapitalgesellschaft vermieden werden.

3. Das Anlagevermögen verbleibt bei der OHG, während das Umlaufvermögen auf die GmbH übertragen werden soll. Da das Produktions- und Absatzrisiko ausschließlich bei der Betriebs-GmbH liegt, wird durch diese Konstruktion das wertvollere Anlagevermögen der Haftung und damit einem möglichen Gläubigerzugriff entzogen. Bei Insolvenz der Produktions-GmbH können die im Eigentum der Besitzgesellschaft befindlichen Grundstücke und Maschinen insolvenzrechtlich »ausgesondert« werden. Die erzielten Haftungsbeschränkungen werden in der Praxis jedoch oft dadurch wirkungslos, dass Kreditgeber zusätzliche persönliche Verpflichtungen, Bürgschaften und sonstige Sicherheiten der einzelnen Gesellschafter verlangen. Meist bietet sich gerade in den Anlagegegenständen die beste Sicherungsmöglichkeit.

4. a) Für die Bereitstellung der Produktionsfaktoren **Arbeit und Kapital** erhalten die OHG-Gesellschafter einen entsprechenden **Anteil am Jahresgewinn.** Steuerlich werden die Gewinne – ob ausgeschüttet oder thesauriert – als Einkünfte aus Gewerbebetrieb behandelt (siehe b).

   Anders als die Gesellschafter einer OHG stellen die GmbH-Gesellschafter der GmbH zunächst lediglich den Produktionsfaktor **Kapital** zur Verfügung. Zu einer

Mitarbeit im Unternehmen sind sie auf Grund ihrer Gesellschafterstellung weder berechtigt noch verpflichtet. Die GmbH als juristische Person benötigt jedoch ein leitendes Organ, das die Führung der Geschäfte sowie die Vertretung übernimmt. Diese Funktion übernehmen im vorliegenden Fall die beiden Geschäftsführer als Angestellte ihrer GmbH. Als solche stehen Sie in einem Arbeitsverhältnis mit der GmbH als juristischer Person und haben Gehaltsansprüche. Dieses Vertragsverhältnis schließen die Geschäftsführer in ihrer Eigenschaft als Vertreter der GmbH. Dazu müssen sie vom Verbot der Selbstkontrahierung (§ 181 BGB) befreit sein. Dies geschieht durch eine entsprechende Vereinbarung im notariell beurkundeten Gesellschaftsvertrag.

Hinweis:

Schließt der »Alleingesellschafter-Geschäftsführer« einer GmbH im Namen der Gesellschaft mit sich selbst Rechtsgeschäfte ab, so handelt er, wenn er nicht wirksam von dem Selbstkontrahierungsverbot des § 181 BGB befreit ist, **ohne Vertretungsmacht.** Solche Rechtsgeschäfte sind zunächst **schwebend unwirksam.** Die im Rahmen eines solchen Vertrages an den alleinigen oder beherrschenden Gesellschafter geleisteten Zahlungen werden daher nach ständiger Rechtsprechung grundsätzlich **als verdeckte Gewinnausschüttung** beurteilt. Betroffen sind insbesondere Geschäftsvergütungen, Tantiemen oder auch Pensionsrückstellungen. Nach Auffassung des Bundesfinanzhofs (BFH-Urteil v. 23.10. 1996 – I R 71/95) können solche schwebend unwirksamen Rechtsgeschäfte **nachträglich** auch im steuerrechtlichen Sinne wirksam werden. In dem Urteil heißt es:

Der Alleingesellschafter-Geschäftsführer einer GmbH ist rechtswirksam von den Beschränkungen des § 181 BGB befreit, wenn die Befreiung nach Abschluss von In-sich-Geschäften in der Satzung geregelt und im Handelsregister eingetragen wird. Die In-sich-Geschäfte sind dann als **nachträglich genehmigt** anzusehen.

b) Gewinne einer OHG: Einkünfte aus Gewerbebetrieb (§ 15 (1) Zi 2 EStG).

Geschäftsführergehalt eines GmbH-Geschäftsführers: Einkünfte aus nichtselbstständiger Arbeit (§ 19 (1) Zi 1 EStG).

c) Die Gewährung bestimmter Freibeträge oder Pauschbeträge ist abhängig von der Einkunftsart.

Beispiel:

Der Arbeitnehmerpauschbetrag (derzeit 1044 EUR) für Werbungskosten – § 9a EStG – kann bei gewerblichen Einkünften nicht in Anspruch genommen werden. Er gilt nur für Einkünfte aus nichtselbstständiger Arbeit.

5. a) Durch die Betriebsaufspaltung entstehen zwei Gewerbesteuerobjekte. Demnach steht der OHG als Personengesellschaft der entsprechende Freibetrag in Höhe von 24 500 EUR (GewStG § 11 (1) Zi 1) zu.

   Der GmbH steht dagegen **kein** Freibetrag zu.

b) Die Zahlung von Pachtzinsen führt zu einer Gewinnverlagerung von der Betriebsgesellschaft (GmbH) auf die Besitzgesellschaft (OHG). Hinsichtlich der Gewerbesteuer kann dies zu einer Steuerersparnis führen, wenn der höhere Freibetrag der OHG als Personengesellschaft (24 500 EUR) noch nicht ausgeschöpft ist. Die GmbH ist als Kapitalgesellschaft körperschaftsteuerpflichtig. Die anfallenden Aufwendungen für Pachtzinsen mindern den körperschaftsteuerpflichtigen Gewinn mit der Folge einer Körperschaftssteuerersparnis.

   Für die Höhe der Steuerersparnis kann auch das Verhältnis der Grenzsteuersätze von Einkommensteuer und Körperschaftsteuer entscheidend sein.

   Weiterer Steuervorteil: GmbH kann für ihre Geschäftsführer Pensionsrückstellungen bilden, die als Betriebsausgaben den steuerpflichtigen Gewinn mindern.

6.

	Betriebsaufspaltung	
	Besitzgesellschaft (OHG)	Betriebsgesellschaft (GmbH)
Eigentumsverhältnisse von Anlage- und Umlaufvermögen	Eigentum von Anlagevermögen	Eigentum von Umlaufvermögen
Verpachtung von Anlagegenständen	Verpächterin	Pächterin
Zahlung/Empfang von Pachtzinsen	erhält Pachtzinsen (Betriebseinnahmen)	zahlt Pachtzinsen (Betriebsausgaben)
Zahlung von Geschäftsführergehalt	an OHG-Gesellschafter nicht möglich	an Gesellschaftergeschäftsführer
Risiko der betrieblichen Tätigkeit	kein Produktionsrisiko	als Produktionsgesellschaft trägt sie das Produktionsrisiko
Gewinnverlagerung	»erhält« Gewinn der GmbH	verlagert Gewinn auf OHG
Freibetrag Gewerbesteuer (Gewerbeertrag)	24 500 EUR	3 835 EUR

11.12 PC-EINSATZ: Buchhalterische Abschreibung und ihre Wirkung auf die Ergebnisrechnung (mit Berücksichtigung steuerlicher Wirkungen)

Hinweise für Möglichkeiten einer computerunterstützten Lösung einzelner Teilaufgaben mit Hilfe des Programms EUROBWL finden sich auf der CD (siehe S. 5).

1.

Anschaffungskosten: 40 000 EUR; Nutzungsdauer: 8 Jahre Restwert am Jahresende bei verschiedenen Abschreibungsverfahren				
Jahr	linear	degressiv	gemischt	leistungsabhängig
1	35 000	32 000	32 000	33 913
2	30 000	25 600	25 600	25 652
3	25 000	20 480	20 480	17 826
4	20 000	16 384	16 384	12 608
5	15 000	13 107	12 288	8 260
6	10 000	10 485	8 192	4 782
7	5 000	8 388	4 097	2 173
8	0	0	0	0

Abschreibungsbeträge bei verschiedenen Verfahren				
Jahr	linear	degressiv	gemischt	leistungsabhängig
1	5 000	8 000	8 000	6 087
2	5 000	6 400	6 400	8 261
3	5 000	5 120	5 120	7 826
4	5 000	4 096	4 096	5 217
5	5 000	3 277	4 096	4 348
6	5 000	2 621	4 096	3 478
7	5 000	2 097	4 096	2 609
8	5 000	8 389	4 096	2 174
Σ	40 000	40 000	40 000	40 000

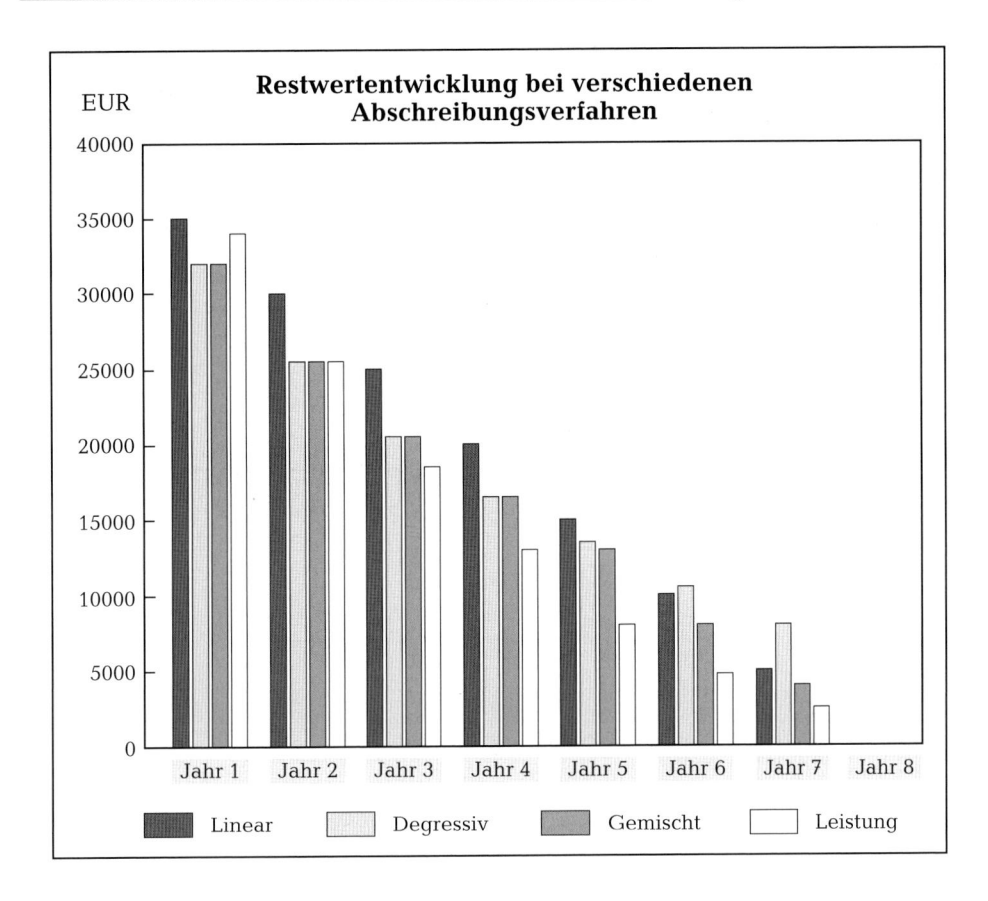

11 Steuern und ihre Einflüsse auf betriebswirtschaftliche Entscheidungen

Restwertentwicklung bei verschiedenen Abschreibungsverfahren

(Diagramm mit Balken für Linear, Degressiv, Gemischt, Leistung über Jahr 1 bis Jahr 8, EUR-Achse von 0 bis 40000)

2. Abschreibungsbemessungsgrundlage ist in allen Fällen der Anschaffungswert. Die einzelnen Abschreibungsverfahren unterscheiden sich lediglich dadurch, dass sie die Anschaffungsausgaben in unterschiedlicher Weise auf die Nutzungsdauer verteilen. Die Summe der während der gesamten Nutzungsdauer anfallenden Abschreibungsbeträge muss aber in jedem Fall gleich sein.

3. Der günstigste Übergangszeitpunkt ist dann erreicht, wenn die auf die Restlaufzeit berechneten linearen Abschreibungsbeträge gleich dem degressiven Abschreibungsbetrag sind. Von diesem Zeitpunkt an sind die Abschreibungsbeträge beim Übergang zur linearen Abschreibung bis zum vorletzten Nutzungsjahr höher als bei Fortführung der degressiven Abschreibung. Durch die höheren Abschreibungen wird der zu versteuernde Gewinn verringert und eine Verlagerung eines Teils der Steuerzahlungen auf einen späteren Zeitpunkt erreicht.

$$\frac{\text{Restwert}}{\text{Restnutzungsdauer}} \geqq \text{degressiver Abschreibungsbetrag}$$

oder: $\frac{100}{\text{degressiver Abschreibungssatz}} \leqq \text{Restnutzungsdauer}$

4. u. 5. Unter der Annahme, dass während der Nutzungsdauer der Steuersatz konstant ist (unveränderter Steuertarif, gleiche Progressionszone) und kein Verlust eintritt, ist – bezogen auf die gesamte Nutzungsdauer – die Steuerminderung bei allen Abschreibungsverfahren gleich groß. Die Vorteilhaftigkeit eines bestimmten Abschreibungsverfahrens kann nur daran beurteilt werden, **wann** die Steuern während der Nutzungsdauer zu zahlen sind.

Bei Verschiebung der Steuerzahlung auf einen späteren Zeitpunkt ergibt sich für den Steuerpflichtigen ein Zinsvorteil gegenüber der sofortigen Steuerzahlung. Die Höhe dieses Zinsvorteils hängt vom Zeitpunkt der Steuerzahlung und dem Kalkulationszinsfuß ab.

Als Vergleichskriterium für die Vorteilhaftigkeit einzelner Abschreibungsverfahren ist daher ausschließlich die Summe der Barwerte der künftigen Steuerzahlungen bzw. Steuerentlastungen heranzuziehen.

Das Abschreibungsverfahren, bei dem

die Barwertsumme der künftigen Steuerzahlungen am geringsten bzw.

die Barwertsumme der künftigen Steuerminderungen am größten ist,

weist den höchsten Zinsvorteil auf und ist daher am günstigsten.

Anschaffungskosten: 40 000 EUR; Nutzungsdauer: 8 Jahre Steuersatz: 45%; Kalkulationszinsfuß 7,5% Steuerminderung und Barwerte der Steuerminderung bei verschiedenen Abschreibungsverfahren									
Jahr	linear			degressiv			gemischt		
	AfA	Steuer-minderung	Barwert Steuer-minderung	AfA	Steuer-minderung	Barwert Steuer-minderung	AfA	Steuer-minderung	Barwert Steuer-minderung
1	5 000 €	2 250 €	2 093 €	8 000 €	3 600 €	3 349 €	8 000 €	3 600 €	3 349 €
2	5 000 €	2 250 €	1 947 €	6 400 €	2 880 €	2 492 €	6 400 €	2 880 €	2 492 €
3	5 000 €	2 250 €	1 811 €	5 120 €	2 304 €	1 855 €	5 120 €	8 304 €	1 855 €
4	5 000 €	2 250 €	1 685 €	4 096 €	1 843 €	1 380 €	4 096 €	1 843 €	1 380 €
5	5 000 €	2 250 €	1 567 €	3 277 €	1 475 €	1 027 €	4 096 €	1 843 €	1 284 €
6	5 000 €	2 250 €	1 458 €	2 621 €	1 180 €	764 €	4 096 €	1 843 €	1 194 €
7	5 000 €	2 250 €	1 356 €	2 097 €	944 €	569 €	4 096 €	1 843 €	1 111 €
8	5 000 €	2 250 €	1 262 €	8 389 €	3 775 €	2 117 €	4 096 €	1 843 €	1 033 €
∑	40 000 €	18 000 €	13 179 €	40 000 €	18 000 €	13 553 €	40 000 €	18 000 €	13 699 €

Die Barwertsumme (Gegenwartswert) der künftigen Steuerminderungen ist bei der gemischten Abschreibung mit 13 699 EUR am größten. Der Barwert des Zinsvorteils gegenüber der linearen Abschreibung (Barwertsumme 13 179 EUR) beträgt 520 EUR.

6. a)

Wirkung auf Gewinn und Steuern						
LINEAR – Gewinnsituation						
Jahr	Ertrag	Sonstiger Aufwand	Abschrei-bungen	Gewinn vor Steuern	Gewinn-steuern	Gewinn nach Steuern	Steuern Barwert
1	75 000 €	52 500 €	5 000 €	17 500 €	7 875 €	9 625 €	7 326 €
2	75 000 €	52 500 €	5 000 €	17 500 €	7 875 €	9 625 €	6 814 €
3	75 000 €	52 500 €	5 000 €	17 500 €	7 875 €	9 625 €	6 339 €
4	75 000 €	52 500 €	5 000 €	17 500 €	7 875 €	9 625 €	5 897 €
5	75 000 €	52 500 €	5 000 €	17 500 €	7 875 €	9 625 €	5 485 €
6	75 000 €	52 500 €	5 000 €	17 500 €	7 875 €	9 625 €	5 103 €
7	75 000 €	52 500 €	5 000 €	17 500 €	7 875 €	9 625 €	4 747 €
8	75 000 €	52 500 €	5 000 €	17 500 €	7 875 €	9 625 €	4 416 €
Summe	600 000 €	420 000 €	40 000 €	140 000 €	63 000 €	77 000 €	46 126 €

11 Steuern und ihre Einflüsse auf betriebswirtschaftliche Entscheidungen

Wirkung auf Gewinn und Steuern
DEGRESSIV – Gewinnsituation

Jahr	Ertrag	Sonstiger Aufwand	Abschreibungen	Gewinn vor Steuern	Gewinnsteuern	Gewinn nach Steuern	Steuern Barwert
1	75 000 €	52 500 €	8 000 €	14 500 €	6 525 €	7 975 €	6 070 €
2	75 000 €	52 500 €	6 400 €	16 100 €	7 245 €	8 855 €	6 269 €
3	75 000 €	52 500 €	5 120 €	17 380 €	7 821 €	9 559 €	6 296 €
4	75 000 €	52 500 €	4 096 €	18 404 €	8 282 €	10 122 €	6 201 €
5	75 000 €	52 500 €	3 277 €	19 223 €	8 650 €	10 573 €	6 026 €
6	75 000 €	52 500 €	2 621 €	19 879 €	8 945 €	10 933 €	5 796 €
7	75 000 €	52 500 €	2 097 €	20 403 €	9 181 €	11 222 €	5 534 €
8	75 000 €	52 500 €	8 389 €	14 111 €	6 350 €	7 761 €	3 561 €
Summe	600 000 €	420 000 €	40 000 €	140 000 €	63 000 €	77 000 €	45 752 €

Wirkung auf Gewinn und Steuern
GEMISCHT – Gewinnsituation

Jahr	Ertrag	Sonstiger Aufwand	Abschreibungen	Gewinn vor Steuern	Gewinnsteuern	Gewinn nach Steuern	Steuern Barwert
1	75 000 €	52 500 €	8 000 €	14 500 €	6 525 €	7 975 €	6 070 €
2	75 000 €	52 500 €	6 400 €	16 100 €	7 245 €	8 855 €	6 269 €
3	75 000 €	52 500 €	5 120 €	17 380 €	7 821 €	9 559 €	6 296 €
4	75 000 €	52 500 €	4 096 €	18 404 €	8 282 €	10 122 €	6 201 €
5	75 000 €	52 500 €	4 096 €	18 404 €	8 282 €	10 122 €	5 769 €
6	75 000 €	52 500 €	4 096 €	18 404 €	8 282 €	10 122 €	5 366 €
7	75 000 €	52 500 €	4 096 €	18 404 €	8 282 €	10 122 €	4 992 €
8	75 000 €	52 500 €	4 096 €	18 404 €	8 282 €	10 122 €	4 644 €
Summe	600 000 €	420 000 €	40 000 €	140 000 €	63 000 €	77 000 €	45 607 €

Die Barwertsumme (Gegenwartswert) der künftigen Steuerzahlungen ist bei der gemischten Abschreibung mit 45 607 EUR am geringsten. Der Barwert des Zinsvorteils gegenüber der linearen Abschreibung (Barwertsumme 46 126 EUR) beträgt auch in diesem Fall 519 EUR (vgl. 5, Rundungsdifferenz 1 EUR). Gegenüber der Entscheidung bei 4. ergibt sich somit keine Änderung.

b) Sowohl bei linearer als auch bei gemischter Abschreibung wird in allen Jahren ein Verlust ausgewiesen, sodass keine Gewinnsteuern anfallen. Wird von der Möglichkeit eines Verlustvor- oder Verlustrücktrags abgesehen, ist es in diesem Fall unerheblich, welches der beiden Abschreibungsverfahren gewählt wird. Für den Fall, dass aber nach (einem) anfänglichen Verlustjahr(en) im Laufe der Nutzungsdauer mit Gewinnen gerechnet wird, wäre es günstiger, die lineare Abschreibung zu wählen. Bei linearer Abschreibung sind die späteren Abschreibungsbeträge höher als bei degressiver Abschreibung, sodass dieses Verfahren in den späteren Gewinnjahren zu einer größeren Gewinnminderung und damit zu einer geringeren Steuerbelastung führt. In diesem Fall kann es bei linearer Abschreibung sogar zu einer endgültigen Steuerersparnis gegenüber der degressiven Abschreibung kommen.

Wirkung auf Gewinn und Steuern
LINEAR – Verlustsituation

Jahr	Ertrag	Sonstiger Aufwand	Abschreibungen	GuV vor Steuern	Gewinnsteuern	GuV nach Steuern	Steuern Barwert
1	75 000 €	71 250 €	5 000 €	− 1 250 €	0 €	− 1 250 €	0 €
2	75 000 €	71 250 €	5 000 €	− 1 250 €	0 €	− 1 250 €	0 €
3	75 000 €	71 250 €	5 000 €	− 1 250 €	0 €	− 1 250 €	0 €
4	75 000 €	71 250 €	5 000 €	− 1 250 €	0 €	− 1 250 €	0 €
5	75 000 €	71 250 €	5 000 €	− 1 250 €	0 €	− 1 250 €	0 €
6	75 000 €	71 250 €	5 000 €	− 1 250 €	0 €	− 1 250 €	0 €
7	75 000 €	71 250 €	5 000 €	− 1 250 €	0 €	− 1 250 €	0 €
8	75 000 €	71 250 €	5 000 €	− 1 250 €	0 €	− 1 250 €	0 €
Summe	600 000 €	570 000 €	40 000 €	− 10 000 €	0 €	− 10 000 €	0 €

Wirkung auf Gewinn und Steuern
DEGRESSIV – Verlustsituation

Jahr	Ertrag	Sonstiger Aufwand	Abschreibungen	GuV vor Steuern	Gewinnsteuern	GuV nach Steuern	Steuern Barwert
1	75 000 €	71 250 €	8 000 €	− 4 250 €	0 €	− 4 250 €	0 €
2	75 000 €	71 250 €	6 400 €	− 2 650 €	0 €	− 2 650 €	0 €
3	75 000 €	71 250 €	5 120 €	− 1 370 €	0 €	− 1 370 €	0 €
4	75 000 €	71 250 €	4 096 €	− 346 €	0 €	− 346 €	0 €
5	75 000 €	71 250 €	3 277 €	473 €	213 €	− 260 €	148 €
6	75 000 €	71 250 €	2 621 €	− 1 129 €	508 €	− 621 €	329 €
7	75 000 €	71 250 €	2 097 €	− 1 653 €	744 €	− 909 €	448 €
8	75 000 €	71 250 €	8 389 €	− 4 639 €	0 €	− 4 639 €	0 €
Summe	600 000 €	570 000 €	40 000 €	− 10 000 €	1 465 €	− 11 465 €	926 €

Wirkung auf Gewinn und Steuern
GEMISCHT – Verlustsituation

Jahr	Ertrag	Sonstiger Aufwand	Abschreibungen	GuV vor Steuern	Gewinnsteuern	GuV nach Steuern	Steuern Barwert
1	75 000 €	71 250 €	8 000 €	− 4 250 €	0 €	− 4 250 €	0 €
2	75 000 €	71 250 €	6 400 €	− 2 650 €	0 €	− 2 650 €	0 €
3	75 000 €	71 250 €	5 120 €	− 1 370 €	0 €	− 1 370 €	0 €
4	75 000 €	71 250 €	4 096 €	− 346 €	0 €	− 346 €	0 €
5	75 000 €	71 250 €	4 096 €	− 346 €	0 €	− 346 €	0 €
6	75 000 €	71 250 €	4 096 €	− 346 €	0 €	− 346 €	0 €
7	75 000 €	71 250 €	4 096 €	− 346 €	0 €	− 346 €	0 €
8	75 000 €	71 250 €	4 096 €	− 346 €	0 €	− 346 €	0 €
Summe	600 000 €	570 000 €	40 000 €	− 10 000 €	0 €	− 10 000 €	0 €

Wird die reine degressive Abschreibung gewählt, entsteht im 5. bis 7. Jahr ein Gewinn, auf den insgesamt 1 465 EUR Gewinnsteuern zu zahlen sind.

11 Steuern und ihre Einflüsse auf betriebswirtschaftliche Entscheidungen

7. a) Gemessen an der Barwertsumme der Steuerzahlungen (vgl. 6.a)) ist in allen Fällen die gemischte Abschreibung nach wie vor am günstigsten. Jedoch wird ihr in Barwertsummen ausgedrückter Vorteil um so geringer,

   je länger die Laufzeit,
   je geringer der Steuersatz,
   je geringer der Kalkulationszinsfuß
   ist.

   Bezogen auf die Situation 6.b) (Verlustsituation) gilt:

   Die Verlängerung der Nutzungsdauer auf 10 Jahre bewirkt, dass bei gemischter Abschreibung in den Jahren 6 bis 10 Gewinne in Höhe von 379 EUR pro Jahr anfallen. Dafür sind insgesamt 852 EUR Gewinnsteuern zu zahlen. Eine Senkung des degressiven Abschreibungssatzes auf $\leq 17{,}81\%$ würde in allen Jahren zu einem Verlustausweis führen mit der Folge, dass die Steuerzahlung auf 0 DM sinkt. Da bei linearer Abschreibung ebenfalls für alle Jahre ein Verlust ausgewiesen wird, wäre es bei einer entsprechenden Reduzierung des degressiven Steuersatzes unerheblich, welches dieser beiden Abschreibungsverfahren gewählt wird.

   b) u. c) Die Änderung des Steuersatzes bzw. des Kalkulationszinsfußes haben keine Auswirkungen auf die Entscheidung.

12 Kosten- und Leistungsrechnung

Kostenanalyse und Kostenfunktion

Kosten und Beschäftigung

12.01 Fixe Kosten – Variable Kosten – Gesetz der Massenproduktion – Eigenfertigung oder Fremdbezug

1. Es ist günstiger, den Katalog in der hauseigenen Druckerei herstellen zu lassen; dort entstehen Kosten für die Herstellung eines Katalogs in Höhe von **5,20 EUR**.

$$\frac{20\,000 + 5 \times 100\,000}{100\,000} = 5{,}20 \text{ EUR.}$$ Die fremde Druckerei verlangt 6,00 EUR.

2. a) und 4. a) und 5.

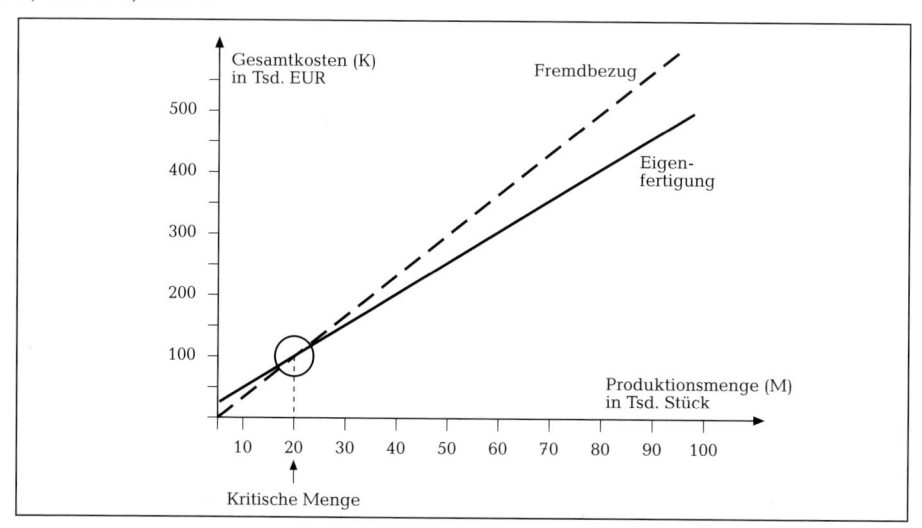

2. b) und 4. b) und 5.

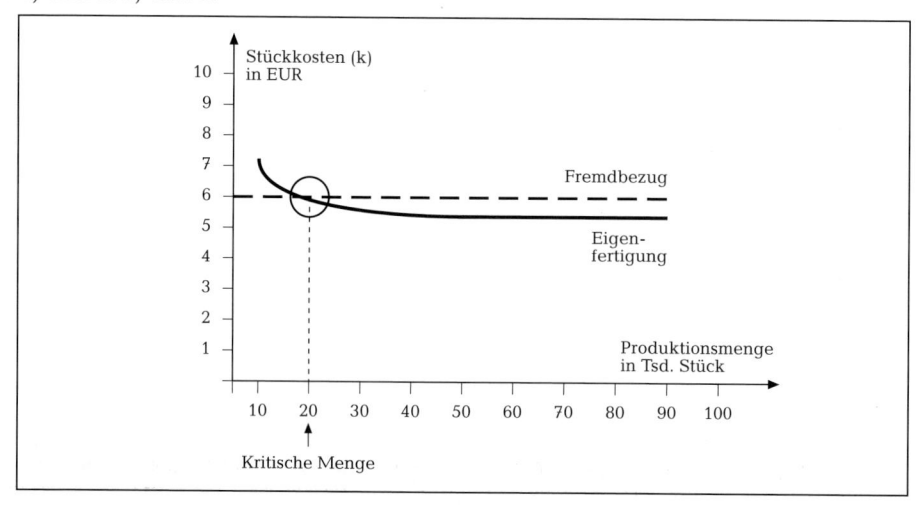

12 Kosten- und Leistungsrechnung

3. Bei zunehmender Auflagenhöhe verteilen sich die Fixkosten in Höhe von 20 000 EUR auf eine immer größer werdende Stückzahl, sodass die Fixkosten je Stück und damit auch die Gesamtkosten je Stück ständig sinken (Fixkostendegression, Gesetz der Massenproduktion).

6. Kosten der Eigenfertigung = Kosten des Fremdbezugs
   $20\,000 + 5 \times X = 6 \times X$
   $X = 20\,000$ Stück (kritische Menge)

7. Die hauseigene Druckerei hat variable Kosten, die je Stück konstant 5 EUR betragen. Wohl verteilen sich die fixen Kosten bei Vergrößerung der Produktionsmenge auf eine immer größere Produktionsmenge, die Stückkosten bleiben jedoch immer knapp über den 5 EUR variablen Kosten je Stück.

12.02 Kostenverlauf bei quantitativer Anpassung – Sprungfixe (intervallfixe) Kosten – Kostenremanenz

Lösungsblatt

1. a)

Menge (Stück)	Personalkosten des Fertigungsbereichs insgesamt (DM)	Personalkosten des Fertigungsbereichs je Stück (DM)
50	12 500	250,00
100	15 000	150,00
150	17 500	116,67
200	20 000	100,00
250	22 500	90,00
300	25 000	83,33
350	27 500	78,57
400	30 000	75,00
450	32 500	72,22
500	35 000	70,00
550	41 500	75,45
600	44 000	73,33

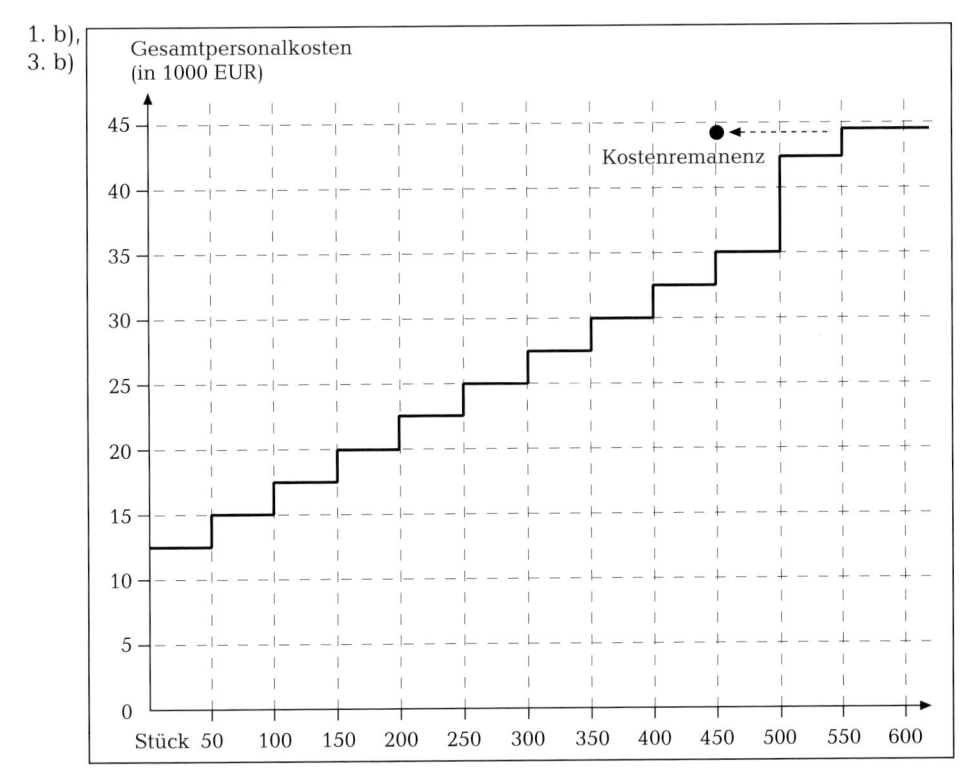

1. b), 3. b)

2. Grafik zu 1. b) und 3. b)

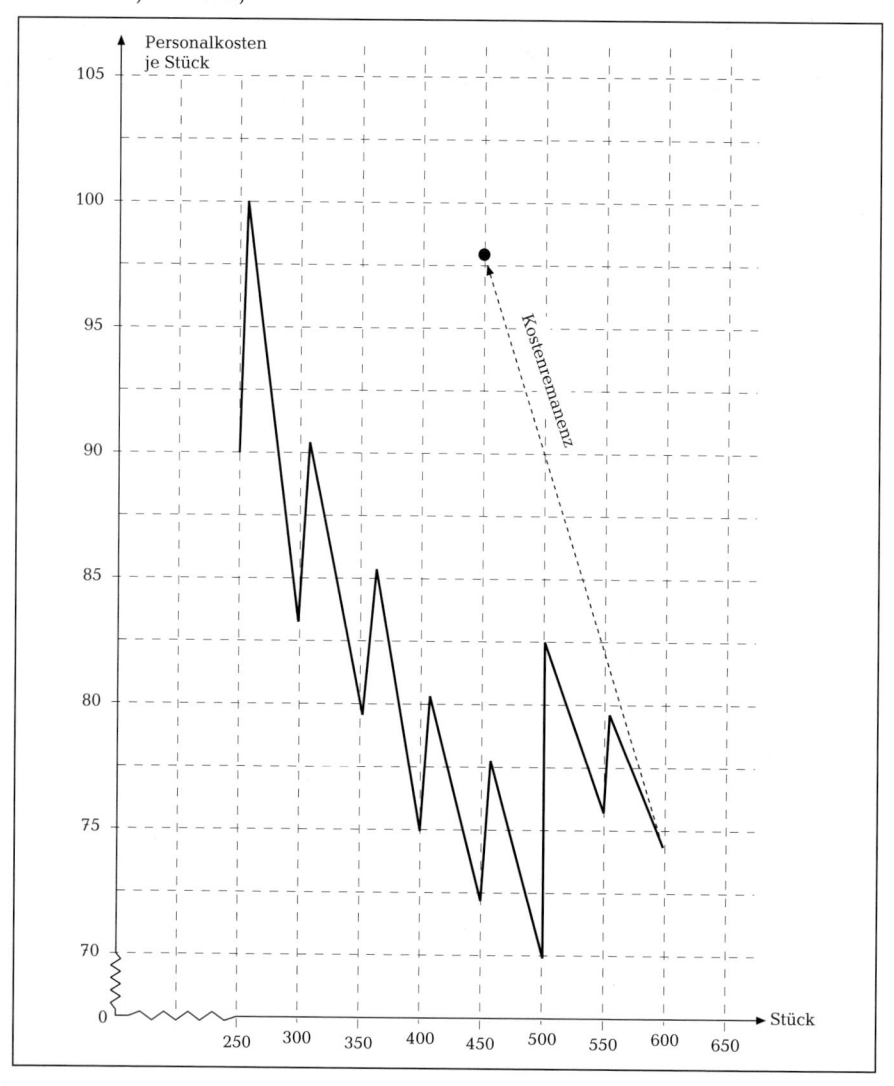

[Diagramm: Personalkosten je Stück in Abhängigkeit von der Stückzahl (250–650), mit eingezeichneter Kostenremanenz]

2. a) Erläuterungen zu den Stückkosten für das 501. Stück:

Die Lohnkosten für das 501. Stück sind aus zwei Gründen höher als die für das 500. Stück:

1. Grund: Es muss ein 2. Meister eingestellt werden, der für 10 Arbeiter ausreichen würde. Es wird jedoch nur 1 Arbeiter zusätzlich eingestellt.

2. Grund: Dieser Arbeiter könnte 50 Stück herstellen. Hier werden jedoch die Kosten für den Fall festgestellt, dass er nur 1 Stück zusätzlich produziert. Für dieses eine zusätzliche Stück werden also zusätzlich aufgewendet 4 000 EUR für den Meister und 2 500 EUR für den Arbeiter, insgesamt also 6 500 EUR. Die 4 000 EUR für den Meister sind fixe Kosten, die für den Bereich der Produktionsmenge 500–1 000 Stück fix bleiben, um dann wieder sprunghaft zu steigen. Lohnkosten für den Arbeiter sind ebenfalls Kosten, die jeweils nach einer zusätzlichen Produktionsmenge 50 Stück sprunghaft steigen.

Die Stückkosten sinken wieder, wenn die sprunghaft gestiegenen fixen Kosten sich auf eine größere Produktionsmenge verteilen.

12 Kosten- und Leistungsrechnung

2. b) **Erläuterungen zu den Stückkosten für das 500. Stück:**

    Ob 500 Stück hergestellt werden oder nur 250 Stück, es werden immer nur 1 Betriebsleiter und 1 Meister beschäftigt, die zusammen 10 000 EUR kosten. Werden 500 Stück statt 250 Stück hergestellt, dann verteilen sich diese fixen Kosten auf eine größere Produktionsmenge.

3. a) Bei 450 Stück statt 600 Stück sind 1 Meister und 3 Arbeiter überflüssig. Diese Mitarbeiter können aber so kurzfristig nicht entlassen werden, so dass für sie die Personalkosten trotzdem anfallen. Daher sind die gesamten Personalkosten in diesem Fall genauso hoch wie bei einer Ausbringungsmenge von 600 Stück (= Kostenremanenz).

    Gesamte Personalkosten: 44 000 EUR

    Personalkosten je Stück: 44 000 EUR : 450 Stück = 97,78 EUR

    b) **siehe hierzu die nebenstehende Grafik auf vorhergehender Seite.**

4. Die bei 1. zu beobachtende Kostenart wird als sprungfixe oder intervallfixe Kosten bezeichnet.

    a) Die Kosten sind für bestimmte Mengenbereiche (Intervalle) fix und steigen dann im nächsten Mengenbereich sprunghaft an.

    b) Einstellung von Mitarbeitern, Abschreibungen für zusätzliche Maschinen; Mieten für zusätzliche Produktions- und Lagerhallen.

5. Bei rückläufiger Beschäftigung können u.U. die aufgebauten Kapazitäten nicht ausgelastet werden. Die Fixkosten dieser freien Kapazitäten bleiben aber trotzdem bestehen. Gründe: Abschreibungen, arbeitsrechtliche, soziale und organisatorische Gründe verhindern den kurzfristigen Abbau der Überkapazitäten.

12.03 Mathematische und grafische Kostenauflösung

1.

Produktionsmenge	Gesamtkosten
100 Stück	325 000 EUR
700 Stück	925 000 EUR
Zuwachs 600 Stück	Zuwachs 600 000 EUR

Eine Steigerung der Produktionsmenge um 600 Stück hat einen Kostenzuwachs von 600 000 EUR erbracht. Somit betragen die proportionalen Kosten je Stück 600 000/600 = 1 000 EUR. Für die Berechnung der Fixkosten ist es unerheblich, ob die Produktionsmenge von 100 oder von 700 als Ausgangsbasis gewählt wird.

Bei einer Menge von 100 Stück betragen die proportionalen Kosten 100 × 1 000 = 100 000 EUR. Die Fixkosten ergeben sich aus der Differenz zwischen Gesamtkosten und proportionalen Kosten. Sie betragen somit 225 000 EUR.

2. a) und b) **vgl. Grafik auf folgender Seite, oben.**

3. Die mathematische Zweipunktmethode ist relativ grob und bringt mehr oder weniger zufällige Ergebnisse. Anstelle von lediglich zwei bekannten Kostenpunkten werden bei der grafischen Methode eine Vielzahl von Kosten-/Beschäftigungskombinationen zur näherungsweisen Bestimmung der Kostenfunktion verwendet. Dieses Verfahren ist daher genauer.

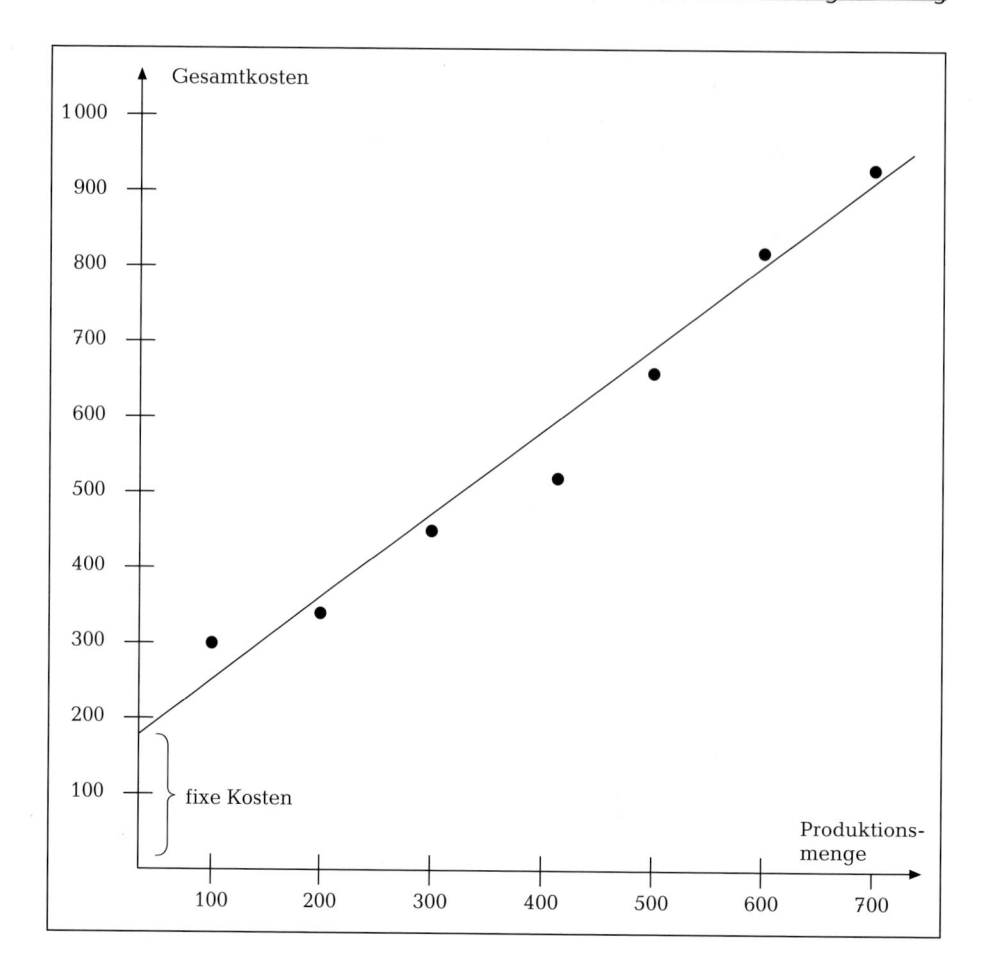

```
                    Gesamtkosten
  1 000  ┤
    900  ┤                                                      ●
    800  ┤                                                  ●
    700  ┤
    600  ┤                                        ●
    500  ┤                              ●
    400  ┤                     ●
    300  ┤          ●    ●
    200  ┤   ⎫
    100  ┤   ⎬ fixe Kosten                              Produktions-
         │   ⎭                                              menge
         └───┼──────┼──────┼──────┼──────┼──────┼──────┼──→
            100    200    300    400    500    600    700
```

12.04 Stückkosten – Grenzkosten

1. Für 1 Kopie 8 Impulse; für 4 Kopien 32 Impulse; je Impuls 2 Cent.
   Gesamtkosten: für 4 Kopien 0,02 EUR × 32 = **0,64 EUR**
   Durchschnittskosten für 1 Kopie: **0,16 EUR**

2. a) Für die 5. Kopie werden 8 Impulse gezählt.
      Zusätzliche Kosten für die 5. Kopie = Grenzkosten: **0,16 EUR**

   b) 5 Kopien zu 8 Impulsen = 40 Impulse.
      Gesamtkosten: 40 Impulse zu je 0,02 EUR = **0,80 EUR**
      Durchschnittliche Kosten je Kopie: 0,80 : 5 = **0,16 EUR**

3. a) Für die 6. Kopie werden nur noch 2 Impulse gezählt. Die Grenzkosten betragen
      also 2 · 0,02 = **0,04 EUR**

   b) 5 Kopien zu je 8 Impulsen   = 40 Impulse
      1 Kopie zu 2 Impulsen   = 2 Impulse
      ───
      6 Kopien   = 42 Impulse = **0,84 EUR**

      Durchschnittliche Kosten je Kopie: 0,84 : 6 = **0,14 EUR**

4. Wenn die Grenzkosten kleiner sind als die bisherigen durchschnittlichen Stückkosten, dann sinken die durchschnittlichen Stückkosten.

5. Kosten beim Einsatz des Kopier-Gerätes:

5 Kopien zu 8 Impulsen	=	40 Impulse
20 Kopien zu 2 Impulsen	=	40 Impulse
425 Kopien zu 1 Impuls	=	425 Impulse
450 Kopien	=	505 Impulse

Gesamtkosten für 450 Kopien: $505 \cdot 0{,}02$ = **10,10 EUR**
Kosten für 1 Kopie: **0,0224 EUR**.

Kosten beim Einsatz der Druckstation:
Folie	0,10 EUR
Variable Kosten $450 \cdot 0{,}01$	4,50 EUR
Gesamtkosten für 450 Kopien	**4,60 EUR**

Kosten für 1 Kopie: **0,01022 EUR**.
Das Druckstation-Verfahren ist in diesem Falle kostengünstiger.

12.05 Leerkosten – Nutzkosten – Betriebsoptimum

1. Leerkosten $\dfrac{200\,000 \cdot 30\,000}{100\,000} = 60\,000$ EUR

2. Leerkosten $\dfrac{200\,000 \cdot 40\,000}{100\,000} = 80\,000$ EUR

fixe Kosten	200 000 EUR
– Leerkosten	80 000 EUR
Nutzkosten	120 000 EUR

3. Je höher der Auslastungsgrad der Kapazität (Beschäftigungsgrad), um so weniger Leerkosten fallen an, d.h., um so kleiner wird der Anteil der fixen Kosten an den Stückkosten. Da die variablen Kosten in diesem Betrieb proportional verlaufen, sinken die Stückkosten, wenn Leerkosten zu Nutzkosten werden.

4. Die Stückkosten sinken, bis die Kapazitätsgrenze erreicht ist. Dort, wo die Stückkosten am niedrigsten sind, liegt das Betriebsoptimum.

5. Ja, wenn der Preis unter den sich bei voller Auslastung der Kapazität ergebenden Stückkosten liegt.

Kritische Kostenpunkte

12.06 Kapazität – Beschäftigungsgrad – Gewinnschwelle und Gewinnmaximum bei linearen Kosten- und Erlösfunktionen

1. Bei Erhöhung der Produktion von 6600 auf 7400 Einheiten, also um 800 Einheiten, steigen die Kosten um 6400 EUR.
   Da die variablen Kosten proportional verlaufen, betragen die variablen Kosten je Stück 6400 : 800 = **8 EUR.**

2. Die variablen Kosten betragen bei einer Produktionsmenge von 7400 Einheiten $8 \times 7400 = 59\,200$ EUR.
   Die Gesamtkosten betragen bei dieser Produktionsmenge 74 200 EUR.
   Die fixen Kosten ergeben sich aus der Differenz der Gesamtkosten und der variablen Kosten und betragen 15 000 EUR.

3. Bei Auslastung zu 50 %:

Kosten:	$15\,000 + 4\,000 \times 8$	$= 47\,000$ EUR
Erlös:	$4\,000 \times 12$	$= 48\,000$ EUR
Gewinn:		$1\,000$ EUR
Umsatzrendite:		$2{,}1\,\%$

   Bei Auslastung zu 100 %:

Kosten:	$15\,000 + 8\,000 \times 8$	$= 79\,000$ EUR
Erlös:	$8\,000 \times 12$	$= 96\,000$ EUR
Gewinn:		$17\,000$ EUR
Umsatzrendite:		$17{,}7\,\%$

4. Der Gewinn wird mit zunehmender Produktionsmenge immer größer, bis die Kapazitätsgrenze erreicht wird. Dort hat dieser Betrieb seinen maximalen Gewinn.

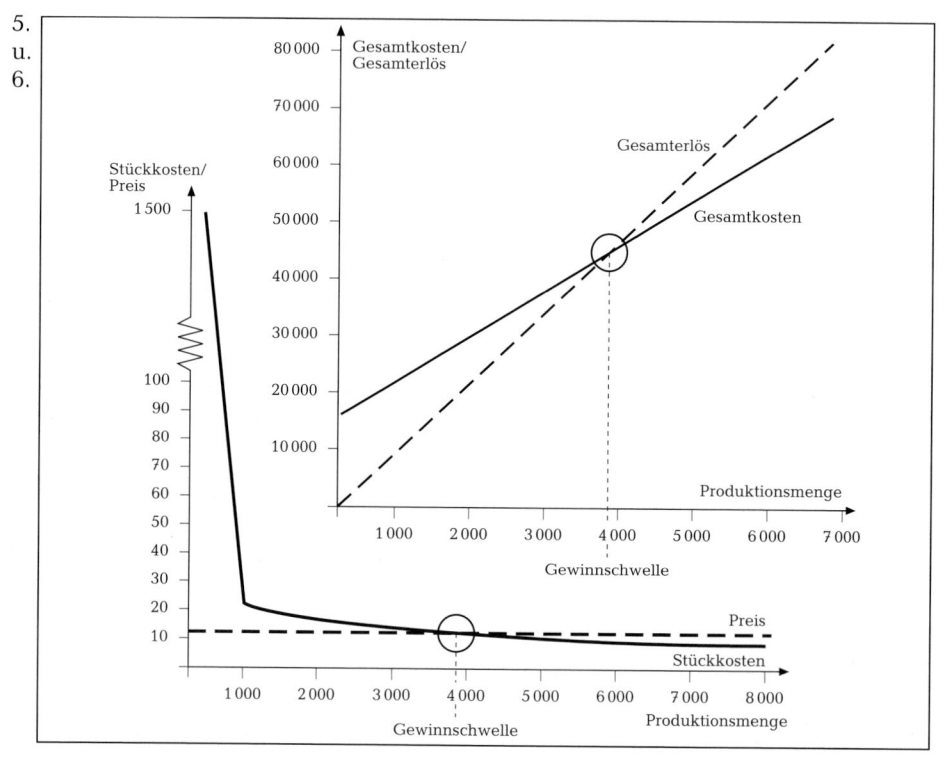

5. u. 6.

7. Bei der Gewinnschwelle gilt:

   Gesamterlös = Gesamtkosten

   $p \times x = K_{fix} + k_v \times x$

   $x(p - k_v) = K_{fix}$

   $x = \dfrac{K_{fix}}{p - k_v} = \dfrac{15\,000}{4} = 3\,750$ Stück

8. Bedingung: SEKO + 10 % der SEKO = Erlös

   $(K_{fix} + k_v \times x) \times 1{,}1 = p \times x$; $(15\,000 + 8x) \times 1{,}1 = 12x$; $16\,500 = 3{,}2\,x$

   $x = 5\,156{,}25 \approx 5\,157$ Stück

9. Vor der Lohnerhöhung

   4,80 € Lohnkosten je Stück (60 %)
   3,20 € sonst. var. Stückkosten (40 %)
   _____
   8,00 € var. Stückkosten (k_v)

   Nach der Lohnerhöhung

   5,04 € (4,80 + 5 %) Lohnkosten je Stück
   3,20 € sonst. var. Stückkosten
   _____
   8,24 € var. Stückkosten (k_v)

12 Kosten- und Leistungsrechnung

Um den ursprünglichen Gewinn beibehalten zu können, müsste die Stückkostensteigerung von 0,24 EUR auf den Preis überwälzt werden. Der neue Preis müsste 12,24 EUR betragen.

Für den Gewinn an der Kapazitätsgrenze gilt:

Gewinn an der Kapazitätsgrenze vor der Lohnerhöhung 17 000 EUR (vgl. Aufg. 3)

Gewinn an der Kapazitätsgrenze nach der Lohn- und vor der Preiserhöhung:

Erlöse:	8000×12	$= 96\,000$ EUR
Kosten:	$15\,000 + 8\,000 \times 8{,}24$	$= 80\,920$ EUR
Gewinn		$= 15\,080$ EUR

Um den ursprünglichen Gewinn von 17 000 EUR zu erzielen, müssten die Erlöse um 1920 EUR (17 000 – 15 080) höher sein.

1920 : 8000 = 0,24; der Stückpreis müsste um 0,24 EUR (das entspricht der durch die Lohnerhöhung ausgelösten Steigerung der variablen Stückkosten) auf 12,24 EUR steigen. Das entspricht einer Preissteigerung um 2%.

12.07 Gewinnmaximum – Betriebsminimum – Verfahrensvergleich – Kostenvergleichsrechnung

Hinweise für Möglichkeiten einer computerunterstützten Lösung einzelner Teilaufgaben mit Hilfe des Programms EUROBWL finden sich im Anhang dieses Lösungsbuches.

1. Gesamtkosten bei Handarbeit: $12\,000 + (500 \times 45) = 34\,500$ EUR
   Gesamtkosten bei Maschinenarbeit: $24\,000 + (500 \times 15) = 31\,500$ EUR
   Die maschinelle Fertigung ist um 3000 EUR kostengünstiger.

2. Gesamtkosten bei Handarbeit: $12\,000 + (350 \times 45) = 27\,750$ EUR
   Gesamtkosten bei Maschinenarbeit: $24\,000 + (350 \times 15) = 29\,250$ EUR
   Bei einer Produktions- und Absatzmenge von 350 Stück ist die Handarbeit um 1500 EUR kostengünstiger.

3. $12\,000 + 45 \times X = 24\,000 + 15 \times X$
   $30 \times X = 12\,000$
   $X = 400$
   Bei einer Produktionsmenge von 400 Stück sind die Kosten bei beiden Verfahren gleich hoch.

4. a) Gesamtkosten bei Handarbeit: $12\,000 + (500 \times 50) = 37\,000$ EUR
      Gesamtkosten bei Maschinenarbeit: $24\,000 + (500 \times 20) = 34\,000$ EUR
      Die maschinelle Fertigung ist im Vergleich zur Ausgangssituation nach wie vor um 3000 EUR kostengünstiger, da sich für beide Verfahren die variablen Kosten um den gleichen Betrag erhöht haben.

   b) Welches Verfahren günstiger ist, hängt im vorliegenden Fall (gleicher Preis und gleiche Menge bei beiden Verfahren) allein von den Kosten ab. Die maschinelle Fertigung ist im Vergleich zur Ausgangssituation nach wie vor die günstigste.

5. In dem Unternehmen steigt bei der gegebenen Kostensituation der Gewinn bei jeder Ausweitung der Produktion, da die Stückkosten immer weiter sinken. Dies liegt daran, dass der Anteil der fixen Kosten an den Stückkosten bei jeder Produktionsausweitung sinkt und die variablen Kosten **je Stück** konstant bleiben. Das Gewinnmaximum liegt sowohl bei Verfahren A wie bei Verfahren B an der Kapazitätsgrenze. Gewinnmaximum: Verfahren A 5500 EUR, Verfahren B 8500 EUR.

6. Wenn der Preis unter die variablen Kosten je Stück, also unter 15 EUR sinkt, sollte das Unternehmen die Produktion vorübergehend einstellen, die Betriebsbereitschaft aber aufrechterhalten.

Liegt der Preis bei 15 EUR oder darüber, aber noch unter den Selbstkosten, dann erzielt das Unternehmen zwar Verlust, der Verlust ist aber geringer als bei **vorübergehender** Stillegung des Betriebs, weil dann ja die fixen Kosten als Kosten für die Betriebsbereitschaft trotzdem anfallen würden.

Beispiel:

Das Unternehmen produziert 500 Wäschespinnen nach dem Verfahren B. Gesamtkosten: 24 000 + 15 × 500 = 31 500 EUR. Kosten für 1 Stück 63 EUR.

Kann auf dem Markt nur ein Preis von 50 EUR erzielt werden, dann entsteht je Stück ein Verlust von 13 EUR, insgesamt von 6 500 EUR. Würde der Betrieb vorübergehend stillgelegt, dann entstünden die 24 000 EUR fixe Kosten als Verlust.

Durch den Preis von 50 EUR wurden 35 EUR mehr als die variablen Kosten je Stück von 15 EUR ersetzt. Damit wurde der Verlust durch Verkauf unter den Selbstkosten um 500 × 35 = 17 500 EUR verringert.

Würde der Preis nicht einmal die variablen Kosten je Stück von 15 EUR decken, dann sollte das Unternehmen bei rein kostenrechnerischer Betrachtung die Produktion einstellen, auch wenn mit einer baldigen Preissteigerung gerechnet wird.

12.08 Ertragsgesetzlicher (S-förmiger) Kostenverlauf – Kritische Kostenpunkte (Betriebsoptimum – Betriebsminimum – Gewinnschwelle – Gewinngrenze – Gewinnmaximum)

1.

Menge	E	K	G	p	k	kv	k'
–	–	100,00	– 100,00	25,00			
1,00	25,00	140,00	– 115,00	25,00	140,00	40,00	40,00
2,00	50,00	170,00	– 120,00	25,00	85,00	35,00	30,00
3,00	75,00	185,00	– 110,00	25,00	61,67	28,33	15,00
4,00	100,00	196,00	– 96,00	25,00	49,00	24,00	11,00
5,00	125,00	204,00	– 79,00	25,00	40,80	20,80	8,00
6,00	150,00	210,00	– 60,00	25,00	35,00	18,33	6,00
7,00	175,00	215,00	– 40,00	25,00	30,71	16,43	5,00
8,00	200,00	220,00	– 20,00	25,00	27,50	15,00	5,00
9,00	225,00	226,00	– 1,00	25,00	25,11	14,00	6,00
10,00	250,00	234,00	16,00	25,00	23,40	13,40	8,00
11,00	275,00	245,00	30,00	25,00	22,27	13,18	11,00
12,00	300,00	260,00	40,00	25,00	21,67	13,33	15,00
13,00	325,00	280,00	45,00	25,00	21,54	13,85	20,00
14,00	350,00	306,00	44,00	25,00	21,86	14,71	26,00
15,00	375,00	339,00	36,00	25,00	22,60	15,93	33,00
16,00	400,00	380,00	20,00	25,00	23,75	17,50	41,00
17,00	425,00	430,00	– 5,00	25,00	25,29	19,41	50,00
18,00	450,00	490,00	– 40,00	25,00	27,22	21,67	60,00
19,00	475,00	561,00	– 86,00	25,00	29,53	24,26	71,00
20,00	500,00	644,00	– 144,00	25,00	32,20	27,20	83,00

12 Kosten- und Leistungsrechnung

2. a) und b)

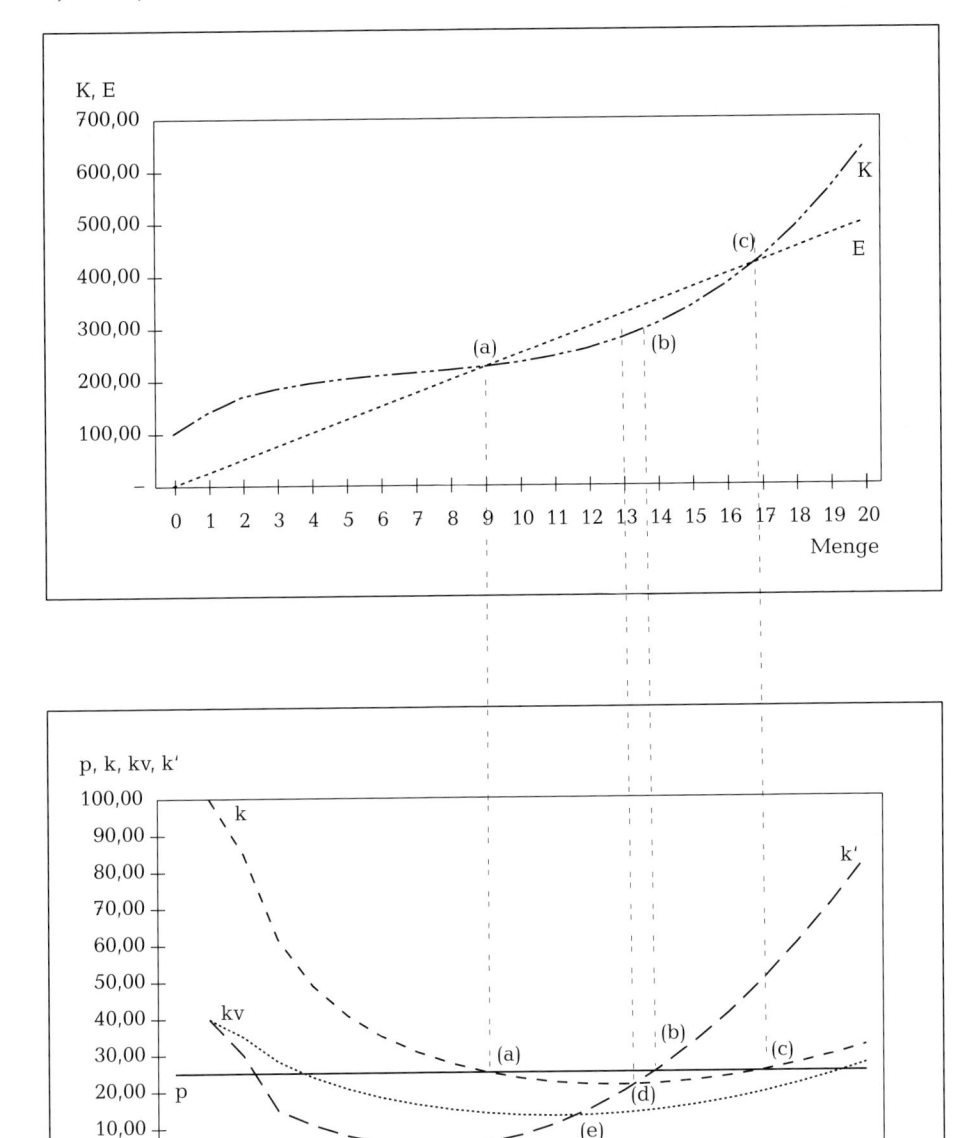

3. Ungefähre Wertangaben aus Grafiken und Tabelle ablesen
   a) zwischen 9 und 10
   b) zwischen 13 und 14
   c) zwischen 16 und 17
   d) ca. 21,50 EUR
   e) ca. 13,15 EUR

4. a) Gewinnschwelle, Nutzenschwelle, Break-even-point
   - Die Gesamtkostenkurve schneidet erstmals die Gesamterlöskurve: E = K
   - Ab dieser Ausbringungsmenge sind die Gesamterlöse erstmals größer als die Gesamtkosten (= Übergang von der ersten Verlustzone zur Gewinnzone)
   - Die Stückkostenkurve schneidet erstmals die Preisgerade: p = k
   - Ab dieser Ausbringungsmenge deckt der Preis erstmals die Stückkosten (= Übergang von der ersten Verlustzone zur Gewinnzone)

   b) Gewinnmaximum
   - Bei dieser Ausbringungsmenge erreicht der Betrieb den maximalen Gewinn. Solange die Grenzkosten unter dem Preis liegen, erhöht sich durch jede weitere ausgebrachte Mengeneinheit der Gesamtgewinn. Wenn die Grenzkosten über dem Preis liegen, sinkt der Gesamtgewinn bei zunehmender Ausbringungsmenge.
   - Die Parallele zur Erlösgeraden als Tangente an die Gesamtkostenkurve zeigt ebenfalls das Gewinnmaximum. In diesem Punkt ist die Steigung der beiden Kurven (Gesamtkosten und Erlöse) gleich. Da die Steigung der Kurven durch ihre ersten Ableitung wiedergegeben wird, gilt für diesen Punkt: Grenzkosten = Grenzerlös. Der Grenzerlös ist bei linearen Erlöskurven identisch mit dem Stückpreis.
     Also gilt im Gewinnmaximum: k' = p

   c) Gewinngrenze (Nutzengrenze)
   - Die Gesamtkostenkurve schneidet zum zweiten Mal die Gesamterlöskurve: E = K
   - Ab dieser Ausbringungsmenge sind die Gesamterlöse wieder kleiner als die Gesamtkosten (= Übergang von der Gewinnzone zur zweiten Verlustzone)
   - Die Stockkostenkurve schneidet zum zweiten Mal die Preisgerade: p = k
   - Ab dieser Ausbringungsmenge deckt der Preis nicht mehr die Stückkosten (= Übergang von der Gewinnzone zur zweiten Verlustzone)

   d) Betriebsoptimum (BO)
   - Optimaler Kostenpunkt, Minimum der Stückkosten
   - Die Grenzkosten entsprechen in diesem Punkt den Stückkosten: k' = k
     Bei einer geringeren Ausbringungsmenge sind die Grenzkosten niedriger als die Stückkosten.
     Bei höherer Ausbringungsmenge sind die Grenzkosten höher als die Stückkosten.
   - Der Stückgewinn (p – k) ist in diesem Punkt am höchsten. Durch Ausdehnung der Ausbringungsmenge kann aber der Gesamtgewinn noch gesteigert werden bis die Bedingung erfüllt ist: k' = p
   - Ist der Marktpreis mindestens so hoch wie das Minimum der Stückkosten, so sind die gesamten Kosten gedeckt = langfristige Preisuntergrenze

   e) Betriebsminimum
   - Minimum der variablen Stückkosten
   - Die Grenzkosten entsprechen in diesem Punkt den variablen Stückkosten: k' = kv

12 Kosten- und Leistungsrechnung

- Bei einem Preis in Höhe des Minimums der variablen Kosten bleiben die anteiligen Fixkosten ungedeckt. Diese Situation kann ein Betrieb nur kurzfristig durchhalten (= kurzfristige Preisuntergrenze).

- Sinkt der Marktpreis unter das Minimum der variablen Stückkosten, muss die Produktion eingestellt werden, da nicht einmal die im Falle der Stilllegung vermeidbaren variablen Kosten vom Preis gedeckt sind.

5. Der Verlauf der variablen Kosten bestimmt darüber, ob es neben der Nutzenschwelle auch eine Nutzengrenze gibt. Die Fixkosten verteilen sich mit zunehmender Produktionsmenge auf die größere Produktionsmenge. Dies bewirkt bei zunehmender Produktionsmenge zunächst ein Sinken der Stückkosten (Gesetz der Massenproduktion), wenn die variablen Kosten je Stück konstant bleiben oder sinken. Die gesamten variablen Kosten verlaufen dann proportional bzw. degressiv. Nur wenn die variablen Kosten je Stück steigen, können bei Vergrößerung der Produktionsmenge die Stückkosten steigen. Die gesamten variablen Kosten verlaufen dann progressiv.

6. Bei ertragsgesetzlichem Verlauf steigen die variablen Gesamtkosten insgesamt zuerst degressiv, dann progressiv. Das bedeutet auf ein Stück bezogen, dass die variablen Kosten je Stück (kv) zuerst fallen und dann steigen. Nur wenn die variablen Kosten steigen, kann es eine Nutzengrenze geben (s. auch 5., oben).

12.09 Kritische Kostenpunkte bei nicht-linearem Kostenverlauf (Betriebsoptimum, Gewinnmaximum) – Kuppelkalkulation nach der Restwertrechnung

1. Gesamtkosten   50 000 EUR
   – Erlös für Stoffreste   400 EUR

                        49 600 EUR

   Kosten für 1 Kleid: 49 600 : 500 = **99,20 EUR**

2. Die Produktionsmenge steigt um 10, die Gesamtkosten steigen um 1200.
   Die Grenzkosten (in dieser realen Situation als Durchschnitt einer Produktionssteigerung um 10 Stück auf 1 Stück berechnet) betragen 120 EUR.

3. Die Durchschnittskosten betragen bei einer Produktion von 510 Kleidern (51 200 – 400) : 510 = **99,61 EUR.**
   Die Grenzkosten sind größer (120 EUR), also ist das Betriebsoptimum bereits überschritten. Wenn die Grenzkosten größer sind als die durchschnittlichen Stückkosten, dann steigen die durchschnittlichen Stückkosten.

4. Der Gewinn nimmt mit der Produktionsausweitung solange zu, bis die Grenzkosten so groß sind wie der Preis (150 EUR). Bei dieser Produktionsmenge ist das Gewinnmaximum erreicht.

5. a) Berechnung des Gewinns aus der Herstellung der Kinderhosen:

Kosten ohne Material	2 200 EUR
Material (Wert der Stoffreste)	400 EUR
Gesamtkosten für die Produktion	2 600 EUR
Erlös für Kinderhosen 17 · 200 =	34 000 EUR
Kosten	2 600 EUR
Gewinn aus der Herstellung von Kinderhosen	800 EUR

Gesamtkosten für die Herstellung des Hauptproduktes Damenkleider	51 200 EUR
– Gewinn aus dem Nebenprodukt Kinderhosen	800 EUR
dem Hauptprodukt zurechenbare Gesamtkosten	50 400 EUR

Kosten für 1 Kleid $\frac{50400}{510}$ = **98,82 EUR**

b) Wenn nicht mehr als 13 EUR für die Kinderhosen erzielt werden (2600 : 200 = 13), dann werden mit dem Nebenprodukt keine Überschüsse erzielt, die beim Hauptprodukt Damenkleider als Kostenminderung verrechnet werden können. Dann können die Stoffreste auch als Abfälle für 400 EUR verkauft werden.

Bei einem Preis für die Kinderhose unter 13 EUR würden die Kosten des Hauptprodukts sogar um den Verlust aus der Kinderproduktion erhöht.

Kalkulatorische Kosten

12.10 Zweck und Notwendigkeit kalkulatorischer Kosten – Kalkulatorischer Unternehmerlohn – Kalkulatorische Zinsen – Kalkulatorische Miete – Kalkulatorische Wagnisse

1. Herr **Bauer** begeht den Denkfehler, dass er Kosten, die kein Aufwand sind, nicht berücksichtigt.

    In der Kostenrechnung muss er, um die anfallenden Kosten vollständig erfassen und kostendeckende Preise kalkulieren zu können, auch den Wert seiner eigenen Arbeitsleistung in Form eines kalkulatorischen Unternehmerlohns berücksichtigen. Ebenso ist die Arbeitsleistung der mithelfenden Familienangehörigen, sofern sie ohne entsprechendes Entgelt arbeiten, zu berücksichtigen. Würde die eigene Arbeitsleistung und die der Familienangehörigen nicht als Kosten berücksichtigt, würde der Betriebsgewinn zu hoch ausgewiesen. Bei einem Wirtschaftlichkeitsvergleich zwischen verschiedenen Betrieben der Textilreinigungsbranche würde der Betrieb von Herrn **Bauer** im Verhältnis zu Betrieben ohne mithelfende Familienangehörige eine zu hohe Wirtschaftlichkeit vortäuschen. Herr **Bauer** würde u.U. nicht bemerken, dass er und seine Familienangehörigen ein höheres Einkommen erzielen könnten, wenn sie z.B. in einem anderen Betrieb für Textilreinigung mit Waschsalon als Angestellte beschäftigt wären. Als kalkulatorischer Unternehmerlohn ist die übliche Entlohnung anzusetzen, die für Arbeitsleistungen zu zahlen ist, wie sie von den Familienangehörigen erbracht wird.

    Daneben müssen Zinsen für das Eigenkapital in der Kostenrechnung berücksichtigt werden. Wenn er das Kapital nicht in seinem eigenen Wäschereibetrieb einsetzen würde, könnte er dafür bei anderweitiger Anlage Zinsen bekommen. Ähnliches gilt für die Miete. Wenn er die Geschäftsräume nicht für seine eigene Wäscherei nutzen würde, könnte er Mieteinnahmen erzielen bzw. er müsste Miete bezahlen, wenn er ein fremdes Ladenlokal nutzen würde. Der Lohn für seine eigene Arbeitsleistung, der Zins für das Eigenkapital sowie die Miete für die eigenen Räume werden als kalkulatorische Kosten bezeichnet. Es handelt sich dabei um »Verzichtskosten« (Opportunitätskosten).

2. **Bauer** kann als kalkulatorischen Unternehmerlohn nur das Entgelt für eine vergleichbare Arbeitsleistung im gleichen Geschäftszweig, bei gleichem Geschäftsumfang und an gleichem Standort einsetzen. Die Tätigkeit des Geschäftsführers der Großwäscherei ist nicht vergleichbar.

12 Kosten- und Leistungsrechnung

3. Der Vorschlag ist unbrauchbar. Das Risiko des Brandschadens ist mit der Betriebstätigkeit verbunden. Kalkulatorisch muss die Abdeckung des finanziellen Schadens auf die Dauer der Betriebstätigkeit verteilt werden. Die Kunden würden die Preiserhöhung aufgrund der fehlerhaften Kalkulation wahrscheinlich auch nicht akzeptieren, sondern zur Konkurrenz abwandern.

4. Nein. Wohl wurde das Wagnis in der Kostenrechnung berücksichtigt, aber damit sind finanzielle Rücklagen nicht gesichert. Die kalkulatorischen Wagnisse wirken sich nur auf das Betriebsergebnis, nicht auf das Unternehmensergebnis aus. Damit wurden die nicht tatsächlich eingetretenen Wagnisse in früheren Jahren Teile des Gewinns. Der Brandschaden wirkt sich auf das Unternehmensergebnis, das Grundlage für die Gewinnausschüttung ist, voll aus.

12.11 Kalkulatorische und buchhalterische Abschreibungen

1. Nein, in die Kostenrechnung soll der tatsächliche Werteverzehr eingehen. In den ersten 6 Jahren würden die Kosten sonst zu hoch, in den folgenden 3 Jahren zu niedrig ausgewiesen. Wenn aus steuerlichen Gründen und aus Gründen der Vorsicht die Betriebseinrichtung in 6 Jahren abgeschrieben werden soll, dann muss zwischen buchhalterischer und kalkulatorischer Abschreibung unterschieden werden.

2. a) Bei der buchhalterischen Abschreibung muss vom tatsächlichen Anschaffungswert ausgegangen werden. So werden die Beträge, die bei der Anschaffung Ausgaben, aber keine Aufwendungen waren und deshalb aktiviert wurden, in die Gewinn- und Verlustrechnung überführt.

   b) Die kalkulatorische Abschreibung sollte für alle Reinigungsautomaten auf der Grundlage des Tageswertes zum Wiederbeschaffungszeitpunkt erfolgen. Dann entspricht der Abschreibungsbetrag dem tatsächlichen Wertverlust. Würde der gestiegene Wiederbeschaffungspreis der Reinigungsautomaten bei der Berechnung der Abschreibung nicht berücksichtigt, dann würde das Ergebnis der Kalkulation die Geschäftsleitung über die tatsächliche Wettbewerbssituation des Unternehmens täuschen.

3. Berechnung der Wiederbeschaffungskosten bei einer jährlichen Preissteigerung von 2% und einer Nutzungsdauer von 8 Jahren mit Hilfe der Zinseszinsformel:

$$K_n = K_0 \cdot (1 + \frac{p}{100})^n = 100\,000 \cdot 1{,}02^8 = 117\,166 \text{ EUR}$$

	Buchalterische Abschreibung	Kalkulatorische Abschreibung
Bemessungs- grundlage	Anschaffungswert: 100 000 EUR	Wiederbeschaffungswert: 117 166 EUR
Abschreibungsart/ Abschreibungssatz	degressiver Abschreibungssatz 20%	linearer Abschreibungssatz 12,5%
Jahr 1	AW 100 000 EUR – AfA 20 000 EUR RW1 80 000 EUR	WW 117 166 EUR – kalk. Abschr. 14 646 EUR RW1 102 520 EUR
Jahr 2	RW1 80 000 EUR – AfA 16 000 EUR RW2 64 000 EUR	RW1 102 520 EUR – kalk. Abschr. 14 646 EUR 87 874 EUR

4.

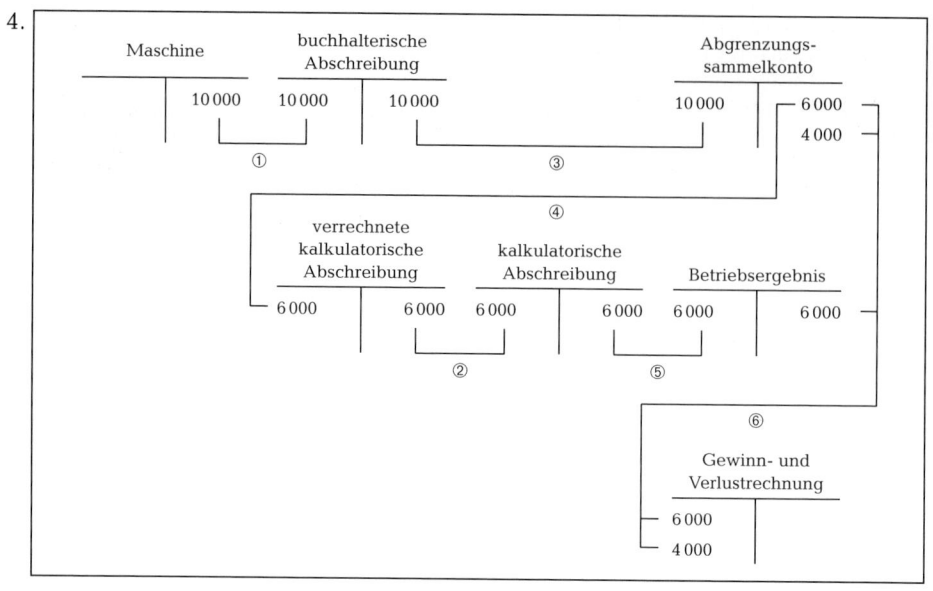

```
          Maschine              buchhalterische                      Abgrenzungs-
                                 Abschreibung                        sammelkonto
         10 000  | 10 000      10 000  |                10 000  |    6 000
                                                                     4 000
           ①                       ③
                                                ④
                       verrechnete
                       kalkulatorische        kalkulatorische
                       Abschreibung          Abschreibung            Betriebsergebnis
                    6 000 |  6 000         6 000 | 6 000          6 000 |  6 000
                              ②                      ⑤
                                                                         ⑥
                                                                  Gewinn- und
                                                                  Verlustrechnung
                                                                  6 000 |
                                                                  4 000 |
```

Auf das Unternehmensergebnis wirken sich die buchhalterischen Abschreibungen (hier in Höhe von 10 000 EUR) aus.

Die kalkulatorischen Abschreibungen (hier in Höhe von 6 000 EUR) wirken nur auf das Betriebsergebnis.

	Geschäftsbuchführung (Ergebnisrechnung)		Unternehmensbezogene Abgrenzung		Kostenrechnerische Korrekturen		Kosten- und Leistungsrechnung	
	Aufwendungen (−)	Erträge (+)	Neutrale Aufwendungen (−)	Neutrale Erträge (+)	Verrechn. Aufwand lt. GB (−)	Verrechn. Kosten lt. KLR (+)	Kosten (−)	Leistungen (+)
Abschreibungen	10 000				10 000	6 000	6 000	
Summen	10 000	0	0	0	10 000	6 000	6 000	0
Ergebnisse		− 10 000				− 4 000		− 6 000
Gesamtergebnis (Unternehmensergebnis)		Neutrales Ergebnis				Betriebsergebnis		
(−10 000)	−		(− 4 000)			=	(− 6 000)	

5. a) und b) Grundlage für die kalkulatorische Abschreibung ist das betriebsnotwendige Vermögen, hier also der Wert von 5 Maschinen. Die buchhalterische Abschreibung muss das gesamte Vermögen berücksichtigen.

6. Für Zwecke der kalkulatorischen Abschreibung sollte ab sofort der Abschreibungsbetrag von der tatsächlichen Nutzungsdauer von 15 Jahren berechnet werden. Der jährliche Abschreibungsbetrag sinkt von 1000 EUR auf 666,67 EUR. Die Kosten der Bügelarbeiten sind also niedriger, als bisher angenommen wurde. Die Kostenrechnung gibt nur dann richtige Informationen für unternehmerische Entscheidungen, wenn die erkannte längere Nutzungsdauer des Bügelautomaten in der Kostenrechnung berücksichtigt wird.

7. Angesammelt wurden die buchhalterischen Abschreibungen der letzten 5 Jahre, also insgesamt 300 000 EUR, da sie durch den Aufwandsposten »Abschreibungen« nicht als Gewinn ausgewiesen und somit der Gewinnausschüttung entzogen wurden.

12 Kosten- und Leistungsrechnung

12.12 Kalkulatorische Zinsen

Lösungsblatt

1.

	Restwertmethode	Durchschnittwertmethode
Nicht abnutzbares Anlagevermögen	100 000 EUR	100 000 EUR
Betriebsnotwendiges abnutzbares Anlagevermögen	200 000 EUR	1 Mio. EUR/2 = 500 000 EUR
betriebsnotwendiges Umlaufvermögen	140 000 EUR	140 000 EUR
= betriebsnotwendiges Vermögen	440 000 EUR	640 000 EUR
– zinsfrei überlassenes Fremdkapital (Abzugskapital)[1]	45 000 EUR	45 000 EUR
= betriebsnotwendiges Kapital	395 000 EUR	695 000 EUR
Kalk. Zinsen (6% vom betriebsnotwendigen Kapital)	23 700 EUR	41 700 EUR

2. Unter den gegebenen Bedingungen gilt: Bei Anwendung der Restwertmethode werden die kalk. Zinsen jedes Jahr sinken, da der kalkulatorische Restwert des Anlagevermögens jedes Jahr abnimmt. Bei Anwendung der Durchschnittswertmethode bleiben die kalk. Zinsen in jedem Jahr gleich.

3. Bei der Restwertmethode ist eine annähernd gleichmäßige Höhe der kalk. Zinsen nur dann gewährleistet, wenn abnutzbare Anlagegüter laufend ausscheiden und ständig neu beschafft werden. Scheiden dagegen viele Anlagegüter auf einmal aus und werden zusammen wieder neu beschafft, ergeben sich bei der Restwertmethode während der Nutzungsdauer der Anlagegüter laufend abnehmende kalkulatorische Zinsen. Das hätte zur Folge, dass die kalkulierten Stückkosten von Jahr zu Jahr sinken und ihre Höhe durch Zufälligkeiten hinsichtlich des Zeitpunkts des Anlageab- und -zugangs bestimmt wird. Das ist aus kostenrechnerischer Sicht nicht vertretbar.

Die Durchschnittswertmethode hat dagegen den Nachteil, dass die in den einzelnen Abrechnungsperioden ermittelten Zinsen nicht der tatsächlichen (sondern eben nur der durchschnittlichen) Kapitalbindung entsprechen. Über die gesamte Nutzungsdauer der Anlagegüter gesehen, sind die Zinsen jedoch korrekt berechnet. Die Durchschnittswertmethode hat den Vorteil, dass sie einfach anzuwenden und die Zinshöhe unabhängig von der u.U. falsch geschätzten Nutzungsdauer ist.

Für die Kalkulation öffentlicher Aufträge, bei der die »Leitsätze für die Preisermittlung aufgrund von Selbstkosten« (LSP) zu berücksichtigen sind, sollte dagegen die Restwertmethode angewandt werden, da es in den LSP heißt: »Das Anlagevermögen ist mit dem kalkulatorischen Restwert nach Maßgabe der Vorschriften für die Abschreibungen zu Anschaffungs- oder Herstellungskosten anzusetzen.«

---

[1] Dazu gehören insbesondere zinslose Lieferkredite, zinslose Darlehen, Kundenanzahlungen und kurzfristige Rückstellungen.

Die Minderung um zinsfrei zur Verfügung stehendes Fremdkapital ist insbesondere hinsichtlich des Abzugs von Liefererkrediten umstritten, da die Verzinsung dieser Mittel häufig in verdeckter Form (z.B. über entsprechende Preisgestaltung) erfolgt. Der **BDI** (Bundesverband der Deutschen Industrie) empfiehlt jedoch diese Vorgehensweise. Die üblichen Liefererkredite mit der Möglichkeit des Skontoabzugs sind jedoch nur scheinbar zinslos. In Wirklichkeit ist der Skonto, der bei frühzeitiger Zahlung abgezogen werden darf, der Zins für den Liefererkredit. Wenn diese Kredite nicht als Abzugskapital berücksichtigt werden, müsste aber korrekterweise bei der Ermittlung des Wertansatzes für das betriebsnotwendige Kapital (z.B. Beschaffungspreise für Materialeinkäufe, die für die Bestandsbewertung und die Berechnung der Materialkosten herangezogen werden) der Skonto abgezogen werden. Andernfalls würde es zu einer doppelten Verrechnung (als kalkulatorische Zinsen und als Materialkosten) kommen. Wenn bei der Ermittlung der Materialkosten der Skonto dagegen nicht berücksichtigt wird, ist der Abzug der Liefererkredite als Abzugskapital gerechtfertigt.

12.13 Kalkulatorische Wagnisse

1. 30 000 000 EUR Umsatz – 318 000 EUR Forderungsverluste
   7 000 000 EUR Umsatz – 74 200 EUR Forderungsverluste
2. a) 15 Min × 250 Tage = 3750 Min p.a. = 62,5 Stunden
   62,5 Std. × 250 EUR = 15 625 EUR
   b) (60 000 + 80 000)/2 × 0,05 = 3 500 EUR
   c) 2% von 8 500 000 DM = 170 000 EUR

Aufwand und Kosten

12.14 Beziehungen zwischen den Begriffen Zweckaufwand – Grundkosten – Kalkulatorische Kosten – Zusatzkosten – Anderskosten

1.

Nr.	neutraler Aufwand	Zweckaufwand/Grundkosten	Zusatzkosten
a)	5000	8000	
b)		2000	3000
c)		20 000	2000
d)			24 000

Konten	Rechnungskreis I		Rechnungskreis II				Kosten-/Leistungs-bereich	
	Geschäftsbuchführung (Ergebnisrechnung)		Unternehmensbezogene Abgrenzung		Kostenrechnerische Korrekturen		Kosten- und Leistungsrechnung	
	Aufwen-dungen (–)	Erträge (+)	Neutrale Aufwen-dungen (–)	Neutrale Erträge (+)	Verrechn. Aufwand lt. GB (–)	Verrechn. Kosten lt. KLR (+)	Kosten (–)	Leistungen (+)
Abschreibungen	13 000				13 000	8000	8000	
Zinsaufwand	2000				2000	5000	5000	
Wagnisverluste	20 000				20 000	22 000	22 000	
kalk. Unter-nehmerlohn						24 000	24 000	
Summen	35 000	0	0	0	35 000	59 000	– 59 000	0
Ergebnisse	– 35 000		+ 24 000				– 59 000	
	Gesamtergebnis (Unternehmensergebnis)		Neutrales Ergebnis				Betriebsergebnis	
	(– 35 000)	–	(+ 24 000)			=	(– 59 000)	

2. Buchhalterische und kalkulatorische Kosten waren gleich hoch (10 000 EUR).
3. 18 000 EUR
4. Anderskosten: Kalkulatorische Abschreibungen, kalkulatorische Zinsen auf das Fremdkapital, kalkulatorische Wagnisse
   Zusatzkosten: kalkulatorischer Unternehmerlohn
   weitere Beispiele: kalkulatorische Zinsen auf das Eigenkapital,
   evtl. kalkulatorische Miete, z.B. wenn ein Einzelunternehmer oder Gesellschafter Räume unentgeltlich zur Verfügung stellt, die zu seinem Privatvermögen gehören. Bei Betrieben mit eigenen Gebäuden und Grundstücken ist die Verrechnung einer kalkulatorischen Miete dann aber nicht berechtigt, wenn die Gebäude- und Grundstückskosten bereits durch kalkulatorische Abschreibungen, kalkulatorische Zinsen sowie Instandhaltungskosten erfasst wurden. Die kalkulatorische Miete kann aber auch zu den Anderskosten gehören, wenn nämlich die tatsächlich anfallenden Mietaufwendungen für angemietete betriebliche Räume in der Kostenrechnung durch ortsübliche Raumkosten ersetzt werden.

12.15 Abgrenzungsrechnung – Betriebsergebnis – Neutrales Ergebnis – Gesamtergebnis – Kostenartenrechnung

1. **Neutrale Aufwendungen und Erträge:**

   Betriebsfremd (nicht mit der Produktionstätigkeit zusammenhängend): Zins- und Wertpapiererträge (Die in diesem Zusammenhang üblicherweise als betriebsfremde Aufwendungen genannten Spenden stellen bei Einzelunternehmen und Personengesellschaften Privatentnahmen dar und schmälern nicht den ausgewiesenen Gewinn.)

   Außergewöhnlich (zwar betriebsbedingt, aber zufällig bzw. unregelmäßig): Erträge aus der Auflösung von Rückstellungen, Verluste aus Schadensfällen, Verluste aus dem Abgang von Vermögensgegenständen des Anlagevermögens,

   Periodenfremd (zwar betriebsbedingt, aber nicht zur Abrechnungsperiode gehörend): Steuernachzahlung

   Darüber hinaus können auch **bewertungsbedingte neutrale Aufwendungen und Erträge** entstehen, wenn beispielsweise die als Aufwand verrechneten Abschreibungen höher als die kalkulatorischen Abschreibungen sind. In Höhe des Differenzbetrages entstehen dann bewertungsbedingte neutrale Aufwendungen. Ähnliches gilt für die Zinsaufwendungen. Die Fremdkapitalzinsen werden zwar in der Geschäftsbuchführung als Aufwand erfasst, nicht aber in gleicher Höhe in die Kostenrechnung übernommen, weil dadurch wegen der unterschiedlichen Ausstattung der Unternehmen mit Fremdkapital ein zwischenbetrieblicher Vergleich nicht mehr möglich wäre und gegen den Grundsatz der »Normalität« in der Kostenrechnung verstoßen würde. In der Kostenrechnung werden statt dessen kalkulatorische Zinsen angesetzt.

2. Die Neutralen Aufwendungen sind im vorliegenden Fall höher als die neutralen Erträge. Das Ergebnis würde sich verbessern, wenn diese Posten nicht berücksichtigt würden.

3. **Ergebnistabelle**

Konten	Rechnungskreis I		Rechnungskreis II			
	Geschäftsbuchführung (Ergebnisrechnung)		Unternehmensbezogene Abgrenzung (Neutrales Ergebnis)		Kosten- und Leistungsrechnung (Betriebsergebnisrechnung)	
Konten	Aufwendungen (–)	Erträge (+)	Neutrale Aufwendungen (–)	Neutrale Erträge (+)	Kosten (–)	Leistungen (+)
Umsatzerlöse		2 270 000				2 270 000
Bestandsveränderungen	80 000				80 000	
Erträge aus der Auflösung von Rückstellungen		20 000		20 000		
Zins- und Wertpapiererträge		30 000		30 000		
Aufwendungen für Rohstoffe etc.	850 000				850 000	
Aufwendungen für Energie	30 000				30 000	
Fremdinstandhaltung (Reparaturen)	60 000				60 000	
Löhne und Gehälter	630 000				630 000	
Soziale Abgaben	150 000				150 000	
Abschreibungen auf Sachanlagen	380 000				380 000	
Verluste aus Schadensfällen, Garantieaufwendungen	35 000		35 000			
Verluste aus dem Abgang von Gegenständen d. Anlagevermögens	125 000		125 000			
Steuernachzahlungen bei betrieblichen Steuern	40 000		40 000			
Zinsaufwendungen	50 000		50 000			
Gewerbesteuer	15 000				15 000	
Summen	2 445 000	2 320 000	250 000	50 000	2 195 000	2 270 000
Ergebnis		– 125 000		– 200 000		+ 75 000
	(– 125 000)	–	(– 200 000)	=	(+ 75 000)	

4. Betriebsergebnis   75 000 EUR
   + Neutrales Ergebnis   − 200 000 EUR
   = Gesamtergebnis (Unternehmensergebnis)   − 125 000 EUR

5.

Kalkulatorische Kosten	
Anderskosten (unechte Zusatzkosten)	Zusatzkosten
kalk. Zinsen, kalk. Wagnisse, kalk. Abschreibungen	kalk. Unternehmerlohn

6. **Abgrenzungsrechnung mit kalkulatorischen Kosten (Ergebnistabelle)**

Konten	Rechnungskreis I		Rechnungskreis II Abgrenzungsbereich (Neutrales Ergebnis)				Kosten-/Leistungsbereich	
	Geschäftsbuchführung (Ergebnisrechnung)		Unternehmensbezogene Abgrenzung		Kostenrechnerische Korrekturen		Kosten- und Leistungsrechnung (Betriebsergebnisrechnung)	
	Aufwendungen	Erträge	Neutrale Aufwendungen	Neutrale Erträge	Verrechneter Aufwand lt. GB	Verrechnete Kosten lt. KLR	Kosten	Leistungen
	(−)	(+)	(−)	(+)	(−)	(+)	(−)	(+)
Umsatzerlöse		2 270 000						2 270 000
Bestandsveränderungen	80 000						80 000	
Erträge aus der Auflösung von Rückstellungen		20 000		20 000				
Zins- und Wertpapiererträge		30 000		30 000				
Aufwendungen für Rohstoffe etc.	850 000						850 000	
Aufwendungen für Energie	30 000						30 000	
Fremdinstandhaltung (Reparaturen)	60 000						60 000	
Löhne und Gehälter	630 000						630 000	
Soziale Abgaben	150 000						150 000	
Abschreibungen auf Sachanlagen	380 000				380 000	114 000	114 000	
Verluste aus Schadensfällen, Garantieaufwendungen	35 000				35 000	10 000	10 000	
Verluste aus dem Abgang von Gegenständen des Anlagevermögens	125 000		125 000					
Steuernachzahlung bei betrieblichen Steuern	40 000		40 000					
Zinsaufwendungen	50 000				50 000	100 000	100 000	
Gewerbesteuer	15 000						15 000	
Kalkulatorischer Unternehmerlohn						100 000	100 000	
Summen	2 445 000	2 320 000	165 000	50 000	465 000	324 000	2 139 000	2 270 000
Ergebnisse		− 125 000		− 115 000		− 141 000	131 000	
	(−125 000)	−	(−115 000)	−	(− 141 000)	=	(+ 131 000)	

12 Kosten- und Leistungsrechnung

7. Gesamtergebnis/Unternehmensergebnis: Rechnungskreis 1   – 125 000 EUR

      Ergebnis aus unternehmensbezogener Abgrenzung   –115 000 €
+ Ergebnis aus kostenrechnerischer Korrektur   – 141 000 €
= Neutrales Ergebnis   – 256 000 €
+ Betriebsergebnis   + 131 000 €
= Ergebnis Rechnungskreis II   – 125 000 EUR

Kostenträgerrechnung in Betrieben mit einheitlicher Leistung (Massenfertigung)

12.16 Zweck der Kostenträgerrechnung – Divisionskalkulation – Äquivalenzziffernkalkulation

1. u. 2. Nachkalkulation Holunderblüten-Nektar (Divisionskalkulation)

Produktionsmenge (Ltr)	50 000	60 000
Absatzmenge (Ltr)	50 000	55 000
Materialkosten	30 000	36 000
Fertigungskosten	40 000	44 000
Herstellkosten des Abrechnungszeitraums	70 000	80 000
Herstellkosten der abgesetzten Menge (EUR)	70 000	(55/60) 73 333,33
Herstellkosten je Ltr (EUR)	1,40	1,33
Verwaltungskosten insges. (EUR)	10 000	12 000
Vertriebskosten insges. (EUR)	20 000	22 000
Selbstkosten des Abrechnungszeitraums (EUR)	100 000	Herstellkosten 80 000,00 Verwaltungsk. 12 000,00 Vertriebsk. 22 000,00 Selbstkosten 114 000,00
Selbstkosten der abgesetzten Menge (EUR)	100 000	Herstellkosten 73 333,33 Verwaltungsk. 12 000,00 Vertriebsk. 22 000,00 Selbstkosten 107 333,33
Selbstkosten je Ltr	2,00	1,95
kalkulierter Verkaufspreis (EUR)	2,80	2,73

2. b) Die erhöhte Produktionsmenge hat zu einer besseren Nutzung der Fixkosten geführt. Der Fixkostenanteil an den Stückkosten ist gesunken, die variablen Kosten sind nicht gestiegen.

3. Vorkalkulation Likör
   a) Zur Herstellung von 600 hl Nektar werden 100 hl Konzentrat benötigt.
      Werden die Verarbeitungskosten des Konzentrats zu Nektar abgezogen, dann fallen noch folgende Kosten an, die allein der Herstellung des Konzentrats zuzurechnen sind:

Materialkosten	35 000 EUR
Fertigungskosten	30 000 EUR
Herstellkosten	65 000 EUR

      Herstellkosten je 1 Ltr Konzentrat: 6,50 EUR

b)
1 Ltr. Konzentrat	6,50	EUR
Zusatz Material (0,4 Ltr.)	4,00	EUR
Zusatz Fertigungskosten	1,00	EUR
Herstellkosten für 1,4 Ltr Likör	11,60	EUR
Herstellkosten für 1 Ltr. Likör	8,214	EUR

c)
Herstellkosten für 1 Ltr. Likör	8,214	EUR
Verwaltungs- und Vertriebskosten 46%	3,778	EUR
Selbstkosten für 1 Ltr. Likör	11,99	EUR

d) Es ist eine Vorkalkulation auf der Grundlage von Zahlen aus der Vergangenheit.

e)
Selbstkosten für 0,7 Ltr Likör	8,39 EUR
40% Gewinnaufschlag	3,36 EUR
kalkul. Verkaufspreis für 0,7 Ltr Likör	11,75 EUR

Wenn die Markteinschätzung der Vertreter richtig ist, lässt sich eine hohe Gewinnspanne erzielen. Das ist bei einem neuen, innovativen Produkt recht wahrscheinlich. Der Preis sollte deshalb nahe 15,00 EUR festgelegt werden, vielleicht 14,90 EUR.

4. Vorkalkulation Badezusatz

a)
1 Ltr. Konzentrat	6,50 EUR
Zusatz Material (1 Ltr)	1,50 EUR
Zusatz Fertigungskosten	5,00 EUR
Herstellkosten für 2 Ltr	13,00 EUR
Herstellkosten für 1 Liter Bade-Zusatz	6,50 EUR
46% Verw. + Vertr.	2,99 EUR
Selbstkosten für 1 Ltr	9,49 EUR

b)
Selbstkosten 0,25 Ltr	2,37 EUR
40% Gewinnzuschlag	0,95 EUR
kalkul. Verkaufspreis	3,32 EUR

5. Äquivalenzziffernkalkulation (Nachkalkulation) für 3 Produkte

a) Bei der Wahl der Verkaufspreise als Schlüsselgröße würden die Kosten nicht nach ihrer Verusachung auf die Produkte verteilt. Z.B. würden auf den Holunderblütenlikör, der eine gute Marktposition hat und deshalb einen recht hohen Verkaufspreis erzielt, viel zu hohe Kosten zugerechnet.

b)
Produkt	Nektar	Likör	Badezusatz
Herstellkosten je Ltr (EUR)	1,33	8,214	6,50
Äquivalenzziffern	1,0	6,176	4,887

c)
Sorten	tatsächliche Menge (Ltr)	Äquivalenzziffern	Recheneinheiten	Selbstkosten Gesamtkosten je Sorte	Gesamtkosten je Ltr
Nektar	70000	1,0	70000	137550	1,97
Likör	3000	6,176	18528	36408	12,14
Badezusatz	10000	4,887	48870	96030	9,60
Summe	83000		137398	270000[1]	
		1 Äquivalenzeinheit = 270000 · 137398 = 1,965			

---

[1] Ergebnis der Verteilung: 269988; Differenz wegen Rundung der Äquivalenzziffern

12 Kosten- und Leistungsrechnung

d) Sowohl eine Erhöhung wie auch eine Senkung der Einkaufspreise für Materialien, aber auch eine Lohnerhöhung, könnten die Kostenrelationen zwischen den Produkten so verändern, dass eine Neuberechnung der Äquivalenzziffern notwendig wird.

Kostenträgerrechnung in Betrieben mit Einzel- und Serienfertigung

Summarische Zuschlagskalkulation

12.17 Summarische Zuschlagskalkulation – Kalkulationsschema – Einzel- und Gemeinkosten

1. Kosten insgesamt (nach der Betriebsergebnisrechnung)   35 000 EUR
   Einzelkosten   25 000 EUR
   noch zu verrechnen (= Gemeinkosten)   10 000 EUR

2. u. 3.

	Kosten (EUR) je Auftrag			Kosten (EUR) im Abrechnungszeitraum
	Auftrag I	Auftrag II	Auftrag III	
Fertigungslöhne	600,00	2 400,00	5 000,00	8 000,00
Fertigungsmaterialverbrauch	1 400,00	6 600,00	9 000,00	17 000,00
Einzelkosten	2 000,00	9 000,00	14 000,00	25 000,00
+ 40% Gemeinkostenzuschlag[1]	800,00	3 600,00	5 600,00	10 000,00
Selbstkosten	2 800,00	12 600,00	19 600,00	35 000,00
+ 30% Gewinn	840,00	3 780,00	5 880,00	10 500,00
Nettopreis	3 640,00	16 380,00	25 480,00	45 500,00
+ 19% Umsatzsteuer	691,60	3 112,20	4 841,20	8 645,00
Bruttopreis	4 331,60	19 492,20	30 321,20	54 145,00

[1] Berechnung des Zuschlagsatzes:

25 000 EUR = 100%

10 000 EUR = x% $x = \dfrac{100 \cdot 10000}{25000} = 40\%$

bzw. Verteilungsrechnung

Auftrag	Einzelkosten	Anteile	Gemeinkostenanteil
I	2 000	2 Teile	800 EUR
II	9 000	9 Teile	3 600 EUR
III	14 000	14 Teile	5 600 EUR
	25 000	25 Teile	10 000 EUR
		1 Teil	400 EUR

12.18 Aufteilung der Kosten mit Hilfe von Zuschlagssätzen

1. 20 000 EUR = 100%

    6 000 EUR = x% $x = \dfrac{100 \cdot 6000}{20000} = 30\%$

2. u. 3.

	Auftrag I	Auftrag II	Auftrag III	insgesamt
Fertigungslöhne	3 500	7 000	2 000	12 500
Fertigungsmaterial	2 000	1 000	4 500	7 500
Einzelkosten	5 500	8 000	6 500	20 000
+ 30% Gemeinkostenzuschlag	1 650	2 400	1 950	6 000
Selbstkosten	7 150	10 400	8 450	26 000

12.19 Summarische Zuschlagskalkulation – Wahl der Zuschlagsbasis

1. Um die Gemeinkosten schätzen zu können, wurden aus den Gesamtzahlen für den Abrechnungszeitraum Zuschlagsätze errechnet. Dabei wurden versuchsweise 3 verschiedene Zuschlagsgrundlagen gewählt.
   Wenn das Verhältnis der Zuschlagsgrundlagen Fertigungsmaterialverbrauch Fertigungslöhne – Einzelkosten bei dem abzurechnenden Auftrag zueinander nicht exakt das gleiche ist wie bei den Gesamtzahlen des Abrechnungszeitraumes, dann müssen die Ergebnisse der Berechnungen mit verschiedenen Zuschlagsgrundlagen voneinander abweichen.

2. Als Zuschlagsgrundlage ist der Fertigungsmaterialverbrauch geeignet, weil die Gemeinkosten sich im gleichen Verhältnis wie der Fertigungsmaterialverbrauch entwickeln.

Differenzierende (zergliederte) Zuschlagskalkulation

12.20 Notwendigkeit der Kostenstellenrechnung – Differenzierende (zergliederte) Zuschlagskalkulation

1. Einheitlicher Zuschlagsatz: $\dfrac{3\,000 \cdot 100}{11\,000} = 27{,}3$

   Kalkulation Stehlampe:

Einkaufspreis	100,00
Gemeinkostenzuschlag 27,3%	27,30
Selbstkosten	127,30

   Kalkulation Handwerksleistung:

Fertigungslöhne	70,00
Fertigungsmaterialverbrauch	20,00
Einzelkosten	90,00
Gemeinkostenzuschlag 27,3%	24,57
Selbstkosten	114,57

2. Die Gemeinkosten im Verkaufsgeschäft haben nicht das gleiche Verhältnis zu den Einzelkosten (Einkaufspreis) wie die Gemeinkosten, die im Handwerksbetrieb anfallen, zu den bei den Handwerksleistungen anfallenden Einzelkosten (Fertigungslöhne + Fertigungsmaterial). Die Kostenstellen »Werkstatt« und »Ladengeschäft« werden von den Kostenträgern (Stehlampe und Handwerksleistung) nicht in gleichem Umfang beansprucht.

3. a) Zuschlagsatz für die Werkstattleistungen: $\dfrac{1\,600 \cdot 100}{4\,000} = 40\%$

   Zuschlagsatz für das Ladengeschäft: $\dfrac{1\,400 \cdot 100}{7\,000} = 20\%$

12 Kosten- und Leistungsrechnung

b) Kalkulation Stehlampe:

Einkaufspreis	100 EUR
Zuschlag für Gemeinkosten 20%	20 EUR
Selbstkosten	120 EUR

Kalkulation der Handwerksleistung:

Fertigungslöhne	70 EUR
Fertigungsmaterialverbrauch	20 EUR
Einzelkosten	90 EUR
Zuschlag für Gemeinkosten 40%	36 EUR
Selbstkosten	126 EUR

4. Bei einem einheitlichen Zuschlagssatz (Aufg. 1) ergeben sich für die Lampe höhere und für die Werkstattleistung niedrigere Selbstkosten als bei der differenzierenden Zuschlagskalkulation (Aufgabe 3.b). Da der Kostenträger »Stehlampe« die Kostenstelle »Werkstatt« nie durchlaufen hat und der Kostenträger »Werkstattleistung« keine Gemeinkosten in der Kostenstelle »Ladengeschäft« verursacht, liegt bei Verwendung eines einheitlichen Zuschlagssatzes keine verursachungsgerechte Kostenzurechnung vor.

12.21 Kostenstellenrechnung – Kostenstelleneinzelkosten – Kostenstellengemeinkosten (Schlüsselkosten) – Kalkulationsschema

1. u. 3. Vorschläge für die Aufschlüsselung.

Gehälter **(Kostenstelleneinzelkosten):** Gehaltssumme der in Werkstatt und Laden Beschäftigten wird exakt festgestellt (direkte Feststellung).

Soziale Aufwendung: Verhältnis der Gehaltssummen in Werkstatt und Laden oder direkte Feststellung.

Abschreibungen: Geschätzter Wert der Anlagen und Einrichtungen oder direkte Feststellung der Abschreibungen auf Anlagegegenstände in Werkstatt und Laden; andere Abschreibungen (z.B. Büroeinrichtung) z.B. im Verhältnis der Umsätze in Laden und Werkstatt.

Versicherungen: Versicherungsarten sind zu berücksichtigen. Dabei ist grundsätzlich von der Bezugsgröße auszugehen, von der die Versicherung den Tarifbeitrag berechnet. Gebäudebrandversicherung z.B.: anteiliger Wert von Werkstatt und Laden am Gesamtwert des Geländes feststellen und Beitrag in diesem Verhältnis aufteilen.

Steuern: Steuerarten sind zu berücksichtigen. Die Kraftfahrzeugsteuer kann z.B. im Verhältnis der tatsächlichen Inanspruchnahme des Fuhrparks auf Werkstatt und Laden umgelegt werden. im Verhältnis des Anteils am Umsatz.

Bürokosten: im Verhältnis des Anteils am Umsatz.

Stromkosten: **(Kostenstelleneinzelkosten)** Direkte Feststellung des Verbrauchs durch getrennte Stromzähler oder im Verhältni der installierten kWh.

2.

	insgesamt	Werkstatt	Laden
Gehälter	3 600	1 200	2 400
Soziale Aufwendungen	540	180	360
Abschreibungen	1 800	1 620	180
Versicherungen	360	300	60
Steuern	900	540	360
Bürokosten	270	180	90
Stromkosten	450	300	150
Summe	7 920	4 320	3 600

4. Zuschlagsatz Laden: $\dfrac{3600 \cdot 100}{14400} = 25\%$

   Zuschlagsatz Werkstatt: $\dfrac{4320 \cdot 100}{9600} = 45\%$

5. Bilderrahmung:

	Einzelkosten	90,00 EUR
	+ 45% Gemeinkosten	40,50 EUR
	Selbstkosten	130,50 EUR
	+ 25% Gewinn	32,62 EUR
	Nettopreis	163,12 EUR
	+ 16% Umsatzsteuer	26,10 EUR
	Bruttopreis	189,22 EUR

Globus:

	Einstandspreis	80,00 EUR
	+ 25% Gemeinkosten	20,00 EUR
	Selbstkosten	100,00 EUR
	+ 33 1/3% Gewinn	33,33 EUR
	Nettopreis	133,33 EUR
	+ 16% Umsatzsteuer	21,33 EUR
	Bruttopreis	154,66 EUR

12.22 Einführung in den Betriebsabrechnungsbogen – Differenzierende (zergliederte) Zuschlagskalkulation

Die Kalkulation Nr. 3 (= differenzierende Zuschlagskalkulation, bei der eine Trennung der Gemeinkosten in die Bereich Material, Fertigung, Verwaltung und Vertrieb vorgenommen wird) wird dem Zweck der Kostenrechnung am besten gerecht. Dies wird bei der Kalkulation der Grundplatte deshalb besonders deutlich, weil hier der Fertigungsmaterialverbrauch dreimal so groß ist wie die Fertigungslöhne; im Durchschnitt des Abrechnungszeitraumes sind die Fertigungslöhne jedoch größer als der Fertigungsmaterialverbrauch.

Die Kalkulation Nr. 1 (= kumulative Zuschlagskalkulation) auf der Grundlage der gesamten Einzelkosten ergibt zu hohe Kosten. Das liegt offensichtlich daran, dass die Gemeinkosten überwiegend lohnabhängig sind, in der Zuschlagsgrundlage aber auch der außerordentlich hohe Materialverbrauch bei diesem Auftrag berücksichtigt wird.

Die Kalkulation Nr. 2 (= elektive Zuschlagskalkulation) auf der Basis der Fertigungslöhne ergibt zu niedrige Kosten, weil der Zuschlagsatz jetzt die vom Materialverbrauch verursachten Gemeinkosten nicht deckt.

Die Kalkulation Nr. 3 aufgrund der Aufteilung der Gemeinkosten in lohnabhängige und materialabhängige Gemeinkosten und der Berechnung mehrerer Zuschlagssätze im Rahmen einer Kostenstellenrechnung kommt dem Ziel einer verursachungsgerechten Verteilung der Kosten am nächsten.

12 Kosten- und Leistungsrechnung

12.23 Zuschlagskalkulation – Einfacher einstufiger Betriebsabrechnungsbogen

1. Da nur eine Produktart hergestellt wird, können die Selbstkosten je Stück (k) mit Hilfe der Divisionskalkulation ermittelt werden:

   Selbstkosten je Stück (k) = $\dfrac{\text{gesamte Selbstkosten (K)}}{\text{Ausbringungsmenge (X)}} = \dfrac{131\,000}{3\,900} = 33{,}59$ EUR

2. Es handelt sich um verschiedenartige Produkte mit unterschiedlichen Arbeitsabläufen.

   Daher fallen für die einzelnen Produktarten Stückkosten in völlig unterschiedlicher Höhe an.

3. a) Es muss eine Trennung der Gesamtkosten in Einzelkosten und Gemeinkosten vorgenommen werden.

   Die Materialeinzelkosten können anhand von Materialentnahmescheinen, aus denen der Verwendungszweck der entnommen Materialien hervorgeht, festgestellt werden.

   Die Fertigungseinzelkosten (Fertigungslöhne) können aus entsprechenden Lohnabrechnungen (Lohnzettel) entnommen werden, aus denen hervorgeht, wie viele Arbeitsstunden ein Mitarbeiter an einem bestimmten Erzeugnis (= Kostenträger) gearbeitet hat.

   b) $\dfrac{\text{Gemeinkosten} \cdot 100}{\text{Einzelkosten}} = \dfrac{(247\,000 - 50\,000 - 80\,000) \cdot 100}{50\,000 + 80\,000} = 90{,}0\ \%$

   c) Regal (Standardtyp C):   18,60 + (18,60 · 0,90) = 35,34 EUR

   Sportgerät: 46,40 + (46,40 · 0,90) = 88,16 EUR

   d) Bei der summarischen Zuschlagskalkulation wird unterstellt, dass sich die Gemeinkosten im gleichen Verhältnis wie die Summe der Einzelkosten ändern.

   Dies ist aber in Wirklichkeit nicht zutreffend. Die Herstellung der Regale ist materialintensiver als die Herstellung der Spiel- und Sportgeräte (Anteil der Materialkosten an den Selbstkosten ist höher).

   Daher werden auch die mit der Materialwirtschaft zusammenhängenden Gemeinkosten (z.B. Lager) in größerem Umfang durch die Regalproduktion als durch die Spiel- und Sportgeräteproduktion verursacht.

   Andersseits ist die Herstellung der Spiel- und Sportgeräte maschinenintensiver als die Herstellung der Regale.

   Die unterschiedliche Inanspruchnahme der Maschinen durch die verschiedenen Erzeugnisse führt dazu, dass die Gemeinkosten der Fertigung (z.B. Abschreibung, Betriebsstoffe) von den einzelnen Erzeugnissen in unterschiedlicher Höhe verursacht werden.

   Bei Anwendung der summarischen Zuschlagskalkulation im vorliegenden Fall würden die Regale mit zu hohen Fertigungsgemeinkosten und die Spiel- und Sportgeräte mit zu hohen Materialgemeinkosten belastet.

   Die summarische Zuschlagskalkulation wird dem Prinzip der Kostenverursachung nicht gerecht und ist nur vertretbar, wenn der Umfang der Gemeinkosten sehr gering ist.

4. a) und b)

Gemeinkostenart	Kostenstellen (alle Beträge in EUR)				
	Gesamtbetrag	Material	Fertigung	Verwaltung	Vertrieb
Gehälter	40 000	4 000	12 000	18 000	6 000
Hilfslöhne	20 000	5 600	12 800	960	640
Hilfsstoffe	10 000	1 000	9 000		
Strom	3 000	720	1 680	360	240
Kalk. Abschreibung	25 000	2 000	19 000	3 000	1 000
Kfz-Kosten	5 000	1 683	150	500	2 667
Reparaturen	2 000	300	1 500	200	0
Sonst. Gemeinkosten	12 000	4 000	5 500	1 500	1 000
Summe	**117 000**	**19 303**	**61 630**	**24 520**	**11 547**
Zuschlagsgrundlage		80 000	50 000	210 933	210 933
		MGKZ	FGKZ	VerwGKZ	VertrGKZ
Zuschlagsätze (%)		24,13	123,26	11,62	5,47

Herstellkosten:

```
   FM        80 000 EUR
+ MGK        19 303 EUR
+ FL         50 000 EUR
+ FGK        61 630 EUR
= HEKO      210 933 EUR
```

c)

MGKZ

Gemäß BAB sind Materialgemeinkosten in Höhe von 19 303 EUR entstanden. Es wird unterstellt, dass diese Materialgemeinkosten durch das bei der Produktion verbrauchte Fertigungsmaterial (Holz etc. für Regale und Spiel-/Sportgeräte) im Wert von 80 000 EUR verursacht worden sind und sich im gleichen Verhältnis (= proportional) zu diesen verändern. Wenn sich beispielsweise der Wert des verbrauchten Fertigungsmaterials um 10 % ändert, ändert sich annahmegemäß auch die Höhe der Materialgemeinkosten um 10 %.

Dem aus der Konstruktionszeichnung oder Stückliste zu entnehmendem Fertigungsmaterialverbrauch (Materialeinzelkosten) eines Erzeugnisses (= Kostenträger) werden 24,13 % für die anteiligen Materialgemeinkosten zugeschlagen.

FGKZ

Gemäß BAB sind Fertigungsgemeinkosten in Höhe von 61 630 EUR entstanden. Es wird unterstellt, dass die Fertigungslöhne in Höhe von 50 000 EUR (Fertigungseinzelkosten) die Höhe der Fertigungsgemeinkosten beeinflussen und sich beide Größen im gleichen Verhältnis (= proportional) verändern. Wenn sich beispielsweise die Fertigungslöhne um 10 % verändern, ändert sich annahmegemäß auch die Höhe der Fertigungsgemeinkosten um 10 %. Je anlageintensiver aber ein Betrieb arbeitet, desto problematischer ist diese Annahme, da keine direkte Abhängigkeit der Fertigungsgemeinkosten (z.B. Abschreibung, Reparaturen) mehr von den Fertigungslöhnen besteht.

Dem aus dem Arbeitsplan zu entnehmenden Fertigungslohn für die Herstellung eines Erzeugnisses (Fertigungseinzelkosten) werden 123,26 % für die anteiligen Fertigungsgemeinkosten zugeschlagen.

VerwGKZ und VertrGKZ

Als Basis dienen die Herstellkosten. Obwohl zwischen den Herstellkosten und den Verwaltungs- bzw. Vertriebgemeinkosten keine direkte Proportionaliät besteht, wird angenommen, dass zumindest ein Teil dieser Gemeinkosten von den Herstellkosten abhängig ist und sich mit diesen verändert.

Den Herstellkosten eines Erzeugnisses werden 11,62% und 5,47% für die anteiligen Verwaltungs- und Vertriebsgemeinkosten zugeschlagen.

d)

	Selbstkosten (EUR)		Zuschlagsätze
	Regal	Sportgerät	
FM	13,00	23,40	
+ MGK	3,14	5,65	24,13%
+ FL	5,60	23,00	
+ FGK	6,90	28,35	123,26%
= HEKO	28,64	80,40	
+ VerwGK	3,33	9,34	11,62%
+ VertrGK	1,57	4,40	5,47%
= SEKO	33,53	94,14	

e)

	Kalkulierte Selbstkosten bei **summarischer** Zuschlagskalkulation	Kalkulierte Selbstkosten bei **differenzierender** Zuschlagskalkulation
Regal Standardtyp C	35,34 EUR	33,53 EUR
Sportgerät	88,16 EUR	94,14 EUR

Im vorliegenden Fall sind bei summarischer Zuschlagskalkulation die Selbstkosten für das Regal höher und die Selbstkosten für das Sportgerät niedriger als bei differenzierender Zuschlagskalkulation. Bei summarischer Zuschlagskalkulation wird das Regal im vorliegenden Fall mit Gemeinkosten belastet, die eigentlich anderen Kostenträgern zugerechnet werden müssen. Ein auf der Basis der summarischen Zuschlagskalkulation ermittelter Angebotspreis wäre zu hoch. Angesichts der Wettbewerbssituation in diesem Marktsegment wäre das Produkt nicht konkurrenzfähig.

12.24 Erweiterter Betriebsabrechnungsbogen: Einstufiger BAB mit erweitertem Fertigungsbereich – Einführung in die Vorkalkulation

1. Fertigungsmaterialverbrauch		70,00 EUR	
Materialgemeinkostenzuschlag 80% (MGZ)		56,00 EUR	126,00 EUR
Fertigungslöhne		80,00 EUR	
Fertigungsgemeinkostenzuschlag (FGZ) 300%		240,00 EUR	320,00 EUR
Herstellkosten			446,00 EUR
2,4% Verwaltungsgemeinkosten	6% (VVGZ)		26,76 EUR
3,6% Vertriebsgemeinkosten			
Selbstkosten für 1000 Backbleche			472,76 EUR

2. Die Argumentation ist richtig. Die weitere Aufteilung des Bereichs Fertigung in die Kostenstellen Zuschneiderei, Stanzerei, Schweißerei und Verchromerei ließe eine präzisere Kalkulation zu.

3. a)

Fertigungsmaterialverbrauch	70,00 EUR	
Materialgemeinkostenzuschlag 80%	56,00 EUR	126,00 EUR
Fertigungslöhne Zuschneiderei	20,00 EUR	
FGZ Zuschneiderei 300%	60,00 EUR	
Fertigungslöhne Stanzerei	50,00 EUR	
FGZ Stanzerei 285,7%	142,85 EUR	
Fertigungslöhne Schweißerei	10,00 EUR	
FGZ Schweißerei 200%	20,00 EUR	302,85 EUR
Herstellkosten		428,85 EUR
6% Verwaltungs- und Vertriebsgemeinkosten		25,73 EUR
Selbstkosten für 1000 Backbleche		454,58 EUR

b) Das Kalkulationsergebnis bliebe dann unverändert, wenn der Zuschlagsatz in der Verchromerei gleich groß wäre wie der in den anderen Kostenstellen des Fertigungsbereichs.

Die Fertigungslöhne als Zuschlagsgrundlage wurden von der Vorkalkulation für 1000 Backbleche mit 80 EUR ermittelt.

Wäre in allen Fertigungsstellen der Zuschlagsatz gleich hoch, dann wäre es gleichgültig, welche Kostenstellen die Backbleche durchlaufen, das Kalkulationsergebnis wäre das gleiche.

Das zeigt die folgende Gegenüberstellung:

Berechnung mit einem durchschnittlichen Zuschlagsatz für den gesamten Bereich der Fertigung.		Berechnung bei Aufteilung des Fertigungsbereichs in 4 Kostenstellen, in denen die Zuschlagsätze jedoch gleich groß sind.	
Fertigungslöhne	80 EUR	Fertigungslöhne Zuschneiderei	20 EUR
FGZ 300%	240 EUR	FGZ 300%	60 EUR
		Fertigungslöhne Stanzerei	50 EUR
		FGZ 300%	150 EUR
		Fertigungslöhne Schweißerei	10 EUR
		FGZ 300%	30 EUR
		Fertigungslöhne Verchromerei	0 EUR
		FGZ 300%	0 EUR
Fertigungskosten	320 EUR	Fertigungskosten	320 EUR

12 Kosten- und Leistungsrechnung

12.25 Mehrstufiger Betriebsabrechnungsbogen – Allgemeine Hilfskostenstellen – Fertigungshilfskostenstellen – Innerbetriebliche Leistungsverrechnung nach dem Treppenverfahren

1., 2. und 3.

Erweiterter und mehrstufiger BAB (in 1 000 EUR)

Kostenstellen / Kostenarten	Gesamt	Allg. Hilfskostenstelle Energieversorgung	Allg. Hilfskostenstelle Kantine	Material	Fertigungshilfsstellen Arbeitsvorbereitung	Fertigungshilfsstellen Werkzeugmacherei	Fertigungshauptstellen Werkstatt I	Fertigungshauptstellen Werkstatt II	Verwaltung	Vertrieb
Hilfs-, Betriebsstoffe	250	5	8	15	30	32	51	63	24	22
Energie	50	3	6	8	5	4	6	8	5	5
Hilfslöhne	500	10	15	30	55	60	90	170	30	40
Gehälter	300	6	7	17	20	28	65	71	40	46
kalk. Abschreibungen	120	3	4	8	14	16	28	29	9	9
Sonstige Gemeinkosten	200	6	4,5	11,5	20	16	39	28,5	30	44,5
Summe	**1420**	**33**	**44,5**	**89,5**	**144,0**	**156,0**	**279,0**	**369,5**	**138,0**	**166,5**
Umlage 1: Energieversorgung			3	3	6	6	3	3	6	3
		47,5								
Kantine				9,5	0	0	9,5	9,5	9,5	9,5
Summe				102	150	162	291,5	382	153,5	179
Umlage 2: Arbeitsvorbereitung						30	60	60		
					192		351,5	442		
Werkzeugmacherei							96	96		
Summe				**102,0**			**447,5**	**538,0**	**153,5**	**179,0**
Zuschlagsbasis				1000			200	400	2687,5	2687,5
Zuschlagssätze (%)				10,2			223,75	134,5	5,71	6,67

zu 3. Berechnung der Herstellkosten als Zuschlagsbasis für die Verwaltungs- und Vertriebsgemeinkosten

	Fertigungsmaterial	1000,00
+	Materialgemeinkosten	102,00
+	Fertigungslöhne I	200,00
+	Fertigungsgemeinkosten I	447,50
+	Fertigungslöhne II	400,00
+	Fertigungsgemeinkosten II	538,00
=	Herstellkosten der Produktion	**2687,50**

4. a) Das hier angewandte Verfahren zur innerbetrieblichen Leistungsverrechnung (= Leistungsaustausch zwischen einzelnen Kostenstellen) wird als Treppenverfahren (Stufenleiterverfahren) bezeichnet. Dabei werden die Gemeinkosten der Hilfskostenstellen (= sekundäre Gemeinkosten) stufenweise auf die empfangenden Kostenstellen verteilt. Es wird unterstellt, dass der betriebliche Leistungsaustausch nur in einer Richtung erfolgt, obwohl möglicherweise ein gegenseitiger Leistungsaustausch zwischen den einzelnen Kostenstellen vorliegt. Im vorliegenden Fall wird beispielsweise die Leistungsabgabe der allgemeinen Kostenstelle »Kantine« an die allgemeine Hilfskostenstelle »Energieversorgung« nicht berücksichtigt.

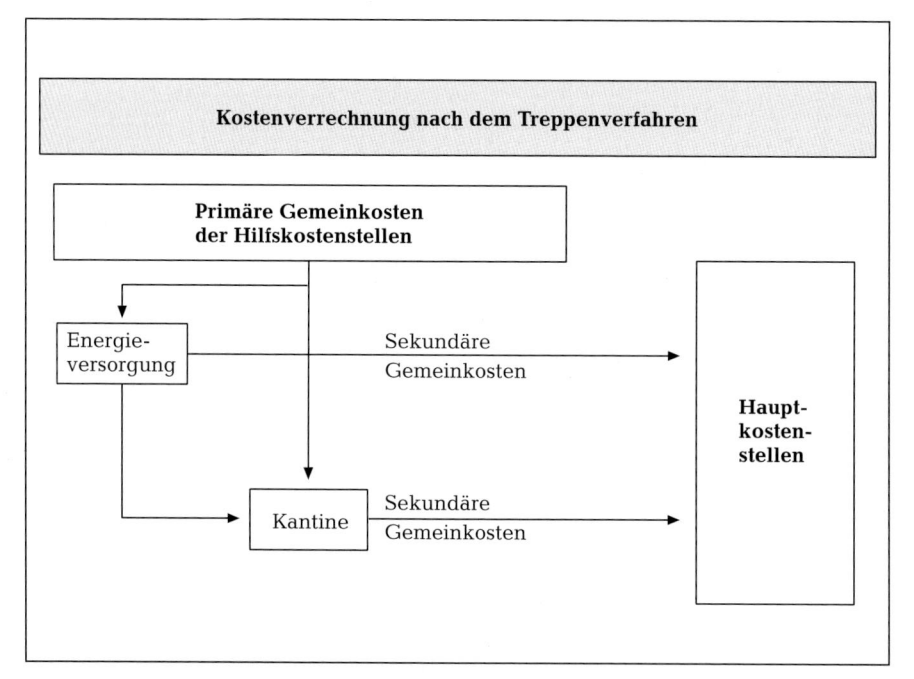

Kostenverrechnung nach dem Treppenverfahren

Primäre Gemeinkosten der Hilfskostenstellen

Energieversorgung → Sekundäre Gemeinkosten → Hauptkostenstellen

Kantine → Sekundäre Gemeinkosten → Hauptkostenstellen

b) Um die Ungenauigkeit so gering wie möglich zu halten, wird versucht, die Umlage der Hilfskostenstellen in einer Reihenfolge vorzunehmen, die gewährleistet, dass bei stufenweiser Umlage der Umfang der nicht erfassten gegenläufigen Leistungsströme der nachgeordneten Stellen an vorgelagerte Stellen so gering wie möglich ist. Das bedeutet, dass die Hilfskostenstellen, die die meisten Leistungen an andere Hilfskostenstellen abgeben, im BAB anders als im vorliegenden Fall am weitesten links stehen müssen. Eine exakte Lösung des innerbetrieblichen Leistungsaustauschs ist jedoch nur mit Hilfe eines linearen Gleichungssystems möglich.

12.26 Gemeinkostenzuschlagssätze unter Einbeziehung von Bestandsveränderungen – Herstellkosten der Produktion – Herstellkosten des Umsatzes

1. 90 000 EUR : 3 000 = **30 EUR** (Herstellkosten je Koffer)

   Dass ein Teil der hergestellten Koffer auf Lager genommen wurde, ist ohne Einfluss auf die Herstellkosten je Stück.

   $$\frac{\text{Herstellkosten des Abrechnungszeitraums}}{\text{Menge der hergestellten Güter im Abrechnungszeitraum}} = \text{Herstellkosten je Stück}$$

2. Herstellkosten des Abrechnungszeitraums   100 000 EUR
   − Bestandserhöhung an Fertigerzeugnissen   20 000 EUR
   Herstellkosten der umgesetzten Erzeugnisse   80 000 EUR

3. Herstellkosten des Abrechnungszeitraums   120 000 EUR
   + Bestandsverminderung an Fertigerzeugnissen   10 000 EUR
   Herstellkosten der umgesetzten Erzeugnisse   130 000 EUR

4. Herstellkosten des Abrechnungszeitraums   100 000 EUR
   − Bestandserhöhung unfertiger Erzeugnisse   10 000 EUR
   a) Herstellkosten der fertiggestellten Erzeugnisse   90 000 EUR
      − Bestandserhöhung Fertigerzeugnisse   5 000 EUR
   b) Herstellkosten der umgesetzten Erzeugnisse   85 000 EUR

5. Herstellkosten des Abrechnungszeitraums   150 000 EUR
   + Bestandsverminderung unfertiger Erzeugnisse   10 000 EUR
   Herstellkosten der fertiggestellten Erzeugnisse   160 000 EUR
   + Bestandsverminderung Fertigerzeugnisse   20 000 EUR
   Herstellkosten der umgesetzten Erzeugnisse   180 000 EUR

6. Herstellkosten des Abrechnungszeitraums   140 000 EUR
   + Bestandsverminderung unfertiger Erzeugnisse   15 000 EUR
   Herstellkosten der fertiggestellten Erzeugnisse   155 000 EUR
   − Bestandserhöhung Fertigerzeugnisse   25 000 EUR
   Herstellkosten der umgesetzten Erzeugnisse   130 000 EUR

7. a) **Materialkosten**

Fertigungsmaterialverbrauch	20 000 EUR	
+ Materialgemeinkostenzuschlag 10 %	2 000 EUR	22 000 EUR
Fertigungskosten		
Fertigungslöhne	30 000 EUR	
+ Fertigungsgemeinkostenzuschlag 150 %	45 000 EUR	75 000 EUR
Herstellkosten des Abrechnungszeitraums		97 000 EUR
+ Bestandsverminderung der unfertigen Erzeugnisse		5 000 EUR
Herstellkosten der fertiggestellten Erzeugnisse		102 000 EUR
− Bestandserhöhung der Fertigerzeugnisse		15 000 EUR
Herstellkosten der umgesetzten Erzeugnisse		87 000 EUR
+ Verwaltungsgemeinkostenzuschlag 8 % (der Herstellkosten des Abrechnungszeitraums)	7 760 EUR	
+ Vertriebsgemeinkostenzuschlag 4 % (der Herstellkosten der umgelegten Erzeugnisse)	3 480 EUR	11 240 EUR
Selbstkosten der umgesetzten Erzeugnisse		98 240 EUR

   b) Ja. Die Vertriebsgemeinkosten entstehen im ursächlichen Zusammenhang und deshalb wohl auch proportional mit dem Umsatz, nicht mit der Herstellung der Waren.

Normalkostenrechnung

12.27 Normalzuschlagssätze – Istzuschlagssätze – Vor- und Nachkalkulation

1.
	Fertigungsmaterial	4 000 EUR	
+	MGZ 8%	320 EUR	4 320,00 EUR
	Fertigungslöhne	6 000 EUR	
+	FGZ 150%	9 000 EUR	15 000,00 EUR
	Herstellkosten		19 320,00 EUR
	Verwaltungs- und Vertriebsgemeinkosten 12%		2 318,40 EUR
	Selbstkosten		21 638,40 EUR
+	Gewinn (17,846%)		3 861,60 EUR
	Netto-Verkaufspreis		25 500,00 EUR

2. a) Grundsätzlich lassen die veränderten Zuschlagssätze erkennen, dass sich das Verhältnis Einzelkosten zu Gemeinkosten verändert hat. Bei gestiegenen Zuschlagssätzen machen die Gemeinkosten jetzt einen höheren Prozentsatz der als Zuschlagsgrundlage benutzten Einzelkosten aus. Eine Abweichung zwischen Normalkosten und Istkosten kann u.a. folgende Ursache haben:

   1. **Preisabweichungen:**

      Veränderung der Hilfslöhne, Gehälter oder Preise für Gemeinkostenmaterial.

      Wenn sich aber die Preise im Bereich der Einzelkosten im gleichen Verhältnis wie die Preise der Gemeinkosten ändern, würden die Zuschlagssätze gleich bleiben.

   2. **Beschäftigungsabweichungen:**

      Durch Veränderung des Beschäftigungsgrades verändern sich die als Bezugsgröße für die Material- und Fertigungsgemeinkosten dienenden Einzelkosten. Wenn der Betrieb schlechter beschäftigt war, als dies vorauszusehen war, wurden weniger Aufträge abgewickelt, und deshalb fielen auch weniger Fertigungslöhne und Fertigungsmaterialverbrauch an. Die Gemeinkosten haben sich jedoch wegen ihres Fixkostenanteils nicht in gleichem Maße verändert. Die möglicherweise nur geringfügig gesunkenen oder sogar unverändert gebliebenen Gemeinkosten mussten auf eine kleinere Zuschlagsbasis (Einzelkosten) bezogen werden. Das bewirkt eine Erhöhung der Zuschlagssätze.

      Erläuterung:

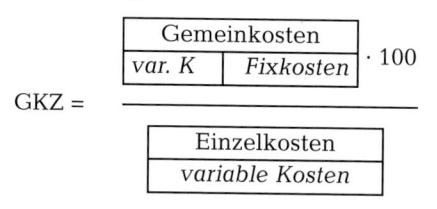

      $$GKZ = \frac{\begin{array}{|c|c|}\hline \multicolumn{2}{|c|}{\text{Gemeinkosten}} \\ \hline \text{var. K} & \text{Fixkosten} \\ \hline \end{array}}{\begin{array}{|c|}\hline \text{Einzelkosten} \\ \hline \text{variable Kosten} \\ \hline \end{array}} \cdot 100$$

      Wenn sich der Beschäftigungsgrad verringert, sinken die ausschließlich aus variablen Kosten bestehenden Einzelkosten schneller als die aus fixen und variablen Kosten bestehenden Gemeinkosten. Folglich erhöht sich bei einem Sinken des Beschäftigungsgrades der Gemeinkostenzuschlagssatz und umgekehrt.

   3. **Verbrauchsabweichung:**

      Es wurden größere oder kleinere Mengen (z. B. Material, Energie, Arbeitszeit) als geplant benötigt.

12 Kosten- und Leistungsrechnung

b) Fertigungsmaterial 5 000 EUR
   MGZ 9% 450 EUR 5 450,00 EUR
   Fertigungslöhne 7 500 EUR
   FGZ 155% 11 625 EUR 19 125,00 EUR
   Herstellkosten 24 575,00 EUR
   Verwaltungs- und Vertriebskosten 14% 3 440,50 EUR
   Selbstkosten 28 015,50 EUR
   Verlust 2 515,50 EUR
   Netto-Verkaufspreis 25 500,00 EUR

c) Selbstkosten 28 015,50 EUR
   + 20% Gewinn 5 603,10 EUR
   Netto-Verkaufspreis 33 618,60 EUR

12.28 Kostenüber- und Kostenunterdeckung

Lösungsblatt

1. Fertigungsmaterialverbrauch 170 000 (190 000 Roh-, Hilfs- u. Betriebsstoffe aus G + V − 20 000 Gemeinkostenmaterial aus BAB)

   Materialgemeinkosten 83 000 aus BAB
   Fertigungslöhne 240 000 (500 000 Löhne und Gehälter aus G + V − 260 000 Gemeinkostenlöhne und Gehälter aus BAB)
   Fertigungsgemeinkosten 518 000 aus BAB

   a) Herstellkosten des Abrechnungszeitraums 1 011 000
   + Bestandsverminderung unfertiger Erzeugnisse 20 000 aus G + V
   b) Herstellkosten der fertiggestellten Erzeugnisse 1 031 000
   − Bestandserhöhung der Fertigerzeugnisse 90 000 aus G + V
   c) Herstellkosten der umgesetzten Erzeugnisse 941 000
   Verwaltungsgemeinkosten 130 000 aus BAB
   Vertriebsgemeinkosten 49 000 aus BAB
   d) Selbstkosten des Umsatzes 1 120 000

2. Ist-MGKZ = $\frac{83\,000 \cdot 100}{170\,000}$ = 48,82%;   Ist-FGKZ = $\frac{518\,000 \cdot 100}{240\,000}$ = 215,83%

   Ist-VerwGKZ = $\frac{130\,000 \cdot 1900}{1\,011\,000}$ = 12,86%;   Ist-VertrGKZ = $\frac{49\,000 \cdot 100}{1\,1011\,000}$ = 4,85%

3.

	insgesamt	Material-bereich	Fertigungs-bereich	Verwaltungs-bereich	Vertriebs-bereich
Summe der tatsächlichen Gemeinkosten	780 000	83 000	518 000	130 000	49 000
Zuschlags-grundlage		Fertigungs-materialverbrauch 170 000	Fertigungs-löhne 240 000	Normal-Herstellkosten des Abrechnungs-zeitraums 982 000	982 000
Zuschlagssätze (normal)		40 %	200 %	15 %	5 %
verrechnete Gemeinkosten	744 400	68 000	480 000	147 300	49 100
Überdeckung				17 300	100
Unterdeckung	35 600	15 000	38 000		

Kalkulation mit Maschinenstundensätzen

12.29 Maschinenstundensatzrechnung:
BAB mit maschinenabhängigen Kosten – Rest-Gemeinkosten – Kalkulation mit Maschinenstundensätzen

1. Maschinenstundensatz der Dreherei = 35 000 EUR : 2 000 = **17,50 EUR**
   Maschinenstundensatz der Bohrerei = 30 000 EUR : 2 000 = **15,00 EUR**

2. a) Rest – Gemeinkostenzuschlag Dreherei: $\frac{160\,000 \cdot 100}{130\,000}$ = 123,08 %

   Rest – Gemeinkostenzuschlag für die Bohrerei: $\frac{160\,000 \cdot 100}{118\,750}$ = 134,8 %

   b) Dass der Betrieb den Fertigungsbereich in die Kostenstellen Dreherei und Bohrerei unterteilt hat, lässt darauf schließen, dass die beiden Kostenstellen von den Aufträgen unterschiedlich in Anspruch genommen werden. Sonst wäre die Aufteilung ja überflüssig. Der Unterschied der Zuschlagssätze ist doch so groß, dass die Verwendung eines einheitlichen Zuschlagssatzes (als arithmetisches Mittel berechnet 129 %) die Aufteilung der Gemeinkosten auf die Aufträge verfälschen würde.

3. a) Ohne Berücksichtigung von Maschinenstundensätzen:

Fertigungslöhne Dreherei	6 500 EUR	
Fertigungsgemeinkostenzuschlag 150 %	9 750 EUR	16 250 EUR
Fertigungslöhne Bohrerei	3 565 EUR	
Fertigungsgemeinkostenzuschlag 160 %	5 704 EUR	9 269 EUR
Fertigungskosten		25 519 EUR
Fertigungsmaterialverbrauch		10 000 EUR
Materialgemeinkostenzuschlag		500 EUR
Herstellkosten		36 019 EUR

Bei Verwendung von Maschinenstundensätzen:

Fertigungslöhne Dreherei		6 500,00 EUR	
100 Maschinenstunden zu 17,50 EUR	1 750,00 EUR		
Rest – Fertigungsgemeinkostenzuschlag 123,08% auf Fertigungslöhne	8 000,20 EUR	9 750,00 EUR	16 250,20 EUR
Fertigungslöhne Bohrerei		3 565,00 EUR	
60 Maschinenstunden zu 15,00 EUR	900,00 EUR		
Rest – Fertigungsgemeinkostenzuschlag 134,8% auf Fertigungslöhne	4 805,62 EUR	5 705,62 EUR	9 270,62 EUR
Fertigungskosten			25 520,82 EUR
Fertigungsmaterialverbrauch			10 000,00 EUR
Materialgemeinkostenzuschlag 5%			500,00 EUR
Herstellkosten			36 020,82 EUR

b) Unter einer Voraussetzung kann entschieden werden:

Wenn in dem Betrieb sich die Fertigungslöhne (= Bezugsgröße für Rest-FGK) proportional mit den Maschinenstunden (= Bezugsgröße für maschinenabhängige GK) verändern.

Unter dieser Annahme hätte die Vergleichsrechnung überhaupt nicht erstellt zu werden brauchen. Das Ergebnis der Vergleichsrechnung war dann logisch vorbestimmt. Bei dieser Untersuchung wurde ja nichts getan, als neben den Fertigungslöhnen noch eine zweite Zuschlagsbasis für die Fertigungsgemeinkosten eingeführt. Wenn die beiden Zuschlagsbasen proportional verlaufen, dann kann das keine Auswirkung auf die Kalkulation haben.

Anders wäre das, wenn die Dreherei oder die Bohrerei in verschiedene Maschinenarbeitsplätze aufgeteilt worden wäre. Wenn die verschiedenen Aufträge die verschiedenen Maschinen einer Kostenstelle unterschiedlich in Anspruch nehmen, dann wird mit der Einführung der Maschinenstundensatzrechnung die Genauigkeit der Kostenrechnung erhöht.

4. a) Maschinenstundensatz der Bohrerei: 200 000 EUR : 2 000 Stunden = 100,00 EUR

b) Herkömmliche Zuschlagskalkulation ohne Berücksichtigung von Maschinenstundensätzen

Berechnung des neuen Fertigungsgemeinkostenzuschlagssatzes Dreherei:

$$FGKZ = \frac{(200 \text{ maschinenabh. GK} + 160 \text{ Rest-FGK}) \cdot 100}{75} = 480\%$$

Fertigungslöhne Dreherei	6 500	
+ Fertigungsgemeinkostenzuschlag 150%	9 750	16 250
+ Fertigungslöhne Bohrerei	2 000	
+ Fertigungsgemeinkostenzuschlag 480%	9 600	11 600
= Fertigungskosten		27 850
+ Fertigungsmaterial		10 000
+ Materialgemeinkostenzuschlag 5%		500
= Herstellkosten		38 350

Kalkulation mit Maschinenstundensätzen

Berechnung des neuen Rest-Gemeinkostenzuschlagssatzes Dreherei:

$$\text{Rest-GKZ} = \frac{160 \cdot 100}{75} = 213{,}33\%$$

Fertigungslöhne Dreherei	6 500,00	
+ 100 Maschinenstunden zu 17,50 EUR	1 750,00	
Rest-Fertigungsgemeinkostenzuschlag 123,08% auf die Fertigungslöhne	8 000,20	16 250,20
Fertigungslöhne Bohrerei	2 000,00	
+ 30 Maschinenstunden zu 100 EUR	3 000,00	
Rest-Fertigungsgemeinkostenzuschlag 213,33 % auf die Fertigungslöhne	4 266,60	9 266,60
= Fertigungskosten		25 516,80
+ Fertigungsmaterial		10 000
+ Materialgemeinkostenzuschlag 5%		500
= Herstellkosten		36 016,80

c) Bei herkömmlicher Zuschlagskalkulation würden die Herstellkosten des Auftrags mit 38350 EUR, bei Anwendung der Maschinenstundensatzrechnung dagegen nur mit 36016,80 EUR kalkuliert. Die Kalkulation ist durch eine verursachungsgerechtere Zurechnung der maschinenabhängigen Gemeinkosten verbessert worden.

d) Bei Aufgabe 3 ist der Anteil der maschinenabhängigen Gemeinkosten an den gesamten Gemeinkosten relativ gering. Da die Zuschlagsbasis (Fertigungslöhne) im Verhältnis zu den Gemeinkosten relativ groß ist, liegen die FGKZ »nur« zwischen 100% und 200%.

Bei Aufgabe 4 ist gegenüber Aufgabe 3 in der Bohrerei der Anteil der maschinenabhängigen Gemeinkosten erheblich gestiegen, während die Zuschlagsgrundlage (Fertigungslöhne) gesunken ist. Daher ist auch der FGKZ für die Bohrerei erheblich gestiegen (von 160% auf 480%). Hohe Zuschlagssätze führen bereits bei kleinen Ungenauigkeiten bei der Erfassung der Einzelkosten (hier: Fertigungslöhne) zu großen Fehlern in der Kalkulation. Da der größte Teil der Fertigungsgemeinkosten durch den Maschineneinsatz verursacht wird, besteht für diese Gemeinkosten keine direkte Abhängigkeit (Proportionalität) von den Fertigungslöhnen. Bei Anwendung der herkömmlichen Zuschlagskalkulation für den zu kalkulierenden Auftrag würde unterstellt, dass die maschinenabhängigen Gemeinkosten das 2,6-fache der Fertigungslöhne betragen (200000 EUR maschinenabhängige Gemeinkosten : 75 000 EUR Fertigungslöhne = 2,666), obwohl beim vorliegenden Auftrag die maschinenabhängigen Gemeinkosten tatsächlich nur das 1,5-fache der Fertigungslöhne betragen (3 000 EUR maschinenabhängige Gemeinkosten: 2 000 EUR Fertigungslöhne = 1,5). Bei Anwendung der herkömmlichen Zuschlagskalkulation würden dem Auftrag somit zuviel maschinenabhängige Gemeinkosten angelastet. Daher sind die kalkulierten Herstellkosten (38 350 EUR) in diesem Fall zu hoch. Die Zurechnung ist nicht verursachungsgerecht.

5. **falsch:**

a) Mit dem Maschinenstundensatz werden nur die Gemeinkosten verrechnet. Die Einzelkosten (z.B. Fertigungsmaterialverbrauch) haben keinen Bezug zu der Bearbeitungszeit des Materials auf der Maschine.

b) Nur die maschinenabhängigen Gemeinkosten werden mit Maschinenstundensätzen verrechnet. Nicht alle Fertigungsgemeinkosten sind maschinenabhängig, z.B. sind die Betriebssteuern nicht maschinenabhängig.

12 Kosten- und Leistungsrechnung

c) Wenn die Maschinen vollkommen gleichartig und gleichwertig sind, dann ist der Maschinenstundensatz auch gleich groß.
Die Einführung der Maschinenstundensatzrechnung erhöht dann den Kalkulationsaufwand, ohne einen Vorteil zu bringen.

e) Die Maschinenstundensatzrechnung soll die Genauigkeit der Kalkulation erhöhen.

richtig:

d) Die Kalkulation mit Maschinenstundensätzen ist nur dann sinnvoll, wenn sich wegen der unterschiedlichen Art der Maschinen auch unterschiedliche Maschinenstundensätze ergeben und die Produkte diese Maschinen auch unterschiedlich in Anspruch nehmen.

12.30 Berechnung des Maschinenstundensatzes – Kalkulation mit Maschinenstundensätzen

1. 240 Tage · 8 Stunden   1920 Stunden (gesamte Maschinenlaufstunden)
   - Stillstandszeit 10 %   192 Stunden
   - Instandhaltungszeit 2,5 %   48 Stunden
   = Laufstunden der Maschine   1680 Stunden

2.

Merkmal	Universalmaschine	Spezialmaschine
Abschreibung vom Wiederbeschaffungswert	50 000	5 000
Zinsen in % vom halben Wiederbeschaffungswert	25 000	2 000
Raumkosten pro Jahr	2 160	720
Stromkosten bei 1 680 Laufstunden	840	504
Instandhaltung pro Jahr	10 000	600
Versicherung in % des Wiederbeschaffungswertes	5 000	200
Werkzeugkosten pro Jahr in EUR (u.a. regelmäßig zu erneuernde Verschleißteile)	1 200	450
Summe	**94 200**	**9 474**
Maschinenstundensatz bei 1 680 Stunden	**56,07**	**5,64**

3.

Kostenart		EUR	EUR
Fertigungsmaterial		120,00	
Materialgemeinkosten (30 %)		36,00	
Materialkosten (I)			156,00
Fertigungslöhne		70,00	
Rest-Gemeinkosten (210 %)		147,00	
(Rest-)Fertigungskosten (II)			217,00
Universalmaschine	2,0 · 56,07 EUR	112,14	
Spezialmaschine 1	0,9 · 5,64 EUR	5,08	
Spezialmaschine 2	1,2 · 5,64 EUR	6,77	
Spezialmaschine 3	0,3 · 5,64 EUR	1,69	
Maschinenkosten (III)			125,68
Herstellkosten (I + II + III)			**498,68**

Verkaufskalkulation

12.31 Kalkulation des Angebotspreises: Vorwärtskalkulation – Kalkulation bei festem Angebotspreis: Differenzkalkulation und Rückwärtskalkulation

1. Vorwärtskalkulation

Fertigungsmaterial	20,00	
+ MGKZ 20%	4,00	
Materialkosten		24,00
Fertigung I		
Maschinenkosten	6,00	
Fertigungslöhne	10,00	
Restgemeinkosten 80%	8,00	
Fertigung II		
Maschinenkosten	6,00	
Fertigungslöhne	5,00	
Restgemeinkosten 90%	4,50	
Fertigungskosten		39,50
Herstellkosten		63,50
+ Verwaltungs- und Vertriebsgemeinkosten 30%		19,05
Selbstkosten		**82,55**
+ Gewinnzuschlag 30% v H.		24,77
Barverkaufspreis		**107,32**
+ Kundenskonto 2% i.H. (2 % vom ZVKP)		2,31
+ Vertreterprovision 5% i.H. (5 % vom ZVKP)		5,77
Zielverkaufspreis		**115,40**
+ Kundenrabatt 10% i.H. (10 % vom Angebotspreis)		12,82
Angebotspreis, Listenverkaufspreis		**128,22**

2. Differenzkalkulation

Selbstkosten	**82,55**	
+ Gewinnzuschlag 11,53%	9,52	Differenz
Barverkaufspreis	**92,07**	
+ Kundenskonto 2%	1,98	
+ Vertreterprovision 5%	4,95	
Zielverkaufspreis	**99,00**	
+ Kundenrabatt 10%	11,00	
Angebots, Listenverkaufspreis	**110,00**	

3. Rückwärtskalkulation

Fertigungsmaterial	12,48	100%
+ MGKZ 20%	2,50	20%
Materialkosten	14,98	120%
Fertigung I		
Maschinenkosten	6,00	
Fertigungslöhne	10,00	
Restgemeinkosten 80%	8,00	

12 Kosten- und Leistungsrechnung

Fertigung II			
Maschinenkosten	6,00		
Fertigungslöhne	5,00		
Restgemeinkosten 90%	4,50		
Fertigungskosten	**39,50**		
Herstellkosten	**54,48**	100%	
+ Verwaltungs- und Vertriebsgemeinkosten	22,10	30%	
Selbstkosten	**70,82**	130%	100%
+ Gewinnzuschlag 30% v.H.	21,25		30%
Barverkaufspreis	**92,07**	93%	130%
+ Kundenskonto 2%	1,98		
+ Vertreterprovision 5%	4,95	7%	
Zielverkaufspreis	**99,00**	100%	90%
+ Kundenrabatt 10%	11,00		10%
Angebots-, Listenverkaufspreis	**110,00**		100%

Das Fertigungsmaterial müsste um 37,6% billiger eingekauft werden (12,48 EUR jetzt gegenüber 20,00 EUR vorher).

Gesamtkalkulation zur Ermittlung des Betriebsergebnisses: Kostenträgerzeitrechnung

12.32 Normalkosten–Istkosten–Kostenüberdeckung–Kostenunterdeckung

1.

	Kalkulation mit Zuschlagsätzen		Istkosten	Differenz (Abweichung des (Kostendeckung von den Istkosten	
Fertigungslöhne		40 000	40 000		
Fertigungs-gemeinkosten	(180%)	72 000	80 000 120 000	− 8 000	
Fertigungs-materialverbrauch		20 000	20 000		
Material-gemeinkosten	(12%)	2 400	2 000		+ 400
Herstellkosten		134 400	142 000		
Verwaltungs-gemeinkosten	(4%)	5 376	4 260		+ 1 116
Vertriebs-gemeinkosten	(5%)	6 720	5 680		+ 1 040
Selbstkosten		146 496	151 490		
Gewinn		30 388	24 944		
Netto-Verkaufspreis (ohne Mehrwertsteuer)		176 884	176 884	− 8 000 − 5 444	+ 2 556

Die Differenz zwischen dem sich zum Zeitpunkt der Produktion aus der Kalkulation ergebenden Gewinn und dem tatsächlichen Gewinn, wie er sich nach Abschluss der Abrechnungsperiode feststellen lässt, beträgt 5 444 EUR.

Der Grund liegt darin, dass insgesamt mehr Gemeinkosten angefallen sind, als mit den Zuschlagsätzen in den Verkaufspreisen hineingerechnet wurden. Die kalkulierten Gemeinkosten decken nicht die tatsächlich angefallenen Gemeinkosten. Die Differenz von 5 444 EUR geht zu Lasten des Gewinns. Im Fertigungsbereich entstand eine Unterdeckung von 8 000 EUR. Die Überdeckung im Bereich der Materialgemeinkosten (400 EUR), der Verwaltungsgemeinkosten (1116 EUR) und der Vertriebsgemeinkosten (1040 EUR) gleichen die Unterdeckung im Fertigungsbereich nur zum Teil aus.

Aufgrund dieser Erfahrung wird das Unternehmen überprüfen müssen, ob die Zuschlagsätze für die Kalkulation geändert werden müssen.

2. Nein. Nur wenn die Unterdeckung der Gemeinkosten den kalkulierten Gewinn übersteigt, entsteht Verlust.

12.33 Normalkostenrechnung – Betriebsergebnis

1. u. 2.

	Normalkostenrechnung	Istkostenrechnung	Differenz
Selbstkosten	100000	80000	+ 20000 (Überdeckung)
Betriebsergebnis	20000	40000	
Netto-Verkaufserlös	120000	120000	+ 20000

Betriebsergebnis: 40000 EUR

3.

Regel	Zahlenbeispiel
Nettoverkaufserlös	120000
– Selbstkosten (Normalkosten)	100000
	20000
+ Kostenüberdeckung (– Kostenunterdeckung)	20000
Betriebsergebnis	40000

12.34 Gesamtkalkulation – Kostenüberdeckung – Kostenunterdeckung – Betriebsergebnis

1. u. 2.

	Normalkosten		Istkosten	Unter-/Überdeckung	
Fertigungslöhne	200000		200000		
Fertigungsgemeinkosten	300000	(150%)	400000	– 100000	
Fertigungsmaterialverbrauch	150000		150000		
Materialgemeinkosten	22500	(15%)	15000		+ 7500
Herstellkosten des Abrechnungszeitraums	672500		765000		
– Bestandserhöhung der unfertigen Erzeugniss	35000		35000		
Herstellkosten der fertiggestellten Erzeugnisse	637500		730000		
+ Bestandsminderung der fertigen Erzeugnisse	50000		50000		
Herstellkosten der umgesetzten Erzeugnisse	687500		780000		
Verwaltungs- und Vertriebsgemeinkosten	144375	(21%)	150000	– 5625	
Selbstkosten des Umsatzes	831875		930000	– 105625	+ 7500
Betriebsergebnis			570000	– 98125	

Kostenunterdeckung: 98125 EUR

12 Kosten- und Leistungsrechnung

12.35 Kostenträgerzeitrechnung – Kalkulation mit Sondereinzelkosten und Skonto

1.

	Kosten des Abrechnungszeitraums	Kosten je Auftrag		
		Auftrag 1	Auftrag 2	Auftrag 3
Fertigungsmaterialverbrauch	275 500	95 500	60 000	120 000
Materialgemeinkosten 4,9%	13 500	4 680	2 940	5 880
Fertigungslöhne	90 000	30 000	20 000	40 000
Fertigungsgemeinkosten 300%	270 000	90 000	60 000	120 000
Herstellkosten	649 000	220 180	142 940	285 880
Verwaltungs- und Vertriebsgemeinkosten 10%	64 900	22 018	14 294	28 588
Sondereinzelkosten d. Vertriebs	3 000	900	700	1 400
Selbstkosten	716 900	243 098	157 934	315 868
Gewinn 20%	143 380	48 620	31 587	63 174
Bar-Verkaufspreis	860 280	291 718	189 521	379 042
Skonto 2%	17 557	5 953	3 868	7 736
Netto Zielverkaufspreis	877 837	297 671	193 389	386 778

Die Materialgemeinkosten werden anders verteilt; der Auftrag, bei dem Sondereinzelkosten der Fertigung für das Gussmodell anfallen, hat mehr Gemeinkosten zu tragen.

Die Kosten für das Gussmodell dem Fertigungsmaterialverbrauch zuzurechnen ist schon deshalb falsch, weil bei der Herstellung des Gussmodells auch Löhne angefallen sind.

Außerdem wurden bei der Kalkulation des Gussmodells Gemeinkosten bereits verrechnet. Richtig ist deshalb die Behandlung als Sondereinzelkosten der Fertigung. Sondereinzelkosten sind all die Einzelkosten, die weder für Löhne noch für Materialverbrauch angefallen sind.

2. Bei Nichtinanspruchnahme des Skontos durch Kunden erhöht sich die Einnahme des Unternehmens. Der Gewinn des Unternehmens erhöht sich nicht um den vollen Betrag des nicht in Anspruch genommenen Skontos, da in diesem Fall die Kunden später zahlen, d.h. die Finanzmittel dem Unternehmen später zur Verfügung stehen. Um die Gewinnerhöhung zu berechnen, muss der Zins vom Rechnungsbetrag und für die Tage berechnet werden, um die später gezahlt wird. Wird dieser Zinsbetrag vom Skonto abgezogen, dann ergibt sich der zusätzliche Gewinn.

Beispiel: Kein Kunde des Unternehmens nimmt Skonto in Anspruch. Dann beträgt das Zahlungsziel 1 Monat.

Als Zinssatz werden 5% zu Grunde gelegt.

Zins für 1 Monat vom Brutto-Verkaufspreis = $\dfrac{861\,600 \cdot 5}{100 \cdot 12}$ = 3 590 EUR

Skonto	17 584 EUR
– Zins	3 590 EUR
Gewinnerhöhung	13 994 EUR

Lösungsblatt

12.36 PC-EINSATZ: Zusammenfassende Aufgabe zur Vollkostenrechnung:
Einstufiger Betriebsabrechnungsbogen – Normalkostenrechnung
– Kostenüber- und Kostenunterdeckung – Zuschlagskalkulation –
Kostenträgerzeitrechnung – Kostenträgerstückrechnung –
Probleme der Vollkostenrechnung

EDV: Die Aufgabe ist mit entsprechendem Zeitaufwand auch ohne Computerunterstützung lösbar. Hinweise für Möglichkeiten einer computerunterstützten Lösung einzelner Teilaufgaben mit Hilfe des Programms EUROBWL finden sich auf der CD (siehe S. 5).

1.

Gemeinkostenarten	Summe	Kostenstellen			
		Material	Fertigung	Verwaltung	Vertrieb
Hilfsstoffe	60 000	4 000	45 000	1 000	10 000
Strom	1 000	50	875	63	13
Hilfslöhne	25 000	5 128	14 103	0	5 769
Gehälter	90 000	4 286	25 714	42 857	17 143
Ges. Sozialversicherungen	30 000	1 000	22 000	6 000	1 000
Freiw. Sozialleistungen	16 000	536	13 408	1 341	715
Kalk. Abschreibungen	40 000	2 759	23 448	8 276	5 517
Kalk. Zinsen	10 000	323	4 839	1 935	2 903
Reinigungs- und Heizkosten	10 000	1 124	7 491	824	562
Instandhaltung	26 000	3 000	18 000	3 000	2 000
Kfz-Kosten	12 000	800	3 500	1 000	6 700
Sonst. Kosten	100 000	5 000	50 000	30 000	15 000
∑ Gemeinkosten	420 000	28 005	228 338	96 296	67 322

$$\text{MGKZ} = \frac{28\,005 \cdot 100}{400\,000} = 7{,}00\,\%$$

$$\text{FGKZ} = \frac{228\,338 \cdot 100}{230\,000} = 99{,}29\,\%$$

$$\text{VwGKZ} = \frac{96\,296 \cdot 100}{891\,382} = 10{,}80\,\%$$

$$\text{VtGKZ} = \frac{67\,322 \cdot 100}{891\,382} = 7{,}55\,\%$$

Selbstkosten des Umsatzes:	EUR	
FM	400 000	
+ MGK	28 005	7,00 %
+ FL	230 000	
+ FGK	228 378	99,29 %
+ SEKF	0	
= HEKO Produktion	886 383	
+ Bestandsminderung	5 000	
− HEKO Umsatz	891 383	
+ VwGK	96 296	10,80 %
+ VtGk	67 322	7,55 %
+ SEKVt	0	
= SEKO Umsatz	1 055 001	

12 Kosten- und Leistungsrechnung

2.

	Nachkalkulation		Vorkalkulation		Abweichung
FM	400 000		400 000		
+ MGK	28 005	7,00%	20 000	5,00%	− 8 005
+ FL	230 000		230 000		
+ FGK	228 377	99,29%	253 000	110,00%	24 623
= HEKO Produktion	886 382		903 000		16 618
+ Bestandsminderung	5 000		5 000		
= HEKO Umsatz	891 382		908 000		16 618
+ VwGK	96 296	10,80%	136 200	15,55%	39 904
+ VtGk	67 322	7,55%	54 480	6,00%	− 12 842
= SEKO Umsatz	1 055 000		1 098 680		43 680
			Kostenüberdeckung		43 680

3.

Gemeinkostenarten	Summe	Kostenstellen			
		Material	Fertigung	Verwaltung	Vertrieb
Hilfsstoffe	65 000	4 000	50 000	1 000	10 000
Strom	3 000	50	2 874	63	13
Hilfslöhne	25 000	5 128	14 103	0	5 769
Gehälter	90 000	4 286	25 714	42 857	17 143
Ges. Sozialversicherungen	30 000	1 000	22 000	6 000	1 000
Freiw. Sozialleistungen	16 000	536	13 408	1 341	715
Kalk. Abschreibungen	60 000	2 759	43 448	8 276	5 517
Kalk. Zinsen	18 000	323	12 839	1 935	2 903
Reinigungs- und Heizkosten	14 000	1 124	11 490	824	562
Instandhaltung	32 000	3 000	24 000	3 000	2 000
Kfz-Kosten	12 000	800	3 500	1 000	6 700
Sonst. Kosten	110 000	5 000	60 000	30 000	15 000
∑ Gemeinkosten	475 000	28 006	283 376	96 296	67 322

$$\text{MGKZ} = \frac{28\,006 \cdot 100}{400\,000} = 7{,}00\%$$

$$\text{FGKZ} = \frac{283\,376 \cdot 100}{135\,000} = 209{,}91\%$$

$$\text{VwGKZ} = \frac{96\,296 \cdot 100}{851\,382} = 11{,}31\%$$

$$\text{VtGKZ} = \frac{67\,322 \cdot 100}{851\,382} = 7{,}91\%$$

Selbstkosten des Umsatzes:

	EUR	
FM	400 000	
+ MGK	28 006	7,00%
+ FL	135 000	
+ FGK	283 376	209,91%
+ SEKF	0	
= HEKO Produktion	846 382	
+ Bestandsminderung	5 000	
− HEKO Umsatz	851 382	
+ VwGK	96 296	11,31%
+ VtGk	67 322	7,91%
+ SEKVt	0	
= SEKO Umsatz	1 015 000	

Der FGKZ hat sich mehr als verdoppelt. Dies ist dadurch bedingt, dass die FGK gestiegen sind (von 228 337 EUR auf 283 376 EUR) und gleichzeitig die Fertigungslöhne, die die Zuschlagsgrundlage für die FGK bilden, gesunken sind (von 230 000 EUR auf 135 000 EUR).

4. Die Selbstkosten sind insgesamt um 40 000 EUR gesunken.

Erhöhung der Gemeinkosten um	55 000 EUR
Minderung der Fertigungslöhne um	95 000 EUR
Gesamtminderung	40 000 EUR
SEKO Umsatz vorher	1 055 000 EUR
− SEKO Umsatz nachher	1 015 000 EUR
=	40 000 EUR

5. **Stückkostenkalkulation vor der Rationalisierungsinvestition**

Produkt		Produkt A 2 000 Stück	Produkt B 1 500 Stück	Produkt C 2 500 Stück
FM		60,00	40,00	88,00
MGKZ	7,00%	4,20	2,80	6,16
FL		44,00	23,00	43,00
FGKZ	99,29%	43,69	22,84	42,69
= HEKO		151,89	88,64	179,85
VwGKZ	10,80%	16,40	9,57	19,42
VtGKZ	7,55%	11,47	6,69	13,58
= SEKO		179,76	104,90	212,86

Stückkostenkalkulation nach der Rationalisierungsinvestition

Produkt		Produkt A 2 000 Stück	Produkt B 1 500 Stück	Produkt C 2 500 Stück
FM		60,00	40,00	88,00
MGKZ	7,00%	4,20	2,80	6,16
FL		25,00	20,00	22,00
FGKZ	209,91%	52,48	41,98	46,18
= HEKO		141,68	104,78	162,34
VwGKZ	11,31%	16,02	11,85	18,36
VtGKZ	7,91%	11,20	8,29	12,84
= SEKO		168,91	124,92	193,54

Bei Produkt B sind trotz der Rationalisierungsinvestition die kalkulierten Stückkosten gestiegen.

Ursache: Da die Fertigungslöhne (FL) für dieses Produkt trotz der Rationalisierungsinvestition kaum gesunken sind, ist anzunehmen, dass dieses Produkt gar nicht oder nur in äußerst geringem Umfang auf den neu angeschafften Maschinen gefertigt wird. Trotzdem werden diesem Produkt in Form des mehr als verdoppelten FGKZ Teile der mit den neuen Maschinen einhergehenden Gemeinkosten (Abschreibungen, Zinsen, Instandhaltung etc.) zugerechnet. Als Zuschlagsbasis werden dabei nach wie vor die (in diesem Falle kaum gesunkenen) Fertigungslöhne des Produkts B benutzt. Aufgrund der sich daraus ergebenden hohen Fertigungsgemeinkosten sind die kalkulierten Selbstkosten dieses Produkts im vorliegenden Fall höher als vorher. Die Kostenrechnung auf der Basis der Zuschlagskalkulation ist somit hier nicht verursachungsgerecht.

12 Kosten- und Leistungsrechnung

Damit wird ein generelles Problem der Vollkostenrechnung auf der Basis der Zuschlagskalkulation deutlich: Die unterstellte eindeutige Abhängigkeit zwischen Zuschlagsbasis (hier: Fertigungslöhne) und Gemeinkosten der jeweiligen Kostenstelle (hier: Fertigungsgemeinkosten wie Abschreibung, Zinsen, Instandhaltung etc.) besteht in Wirklichkeit häufig nicht.

Lösung: Es müssen andere Zuschlagsbasen gefunden werden, die der Verursachung der durch die Rationalisierungsinvestition zusätzlich anfallenden Fertigungsgemeinkosten (Abschreibung, Zinsen, Instandhaltung etc.) besser gerecht werden.

Diese verursachungsgerechtere Kostenzurechnung auf die einzelnen Kostenträger erfolgt im Rahmen der Maschinenstundensatzrechnung. Dazu werden die Fertigungsgemeinkosten in maschinenabhängige Gemeinkosten und fertigungslohnabhängige Gemeinkosten (Restgemeinkosten) unterteilt. Die Maschinenstundensatzrechnung führt dann zu verursachungsgerechteren Ergebnissen, wenn

- infolge zunehmender Automation der Fertigungslohn als Zuschlagsbasis für die vorwiegend maschinenabhängigen Fertigungsgemeinkosten nicht mehr gerechtfertigt ist,
- die Produkte (Kostenträger) die einzelnen Maschinen in unterschiedlichem Maß beanspruchen.

Am vorliegenden Beispiel wird noch ein weiteres Problem der Vollkostenrechnung deutlich. Bei den zusätzlichen Gemeinkosten (Abschreibung, Zinsen) handelt es sich großenteils um Fixkosten.

Im Rahmen der Vollkostenrechnung wird jede Produkteinheit – unabhängig vom Beschäftigungsgrad – mittels der Gemeinkostenzuschläge mit einem entsprechenden Fixkostenanteil belastet (Proportionalisierung der Fixkosten).

In Wirklichkeit ist der Fixkostenanteil je Stück aber entscheidend vom Beschäftigungsgrad abhängig (Fixkostendegression bei steigendem Beschäftigungsgrad). Dies bedeutet, dass der im Rahmen der Vollkostenrechnung kalkulierte Preis insbesondere bei schwankendem Beschäftigungsgrad als Grundlage für preispolitische Absatzentscheidungen nicht brauchbar ist.

Lösung: Nur die variablen Kosten werden den Kostenträgern direkt zugerechnet. Die Fixkosten werden von allen Produkten gemeinsam getragen (Deckungsbeitragsrechnung).

Teilkostenrechnung (Deckungsbeitragsrechnung)

12.37 Deckungsbeitrag (Einführung)

1. u. 2.

	Dachziegel	Wabenziegelstein	insgesamt
Erlöse	100000	60000	160000
– variable Kosten	40000	50000	90000
Deckungsbeitrag	60000	10000	70000
– fixe Kosten			50000
Erfolg			+ 20000

3. Eine betriebswirtschaftlich zufriedenstellende Aufteilung der fixen Kosten auf die Produktion von Dachziegeln und von Waben-Ziegelsteinen erscheint dem Unternehmer offensichtlich nicht möglich. Dann lässt sich der Erfolg je Produkt auch nicht feststellen.

12.38 Zweck der Deckungsbeitragsrechnung – Gesamtgewinn und Deckungsbeiträge

1. Zunächst sollen die in der Fallbeschreibung nicht ausdrücklich angegebenen Werte festgestellt werden. In der folgenden Tabelle sind sie mit ( ) gekennzeichnet.

	Auftrag A	restliche Aufträge	insgesamt
fixe Kosten			250 000
variable Kosten	70 000	(480 000)	(550 000)
Summe	150 000	(650 000)	800 000

Dem Auftrag A sind 70 000 EUR variable Kosten direkt zurechenbar.

2. Deckungsbeitrag des Auftrags A:

Erlös aus Auftrag A	110 000 EUR
– variable Kosten Auftrag A	70 000 EUR
Deckungsbeitrag Auftrag A	40 000 EUR

3.
Erlös aus den restlichen Aufträgen	750 000 EUR
– variable Kosten für die restlichen Aufträge	480 000 EUR
Deckungsbeitrag restliche Aufträge	270 000 EUR

4.
Deckungsbeitrag in der Abrechnungsperiode	310 000 EUR
– fixe Kosten	250 000 EUR
Erfolg des Straßenbauunternehmens	+ 60 000 EUR

5. Die fixen Kosten bleiben unverändert, da die Kapazität nicht verändert werden soll. Variable Kosten fallen nur für die restlichen Aufträge an.

Erlös entsteht nur aus den restlichen Aufträgen.

Fixe Kosten	250 000 EUR
– variable Kosten aus den restlichen Aufträgen	480 000 EUR
Kosten insgesamt	730 000 EUR
Erlös	750 000 EUR
– Kosten	730 000 EUR
Erfolg	+ 20 000 EUR

Der Erfolg (Gewinn) ist um den Deckungsbeitrag geringer, der von Auftrag A geleistet worden wäre.

12.39 Vergleich Vollkostenrechnung/Teilkostenrechnung (Deckungsbeitragsrechnung) – Entscheidung über Auftragsannahme – Kurzfristige Preisuntergrenze

1.

		Netto KVP		1,00
Materialkosten	0,40	– variable Kosten		
+ 10% MGK	0,04	Materialkosten	0,40	
+ Fertigungslöhne	0,18	Fertigungslöhne	0,18	
+ 250% FGK	0,45	Gemeinkosten	0,10	
+ Sondereinzelkosten	0,03	Sondereinzelkosten	0,03	
= HEKO	1,10			0,71
+ 10% Vw/VtGk	0,11			
= SEKO	1,21	Deckungsbeitrag		0,29

Obwohl die kalkulierten Selbstkosten mit 1,21 EUR über dem Nettoverkaufspreis liegen, sollte der Auftrag angenommen werden, da ein Beitrag zur Deckung der auch bei Auftragsablehnung in gleicher Höhe weiterbestehenden Fixkosten in Höhe von 0,29 EUR je Stück (= 14 500 EUR Gesamtdeckungsbeitrag) erzielt wird. Bei Ablehnung des Auftrags wäre der Gewinn um 14 500 EUR geringer bzw. der Verlust um 14 500 EUR größer.

2. a) Die Ursache liegt im Beschäftigungsrückgang. Wenn die Einzelkosten (FM, FL) als variabel angenommen werden, bedeutet ein Beschäftigungsrückgang, dass diese Kosten ebenfalls gesunken sind. Die Gemeinkosten, die auch Fixkosten umfassen, können hingegen nicht in gleichem Umfang abgebaut werden. Folglich steigen die Fixkosten je Stück. Die Zuschlagssätze steigen ebenfalls. Wird weiterhin mit den alten Zuschlagssätzen kalkuliert, wird (ungerechtfertigterweise) angenommen, dass sich (auch) die in den Gemeinkosten enthaltenen Fixkosten proportional zu den Einzelkosten entwickeln (Proportionalisierung der Fixkosten).

Erläuterung:

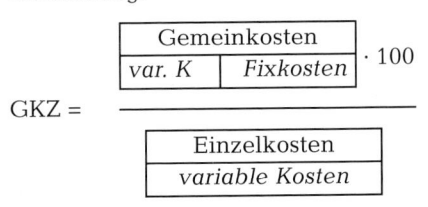

$$GKZ = \frac{\fbox{Gemeinkosten} \atop \fbox{var. K | Fixkosten}}{\fbox{Einzelkosten} \atop \fbox{variable Kosten}} \cdot 100$$

b)

	EUR
Materialkosten	0,40
+ 15% MGK	0,06
+ Fertigungslöhne	0,18
+ 300% FGK	0,54
+ Sondereinzelk.	0,03
= HEKO	1,21
+ 20% Vw/VtGk	0,24
= SEKO	1,45

c) Der kalkulierte **Angebotspreis steigt** bei einem Beschäftigungsrückgang, obwohl gerade in einer solchen Situation versucht werden müsste, durch **Preissenkungen** den Absatz zu erhöhen und die Beschäftigungslage zu verbessern.

3. Nein, da für die hier zu treffende Entscheidung nur die variablen Kosten relevant sind (= Teilkostenrechnung). Die variablen Kosten je Stück ändern sich durch den Beschäftigungsrückgang aber nicht.

4. Der Verkaufspreis muss mindestens die variablen Kosten je Stück (hier: 0,71 EUR) decken (= kurzfristige Preisuntergrenze)

5. **I. Mängel der Vollkostenrechnung:**

   1) Im Rahmen der Vollkostenrechnung werden die **gesamten** Kosten einer Abrechnungsperiode auf die Kostenträger verteilt. Mittels der für einen bestimmten Beschäftigungsgrad ermittelten Gemeinkostenzuschlagssätze werden somit auch die in den Gemeinkosten enthaltenen Fixkosten den Kostenträgern proportional zugerechnet. Diese Proportionalisierung der Fixkosten stellt einen wesentlichen Mangel der Vollkostenrechnung dar: Wenn sich nämlich der Beschäftigungsgrad gegenüber der Ausgangssituation, für die die Zuschlagssätze berechnet wurden, ändert, ergeben sich folgende Abweichungen:

- steigender Beschäftigungsgrad (und damit steigende variable Kosten): der verwendete (ursprüngliche) Zuschlagssatz ist zu hoch (Kostenüberdeckung).
- sinkender Beschäftigungsrad (und damit sinkende variable Kosten): der verwendete (ursprüngliche) Zuschlagssatz ist zu niedrig (Kostenunterdeckung).

Die unterstellte Proportionalität zwischen Einzel- und Gemeinkosten ist in Wirklichkeit um so weniger gegeben, je höher der Anteil der Fixkosten an den Gemeinkosten ist.

2) Die Verteilung der Gemeinkosten auf die Kostenstellen mit Hilfe von Kostenschlüsseln ist nicht verursachungsgerecht.

3) Es besteht keine eindeutige Beziehung zwischen den Gemeinkosten und den als Bezugsgröße verwendeten Einzelkosten (z.B. sind die Vertriebsgemeinkosten in erster Linie von der Absatzmarktsituation und nicht von den Herstellkosten abhängig).

II. Ergebnis

Im Rahmen der Vollkostenrechnung wird ein großer Teil der Gemeinkosten nicht **verursachungsgerecht** auf die einzelnen Kostenträger aufgeteilt. Vielmehr werden einzelne Kostenträger auch mit Gemeinkosten bzw. Fixkosten belastet, die von ihnen nicht verursacht wurden.

III. Folge:

Die auf der Basis der Zuschlagskalkulation ermittelten Selbstkosten bzw. Angebotspreise sind (insbesondere bei Beschäftigungsschwankungen) zu hoch oder zu niedrig und basieren nicht auf einer verursachungsgerechten Kostenverteilung.

IV. Lösung:

Da die Fixkosten bei schwankendem Beschäftigungsgrad unverändert bleiben, sind sie für **kurzfristige** Entscheidungen nicht relevant. Für die hier vorliegende Entscheidung über Annahme des Zusatzauftrages sind nur die variablen Kosten relevant (= Teilkostenrechnung).

6.

Vollkostenrechnung	Teilkostenrechnung
berücksichtigt alle Kosten Aufteilung in Einzel- und Gemeinkosten	berücksichtigt nur die variablen Kosten Aufteilung in fixe und variable Kosten
Ausgangspunkt sind die Kosten	Ausgangspunkt sind die Erlöse bzw. Stückpreise
ermöglicht die Ermittlung der Herstellkosten (z.B. Herstellkosten nach Steuerrecht), der Selbstkosten und des Angebotspreises	Herstellkosten, Selbstkosten und Angebotspreis können nicht ermittelt werden
Instrument für mittel- und langfristig orientierte Entscheidungen, da die Gemein- und Fixkosten mittelfristig veränderbar sind und zu relevanten Kosten werden. Langfristig müssen **alle** Kosten gedeckt sein. Liefert keine exakten Informationen, wie Produktions- und Absatzentscheidungen den Gewinn beeinflussen.	Instrument der Gewinn- und Absatzpolitik für kurzfristig orientierte Entscheidungen: – Sortimentsgestaltung (Produktionsprogramm) bei freien Kapazitäten und Engpässen, – Annahme von Zusatzaufträgen, – Eigenfertigung oder Fremdbezug, – Bestimmung der Preisuntergrenze

12 Kosten- und Leistungsrechnung

12.40 PC-EINSATZ: Vergleich zwischen Vollkostenrechnung und Deckungsbeitragsrechnung – Ermittlung des Betriebsergebnisses

EDV: Die Aufgabe ist mit entsprechendem Zeitaufwand auch ohne Computerunterstützung lösbar. Hinweise für Möglichkeiten einer computerunterstützten Lösung einzelner Teilaufgaben mit Hilfe des Programms EUROBWL finden sich auf der CD (siehe S. 5).

1.

Produkt		Herrenräder	Damenräder	Knabenräder	Mädchenräder	Summe
FM		120 000	75 000	30 000	30 664	255 664
+ MGKZ	20,00 %	24 000	15 000	6 000	6 133	51 133
+ FL		80 000	60 000	26 000	29 336	195 336
+ FGKZ	180,00 %	144 000	108 000	46 800	52 805	351 605
= HEKO		368 000	258 000	108 800	118 938	853 738
+ VwGKZ	10,00 %	36 800	25 800	10 880	11 894	85 374
+ VtGKZ	15,00 %	55 200	38 700	16 320	17 841	128 061
= SEKO		460 000	322 500	136 000	148 672	1 067 172
– Umsatzerlöse		500 000	345 000	116 000	100 000	1 061 000
Umsatzergebnis		40 000	22 500	– 20 000	– 48 672	– 6 172

2. a)   Altes Betriebsergebnis (Aufgabe 1)   – 6 172
      – Verlust bei Mädchenrädern (Aufgabe 1)   – 48 672
      = Neues Betriebsergebnis (ohne Mädchenräder)   + 42 500

   b)   Altes Betriebsergebnis (Aufgabe 2. a))   + 42 500
      – Verlust bei Knabenrädern (Aufgabe 1)   – 20 000
      = Neues Betriebsergebnis (ohne Knaben- und Mädchenräder)   + 62 000

3. a) Ermittlung des Betriebsergebnisses auf der Basis der Deckungsbeitragsrechnung

Produkt	Herren	Damen	Knaben	Mädchen	Summe
Umsatzerlöse	500 000	345 000	116 000	100 000	1 061 000
– variable Kosten					
FM	120 000	75 000	30 000	30 664	255 664
FL	80 000	60 000	26 000	29 336	195 336
50 % der Gemeinkosten	130 000	93 750	40 000	44 336	308 086
= Deckungsbeitrag	170 000	116 520	20 000	– 4 336	301 914
– Fixe Kosten (50 % der Gemeinkosten)					308 086
= Betriebsergebnis					– 6 172

	Vollkostenrechnung	Deckungsbeitragsrechnung
Betriebsergebnis	– 6 172	– 6 172

Das Betriebsergebnis muss in beiden Fällen gleich groß sein, da sich bei den Umsatzerlösen und den Gesamtkosten keine Änderungen ergeben haben.

Produkt	Herrenräder	Damenräder	Knabenräder	Mädchenräder
Stückgewinn/-verlust lt. Vollkostenrechnung	20,00	15,00	− 25,00	− 60,84
Deckungsbeitrag je Stück lt. Deckungsbeitragsrechung	85,00	77,50	25,00	− 5,42

Bei einer Entscheidung auf der Basis der Vollkostenrechnung würde die Produktion von Knaben- und Mädchenfahrrädern eingestellt (vgl. Aufgabe 2). Dies wäre aber eine Fehlentscheidung, da die Knabenfahrräder einen positiven Deckungsbeitrag von 25,00 EUR je Stück bzw. 20 000 EUR insgesamt leisten.

Dieser Beitrag von 20 000 EUR zur Deckung der Fixkosten (308 086 EUR) würde bei einer Produktionseinstellung der Knabenräder verlorengehen, sodass sich das Betriebsergebnis um diesen Betrag verringern würde.

Begründung:

Bei Produktionseinstellung würden zwar die durch diese Produkte entstehenden variablen Kosten wegfallen, die Fixkosten (hier: 50% der Gemeinkosten) würden aber in voller Höhe weiterbestehen.

b) und c)

Betriebsergebnis					
Vollkostenrechnung			Deckungsbeitragsrechnung		
4 Räder H + D + K + M	3 Räder H + D + K	2 Räder H + D	4 Räder H + D + K + M	3 Räder H + D + K	2 Räder H + D
− 6 172	+ 42 400	+ 62 500	− 6 172	− 1 836	− 21 836

Die Ergebnisse der Vollkostenrechnung führen bei einer Sortimentsbereinigung zu falschen Ergebnissen, da davon ausgegangen wird, dass sämtliche Kosten, die einem Produkt im Rahmen der Vollkostenrechnung zugerechnet wurden (Einzel- und Gemeinkosten) bei Einstellung der Produktion wegfallen.

In den Gemeinkosten sind aber fixe Kosten enthalten, die auch nach Einstellung der Produktion weiter anfallen. Dieser Sachverhalt wird nur in der Deckungsbeitragsrechnung, nicht aber in der Vollkostenrechnung berücksichtigt. Entscheidungsgrundlage für eine Sortimentspolitik können daher nur die Ergebnisse der Deckungsbeitragsrechnung sein.

Ein Produkt ist daher unter Kostengesichtspunkten so lange im Sortiment zu belassen, wie sein Deckungsbeitrag positiv ist. Ein positiver Deckungsbeitrag bedeutet, dass die Umsatzerlöse dieses Produkts nicht nur seine variablen Kosten decken, sondern noch einen Beitrag zur Deckung der durch **alle** Produkte verursachten Fixkosten leisten.

Bei Verzicht auf die Mädchenräderproduktion würde der negative Deckungsbeitrag dieses Produkts in Höhe von 4 336 EUR wegfallen, so dass sich das Betriebsergebnis auf − 1 836 EUR verbessern würde.

Würde aber zusätzlich noch die Knabenräderproduktion eingestellt, was nach der Vollkostenrechnung geboten erscheint, fiele der positive Deckungsbeitrag dieses Produkts in Höhe von 20 000 EUR weg, sodass sich das Betriebsergebnis um diesen Betrag auf − 21 836 EUR verschlechtern würde.

12 Kosten- und Leistungsrechnung

4.

	Anteil der Fixkosten an den Gemeinkosten		
	Aufgabe 3 50%	Aufgabe 4.a) 30%	Aufgabe 4.b) 70%
Deckungsbeitrag	301 914	178 680	425 148
− Fixkosten	308 086	184 852	431 320
= Betriebsergebnis	− 6 172	− 6 172	− 6 172

Hinsichtlich des Betriebsergebnisses von −6 172 EUR ergeben sich bei Variation der Fixkostenanteile gegenüber 3.a) keine Änderungen, da die Gesamtkosten gleichgeblieben sind. Es wurde lediglich eine andere Aufteilung der Gesamtkosten auf variable und fixe Kosten vorgenommen.

Anteil der Fixkosten an den Gemeinkosten	Deckungsbeitrag je Stück			
	Herren	Damen	Knaben	Mädchen
50%	85,00	77,50	25,00	− 5,42
30%	59,00	52,50	5,00	− 27,29
70%	111,00	102,50	45,00	16,75
100%	150,00	140,00	75,00	50,00
0%	20,00	15,00	− 25,00	− 60,84
Stückgewinn/-verlust lt. Vollkostenrechnung	20,00	15,00	− 25,00	− 60,84

Je höher der Fixkostenanteil an den Gemeinkosten, desto mehr Kosten in Form von entgangenem Gewinn würde die Fehlentscheidung auf der Basis der Vollkostenrechnung verursachen. Bei einem Fixkostenanteil von 70% müsste beispielsweise – entgegen den Ergebnissen der Vollkostenrechnung – nicht nur die Knabenräder-, sondern auch die Mädchenräderproduktion weitergeführt werden, da der Deckungsbeitrag beider Produkte positiv ist. Der Deckungsbeitrag je Stück steigt um so mehr, je mehr Anteile der Gemeinkosten auf die fixen Kosten entfallen. Je geringer die dem einzelnen Produkt zuzurechnenden variablen Kosten, desto höher sein Deckungsbeitrag.

Nur wenn im Extremfall unterstellt wird, dass der Fixkostenanteil 0% ist (d.h., es existieren keine Fixkosten; sämtliche Kosten sind variable Kosten), führen Vollkostenrechnung und Deckungsbeitragsrechnung hinsichtlich der Stückbetrachtung ausnahmsweise zum gleichen Ergebnis: Stückgewinn/-verlust auf der Basis der Vollkostenrechnung = Deckungsbeitrag je Stück.

12.41 Mehrstufige Deckungsbeitragsrechnung: Erzeugnisfixkosten – Unternehmensfixkosten – Restdeckungsbeitrag – Gewinnmaximierung durch Sortimentsgestaltung

1. Bei der mehrstufigen Deckungsbeitragsrechnung werden die Fixkosten aufgeteilt in erzeugnisabhängige Fixkosten (z.B. kalk. Abschreibungen für eine Maschine, auf der nur das Produkt A gefertigt wird) und Fixkosten, die das gesamte Unternehmen betreffen (Unternehmensfixkosten).

	Produkte (Beträge in Tsd. EUR)				
	A	B	C	D	Insges.
Umsatzerlöse	200	1500	270	60	2030
− variable Kosten	100	1200	180	30	1510
= Periodendeckungsbeitrag I (DB I)	100	300	90	30	520
− Erzeugnisfixkosten	40	20	120	0	180
= Periodendeckungsbeitrag II (DB II)	60	280	− 30	30	**340**

2. Deckungsbeitrag insgesamt   340 000
   Unternehmungsfixkosten   200 000
   Gesamtgewinn   140 000

3. Die Produktion des Produktes C sollte eingestellt werden, da mit Produkt C ein negativer Deckungsbeitrag erwirtschaftet wird.

12.42 Optimale Sortimentsgestaltung auf der Basis der Deckungsbeitragsrechnung

1.

Produkt	db	Absatz	DB	Gewinnermittlung
Orangenfruchtsaft	4,00	100 000	400 000	
Mineralwasser	2,00	150 000	300 000	
Apfelsaft naturtrüb	– 0,25	40 000	– 10 000	
Grapefruitsaft	3,80	60 000	228 000	
Bitter Lemon	3,25	20 000	65 000	
Summe DB				983 000
– Fixkosten				800 000
Gewinn				183 000

2. a) Apfelsaft weist einen negativen Deckungsbeitrag auf und sollte auf jeden Fall gestrichen werden, wenn es nicht gelingt, den Preis zu erhöhen oder die var. Kosten zu senken. Ohne Apfelsaft ist im vorliegenden Fall der Gewinn um 10 000 EUR höher.

   Die Sorte Bitter Lemon leistet von den übrigen Sorten den geringsten Gesamtdeckungsbeitrag. Wenn zwei der bisherigen Sorten eliminiert werden sollen, müsste unter dem Gesichtspunkt des Deckungsbeitrags zusätzlich die Produktion von Bitter Lemon eingestellt werden. Da der Deckungsbeitrag von Bitter Lemon aber positiv ist, würde diese Entscheidung zu einer Gewinnminderung um 65 000 EUR führen, wenn nicht gleichzeitig die Absatzmengen und damit die Gesamtdeckungsbeiträge anderer Sorten entsprechend erhöht werden können.

   b)

Produkt	db	Absatz	DB	Gewinnermittlung
Orangenfruchtsaft	4,00	100 000	400 000	
Mineralwasser	2,00	150 000	300 000	
Grapefruitsaft	3,80	60 000	228 000	
Summe DB				928 000
– Fixkosten				800 000
Gewinn				128 000

   c) Bei einer Produktionsausweitung ist das Produkt mit dem höchsten Deckungsbeitrag je Stück (hier: Orangenfruchtsaft) vorrangig zu fördern

   d) Die Gewinnminderung gegenüber 1. beträgt 55 000 EUR. Bei einem Deckungsbeitrag von 4,00 EUR je Kiste Orangensaft müssten 55 000 : 4 = 13 750 Kisten jährlich mehr abgesetzt werden, um den ursprünglichen Gewinn wieder zu erreichen.

3. Die bisher vertriebenen alkoholfreien Getränke stellen möglicherweise einen absatzpolitischen Verbund dar. Die Kunden (Getränkegroßhandlungen) wollen diese Getränke von ein und demselben Lieferer beziehen und nicht für jedes Getränk getrennte Lieferer auswählen müssen. Es könnte daher sinnvoll sein, aus absatzpolitischen Gründen auch den Verlustbringer »Apfelsaft« nicht aus dem Sortiment zu streichen, da dann möglicherweise die Kunden, die bisher Apfelsaft bezogen haben und sich jetzt einen neuen Lieferer suchen müssen, auch die anderen

12 Kosten- und Leistungsrechnung

Getränke von dem neuen Lieferer beziehen. Dies gilt erst recht, wenn zusätzlich auch auf »Bitter Lemon« und damit auf einen Deckungsbeitrag in Höhe von 65 000 EUR verzichtet wird. Da mit dieser Sortimentsbereinigung möglicherweise Absatzeinbußen bei den restlichen Produkten einhergehen, ist es ungewiss, ob die bei Eliminierung von Apfelsaft und Bitter Lemon frei werdenden Produktionskapazitäten tatsächlich durch eine Produktionsausdehnung bei den verbleibenden Produkten bzw. durch das neue Erfrischungsgetränk ausgelastet werden können.

12.43 Entscheidung über einen Zusatzauftrag – Preisuntergenze – Engpass-Situation – Absolute Deckungsbeitragsrechnung und relative Deckungsbeitragsrechnung

1. $\text{Stückkosten} = \dfrac{40\,000}{1\,600} + 25 = 50{,}00 \text{ EUR}$

Erlöse	1600 · 60 =	96 000 EUR
– Kvar	1600 · 25 =	40 000 EUR
= DB		56 000 EUR
– Kfix		40 000 EUR
= Gewinn		16 000 EUR

2. a) $\text{Stückkosten} = \dfrac{40\,000}{2\,000} + 25 = 45{,}00 \text{ EUR}$

   b) Obwohl der Preis von 42,50 EUR unter den Selbstkosten je Stück liegt, sollte der Auftrag angenommen werden, da der Deckungsbeitrag je Stück (17,50 EUR) positiv ist. Der Gewinn ist monatlich um 7 000 EUR (400 · 17,50 EUR) größer als ohne Zusatzauftrag.

Preis	42,50 EUR
kv	25,00 EUR
db	17,50 EUR

3. **Alternative 1:**

   Dem Zusatzauftrag müssen auch die durch die Kapazitätserweiterung anfallenden Kosten angelastet werden. Der Mindestpreis je Stück zur Erzielung eines positiven Deckungsbeitrags (= Preisuntergrenze) ergibt sich dann für den Zusatzauftrag wie folgt:

   $$P_{mind.} = \dfrac{\text{Kosten der Zusatzinvestition}}{\text{Menge des Zusatzauftrags}} = 25 + \dfrac{6\,000}{400} = 40{,}00 \text{ EUR}$$

   Trotz der zusätzlichen Kosten weist der Zusatzauftrag einen positiven Deckungsbeitrag je Stück (2,50 EUR) auf, sodass der Gewinn bei Annahme des Zusatzauftrags um monatlich 1000 EUR (400 Stück · 2,50 EUR) steigt.

   Alternative 2:

   Auch in der Engpasssituation wird der höchstmögliche Gesamtdeckungsbeitrag angestrebt. Da die Maschinen (= Engpass) von den beiden Artikeln unterschiedlich stark beansprucht werden, muss für den Vergleich der Deckungsbeiträge von Trikots und Jogginganzügen statt vom absoluten Deckungsbeitrag (Deckungsbeitrag je Stück eines Artikels: Jogginganzüge: 17,50 EUR, Trikots: 15,00 EUR) zum relativen Deckungsbeitrag (Deckungsbeitrag des Artikels je Engpasseinheit) übergegangen werden.

$$\text{Relativer Deckungsbeitrag} = \frac{\text{absoluter Deckungsbeitrag}}{\text{Fertigungszeit je Stück}}$$

$$= \frac{17{,}5}{0{,}25} = 70{,}00 \text{ EUR (Jogginganzüge)}$$

$$= \frac{15}{0{,}125} = 120 \text{ EUR (Trikots)}$$

Weil bei der Trikotproduktion die knappen Fertigungsstunden besser genutzt werden (Deckungsbeitrag je Stunde: 120,00 EUR) als bei der Produktion von Jogginganzügen (Deckungsbeitrag je Stunde: 70,00 EUR) hat die Trikotproduktion Vorrang vor der Herstellung von Jogginganzügen. Bei freien Kapazitäten hätten hingegen die Jogginganzüge wegen des höheren absoluten Deckungsbeitrags je Stück Vorrang vor den Trikots.

Der Mindestpreis je Stück zur Erzielung eines positiven Deckungsbeitrags (= Preisuntergrenze) für den Zusatzauftrag kann berechnet werden, indem die bei Einschränkung der Trikotproduktion entstehende Minderung des Deckungsbeitrags dem Zusatzauftrag angelastet wird.

$$P_{mind.} = k_v + \frac{\text{abs. db des verdrängten Auftrags}}{\text{Fertigungszeit je Stück des verdrängten Auftrags}} \cdot \text{Fertigungszeit je Stück des Zusatzauftrags}$$

$$= 25 + \frac{15}{0{,}125} \cdot 0{,}25 = 55{,}00 \text{ EUR}$$

Der Deckungsbeitrag je Stück des Zusatzauftrags wäre in diesem Fall negativ (42,50 EUR – 55,00 EUR = – 12,50 EUR).

Ergebnis: Es sollte eine Kapazitätserweiterung erfolgen und der Zusatzauftrag angenommen werden (Alternative 1).

4. Bei einer Preissenkung um 4,00 EUR würden die Erlöse um 1 600 · 4 = 6 400 EUR zurückgehen. Dieser Erlösausfall muss dem Zusatzauftrag angelastet werden. Der Mindestpreis je Stück zur Erzielung eines positiven Deckungsbeitrags (= Preisuntergrenze) ergibt sich dann für den Zusatzauftrag wie folgt:

Änderung der Entscheidung von 2.b)

$$P_{mind.} = k_v + \frac{\text{Erlösausfall}}{\text{Menge des Zusatzauftrags}} = 25 + \frac{6400}{400} = 41{,}00 \text{ EUR}$$

Trotz der Erlösminderung weist der Zusatzauftrag immer noch einen positiven Deckungsbeitrag je Stück (1,50 EUR) auf. Der Gewinn bei Annahme des Zusatzauftrags ist gegenüber der Ausgangssituation um monatlich 600 EUR (400 Stück · 1,50 EUR) größer.

Änderung der Entscheidung von 3 (Alternative 1)

$$P_{mind.} = k_v + \frac{\text{Kosten der Zusatzinvestition}}{\text{Menge des Zusatzauftrags}} + \frac{\text{Erlösausfall}}{\text{Menge des Zusatzauftrags}}$$

$$= 25 + \frac{6000}{400} + \frac{6400}{400} = 56{,}00 \text{ EUR}$$

12 Kosten- und Leistungsrechnung

Der Deckungsbeitrag ist negativ (42,50 − 56,00 = − 13,50 EUR). Die Zusatzinvestition erweist sich damit nachträglich als Fehlinvestition. Die damit zusammenhängenden Fixkosten müssen möglichst schnell abgebaut werden. In welchem Umfang die Produktion eingeschränkt werden muss, hängt davon ab, ob das Versandhaus auch mit einer Teillieferung von 400 Stück einverstanden ist. Damit wäre die ursprüngliche Kapazitätsgrenze (2000) ausgeschöpft. Wenn das Versandhaus jedoch die Lieferung der Gesamtmenge (800 Stück) fordert, müsste auf den Auftrag des Versandhauses ganz verzichtet werden.

12.44 PC-EINSATZ: Relative Deckungsbeitragsrechnung – Optimales Produktionsprogramm – Zusatzauftrag

EDV: Die Aufgabe ist mit entsprechendem Zeitaufwand auch ohne Computerunterstützung lösbar. Hinweise für Möglichkeiten einer computerunterstützten Lösung einzelner Teilaufgaben mit Hilfe des Programms EUROBWL finden sich auf der CD (siehe S. 5).

1.

Deckungsbeitrag	Gewinn/Verlust
92 500 EUR	52 500 EUR

2. Rangfolge der vier Gerätetypen entsprechend ihrer Förderungswürdigkeit (ohne Engpass)

Rang	1	2	3	4
Typ	IV	II	I	III
DB	50 EUR	45 EUR	25 EUR	20 EUR

3. Optimales Produktionsprogramm bei zeitlichem Engpass

Rang	Beliebige Teilbarkeit der Aufträge				Unteilbarkeit der Aufträge			
	Typ	Menge Soll	Menge Ist	DB	Typ	Menge Soll	Menge Ist	DB
1	III	1 000	1 000	20 000	III	1 000	1 000	20 000
2	II	500	500	22 500	II	500	500	22 500
3	IV	600	571	28 550	I	800	800	20 000
4	I	800	0	0	IV	600	0	0
∑ Deckungsbeiträge				71 050				62 500
Gewinn				31 050				22 500

4. Optimales Produktionsprogramm bei Annahme des Zusatzauftrages und zeitlichem Engpass

Rang	Beliebige Teilbarkeit der Aufträge				Unteilbarkeit der Aufträge			
	Typ	Menge Soll	Menge Ist	DB	Typ	Menge Soll	Menge Ist	DB
1	III	1 000	1 000	20 000	III	1 000	1 000	20 000
2	V	400	400	16 000	V	500	500	22 500
3	II	500	500	22 500	II	800	800	20 000
4	IV	600	343	17 143	IV	600	0	0
5	I	800	0	0	I	800	0	0
∑ Deckungsbeiträge				75 643				58 500
Gewinn				35 642				18 500

5. Optimales Produktionsprogramm bei Annahme des Zusatzauftrages und einem Rohstoffengpass

Rang	Beliebige Teilbarkeit der Aufträge				Unteilbarkeit der Aufträge			
	Typ	Menge Soll	Menge Ist	DB	Typ	Menge Soll	Menge Ist	DB
1	II	500	500	22 500	II	500	500	22 500
2	V	400	400	16 000	V	400	400	16 000
3	IV	600	600	30 000	IV	600	600	30 000
4	III	1 000	950	19 000	III	1 000	0	0
5	I	800	0	0	I	800	0	0
∑ Deckungsbeiträge				87 500				68 500
Gewinn				47 500				28 500

6. Optimales Produktionsprogramm bei Annahme des Zusatzauftrages und einem Liquiditätsengpass

Rang	Beliebige Teilbarkeit der Aufträge				Unteilbarkeit der Aufträge			
	Typ	Menge Soll	Menge Ist	DB	Typ	Menge Soll	Menge Ist	DB
1	IV	600	600	30 000	IV	600	600	30 000
2	II	500	500	22 500	II	500	500	22 500
3	III	1 000	900	18 000	I	800	0	0
4	I	800	0	0	III	1 000	0	0
5	V	400	0	0	V	400	0	0
∑ Deckungsbeiträge				70 500				52 500
Gewinn				30 500				12 500

12.45 Zusammenfassende Aufgabe zur Vollkosten- und Deckungsbeitragsrechnung: Betriebsabrechnungsbogen – Normalkostenrechnung – Zuschlagskalkulation – Deckungsbeitragsrechnung

EDV: Die Aufgabe ist mit entsprechendem Zeitaufwand auch ohne Computerunterstützung lösbar. Hinweise für Möglichkeiten einer computerunterstützten Lösung einzelner Teilaufgaben mit Hilfe des Programms EUROBWL finden sich auf der CD (siehe S. 5).

Teil A

1.

Gemeinkostenarten	Summe	Kostenstellen			
		Material	Fertigung	Verwaltung	Vertrieb
Hilfsstoffe	40 000	4 000	30 000	4 000	2 000
Strom, Wasser	25 000	3 000	19 000	2 000	1 000
Hilfslöhne	140 000	30 000	100 000	5 000	5 000
Gehälter	170 000	10 000	40 000	90 000	30 000
Sozialaufwand	105 000	15 000	50 000	30 000	10 000
Steuern	40 000	8 000	20 000	8 000	4 000
Kalk. Abschreibungen	200 000	40 000	130 000	15 000	15 000
Reinigungs- und Heizkosten	20 000	5 333	2 667	8 000	4 000
Instandhaltung	10 000	2 000	7 000	1 000	0
Sonst. Kosten	80 000	8 000	40 000	24 000	8 000
∑ Gemeinkosten	830 000	125 333	438 667	187 000	79 000

12 Kosten- und Leistungsrechnung

$$\text{MGKZ} = \frac{125\,333 \cdot 100}{526\,000} = 23{,}83\%$$

$$\text{FGKZ} = \frac{438\,667 \cdot 100}{387\,000} = 113{,}35\%$$

$$\text{VwGKZ} = \frac{187\,000 \cdot 100}{1\,517\,000} = 12{,}33\%$$

$$\text{VtGKZ} = \frac{79\,000 \cdot 100}{1\,517\,000} = 5{,}21\%$$

2. Selbstkosten des Umsatzes:

	EUR	
FM	526 000	
+ MGK	125 333	23,83%
+ FL	387 000	
+ FGK	438 667	113,35%
+ SEKF	70 000	
= HEKO Produktion	1 547 000	
− Bestandserhöhung	30 000	
= HEKO Umsatz	1 517 000	
+ VwGK	187 000	12,33%
+ VtGk	79 000	5,21%
+ SEKVt	9 000	
= SEKO Umsatz	1 792 000	

3.

	Nachkalkulation		Vorkalkulation		Abweichung
FM	526 000		526 000		
+ MGK	125 333	23,83%	131 500	25,00%	6 167
+ FL	387 000		387 000		
+ FGK	4 438 667	113,35%	464 400	120,00%	25 733
+ SEKF	70 000		70 000		
= HEKO Produktion	1 547 000		1 578 900		31 900
− Bestandserhöhung	30 000		30 000		
= HEKO Umsatz	1 517 000		1 548 900		31 900
+ VwGK	187 000	12,33%	154 890	10,00%	− 32 110
+ VtGk	79 000	5,21%	77 445	5,00%	− 1 555
+ SEKVt	9 000		9 000		
= SEKO Umsatz	1 792 000		1 790 235		− 1 765
				Kostenunterdeckung	− 1 765

Mögliche Gründe für die Kostenabweichung:

Preisabweichungen (z.B. Veränderung der Preise für Gemeinkostenmaterial)

bei Unterdeckung: Lohnkostensteigerung aufgrund neuer Tarifabschlüsse

bei Überdeckung: Verfahrensänderung (z.B. kostengünstigeres Fertigungsverfahren)

Beschäftigungs- und Leistungsschwankungen, die Bezugsgrundlage für die Zuschläge ändern

unregelmäßig anfallende Kosten wie Reparaturen, Urlaubslöhne etc.

Teil B

1.

Produkt	Rapid	Speedy	Bulldog	Turbo	Power
FM	70,00	60,00	300,00	220,00	100,00
+ MGKZ 23,83%	16,68	14,30	71,49	52,43	23,83
FL	30,00	40,00	250,00	150,00	130,00
FGKZ 113,35%	34,01	45,34	283,38	170,02	147,35
SEK/Ft	30,00	0,00	0,00	0,00	100,00
= HEKO	180,69	159,64	904,87	592,45	501,19
VwGKZ 12,33%	22,28	19,68	111,57	73,05	61,80
VtGKZ 5,21%	9,41	8,32	47,14	30,87	26,11
SEK/Vt	0,00	6,00	0,00	0,00	0,00
= SEKO	212,38	193,64	1063,58	696,37	589,09
Stückpreis	230,00	150,00	1200,00	750,00	800,00
Stückgewinn/Stückverlust	17,62	−43,64	136,42	53,63	210,91

Nach diesem Ergebnis wäre der Motortyp Power mit dem höchsten Stückgewinn am förderungswürdigsten. Der Motortyp Speedy müsste demnach aus dem Programm gestrichen werden. Das wäre aber eine Fehlentscheidung (vgl. Teil C).
Rangfolge: Power, Bulldog, Turbo, Rapid, Speedy

2. a) Kostenträgerzeitrechnung unter Verwendung der IST-Zuschlagssätze

Produkt	Rapid	Speedy	Bulldog	Turbo	Power	Summe
FM	70000	90000	150000	176000	40000	526000
+ MGKZ 23,83%	16681	21447	35745	41941	9532	125346
+ FL	30000	60000	125000	120000	52000	387000
+ FGKZ 113,35%	34005	68010	141688	136020	58942	438665
+ SEK/Ft	30000	0	0	0	40000	70000
= HEKO Produktion	180686	239457	452433	473961	200474	1547000
+ Minderbestand	0	3000	2000	0	0	5000
− Mehrbestand	6000	0	0	2500	4000	35000
= HEKO Umsatz	174686	242457	454433	448961	196474	1517010
+ VwGKZ 12,33%	21539	29895	56032	55357	24225	187047
+ VtGKZ 5,21%	9101	12632	23676	23391	10236	79036
+ SEK/VT	0	9000	0	0	0	9000
= SEKO	205326	293984	534140	527709	230936	1792094

b) Kostenträgerzeitrechnung unter Verwendung der NORMAL-Zuschlagssätze

Produkt	Rapid	Speedy	Bulldog	Turbo	Power	Summe
FM	70000	90000	150000	176000	40000	526000
+ MGKZ 25,00%	17500	22500	37500	44000	10000	131500
+ FL	30000	60000	125000	120000	52000	387000
+ FGKZ 120,00%	36000	72000	150000	144000	62400	464400
+ SEK/Ft	0	0	0	0	40000	70000
= HEKO Produktion	183500	244500	462500	484000	204400	1578900
+ Minderbestand	0	3000	2000	0	0	5000
− Mehrbestand	6000	0	0	2500	4000	35000
= HEKO Umsatz	177500	247500	464500	459000	200400	1548900
+ VwGKZ 10,00%	17750	24750	46450	45900	20040	154890
+ VtGKZ 5,00%	8875	12375	23225	22950	10020	77445
+ SEK/VT	0	9000	0	0	0	9000
= SEKO	204125	293625	534175	527850	230460	1790235
Umsatzerlöse	230000	225000	600000	600000	320000	1975000
Umsatzergebnis	25875	−68625	65825	72150	89540	184765

12 Kosten- und Leistungsrechnung

Kostenüber- und Kostenunterdeckung nach Produkten

Produkt	Rapid	Speedy	Bulldog	Turbo	Power	Deckungs-differenzen
MGK	+ 819	+ 1053	+ 1755	+ 2059	+ 468	+ 6154
FGK	+ 1995	+ 3990	+ 8312	+ 7980	+ 3458	+ 25735
VwGK	− 3789	− 5145	− 9582	− 9457	− 4185	− 32158
VtGk	− 226	− 257	− 451	− 441	− 216	− 1591
					Kostenunterdeckung	− 1860

Rundungsdifferenz gegenüber Ergebnis von A.2, da die auf 2 Nachkommastellen gerundeten Ist-Zuschlagssätze verwendet werden.

Betriebsergebnis

	Istkosten	Normalkosten	Deckungsdifferenzen
SEKO	1792094	1790235	− 1859
Umsatzerlöse	1975000	1975000	
Umsatzergebnis		184765	− 1859
− Kostenunterdeckung		1859	
+ Kostenüberdeckung			
= Betriebsergebnis	182906	189906	

3. Wenn der Motorentyp aus dem Produktionsprogramm gestrichen wird, scheint sich das Ergebnis um 68625 EUR (= Verlust des Typs Speedy) auf 251890 EUR zu verbessern. Dies ist jedoch ein Trugschluss.

Da die Vollkostenrechnung nicht zwischen variablen und fixen Kosten unterscheidet, wird angenommen, dass bei Streichung des Motorentyps Speedy **alle** diesem Motorentyp zugerechneten Kosten wegfallen.

In den Gemeinkosten, die diesem Motorentyp mittels der Zuschlagsätze zugerechnet werden, sind aber auch fixe Kosten enthalten. Diese fixen Kosten bleiben auch nach Einstellung der Produktion des Motorentyps Speedy in voller Höhe erhalten.

Dieser Sachverhalt bleibt aber im Rahmen der Vollkostenrechnung unberücksichtigt.

Teil C

1. Deckungsbeiträge bei 70% Fixkostenanteil an den Gemeinkosten

Produkt	Rapid	Bulldog	Turbo	Power	Speedy
Stückpreis	230,00	1200,00	750,00	800,00	150,00
− variable Kosten					
FM	70,00	300,00	220,00	100,00	60,00
FL	30,00	250,00	150,00	130,00	40,00
SEK/Ft	30,00	0,00	0,00	100,00	0,00
SEK/Vt	0,00	0,00	0,00	0,00	6,00
var. Gemeinkosten (30%)	24,71	154,07	97,91	77,73	26,29
Deckungsbeitrag je Stück	75,29	495,93	282,09	392,27	17,71

2. Rangfolge der Förderungswürdigkeit nach Höhe der Deckungsbeiträge je Stück: Bulldog, Power, Turbo, Rapid, Speedy (vgl. Teil B 1.)

3.

Umsatzerlöse	1 975 000
– variable Kosten	
FM	526 000
FL	387 000
SEK/Ft	70 000
SEK/Vt	9 000
var. Gemeinkosten (30%)	249 028
+ Mehrbestand	35 000
– Minderbestand	5 000
= Deckungsbeitrag	763 972
– Fixkosten	
(70% der Gemeinkosten)	581 066
= Betriebsergbenis	182 906

4. Laut Vollkostenrechnung verbessert sich nach Wegfall des durch Speedy verursachten »Verlusts« das Ergebnis auf 251 969 (vgl. B 3). Wegen der weiterhin bestehenden Fixkosten (die 70% der dem Typ Speedy zugerechneten Gemeinkosten fallen auch nach Produktionseinstellung nicht weg) weichen Vollkostenrechnung und Deckungsbeitragsrechnung voneinander ab. Da der Deckungsbeitrag des Typs Speedy positiv ist, ist das Betriebsergebnis nach der Sortimentsbereinigung geringer als vorher. Es wäre falsch, den Motorentyp Speedy aus dem Produktionsprogramm zu streichen.

ohne Speedy:

Umsatzerlöse	1 750 000
– variable Kosten	
> FM	436 000
> FL	327 000
> SEK/Ft	70 000
> SEK/Vt	0
> var. Gemeinkosten (30%)	209 433
+ Mehrbestand	35 000
– Minderbestand	2 000
= Deckungsbeitrag	740 567
– Fixkosten	
(70% der Gemeinkosten)	581 066
= Betriebsergebnis	159 501

13 Der Jahresabschluss

Inhalt, Aufbau und Gliederung des Jahresabschlusses

13.01 Begriff des Vermögens

Gebäude	1 200 000 EUR
Geschäftsausstattung	200 000 EUR
Fahrzeuge	120 000 EUR
Forderungen aus Warenlieferungen und Leistungen	120 000 EUR
Warenvorräte	900 000 EUR
Vermögen	2 540 000 EUR

Zum Vermögen zählen alle Gegenstände, mit dem das Unternehmen wirtschaftet. Wesentlich ist nur, ob sie für den Einsatz im Unternehmen gedacht sind. Es ist unerheblich, ob sie bereits voll, nur zum Teil oder noch nicht einmal zum Teil bezahlt sind. Für die Bilanzierung ist das **wirtschaftliche Eigentum** entscheidend; auf das **rechtliche Eigentum** kommt es nicht an (vgl. ESTR 41a (8)).

13.02 Gliederung des Vermögens

1. Es sind immaterielle Vermögensgegenstände.

2. Es sind Vermögensgegenstände, die dazu bestimmt sind, auf Dauer dem Geschäftsbetrieb der Unternehmung zu dienen (Anlagevermögen).

3. Es sind Vermögensgegenstände, die nicht auf Dauer im Betrieb verbleiben sollen, sondern für einen raschen Umschlag bestimmt sind (Umlaufvermögen).

4. Gruppe 2.1: Sachanlagen
   Gruppe 2.2: Finanzanlagen

5. Gruppe 3.1: Vorräte; Gegenstände, die im Betrieb eingesetzt werden sollen oder Ergebnis der betrieblichen Leistungserstellung sind.

   Gruppe 3.2: Gegenstände des Umlaufvermögens, die nicht zu den Vorräten zu rechnen sind.

   Hier nur Finanzmittel.

6.

Position	1.	2.1	2.2	3.1	3.2	3.3
Zuordnung der Fälle	g,	a, b,	f,	c,	d,	e,

13.03 Ausgewiesenes und tatsächliches Eigenkapital

1. Anlagevermögen 500
   Umlaufvermögen 500
   aktive Rechnungsabgrenzung 50
   Vermögen 1050

   Rückstellungen 50
   Verbindlichkeiten aus
   Lieferungen und Leistungen 400
   passive Rechnungsabgrenzung 40
   Fremdkapital 490

   Vermögen 1050
   – Fremdkapital 490
   Eigenkapital 560

   oder:

   Gezeichnetes Kapital 500
   – Ausstehende Einlagen auf das
      gezeichnete Kapital 100 400
   Gesetzliche Gewinnrücklagen 70
   andere Gewinnrücklagen 30
   Bilanzgewinn 60
   Eigenkapital 560

2. Eigenkapital 560
   + Fremdkapital 490
   Ausgewiesenes Gesamtkapital 1050

   oder:

   Bilanzsumme 1150
   – Ausstehende Einlagen auf das
      gezeichnete Kapital 100
   Ausgewiesenes Gesamtkapital 1050

3. a) Ausgewiesenes Eigenkapital 560
   + offengelegte stille Reserve 500
   Tatsächliches Eigenkapital 1060

Hinweise:

1. Als Eigenkapital wird das (bilanzielle) Reinvermögen nur insoweit erfasst, wie die AG unmittelbare Zugriffs- oder Forderungsrechte hat. Das noch nicht eingeforderte Kapital gehört daher nicht zum Eigenkapital (vgl. auch Hinweis auf der folgenden Seite).

2. Handelsrechtlich wird der Bilanzgewinn unabhängig von seiner endgültigen Verwendung (Einbehaltung bzw. Ausschüttung) stets in voller Höhe dem Eigenkapital zugerechnet. Für Zwecke der Bilanzanalyse (Bilanzkennzahlen) ist es jedoch zweckmäßig, den zur Ausschüttung vorgesehenen Betrag als kurzfristige Verbindlichkeit zu betrachten und dem Fremdkapital zuzurechnen.

b) Auf das gezeichnete Kapital von 500 entfallen 100 offene ausgewiesene Rücklagen. Hinzu kommen stille Reserven in Höhe von 500 (s. oben bei a)). Da den Aktionären das gesamte Eigenkapital zusteht, wird der innere Wert der Aktie durch die offenen und stillen Rücklagen erhöht. Die offenen und stillen Rücklagen betragen zusammen mit dem Bilanzgewinn 660 und sind damit größer als das gezeichnete Kapital mit 500. Damit entfällt auf eine Aktie mit dem Nennwert von 5 EUR ein Anteil an den offenen und stillen Rücklagen einschl. Bilanzgewinn in Höhe von 6,60 EUR. Würde allein dieser Umstand berücksichtigt, dann wäre sogar ein Börsenkurs von umgerechnet 10,60 EUR für eine 5-EUR-Aktie berechtigt. (Bei dieser Berechnung wurde der Bilanzgewinn deshalb bei der Berechnung des Eigenkapitals mit einbezogen, weil er vor seiner Ausschüttung Einfluss auf den Börsenkurs hat. Die Aktionäre erhalten den Bilanzgewinn ausgeschüttet oder in der Form der Rücklage.)

Entscheidenden Einfluss auf den Wert der Aktie hat jedoch auch der Gewinn dieses Jahres und die Höhe des für die künftigen Jahre erwarteten Gewinns.

13 Der Jahresabschluss

Hinweis: Das Kapital, auf das die **Haftung** der Gesellschafter für die Verbindlichkeiten der Kapitalgesellschaft beschränkt ist, heißt »Gezeichnetes Kapital. Ausstehende Einlagen auf das gezeichnete Kapital sind

- vor dem Anlagevermögen auf der Aktivseite auszuweisen, bereits eingeforderte Beträge sind zu vermerken (§ 272 (1) Satz 2 HGB)

oder

- vom gezeichneten Kapital offen abzusetzen, soweit sie nicht eingefordert sind. Dabei sind eingeforderte Beträge unter den Forderungen zu aktivieren (§ 272 (1) Satz 3 HGB).

Beispiel:
- gezeichnetes Kapital 500 000 EUR
- von den noch ausstehenden Einlagen in Höhe von 100 000 EUR sind 50 000 EUR eingefordert

1. Darstellung gemäß § 272 (1) Satz 2 HGB – 1. Alternative:

Aktiva	Bilanz		Passiva
Ausstehende Einlage auf das gezeichnete Kapital davon eingefordert 50 000	100 000	A. Eigenkapital I. Gezeichnetes Kapital	500 000

2. Darstellung gemäß § 272 (1) Satz 2 HGB – 2. Alternative:

Aktiva	Bilanz		Passiva
Ausstehende Einlage auf das gezeichnete Kapital – eingefordert 50 000 – nicht eingefordert 50 000	100 000	A. Eigenkapital I. Gezeichnetes Kapital	500 000

3. Darstellung gemäß § 272 (1) Satz 3 HGB:

Aktiva	Bilanz		Passiva
... ... B. Umlaufvermögen II. Forderungen u. sonst. Verm.Gegenst.– ... ... 5. Eingefordertes, noch nicht eingezahltes Kapital	50 000	A. Eigenkapital I. Gezeichnetes Kapital 500 000 – nichteingeforderte Einlagen 50 000 – eingefordertes Kapital[1]	450 000

13.04 Eigenkapital – Gesamtkapital – Haftungskapital

1. Kapital Komplementär	A	200
Kapital Komplementär	B	250
Kapital Kommanditist	C	150
Ausgewiesenes Eigenkapital		600

---

[1] »Wenn das Gesetz bei einer offenen Absetzung der nicht eingeforderten ausstehenden Einlagen von dem Posten »Gezeichnetes Kapital« bestimmt, dass in diesem Fall der verbleibende Betrag als Posten »eingefordertes Kapital« in der Hauptspalte auszuweisen ist, wird insoweit im Regelfall ein unkorrekter Begriff verwendet, als bereits erbrachte Einlagen nicht angesprochen sind. Um eine Fehlbeurteilung zu vermeiden, sollte unabhängig von der im Gesetz vorgesehenen Bezeichnung der verbleibende Betrag als »eingezahltes Kapital« ausgewiesen werden, bzw. dann, wenn zum Jahresabschluss Einlagen eingefordert sind, die Bezeichnung »eingezahltes und eingefordertes Kapital« verwendet werden.« – Glade: Rechnungslegung und Prüfung nach dem Bilanzrichtliniengesetz, Kommentierung § 266, S. 1252f.

2. Ausgewiesenes Gesamtkapital = Bilanzsumme = 1100, da keine Wertberichtigungen (z.B. auf Forderungen) auf der Passivseite ausgewiesen sind. Zu beachten: Offenlegungspflichtige Unternehmen dürfen in den zu veröffentlichenden Bilanzen keine Wertberichtigungen ausweisen. Wertberichtigungen müssen auf der Aktivseite abgesetzt werden.

3.
Summe Eigenkapital lt. Bilanz	650
Privatvermögen Komplementär A	180
Privatvermögen Komplementär B	220
Haftendes Kapital	1050

13.05 Gliederung von Vermögen und Kapital nach Handels- und Aktienrecht

1. Aktiva   Bilanz der ... (in Tsd. EUR)   Passiva

Aktiva			Passiva		
A	Ausstehende Einlagen auf das gezeichnete Kapital	20	A Eigenkapital		
B	Anlagevermögen		I. Gezeichnetes Kapital	150	
	I. Sachanlagen	250	II. Gewinnrücklagen	70	
	II. Finanzanlagen	50	III. Bilanzgewinn	150	370
C	Umlaufvermögen		B Rückstellungen		80
	I. Vorräte	150	C Verbindlichkeiten		
	II. Forderungen und sonstige Vermögensgegenstände	250	1. Verbindlichkeiten aus Lieferungen und Leistungen	150	
D	Aktive Rechnungsabgrenzung	80	2. Bankkredit	100	
			3. sonstige Verbindlichkeiten	100	
		800			800

Verbindlichkeiten aus der Weitergabe von Wechseln 20 HGB § 251

2.
Bilanzgewinn	150
+ Ausgleich Verlustvortrag	20
+ Zuführung zur Rücklage	10
Jahresüberschuss	180

13.06 Bilanzverlust

Mit einer Kreditaufnahme kann ein Verlust nicht ausgeglichen werden. Die Aufnahme eines Kredits bewirkt eine »Bilanzverlängerung«: Auf der Aktivseite erscheinen die aufgrund des Kredits zugeflossenen Finanzmittel, auf der Passivseite die Rückzahlungsverpflichtung. Der Vorgang ist nicht erfolgswirksam. Der Bilanzverlust bleibt bestehen. Nur ein erfolgswirksamer Vorgang ist zum Ausgleich des Bilanzverlustes geeignet.

13.07 Rücklagen

Die Rücklagenbildung bewirkt eine Bindung erwirtschafteten Gewinns an den Betrieb; die Ausschüttung wird verhindert. Der auf der Passivseite ausgewiesene Gewinn hat eine Erhöhung des Vermögens in gleichem Umfang zur Voraussetzung. Der Gewinn kann ja auch durch Vergleich des Anfangsbestandes und des Schlussbestandes des Reinvermögens berechnet werden (Gewinnermittlung durch Vermögensvergleich).

Tatsächlich ist aber nicht einmal sicher, ob der berechnete Gewinn überhaupt bar dem Unternehmen zugeflossen ist; das Unternehmen kann z.B. im großen Umfang auf Kredit geliefert haben, dann besitzt das Unternehmen den Gewinn vermögensmäßig in Form von Forderungen, nicht aber in liquiden Mitteln.

Selbst wenn der Gewinn in Form liquider Mittel zugeflossen ist, wird der zurückbehaltene Gewinn nicht bis zur Erweiterungsinvestition als flüssige Mittel im Unternehmen nutzlos liegenbleiben. Das wäre wegen des Zinsverlustes auch nicht richtig.

Durch Rücklagenbildung für Erweiterungsinvestitionen zurückbehaltene Finanzmittel müssen so angelegt werden, dass sie zum geplanten Termin zur Verfügung stehen.

Dass für diese Anlage sich überhaupt Finanzmittel im Betrieb ansammeln können, dafür schafft die Rücklagenbildung die Voraussetzung.

Die Behauptung, dass die Rücklagenbildung zur Bereitstellung flüssiger Mittel für Erweiterungsinvestition keinen Beitrag leiste, ist nicht in jedem Fall zutreffend.

13.08 Rückstellungen – Rücklagen – Rechnungsabgrenzung

1. a) Die Gewerbesteuer ist eine Kostensteuer und mindert den Gewinn. Mit einer Buchung auf dem Konto Rücklagen wird eine Gewinnverwendung verbucht. Die Rücklagen zählen zum Eigenkapital; für die Rücklagen besteht keine Zahlungsverpflichtung, auch nicht an die Aktionäre. Deshalb muss die Gewerbesteuerschuld als Zahlungsverpflichtung als Rückstellung in der Bilanz erscheinen. Die Rückstellungen sind als echte Schulden Teil des Fremdkapitals.

    b) Das HGB lässt die Aufnahme betrieblicher Vorgänge in die Rechnungsabgrenzungsposten nur zu, wenn es sich um sogenannte transitorische Posten handelt (HGB § 250). Ein transitorisches Aktivum entsteht z.B. durch vorausbezahlte Miete, ein transitorisches Passivum durch im voraus erhaltene Miete. Bei transitorischen Posten handelt es sich also um Leistungsforderungen oder um Leistungsschulden des Unternehmens. Antizipatorische Posten der Rechnungsabgrenzung müssen nach dem HGB als sonstige Forderungen oder sonstige Verbindlichkeiten ausgewiesen werden. Bei antizipatorischen Posten handelt es sich um Geldschulden. Schon aus diesem Grunde darf die Gewerbesteuerschuld nicht als Rechnungsabgrenzung (passive) ausgewiesen werden.

    Die Gewerbesteuerschuld muss auch deshalb als Rückstellung in die Bilanz eingehen, weil die Höhe der Schuld nicht exakt feststeht (HGB § 249).

2. Da die Werbeausgaben nicht Aufwand **für eine bestimmte Zeit** nach dem Bilanzstichtag darstellen, ist ihr Ansatz als aktiver Rechnungsabgrenzungsposten gemäß § 250 (1) HGB verboten.

    Die Ausgaben sind demnach im laufenden Geschäftsjahr voll aus Aufwand zu verrechnen.

13.09 Gewinn- und Verlustrechnung der Kapitalgesellschaft: Umsatzerlöse

Erlös aus Warenverkauf	2 500 000
Erlös aus Fracht- und Verpackungskosten	200 000
	2 700 000
– Preisnachlässe	150 000
Umsatzerlöse nach HGB	2 550 000

Nach § 277 HGB zählen zu den Umsatzerlösen nur solche Erlöse, die sich aus der Realisierung des Betriebszwecks ergeben.

Preisnachlässe müssen von den Erlösen abgezogen werden.

13.10 Gewinn- und Verlustrechnung der Kapitalgesellschaft: betriebliche Erträge

Umsatzerlöse	300 000	
+ Bestandserhöhung an unfertigen Erzeugnissen	50 000	
	350 000	
− Bestandsverminderung an fertigen Erzeugnissen	30 000	320 000
+ andere aktivierte Eigenleistungen		50 000
Betriebliche Erträge		370 000 EUR

13.11 Gewinn- und Verlustrechnung der Kapitalgesellschaft: Ergebnis der gewöhnlichen Geschäftstätigkeit

Hinweis:

Der **Entschädigungsbetrag** einer Versicherung bei untergegangenen Vermögensgegenständen tritt an die Stelle eines möglichen Verkaufserlöses.

Liegt der Entschädigungsbetrag **über dem Buchwert**, so stellt der Differenzbetrag zwischen Entschädigung und Buchwert einen sonstigen betrieblichen Ertrag dar.

Liegt der Entschädigungsbetrag **unter dem Buchwert**, so kann es sich bei dem Differenzbetrag um einen außerordentlichen Aufwand oder um einen sonstigen betrieblichen Aufwand handeln. Außerordentliche Geschäftsvorfälle liegen dann vor, wenn sie folgende Bedingungen erfüllen:

Merkmale außerordentlicher Aufwendungen und Erträge:

ungewöhnlich	selten	einiges Gewicht
Ungewöhnlichkeit liegt vor, wenn das zu Grunde liegende Ereignis in hohem Maße außergewöhnlich oder rein zufällig auftritt.	Ein Geschäftsvorfall gilt als selten, wenn in absehbarer Zukunft nicht mit einer Wiederholung gerechnet werden kann.	d.h. betragsmäßig wesentlich

Da das Schadensereignis ungewöhnlich, selten und von einigem Gewicht ist, handelt es sich bei der Differenz zwischen Entschädigung und Buchwert (10 000 EUR) um einen außerordentlichen Aufwand.

Buchung:

Konto	Soll/EUR	Haben/EUR
Bank	30 000	
a.o. Aufwand	10 000	
an Rohstoffe		40 000

Umsatzerlöse	500 000
− Materialaufwand	260 000
= Ergebnis der gewöhnlichen Geschäftstätigkeit	**240 000**
− a.o. Aufwand	10 000
»Jahresüberschuss«	230 000

13 Der Jahresabschluss

13.12 Gewinn- und Verlustrechnung der Kapitalgesellschaft: Betriebsergebnis – Finanzergebnis – Ergebnis der gewöhnlichen Geschäftstätigkeit – außerordentliches Ergebnis – Jahresüberschuss

1.	Umsatzerlöse	6200	
2.	Erhöhung des Bestandes an fertigen Erzeugnissen	400	
3.	sonstige betriebliche Erträge	50	
4.	betriebliche Erträge		6650
5.	Materialaufwand	1000	
6.	Personalaufwand		
	a) Löhne und Gehälter	2500	
	b) soziale Abgaben und Aufwendungen für Altersversorgung und Unterstützung	400	
	davon für Altersversorgung	250	
7.	Abschreibungen auf das Anlagevermögen	1400	
8.	betriebliche Aufwendungen		5300
9.	**»Betriebsergebnis«**		1350
10.	Erträge aus Beteiligungen	300	
11.	Zinserträge	100	400
12.	Zinsaufwendungen		300
13.	**Finanzergebnis**		100
14.	**Ergebnis der gewöhnlichen Geschäftstätigkeit**		1450
15.	Außerordentliche Erträge **(außerordentliches Ergebnis)**		50
16.	Steuern		100
17.	**Jahresüberschuss**		1400

Gliederung der GuV-Rechnung nach dem Gesamtkostenverfahren
§ 275 Abs. 2 HGB

1. Umsatzerlöse
2. Erhöhung oder Verminderung des Bestands an fertigen und unfertigen Erzeugnissen
3. andere aktivierte Eigenleistungen
4. sonstige betriebliche Erträge
5. Materialaufwand
   a) Aufwendungen für Roh-, Hilfs- und Betriebsstoffe und für bezogene Waren
   b) Aufwendungen für bezogene Leistungen
	Rohergebnis § 276	

6. Personalaufwand
   a) Löhne und Gehälter
   b) soziale Abgaben und Aufwendungen für Altersversorgung und für Unterstützung, davon für Altersversorgung
7. Abschreibungen
   a) auf immaterielle Vermögensgegenstände des Anlagevermögens und Sachanlagen sowie auf aktivierte Aufwendungen für die Ingangsetzung und Erweiterung des Geschäftsbetriebs
   b) auf Vermögensgegenstände des Umlaufvermögens, soweit diese die in der Kapitalgesellschaft üblichen Abschreibungen überschreiten
	Betriebsergebnis[1]	Ergebnis der gewöhnlichen Geschäftstätigkeit

8. sonstige betriebliche Aufwendungen 9. Erträge aus Beteiligungen, davon aus verbundenen Unternehmen 10. Erträge aus anderen Wertpapieren und Ausleihungen des Finanzanlagevermögens, davon aus verbundenen Unternehmen 11. sonstige Zinsen und ähnliche Erträge, davon aus verbundenen Unternehmen 12. Abschreibungen auf Finanzanlagen und auf Wertpapiere des Umlaufvermögens 13. Zinsen und ähnliche Aufwendungen, davon an verbundene Unternehmen	Finanzergebnis	
14. Ergebnis der gewöhnlichen Geschäftstätigkeit		
15. außerordentliche Erträge 16. außerordentliche Aufwendungen	Außerordentliches Ergebnis[2]	
17. außerordentliches Ergebnis		
18. Steuern vom Einkommen und vom Ertrag		
19. sonstige Steuern		
20. Jahresüberschuss/Jahresfehlbetrag		

[1] »pagatorisches Betriebsergebnis«, d.h. kein Betriebsergebnis im Sinne der Kosten- u. Leistungsrechnung, da kalkulatorische Kosten nicht berücksichtigt sind.

[2] Im außerordentlichen Ergebnis sind nur solche Aufwendungen und Erträge zu erfassen, »die außerhalb der gewöhnlichen Geschäftstätigkeit der Kapitalgesellschaft anfallen« (§ 277 (4) Satz 1 HGB). Dieses Kriterium ist so extrem eng auszulegen, dass nur noch bei Aufgabe oder Neuanschaffung ganzer Unternehmensbereiche, Enteignungen oder Sanierungen beispielsweise außerordentliche Aufwendungen oder Erträge entstehen, dass also außerordentliche Ergebnisse praktisch selten eintreten werden.

13.13 Gesamtkostenverfahren – Umsatzkostenverfahren – Anhang

1. Gesamte Herstellungskosten: Rohstoffe   1 800 000 EUR
    Hilfsstoffe   300 000 EUR
    Betriebsstoffe   100 000 EUR
    Fertigungslöhne   200 000 EUR
    Abschreibungen   100 000 EUR
    ─────────────
    2 500 000 EUR

    $$\text{Produktionsmenge:} \quad \frac{\text{Herstellungskosten lfd. Gesch. Jahr}}{\text{Herstellungskosten pro Maschine}} = \frac{2\,500\,000\ \text{EUR}}{2\,500\ \text{EUR/Maschine}}$$

    $$= 1\,000\ \text{Maschinen}$$

2.
Gewinn- und Verlustkonto			
Rohstoffkosten	1 800 000	Umsatzerlöse (980 St · 3 000 EUR)	2 940 000
Hilfsstoffkosten	300 000		
Betriebsstoffkosten	100 000		
Fertigungslöhne	200 000		
Abschreibungen	100 000		

    Produktionskosten für Herstellung von 1 000 Stück

    Umsatzerlöse für den Absatz von 980 Stück

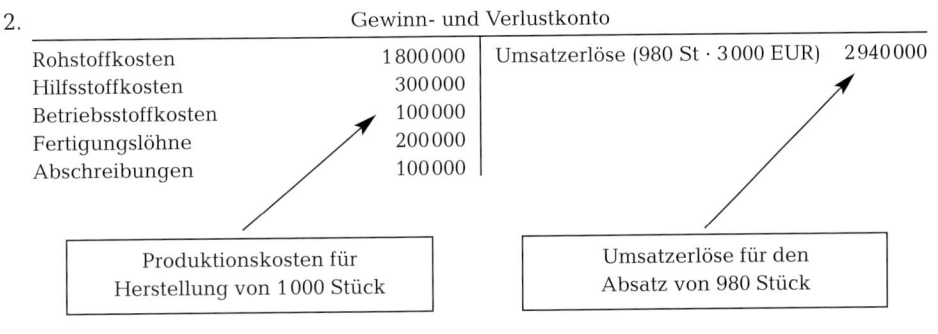

3. Der Betriebsgewinn errechnet sich als Differenz von Leistungen und Kosten.
    ① Die Kosten- bzw. Aufwandseite des Kontos GuV enthält lediglich die mit der Produktion zusammenhängenden Kosten. Die Kosten des Verwaltungsbereichs sind noch nicht berücksichtigt.
    ② Die Leistungs- bzw. Ertragsseite des Kontos GuV enthält lediglich die für den Markt erbrachten Leistungen (Marktleistung), während die für das Lager erbrachten Leistungen (Lagerleistung) noch nicht berücksichtigt sind. In der laufenden Rechnungsperiode wurden insgesamt 1000 Maschinen produziert, 980 Maschinen wurden abgesetzt. Demnach wurden 20 Maschinen auf Lager produziert.

4. Lagerleistung: 20 Maschinen à 2500 EUR = 50 000 EUR

Kosten	Gewinn- und Verlustkonto		Leistungen
Rohstoffkosten	1 800 000	Umsatzerlöse (980 St · 3 000 EUR)	2 940 000
Hilfsstoffkosten	300 000	Lagerleistung (20 St · 2 500 EUR)	50 000
Betriebsstoffkosten	100 000		
Fertigungslöhne	200 000		
Abschreibungen	100 000		
Gehälter	90 000		
sonstige Kosten	30 000		
Betriebsgewinn	370 000		
	2 990 000		2 990 000

5. *Hinweis:* Die Begriffe Aufwand und Kosten werden in dieser Aufgabe synonym verwendet.

Vorgeschrieben: Staffelform (§ 275 (1) HGB)

1. Umsatzerlöse	2 940 000 EUR	⎤
2. (+) Erhöhung / (–) Verminderung des Bestandes an fertigen und unfertigen Erzeugnissen +	50 000 EUR	⎦ Gesamtleistung des Unternehmens
3. **Betriebliche Erträge**		2 990 000 EUR
4. Materialaufwand: Aufwendungen für Roh-, Hilfs- und Betriebsstoffe	2 200 000 EUR	
5. Personalaufwand	290 000 EUR	
6. Abschreibungen	100 000 EUR	
7. sonstige betriebliche Aufwendungen	30 000 EUR	
8. **Betriebliche Aufwendungen**		2 620 000 EUR
9. Jahresüberschuss hier: Betriebsgewinn		370 000 EUR

Hinweis: Kleine und mittelgroße Kapitalgesellschaften dürfen im vorliegenden Beispiel die Positionen 1–3 zu einem Posten »Rohergebnis« zusammenfassen (Vgl. § 276 HGB).

6.
1. Umsatzerlöse 2 940 000 EUR
2. Herstellungskosten der zur Erzielung der Umsatzerlöse erbrachten Leistungen[1] – 2 450 000 EUR
3. = Bruttoergebnis vom Umsatz 490 000 EUR
4. Allgemeine Verwaltungskosten – 120 000 EUR
5. Jahresüberschuss = 370 000 EUR hier: Betriebsgewinn

7. **Gesamtkostenverfahren:** Mehrbestand wird als Leistung (Lagerleistung) gesondert ausgewiesen. In der Gewinn- und Verlustrechnung eines Unternehmens werden damit die *Quellen* der Gesamtleistung (Marktleistung und Lagerleistung) sichtbar. Den in der Gewinn- und Verlustrechnung ausgewiesenen Produktionskosten (Grundlage: produzierte Menge von 1000 Stück) werden Leistungen gegenübergestellt, die sich auf eben diese produzierte Menge (980 + 20 = 1000 Stück) beziehen.

Umsatzkostenverfahren: Mehrbestand wird als Korrekturposten zu den in der Buchführung erfassten Kosten der Rechnungsperiode betrachtet. Dem Umsatz, der aus dem Verkauf von 980 Stück entstanden ist, werden Produktionskosten gegenübergestellt, die sich auf die Herstellung von 980 Stück beziehen (Umsatzkosten).

8.
1. Umsatzerlöse 3 000 000 EUR
2. Herstellungskosten der zur Erzielung der Umsatzerlöse erbrachten Leistungen[2] – 2 500 000 EUR
3. = Bruttoergebnis vom Umsatz 500 000 EUR
4. Allgemeine Verwaltungskosten – 120 000 EUR
5. Jahresüberschuss = 380 000 EUR hier: Betriebsgewinn

9. § 285 Zi. 8 HGB schreibt vor, dass bei Anwendung des Umsatzkostenverfahrens im **Anhang** anzugeben ist:

---

[1]
Herstellungskosten der Rechnungsperiode	2 500 000 EUR
– Mehrbestand	50 000 EUR
= Herstellungskosten des **Umsatzes**	2 450 000 EUR

[2]
Herstellungskosten der Rechnungsperiode	2 450 000 EUR
+ Minderbestand	50 000 EUR
= Herstellungskosten des **Umsatzes**	2 500 000 EUR

13 Der Jahresabschluss

- Aufwendungen für Roh-, Hilfs- und Betriebsstoffe und für bezogene Waren
- soziale Abgaben und Aufwendungen für Altersversorgung und für Unterstützung

b) der Personalaufwand des Geschäftsjahres gegliedert nach § 275 Abs. 2 Nr. 6:
- Löhne und Gehälter
- soziale Abgaben und Aufwendungen für Altersversorgung und für Unterstützung davon für Altersversorgung

13.14 Gewinnverwendung im Jahresabschluss einer AG

1. *Vor* Gewinnverwendung:

Bilanz (§ 266 (2) HGB):

Aktiva   Bilanz zum 31.12.19.. (Tsd. EUR)   Passiva

A. Anlagevermögen:			A. Eigenkapital:	
I. Sachanlagen:			I. Gezeichnetes Kapital	80 000
1. Grundstücke …	60 000		II. Kapitalrücklage	1 500
2. techn. Anl. u. Maschinen	25 000		III. Gewinnrücklagen:	
3. and. Anl., Betr. + GA	2 500		1. gesetzliche Rücklage	4 500
B. Umlaufvermögen:			2. andere Gewinnrückl.	2 000
I. Vorräte:			IV. Gewinnvortrag	100
1. Roh-, Hilfs- und Betriebsstoffe	2 100		V. Jahresüberschuss	15 100
2. unfertige Erzeugnisse	3 000		B. Verbindlichkeiten:	
3. fertige Erzeugnisse und Waren	3 400		1. Verbindlichkeiten aus Lieferungen u. Leistg.	2 800
II. Forderungen u. sonstige Vermögensgegenstände:			2. sonstige Verbindlichk.	2 300[3]
Forderungen a. L. u. L.	2 450			
III. Schecks, Kassenbestand	9 500			
C. Rechnungsabgrenzungsposten	350			
	108 300			108 300

Gewinn- und Verlustrechnung (§ 275 (2) HGB)

1. Umsatzerlöse		106 800
2. Erhöhung des Bestandes an fertigen und unfertigen Erzeugnissen		1 200
3. Materialaufwand		42 000
4. Personalaufwand		
a) Löhne und Gehälter	31 300[1]	
b) soziale Abgaben und Aufwendungen für Altersversorgung u. Unterstützung	3 500	34 800
5. Abschreibungen auf Sachanlagen		6 000
6. sonstige betriebliche Aufwendg.		4 700[2]
7. sonstige Zinsen u. ähnl. Erträge		800
8. Ergebnis der gewöhnlichen Geschäftstätigkeit		**21 300**
9. Steuern vom Einkommen und vom Ertrag		2 000
10. Sonstige Steuern		4 200
11. Jahresüberschuss		**15 100**

---

[1] 30 000 Tsd. EUR + 1 300 Tsd. EUR Vorstandstantieme
[2] 3 700 Tsd. EUR + 1 000 Tsd. EUR Aufsichtsratstantieme
[3] Vorst. Tantiemen (1 300) + Aufsichtsratstantiemen (1 000) = 2 300 (Tsd. EUR)

2. *Teilweise* Gewinnverwendung (§§ 266 (2) und 268 (1) HGB):

Bilanz zum 31.12.19.. (Tsd. EUR)

Aktiva		Passiva	
A. Anlagevermögen:		A. Eigenkapital:	
I. Sachanlagen:		I. Gezeichnetes Kapital	80 000
1. Grundstücke ...	60 000	II. Kapitalrücklage	1 500
2. techn. Anl. u. Maschinen	25 000	III. Gewinnrücklagen:	
3. and. Anl., Betr. + GA	2 500	1. gesetzliche Rücklage	5 255 ◄
B. Umlaufvermögen:		2. andere Gewinnrückl.	9 172,50 ◄
I. Vorräte:		IV. Bilanzgewinn	7 272,50 ◄
1. Roh-, Hilfs- und Betriebstoffe	2 100	B. Verbindlichkeiten:	
2. unfertige Erzeugnisse	3 000	1. Verbindlichkeiten aus	
3. fertige Erzeugnisse und Waren	3 400	Lieferungen u. Leistg.	2 800
II. Forderungen u. sonstige Vermögensgegenstände:		2. sonstige Verbindlichk.	2 300
Forderungen a. L. u. L.	2 450		
III. Schecks, Kassenbestand	9 500		
C. Rechnungsabgrenzungsposten	350		
	108 300		108 300

Änderungen entsprechend § 268 (1) HGB – (teilweise Gewinnverwendung)

Gewinn- und Verlustrechnung (§ 275 (2) HGB und § 158 (1) AktG):

1. Umsatzerlöse		106 800
2. Erhöhung des Bestandes an fertigen und unfertigen Erzeugnissen		1 200,00
3. Materialaufwand		42 000,00
4. Personalaufwand		
a) Löhne und Gehälter	31 300	
b) soziale Abgaben und Aufwendungen für Altersversorgung u. Unterstützung	3 500	34 800,00
5. Abschreibungen auf Sachanlagen		6 000,00
6. sonstige betriebliche Aufwendungen		4 700,00
7. sonstige Zinsen u. ähnl. Erträge		800,00
8. Ergebnis der gewöhnlichen Geschäftstätigkeit		**21 300,00**
9. Steuern vom Einkommen und vom Ertrag		2 000,00
10. Sonstige Steuern		4 200,00
11. Jahresüberschuss		**15 100**
12. Gewinnvortrag aus dem Vorjahr § 158 (1) AktG		100
13. Einstellungen in Gewinnrücklagen		
a) in die gesetzliche Rücklage		755[1]
b) in andere Gewinnrücklagen		7 172,50[2]
14. Bilanzgewinn		**7 272,50**

---

[1] 5% von 15 100 = 755 (§ 150 (2) AktG)
[2] (15 100 − 755) · 1/2 = 7 172,50 EUR (§ 58 (2) AktG)

13 Der Jahresabschluss

3. **Vollständige** Gewinnverwendung (§§ 266 (2) und 268 (1) HGB):

Aktiva   Bilanz zum 31.12.19.. (Tsd. EUR)   Passiva

A. Anlagevermögen:			A. Eigenkapital:	
I. Sachanlagen:			I. Gezeichnetes Kapital	80 000
1. Grundstücke …	60 000		II. Kapitalrücklage	1 500
2. techn. Anl. u. Maschinen	25 000		III. Gewinnrücklagen:	
3. and. Anl., Betr. + GA	2 500		1. gesetzliche Rücklage	5 255
B. Umlaufvermögen:			2. andere Gewinnrückl.	9 172,50
I. Vorräte:			IV. Gewinnvortrag	72,50[1]
1. Roh-, Hilfs- und Betriebsstoffe	2 100		B. Verbindlichkeiten:	
2. unfertige Erzeugnisse	3 000		1. Verbindlichkeiten aus	
3. fertige Erzeugnisse und Waren	3 400		Lieferungen u. Leistg.	2 800
II. Forderungen u. sonstige Vermögensgegenstände:			2. sonstige Verbindlichk.	9 500[2]
Forderungen a. L. u. L.	2 450			
III. Schecks, Kassenbestand	9 500			
C. Rechnungsabgrenzungsposten	350			
	108 300			108 300

Änderungen entsprechend § 268 (1) HGB – (vollst. Gewinnverwendung)

Gewinn- und Verlustrechnung (§ 275 (2) HGB und § 158 (1) AktG):

11. **Jahresüberschuss**	**15 100,00**
12. Gewinnvortrag aus dem Vorjahr	100,00
13. Einstellungen in die Gewinnrücklagen	
a) in die gesetzliche Rücklage	755,00
b) in andere Gewinnrücklagen	7 172,50
14. auszuschüttende Dividende	7 200,00
15. Gewinnvortrag/Verlustvortrag	**72,50**

13.15 Anlagespiegel (Anlagegitter) – Anhang

1. – Sachanlagen: Höhe der Anlageinvestitionen
   – Finanzanlagen: Höhe der Finanzinvestitionen
   – Vorräte: Höhe der Lagerinvestitionen

2. Die in der Bilanz ausgewiesenen Zahlen sind **Nettogrößen.** Sie errechnen sich in vereinfachter Darstellung wie folgt:
   Anfangsbestand (Beginn des Geschäftsjahres)
   + Zugänge (lfd. Investitionen des Geschäftsjahres)
   – Abgänge (z.B. Veräußerungen während des lfd. Geschäftsjahres)
   – Abschreibungen

   = in der Bilanz ausgewiesener Bestand

   Ein Vergleich der Zahlen der Bilanzposition »Sachanlagen« (2003: 45 639 Tsd. EUR – 2002: 41 900 Tsd. EUR) zeigt lediglich, dass die Sachanlagen um 3 739 Tsd. EUR – **netto** – zugenommen haben. Die Höhe der Bruttoinvestitionen lässt sich mit diesen Informationen allein nicht feststellen.

---

[1]   Bilanzgewinn (vgl. GuV-Rechn. Zi 14)   7272,50 Tsd. EUR
    – 9% Dividende   7200,00 Tsd. EUR
    = Gewinnvortrag   72,50 Tsd. EUR

[2]   2300 + 7200 (Verbindlichk. gegenüber den Aktionären aus Gewinnaussch.) = 9500 Tsd. EUR

3. Die **Aescu AG** ist verpflichtet, in der Bilanz **oder** in einem Anhang die Entwicklung der einzelnen Posten des Anlagevermögens darzustellen (ebenso: »Aufwendungen für die Ingangsetzung und Erweiterung des Geschäftsbetriebs«). Ausgehend von den gesamten Anschaffungs- oder Herstellungskosten sind die Zugänge, die Abgänge, die Umbuchungen und Zuschreibungen des Geschäftsjahres sowie die Abschreibungen in ihrer gesamten Höhe gesondert aufzuführen.

4. Bei Darstellung in der Bilanz leidet deren Übersichtlichkeit.

5.

Jahr	Bilanzposten (§ 266 (2) HGB)	Gesamte Anschaffungs-/Herstellungskosten	Zugänge +	Abgänge −	Umbuchungen +/−	Abschreibungen (kumuliert)	Zuschreibungen +	Buchwert 31.12. Abschlussjahr	Buchwert 31.12. Vorjahr	Abschreibungen Abschlussjahr
		1	2	3	4	5	6	7	8	9
1.	A.II.3		100 000			−				
2.		100 000				12 500		87 500		12 500
3.		100 000				25 000		75 000	87 500	12 500
4.		100 000				37 500		62 500	75 000	12 500
5.		100 000				50 000		50 000	62 500	12 500
6.		100 000				62 500		37 500	50 000	12 500
7.		100 000				75 000		25 000	37 500	12 500
8.		100 000				87 500		12 500	25 000	12 500
9.		100 000				100 000		0	12 500	12 500
10.		100 000		100 000		0 (100 000 − 100 000)		0		

6. a)

Jahr	Bilanzposten (§ 266 (2) HGB)	Gesamte Anschaffungs-/Herstellungskosten	Zugänge +	Abgänge −	Umbuchungen +/−	Abschreibungen (kumuliert)	Zuschreibungen +	Buchwert 31.12. Abschlussjahr	Buchwert 31.12. Vorjahr	Abschreibungen Abschlussjahr
		1	2	3	4	5	6	7	8	9
1.	A.II.3	78 000	78 000			7 800		70 200		7 800[1]
2.		78 000				21 840		56 160	70 200	14 040
3.		78 000		78 000		0 (30 264 − 30 264)		0 BW z.Zt. des Ausscheidens: 4 736 €	56 160	8 424[2]

---

[1] Halbjahresabschreibung, da Anschaffung im Oktober (EStR 44 (2))
[2] Abschreibung für 9 Monate (pro rata temporis – EStR 44 (9)) – Übergang zur linearen AfA wäre möglich.

13 Der Jahresabschluss

6. b) 1. Möglichkeit

Jahr	Bilanz-posten (§ 266 (2) HGB)	Gesamte Anschaffungs-/Herstellungs-kosten (1)	Zugänge + (2)	Abgänge − (3)	Umbu-chungen +/− (4)	Abschrei-bungen (kumuliert) − (5)	Zuschrei-bungen + (6)	Buchwert 31.12. Abschluss-jahr (7)	Buchwert 31.12. Vorjahr (8)	Abschrei-bungen Abschluss-jahr (9)
1.	A.II.3.		390,00	390,00						390,00

6. b) 2. Möglichkeit

Jahr	Bilanz-posten (§ 266 (2) HGB)	Gesamte Anschaffungs-/Herstellungs-kosten (1)	Zugänge + (2)	Abgänge − (3)	Umbu-chungen +/− (4)	Abschrei-bungen (kumuliert) − (5)	Zuschrei-bungen + (6)	Buchwert 31.12. Abschluss-jahr (7)	Buchwert 31.12. Vorjahr (8)	Abschrei-bungen Abschluss-jahr (9)
1.	A.II.3.		390,00			390,00		0	0	390,00
2.		390,00				390,00		0	0	
3.		390,00				390,00		0		
4.				390,00		0 (390 − 390)				

6. c)

Jahr	Bilanz-posten (§ 266 (2) HGB)	Gesamte Anschaffungs-/Herstellungs-kosten (1)	Zugänge + (2)	Abgänge − (3)	Umbu-chungen +/− (4)	Abschrei-bungen (kumuliert) − (5)	Zuschrei-bungen + (6)	Buchwert 31.12. Abschluss-jahr (7)	Buchwert 31.12. Vorjahr (8)	Abschrei-bungen Abschluss-jahr (9)
1.	A.II.4	400000	400000					400000		
2.	A.II.4 A.II.2		800000		−400000 +400000	240000		0 960000	400000	240000
3.	A.II.2	1200000				432000		768000		192000

Hinweis zu 6. b): Hinsichtlich des Ausweises geringwertiger Wirtschaftsgüter haben die Kapitalgesellschaften ein **Wahlrecht.**
1. Behandlung als Zugang und als Abgang im Jahr der Anschaffung.
2. Behandlung als Zugang im Jahr der Anschaffung und gleichzeitiger Erhöhung der kumulierten Abschreibungen um den Betrag der GWG-Abschreibung; Korrektur der kumulierten Abschreibungen und Berücksichtigung als Abgang (Spalte 3) im Jahr des Ausscheidens; eine Behandlung der geringwertigen Wirtschaftsgüter nach der 2. Methode hat den Vorteil, dass die in der GuV-Rechnung ausgewiesenen Abschreibungen identisch sind mit den Abschreibungen im Anlagespiegel.

Geringstwertige Wirtschaftsgüter (= Anlagegüter mit Anschaffungskosten bis zu 51 EUR) brauchen – entsprechend den steuerlichen Aufzeichnungsvorschriften nach Abschn. 40 (2) EStR – im Anlagespiegel nicht als Zu- oder Abgang zu erscheinen.

13.16 Betriebliche Ökobilanzen – Betriebliche Umweltpolitik – Öko-Audit

1. a) Hauptsächlicher Umweltbelastungsfaktor ist der Bereich Transport und Verkehr. Starke Belastungen der Umwelt können z.B. durch die heute üblich gewordene »Just in time-Anlieferung« nur eines Tagesbedarfs der Rohstoffe und die entsprechende „Just in time-Anlieferung" der Airbags an die Autoindustrie per LKW entstehen. An zweiter Stelle folgt der Materialeinsatz.

    b) Die Umweltbelastung durch den Verbrauch von Roh- und Betriebsstoffen kann ebenso wie die Belastung der Umwelt durch die im Produktionsprozess entstehenden umweltbelastenden Stoffe (z.B. Kohlendioxid oder Schwefeldioxid) nicht einfach in Tonnen gemessen werden, da die Schädlichkeit der Stoffe völlig unterschiedlich ist. Der Faktor, mit dem die umweltschädigende Wirkung der verschiedenen Stoffe vergleichbar gemacht wird, ist nur mit größter Unsicherheit festzulegen und für den Betrachter einer Öko-Bilanz deshalb auch kaum nachvollziehbar.

2. a) Der Gasgenerator Typ 4 verursacht die geringste Umweltbelastung.

    b) Die Verbesserung wurde vor allem im Bereich Transport erzielt.

    c) Da das Produkt Airbags dazu bestimmt ist, Verletzungen bei Unfällen zu vermeiden und damit auch Krankentransporte vermieden werden, ist es nicht unbegründet diesen Vergleichsmaßstab zu wählen.

3. a) Die Belastung der Umwelt ist von 108 000 Punkten im Vorjahr auf 102 000 Punkte gesunken und hat sich damit verbessert.

    b) Die Verbesserung ist darauf zurückzuführen, dass der Rohstoff 3 mit dem hohen Umweltbelastungsfaktor 6 durch den Rohstoff 3 mit dem geringeren Belastungsfaktor 3 ersetzt wurde. Das führt zu der verbesserten Situation, obwohl von Rohstoff 3 nur 5000 Einheiten eingespart, dafür aber 8000 Einheiten des Rohstoffs 2 zusätzlich eingesetzt wurden.

    c) Folgende Maßnahmen müssen noch durchgeführt werden, um am EG Öko-Audit teilzunehmen:

    Umweltpolitik des Unternehmens definieren – Umweltprüfung durch externen Prüfer vornehmen lassen – Umweltmanagementsystem installieren – Umwelthandbuch erstellen, Teilnahmeerklärung abgeben und Gültigkeitserklärung einholen.

4. Unterschiede zwischen einer handelsrechtlichen Bilanz und einer Öko-Bilanz:

Handelsbilanz	Ökobilanz
• Aktiva und Passiva werden gegenübergestellt.	• In einer Ökobilanz werden Input und Output gegenübergestellt. Die Inputseite erfasst die Stoffe und Energien, die in einen Betrieb eingehen, die Outputseite die Produkte, Abfälle und andere Emissionen, die den Betrieb verlassen.
• Alle Werte sind in Geldeinheiten ausgedrückt.	• Input und Output sind physikalischen Einheiten (z.B. t., kWh) ausgedrückt.
• Die beiden Bilanzseiten sind immer gleich groß.	• Die beiden »Bilanz«seiten stehen in keiner festen, größenmäßigen Beziehung und sind nicht gleich groß.

Bewertung der Aktiva und Passiva

13.17 Zweck der Aktivierung – Anschaffungswert – Tageswert – Wiederbeschaffungswert

1. Verbucht werden die Anschaffungskosten:

Kaufpreis	150 000
– 4% Rabatt	6 000
	144 000
Überführungs- u. Zulassungskosten	1 200
Anschaffungskosten	145 200

2. Die Anschaffungskosten sind im Augenblick des Kaufs Ausgaben, aber keine Aufwendungen. Die Ausgaben werden erst später zu Aufwendungen, sie müssen auf die Nutzungsdauer des Lastwagens verteilt werden. Deshalb werden die Ausgaben aktiviert und mit Hilfe der Abschreibung zeitraumgerecht in die Gewinn- und Verlustrechnung gebracht.

3. a)

Anschaffungskosten	145 200
– 25% Abschreibung von 127 200 EUR (145 200 – 18 000 Schrottwert)	31 800
fortgeführter Anschaffungswert nach 1 Jahr	113 400
Tagespreis auf dem Beschaffungsmarkt	158 000
– 4% Rabatt	6 320
	151 680
Überführungs- u. Zulassungskosten	1 200
Wiederbeschaffungs-Neuwert	152 880
– 25%, Abschreibung von 134 880[1]	33 720
Fortgeführter Anschaffungswert zu Tagespreisen	119 160 EUR
Tageswert auf dem Beschaffungsmarkt für Gebrauchtfahrzeuge:	115 000 EUR
Tageswert auf dem Verkaufsmarkt für Gebrauchtfahrzeuge:	105 000 EUR

b) Betriebswirtschaftlich zweckmäßig ist der Ansatz eines fortgeführten Anschaffungswertes. Der Betrieb will diesen Anlagestand nutzen, bis er nicht mehr einsatzfähig ist. Es kommt also darauf an, die Ausgaben des Anschaffungswertes zeitraumgerecht in Aufwendungen zu überführen. Die Werte auf dem Gebrauchtwagenmarkt sind deshalb unerheblich. Für die zeitraumgerechte Überführung der Ausgaben in die Erfolgsrechnung des Unternehmens ist der fortgeführte Anschaffungswert ohne Berücksichtigung des gestiegenen Neupreises zu wählen. Dass der Lastwagen noch zu einem niedrigeren Preis gekauft wurde, bewirkt, dass die Abschreibungen niedriger sind; das Unternehmensergebnis wird günstiger, als wenn wir für den Lastwagen den jetzt höheren Preis hätten zahlen müssen. Gem. § 253 HGB darf in der Bilanz in diesem Fall höchstens der Anschaffungswert, vermindert um planmäßige Abschreibungen, eingesetzt werden; das ist der fortgeführte Anschaffungswert von 113 400 EUR. Eine andere Überlegung wäre die, welche Grundlage für die Berechnung der Abschreibungen für die Zwecke der Kostenrechnung zu wählen ist. Hierfür ist es betriebswirtschaftlich gerechtfertigt, den Wiederbeschaffungspreis für einen neuen Lastwagen zugrunde zu legen. Die Berechnung der Abschreibung für die Kostenrechnung auf der Grundlage zufälliger Anschaffungspreise könnte der Unternehmensleitung einen Kostenvorsprung vorspiegeln, den es gar nicht besitzt, und damit unternehmerische Entscheidungen beeinflussen.

---

[1] (152 880 – 18 000 Schrottwert)

13.18 Niederstwertprinzip – Realisationsprinzip – Wertaufholung

1. a) Aus Vorsichtsgründen: 300 000 EUR.
   Sinkt der Börsen- oder Marktpreis von Gütern des Umlaufvermögens, dann besteht Abschreibungspflicht gem. § 253 HGB für alle Kaufleute, nicht nur für Kapitalgesellschaften.

   b) Dadurch entsteht in der Gewinn- und Verlustrechnung ein Aufwand in Höhe von 100 000 EUR.

2. Nach § 280 (1) HGB besteht für Kapitalgesellschaften und damit für die Kaffeegroßrösterei AG Zuschreibungspflicht.

   Hinweis: Bei den Vorschriften in den §§ 264 ff. HGB handelt es sich um »Ergänzende Vorschriften für Kapitalgesellschaften« – damit hat § 280 HGB keine Gültigkeit für Personengesellschaften und Einzelunternehmen.

   Die Abschreibung auf den Roh-Kaffee war in der Handelsbilanz auf der Grundlage des für das Umlaufvermögen geltenden strengen Niederstwertprinzips vorzunehmen (§ 253 (3) HGB). In der Steuerbilanz hingegen ist sowohl beim Anlagevermögen wie auch beim Umlaufvermögen eine entsprechende Teilwertabschreibung nicht erlaubt, wenn die Wertminderung – wie im vorliegenden Fall – **nicht von Dauer** ist (§ 6 (1) Zi. 2 Satz 2). Da der Grund für die vorgenommene Abschreibung zwischenzeitlich nicht mehr besteht, ist gemäß § 280 (1) HGB in der Handelsbilanz eine entsprechende Zuschreibung vorzunehmen.

3. a) Ja. Bei voraussichtlich dauernder Wertminderung, die den Umständen nach gegeben ist, muss in der Handelsbilanz der Wert herabgesetzt werden (§ 253 (2) HGB). Diese Vorschrift gilt für alle Kaufleute, nicht nur für Kapitalgesellschaften. In der Steuerbilanz kann (Wahlrecht) bei voraussichtlich dauernder Wertminderung der niedrigere Teilwert angesetzt werden (§ 6 (1) Zi. 1 EStG).

   b) Bei einer vorübergehenden Wertminderung von Vermögensgegenständen des Anlagevermögens besteht ein Abschreibungsrecht (bei Kapitalgesellschaften nur auf Finanzanlagen, § 279 HGB), keine Abschreibungspflicht. § 253 (2) Satz 3 HGB. Die unterschiedliche Behandlung des Anlagevermögens und des Umlaufvermögens im Handelsrecht ist berechtigt. Gegenstände des Umlaufvermögens sind zum baldigen Umschlag bestimmt. Die Wahrscheinlichkeit ist groß, dass der sich durch die Wertminderung ergebende Verlust auch bald realisiert wird. Gegenstände des Anlagevermögens sollen dem Betrieb länger dienen. Wertminderungen können im Laufe der betrieblichen Nutzungszeit von Werterhöhungen wieder ausgeglichen werden. Für das Anlagevermögen sind betriebliche Realisationswerte wesentlicher als Tageswerte.

   Hinweis: Im Steuerrecht besteht sowohl für abnutzbare Wirtschaftsgüter des Anlagevermögens wie auch für die anderen Wirtschaftsgüter (Grund und Boden, Umlaufvermögen) bei voraussichtlich dauernder Wertminderung ein Wahlrecht, auf den niedrigeren Teilwert abzuschreiben.

4. a) 320 000 EUR.

   b) 200 000 EUR; Sowohl in der Handels- wie auch in der Steuerbilanz besteht Wertaufholungsgebot. Als Kapitalgesellschaft ist die **Kaffee-Großrösterei AG** zur Wertaufholung gemäß § 280 (1) HGB verpflichtet. Von der Wertaufholung könnte gemäß § 280 (2) HGB abgesehen werden, wenn nach den steuerrechtlichen Bewertungsvorschriften ein Bewertungs**wahlrecht** bestünde. Nach § 6 (1) Zi. 2 Satz 2 und Nr. 1 Satz 2 darf der in der Steuerbilanz des Vorjahres angesetzte niedrigere Teilwert in der Steuerbilanz des laufenden Jahres jedoch nicht mehr angesetzt werden, weil die Preise für das Bauland zwischenzeitlich wieder

13 Der Jahresabschluss

gestiegen sind **(= Verpflichtung zur Wertaufholung)**. Demnach besteht auch in der Handelsbilanz eine Verpflichtung zur Wertaufhilong bis zu den Anschaffungskosten (200 000 EUR). Durch diese ab dem Veranlagungszeitraum 1999 bestehende Vorschrift ist die Regelung des § 280 (2) HGB im Kern gegenstandslos.

c) Eine Wertaufholung bis zur Höhe der Anschaffungskosten stellt keinen Verstoß gegen das Realisationsprinzip dar, weil – wie sich erst später herausstellte – eine zu hoch vorgenommene Abschreibung und damit eine Unterbewertung des Vermögens wieder rückgängig gemacht wird. Eine über die Anschgaffungs- oder Herstellungskosten hinausgehende Wertaufholung führt jedoch zu einem Ausweis nicht realisierter Gewinne und verstößt damit gegen das Realisationsprinzip.

d) Sie erzwingt sogar stille Rücklagen, da mit dem Wertansatz über die Anschaffungskosten nicht hinausgegangen werden darf.

13.19 Anschaffungskosten – Abschreibung

1. § 255 (1) HGB bestimmt, dass den Anschaffungskosten jene Aufwendungen zuzurechnen sind, die erforderlich sind, um einen Vermögensgegenstand zu erwerben und ihn in einen betriebsbereiten Zustand zu versetzen, soweit sie dem Vermögensgegenstand einzeln zugeordnet werden können. Die in Rechnung gestellten Kosten für die Personalschulung sind nicht erforderlich, um den Vermögensgegenstand zu erwerben. Die Kosten des Messebesuchs, die hausintern durchgeführten Wirtschaftlichkeitsberechnungen sowie die Kosten des Angebotsvergleichs lassen sich dem Vermögensgegenstand nicht einzeln zuordnen (i.S. von Einzelkosten). Diese Aufwendungen lassen sich allenfalls anteilig, oder pauschal auf Grund eines Verteilungsschlüssels verteilen. Sie sind demnach *nicht Bestandteil* der Anschaffungskosten.

   Die **IRIS-Nadellager** ist zum Vorsteuerabzug berechtigt. Demnach erwirbt sie in Höhe der abziehbaren Vorsteuer ein zweites Wirtschaftsgut (Forderung gegenüber dem Finanzamt) für welches gesonderte Anschaffungskosten anfallen. Die in Rechnung gestellte Umsatzsteuer kann schon allein deshalb nicht Bestandteil der Anschaffungskosten der Stauchmaschine sein.

   a) – Fall ohne Skontierung –

Angebotspreis	800 000 EUR
+ Transportkosten	4 200 EUR
+ Montagekosten einschl. Probelauf	2 800 EUR
Anschaffungskosten gem. § 255 (1) HGB	807 000 EUR

   b) – Fall mit Skontierung –

	807 000 EUR
– Anschaffungspreisminderung (§ 255 (1) S. 3 HGB) – 2% Skonto	16 140 EUR
Anschaffungskosten gem. § 255 (1) HGB	790 860 EUR

2. a) Zielsetzung möglichst niedriger Gewinnausweis bedeutet: höchstmögliche Abschreibung

   Hinweis: In den folgenden Ausführungen werden der handelsrechtliche Begriff »Abschreibung« und der steuerrechtliche Begriff »AfA« synonym verwendet

   § 253 (2) HGB verlangt, dass die Abschreibung planmäßig sein muss. Demnach kann zwischen der geometrisch-degressiven und der linearen Abschreibung gewählt werden, da beide Verfahren dem Grundsatz der Planmäßigkeit entsprechen.

Nach § 7 (2) EStG ist bei beweglichen Wirtschaftsgütern des Anlagevermögens degressive Abschreibung möglich (bei einer Nutzungsdauer von 10 Jahren beträgt der degressive AfA-Satz 20%).

§ 7 (3) EStG erlaubt einen Wechsel von der degressiven zur linearen AfA. Ein Wechsel ist dann sinnvoll, wenn der aus der Restnutzungsdauer errechnete Abschreibungsbetrag bei linearer AfA höher ist als der Betrag der degressiven Abschreibung. Im vorliegenden Beispiel ist dies im 7. Nutzungsjahr der Fall.

Jahr	Anschaffungskosten/ Buchwert	Abschreibungsbetrag	Restbuchwert	Abschreibungs- methode linear/degressiv
1	807 000,00 EUR	134 500,00 EUR	672 500,00 EUR	degressiv für 10 Monate
2	672 500,00 EUR	134 500,00 EUR	538 000,00 EUR	degressiv
3	538 000,00 EUR	107 600,00 EUR	430 400,00 EUR	degressiv
4	430 400,00 EUR	86 080,00 EUR	344 320,00 EUR	degressiv
5	344 320,00 EUR	68 864,00 EUR	275 456,00 EUR	degressiv
6	275 456,00 EUR	55 091,20 EUR	220 364,80 EUR	degressiv
7	220 364,80 EUR	55 091,20 EUR	165 273,60 EUR	linear
8	165 273,60 EUR	55 091,20 EUR	110 182,40 EUR	linear
9	110 182,40 EUR	55 091,20 EUR	55 091,20 EUR	linear
10	55 091,20 EUR	55 090,20 EUR	1,00 EUR	linear

b) bei anfänglich angestrebtem hohem Gewinnausweis soll die Abschreibung möglichst gering sein.

Jahr	Anschaffungskosten/ Buchwert	Abschreibungsbetrag	Restbuchwert	Abschreibungs- methode linear/degressiv
1	807 000 EUR	67 250 EUR	739 750 EUR	linear f. 10 Monate pro rata temporis
2	739 750 EUR	80 700 EUR	659 050 EUR	linear
3	659 050 EUR	80 700 EUR	578 350 EUR	linear
4	578 350 EUR	80 700 EUR	497 650 EUR	linear
5	497 650 EUR	80 700 EUR	416 950 EUR	linear
6	416 950 EUR	80 700 EUR	336 250 EUR	linear
7	336 250 EUR	80 700 EUR	255 550 EUR	linear
8	255 550 EUR	80 700 EUR	174 850 EUR	linear
9	174 850 EUR	80 700 EUR	94 150 EUR	linear
10	94 150 EUR	80 700 EUR	13 450 EUR	linear
11	13 450 EUR	13 449 EUR	1 EUR	linear f. 2 Monate

13 Der Jahresabschluss

13.20 Herstellungskosten nach Handels- und Steuerrecht

1.

	Handelsrecht: § 255 (2) HGB		Steuerrecht: EStR Abschn. 33	
	a) Mindestansatz	b) Höchstansatz	c) Mindestansatz	d) Höchstansatz
Fertigungsmaterial	195 000	195 000	195 000	195 000
Materialgemeinkosten 8%		15 600	15 600	15 600
Fertigungslöhne	60 000	60 000	60 000	60 000
Fertigungsgemeinkosten 120%		72 000	72 000	72 000
Verwaltungsgemeinkosten 15%		51 390		51 390
Vertriebsgemeinkosten 6%				
Herstellungskosten	**255 000**	**393 990**	**342 600**	**393 990**

2. Im Falle einer Einheitsbilanz wird handelsrechtlich bei den Material- und Fertigungsgemeinkosten das Aktivierungswahlrecht ausgeübt. Demnach errechnet sich der gleiche Wertansatz der sich auf steuerrechtlicher Grundlage als Mindestansatz ergibt: **342 600 EUR.** Wegen des angestrebten möglichst niedrigen Gewinnausweises wird auf die Aktivierung der Verwaltungsgemeinkosten verzichtet.

3. bilanzpolitischer Spielraum im Falle der Erstellung einer Einheitsbilanz: möglich sind alle Wertansätze zwischen 342 600 EUR und 393 990 EUR

4. Die Festlegung einer gemeinsamen Wertobergrenze dient dem Gläubigerschutz und dem Vorsichtsprinzip.

   Hinweis: Eine ausführlichere Grundlage für die Berechnung der Herstellungskosten ist in nachstehender Übersicht enthalten:

Umfang und Berechnung der Herstellungskosten

	Handelsrecht: HGB § 255 (2)	Steuerrecht: EStG §6, EStR Abschn. 33
1. Materialeinzelkosten (Fertigungsmaterial)	Aktivierungspflicht	Aktivierungspflicht
2. Fertigungseinzelkosten (Fertigungslöhne – auch: Gehälter für techn. Angestellte wie Meister und techn. Abteilungsleiter – einschl. gesetzlicher und tariflicher Sozialaufwendungen)		
3. Sondereinzelkosten der Fertigung		
4. Materialgemeinkosten[1]		
5. Fertigungsgemeinkosten[1], insbesondere: • Wertverzehr des fertigungsbedingten Anlagevermögens • Kosten der Lagerhaltung • Kosten der Arbeitsvorbereitung • Kosten der Unfallstation • Kosten des Lohnbüros sonstige Fertigungsgemeinkosten, insbesondere: • Aufwendungen für freiwillige, soziale Leistungen (Jubiläumsgeschenke, Weihnachtszuwendungen, Wohnungsbeihilfen) • Aufwendungen für betriebliche Altersversorgung • Zinsen für fertigungsbedingtes Fremdkapital • Kosten für das Ausbildungswesen • Kosten für den Betriebsrat • Kosten für Werkschutz		
6. Allgemeine Verwaltungskosten[1]	Aktivierungswahlrecht	Aktivierungswahlrecht
7. Vertriebskosten	Aktivierungsverbot	Aktivierungsverbot

---

[1] *Hinweis:* Das Steuerrecht erlaubt lediglich den Ansatz von tatsächlich angefallenen Kosten. Kalkulatorische Kosten dürfen nicht berücksichtigt werden.

13.21 Fifo- und Lifo-Methode – Durchschnittsbewertung

1. a)

Warenkonto »Zement«			
Ab 01.01	4 000,00	Wareneinsatz	10 950,00
Zug. 14.03.	2 400,00	SB (800 Sack)[1]	5 050,00
Zug. 18.06.	5 200,00		
Zug. 23.08.	3 000,00		
Zug. 04.10	1 400,00		
	16 000,00		16 000,00

Der Bestand an Zement ist nach dem strengen Niederstwertprinzip zu bewerten. Dabei sind die Anschaffungskosten mit dem am Bilanzstichtag geltenden Marktpreis zu vergleichen. Die Anschaffungskosten werden nach der festgestellten Verbrauchsfolge ermittelt. Da der Marktpreis (7,00 EUR/Sack) am 31.12. höher ist als die durch die Verbrauchsfolge ermittelten Anschaffungskosten, ist der Bestand nach dem strengen Niederstwertprinzip (§ 253 (3) HGB) mit 6,31 EUR zutreffend bewertet.

b) Beim Quarzsand ist eine bestimmte Verbrauchsfolge wie beim Zement nicht feststellbar. Entsprechend der Lagerung des Sandes kann nicht davon ausgegangen werden, dass der zuerst beschaffte Sand auch zuerst wieder verkauft wird.

c) eine Verbrauchsfolge wie bei Zement kann hier nicht festgestellt werden; als geeignete Bewertungsmethode kommt die Ermittlung der durchschnittlichen Anschaffungskosten in Betracht (gewogener Durchschnittspreis):

Anf.Bestand	4 t à 650,00 EUR/t	=	2 600,00 EUR
Zug. 08.02.	3 t à 680,00 EUR/t	=	2 040,00 EUR
Zug. 13.07.	2 t à 640,00 EUR/t	=	1 280,00 EUR
Zug. 27.10.	4 t à 700,00 EUR/t	=	2 800,00 EUR
Zug. 16.12.	6 t à 690,00 EUR/t	=	4 140,00 EUR
	19 t à **676,84 EUR**	=	12 860,00 EUR

Wert des Endbestandes:

    3 t à 676,84 EUR = **2 030,52 EUR**

Bewertung: zu 676,84 EUR (gewogener Durchschnittspreis ist kleiner als Marktpreis von 690,00 EUR)

d)

	Zement	Quarzsand
gewogener Durchschnitt (§ 240 (4) HGB)	800 Sack à **5,92** EUR/Sack = 4 736,00 EUR	3 t à **676,84** EUR = 2 030,52 EUR
Last in first out = LIFO-Methode (§ 256 HGB)	Anwendung der Lifo-Methode würde den tatsächlichen Verhältnissen widersprechen (Verstoss gegen GoB)	3 t à **650,00** EUR = 1 950,00 EUR
First in first out = FIFO-Methode (§ 256 HGB)	800 Sack à **6,31** EUR/Sack = 5 050,00 EUR	3 t à **690,00** EUR = 2 070,00 EUR
Marktpreis per 31.12.	**7,00 EUR/Sack**	**690 EUR/t**

---

[1]
200 Stck.	à 7,00 EUR	=	1 400,00 EUR
500 Stck.	à 6,00 EUR	=	3 000,00 EUR
100 Stck.	à 6,50 EUR	=	650,00 EUR
800 Stck.	**à 6,31 EUR**	=	5 050,00 EUR

13 Der Jahresabschluss

Hinweis: Die Methoden des gewogenen Durchschnitts und die Verbrauchsfolgefiktionen Lifo und Fifo stellen Verfahren zur hilfsweisen Ermittlung der Anschaffungskosten dar. Jeder nach diesen Verfahren ermittelte Wertansatz ist zulässig, sofern der errechnete Wert nicht höher als der Marktpreis ist (Niederstwertprinzip).

Zement:

Möglichkeit 1: gewogener Durchschnitt (§ 240 (4) HGB):

Zement:	AB	01.01.	800 Sack	4 000,00 EUR
	Zug.	14.03.	400 Sack	2 400,00 EUR
	Zug.	18.06.	800 Sack	5 200,00 EUR
	Zug.	23.08.	500 Sack	3 000,00 EUR
	Zug.	04.10.	200 Sack	1 400,00 EUR
			2700 Sack	16 000,00 EUR

Durchschn. Preis   16 000/2700 =   **5,92 EUR/Sack**

lt. Gesetz unterstellbare Verbrauchsfolgen (Verbrauchsfolgefiktionen) des § 256 HGB:

§ 256 HGB: »Soweit es den Grundsätzen ordnungsmäßiger Buchführung entspricht, kann …«

Möglichkeit 2: »Lifo-Methode« (Last in first out) (§ 256 HGB)

Die Anwendung der Lifo-Methode als unterstellte Verbrauchsfolge widerspricht den tatsächlichen Verhältnissen. Eine Vorratsbewertung auf deren Grundlage wäre ein Verstoß gegen die GoB. Lifo-Methode deshalb für Bewertung des Zementes in diesem Unternehmen nicht anwendbar;

„Ein Verbrauchsfolgeverfahren darf nur angewendet werden, soweit es den Grundsätzen ordnungsmäßiger Buchführung entspricht. Hierdurch sollen insbesondere offensichtliche Missbräuche ausgeschlossen werden. Die unterstellte Verbrauchs- oder Veräußerungsfolge muss nicht der tatsächlichen möglichst nahekommen. Dann wäre die Bestimmung überflüssig. Sie muss auch nicht der tatsächlichen weitgehend entsprechen, was unter Hinweis auf das Ziel eines möglichst sicheren Einblicks in die Vermögens- und Ertragslage für den Jahresabschluss von Kapitalgesellschaften gefordert wird. Hier ist vorgesehen, dass im Anhang zusätzliche Angaben gemacht werden (§ 264 Abs. 2 Satz 2 HGB), wodurch etwaige Unsicherheiten beim Einblick in die Vermögens- und Ertragslage angemessen ausgeglichen werden.
Den Grundsätzen ordnungsmäßiger Buchführung entspricht die Anwendung eines Verbrauchs- oder Veräußerungsverfahrens nicht, wenn das unterstellte Verfahren den tatsächlichen Verhältnissen widerspricht. Das kann bei Saisonbetrieben der Fall sein, wenn etwa nur zu bestimmten Zeiten anfallende Rohstoffe verarbeitet werden, so dass zu Beginn keine Überhänge aus dem Vorjahr mehr vorhanden sein können (z.B. Zuckerfabriken). Auch bei der Verarbeitung oder Veräußerung verderblicher Vorräte kann die Unterstellung der Lifo-Methode unzulässig sein…"

Gnam/Federmann: Handbuch der Bilanzierung, Abschn. 87, Randnr. 62

Möglichkeit 3: »Fifo-Methode« (First in first out) s. oben 1. a) (§ 256 HGB)

Quarzsand:

Möglichkeit 1: gewogener Durchschnitt(§ 240 (4) HGB:

	AB	01.01.	4 t à 650,00 EUR	2 600,00 EUR
	Zug.	08.02.	3 t à 680,00 EUR	2 040,00 EUR
gewogener	Zug.	13.07.	2 t à 640,00 EUR	1 280,00 EUR
Durchschnitt	Zug.	27.10.	4 t à 700,00 EUR	2 800,00 EUR
	Zug.	16.12.	6 t à 690,00 EUR	4 140,00 EUR
			19 t	12 860,00 EUR

Durchschn.Preis   12 860,00 EUR/19 t =   **676,84 EUR/t**

lt. Gesetz unterstellbare Verbrauchsfolgen (Verbrauchsfolgefiktionen):

Möglichkeit 2:   »Lifo-Methode« (Last in first out) (§ 256 HGB)
   3 t à 650,00 EUR = 1950,00 EUR

Möglichkeit 3:   »Fifo-Methode« (First in first out) s. oben 1. a) (§ 256 HGB)
   3 t à 690,00 EUR = 2070,00 EUR

2. o.g. Bewertungsvereinfachungen (Lifo, Fifo, gewogener Durchschnitt) sind lediglich auf Vermögensgegenstände des Vorratsvermögens anwendbar. Bei den Hochregalen (= Vermögensgegenstände des Anlagevermögens) lassen sich die Anschaffungskosten problemlos ermitteln. Es besteht daher keine Notwendigkeit, gesetzlich ein Bewertungsvereinfachungsverfahren zuzulassen. HGB §§ 253, 256, 240 (4).

3.

	Lifo	Fifo
steigende Preise	Endbestand wird zum *niedrigeren* Beschaffungspreis bewertet → Bewertung zum Niederstwertprinzip gegeben	Endbestand wird zum *höheren* Tagespreis bewertet → Bewertung zum Niederstwertprinzip **nicht** gegeben
sinkende Preise	Endbestand wird zum *höheren* Einstandpreis bewertet → Bewertung zum Niederstwertprinzip **nicht** gegeben	Endbestand wird zum *niedrigeren* Tagespreis bewertet → Bewertung zum Niederstwertprinzip gegeben

13.22 Verbindlichkeiten – Disagio – Anhang

1. Für die Kreditaufnahme ist nicht der Nominalzinssatz sondern der Effektivzinssatz entscheidend.

Dieser beträgt:

bei der Deutschen Bank:

$$P_{eff} = \frac{z \cdot 100 \cdot 1}{k \cdot t}$$

$$P_{eff} = \frac{(240\,000 + 20\,000) \cdot 100 \cdot 1}{380\,000 \cdot 10} = 6{,}84\,\%$$

beim Schweizer Bankenverein:

$$P_{eff} = 6{,}5\,\%$$

Mit der Kreditaufnahme bei einer ausländischen Bank sind u.U. auch Erwartungen über die Entwicklung des Wechselkurses verbunden.
Im Falle einer ungünstigen Wechselkursentwicklung könnte die Kreditaufnahme beim Schweizer Bankenverein mit einem höheren Effektivzins verbunden sein als die Kreditaufnahme bei der Deutschen Bank. Durch die Kreditaufnahme bei zwei verschiedenen Banken ist dieses Risiko gemindert.

13 Der Jahresabschluss

2. *Fälligkeitsdarlehen:*

Konto	Soll/EUR	Haben/EUR
Bank	380 000	
Aktive Rechnungsabgrenzung	20 000	
(oder Zinsaufwand)		
an Darlehensverbindlichkeiten		400 000

Nach den Vorschriften des Handelsrechts kann das Disagio im Jahr der Kreditaufnahme wahlweise als Aufwand oder als Rechnungsabgrenzungsposten behandelt werden (§ 250 (3) HGB).

Unter der Zielsetzung »Einheitsbilanz« wird das handelsrechtliche Aktivierungswahlrecht für das Disagio zur Aktivierungspflicht, weil das Steuerrecht die Bildung eines Rechnungsabgrenzungspostens zwingend vorschreibt (EStR 37 (3)).

Darlehen mit Ratentilgung:

Umrechnung zum Briefkurs (1,5213):

Konto	Soll/EUR	Haben/EUR
Bank	525 866,03	
an Auslandsverbindlichkeiten		525 866,03

3. a) *Fälligkeitsdarlehen:*

Disagioanteil lfd. Jahr: $\frac{20\,000\ EUR}{10\ Jahre} = 2\,000\ EUR/Jahr \rightarrow 500\ EUR$ (Okt. – Dez.)

Buchung:

Konto	Soll/EUR	Haben/EUR
Zinsaufwand	500	
an Aktive Rechn.Abgr.		500

Wird das Disagio zum Zeitpunkt der Kreditaufnahme als Zinsaufwand gebucht, so ist zum 31.12. d.J. folgende Buchung vorzunehmen:

Konto	Soll/EUR	Haben/EUR
Aktive Rechn. Abgrenzg.	19 500	
an Zinsaufwand		19 500

Zinsanteil lfd. Zinsen:

6% von 400 000 EUR = 24 000 EUR/Jahr $\rightarrow$ 6 000 EUR (Okt.–Dez.)

Konto	Soll/EUR	Haben/EUR
Zinsaufwand	6 000	
an sonst. Verbindlichkeiten		6 000

Darlehen mit Ratentilgung (Auslandsverbindlichkeit):

1. Kursgewinn:

   Rückzahlungsbetrag nach § 253 (1): 800 000 sfr (Umrechnung zum Geldkurs v. 31.12: 1,6021) = 499 344,61 EUR

   Kursgewinn: 26 521,42 EUR
   $\Rightarrow$ keine Buchung, da nicht realisierter Gewinn.

2. Zinsanteil lfd. Jahr

6,5% von 800 000 sfr = 52 000 sfr zu 1,6021sfr/EUR = 32 457,40 EUR;

Zinsanteil Oktober – Dezember: 8 114,35 EUR

Konto	Soll/EUR	Haben/EUR
Zinsaufwand	8 114,35	
an sonst. Verbindlichkeiten		8 114,35

b) Bilanzpositionen gem. § 266 (2) HGB:

Aktivseite:

   C: Rechnungsabgrenzungsposten   19 500,00 EUR

Passivseite:

C. Verbindlichkeiten:

   2. Verbindlichkeiten gegenüber Kreditinstituten   925 866,03 EUR[1]

   ...

   8. sonstige Verbindlichkeiten   14 114,75 EUR[2]

c) • Bei einer Darlehensaufnahme in ausländischer Währung sind die Grundlagen für die Umrechnung in Euro anzugeben (hier: Geldkurs 31.12.: 1,6021 – § 284 (2) HGB).

   • Im Anhang ist der Gesamtbetrag der Verbindlichkeiten mit einer Restlaufzeit von mehr als fünf Jahren anzugeben. Da dies für die beiden Darlehen zutrifft ist eine Anhangangabe erforderlich (§ 285 (1) HGB).

13.23 Verbindlichkeiten – Rentenverpflichtungen

1. Verbindlichkeiten sind mit ihrem Rückzahlungsbetrag gem. § 253 (1) HGB auszuweisen. Der Rückzahlungsbetrag der Verbindlichkeit aus dem Ratendarlehen errechnet sich aus der Summe der zu erbringenden Tilgungsleistungen.

   bislang geleistet: 3 × 16 000 = 48 000 EUR;

   noch zu leisten: 2 × 16 000 = 32 000 EUR; (= auszuweisende Verbindlichkeit)

Hinweis: Zinsverpflichtungen sind ggf. in der Schlussbilanz als sonstige Verbindlichkeiten gesondert auszuweisen.

2. a) 30 × 6 000 EUR = 180 000 EUR

   b) 1. Der Rückzahlungsbetrag für Rentenverpflichtungen kann wegen der Ungewissheit der Zahlungsdauer nur auf dem Schätzwege ermittelt werden. Die Höhe der zu leistenden Zahlungen ist abhängig von der Lebensdauer des Rentenempfängers (ungewisse Verbindlichkeit).

      2. Jede Rente enthält einen Zins- und Tilgungsanteil vergleichbar mit der Annuität bei einem Annuitätendarlehen. Die geschätzte Summe aus den Tilgungsverpflichtungen stellt den eigentlichen Rückzahlungsbetrag dar. Die in den zu leistenden Renten enthaltenen Zinsen müssen gesondert im Rahmen der zeitlichen Jahresabgrenzung bilanziert werden.

---

[1] 400 000,00 EUR + 525 866,03 EUR = 925 866,03 EUR
[2]   6 000,00 EUR +   8 114,75 EUR = 14 114,75 EUR

3. § 253 (1) verlangt, dass Rentenverpflichtungen zum Barwert (entspricht begrifflich dem Kapitalwert) zu passivieren sind. Nach der derzeit gültigen amtlichen Tabelle in der Fassung vom 01.01.95 ist von einem Vervielfältiger von 14,030 auszugehen (Vgl. Anlage 9 zu § 14 BewG).

   6000 × 14,030 = 84 180 EUR (= Barwert, Kapitalwert der Rente)

4. Barzahlung   30 000,00 EUR
   Barwert Rentenverpflichtung   84 180,00 EUR
   Rückzahlungsbetrag Ratendarlehen   80 000,00 EUR

   Anschaffungskosten Parkplatz   **194 180,00 EUR**

5.

Konto	Soll/EUR	Haben/EUR
Bebaute Grundstücke	194 180,00	
an Bank		30 000,00
Verbindlichkeit (Ratendarlehen)		80 000,00
Rentenverbindlichkeiten		84 180,00

6. Barwert zum 31.12.01

   6000 × 13,828 = 82 968 EUR (gem. Anlage 9 zu § 14 BewG; Grundlage: vollendetes 46. Lebensjahr)

7. Kapitalwert der Rentenverbindlichkeit
    zum 31.12.00:   6000 × 14,030 = 84 180,00 EUR

    − Kapitalwert der Rentenverbindlichkeit
      zum 31.12.01:   6000 × 13,828 = 82 968,00 EUR

    = Tilgungsanteil (enthalten in der Zahlung
      vom 01.01.02)   1 212,00 EUR

    Zinsanteil (= Rente − Tilgungsanteil):   6000 − 1212 =   4 788,00 EUR

    Rente   6 000,00 EUR

Konto	Soll/EUR	Haben/EUR
Rentenverbindlichkeiten	1 212	
Zinsaufwand	4 788	
an Bank		6 000

13.24 Ertragswert

Das vom Käufer zu übernehmende Geschäftsvermögen hat nur einen Wert von 500 000 EUR. Ein hoher Ertragswert kann Veranlassung sein, etwas mehr zu zahlen als den Wert des zu erwerbenden Geschäftsvermögens. Auch wegen des allgemeinen Unternehmerrisikos, ob der Gewinn in dieser Höhe auch weiter erzielt werden kann, scheidet der volle Ertragswert als Kaufpreis aus.

Der in der Erfolgsrechnung ausgewiesene Gewinn ist um einen Unternehmerlohn für die Tätigkeit des Inhabers, gegebenenfalls auch für mitarbeitende Familienangehörige, zu kürzen.

Der Berechnung des Ertragswertes muss ein durchschnittlicher Gewinn aus mehreren Geschäftsjahren zugrunde gelegt werden.

13.25 Substanzwert – Ertragswert – Unternehmenswert – Geschäftswert

1. a) Ja. Die Abfindung muss berechnet werden auf der Grundlage der Kosten, die anfallen würden, um einen Betrieb der gleichen technischen Leistungsfähigkeit zu errichten. Sonst käme der das Unternehmen betreibende Sohn des letzten der drei ehemaligen Inhaber ganz allein und ungerechtfertigt in den Genuss der durch die gestiegenen Wiederbeschaffungspreise nominellen Wertsteigerung des Vermögens.

   b)
Reproduktionsaltwert Sachanlagen	2 000 000
Tageswert Vorräte	750 000
Forderungen (– Wertberichtigung)	250 000
Kassenbestand	100 000
	3 100 000
– Schulden	1 450 000
Substanzwert (Reinvermögen)	1 650 000

2. Nein. Die Erträge, die im Betrieb regelmäßig erwirtschaftet werden und die Verzinsung des eingesetzten Kapitals bestimmen, müssen berücksichtigt werden.

3. a) Zugrunde gelegt werden soll der Gewinn, der sich bei sachverständiger Einschätzung wahrscheinlich in Zukunft erzielen lässt. Es ist sehr schwierig und mit großen Risiken behaftet, diesen zukünftig erzielbaren Gewinn zu schätzen. In diesem Fall erscheint es nicht unberechtigt, den in den letzten Jahren konstant erzielten Gewinn zugrunde zu legen.

   b)
Konstanter Gewinn in den letzten 4 Jahren	201 000
– Unternehmerlohn	60 000
	141 000

   $$\text{Ertragswert} = \frac{141\,000 \cdot 100}{6} = 2\,350\,000 \text{ EUR}$$

4. $$\text{Unternehmenswert} = \frac{\text{Substanzwert} + \text{Ertragswert}}{2} = \frac{1\,650\,000 + 2\,350\,000}{2} = 2\,000\,000 \text{ EUR}$$

5. Bilanz nach der Übernahme und Auszahlung der Gesellschafter (in Tsd. EUR)

Sachanlagen	1 500	Eigenkapital	1 350
Vorräte	600	Hypotheken	700
Forderungen aus Warenlieferungen	300	Verbindlichkeiten aus Warenlieferungen und Leistungen	750
Kassenbestand	100	Wertberichtigungen auf Forderungen	50
Geschäftswert	350		
	2 850		2 850

13 Der Jahresabschluss

Berechnung des Geschäftswerts:

Unternehmenswert	2000
– Substanzwert	1650
Geschäftswert	350 oder:
Ertragswert	2350
– Unternehmenswert	2000
Geschäftswert	350 oder:
Ertragswert	2350
– Substanzwert	1650
	700 : 2 = 350

Auswertung und Beurteilung des Jahresabschlusses

13.26 Rentabilität des Eigenkapitals – Umsatzrentabilität

Rentabilität des Eigenkapitals im Jahr 1:

1. $\dfrac{40\,000 \cdot 100}{500\,000} = 8\%$

   Rentabilität des Eigenkapitals im Jahr 2:
   $\dfrac{63\,000 \cdot 100}{580\,000} = 10{,}9\%$

2. Umsatzrentabilität im Jahr 1:
   $\dfrac{40\,000 \cdot 100}{800\,000} = 5\%$

   Umsatzrentabilität im Jahr 2:
   $\dfrac{63\,000 \cdot 100}{2\,100\,000} = 3\%$

3. Der Umsatz ist sehr stark gestiegen. Deshalb ist der Gewinn gestiegen, obwohl auf 100 EUR Umsatz bezogen weniger verdient wurde. Der erhöhte Umsatz wurde mit einer bezogen auf die Umsatzausweitung relativ geringen Erhöhung des Eigenkapitals erzielt. Deshalb konnte die Rentabilität des Eigenkapitals steigen.

13.27 Feststellung des durchschnittlich gebundenen Eigenkapitals für die Berechnung der Rentabilität

1. Die Ursache kann nur darin liegen, dass der Inhaber der Einzelfirma eine Privateinlage geleistet hat.

2. Der Schlussbestand an Eigenkapital war nicht über das gesamte Geschäftsjahr unverändert im Unternehmen vorhanden.

3. Ganz exakt wäre die Rentabilitätsberechnung nur möglich, wenn für jeden Tag des Geschäftsjahres der Bestand an Eigenkapital bekannt wäre. Diese Berechnung wäre jedoch viel zu aufwendig, um betriebswirtschaftlich noch sinnvoll zu sein.

4. Anfangsbestand des Eigenkapitals im Jahr 2
   (= Schlussbestand des Jahres 1)   450 000

   Schlussbestand des Eigenkapitals im Jahr 2
   (ohne Jahresgewinn des Jahres 2)   464 376

                                               914 376 : 2

   durchschnittlicher Bestand an Eigenkapital = 457 188
   (gewinnbereinigt)

   Rentabilität des Eigenkapitals im Jahr 2 = $\dfrac{35\,624 \cdot 100}{457\,188}$ = **7,8 %**

13.28 Rentabilität des Gesamtkapitals – Zusammenhang der Rentabilität des Eigenkapitals und der Rentabilität des Gesamtkapitals

1. **Rentabilität des Eigenkapitals:**

   Jahr 1: $\dfrac{100\,000 \cdot 100}{1\,320\,000}$ = **7,6 %**

   Jahr 2: $\dfrac{180\,000 \cdot 100}{1\,610\,000}$ = **11,2 %**

2. In diesem Fall müssten keine Zinsen mehr gezahlt werden. Der Gewinn würde sich um die gezahlten Fremdkapitalzinsen erhöhen. Das gesamte Kapital bestünde aus Eigenkapital.

   $\dfrac{209\,000 \cdot 100}{1\,900\,000}$ = **11 %**

3. Durch das Gesamtkapital werden auch die zu zahlenden Fremdkapitalzinsen erwirtschaftet. Die Rentabilität des Gesamtkapitals, bei der die Zinsaufwendungen dem Gewinn zugeschlagen werden, zeigt deshalb die volle Ertragskraft des Unternehmens. Bei der Entscheidung, ob es sich lohnt, Eigenkapital in das Unternehmen einzubringen, ist die Rentabilität des Gesamtkapitals die maßgebende Kennziffer zur Orientierung.

4. **Rentabilität des Gesamtkapitals:**

   Jahr 1: $\dfrac{(100\,000 + 28\,000) \cdot 100}{1\,600\,000}$ = **8,0 %**

   Jahr 2: $\dfrac{(180\,000 + 29\,000) \cdot 100}{1\,900\,000}$ = **11,0 %**

5. a) Es ist nicht lohnend, Fremdkapital durch Eigenkapital zu ersetzen, wenn der Zinssatz für das Fremdkapital über der Rentabilität des Gesamtkapitals liegt.

   b) Es ist lohnend, im betriebswirtschaftlich vertretbaren Rahmen mit Fremdkapital statt mit Eigenkapital zu finanzieren, wenn der Zinssatz für das Fremdkapital unter der Rentabilität des Gesamtkapitals liegt.

13.29 Rentabilität des Eigenkapitals – Rentabilität des Gesamtkapitals bei einer AG

1. Jahr 2: Eigenkapitaleinsatz im Jahr 2: 110 + 45 = 155 (Tausend EUR)

$$\text{Rentabilität des Eigenkapitals} = \frac{\text{Jahresüberschuss} \cdot 100}{\text{Eigenkapital}} = \frac{25^1 \cdot 100}{155} = \mathbf{16{,}1\%}$$

Jahr 3: Eigenkapitaleinsatz im Jahr 3: 110 + 50 = 160 (Tausend EUR)

$$\text{Rentabilität des Eigenkapitals} = \frac{\text{Jahresüberschuss} \cdot 100}{\text{Eigenkapital}} = \frac{35^2 \cdot 100}{160} = \mathbf{21{,}9\%}$$

2. Jahr 2:

$$\text{Rentabilität des Gesamtkapitals} = \frac{(\text{Jahresüberschuss} + \text{Zinsaufwand}) \cdot 100}{\text{Gesamtkapital}}$$

$$= \frac{(25 + 6) \cdot 100}{155 + 90^3} = \mathbf{12{,}7\%}$$

Jahr 3:

$$\text{Rentabilität des Gesamtkapitals} = \frac{(\text{Jahresüberschuss} + \text{Zinsaufwand}) \cdot 100}{\text{Gesamtkapital}}$$

$$= \frac{(35 + 5) \cdot 100}{160 + 105} = \mathbf{15{,}09\%}$$

13.30 Return on Investment (ROI)

1. Zu vergleichende Zeiträume

2 – 1	Steigt, weil Kapitalumschlag steigt und Umsatzrentabilität konstant bleibt.
3 – 2	Steigt, weil Umsatzrentabilität steigt und Kapitalumschlag konstant bleibt.
4 – 3	Sinkt, weil Kapitalumschlag sinkt und die Umsatzrentabilität konstant bleibt.
5 – 4	Sinkt, weil Umsatzrentabilität sinkt und der Kapitalumschlag konstant bleibt.
6 – 5	Sinkt, weil die Umsatzrentabilität stärker sinkt, als der Kapitalumschlag steigt.
7 – 6	Steigt, weil die Umsatzrentabilität stärker steigt, als der Kapitalumschlag sinkt.

2. Zutreffende Behauptungen: e, g;
   Nicht zutreffende Behauptungen: a, b, c, d, f.

3. Teil 1 der Formel entspricht Spalte 5,
   Teil 2 der Formel entspricht Spalte 4.

---

[1] Jahresüberschuss des Jahres 2 = Bilanzgewinn (20) + Zuführung zu den Rücklagen (5)
[2] Jahresüberschuss des Jahres 3 = Bilanzgewinn (30) + Zuführung zu den Rücklagen (5)
[3] Fremdkapital ohne Bilanzgewinn, da zu Beginn des Geschäftsjahres ausgeschüttet

13.31 Wirtschaftlichkeit – Betriebsergebnis – Umsatzrentabilität unter Berücksichtigung betriebsfremder Erträge

1. Dieser Quotient ist für den beschriebenen Zweck nicht aussagekräftig genug. In den Erträgen können zeitraumfremde und auch dem eigentlichen Betriebszweck fremde Erträge enthalten sein. Die gleiche Kritik ist an den Aufwendungen angebracht. Auch können Preisschwankungen auf dem Beschaffungs- und Absatzmarkt in die Berechnung eingehen und das Bild der Wirtschaftlichkeit verfälschen.

2.

Betriebsergebnis

	Jahr 1	Jahr 2		Jahr 1	Jahr 2
Materialkosten	98	110	Umsatzerlöse	400	450
Fertigungslöhne	150	200	Bestandsveränderung	80	40
sonstige Personalkosten	100	120	Betriebsergebnis	–	55
kalkulatorische Abschreibung	30	40			
kalkulatorische Zinsen	50	55			
kalkulatorische Wagnisse	20	20			
Betriebsergebnis	32	–			
	480	545		480	545

Neutrales Ergebnis

	Jahr 1	Jahr 2		Jahr 1	Jahr 2
buchhalterische Abschreibung	40	56	Erlöse aus dem Verkauf von Gegenständen des Anlagevermögens	20	110
Fremdzinsen	10	11	verrechnete kalkulatorische Abschreibung	30	40
eingetretene Wagnisse	5	4	verrechnete kalkulatorische Zinsen	50	55
außerordentliche Aufwendungen	25	25	verrechnete kalkulatorische Wagnisse	20	20
Neutrales Ergebnis	40	129			
	120	225		120	225

Zusammensetzung des Unternehmensergebnisses:

	Jahr 1	**Jahr 2**
Betriebsergebnis	+ 32	– 55
Neutrales Ergebnis	+ 40	+ 129
Unternehmensergebnis	+ 72	+ 74

Alternativ: Lösung über Ergebnistabelle:

Jahr 1:

	Rechnungskreis I		Rechnungskreis II					
	Geschäftsbuchführung (Ergebnisrechnung)		Unternehmensbezogene Abgrenzung Abgrenzungsbereich (Neutrales Ergebnis)				Kosten-Leistungsbereich	
Konten	**Aufwendungen**	**Erträge**	**Aufwendungen**	**Erträge**	**Aufwand lt. GB**	**Verrechnete Kosten**	**Kosten**	**Leistungen**
	(–)	(+)	(–)	(+)	(–)	(+)	(–)	(+)
Umsatzerlöse		400						400
Bestandsveränderungen		80						80
Erlös aus Anlagenverkäufen		20		20				
Materialkosten	98						98	
Fertigungslöhne	150						150	
sonstige Personalkosten	100						100	
Abschreibung	40				40	30	30	
Fremdzinsen	10				10	50	50	
Wagnisse	5				5	20	20	
außerordentliche Aufwendungen	25		25					
Summen	428	500	25	20	55	100	448	480
Ergebnisse	**(+) 72**			**(–) 5**	**(+) 45**		**(+) 32**	
	500	500	25	25	100	100	480	480

Gesamtergebnis =	Neutrales Ergebnis	+ Betriebsergebnis
72 000 EUR =	**40 000 EUR**	**+ 32 000 EUR**

Jahr 2:

Konten	Rechnungskreis I – Geschäftsbuchführung (Ergebnisrechnung)		Rechnungskreis II					
			Unternehmensbezogene Abgrenzung Abgrenzungsbereich (Neutrales Ergebnis)				Kosten-Leistungsbereich	
	Aufwendungen	Erträge	Aufwendungen	Erträge	Aufwand lt. GB	Verrechnete Kosten	Kosten	Leistungen
	(−)	(+)	(−)	(+)	(−)	(+)	(−)	(+)
Umsatzerlöse		450						450
Bestandsveränderungen		40						40
Erlös aus Anlagenverkäufen		110		110				
Materialkosten	110						110	
Fertigungslöhne	200						200	
sonstige Personalkosten	120						120	
Abschreibung	56				56	40	40	
Fremdzinsen	11				11	55	55	
Wagnisse	4				4	20	20	
außerordentliche Aufwendungen	25		25					
Summen	526	600	25	110	71	115	545	490
Ergebnisse	(+) 74		(+) 85		(+) 44		(−) 55	
	600	600	110	110	115	115	545	545

Gesamtergebnis =	Neutrales Ergebnis	+ Betriebsergebnis
74 000 EUR =	129 000 EUR	− 55 000 EUR

13 Der Jahresabschluss

3. $\dfrac{E}{A}$ im Jahr 1: $\dfrac{480}{448}$ = **1,07**

   $\dfrac{E}{A}$ im Jahr 2: $\dfrac{490}{545}$ = **0,90**

4. Die Wirtschaftlichkeit ist gesunken.

5. Steigt der Anteil einer Kostenart an der Gesamtleistung, dann wirkt sich das negativ auf die Wirtschaftlichkeit aus.
   a) In besonders starkem Umfang ist der Anteil der Personalkosten an der Gesamtleistung gestiegen und hat damit die Wirtschaftlichkeit beeinflusst!
   b) Die Berechnung 1 vermag für den Zweck der Analyse fast gar nichts auszusagen. Wenn z.B. alle Kosten gleichmäßig um 100% gestiegen wären, dann blieben die berechneten Prozentanteile der Kostenarten an den Gesamtkosten unverändert.

6. Eine absolute Aussage über die Wirtschaftlichkeit wäre nur möglich, wenn die Situation des Betriebes mit einer anderen betrieblichen Situation verglichen wird, von der ohne Zweifel bekannt ist, dass die Leistungserstellung nach dem Stand der technisch-ökonomischen Erkenntnisse absolut wirtschaftlich geschieht. Da dieser Bezugspunkt wohl immer fehlen wird, lässt die Wirtschaftlichkeitskennziffer nur die Aussage zu, dass die Leistungserstellung im Vergleich zu einer Situation am gleichen Betrieb aus vergangenen Perioden oder im Vergleich zu der Situation eines anderen Betriebs wirtschaftlicher oder unwirtschaftlicher durchgeführt wird.

7. Bei der Berechnung der Umsatzrentabilität soll der Betriebsgewinn auf die betrieblichen Umsatzerlöse bezogen werden. Zeitraumfremde und betriebsfremde Erträge würden das Bild verfälschen.
   a) Umsatzrentabilität:

   Jahr 1: $\dfrac{32 \cdot 100}{400}$ = **8%**

   Jahr 2: Es wurde kein Betriebsgewinn erzielt!

   b) Nein. Da die Entwicklung der Preise auf dem Absatz- und dem Beschaffungsmarkt nicht bekannt ist, lassen sich die letzten Ursachen nicht eindeutig feststellen.

13.32 Produktivität – Wertschöpfung

1. Ja. Die Entwicklung des Lohnaufwandes kann nur richtig gewürdigt werden, wenn auch die Produktivitätsentwicklung mit berücksichtigt wird. Produktivitätssteigerungen wirken z.B. einer Erhöhung der Lohn-Stückkosten entgegen.

2. Die verschiedenen Produkte können mit Hilfe des Marktpreises zusammengefasst und auf die Menge der eingesetzten Arbeit bezogen werden. Das ergibt eine durchschnittliche Arbeitsproduktivität der verschiedenen Produktbereiche.

3. a) Wertproduktivität:

   Jahr 1: 197 000 000 : 2 800 = **70 357 EUR/Beschäftigter**

   Jahr 2: 179 500 000 : 2 500 = **71 800 EUR/Beschäftigter**

   b) Die Wertproduktivität zeigt, welche Wertschöpfung im Betrieb durch Einsatz einer Arbeitseinheit erreicht wurde. Für viele Zwecke ist diese Wertproduktivität sehr aussagefähig. Genauer wäre das Ergebnis, wenn nicht nur die Zahl der Beschäftigten, sondern auch die Zahl der geleisteten Arbeitsstunden bekannt wäre.

c) Es handelt sich dem Wesen nach um eine Produktivitätskennziffer, weil der Ertrag nur auf einen Faktor bezogen wird, der mengenmäßig bestimmt ist.

4. a)

	Jahr 1	Jahr 2	Jahr 3
Betriebliche Erträge	2800	2650	2620
Materialaufwendungen	640	655	640
Abschreibung	140	150	155
Zusatzkosten	25	60	60
Steuern	65	70	70
Wertschöpfung (mit eigentl. Betriebszweck)	1930	1715	1695
Wertproduktivität (Wertschöpfung: Zahl der Arbeitnehmer)	68929	68600	67800

b) Aussagefähiger ist die Rechnung 4.a) Erträge aus Beteiligungen sind nicht Ergebnis der Leistungserstellung in diesem Betrieb. Sie sollten in dem Betrieb, in dem die Beteiligungserträge erwirtschaftet wurden, bei der Berechnung der Arbeitsproduktivität berücksichtigt werden.

Erträge aus Anlageverkäufen werden nicht berücksichtigt, weil sie zeitraumfremd sind. Würden diese zufällig im Jahr 3 angefallenen Erträge in die Berechnung mit einbezogen, dann würde das Ergebnis verfälscht.

Zusatzkosten sind echte Kosten, die die Wertschöpfung mindern.

5. a) Sachliche Gründe sprechen für die Forderung des Betriebsrats. Wenn die Verteilung der Wertschöpfung dargestellt werden soll, dann gehören dazu auch die neutralen Erträge, die im Unternehmen ja tatsächlich zur Verteilung kommen.

b)

	(in 100000 EUR)		
	Jahr 1	Jahr 2	Jahr 3
Mitarbeiter	700	740	735
Fremdkapitalgeber	90	75	45
Eigenkapitalgeber	950	950	960
Unternehmen	230	30	60
Wertschöpfung der Unternehmung	1970	1795	1800

13.33 Liquidität

1. Liquiditätsberechnung für das Jahr 1:
   Flüssige Mittel
   Zahlungsmittel 10
   Lieferforderungen
   – Wertberichtigung 40   50
   Abzüglich Verbindlichkeiten
   Warenschulden 20
   kurzfristige Rückstellungen 5
   Akzepte –
   Bankschulden 10
   sonstige Verbindlichkeiten 5   40

13 Der Jahresabschluss

ÜBERDECKUNG I		10
+ Warenbestand (ohne schwer verkäufliche Ware) – von Kunden erhaltene Anzahlung	27	
+ sonstige Forderungen	3	30
ÜBERDECKUNG II		40
+ schwer verkäufliche Warenvorräte	2	
– langfristige Schulden und langfristige Rückstellungen	20	– 18
ÜBERDECKUNG III		22
Anlagevermögen	6	
+ auf Anlagebeschaffung gegebene Anzahlungen	–	6
Eigenkapital		28
		± 0

Liquiditätsberechnung für das Jahr 2:

Flüssige Mittel

Zahlungsmittel	12	
Lieferforderungen – Wertberichtigung	35	47
Abzüglich Verbindlichkeiten		
Warenschulden	18	
kurzfristige Rückstellungen	6	
Akzepte	2	
Bankschulden	13	
sonstige Verbindlichkeiten	4	43
ÜBERDECKUNG I		4
+ Warenbestand (ohne schwer verkäufliche Ware) – von Kunden erhaltene Anzahlung	25	
+ sonstige Forderungen	4	29
ÜBERDECKUNG II		33
+ schwer verkäufliche Warenvorräte	1	
– langfristige Schulden und langfristige Rückstellungen	9	– 8
ÜBERDECKUNG III		25
Anlagevermögen	5	
+ auf Anlagebeschaffung gegebene Anzahlungen	–	5
Eigenkapital		30
		± 0

2. a) Saldieren mit der Position Anlagevermögen.
   b) Im Bereich der Überdeckung II, bei sonstigen Forderungen.
   c) Unter der Position Anlagevermögen.
   d) + e) Bei Rechnungsabgrenzungsposten nach Handelsrecht handelt es sich um Leistungsforderungen oder Leistungsschulden, nicht um Geldforderungen oder Geldschulden.
   Deshalb nach Überdeckung III im Bereich der Kontrollrechnung einsetzen, die den Zweck hat festzustellen, ob alle Posten der Bilanz berücksichtigt wurden.

3. **Überdeckung I:** Nein. Kann nicht als Barliquidität bezeichnet werden, da auch die Lieferforderungen berücksichtigt werden, die im Unternehmen noch nicht bar vorhanden sind.

   Überdeckung II: Nein. In der Überdeckung II sind Posten enthalten, die nicht nur noch eingezogen, sondern erst noch umgesetzt werden müssen.

   Überdeckung III: Nein. In dieser Gruppe ist nur der Teil der nach Umsatz (und Einzug) zur Verfügung stehenden Posten enthalten, nämlich der Teil, bei dem der Umsatz schwieriger sein wird oder noch länger dauert. Posten, deren Umsatz in kürzester Zeit erwartet werden kann, sind bereits im Bereich der Überdeckung II berücksichtigt.

4. Wenn die Waren umgesetzt werden, auf die wir Vorauszahlungen erhalten haben, dann fließen dem Betrieb in Höhe der Vorauszahlungen die finanziellen Mittel nicht mehr zu, sie sind im Kassenbestand bei der Liquiditätsberechnung bereits berücksichtigt.

5. Die Liquidität ist zufriedenstellend. Die Berechnungen zeigen Überdeckungen, mit denen auch noch unvorhergesehene Zahlungsverpflichtungen abgedeckt werden können.

6. Die Kontrolle der Zahlungsbereitschaft allein aus der Bilanz ist problematisch. Die Bilanzzahlen lassen die Fälligkeit der einzelnen Positionen nicht erkennen; deshalb sind die aus der Bilanz festgestellten Liquiditätskennziffern nur Durchschnittszahlen für bestimmte Zeiträume. Es könnte durchaus sein, dass trotz zufriedenstellender Liquiditätskennziffer ein Spitzenbedarf in dem Zeitraum nicht gedeckt ist. Die Zahlungen für die laufenden Aufwendungen (z.B. Löhne) sind überhaupt nicht berücksichtigt. Wenn man sich auf die Liquiditätsberechnung aus den Zahlen der Bilanz verlässt, muss man davon ausgehen, dass die Ausgaben für die laufenden Aufwendungen aus den laufenden Einnahmen gedeckt werden können, d.h. dass sich die laufenden Ausgaben und die laufenden Einnahmen zeitlich entsprechen. Das wäre z.B. dann nicht der Fall, wenn ein Bauunternehmer einen Rohbau erstellt und laut Vertrag die erste Rate vom Bauherrn erhält, wenn die Decke auf das 1. Obergeschoss betoniert ist. Dann muss der Bauunternehmer Löhne und Material vorfinanzieren.

13.34 Finanzierungsbild – Bewegungsbilanz (Einführung)

1.

	Jahr 1	Jahr 2	Veränderung
Anlagevermögen	120	110	– 10
Vorräte	50	70	+ 20
Sachvermögen	170	180	+ 10
Forderungen aus Warenlieferungen und Leistungen	60	70	10
Flüssige Mittel	40	50	10
Finanzvermögen	100	120	20

2. a)

	Jahr 1	Jahr 2	Veränderung (= Nachweis der Finanzierung)
Gezeichnetes Kapital	180	180	0
Rücklagen	30	40	+ 10
Langfristige Darlehen	20	30	+ 10
Verbindlichkeiten aus Warenlieferungen und Leistungen	15	20	+ 5
Bilanzgewinn	25	30	+ 5
	270	300	+ 30

13 Der Jahresabschluss

b) Die Finanzierung der Zugänge in das Anlagevermögen im Jahr 2 erfolgte durch Abschreibungsrückflüsse.

c) Ja! Die Erweiterung des Anlagevermögens um 20 konnte ganz aus Abschreibungen erfolgen, die der Betrieb auch erwirtschaftet (»verdient«) hat. Für diesen Zweck wurde sogar nur ein Teil der Abschreibungen benötigt. Die langfristigen Darlehen wurden um 10 erhöht, außerdem wurde das Eigenkapital durch Rücklagenbildung um 10 erhöht. Vergleicht man die Fristigkeit der Investitionen und die Fristigkeit der Finanzmittel zu ihrer Finanzierung, dann ergibt sich eine sehr solide Finanzierung.

13.35 Finanzierungsbild – Bewegungsbilanz

1.

Werte in 10 000 EUR	Zunahme	Abnahme
Anlagevermögen	50	
Vorräte	10	
Forderungen aus Warenlieferungen und Leistungen		20
Flüssige Mittel	10	
Summe Veränderungen Aktivbestände	70	20

Werte in 10 000 EUR	Abnahme	Zunahme
Gezeichnetes Kapital	0	0
Rücklagen		10
langfristige Darlehen		40
Verbindlichkeiten aus Lieferungen und Leistungen	10	
Bilanzgewinn		10
Summe Veränderungen Passivbestände	10	60

Zunahme der Aktivbestände (70) + Abnahme der Passivbestände (10) = Zunahme der Passivbestände (60) + Abnahme der Aktivbestände (20)

2. a)

Anlagevermögen (in 10 000 EUR)

Anfangsbestand	500	Abschreibungen	50
Zugänge	100	Schlussbestand	550
	600		600

b) Anlageinvestition im Jahr 2: 100

3.
Sachanlagen[1]	+ 110	Selbstfinanzierung[3]	20
Finanzvermögen[2]	– 10	Fianzierung aus Abschreibungen[4]	50
		Fremdfinanzierung[5]	30
Investitionen	100	Finanzierung	100

---

[1] S. Rekonstruktion des Anlagekontos (oben, 2 a)) + 10 Vorräte
[2] Abnahme Ford. aus Warenlief. u. Leistungen 20, Zunahme flüss. Mittel 10
[3] Rücklagen + Bilanzgewinn
[4] Abschreibungen aus G + V-Konto
[5] Zunahme langfristiger Darlehen – Abnahme Verbindlichkeiten

4. Von den Investitionen im Bereich der Sachanlagen wurden 10 durch Desinvestitionen im Bereich der Finanzanlagen ausgeglichen.

Die netto noch zu finanzierenden Anlageinvestitionen in Höhe von 100 wurden insgesamt aus Abschreibungsrückflüssen und langfristigen Mitteln finanziert, darunter nur 30 Fremdmittel.

Diese Finanzierung ist unter betriebswirtschaftlichen Gesichtspunkten günstig, da die Finanzierung der Nutzungsdauer der Anlagegüter angepasst ist und dazu noch überwiegend aus eigenen Mitteln geschieht.

13.36 Konstitution des Gesamtvermögens

	Unternehmen 1	Unternehmen 2
Anlagequote	$33^{1/3}$%	20%
Vorratsquote	50 %	64%

Diese Quoten sagen kaum etwas aus, ihre Anwendung kann leicht in die Irre führen. Das zeigt das Beispiel der beiden Unternehmen.

Obwohl das Unternehmen 2 zur Erstellung der gleichen Leistungen wie das Unternehmen 1 mehr Anlagevermögen benötigt, ist die Anlagequote niedriger als im Unternehmen 1.

Das liegt daran, dass das Unternehmen 2 insgesamt mehr Vermögen als das Unternehmen 1 zur Erstellung der gleichen Leistung benötigt.

13.37 Externe Bilanz- und Erfolgsbeurteilung (Jahresabschlussanalyse)

A 1. Zu trennen sind gem. § 266 HGB:

Vorräte in
- Roh-, Hilfs- und Betriebsstoffe,
- unfertige Erzeugnisse,
- fertige Erzeugnisse, Waren

Zusätzlich anzuführen sind (in der Bilanz oder im Anhang):
- zum Sachanlagevermögen: Zugänge, Abgänge – § 268 (2) HGB
- zu den Rücklagen: Zuführungen, Entnahmen – § 152 AktG

2. Zusammengefasst werden können:
- alle Grundstücke und Gebäude in einem Posten,

B Aufbereitung der Bilanz und der Gewinn- und Verlustrechnung

Bilanz der Deutschen Automobilfabrik AG

Sachanlagen	1500	75,1%	Eigenkapital[1]	1023	51,2%
Finanzanlagen	47	2,4%	langfristige Fremdmittel[2]	282,2	14,1%
Vorräte	398	19,9%			
monetäres Umlaufvermögen	53	2,6%	sonstige Fremdmittel	692,8	34,7%
	1998	100%		1998	100%

---

[1] Es wird angenommen, dass der Bilanzgewinn ausgeschüttet werden soll.
[2] 40% der sonstigen Rückstellungen (s. Anhang zum Jahresabschluss) + Pensionsrückstellungen + langfristige Darlehen.

13 Der Jahresabschluss

Gewinn- und Verlustrechnung der Deutschen Automobilfabrik AG

Personalaufwendungen	645	14,5 %	Umsatzerlöse	4 422	96,4 %
Materialaufwendungen	2 758	62,0 %	Bestandsveränderungen	1	0,02 %
Zinsen (saldiert)	5	0,1 %	aktivierte Eigenleistungen	65	1,4 %
Anlagekosten	305	6,9 %	sonstige Erträge	74	1,6 %
Steuern	347	7,8 %	außerordentliche Erträge	25	0,5 %
sonstige Aufwendungen	380	8,5 %			
außerordentliche Aufwendungen	10	0,2 %			
	4 450	100 %		4 587	ca. 100 %
Zuführung zu den Rücklagen	68		Gewinnvortrag	1	
Bilanzgewinn	72		Entnahmen aus den Rücklagen	2	
	4 590			4 590	

C Beurteilung der Bilanz

I. Finanzierung

1. a) $\dfrac{\text{Eigenkapital} \cdot 100}{\text{Gesamtkapital}} = \dfrac{1023 \cdot 100}{1998} =$ **51,2 %**

   b) $\dfrac{\text{Fremdkapital} \cdot 100}{\text{Eigenkapital}} = \dfrac{975 \cdot 100}{1023} =$ **95,3 %**

   c) $\dfrac{\text{Rücklagen} \cdot 100}{\text{Grundkapital}} = \dfrac{423 \cdot 100}{600} =$ **70,5 %**

   d) $\dfrac{\text{Eigenkapital} \cdot 100}{\text{Grundkapital}} = \dfrac{1023 \cdot 100}{600} =$ **170,5 %**

2. a) Ausdruck für die Gläubigersicherheit. Wieviel % des Kapitals müssen verloren sein, bevor die Gläubiger Verluste erleiden? Zu beachten ist, dass die Bilanzwerte betriebliche Realisationswerte darstellen und keine Veräußerungswerte.

   b) Ausdruck für den Grad der Schuldenkonsolidierung:
   Wie viel % des Fremdkapitals steht dem Betrieb langfristig zur Verfügung?
   Eine endgültige Beurteilung ist nur möglich, wenn auch die Höhe des Eigenkapitals berücksichtigt wird.

   c) Ausdruck für den Grad der Selbstfinanzierung:
   Wie viel % des Eigenkapitals wurden im Unternehmen selbst erwirtschaftet und durch Nichtausschüttung von Gewinn angesammelt?

   d) Wird als »Bilanzkurs« bezeichnet: Wie viel EUR Eigenkapital entfallen auf 100 EUR Grundkapital? Lässt Schlüsse auf den inneren Wert der Aktie zu. Jedoch nur mit großer Vorsicht: Die Ertragserwartungen sind für den inneren Wert einer Aktie von großer Bedeutung.

3. Zum Vergleich steht aus den Fallangaben nur die Kennzahl a) zur Verfügung. Danach ist die Situation in der Deutschen Automobilfabrik besser als im Branchendurchschnitt, da bei ihr der Anteil des Eigenkapitals vom Gesamtkapital über 51 % beträgt, im Branchendurchschnitt nur 30,6 %.

II. Investierung

1. a) $\dfrac{\text{Eigenkapital} \cdot 100}{\text{Anlagevermögen}} = \dfrac{1023 \cdot 100}{1547} = \mathbf{66{,}1\%}$

   b) $\dfrac{(\text{Eigenkapit.} + \text{langfr. Fremdkapit.}) \cdot 100}{\text{Anlagevermögen}} = \dfrac{(1023 + 282{,}2) \cdot 100}{1547} = 84{,}37\%$

2. a) und b)
   Beide Kennzahlen sollen zeigen, wie weit die Entscheidungsfreiheit und Unabhängigkeit des Unternehmens geht. Je mehr von dem Anlagevermögen und den betriebsnotwendigen Vorräten durch Eigenkapital und langfristiges Fremdkapital gedeckt ist, desto größer ist die Unabhängigkeit des Unternehmens.
   Hinweis: Gelegentlich wird in der Bilanzanalyse auch noch ein Anlagendeckungsgrad III ermittelt. Er lässt sich nach folgender Formel errechnen:

   $$\text{Anlagendeckungsgrad III} = \dfrac{(\text{Eigenkapital} + \text{langfr. Fremdkapital}) \cdot 100}{\text{Anlagevermögen} + \text{Vorräte}}$$

3. In der Branche ist das Eigenkapital kleiner als das Anlagevermögen, in der Deutschen Automobilfabrik werden ca. 66% des Anlagevermögens durch Eigenkapital gedeckt.
   Im Branchenschnitt deckt das langfristige Kapital neben dem Anlagevermögen auch Teile des Umlaufvermögens (116,47%). In der Automobilfabrik werden nur 84,37% des Anlagevermögens durch langfristiges Kapital gedeckt.

III. Bewegungsbilanz und Finanzierungsbild

Bewegungsbilanz der Deutschen Automobilfabrik

Nr.		Mittelverwendung	Mittelherkunft
1	Grundstücke einschl. Geschäfts- und Wohngebäuden auf diesen Grundstücken	+ 10	
2	Fabrikgebäude, einschließlich Grundstücke	+ 176	
3	Unbebaute Grundstücke	+ 10	
4	Maschinen und technische Anlagen	+ 85	
5	Betriebs- und Geschäftsausstattung	+ 4	
6	Anlagen im Bau		− 39
7	Anzahlungen auf Neuanlagen		− 42
8	Beteiligungen	+ 2	
9	Wertpapiere des Anlagevermögens	+ 23	
10	Ausleihungen mit einer Restlaufzeit von über 5 Jahren	+ 5	
11	Vorräte	+ 3	
12	Anzahlungen auf Vorräte		− 2
13	Forderungen aus Lieferungen und Leistungen	+ 3	
14	Sonstige Forderungen		− 1
15	Flüssige Mittel		− 6
16	Grundkapital	0	0
17	Gesetzliche Gewinnrücklagen	0	0
18	Rücklagen Ersatzbeschaffung	− 2	
19	Andere Rücklagen		+ 68
20	Pensionsrückstellungen		+ 11
21	Sonstige Rückstellungen	− 8	
22	Langfristige Darlehen		+ 104
23	Lieferungs- und Leistungsschulden	− 26	
24	Verbindlichkeiten gegenüber verbundenen Unternehmen		+ 67
25	Kurzfristige Bankschulden		+ 70
26	Sonstige Verbindlichkeiten	− 55	
27	Rechnungsabgrenzungsposten		+ 2
28	Bilanzgewinn	0	0
		412	− 412

13 Der Jahresabschluss

Mittelverwendung			Bewegungsbilanz	Mittelherkunft
Sachanlagen			Selbstfinanzierung[1]	66
Bilanzveränderung:	285			
Abschreibung a. Sachanl.	305	590	Finanzierung aus Abschreibungsrückflüssen	384
Finanzanlagen			(305 + 68 + 11)	
Bilanzveränderung:	30			
Abschreibung a. Finanzanl.	68	98	Fremdfinanzierung[2]	165
Vorräte			Freisetzung von Kapital durch Vermögensminderung (Umfinanzierung)[3]	90
Bilanzveränderung:	3			
Abschreibung a. Umlaufv.	11	14		
Monetäres Umlaufvermögen		3		
Summe		**705**	**Summe**	**705**

IV. Rentabilität

1. Rentabilität des Eigenkapitals im Jahr 2

	Jahr 1	Jahr 2
Grundkapital	600	600
Rücklagen[4]	356	423
Bilanzgewinn[5]	72	72
Eigenkapital	1 028	1 095

$$\text{Durchschnittliches Eigenkapital} = \frac{1\,028 + 1\,095}{2} = 1\,061{,}5$$

$$\frac{\text{Rentabilität des}}{\text{Eigenkapitals}} = \frac{\text{Jahresüberschuss} \cdot 100}{\text{durchschnittlich gebundenes Eigenkapital}} = \frac{137 \cdot 100}{1\,061{,}5}$$

$$= \mathbf{12{,}9\%}$$

2. Rentabilität des Gesamtkapitals im Jahr 2

$$\frac{\text{Rentabilität des}}{\text{Gesamtkapitals}} = \frac{(\text{Jahresüberschuss} + \text{Zinsaufwendungen}) \cdot 100}{\text{durchschnittlich gebundenes Gesamtkapital}}$$

$$= \frac{(137 + 13) \cdot 100}{1\,882{,}5} = \mathbf{7{,}97\%}$$

Gesamtkapital Jahr 1   1 767
Gesamtkapital 0Jahr 2   1 998
                        3 765 : 2 = **1 882,5**

---

[1] Position 19 – Position 18 in der Bewegungsbilanz
[2] + Positionen: 20, 22, 24, 25, 27; – Positionen: 21, 23, 26 der Bewegungsbilanz
[3] Positionen 6 + 7 + 12 + 14 + 15 der Bewegungsbilanz
[4] Der Sonderposten mit Rücklagenanteil (Rücklage für Ersatzbeschaffung) lässt sich nicht eindeutig dem Fremd- oder Eigenkapital zuordnen. Wird dieser Posten zu einem späteren Zeitpunkt wieder aufgelöst (Buchung: Sonderposten mit Rücklagenanteil an sonstige betriebliche Erträge), so führt dies in dieser Rechnungsperiode zu einem erhöhten Gewinnausweis. Der erhöhte Gewinnausweis wiederum hat eine erhöhte Belastung mit Gewinnsteuern zur Folge (= Verpflichtungen gegenüber der Finanzbehörde). Insoweit enthält der Sonderposten mit Rücklagenanteil auch Fremdkapitalanteile. Die Bilanzierungspraxis geht vereinfacht von 50% Eigen-, und 50% Fremdkapitalanteil aus.
[5] Der Bilanzgewinn wird hier mitgerechnet, da er im Laufe des Geschäftsjahres erwirtschaftet wurde und, wenn auch nicht in voller Höhe während des gesamten Geschäftsjahres, als Finanzmittel zur Verfügung stand.

3. **Umsatzrentabilität**

$$\text{Umsatzrentabilität} = \frac{\text{Jahresüberschuss} \cdot 100}{\text{Umsatzerlös}} = \frac{137 \cdot 100}{4\,422} = 3,1\%$$

eine aussagekräftigere Lösung ergibt sich, wenn der Berechnung nicht der Jahresüberschuss sondern der Betriebsgewinn zu Grunde gelegt wird:

$$\text{Umsatzrentabilität} = \frac{\text{Betriebsgewinn} \cdot 100}{\text{Umsatzerlös}}$$

Schätzung des Betriebsgewinns des Jahres 2:

Betriebl. Ergebnis der GuV-Rechnung		533
– Auflösung von Rückstellungen	2	
– Erträge aus Anlageverkäufen	13	15
		518
Steuern		347
geschätzter Betriebsgewinn		171

Das in der GuV-Rechnung ausgewiesene betriebliche Ergebnis wird hier nicht einfach übernommen, weil in dem Gliederungsschema der GuV-Rechnung zwar betriebsfremde Aufwendungen und Erträge als außerordentliches Ergebnis besonders ausgewiesen werden, zeitraumfremde Aufwendungen und Erträge, die ihrem Wesen nach betriebsbedingt sind, aber in anderen Positionen enthalten sind, z.B. Erträge aus der Auflösung von Rückstellungen oder aus Anlageverkäufen. Das hier festgestellte Betriebsergebnis beruht schon deshalb auf einer groben Schätzung, weil kalkulatorische Kosten nicht berücksichtigt werden.

$$\text{Umsatzrentabilität} = \frac{171 \cdot 100}{4\,422} = 3,9\%$$

4. **Aktienrendite**

Für 391 EUR (Kurs einer Stückaktie mit einem wertmäßigen Anteil am Grundkapital in Höhe von 50 EUR) erhält der Aktionär 6 EUR Dividende

$$\begin{array}{ll} 391 - 6 & \frac{6 \cdot 100}{391} \\ 100 = x & \end{array}$$

= 1,53 (Aktienrendite in %)

V. Wirtschaftlichkeit

	Jahr 1	Jahr 2
$\frac{\text{Personalaufwendungen} \cdot 100}{\text{Gesamtleistung}^1}$	$\frac{572 \cdot 100}{4017} = 14,23\%$	$\frac{645 \cdot 100}{4488} = 14,37\%$
$\frac{\text{Materialaufwendungen} \cdot 100}{\text{Gesamtleistung}}$	$\frac{2408 \cdot 100}{4017} = 59,94\%$	$\frac{2759 \cdot 100}{4488} = 61,86\%$
$\frac{\text{Vorräte} \cdot 100}{\text{Gesamtleistung}}$	$\frac{395 \cdot 100}{4017} = 9,83\%$	$\frac{398 \cdot 100}{4488} = 8,86\%$

Um 100 EUR Gesamtleistung zu erstellen, wurden im 1. Jahr 14,23 EUR, im 2. Jahr schon 14,37 EUR Personalkosten benötigt.

---

[1] Positionen 1–3 der GuV-Rechnung

13 Der Jahresabschluss

Die Materialaufwendungen zur Erstellung von 100 EUR Gesamtleistung sind von 59,94 EUR auf 61,86 EUR gestiegen. Hier liegen die Ursachen für die gesunkene Wirtschaftlichkeit. Dass im Bereich der Vorratswirtschaft die Situation günstiger geworden ist, konnte die Verschlechterungen im Bereich der Personalwirtschaft und der Materialwirtschaft nicht ausgleichen.

VI. Produktivität

Bei der Berechnung wird die gesamte Produktion in einer Stückzahl ausgedrückt. Dabei wird nicht berücksichtigt, dass für die Herstellung von Pkws und Kombiwagen unterschiedliche Arbeitszeiten benötigt werden. Die scheinbare Verschlechterung der Arbeitsproduktivität könnte darauf zurückzuführen sein, dass der Anteil des arbeitsaufwendigeren Typs an der Gesamtproduktion ausgeweitet wurde. So berechnet hat die Produktivitätskennzahl keine Aussagekraft.

VII. Liquidität

Die Beurteilung erfolgt hier mit 3 zur Beurteilung der Liquidität üblichen Kennzahlen.

Liquidität 1. Grades: $\dfrac{\text{Zahlungsmittel} \cdot 100}{\text{kurzfristige Verbindlichkeiten}}$

kurzfristige Verbindlichkeiten:

Lieferungs- und Leistungsschulden	217
Verbindlichkeiten gegen verbundene Unternehmen	68
kurzfristige Bankschulden	114
sonstige Verbindlichkeiten	73
30% der sonstigen Rückstellungen (s. Geschäftsbericht)	69,9
	541,9

$\dfrac{1 \cdot 100}{541,9} = \underline{\underline{0,184\,\%}}$

Die flüssigen Mittel sollen (fristgerecht) den sofort fälligen Verbindlichkeiten gegenübergestellt werden. Dies ist auf der Grundlage der vorliegenden Bilanz der Deutschen Automobilfabrik nicht möglich. Deshalb werden üblicherweise kurzfristige Verbindlichkeiten den flüssigen Mitteln gegenübergestellt. Dann kann natürlich nicht eine 100%ige Deckung verlangt werden.

Der Deckungsprozentsatz von 0,184 % liegt aber weit unter dem üblichen Durchschnitt.

Liquidität 2. Grades: $\dfrac{(\text{Zahlungsmittel} + \text{kurzfristige Forderungen}) \cdot 100}{\text{kurzfristige Verbindlichkeiten}}$

kurzfristige Forderungen:

Forderungen aus Lieferungen und Leistungen	24
sonstige Forderungen	28
	52

$\dfrac{(1 + 52) \cdot 100}{541,9} = \underline{\underline{9,78\,\%}}$

Bei der Liquiditätsberechnung 2. Grades entsprechen sich die Zeiträume für die zur Verfügung stehenden Finanzmittel und für die Verbindlichkeiten. Es wird deshalb mindestens eine Abdeckung zu 100 % erwartet, die hier bei weitem nicht erreicht wird. Hier wird aber auch die Schwäche einer Liquiditätsbeurteilung allein aus der Bilanz erkennbar. Das Unternehmen hat im Verhältnis zu seinen Umsatzerlösen (4422) einen auffallend kleinen Forderungsbestand aus Lieferungen und Leistungen (24). Das liegt in diesem Falle daran, dass dieses große und bedeutende Unternehmen an seine Vertragshändler nur gegensofortige Zahlung ausliefert. Dieser Zahlungsmittelfluss erscheint also nie als Forderung in der Bilanz, steht aber als Deckungsmittel zur Verfügung.

Die Berechnung der Liquidität aus der Bilanz ist tatsächlich sehr problematisch, denn andererseits sind in der Bilanz nicht alle Zahlungsverpflichtungen ausgewiesen, wie z.B. die Ausgaben für Lohnzahlungen.

Trotz allem ist erkennbar, dass die Liquidität des Unternehmens äußerst angespannt ist. Es wäre interessant zu wissen, ob das Unternehmen bereits verbindliche Finanzierungszusagen, z.B. von Banken, hat.

Liquidität 3. Grades:

$$\frac{(\text{Zahlungsmittel} + \text{kurzfristige Forderungen} + \text{veräußerbare Bestände})[1] \cdot 100}{\text{kurzfristige Verbindlichkeiten}}$$

Beteiligungen	3		
Wertpapiere des Anlagevermögens	23		
Vorräte	398	$\dfrac{(1 + 52 + 424) \cdot 100}{541{,}9}$	$= 88{,}02\%$
Veräußerbare Bestände:	424		

Bei der Berechnung der Liquidität 3. Grades werden auch solche Vermögensgegenstände berücksichtigt, die das Unternehmen kurzfristig zu Geld machen kann. Hier wurde diese Liquiditätsberechnung so vorgenommen, dass sich das für den Unternehmer günstigste Bild ergibt: Wertpapiere des Anlagevermögens, insbesondere Beteiligungen, erfüllen betriebliche Funktionen (z.B. Rohstoffbeschaffung, ausländische Produktionsniederlassungen oder Handelsgesellschaften). Ihre Liquidierung ist deshalb bedenklich oder gar unmöglich. Die Vorräte dürfen nur angesetzt werden, wenn sie »rückwärts« verkauft werden können; aber auch nur dann, wenn sie nicht zum betriebsnotwendigen Vermögen gehören, wie der unbedingt notwendige Materialvorrat. Obwohl über all dies hinweggesehen wird, ergibt sich eine Deckung unter 100%. Die Liquidität des Unternehmens ist bedenklich niedrig.

VIII. Debitorenumschlag

1. $\text{Debitorenumschlag} = \dfrac{\text{Umsatz aus Zielverkäufen}}{\text{durchschnittl. Forderungsbestand}} = \dfrac{4422}{22{,}5} = \underline{\underline{196{,}5}}$

Forderungen aus Lieferungen und Leistungen: Jahr 1   21
Jahr 2   24
45 : 2 = $\underline{\underline{22{,}5}}$

Durchschnittlicher Forderungsbestand: **22,5**

$\text{Durchschnittliche Kreditdauer} = \dfrac{365}{\text{Debitorenumschlag}}$

$\dfrac{365}{196{,}5} = \underline{\underline{1{,}86 \text{ Tage}}}$

2. Es fehlt die Angabe, welcher Teil der Umsatzerlöse aus Zielverkäufen stammt. Deshalb wurde hier für den gesamten Umsatzerlös unterstellt, dass er mit Zielverkäufen erzielt wird.

    Trotzdem ergibt sich noch die außerordentlich niedrige durchschnittliche Kreditdauer von noch nicht einmal 2 Tagen.

    Tatsächlich ist es so, dass die Auslieferung des Autos gegen Sofortzahlung erfolgt und nur ein kleiner Rest anderer Umsätze auf Ziel erfolgt, dieser Teil dann schon aus zahlungstechnischen Gründen mit einer höheren Kreditdauer.

---

[1] Gelegentlich wird bei Berechnungen der Liquidität 3. Grades das gesamte Umlaufvermögen den kurzfristigen Verbindlichkeiten gegenübergestellt.

13 Der Jahresabschluss

IX. Kreditorenumschlag u. durchschnittl. Kreditdauer

1. Kreditorenumschlag

$$= \frac{\text{Zahlungsausgänge}}{\text{durchschn. Bestand der Verbindlichkeiten aus Lieferungen und Leistungen}}$$

$$\text{Kreditorenumschlag} = \frac{2758}{230} = 11{,}99$$

Zahlungsausgänge: Materialaufwendungen und entsprechende Fremdleistungen im Jahr 2 aus der Erfolgsrechnung.

Durchschnittlicher Bestand an Verbindlichkeiten aus Warenlieferungen und Leistungen:

Jahr 1: 243
Jahr 2: 217
460 : 2 = 230

$$\text{Durchschnittliche Kreditdauer} = \frac{365}{11{,}99} = \underline{30{,}4 \text{ Tage}}$$

2. Die Zahlungsausgänge können nicht exakt festgestellt werden.

13.38 FALLSTUDIE – PC-EINSATZ: Jahresabschlussanalyse zum Zwecke der Kreditwürdigkeitsprüfung – Vernetzungsdiagramm

Hinweise für Möglichkeiten einer computerunterstützten Lösung einzelner Teilaufgaben mit Hilfe des Programms EUROBWL finden sich auf der CD (siehe S. 5).

Lösung zu Arbeitsauftrag 1: Kreditwürdigkeitsprüfung

Kapitalstruktur: Eigenkapitalanteil relativ gering; Minderung des Eigenkapitals vermutlich durch Gewinnentnahme 2002 und Verlustdeckung zu Lasten der Rücklagen 2003.

Vermögensstruktur: Vermögensaufbau und Anlagenintensität erheblich über dem Branchendurchschnitt; Ursache: hoher Gebäude- und Grundstückswert.

Anlagendeckung: Anlagendeckung 1 erheblich unter dem Branchendurchschnitt; Ursache: hoher Gebäude- und Grundstückswert;

Anlagendeckung 2 geringfügig unter dem Branchendurchschnitt; »goldene Bilanzregel« ist erfüllt.

Liquidität: alarmierender Fehlbetrag bei der Liquidität 1. und 2. Grades (Barliquidität bzw. einzugsbedingte Liquidität); Liquidität 3. Grades (umsatzbedingte Liquidität) über dem Branchendurchschnitt; mögliche Ursache: überdurchschnittlich hohe Warenbestände.

Rentabilität: alle Rentabilitätskennzahlen 2002 erheblich unter dem Branchendurchschnitt; aufgrund des Verlusts 2003 alle Rentabilitätskennzahlen negativ; Ursachen des Verlusts: Umsatzrückgang bei gleichzeitigem Anstieg der Aufwendungen (insbesondere des Wareneinsatzes); Vermutung: gesunkene Handelsspanne aufgrund der Konkurrenzsituation (niedrigere Verkaufspreise bei gestiegenen Einstandspreisen).

ROI: unterdurchschnittlich; Ursache: geringe Kapitalumschlagshäufigkeit aufgrund des verhältnismäßig hohen Anlagevermögens und der hohen Vorräte; der Anteil der Vorräte am Umsatz liegt erheblich über dem Branchendurchschnitt.

Der **Cashflow** als Indikator für die Finanzkraft des Unternehmens, der auch den Spielraum zur Schuldentilgung zum Ausdruck bringt, bestätigt die Einschätzung hinsichtlich der prekären Liquiditätslage.

Anlage zur Fallstudie: Kreditwürdigkeitsprüfung

Kennzahl	Formel	2002	2003	Branchendurchschnitt
Anlagenintensität	= $\dfrac{\text{Anlagevermögen}}{\text{Gesamtvermögen}}$ =	0,37	0,34	0,15
Vermögensaufbau	= $\dfrac{\text{Anlagevermögen}}{\text{Umlaufvermögen}}$ =	0,60	0,52	0,18
Eigenkapitalanteil	= $\dfrac{\text{Eigenkapital}}{\text{Gesamtvermögen}}$ =	0,23	0,19	0,25
Verschuldungsgrad	= $\dfrac{\text{Fremdkapital}}{\text{Eigenkapital}}$ =	3,40	4,19	5,80
Anlagendeckung 1	= $\dfrac{\text{Eigenkapital}}{\text{Anlagevermögen}}$ =	0,61	0,57	0,97
Anlagendeckung 2	= $\dfrac{\text{Eigenkap. + langfr. Verb.}}{\text{Anlagevermögen}}$ =	1,43	1,41	1,57
Liquidität 1	= $\dfrac{\text{liquide Mittel}}{\text{kurzfr. Verbindlichkeiten}}$ =	0,04	0,02	
Liquidität 2	= $\dfrac{\text{liquide Mittel + Forderungen}}{\text{kurzfr. Verbindlichkeiten}}$ =	0,47	0,46	0,75
Liquidität 3	= $\dfrac{\text{Umlaufvermögen}}{\text{kurzfr. Verbindlichkeiten}}$ =	1,35	1,27	1,21
Eigenkapitalrentabilität	= $\dfrac{\text{Gewinn} \times 100}{\text{Eigenkapital}}$ =	16,49%	−14,12%	48%
Umsatzrentabilität	= $\dfrac{\text{Gewinn} \times 100}{\text{Umsatz}}$ =	1,59%	−1,20%	2,45%
Kapitalumschlagshäufigkeit	= $\dfrac{\text{Umsatz}}{\text{Gesamtkapital}}$ =	2,35	2,27	2,73
Return on Investment	= $\dfrac{\text{Umsatz}}{\text{Gesamtkapital}} \times \dfrac{\text{Gewinn} \times 100}{\text{Umsatz}}$ =	3,75%	−2,72%	6,7%
Vorräte in % vom Umsatz	= $\dfrac{\text{Vorräte} \times 100}{\text{Umsatz}}$ =	17,31%	18,54%	10,8%
Personalaufwand in % vom Umsatz	= $\dfrac{\text{Personalaufwand} \times 100}{\text{Umsatz}}$ =	8,95%	9,3%	7,4%
Abschreibungen in % vom Umsatz	= $\dfrac{\text{Abschreibungen} \times 100}{\text{Umsatz}}$ =	2,48%	2,40%	1,1%

13 Der Jahresabschluss

Lösung zu Arbeitsauftrag 2: Ermittlung der Systemelemente

Zielgröße: Barliquidität

Einflussfaktoren: Forderungen, gewährtes Zahlungsziel, Umsatz, Zahlungsmoral der Kunden, Privatentnahmen[1], Lagerbestand, Liefererverbindlichkeiten, Rentabilität, Kontokorrentkredit, Mahnwesen, Kreditwürdigkeit

Lösung der Arbeitsaufträge 3 und 4: Ermittlung der Beziehungen zwischen den Systemelementen und Erstellung einer Vernetzungsmatrix

ZIELGRÖSSE: LIQUIDITÄT

	WIRKUNG auf → von		1 LI	2 FO	3 PR	4 RE	5 ZZ	6 UM	7 LA	8 MA	9 ZM	10 LV	11 KK	12 KR
1	LI	Liquiditä		0	0	-2	0	0	0	0	0	-2	-2	3
2	FO	Forderung	-3		0	0	0	0	0	0	0	0	0	0
3	PR	Priv.Entn	-2	0		0	0	0	0	0	0	0	0	0
4	RE	Rentabili	0	0	0		0	0	0	0	0	0	0	1
5	ZZ	Gew. Ziel	0	3	0	0		2	0	0	0	0	0	0
6	Um	Umsatz	1	3	0	2	0		-3	0	0	0	0	0
7	LA	Lagerbest	-3	0	0	-2	0	0		0	0	0	0	0
8	MA	Mahnwesen	0	-3	0	0	0	-2	0		3	0	0	0
9	ZM	Zahl.Mora	3	-3	0	0	0	0	0	0		0	0	0
10	LV	Lief.Verb	0	0	0	0	0	0	0	0	0		0	-3
11	KK	KK-Kredit	2	0	0	-1	0	0	0	0	0	-2		-2
12	KR	Kreditwür	0	0	0	0	0	0	0	0	0	0	1	

Vernetzungstabelle

---

[1] Anstelle der Privatentnahmen bei Einzelunternehmen und Personengesellschaften müssen im Fall der hier vorliegenden GmbH die Gewinnentnahmen und die Bezüge der Gesellschafter-Geschäftsführer angesetzt werden.

Hinweise auf Besonderheiten im Wirkungsgefüge:

1. *Wirkungen der Zielgröße*

   Es wird deutlich, dass die Zielgröße nicht nur direkt oder indirekt von verschiedenen Faktoren beeinflusst wird, sondern auch selbst wiederum einige dieser Faktoren beeinflusst.
   Beispiel: Je höher die Liquidität, desto geringer die Rentabilität.

2. *Beispiel für positive Rückkopplung:*

   Liquidität $\xrightarrow{+}$ Kreditwürdigkeit $\xrightarrow{+}$ Kontokorrentkredit $\xrightarrow{+}$ Liquidität

   Die Liquidität hat Einfluss auf die Kreditwürdigkeit. Die Kreditwürdigkeit bestimmt ihrerseits wiederum die Höhe des eingeräumten Kredits, der wiederum die Liquidität beeinflusst. M.a.W.: Ein Unternehmen, dessen Liquiditätslage problematisch ist, gilt als nicht kreditwürdig. Das kann die endgültige Illiquidität zur Folge haben.

3. *Direkte vs. indirekte Einflüsse*

   Um eine mehrfache Berücksichtigung ein und derselben Auswirkungen zu vermeiden, sollen nur die **direkten** Beziehungen erfasst werden.

   Beispiele:
   Die Kreditwürdigkeit hat Einfluss auf die Liquidität. Dieses Element wirkt aber nur indirekt auf die Zielgröße, indem die Kreditwürdigkeit die Höhe des Kontokorrentkredits (u.a. Kredite) bestimmt. Die Höhe des Kontokorrentkredits beeinflusst hingegen direkt die Zielgröße. Es liegt somit ein indirekter Einfluss der Kreditwürdigkeit auf die Liquidität vor.
   Der Einfluss der Lagerbestände auf die Barliquidität ist direkter Natur:
   Je geringer die Lagerbestände, desto besser die Barliquidität.

4. *Beispiel für gegenläufige Einflüsse*

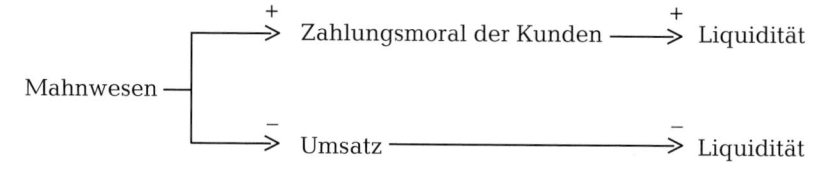

   Mahnwesen $\xrightarrow{+}$ Zahlungsmoral der Kunden $\xrightarrow{+}$ Liquidität

   Mahnwesen $\xrightarrow{-}$ Umsatz $\xrightarrow{-}$ Liquidität

   Ein rigides Mahnwesen fördert nicht nur die Liquidität durch Verhinderung von Forderungsausfällen. Vielmehr wird dadurch u.U. auch der Kundenstamm und der Umsatz reduziert, mit der Folge, dass sich die Liquidität verschlechtert.

Lösung zu Arbeitsauftrag 5: Interpretation des Wirkungsgefüges

Für das vorliegende Beispiel werden folgende Ergebnisse ausgewiesen:

Aktive/unabhängige Elemente:

Umsatz, Mahnwesen, Kontokorrentkredit, Zahlungsmoral der Kunden, gewährtes Zahlungsziel, Lagerbestand

Kritisches Element:

Liquidität

Passive/abhängige Elemente:

Forderungen, Kreditwürdigkeit, Rentabilität

Träge Elemente:

Liefererverbindlichkeiten, Privat- bzw. Gewinnentnahmen

13 Der Jahresabschluss

VERNETZUNGSMATRIX
ZIELGRÖSSE: LIQUIDITÄT

	WIRKUNG auf → von		1 LI	2 FO	3 PR	4 RE	5 ZZ	6 UM	7 LA	8 MA	9 ZM	10 LV	11 KK	12 KR	AKTIV INTENS ∑ AI	HÄUFIG KEIT ∑ AH	INTENS- QUOTIENT ∑ AI/∑ PI
1	LI	Liquidität		0	0	2	0	0	0	0	0	2	2	3	9	4	0.64
2	FO	Forderung	3		0	0	0	0	0	0	0	0	0	0	3	1	0.25
3	PR	Priv.Entn	2	0		0	0	0	0	0	0	0	0	0	2	1	*
4	RE	Rentabili	0	0	0		0	0	0	0	0	0	0	1	1	1	0.14
5	ZZ	Gew. Ziel	0	3	0	0		2	0	0	0	0	0	0	5	2	*
6	Um	Umsatz	1	3	0	2	0		3	0	0	0	0	0	9	4	2.25
7	LA	Lagerbest	3	0	0	2	0	0		0	0	0	0	0	5	2	1.67
8	MA	Mahnwesen	0	3	0	0	0	2	0		3	0	0	0	8	3	*
9	ZM	Zahl.Mora	3	3	0	0	0	0	0	0		0	0	0	6	2	2.00
10	LV	Lief.Verb	0	0	0	0	0	0	0	0	0		0	3	3	1	0.75
11	KK	KK-Kredit	2	0	0	1	0	0	0	0	0	2		2	7	4	2.33
12	KR	Kreditwür	0	0	0	0	0	0	0	0	0	0	1		1	1	0.11
PASSIVINTENS ∑ PI			14	12	0	7	0	4	3	0	3	4	3	9			
PASSIVHÄUFIGKEIT			6	4	0	4	0	2	1	0	1	2	2	4			
INTENSPRODUKT ∑ AI * ∑ PI			126	36	0	7	0	36	15	0	18	12	21	9			

Ungewichtete Intensitätsquotienten und Intensitätsprodukte

VERNETZTES DENKEN
RANGFOLGE DER AKTIV- UND PASSIVINTENSITÄTEN
ZIELGRÖSSE: LIQUIDITÄT

Sendestärke				Empfangsstärke			
Rangfolge: STARK → SCHWACH				Rangfolge: STARK → SCHWACH			
ungewichtet		gewichtet		ungewichtet		gewichtet	
ELEMENT	AKTIV-INTENS	ELEMENT	AKTIV-INTENS	ELEMENT	PASSIV-INTENS	ELEMENT	PASSIV-INTENS
UM Umsatz	9	UM Umsatz	36	LI Liquidi	14	LI Liquidi	84
LI Liquidi	9	LI Liquidi	36	FO Forderu	12	FO Forderu	48
MA Mahnwes	8	KK KK-Kred	28	KR Kreditw	9	KR Kreditw	36
KK KK-Kred	7	MA Mahnwes	24	RE Rentabi	7	RE Rentabi	28
ZM Zahl.Mo	6	ZM Zahl.Mo	12	LV Lief.Ve	4	LV Lief.Ve	8
LA Lagerbe	5	LA Lagerbe	10	UM Umsatz	4	UM Umsatz	8
ZZ Gew. Zi	5	ZZ Gew. Zi	10	ZM Zahl.Mo	3	KK KK-Kred	6
LV Lief.Ve	3	LV Lief.Ve	3	KK KK-Kred	3	ZM Zahl.Mo	3
FO Forderu	3	FO Forderu	3	LA Lagerbe	3	LA Lagerbe	3
Pr Priv.En	2	PR Priv.En	2	PR Priv.En	0	PR Priv.En	0
KR Kreditw	1	KR Kreditw	1	MA Mahnwes	0	MA Mahnwes	0
RE Rentabi	1	RE Rentabi	1	ZZ Gew. Zi	0	ZZ Gew. Zi	0

Sortierte Rangfolge der Aktiv- und Passivintensitäten

VERNETZTES DENKEN

RANGFOLGE DER UNGEWICHTETEN INTENSITÄTSQUOTIENTEN UND INTENSITÄTSPRODUKTE
ZIELGRÖSSE: LIQUIDITÄT

Unabhängigkeitsgrad					Verflechtungsgrad				
Rangfolge: STARK → SCHWACH					Rangfolge: STARK → SCHWACH				
ELEMENT	INTENS-QUO-TIENT	HÄUFIGKEIT			ELEMENT	INTENS-PRODUKT	HÄUFIGKEIT		
		AKTIV	PASSIV	AH/PH			AKTIV	PASSIV	AH*PH
MA Mahnwes	*	3	0	*	LI Liquidi	126	4	6	24
ZZ Gew. Zi	*	2	0	*	UM Umsatz	36	4	2	8
KK KK-Kred	2.3	4	2	2.0	FO Forderu	36	1	4	4
UM Umsatz	2.3	4	2	2.0	KK KK-Kred	21	4	2	8
PR Priv.En	*	1	0	*	ZM Zahl.Mo	18	2	1	2
ZM Zahl.Mo	2.0	2	1	2.0	LA Lagerbe	15	2	1	2
LA Lagerbe	1.7	2	1	2.0	LV Lief.Ve	12	1	2	2
LV Lief.Ve	0.8	1	2	0.5	KR Kreditw	9	1	4	4
LI Liquidi	0.6	4	6	0.7	RE Rentabi	7	1	4	4
FO Forderu	0.3	1	4	0.3	ZZ Gew. Zi	0	2	0	0
RE Rentabi	0.1	1	4	0.3	PR Priv.En	0	1	0	0
KR Kreditw	0.1	1	4	0.3	MA Mahnwes	0	3	0	0

Sortierte Rangfolge der ungewichteten Intensitätsquoten und Intensitätsprodukte

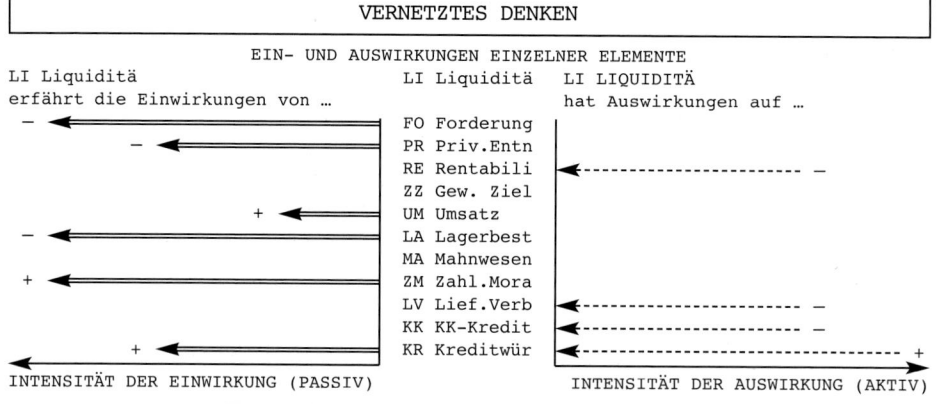

VERNETZTES DENKEN

EIN- UND AUSWIRKUNGEN EINZELNER ELEMENTE

LI Liquidität erfährt die Einwirkungen von …

- ← FO Forderung
- ← PR Priv.Entn
- ← RE Rentabili
- ← ZZ Gew. Ziel
- + ← UM Umsatz
- ← LA Lagerbest
- ← MA Mahnwesen
- + ← ZM Zahl.Mora
- ← LV Lief.Verb
- + ← KK KK-Kredit
- ← KR Kreditwür

INTENSITÄT DER EINWIRKUNG (PASSIV)

LI LIQUIDITÄ hat Auswirkungen auf …

- RE Rentabili → −
- LV Lief.Verb → −
- KK KK-Kredit → −
- KR Kreditwür → +

INTENSITÄT DER AUSWIRKUNG (AKTIV)

Ein- und Auswirkungen einzelner Elemente

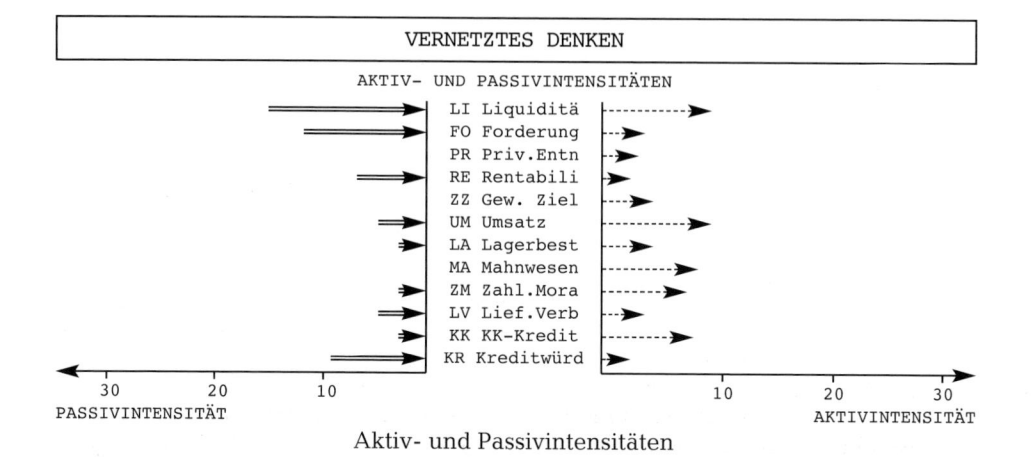

VERNETZTES DENKEN

AKTIV- UND PASSIVINTENSITÄTEN

PASSIVINTENSITÄT (30 20 10)	Element	AKTIVINTENSITÄT (10 20 30)
	LI Liquidität	
	FO Forderung	
	PR Priv.Entn	
	RE Rentabili	
	ZZ Gew. Ziel	
	UM Umsatz	
	LA Lagerbest	
	MA Mahnwesen	
	ZM Zahl.Mora	
	LV Lief.Verb	
	KK KK-Kredit	
	KR Kreditwürd	

Aktiv- und Passivintensitäten

13 Der Jahresabschluss

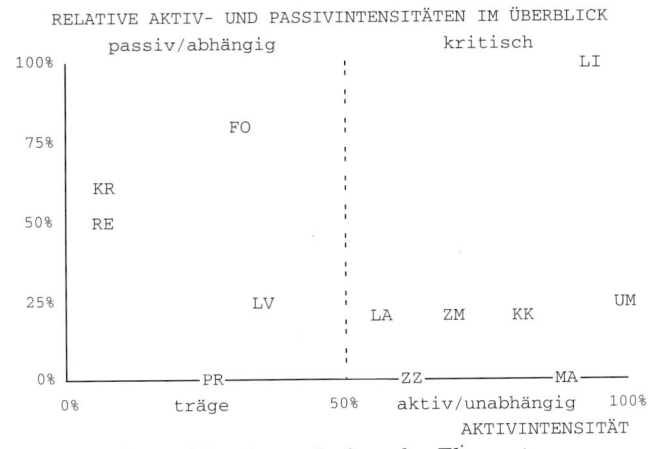

```
RELATIVE AKTIV- UND PASSIVINTENSITÄTEN IM ÜBERBLICK
        passiv/abhängig              kritisch
100%                                              LI

              FO
75%

        KR
50%     RE

25%             LV                                UM
                      LA    ZM    KK

0%  ────────PR─────────────ZZ──────────MA────
0%          träge         50%  aktiv/unabhängig  100%
                                    AKTIVINTENSITÄT
```

Intensitätseigenschaften der Elemente

Lösungen zu Arbeitsauftrag 6: Problemlösungsstrategien

Maßnahmen zur Liquiditätsverbesserung sollten nach Möglichkeit an den aktiven Elementen ansetzen, z.B.:
– Verbesserung des Mahnwesens mit dem Ziel, Forderungsausfälle zu verhindern,
– Verringerung des Lagerbestandes durch eine verbesserte Bestellpolitik,
– …

Einige der aktiven Elemente sind aber nicht bzw. nicht direkt vom Problemlöser beeinflussbar.

Beispiele:
– Voraussetzung für eine Umsatzsteigerung ist nach Ansicht der Geschäftsführer die Erweiterung des Fuhrparks. Der dazu beantragte Kredit wird aber verweigert.
– Eine Verkürzung des gewährten Zahlungsziels ist aufgrund der im Eingangsfall geschilderten Konkurrenzsituation vermutlich nicht ohne Umsatzrückgang möglich.
– Eine Erhöhung des Kontokorrentkredits setzt eine Verbesserung der Kreditwürdigkeit voraus. Dies ist aber wiederum nur durch eine Verbesserung der Liquiditätslage möglich.

Lösungsmöglichkeit:
Erweiterung des Fuhrparks mit Hilfe einer Leasing-Finanzierung. Auf diese Weise wäre u.U. die erwartete (und benötigte) Umsatzsteigerung durch eine bilanzneutrale Finanzierung der Fuhrparkerweiterung möglich.

13.39 Jahresabschlussanalyse

Hinweise für Möglichkeiten einer computerunterstützten Lösung einzelner Teilaufgaben mit Hilfe des Programms EUROBWL finden sich auf der CD (siehe S. 5).

1. Bei der Aufbereitung der Bilanz und GuV werden folgende Zuordnungen vorgenommen:
   – Das immaterielle Vermögen wird den Finanzanlagen zugerechnet.
   – Die Pensionsrückstellungen und die Verbindlichkeiten mit einer Restlaufzeit von mehr als 5 Jahren werden den langfristigen Verbindlichkeiten zugerechnet.
   – Die übrigen Rückstellungen und die übrigen Verbindlichkeiten werden den kurzfristigen Verbindlichkeiten zugerechnet.
   – Als Gewinn wird der um die Steuern verminderte Jahresüberschuss der Handelsbilanz angesetzt. Die Steuern sind daher im EDV-Programm als sonstige Aufwendungen einzugeben.

Kennzahl \ Jahr	1	2	3	4
I. Vermögensstruktur				
Anlageintensität (Anlageverm./Gesamtverm.)	0,27	0,26	0,24	0,30
Vermögensaufbau (Anlageverm./Umlaufverm.)	0,36	0,35	0,32	0,43
Forderungsintensität (Ford./Gesamtverm.)	0,32	0,29	0,25	0,16
II. Kapitalstruktur				
Eigenkapitalanteil (Eigenkap./Gesmatkap.)	0,43	0,38	0,34	0,28
Anspannungsgrad (Fremdkap./Gesamtkap.)	0,57	0,62	0,66	0,72
Verschuldungsgrad (Fremdkap./Eigenkap.)	1,34	1,61	1,95	2,53
III. Anlagendeckung				
Anlagendeckung 1 (Eigenkap./Anlageverm.)	1,60	1,46	1,39	0,94
Anlagendeckung 2 (Eigenkap. + langfr. FK/ Anlageverm.)	2,80	2,75	2,67	2,19
IV. Liquidität				
Liquidität 1 langfr. Mittel/kurzfr. Verb.	0,26	0,26	0,04	0,05
Liquidität 2 (langfr. Mittel + Ford.)/ kurzfr. Verb.	1,53	1,28	0,75	0,52
Liquidität 3 Umlaufverm./kurzfr. Verb.	2,89	2,64	2,17	2,05
V. Rentabilität				
Eigenkapitalrentabilität Gewinn · 100/EK	9.38	9,94	0,63	−10,64
Gesamtkapitalrentabilität (Gew. + FK-Zinsen) · 100/GK	6,40	7,13	4,51	3,41
Umsatzrentabilität Gewinn · 100/Umsatz	4,17	3,64	0,19	−2,50
Kapitalumschlag (Umsatz/GK)	0,96	1,05	1,12	1,20
Return on Investment	4,00	3,80	0,21	−3,01

Ergebnis:

1. Entwicklung absoluter Größen aus Bilanz und GuV.

Das Betriebsergebnis schwankt, hat abnehmende Tendenz, ist aber in allen vier Jahren positiv. Die wesentlich negativere Entwicklung des Ergebnisses der gewöhnlichen Geschäftätigkeit und des Jahresüberschusses beruhen auf dem Einfluss des Finanzbereichs (hier: Zinsaufwand).

Die Umsatzerlöse weisen in jedem Jahr Wachstumsraten zwischen 15% und 22% auf. Die steigende Entwicklung von Anlagevermögen, Materialaufwand und Personalaufwand deutet darauf hin, dass die Produktionsmenge in jedem Jahr gesteigert wurde, so dass die Umsatzsteigerungen in erster Linie auf zusätzliche Absatzmengen und nicht auf Preiserhöhungen zurückzuführen sind. Gleichzeitig sind aber die Vorräte erheblich gestiegen. Soweit es sich dabei um Fertig- bzw. Halbfertigerzeugnisse handelt, deutet diese Entwicklung darauf hin, dass trotz der Umsatzsteigerungen große Teile der Produktion nicht am Markt abgesetzt werden konnten, sondern auf Lager liegen. Die Absatzmöglichkeiten wurden offensichtlich von der Geschäftsleitung zu optimistisch eingeschätzt mit der Folge, dass die Investitionen – insbesondere im letzten Jahr – zu Überkapazitäten geführt haben. Diese belasten in Form von verdoppeltem Abschreibungs- und Zinsaufwand das Ergebnis. Daher das widersprüchliche Ergebnis: hohe Umsatzsteigerungen bei gleichzeitiger Minderung des Jahresüberschusses.

Ursache: falsche Absatz- und Produktionsplanung

2. Entwicklung der Vermögensstruktur

Die im vorliegenden Fall zu Überkapazitäten führende Ausdehnung des Anlagevermögens spiegelt sich in der Entwicklung der Anlagenintensität und des Vermögensaufbaus wider. Da die Erhöhung des Anlagevermögens gleichzeitig mit einer Erhöhung der Vorräte (Umlaufvermögen) einhergeht, verändert sich aber der Anteil des Anlagevermögens am Gesamtvermögen (Anlagenintensität) nur wenig.

3. Entwicklung der Kapitalstruktur

Die Eigenkapitalquote geht aufgrund der geringen einbehaltenen Gewinne ständig zurück. Die Neuinvestitionen werden vornehmlich durch Fremdkapital finanziert, mit der Folge, dass der Verschuldungsgrad kontinuierlich steigt. Dadurch steigt der Zinsaufwand um mehr als das Dreifache.

Die sog. 1:1-Regel, nach der das Eigen- und Fremdkapital gleich groß sein sollen, ist in keinem Jahr erfüllt. Allerdings ist diese starre Regel ohne Rücksicht auf branchen- und unternehmensbedingte Risikofaktoren unpraktikabel.

4. Entwicklung der Anlagendeckung

Anlagendeckung 1 und 2 bestätigen, dass erfüllt sind:

– die goldene Finanzierungsregel (goldene Bankregel):

Kurzfristige Finanzierungsmittel sollen nur kurzfristig gebunden werden und umgekehrt. Forderung nach Fristenkongruenz zwischen Mittelherkunft und Mittelverwendung

– die goldene Bilanzregel im engeren Sinne:

Anlagevermögen soll mit langfristigem Kapital finanziert werden.

– die goldene Bilanzregel im weiteren Sinne:

Anlagevermögen und die dauernd gebundenen Teile des Umlaufvermögens (= eiserne Bestände) sollen mit langfristigem Kapital finanziert werden.

5. Entwicklung der Liquidität

Ob ein Unternehmen liquide ist, lässt sich aus den einzelnen Bilanzpositionen nicht ohne weiteres entnehmen. Im vorliegenden Fall nehmen alle drei Liquiditätsgrade im Zeitablauf ab. Bei der Liquidität 3 sind die hohen Lagerbestände berücksichtigt. Für eine Interpretation dieser Kennzahl müssten die Absatzmöglichkeiten für die Lagerbestände (= Möglichkeit zur Überführung in liquide Form) bekannt sein.

6. Entwicklung der Rentabilität

Aufgrund der Verminderung des Jahresüberschusses vor Steuern nehmen alle Rentabilitätskennzahlen im Zeitablauf ab. Der Rückgang der Gesamtkapitalrentabilität ist wegen der hohen Zinsen dabei weniger dramatisch als die Minderung der Eigenkapital- und Umsatzrentabilität.

Da die Gesamtrentabilität aber unter dem Fremdkapitalzinssatz liegt, kommt es zu einer negativen Wirkung des Leverage-Effekts: sinkende Eigenkapitalrentabilität bei zunehmendem Verschuldungsgrad.

Zwar nimmt der Kapitalumschlag im Zeitablauf zu, wird aber durch die sinkende Umsatzrentabilität überkompensiert, sodass der Return on Investment laufend sinkt.

7. Entwicklung des Z-Faktors (Konkursindikator)

Die Berechnung des sog. Z-Faktors wurde in den USA aus dem Vergleich von konkursreifen und prosperierenden Unternehmen entwickelt. Dazu werden fünf Kennzahlen aus der Bilanz und GuV ermittelt, unterschiedlich gewichtet und zu einer neuen Kennzahl (Z-Faktor) zusammengefasst.

$$\begin{aligned} Z = \quad & 3{,}3 \cdot \text{Betriebsergebnis/Gesamtvermögen (Faktor 1)} \\ + \ & 1{,}4 \cdot \text{einbehaltene Gewinne/Gesamtvermögen (Faktor 2)} \\ + \ & 1{,}2 \cdot \text{Betriebsvermögen}^1/\text{Gesamtvermögen (Faktor 3)} \\ + \ & 1{,}0 \cdot \text{Kapitalumschlag}^1 \text{ (Faktor 4)} \\ + \ & 0{,}6 \cdot \text{Eigenkapital/Fremdkapital (Faktor 5)} \end{aligned}$$

Folgende Bereiche werden durch die Faktoren repräsentiert:

Faktor 1: Gewinnerwirtschaftung

Faktor 2: Gewinnverwendungsaspekt (Reinvestition vs. Ausschüttung

Faktor 3: Liquiditätsaspekt

Faktor 4: Kapitalbindungsdauer

Faktor 5: reziproker Wert des Verschuldungsgrades

Bei bundesrepublikanischen Unternehmen hat i.d.R. der Faktor 4 den größten Einfluss auf den Z-Faktor. Das Spektrum des Z-Faktors variiert zwischen – 4 und + 8. In den USA zeigt sich, dass ein Unternehmen mit einem Faktor > 2,99 als wirtschaftlich gesund angesehen werden kann. Bei einem Wert zwischen 1,81 und 2,99 liegt eine Gefährdung vor. Bei einem Wert < 1,81 wird das Unternehmen als konkursreif angesehen. Untersuchungen des Z-Faktors in der BRD haben ergeben, dass für hiesige Verhältnisse die Grenzwerte im Durchschnitt um 0,6 niedriger anzusetzen sind.

	Jahr 1	Jahr 2	Jahr 3	Jahr 4
Faktor 1	0,320	0,395	0,250	0,133
Faktor 2	0,000	0,027	0,009	– 0,042
Faktor 3	0,576	0,550	0,482	0,429
Faktor 4	0,960	1,050	1,120	1,200
Faktor 5	0,447	0,372	0,308	0,238
Z-Faktor	2,303	2,394	2,176	1,958

Die relativ günstige Entwicklung des Z-Faktors ist in erster Linie auf die steigende Kapitalumschlagshäufigkeit (Faktor 4) und diese wiederum auf die hohen Umsatzzuwächse zurückzuführen.

---

[1] Betriebsvermögen = Umlaufvermögen – kurzfr. Verbindlichkeiten
Kapitalumschlag = Umsatz/Gesamtkapital bzw. Umsatz/Gesamtvermögen

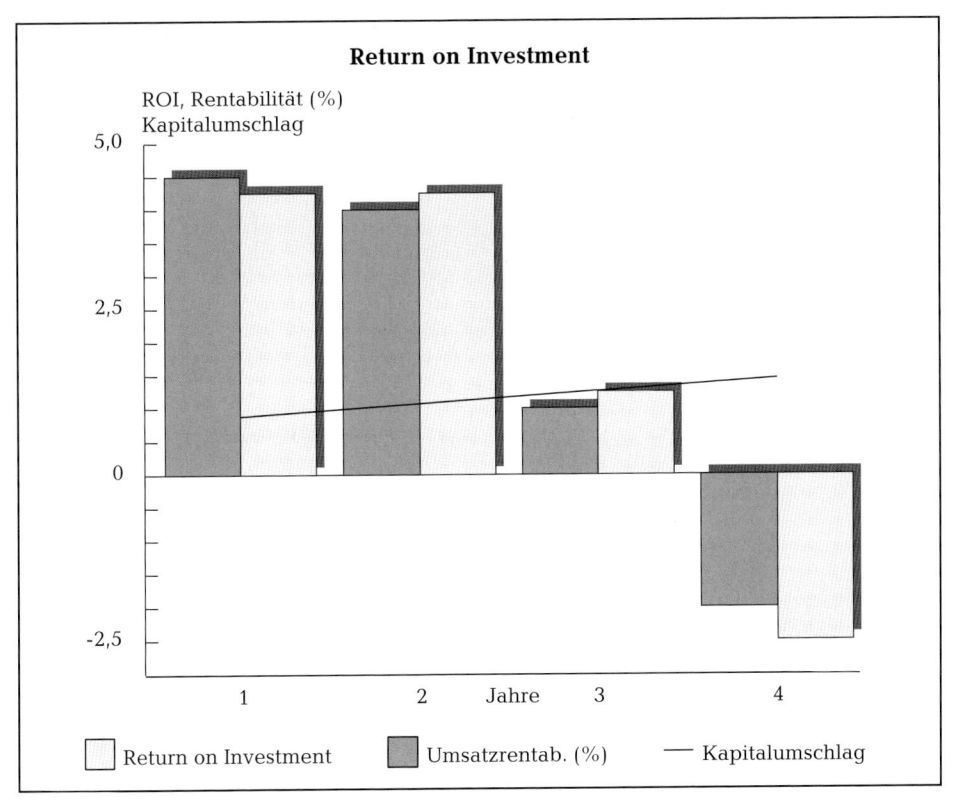

13 Der Jahresabschluss

Return on Investment

ROI, Rentabilität (%)
Kapitalumschlag

☐ Return on Investment   ■ Umsatzrentab. (%)   — Kapitalumschlag

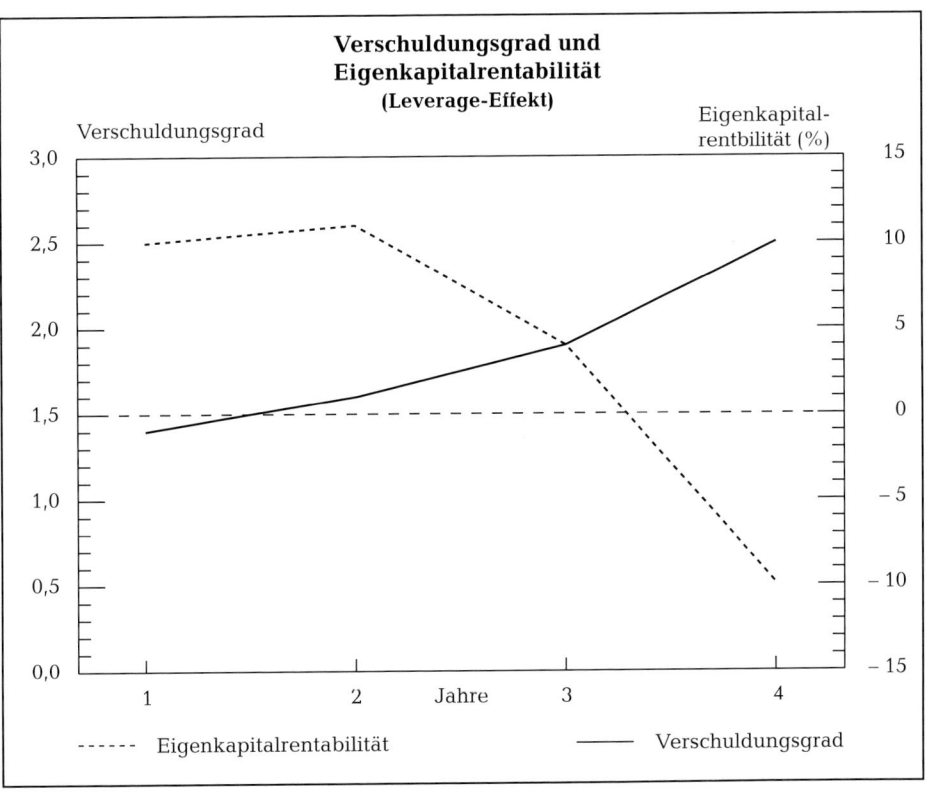

**Verschuldungsgrad und Eigenkapitalrentabilität
(Leverage-Effekt)**

Verschuldungsgrad

Eigenkapitalrentbilität (%)

----- Eigenkapitalrentabilität   ——— Verschuldungsgrad

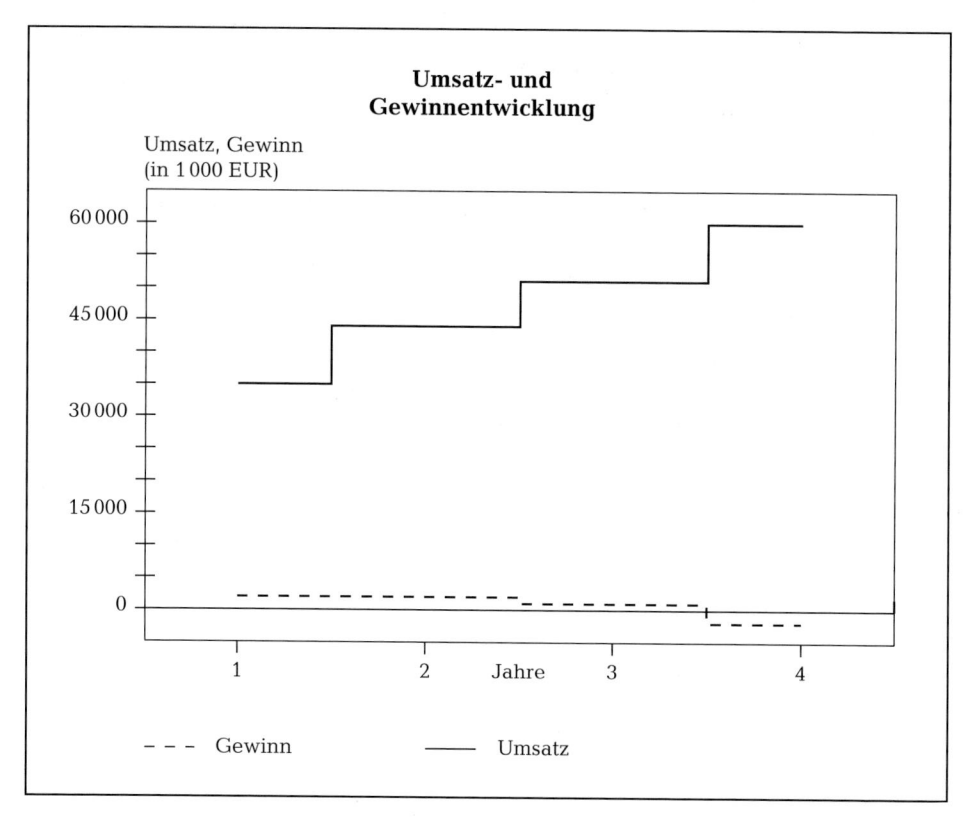

Umsatz- und Gewinnentwicklung

Umsatz, Gewinn (in 1 000 EUR)

– – – Gewinn   ——— Umsatz

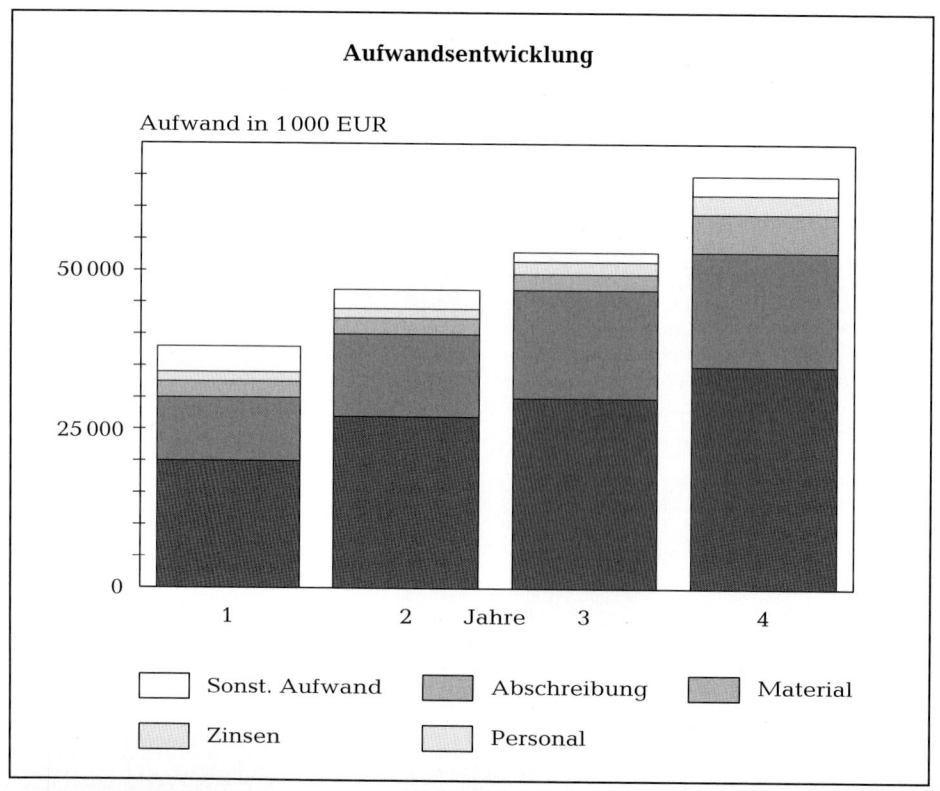

Aufwandsentwicklung

Aufwand in 1 000 EUR

☐ Sonst. Aufwand   ▓ Abschreibung   ▓ Material
☐ Zinsen   ☐ Personal

13 Der Jahresabschluss

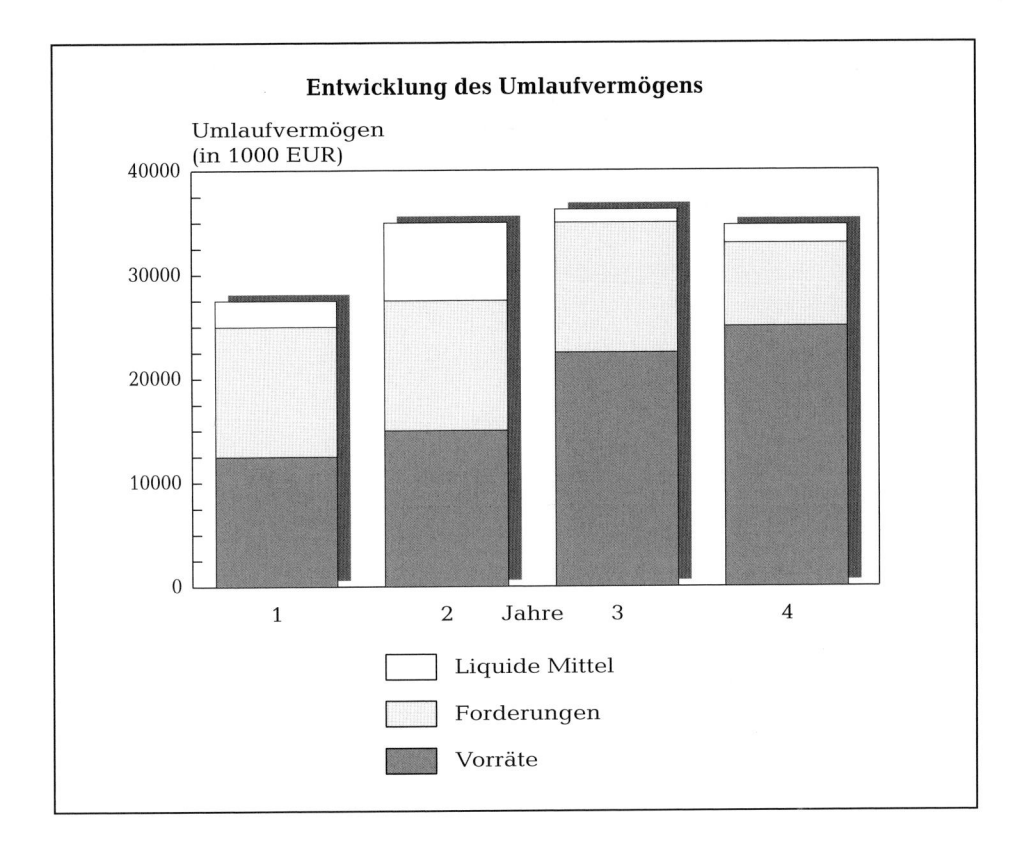

Entwicklung des Umlaufvermögens

Umlaufvermögen (in 1000 EUR)

☐ Liquide Mittel
▨ Forderungen
▪ Vorräte